새로 쓴
**대중 문화의
패러다임**

새로 쓴
대중 문화의
패러다임

원용진 지음

한나래

새로 쓴
대중 문화의 패러다임

지은이 | 원용진
펴낸이 | 한기철
편집장 | 이리라
편집 | 이여진, 이지은, 노우정
마케팅 | 조광재

2010년 7월 30일 1판 1쇄 펴냄
2018년 9월 5일 1판 7쇄 펴냄

펴낸곳 | 한나래출판사
등록 | 1991. 2. 25 제22-80호
주소 | 서울시 마포구 토정로 222, 한국출판콘텐츠센터 309호
전화 | 02-738-5637 · 팩스 | 02-363-5637 · e-mail | hannarae91@naver.com
www.hannarae.net

ⓒ 2010 원용진
Published by Hannarae Publishing Co.
Printed in Seoul

ISBN 978-89-5566-103-3 94330
ISBN 978-89-85367-77-6 (세트)

CONTENTS

일러두기

- 한글 표기를 원칙으로 하되, 필요에 따라 외국어와 한자를 병기하였다.
- 한글 맞춤법은 '한글 맞춤법' 및 '표준어 규정'(1988), '표준어 모음'(1990)을 적용하였으나 혼란이 있는 경우 출판사의 원칙을 따랐다.
- 외국어의 우리말 표기는 개정된 '외래어 표기법'(1986)을 원칙으로 하되, 그중 일부는 현지 발음을 따랐다.
- 사용된 기호는 다음과 같다.

  신문, 잡지, 논문, 영화, TV 프로그램 등: 〈 〉

  책 이름: 《 》

트위터 시대의 대중 문화 연구

얼마 전부터 트윗팅을 시작했다. 재밌다. 시작한 지 한 3주 동안은 푹 빠져 헤어 나오질 못했다. 새로운 세상을 사는 기분이었다. 몇 번 오프 모임도 가졌다. 전혀 색다른 만남이었고, 설레임도 있었다. 나이 오십 중반에 접어들면서 설렘이라니…… 하지만 한계 없는 놀이는 아니었다. 나로서는 컴퓨터 인터페이스가 아니고는 불가능한 일이었다. 스마트 폰으론 엄두를 내질 못했다. 작은 글자가 전혀 눈에 초점이 잡히지 않으니 그렇다. 그러나 코 가까이에까지 전화기를 갖다 대야 하는 볼썽사나운 일을 연출하긴 싫었다. 인테넷을 통해서만 하는 트윗팅, 이것도 요즘 대세인 디지털 놀이를 따라가는 것이라 할 수 있을까. 모바일 디바이스를 쓰지 않고 그에 비하면 낡은 컴퓨터 모니터에 의존하고 있으니 제한적 앞서가기랄까.

트윗팅으로 말문을 연 데는 이유가 있다. 이 책의 전신인 《대중 문화의 패러다임》을 낸 1996년엔 인터넷도 가물가물하던 때다. 원고를 PC통신으로 주고받던 기억이 선명하다. 그런데 이젠 모바일 폰에다 디지털 디바이스가 모든 이의 주머니에, 가방에 그득하다. 바뀌었다는 말 자체가 진부할 정도다. 그런데도 그 책을 내고 수정도 않은 채 15년을 버텼다. 절판 된 것도 아니고 꾸준히 책이 팔리고 있는데도 고집을 부렸다. 총 22쇄 정도를 했다니 스테디셀러였던 셈이다. 인터넷상에서는 대중 문화 분야에서 가장 생명력 있다는 칭송도 떠다녔다. 스무 살이 되어서 읽어야 할 책으로 선정한 포스팅도 보았다. 제법 늙그수레한 얼굴이면서도 그 책으로 공부를 했다는 이도 다가온다. 그런데도 새롭게 내기를 미뤘다. 지독한 게으름이 아닐 수 없다. 무책임함은 말할 것도 없고. 낡은 예제에 당황해 하며 책을 대할 후배의 낯빛을 알면서도 작업을 미룬 것은 잔인한 일이기도 하다. 주위에선 트윗팅할 시간에 책이나 내시지라며 조롱이다. 사실 이 작업이 트윗팅보다 재밌는 일이었으면 진즉에 해치웠을 것이다. 나름대로 미룬 이유가 있다는 말이다. 재미를 잃은 이유가 있다는 말이기도 하다.

이제야 새로 쓴 책을 내니 늦어진 변명은 해야겠다. 저간의 사정을 전하고 양해도 구해야겠다. 메모지에 몇몇 사유를 끄적여 보았다. 먼저 그때와 지금, 세상이 너무도 달라졌다. 대중 문화를 이야기하는 것이 촌스러워졌다. 더 이상 대중 문화를 대상화시키기가 힘들어졌다. 젊은이들에게 대중 문화를 분석해 보자는 말을 어찌 꺼낼 수 있을까. 자신의 버릇을 한번 점검해 보자는 제안일 터인데 잘 따를 것 같지 않다. 지금 이 책을 볼 대학생이라면 전작인《대중 문화의 패러다임》이 처음 나왔을 때 유치원을 다니고 있었을 텐데, 그 이후 그들의 삶을 보자면 과연 대중 문화 분석을 하려 할까. 배운다고 제대로 해낼 수나 있을까. 지난 15년은 사회가 대중 문화의 아귀에 들어가 꼼짝 못한 시기 아닐까. 대중 문화가 사회를 먹었다고 하면 과장이려나. 무엇보다도 세상은 분노하지 않는 쪽으로 자신을 살짝 옮겨 놓았다. 비판하지도 않는다. 노하지도 않는다. 텔레비전에 분노하며 방송국을 깨부술 채비를 하던 대중이었다. 하지만 이젠 다르다. 지난 15년간 매번 조금씩 달라지더니 아예 그때 채비를 하던 것조차 기억하지 못한다. 그런 적이 있었냐며 갸웃. 소녀 그룹이 나와 맨다리에 춤이라도 추면 텔레비전 안으로 몸을 구겨 넣을 태세다. 대중을 감당하기 힘들어졌다는 생각이 집필 작업을 느리게 한 가장 큰 동인이었다.

지난 15년 동안 문화 연구자의 숫자도 많이 늘었다. 예전 숫자가 많지 않았을 때는 학회라도 만들려면 더 많아져야 한다고 더하기 전략을 펼치기도 했다. 그런데 이젠 빼기 전략을 펴야 할 판이다. 문화 연구를 한다면서 서로 만나지만 교감을 나누지 못하고 있다. 서로 뚱해 있다. 서로 각기 가진 인식론, 목적론, 가치론을 맘에 들지 않아 한다. 그럴 땐 피하는 게 낫다. 대화가 없다. 문화 연구자들끼리 대화가 없고, 피하고 하니 그 연구가 그리 재미가 있겠나. 과거에 비하면 열기도 떨어지고, 재미도 없고, 사람 사귀는 맛도 없으니 공부할 욕구가 솟지 않는다. 이름 그대로 문화 연구가 제도화되어 버린 탓이다. 모두 대학에 안착하고 제 영역에서 한몫을 하고 있다. 그래도 별로 아쉬워하지 않는다. 각 대학에 문화 연구자 한두 명씩 앉아서 맘껏 자리를 누린다. 자극이 없으니 무슨 새로운 공부를 하랴. 경쟁마저 숨어들었다. 그래서 불끈하고 공부하고픈 맘이 없다. 문화 연구가 퇴행했거나 아니면 원래 살려야 할 취지를 살리지 못하고 제도화되어 과거에 비해 내공이 는 바가 없다는 말이다. 틀린 글자나 몇 개 고치고, 예를 새롭게 하는 식으로 새로 책을 냈다고 할 순 없지 않은가. 그동안 쌓은 내공이라도 풀어내야 하는데, 그것마저 없으니 부끄럽기도 해서 새로 책을 내는 작업을 늦출 수밖에 없었다.

그사이 나도 많이 달라졌다. 대중을 바라보던 따스하던 눈도 이젠 차가워져 있다. 아니 흐려 있다는 편이 더 옳겠다. 지금은 판단을 유보할 정도로 어려움을 겪고 있으니 흐려져 있다고 말하는 게 낫지 않겠나. 물론 이 책에도 대중에 대한 믿음은 짙게 깔려 있다. 그들의 능동성, 창조성, 실천성 모든 것에 기대를 걸고 있다. 그러나 그것 또한 연구자가 만들고 채워 넣은 개념임을 잊지는 않고 있다. 연구자의 자기 최면을 위해 필요한 개념이었고 지금까지 유용하게 활용해 왔다. 그런데 그 개념을 만들어 도입한 이후로 대중은 기대와 어긋나기만 했다. 그렇지만 능동적이라며 칭송을 계속했고. 계몽하지 않고 개입하지 않은 채 자연 그대로의 대중 능동성을 노래했었다. 개입하고 계몽하면 엘리트주의에 빠진다고 준엄하게 스스로에게 명령을 내렸다. 차라리 그들로부터 배우자고 말했다. 배울 점이 없지 않다. 그들은 체념하지 않고 실망하지 않으며 하루하루를 살고 있다는 점. 배울 만하다. 만약 대중이 세상의 이치를 다 알고 그렇게 살아가고 있다면 정말 스승으로 모시고 싶다. 그런데 그렇지 않은 듯하다. 그래서 대중에 대한 생각이 과거에 비해 많이 바뀌었다. 대중에 대한 생각이 제대로 정리가 안 되었는데, 어찌 대중 문화론을 다시 적을 수 있으랴. 그래서 끝도 없이 미루었다. 아직 낡은 책을 읽을 독자에게 늘 미안하게 생각하면서도 어쩔 수 없었다.

이 책의 전신인 《대중 문화의 패러다임》이 등장했을 무렵은 이른바 서태지의 시대였다. 모든 화려함은 세상 사람의 눈을 끌었고, 구질구질함을 떨치고자 대중은 노력했다. 그래서 대중은 그 어느 때보다 세련되어 보였다. 한국적 대중이 탄생하던 때였다. 미국식, 일본식이 아니더라도 한국식으로 멋지게 세련되게 한껏 자신을 돋보이게 만들 자원을 충분히 동원하고 있었다. 이른바 한류를 세계에 펼칠 기본 자원을 확보해 가던 때라고 할까. 그리고 성공을 거두었다. 이제 한국의 세련됨은 전 세계를 누리고 있다. 그때쯤 나는 그를 문화적 자신감이라고 읽었고, 다양성이 열리는 신기원이라고 보았다. 그리고 젊은 층에 그런 기운이 있음을 축복했다. 그러다 세기말에 한국은 IMF 통치 경제를 맞게 된다. 치욕적이라기보다는 당연한 귀결이었다는 것이 내 주변이 내놓은 결론이었다. 그리고 문화 연구, 대중 문화 연구가 대중, 대중의 수용을 부풀려 말한 것도 빌미로 삼았다. 착시로 세상을 보았고, 대중을 오도하였고, 사회 전반을 치유하기 어려운 지경으로 몰고 왔다는 혐의였다. 부끄럽지 않았다면 거짓말이다. 그 혐의를 옴팍 다 뒤집어써도 할 말이 없다고 생각했다. 그래서 오랫동안 해 오던 대중 문화 비평도 손에서 놓았다. 우린 소비를 부풀린 자들이었고, 그래서 오랫동안 그 사건 탓에 용서를 빌어야 하는 자들이었다. 그런 자가 무슨 말을 하랴 싶어 개정을 미뤄 왔다.

트윗팅을 하면서 많은 이들을 만났다. 공동 화제가 많지 않아서 그랬는지 유독 이 책의 출간에 대한 질문이 많았다. 새로운 책이 나올 때가 지났다는 아쉬움을 직접 전해 주는 이도 있었다. 트윗팅에서 이 책 이야기를 나누면 요즘 대학생들은 잘 몰라서 되물어 오기도 했다. 무슨 책이냐고. 아 이젠 다시 정리해 내고 대중 문화론이라도 강의를 다시 해야겠다는 생각을 했다. 그냥 묻어 두기엔 소중한 아이템이란 생각도 들었다. 전작 속에 담겨 있는 낡은 예에 어리둥절할 독자를 생각하니 미안하기 짝이 없다. 대중 문화를 대상화시켜 볼 기회조차 갖지 못했을 새로운 학생들에게도 새로운 기회를 제공해야 한다는 생각이 들었다. 그리고 출판사 보기에 면목이 없음도 한몫을 했다. 지난 6년간 이리라 편집장은 집필을 독려해 주고 기다려 주었다. 더 늦추면 인간 축에 들지 못할 것 같은 생각이 들었다. 그리고 무엇보다도 《대중 문화의 패러다임》이 더 이상 잊혀진 존재가 되어선 안 되겠다는 개인적 욕심이 있었다. 그동안 부지런을 떨며 개인적으로 여러 저서를 남겼지만 아직 출판되고 기억되는 것은 그 책뿐이다. 기억에 남겨 두어야겠다는 생각을 자연스럽게 할 만큼 이젠 그사이에 나이도 들어 버렸다. 그 책이 처음 나왔을 때 환영만큼이나 비판도 많았다. 대부분의 신문이 서평으로 다루어 주면서 용기를 주었지만 문화 연구 전문가들의 점수는 후하지 않았다. 이 책을 쓰면서 그때 서평에서 지적받은 부분을 정리해 보자는 생각을 했다. 먼지 털어 세상에 다시 내놓기. 뭐 그 정도가 가장 큰 동기였으리라 생각한다.

전자인 《대중 문화의 패러다임》에 많은 수정을 가하고 보완을 해 《새로 쓴 대중 문화의 패러다임》이란 새로운 이름으로 출판하게 되었다. 1, 2

장을 새롭게 정리해 냈다. 전작에서는 중복적 성격이 강해 불만이었다. 대중 문화 이론 학습 동기를 부여하는 부분으로 이해할 수 있겠다. 포스트콜로니얼리즘을 보론으로 첨가했다. 독립된 챕터로 기획했다가 내용이 많지 않아 보론으로 한 것이다. 후기 구조주의나 포스트모더니즘과 함께 이해하는 편이 나을 것 같아 그 뒤에 덧붙였다. 모든 챕터에 새로이 손을 댔다. 전작에 실린 낡은 예제를 내용에 맞게 새로운 예제로 대체했다. 2010년 현재 대학교 2, 3, 4학년이 쉽게 읽어낼 정도로 수준을 맞추었다. 예도 그들이 익숙해 있는 내용으로 했다. 이전《대중 문화의 패러다임》에 있던 이론적 대중 추수주의를 약화시켰다. 대중에 대한 강한 믿음이 아니라 보통 믿음으로 바꾸어 냈다. 앞서 설명한 바와 같이 지난 15년간 있었던 개인적, 학문적 경험에 입각한 수정이다. 그리고 글 적기를 다시 해 좀 더 편하게 볼 수 있도록 책을 꾸렸다. 트윗팅을 하면서 행한 단문 적기 연습을 기반으로 가능한 한 쉽게 읽을 수 있도록 썼다.

선배들의 대중 문화 연구하기를 서구 이론의 도입으로 간주하며 비판하던 후배 학자들이 이제 대중 문화에 대한 비판의 수위를 높이기를 요청하고 있다. 대중 문화 연구가 그동안 너무 연성의 태도를 보여 왔음에 대한 반발이라 생각한다. 그에 대꾸할 만큼 뻔뻔스럽지 못하다. 그 혐의를 거부할 생각은 추호도 없다. 공부를 더 했더라면 후배 학자들의 요청에도 응할 수 있었을 터인데 그러지 못했다. 공부를 더 보태 책을 꼼꼼히 만들진 못했다. 최근의 사상사적 흐름에 맞추어 더 언급했어야 할 이론가들도 있다. 그러나 담지 못했다. 또 기회가 있다면 그때쯤 담을 수 있지 않을까 싶다. 아직 공부가 모자란 탓이다. 들뢰즈, 지젝, 네그리, 아감벤 등등이 그 명단이다. 공부의 시작을 기약하며 다음으로 미루자.

많은 사람들의 눈이 떠오른다. 몇 년 동안 지켜보았으니 당연히 그들의 눈을 먼저 떠올린다. 이여진 씨가 가장 애썼다. 출산을 앞둔 무거운 몸으로 3교까지 보아 주었으니 무엇으로 감사할까. 애기보다 먼저 출판되길 바랐는데, 순서가 바뀌었다. 책의 출판으로 애기 출생을 축하해도 될까. 6년 동안 프로포잘하고 우는 주먹을 숨기며 기다려 준 이리라 편집장께도 감사드린다. 최종 마무리에 애쓴 노우정 씨에게도 감사. 책을 마무리할 즈음 어머님께서 의식을 잃으셨다. 책 출판과 퇴원을 서둘러 같이하자는 약속을 양손을 꼭 잡고 했다. 어머니는 약속을 지키셨고 나는 어겼다. 책을 서두를 이유가 되어 주셨고 지금은 편해 보이시는 어머님께도 출판 소식을 전한다. 은효, 민주 그리고 전작 이후에 난 늦둥이 송희에게도 감사.

2010년 6월
광교산 자락에서
원용진

13

01

대중 문화에 대한
'진실'

1. 세 가지 큰 오해

대중 문화 관련 수업 첫 시간에 "대중 문화란 무엇일까?"라는 질문을 던지곤 한다. 대중 문화에 관심 있어 수업을 택한 학생인데도 얼른 답을 내놓지 않는다. 몰라서 답을 내놓지 못하는 것은 아닌 듯하다. 알고는 있는데 언뜻 답하기 쉽지 않다는 표정을 짓는다. 매일매일 삶 속에 대중 문화가 널려 있는 탓에 그 정체를 심각하게 고민하지 않았고 그래서 체계적으로 말하기가 어렵다는 얼굴을 한다. 개념을 정의하는 대신 눈치 빠르게 구체적인 예로 설명하는 시도가 나선다. 대중 문화 윤곽을 그리는 방식을 택한 셈이다. "대중 문화란 무엇일까"란 질문을 "그 안에 어떤 것들이 있는가"로 바꾸어 답하는 방식이다. "영화, 미드, 스타크래프트, 심야 방송, 원더걸스, 소녀시대, 무료 신문, 인터넷, 프로 야구, 〈무한도전〉, 리얼리티 쇼, 오빠 부대, 이효리, 장동건, 한류, 만화……"와 같이 구체적 사례를 제시해 됨으로 내신한다. 민족치 못한 표정으로 디시 개념 규정을 요청해 본다. '다자多者'를 '일자一者'로 고착시키는 작업이 개념 규정임을 일러 주며 답해 보길 권한다. 이미 열거한 여러 예가 공통으로 지닌 성질이 무엇인지를 말해 보라는 주문이다. 그쯤 되면 고급 취향 문화*high-brow culture* 반대편에 있는 문화라는 답이 나온다. '대중'이란 용어가 들어간 만큼 대중이 손쉽게 만나고 즐길 수 있는 '대중적' 취향의 문화라는 답도 등장한다. 전혀 새롭게 시도하는 답도 있어 강의실을 즐겁게 하기도 한다. '대중'의 함의에 주목해 보면, 대중 문화란 누군가가 의도를 갖고 만들어 제공하고, 제공받는 대중 측은 그 의도를 모른 채 즐기는 과정에 가까운 것 같다는 긴 답도 나온다. 간단해 보이긴 하지만 이 답은 몇 가지 용어에 악센트를 두는 듯하다. 대중 문화가 팔리기 위한 상품으로 만들어진다는 점, 잘 팔리게 하기 위해 세상의 고통을 다 잊도록 당의정*sweetener*처럼 꾸려져 있다는 점, 그 의도를 까맣게 모른 채 대중은 탐닉한다는 점을 강조한다. 대중 문화에 역사성을 끌어오는 답도 종종 나온다. 과거엔 없었으나 대중이 주요 사회 구성원이 되면서 생긴 근대적 문화 산물이라는 답도 나온다. 과거 전前 근대 사회, 농경 사회에 존재하던 민속 문화*folk culture*를 대체한 문화를 대중 문화로 규정하기도 한다. 대중 산업 사회가 등장하면서 대중 문화가 지역 공동체 문화의 자리를 꿰찼다고 보고 있다. 강의실에서 자주 대하는 이상의 규정을 종합하면 대중 문화는 대체로 다음과 같은 요소를 담는 듯하다. 첫째, 대량성의 강조, 둘째, 낮은 질의 강조, 셋째, 그 내용의 상업성과 정치성 강조, 넷째, 과거 공동체와의 단절성 강조 등.

이 정도의 답이라면 비교적 생산적으로 개념을 규정했다고 평가받을 만하다. 대중 문화에 대한 정의를 교조적으로 강요하는 일은 바람직하지 않다. 교조적으로 강요할 만큼 자신 있는 개념 규정이 있는 것도 아니다. '대중'이라는 용어를 규정하기도 어려운데 머리를 지끈거리게 만드는 '문화'라는 용어가 합쳐져 있으니 '대중 문화'를 정의해 보라는

— 그것도 강의 첫 시간에 — 주문은 애초 무리한 부탁일 수도 있다.[1] 시간의 흐름에 따라 개념 정의는 바뀐다. 사회마다 대중 문화를 대하는 태도도 다른 만큼 개념 규정도 달라진다. 이처럼 시공간에 따라 개념 규정이 바뀌는 마당에 자신 있게 특정 정의법을 내놓고 모두 따르기를 바라는 일은 무리라고 할 수밖에 없다. 개념 정의는 얼마나 많은 사람으로부터 동의를 구하는가로 평가받는다. 특정 개념을 규정하는 일은 받아들이는 쪽을 설득하는 작업이다. 개념을 정의하는 과정은 다양한 측면을 강조하지만 압축적으로 공통성을 추출하고 설득력 있게 설명하는 일이다. 그 모든 것을 감안해 보면 가상의 강의실에서 만들어 낸 개념 규정은 긍정적 평가를 받을 만하다.

　　물론 아쉬운 면이 없는 것은 아니다. 대중 문화의 외형, 내용, 역사성이라는 측면을 강조하고 각 측면에서 바라본 여러 예의 공통점(대량성, 상업성, 정치성, 단절성)을 찾아내 만든 정의법에는 좀 더 정교한 보완이 필요하다. 앞서 예로 들어 규정하려 한 시도에는 대중 문화가 문화 산업과 관련을 맺는다는 뉘앙스를 강하게 담고 있다. 열거한 것이 문화 산업 산물이기 때문이다. 이는 대중 문화를 문화 산업이 만들어 낸 내용으로 이해하는 일로 이어지기도 한다.[2] 영화 산업, 연예 산업, 방송 산업, 게임 산업,

---

1 이 책에서 자주 언급될 레이먼드 윌리엄스는 영어권에서 문화라는 용어만큼 정의하기 까다로운 용어도 없다고 밝힌 바 있다. R. Williams, *Keywords: A Vocabulary of Culture and Society*, Glasgow: Fontana, 1977, p.76.

2 간혹 대중 문화 분석을 문화 산업 분석으로 대체하기도 한다. 대중 문화 과정에서는 문화 상품을 거래해 돈이 오고 가기도 하지만 그것이 전부는 아니다. 문화 상품 소비를 통해 의미가 발생하고, 그 의미는 사회 내에서 순환된다. 문화 경제학적인 부분도 생기지만 기호(의미)학적인 부분도 발생한다. 존 피스크는 이를 두고 '화폐의 흐름'과 '기호의 흐름'으로 보자며 대중 문화 과정의 양면성에 주목할 것을 제안했다. J. Fiske, *Reading the Popular*, Boston: Unwin Hyman, 1989.

뉴 미디어 산업, 음반 산업이 대중 문화의 생산 주체인 것처럼 받아들인다. 이런 이해는 명료성 때문에 상당한 호응을 얻는다. 대중 문화를 상업주의 문화, 경제적 이익을 우선하는 문화라고 비판하는 목소리도 이 같은 정의법에 기초하고 있다. 대중 문화적 내용이 상품으로 거래되고, 대중 문화 소비로 인해 문화 산업이 날로 번창함에 비추어 보자면 이 정의법은 설득력이 있다. 하지만 교정과 보완이 필요하다. 대중 문화와 문화 산업은 밀접한 관계를 갖지만 그 둘을 같다고 할 순 없다. 관계가 있다고 해서 같다고 말할 순 없지 않은가. 대중이 즐기는 문화 속에는 문화 산업을 거치지 않고, 상품화되지 않은 문화적 내용도 얼마든지 있다. 세상에 기록을 남길 목적으로 만든 독립 영화가 극장에서 상영되어 많은 관객을 모으고, 그 주제를 토론할 계기를 만들기도 한다. 북한에서 남파되었다 잡힌 장기수의 삶을 그린 〈송환〉(감독 김동원, 2004), 시골 할아버지와 소의 우정을 그린 〈워낭소리〉(감독 이충렬, 2009)와 같은 작품은 상업 영화 못지않을 만큼 대중의 관심을 끌었다. 뿐만 아니라 문화 산업이 내놓은 내용이 문화 산업의 의도와는 전혀 다르게 읽히고 즐기는 경우도 허다하다. 한류 열풍의 진앙지가 된 '욘사마' 현상을 잠깐 들여다보자. 드라마를 제작한 KBS는 일본에서 그 같은 신드롬이 벌어질 거라고 전혀 예상하지 못했다. 일본 중년 여성이 그렇게 그 드라마와 주인공에 대해 집착해 세계 유래가 없는 드라마 팬덤*fandom*3을 형성할 거라고 예상한 이는 없었다. 욘사마 현상은 방송이 촉발하고 출판 산업, 음반 산업, 관광 산업이 부추긴 결과라는 주장도 있다. 그 주장을 무시할 순 없으나 신드롬의 중심은 여전히 일본 중년 여성이었음은 분명하다. 그들의 학창 시절 추억, 순수한 사랑에 대한 갈구, 자신을 찾고자 하는 욕망과 문화 산업의 내용이 마주쳐 생긴 신드롬이다. 욘사마 현상과 관련해서 대중 문화를 말한다는 것은 드라마 제작, 주변 문화 산업의 마케팅, 그리고 이를 주도한 중년 여성의 수용 행태, 팬덤 등을 포함해 논의하는 작업이다. 대중 문화를 문화 산업과 연관시켜 주목하는 일은 대중 문화를 이해하는 데 중요하긴 하지만 그 둘을 동일한 것으로 생각하는 일은 폭 좁은 이해일 수밖에 없다.

이번엔 고급 취향 문화 반대편에 선 문화로 대중 문화를 정의한 작업을 비판적으로 논의해 보자. 고급 취향과 대중 취향으로 나누고 대중 문화를 대중 취향과 연관 짓는 작업은 보편적이다. 대중의 일상 대화에서 '문화 생활'을 미술관 찾기, 클래식 음악 감상, 문예 창작과 연관 짓는 일을 찾기란 어렵지 않다. 반면 영화 감상이나 텔레비전 시청, 록 콘서트 참여, 게임 등은 '문화 생활'이 아닌 '오락 생활'과 관계 지어 말한다. 이처럼 대중 문화를 고급 취향 문화와 구분하거나, 오락과 연관 짓는 일은 취향을 서열화하는 경향으로 이어진다. 취향을 수직적 서열 사다리 위에 놓인 것으로 파악하고 고급 취향 문화를 높은 곳에, 대중 문화는 낮은 곳에 위치시킨다. 이처럼 문화를 공간적인 비유로 설명하는 은유metaphor에 대해4 잠깐 얘기해 보자. 우리는 좋다 = 높다, 나쁘다 = 낮다로 표현하는 데 익숙하다. 문화의 품질을 표현할 때도 '높은 수준 문화,' '낮은 수준 문화'라는 비유를 즐겨 사용한다. 이는 '좋은 문화'와 '그렇지 않은 문화'라는 이분법적 분류의 다른 표현 방식이다. 대중 문

---

3 팬덤fandom은 팬이 만들어 내는 문화적 현상을 의미한다. 과거 대중 문화 연구는 스타로 인한 문화적 현상, 즉 스타덤stardom에 주목했다. 스타는 생산자고 팬은 수용자라고 전제한 탓이다. 점차 관심의 초점이 스타 중심에서 팬 중심, 즉 스타덤에서 팬덤으로 옮겨 가고 있는데 팬덤 연구는 팬을 또 다른 생산자로 전제한다. 팬이 스타를 가지고 무엇을 하는가에 초점을 맞추고 있다. 그런 점에서 팬덤은 스타덤과 대비되는 용어인 셈이다. 사회학 연구자가 god의 팬이 된 자신의 경험을 바탕으로 쓴《god: 스타덤과 팬덤》(박은경, 한울, 2003)은 팬덤 과정을 잘 정리해 내고 있다. 욘사마 팬이 만든 팬덤 책으로는 고토 유코後藤裕子가 2008년 1월에 일본에서 펴낸《배용준의 사랑의 군상 길잡이》(パヅリッシング)가 있다.

화를 고급 취향 문화의 반대편에 놓는 정의법은 대중 문화를 낮은 취향의 문화, 즉 좋지 않은 문화로 보려는 의지다. 그처럼 수직적 배열을 꾀하는 측에서는 '미학적 판단'이니 '정교화'를 배열의 기준으로 내세운다. 고급(취향) 문화가 미학적으로 뛰어나고 정교한 코드를 갖춘 반면 대중 문화는 그렇지 못하다는 것이다. 과연 이 같은 기준은 그대로 받아들일 만한 것인가? 그 기준은 보편성을 지닌 것일까?

　결론부터 먼저 전하자면 그 미학적 기준은 보편성과는 거리가 있다. 클래식 음악의 우수성을 따지는 미학적 기준은 이미 그 음악이 우수하다는 전제하에서 만들어진 기준이다. 기준이나 구분 자체가 이미 편향성을 띠고 있다. 미적 판단은 사회 내 모든 집단에 균등하게 적용할 수 있는 것이 아닐 수도 있다. 예를 들어 투박한 아름다움을 자신의 취향으로 삼는 집단이 있을 수 있다. 그런데도 특정 미학을 기준으로 그들의 투박성을 가리켜 정교하지 않으며 미적인 면을 가지지 않았다고 '낮은 취향을 가진 집단'으로 규정한다면 그것은 투박함보다는 정교함을 강조하는 미학적 판단에 의한 것일 뿐 보편적 기준에 근거한 것은 아니다. 오히려 그 같은 판단은 폭력적일 수 있다. 특정 기준으로 다른 취향을 깔아뭉개고, 업신여기며, 자신의 취향을 강요하는 폭력으로 지목받을 수도 있다. 어떤 특정 집단의 경우 대중적 취향 문화가 고급 취향 문화보다 훨씬 더 삶에 활기를 주며, 즐거움을 선사할 수도 있다.[5]

4 은유란 이해하기 까다로운 사물이나 현상을 익숙한 표현을 동원해 이해하는 방식을 의미한다. '내 마음은 호수'에서 조용하고, 평온한 마음을 익숙한 이미지인 호수로 바꾸어 말하는 것이다. 은유는 대체로 무의식적으로 쓰이는 경우가 많다. 예를 들어 시간은 돈과는 다른 성질의 것이지만 자본주의의 등장과 함께 그 소중함이 드러났다는 점 때문에 돈에 따라다니는 말과 함께 쓰이고 있다. '시간을 투자하라,' '시간을 낭비하지 마라' 등과 같은 것이 그 예다.

우리의 일상과는 거리를 두며, 이해관계를 초월하는(칸트 미학에서는 이를 무이해성dis-interest이라고 한다) 고급 취향 문화는 일부 집단만이 향유한다. 많은 이는 그 같은 향유 방식과 거리를 둔다. 벗은 몸을 그린 그림을 보며 성적 충동을 느끼지 않는(무관심성) 훈련을 받은 쪽과 달리 성적인 흥미를 느끼기도 한다. 성적 충동을 느끼지 않기 위해서는, 즉 그림과 전혀 이해관계가 없기 위해서는 일정 기간 비용을 지불하며 훈련(교육)을 받아야 한다. 그 같은 취향을 갖는 것은 특정 계급에 속해 있어야 가능해진다. 그러므로 그 같은 취향은 일부분만 갖는 폐쇄적인 것이다. 그런 점에서 고급 취향의 문화 반대편에 선 저급한 취향의 문화로 대중 문화를 정의하는 일은 엘리트적 작업의 결과일 수 있다. 모든 이에게 향유되지 않는 폐쇄적 성격을 띤 고급 취향의 문화를 비민주적이라거나 특정 미학적 요소만을 강조하는 배타성을 갖는다며 지적할 수 있다. 고급 취향과 저급 취향으로 문화를 수직적으로 배열할 것이 아니라 이런 문화 저런 문화식으로 규정해 수평적으로 배열하는 방식을 채택하는 것이 더 옳다. 수직적 배열이 시간의 흐름에 따라 허물어지는 일도 다반사였음에 비추어 더욱 그런 지혜는 필요하다. 고급 취향으로 분류된 문화가 상황 변화로 인해 그렇지 않은 문화로 편입되는 일은 자주 있다. 한 시대의 고급 취향 문화가 대중 문화의 형태로 바뀌기도 하고 그 역도 가능

---

5 대중 미학이라는 개념도 가능하리라 생각하지만 의외로 그에 대한 논의는 많지 않다. 바흐친은 민중이 벌이는 축제에서 민중 미학적 요소를 추려 냈지만 현대 사회의 대중 문화에서 그 같은 대중 미학, 민중 미학적 요소에 해당하는 것이 어떤 것일지에 대해서는 더 많은 연구가 필요하다. M. Bakhtin, *Rabelais and His World*, Bloomington: Indiana University Press, 1984. 짐작할 수 있는 것은 대중 미학은 부르주아 미학과는 달리 쓰임새나 윤리 도덕적 판단과 함께한다는 점이다. 부르주아 미학이 무이해성을 강조하지만 대중 미학은 무이해성이 아닌 기능성, 도덕성과 함께 아름다움을 강조한다는 말이다.

클래식 음악과 록 음악은 종종 고급 문화와 저급 문화로 규정된다. 고급 취향의 문화 반대편에 선 저급한 문화로 대중 문화를 정의하는 일은 엘리트 발상에 따른 결과다. 고급 취향과 저급 취향으로 문화를 수직적으로 배열할 것이 아니라 이런 문화 저런 문화식으로 수평적으로 배열하는 방식으로 바뀌어야 한다.

하다.6 대중 문화와 고급 취향 문화의 구분은 차이 구분일 뿐이다. 수직적 서열에 맞추어 어느 쪽은 높고 좋은 것이며, 다른 쪽은 낮고 천한 것이라는 평가로 이어질 일은 아니다.

셋째, 대중 문화의 의도성, 정치성에 초점을 맞추는 정의법을 논의해 보자. 이 정의법은 대중 문화를 곧 지배 계급의 의도이거나 정치적 이데올로기를 담고 있는 것으로 이해한다. 문화 산업이 생산한 문화물 자체를 대중 문화로 보는 입장이나, 질 낮은 문화가 곧 대중 문화라고 파악하는 입장에도 의도성이나 계급성을 경계하는 뉘앙스가 담겨 있다. 문화 산업이 취향의 최대 공약수인 저급 취향에 맞춰 대중 문화를 생산한다는 지적이 많다. 대중 문화 수용자인 대중은 저급한 취향의 문화 생산물을 큰 저항 없이 받아들이고, 궁극적으로 비판 정신을 잃고 우민화되고 만다는 뉘앙스가 '대중 문화 = 문화 산업의 생산물' 입장에 담겨 있다(마르크스주의 문화론, 프랑크푸르트 학파의 문화론에서 이 같은 논의를 대하게 될 것이다). 한국의 정치 민주화 과정에서도 이 주장은 오랫동안 설득력을 지녀 왔다. 1980년대 군사 독재 정권 시절 이른바 3S(Sports, Screen, Sex)로 포장된 대중 문화 내용으로 대중을 오락에 탐닉케 하여 비판적 정치 의식이 발현되지 않도록 막았다고 주장하는 이들이 많다. 돌이켜 보면 그런 면이 없는 것은 아니다. 프로 야구, 프로 민속 씨름 등 각종 프로 스포츠가 한국 땅에 처음으로 등장한 것도 그 시기다. 성 표현에 대한 규

---

6 디지털 시대 이전에는 축음기나 전축에 LP를 틀어 음악을 즐기는 것이 전형적 대중 문화 현상이었다. 직접 음악회를 찾는 사람들은 표준화된 LP를 통해서는 구할 수 없는 즐거움을 음악회를 통해 얻는다며 오리지널을 찾아가는 자신의 취향을 나은 것으로 내세워왔다. 디지털 시대에 이르러 CD나 디지털 음원이 LP를 대신하자 LP를 수집하고, 그를 통해 음악을 듣는 행위 자체가 고급한 취향으로 바뀌었다. 그 변화는 미학적 기준으로만 설명하기 어렵다. 오히려 남이 하지 않는 것을 즐김으로써 얻는 '차별 내기 재미'가 이 같은 변화를 추동하는 것 아닐까?

제 수위를 낮추어 '에로 영화'가 판치던 때이기도 했다. 대중 문화를 통해 찰나적 재미를 추구하게 하고, 궁극적으로 사회 내 불평등을 잊거나, 심지어는 불평등을 용인하기에 이르게 할 장치가 그 당시에 많았었다. 대중 문화를 통해 대중을 우민화하려는 정치성과 그 의도를 읽어 낼 만한 대목이 많았던 시대였다. 그리고 정치적으로 군사 독재 정권을 반대하는 의견이 주춤거리게 하는 데 대중 문화를 활용하던 시기이기도 했다. 그런 점에서 대중 문화 안에 정치성과 의도성이 담겨 있다고 지적하는 일은 과히 틀리지 않다.[7]

대중 문화를 정치적 퇴행성을 전달하는 제도로 보는 시각에는 허점이 없지 않다. 그 시각은 고급 취향 문화에 대해서는 다른 태도를 취한다. 고급 취향 문화는 세상을 비판적으로 바라보고 비평할 수 있는 능력을 키워 줄 수 있을 거라며 지지한다. 이에 대해서는 두 가지 반박이 가능하다. 첫째, 대중 문화는 부정적 퇴행성만을 전하는 제도가 아니다. 둘째, 퇴행적으로 보이는 내용조차도 수용의 상황이나 방식에 따라서 얼마든지 그 내용의 의미가 달라질 수 있다.[8] 가정주부의 텔레비전 드라마 시청을 예로 들어 보자. 전통적으로 주부의 드라마 시청은 부정적인 평가를 받아 왔다. 주부를 백일몽으로 이끄는 장치라는 지적도 있었고, 가부장제를 재생산하는 데 일익을 담당하는 것처럼 말하기도 했다. 신데렐라 이야기가 드라마에서 반복되고 있음으로 미루어 여성이

---

[7] 8장에서 논의할 장 보드리야르는 대중 문화가 사회적 불평등을 은폐하는 기호 역할을 하고 있음을 강조하는 대표적 학자다. 그는 특히 대중 문화 수용과 같은 소비 영역이 생산의 영역에서 발생하는 모순을 숨겨 주는 역할을 한다고 강조한다.

[8] 퇴행적인 것과 전향적인 것을 서로 반대되는 의미로 사용하고 있다. 여기서 퇴행과 전향의 기준은 사회 변화다. 변화 추구는 전향적인 것으로, 변화가 아닌 후퇴나 유지를 추구하는 것은 퇴행적인 것으로 파악했다.

남성으로부터 독립하기란 요원하다는 한탄 섞인 목소리조차도 이해할
수 있다. 하지만 드라마 수용을 두고 그 같은 지적만이 아니라 다른 해
석도 가능하다. 텔레비전 드라마를 시청하는 주부는 가부장제 재생산,
여성 해방의 역행만을 행하진 않는다. 다시 욘사마 현상으로 돌아가 보
자. '욘사마'에 대한 일본 주부의 환호는 일본 사회 내 가부장제와 결혼
생활에 대한 일본 남성의 태도에 반발하는 징후이기도 하다. 주부에 대
해 사회적 관심이 적거나 남편의 자상함이 부족했음을 드러내는 일일
수도 있다. 지금의 결혼 생활에 대한 염증과 '욘사마' 현상은 무관하지
않다. 대중 문화 논의는 지배 일방에만 그치지 말아야 한다. 대중 문화
를 통한 저항과 회피도 작동할 수 있음을 늘 감안해야 한다. 대중 문화
가 정치적 일방성을 강요하고 늘 성공을 거두는 것처럼 논의하는 방식
은 수정할 필요가 있다.

　　대중 문화의 세 가지 측면에 맞춘 정의법은 수정할 점이 많음에도
불구하고 많은 연구자들은 이를 받아들여 왔다. 명료한 탓에 쉽게 받아
들였을 수 있고 대중 문화를 그렇게 이해한다고 해서 크게 틀리지 않으
리라 생각했을 수도 있다. 대중 문화가 현실적으로 그런 식으로 작동하
고 있다고 믿을 만한 구석이 있는 것도 사실이다. 그래서 이상의 대중
문화 논의를 대체할 만한 새로운 정의를 구성해 내는 일은 여간 부담스
럽지 않다. 길게 설명하고, 어려운 용어를 동원해 정교한 논의를 하게
되는 것은 그런 탓이다. 일상에서 벌어지는 대중 문화를 매우 복잡하게
논의하는 우스꽝스러운 일을 연출하는 셈이다. 일상에서 벌어지는 일을
과연 그렇게 어려운 용어를 동원해서 설명해야 하는가라는 반발도 등장
한다. 대중 문화를 왜 그렇게 고급 문화 대하듯 설명하는가라는 비난도
나온다. 이렇게 이해하자. 누군들 쉽게 설명하고 싶지 않겠나. 그런데
생각보다 문화 과정이란 까다롭고 복잡하다. 대중 문화도 그러하다. 난

해한 이론이나 어려운 용어를 사용하는 일은 불가피하다. 쉽게 설명한 다고 해서 옳다고 할 순 없지 않은가. 어렵다고 해서 틀렸다고 할 수도 없다. 설명이 어려운 것은 현상이 복잡한 탓이므로 제대로 이해하기 위해 더 많은 노력이 필요하다는 선에서 받아들이자. 이 책에 등장하는 대부분의 문화론은 그에 대한 설명을 요약한 것에 불과하다. 정작 어려운 용어나 설명을 단순화시켜 쉽게 소개하고 있을 뿐이다. 대중 문화를 설명하는 이론의 지형을 알고, 지형 내 각 영역의 입장 개요를 알면 세세한 부분은 개인 공부를 통해 심화시켜 나갈 수 있을 거라 믿고 그 같은 서술 방식을 택했다. 책을 통해 얻은 단순한 설명의 지형 그리기에 살을 붙여 가며 정교화하는 노력은 스스로 경주해 나가야 한다.

2. 문화와 대중 문화

국어사전은 문화를 "사회 구성원에 의하여 습득, 공유, 전달되는 행동 양식 내지 생활 양식의 총체. 자연 상태와 대립되는 것이며 또한 그것을 극복한 것. 언어, 풍습, 도덕, 종교, 학문, 예술 및 각종 제도 따위"로 정의하고 있다. 사전의 정의가 늘 그렇듯이 얼른 귀에 들어오지 않는다. 좀 더 간결하면서도 내용을 풍부하게 담은 정의가 필요하다. 잠정적으로 문화 연구*cultural studies*에서 문화를 정의하는 방식을 채택하려 한다(문화 연구에 대해서는 이 책의 마지막 부분에서 설명할 것이다). 문화 연구는 문화를 "사회 내 존재하는 다양한 삶의 방식을 총합한 것"으로 파악한다. 노동자의 삶, 여성으로서의 삶, 동성애자로서의 삶, 서울의 삶, 지역의 삶, 이주 노동자로서의 삶 등 사회에는 여러 다양한 삶이 한데 얽혀 있다. 다양한 삶은 서로 부딪치기도 하고, 한데 어우러져 서로 이해관계를 같이하기도 한다. 이해관계를 같이하다가 틀어지기도 하고, 긴장 관계에 놓여 있던 삶이 화해해 한몸처럼 뒤섞이기도 한다. 다양한 삶은 서로 부대끼며 서로 흡수하고, 바뀌기도 하고, 지키기도 하고, 전혀 다른 제3의 모습으로 태어나는 등 다양한 모습을 연출하기도 한다. 그런 모습을 한데 모아 둔 것이 바로 문화다.

대중의 삶과 관련시켜 문화를 정의하는 방식이 학문 세계 안으로 들어온 지는 오래되지 않았다. 오랫동안 학계는 문화를 교양, 계발, 계몽, 교육과 연관 지어 설명해 왔다. 인간이 생산해 낼 수 있는 '최상의 것'으로 문화를 정의한 것도 그 같은 설명법을 따랐던 결과다. 그 같은 정의법에 따르면 문화는 예술과 겹쳐진다. 물론 그 정의법을 완전히 무시할 수는 없다. 교양, 계발, 계몽, 교육, 예술이 문화와 관련을 맺고 있는 것은 사실이다. 하지만 그런 것들은 문화의 일부분에 지나지 않는다(삶의 일부 방식이다). 그동안 한 부분에 지나지 않던 교양, 계발, 계몽, 교육, 예술을 문화의 전부인 것처럼 정의하면서 문화를 폭 좁게 이해해 왔다. 다양한 삶의 방식을 모두 포괄하지 않은 채 일부(엘리트)의 삶만을 선택적으로 문화에 포함시켜 왔다. 예를 들어 한 소도시에 시장이 새로 부임하면서 첫 일성으로 "문화가 흘러넘치는 도시를 만들겠다"고 약속했다고 하자. 그럴 경우 — 경험에 비추어 보면 — 시장은 문화 인프라 확충으로 그 약속을 대신한다. 음악당 짓기, 미술관 짓기, 도서관 짓기, 서예 교실 열기 등. 그에게 문화란 예술 개념에서 한 치도 벗어나지 않는다. 그의 정의법에서 일상이나 세속은 결코 문화의 한 부분이 되지 못한다. 오히려 일상과 세속으로부터 멀어질수록 문화와 가까워진다(그래서 될 수 있는 한 미술관과 음악당을 삶과 멀리 떨어진 곳에 짓는 모양이다). 예로 든 시장처럼 문화를 이해하는 법을 흔히 문 예론적(문화 예술론적) 입장이라고 부른다. 문화를 예술과 동등한 것으로 파악하는 입장을 말한다.

문예론적 입장은 오랫동안 문화 정의에서 주도적 위치를 차지해 왔다. 문화 = 예술이라는 등식은 대중 사이에서도 상식으로 통용될 정도로 위력을 떨쳐 왔다. 이후 인류학적 정의 방식이 도입되기 전까지 문예론적 입장은 굳건히 그 위치를 지켜 왔다. 인류학적 입장은 문화를 대단한 지위에서 평범한 지위로 끌어내렸다. 각 사회는 독특한 삶의 방식을 가지며 그 방식은 나름의 체계와 의미 구조를 지니는 것으로 인류학은 파악했다. 인류학은 '체계와 의미 구조를 지닌 삶의 방식'을 문화라고 부르며 문화를 최상의 것인 예술에서 평범하고 세속적인 일상으로 끌어내렸다. '문화 생활'은 시간을 내서 일상과 동떨어져 한번 즐겨보는 것이 아니라 매일 매시간 의미를 내며, 기존 체계에 맞추어 생활하는 것으로 그 뜻이 바뀌게 된다. 앞서 예로 든 시장 이야기를 다시 해보자. 시장은 문화 도시를 만든다며 예술 시설을 증설하는 것으로 실천을 하고자 했다. 그는 문예론적 입장에서 문화를 이야기했고, 그를 두고 '문화 공약'이라고 이름 붙였을 것이 뻔하다. 인류학적 입장에서 보자면, 시장이 문화 도시를 만든다면서 예술 시설만을 증설하는 것 자체가 문화가 된다. 문화를 예술로 좁혀 개념 규정하고 그 안에서 실천하는 사회적 엘리트의 일상 자체가 문화의 한 측면이다. 인류학적 입장에서 본 문화 안에는 다양한 삶이 들어 있다. 문화를 예술로 파악하는 시장(님)의 문화가 있는가 하면, 그런 시장의 문화 행정에 반기를 드는 사람의 문화도 있다. 혹은 시장이 가진 문화관을 비웃음으로 대하는 문화 이론가나 전문가도 있을 수 있다. 즉 사회 안에는 단수 개념의 문화*a culture*가 아니라 복수 개념의 문화*cultures*가 존재하는 것으로 인류학적 입장은 파악한다.

인류학적 문화 정의법은 유용한 면을 많이 지닌다. 한 사회 내 문화가 복수로 존재한다고 이해하는 일은 '문화 패러다임 전환'을 꾀하게 한 획기적 사건이다. 뿐만 아니라 의미를 생산하는 삶의 방식으로 문화를 파악함으로써 의미화 과정과 의미화 실천signification까지 문화 안으로 포괄하는 성과를 거두게 된다. 유용하게만 보이는 이 정의법에도 약점이 없는 것은 아니다. 문화의 정치성을 포괄하지 못하는 한계를 지닌다.9 사회 내 다양한 삶은 평온하게 자기 자리를 지키며 존재하는 정적인 존재가 아니다. 어떤 삶이든 그 삶은 사회 내에서 인정받으려 한다(혹은 자신이 다른 삶과는 달라 보이길 욕망하기도 한다). 자신이 포함된 집단의 삶 방식이 사회 내에서 보편적으로 받아들여지길 욕망한다. 남성적 삶의 방식은 여성적 삶의 방식을 여성적이라며 깔보며, 자신들의 삶만이 정당한 삶이라며 우위에 서려 한다. 섬세하고 아기자기한 삶보다는 굵고 짧은 '폼나는' 남성적 삶이 훨씬 더 우월하다고 믿기도 하고 믿기를 권유한다. 이때 여성적 삶은 그 같은 남성적 삶을 받아들이기도 하지만 다른 한편에서는 그것이 폭력적이며, 비인간적임을 지적하기도 한다. 남성적 삶을 여성적 삶으로 대체해야 사회가 훨씬 더 인간적인 모습으로 변할 것이고 사랑으로 엮여질 것이라고 반박도 한다.

텔레비전 프로그램 선택을 두고 벌어지는 남녀 간 다툼을 예로 들어 보자. 예외가 있긴 하지만 대체로 가정 주부는 텔레비전 드라마 보기를 좋아한다. 자신의 일상적 삶과 텔레비전 드라마 속 삶이 닮아 있기 때문이다. 드라마는 주부가 현실에서 겪는 인간 관계를 섬세하게 다룬다. 고부 갈등, 동서 간 갈등, 시누이와의 갈등, 남편과의 갈등, 심지

9 새로운 패러다임으로 문화에 접근하는 이들은 문화의 다억양성multi-accentuality를 강조한다. 이는 문화를 둘러싸고 여러 집단이 자신의 목소리를 드러내기 위해 나름의 악센트를 주는 실천이 벌어진다는 의미다. 즉 문화를 둘러싸고 사회 내 여러 집단 간의 충돌이 벌어진다는 말이다. V. Volosinov, *Marxism and the Philosophy of Language*, New York: Seminar Press, 1973.

어는 아이들과의 갈등까지, 여러 형태의 인간 관계를 겪는 주부는 드라마 속에서도 비슷한 이야기가 벌어지고 있음에 주목한다. 속으로 '맞아 맞아'를 연발하며 시청을 이어간다. 그러나 남성 시청자는 그 같은 드라마의 내용에 도대체 재미를 느낄 수가 없다. 자신이 결코 경험하지 않은 것을 보고 있으려니 신이 날 리가 없다. 남성 시청자는 그런 사적인 얘기보다 공적 공간에서 벌어지는 경쟁에 더 많은 관심을 보인다. 누가 이기고, 누가 지는가에 더 많은 관심을 보인다. 승부의 세계를 담은 프로그램을 선호한다. 스포츠, 여당과 야당이 벌이는 정치 경쟁, 나라 간의 경쟁, 주가 경쟁, 과거 영웅호걸의 라이벌 대결에 더 관심을 쏟는다. 뉴스나 다큐멘터리, 역사극, 스포츠 중계 보기를 즐기는 것은 당연해 보인다(여성 시청자에 비해 그렇다는 얘기다). 결국 남성이든 여성이든 자신의 일상을 담거나 닮은 프로그램을 선호한다고 말할 수 있다. 하지만 '드라마 시청'과 '뉴스 시청'을 놓고 사회는 전혀 엉뚱한 평가를 내린다. '뉴스 시청'을 사회적으로 더욱 가치 있는 행위라고 판정한다. '드라마 시청'은 생산적이지 않은 행위라며 폄하하는 목소리를 보탠다.[10] 정말 '뉴스 시청'은 '드라마 시청'보다 생산적인 작업일까. '뉴스 시청'에 그 같은 평가를 내리는 것은 뉴스 프로그램이 생산적이고 유익해서라기보다 남성이 좋아하는 프로그램이기 때문이라고 생각한다. 남성이 중심인 가부장제 사회에서는 그들이 좋아하는 프로그램이 사회적으로 가치 있는 프로그램이 될 수밖에 없다. 이처럼 삶의 방식에도 사회적 평가가 따르기 마련이고 그 평가는 사회 내 집단의 권력과 관련이 있

---

10 심지어 텔레비전 드라마 속에서 남편이 아내에게 "쓸데없이 드라마나 보고……"라고 꾸짖는 장면이 자주 등장한다. 아침 드라마에 주부가 시간을 허비한다는 사회적 우려에 이르면 여성의 드라마 시청을 사회 문제로까지 인식하고 있음을 알 수 있다.

다. 서로 다른 삶의 방식끼리는 지속적으로 인정과 평가를 둘러싸고 경쟁을 한다. 문화 영역은 서로 다른 삶의 방식이 평화롭게 한적하게 노니는 곳이 아니라, 서로가 한 뼘이라도 더 자기 자리를 차지하겠다고 나서며 싸우는 다툼의 공간이다. 물론 그 공간 안에서 다투다가 일시적인 협상이나 절충을 하기도 한다.[11]

문화를 고급 취향의 문화로 규정하는 문예론적 입장도 알고 보면 삶의 방식끼리 벌인 경쟁의 결과다. 고급 취향 집단은 자신이 향유하는 문화가 가장 값지며 교양 있으며 모범이라고 내세운다. 다른 취향 집단을 자신의 취향에 예속시키려 한다(혹은 그들과는 영원히 차별 나기를 바란다). 학교에서 행하는 예술 교육을 예로 들어 보자. 예술 교육은 특정 취향(클래식 음악, 가곡, 서양 중심의 미술 등)으로 편중해 있다. 고급 취향 집단이 학교 교육의 방향에 권력을 행사하는 것으로 이해할 수 있다. 하지만 그 관계가 늘 일방적이지만은 않다. 고급 취향의 문화에 대한 반감도 만만찮다. 고급 취향의 문화를 '가진 자'의 유희로 규정하고 배타성을 지속적으로 지적하기도 한다. 때로는 그 같은 문화의 향유를 돈 자랑이라며 야유하기도 한다. 이처럼 다양한 삶(취향)은 자신을 내세우며, 남의 삶(취향) 방식과 경쟁하고 우위에 서려 한다. 심지어는 투쟁에까지 이르기도 한다. 인류학적 문화 정의법에 문화의 정치성(경쟁, 투쟁)을 더하면서 문화를 더욱 포괄적이고 역동적인 개념으로 바꿀 수 있었다.

[11] 헤게모니론을 내세운 그람시를 도입하면서 문화 논의, 대중 문화 논의는 한층 윤택해진다. 그람시와 앞서 인용한 볼로시노프는 동시대(1920년대) 인물로 이탈리아와 러시아에서 각각 문화적 경쟁(지배와 저항), 헤게모니를 논의했다. 문학 논의의 새로운 패러다임에서 두 사람이 차지하는 비중은 크다. A. Gramsci, *Selections from the Prison Notebooks of Antonio Gramsci*, in Q. Hoare & G. Nowell-Smith (ed. & trans), London: Lawrence & Wishart, 1971.

인류학적 정의법과 문화의 정치성을 강조하는 정의법이 만나면서 문화 개념은 예술이나 여가 등으로 축소되어 정의되는 것으로부터 완전히 벗어난다. 이 둘의 만남으로 인해 문화를 '다양한 삶의 방식이 사회의 각 영역을 가로지르며 서로 경쟁하는 장'으로 정의할 수 있게 되었다. 다양한 삶은 사회적으로 인정받기 위해 스스로를 드러내며 끊임없이 경쟁하는 탓에 특정 삶의 방식이 늘 주도적일 수만은 없다. 한 시대를 주도하던 문화가 다른 문화에 자리를 내주기도 한다. 주변부에 놓여 있던 문화가 중심으로 들어와 권력 행사를 하는 일도 빈번하다. 1970년대까지 대중 문화의 중심에 있었던, 대학생을 중심으로 한 청년 문화를 예로 들어 보자. 청년 문화는 청바지, 통기타, 생맥주를 상징으로 하며 1970년대 한국 사회의 대중 문화를 주도했다. 당시의 청년 문화는 상업적으로 소비되는 문화이기도 했지만 억압적 정치 상황에 저항하는 의미도 담고 있었다. 때문에 청년 문화는 정치적으로 탄압을 받기도 했다. 하지만 1990년대 들어 대중 문화 한복판에는 청소년이 향유하는 문화가 진입하기 시작한다. 1990년 초반 경제 호황으로 구매력이 부쩍 늘어난 청소년이 문화 상품을 적극적으로 소비하기 시작했다. 이어 대중 문화 산업은 초점을 청소년에 맞추기 시작했고, 그 전략은 주효했다. 과거 청년 문화에 비해 정치성은 사라졌지만 기성 세대와는 다르게 살고자 하는 청소년의 새로운 태도가 담겨 있었고, 그런 이유로 폭발적인 인기를 끌었다. '서태지와 아이들'의 등장은 그런 점에서 대중 문화의 한 획을 긋는 사건이었다. 1990년대 초반까지 그 명맥을 겨우 유지하며 조금은 남아 있던 청년 문화는 청소년 문화의 발흥과 함께 역사의 기억에서 사라진다. 이제는 나이 든 7080세대의 추억에 호소하는 박제화된 문화로 남아 있을 뿐이다.[12] 한때 주도적이었던 문화가 시간이 지나 퇴색한 잔여의 문화가 될 수도 있고, 잠깐 부상하던 문화가 시간의 흐름을 따라

서·태·지·와·아·이·들

1990년대 대중 문화에 진입한 청소년 문화는 과거 청년 문화에 비해 정치성은 사라졌지만 기성 세대와는 다르게 살고자 하는 청소년의 새로운 태도가 담겨져 있었고, 그런 이유로 폭발적인 인기를 끌었다. '서태지와 아이들'의 등장은 대중 문화의 한 획을 긋는 사건이었다.

전성기의 주도 문화가 될 수도 있다. 문화는 늘 경쟁이라는 역동성을 갖기 때문에 가변적이며, 그 내부는 다양한 것으로 그리고 그들 간의 경쟁으로 채워져 있다. 문화의 지형 변화 혹은 구성 변화, 경쟁의 양상 변화는 사회 각 영역에서의 변화로 인해 발생한다. 경제 영역에서의 변화가 정치 영역의 변화로, 일상적인 삶의 방식의 변화로 이어지기도 한다. 그러나 문화 영역이 정치나 경제에 종속된 것으로만 파악해서는 곤란하다. 그 역방향으로의 영향도 가능하다. 일상적인 삶 방식 변화가 경제, 정치 영역의 변화를 일으키는 일도 가능하다. 어쨌든 문화적 영역은 역동성으로 이해해야 하고, 그 역동성 자체가 정치적 의미를 지닌 것으로 파악해야 한다. 문화를 전과 다르게 이해하려는 노력에서는 늘 '문화의 정치성'을 강조한다.

문화에 대한 이해 변화는 대중 문화에 대한 이해 변화로 이어지는 것일까? 문화에 대한 새로운 정의 방식을 근간으로 해서 대중 문화란 무엇인지를 살펴보도록 하자. 오랫동안 대중 문화의 영어 표기로 'mass culture'를 사용해 왔다. 물론 아직 이 표기를 사용하기도 한다. mass는 많은 수의 사람을 가리킨다. 그러나 가치 중립적이지는 않다. 일정 성향을 가진 사람을 지칭한다. mass는 익명성에 빠진 불특정 다수이거나 인간 소통으로부터 떨어져 있는 원자화된 존재이거나, 삶에 대해 수동적 태도를 갖는 존재를 의미한다. 대중 문화를 mass culture로 번역하면 '수동적 존재에게 전달되어 향유되는 문화' 혹은 '수동적 존재를 만들 목적으로 만들어진 문화'가 된다. 문화 산업, 문화 생산자 등 위에서 전

---

12 문화를 삶의 방식으로 이해하는 데 큰 도움을 준 레이먼드 윌리엄스는 한 사회의 문화는 '주도적 문화dominant culture,' '부상 문화emerging culture,' '잔여 문화residual culture'로 구성된다고 파악했다.

한 문화를 수동적으로 받아들여 생긴 결과라는 뜻이 강하다. 최근 들어
서는 '대중'의 영문 표기를 달리하려는 노력이 늘고 있다. 달리 표기하
고 다르게 정의하려는 노력이 여기저기서 벌어지고 있다. 'popular
culture'가 새로운 번역어다. 물론 mass culture나 popular culture는 한
글로 둘 다 '대중 문화,' 한자로 '大衆文化'로 표기한다.13 대중 문화를
mass culture로 보는 입장은 사회를 mass와 elite로 구성되어 있다고 파
악한다. 그러나 대중 문화를 popular culture로 번역하는 쪽에서는 사회
가 지배 계층과 피지배 계층으로 구성된다고 본다. 이때 지배와 피지배
는 매우 다양한 영역에 걸쳐 이뤄진다. 성별, 지역별, 계급별, 연령별,
학력별, 취향, 표준어와 사투리, 생산자와 수용자 등의 다양한 선을 타
고 지배와 피지배 계층은 나뉜다. 다양한 선을 타고 벌어지는 지배와
피지배 간 갈등 과정에서 피지배를 경험하는 집단의 총합을 대중, 즉
popular로 보고자 하는 것이 대중 문화를 popular culture로 번역하는
쪽의 입장이다. 대중 문화를 지배와 피지배가 맞서는 공간으로 보고자
하는 의도가 popular라는 용어의 도입으로 더욱 선명해진다.14

　이처럼 대중 문화를 mass culture로 번역하느냐 아니면 popular
culture로 번역하느냐에 따라 그 의미는 크게 달라진다. 둘 다 많은 사
람이 향유하는(인기 있는) 문화라는 뜻을 지닌다. mass culture는 엘리트

---

13 popular는 mass와 마찬가지로 많은 숫자의 사람을 가리킨다. 하지만 mass와는 다른 의미를 그
속에 담고 있다. popular 또한 많은 사람을 지칭하는 단어지만 사회 내 피지배 위치에 있는 사람의
합을 의미한다. popular를 인민, 민중으로 번역하는 경우도 간혹 있다. 인민이나 민중을 표기하는
영어로는 'people'이 전통적으로 활용되어 왔음에 착안한다면 대중이라고 번역해도 큰 무리는 없을
듯하나.
14 이에 대한 더 자세한 논의는 J. Procter, *Stuart Hall* (Routledge Critical Thinkers), London:
Routledge, 2004 [《지금 스튜어트 홀》, 손유경 옮김, 엘피, 2006]를 참조하기 바란다.

가 아닌 사람의 문화, 엘리트 문화와 비교되는 저급한 취향의 문화, 엘리트와는 달리 수동적 태도로 문화를 향유하는 사람의 문화라는 의미를 강하게 지닌다. 그에 비해 popular culture는 지배당하는 입장에 놓인 사람의 문화, 지배당함을 숙명으로 받아들이지 않고 그 상황을 바꾸려 노력(혹은 경쟁, 저항)하는 사람의 문화라는 뉘앙스를 지닌다. 그동안 mass culture가 대중 문화의 번역어로 각광을 받아 왔으나 점차 popular culture에 그 자리를 내주고 있다. 대중 문화를 지칭하는 영어가 popular culture로 바뀌었으니 한글어 번역인 '대중 문화'란 용어도 다른 것으로 대체해야 한다는 주장도 있으나 오랫동안 사용해 익숙한지 그대로 사용하고 있다. 똑같은 이름을 붙이되 해석만 달리하면 되지 않겠느냐는 고집인 듯하다. 마땅히 대체할 만한 용어가 없는 것도 한 이유다. popular culture를 민중 문화나 인민 문화로 부르자는 주장도 있지만 오히려 오해를 가중시킬 것을 우려한 탓인지 널리 동의를 얻지 못하고 있다. 이 책에서는 대중 문화를 피지배 경험을 가진 사람의 삶의 방식을 총합한 것으로 보는 popular culture 입장에서의 대중 문화大衆文化 정의법을 택하고자 한다(대중 문화의 정치성을 무엇보다도 많이 논의할 것이다).

문예론적인 입장과 대중을 mass로 번역하려는 입장을 피하고 나면 대중 문화를 어떻게 이해해야 할지 대강의 그림이 그려진다. 대중 문화는 "사회 내 피지배를 경험하는 다양한 집단의 삶 방식이 지배 집단 문화와 경쟁하는 장"이라고 할 수 있다. 이로부터 대중 문화를 이해하는 데 필요한 주요 단어key words를 추려낼 수 있다. 지배와 피지배, 다양한 삶, 경쟁, 저항 등이 그것이다. 대중 문화를 분석하고 해석한다 함은 이같은 이론적 함의에 맞추어 대중 문화의 정치성, 역동성, 변화를 추적하고 그에 가치를 부여하는 일이다. 문화 산업의 생산물로 보는 입장, 이데올로기로 파악하고자 하는 입장, 저급 취향 문화로 취급하려는 입장을 넘어 보다 넓은 지평에서 그를 정리하는 일이다.

3. 대중 문화와 주체

지배와 피지배라는 말을 지나치게 심각하게 받아들일 필요는 없다. 우리의 일상이 늘 그러하다는 점만 인정하면 이 용어는 쉽게 받아들이고 이해할 수 있다. 지배와 피지배는 명백히 가시적인 형태로 드러나진 않는다. 일상에서 아주 자연스럽게 발생하기 때문에 낯설게 하지 않을 경우 쉽게 포착하기 어렵다(낯설게 한다는 말은 자연스러운 것을 결코 자연스럽지 않은 것으로 파악한다는 말이다). 경찰이 지나가면 별로 유쾌하지 않게 생각하고 피하는 우리의 일상이 그 예이다(물론 과거에 비해 경찰에 대한 우리의 태도도 많이 바뀌었다). 경찰이 우리를 지배한다는 의미가 아니다. 공권력은 우리를 지배하려 하고 우리는 그 지배를 받아들이거나 피하려 한다. 그 같은 일을 반복하다 보면 우리 스스로가 자기 통제 메커니즘을 갖게 된다. 경찰이 부르지 않았는데도, 멀리서 나타나기만 하면 자신을 추스르게 된다(물론 지금은 과거에 비해 많이 나아졌다. 과거 대학생들의 가방을 경찰이 언제든지 뒤질 수 있던 때에 경찰의 기세는 대단했다). 학교가 만든 각종 규율도 마찬가지다. 학교가 정한 규율은 학생을 지배하려 하고 학생은 받아들이거나 피하거나 한다. 고등학교에서 교사가 학생의 두발을 단속하겠다고 천명하고, 학생은 인권 침해라고 반발하는 것이 그 예다. 고용주가 종업원에 업무 분담을 하고 그 업무 수행을 위한 각종 지침을 만드는 것도 지배의 한 방식이다. 고용주는 출퇴근, 식사, 휴식 시간을 정해 두고 있을 뿐 아니라, 책상이나 사무용 가구의 배치까지 업무의 효율성을 위해 결정한다. 종업원은 그에 따르거나 반발하거나 한다. 회사가 제공한 각종 비품을 창의적으로 배치하거나 몸이 편한 방향으로 재배치하는 예가 그에 속한다. 우리의 일상은 이처럼 지배와 피지배라는 상호 작용의 연속이다. 너무 생활에 밀착해 있기에 그를 정치적으로(혹은 지배와 저항으로) 생각하기보다 자연스러운 것으로 받아들일 뿐이다. 자연스러운 것을 낯설게 생각하고 받아들이면 그것의 정치성은 금방 드러나기 마련이다(문화 분석은 그처럼 자연스러워 보이는 것을 낯설게 하고, 자연스럽지 않은 것으로 드러내는 작업이다).

다시 강조하건대 지배와 피지배는 자연스럽게 발생한다. 지배는 명령을 내림으로써만 이뤄지는 것은 아니다. 별다른 고민 없이 상식적으로, 자연스럽게 지배를 받아들이게 하는 힘이 가장 강한 지배의 힘이다. 대중 문화를 논의할 때 문화 산업의 내용물을 자연스럽게 떠올리는 것도 바로 그 예에 해당한다. 문화 산업이 생산하는 내용은 지배를 자연스럽게 받아들이도록 꾸며져 있다. 학생은 학생답게 학교의 규율을 체화하여 생활하는 것이 올바른 삶이라고 느끼도록 꾸며 놓았다. 노동자는 고용주의 지침을 별다른 저항 없이 받아들여 열심히 일하기만 하면 행복한 삶을 꾸릴 수 있는 것처럼 드라마, 뉴스 등에서 말한다. 여성의 행복한 삶은 가부장제 안에서 얼마만큼 열심히 사느냐에 달렸다는 생각을 쉽게 갖도록 프로그램은 짜놓았다. 그 같은 내용은 매일같이 비슷한 프로그램들을 통해 반복된다. 반복 탓에 받아들이는 사람은 학교 중심, 고용자 중심, 남성 중심에 대해 큰 의문을 표시하지 않는다. 그 정치성을 심각하게 고민하지도 않는다. 특정 집단에 유리하게 꾸며진 내용을 당연한 현실로 받아들인다. 학생은 학생답게, 노동자는 노동자답게, 여성은 여성답게 사는 것이 사람 사는 도리라 생각하게 된다. 아니, 아예 그런 생각을 하지도 않고 순순히 받아들이는 게 우리의 일상이다. 그렇게 사는 것이 상식*common sense*이기 때문이다.[15] 상식은 문화 산업의 내용물에서만 반복되지는 않는다. 가정 내 자녀 교육에서도 반복된다. 학교에 가면 교칙을 잘 따라야 한다고 부모는 반복해서 주지시킨다. 학교에서는 교칙을 잘 지킬 것을, 사회인이 되어서는 노동자 임무를 다할 것을 교육시킨다. 이처럼 여러 사회 제도가 상식 주입을 반복해 지배를 자연스럽게 받아들이도록 한다.

지배하려는 내용이 부르는(호명呼名하는) 대로 자연스럽게 받아들이는 경우를 두고 주체subject가 만들어졌다고 말한다. 부름에 답하는 과정을 통해서 주체는 형성된다. 여기서 주체라는 용어에 주목해 보자. 주체를 뜻하는 'subject'는 주어, 주체라는 의미를 갖지만 다른 한편으로 복종한다는 의미도 갖는다. 'I am subject to you'라는 구절은 '나는 당신의 부하요'라는 뜻을 갖는다. 즉 주체가 된다 함은 지배의 내용에 복종한다는 의미다. 학교 교칙을 지키는 주체가 되었음은 학교 교칙 지배에 복종하게 되었음을 의미한다. 경찰을 보고 조심해야겠다며 몸을 추스르게 되는 것은 공권력 지배에 복종하게 됨을 말한다. 그런데 우리는 복종하고 있다고 생각하는 대신 주체적으로 그런 생각과 행동을 한다고 착각(오인)한다. 복종하고 있음에도 불구하고 자신이 의식적으로 그 같은 교칙이나 공권력이 정한 법칙을 잘 지킨다고 생각한다.

텔레비전 수사극을 보면서 우리는 대체로 악당 편에 서기보다 공권력 편에 선다. 공권력 편에 서서 수사진이 악당을 찾아내고, 물리치고 사회 정의를 회복하기를 기대한다. 수사극에서 수사진이 악당을 무찌르는 장면에서 속으로 환호성을 올리는 그 순간 우리는 공권력에 복종한 주체가 된다. 노동자와 사용자 간의 갈등을 보도하는 뉴스를 보면서

15 상식은 많은 사람들이 공통으로 가지고 있는 감각이기도 하다. 그 공통 감각에서 벗어나면 타인으로부터 배격 받을 것은 뻔하다.

끝까지 저항하며 반발하는 노동자에 눈살을 찌푸린 경험이 있을 것이다. 혹은 노동자도 국가 경제를 고민하면서 자신의 요구를 관철시켜야 한다는 입장으로 뉴스를 본 적도 있을 것이다. 이는 고용주 편에 서게 되거나 아니면 국가 경제를 먼저 생각하는 주체가 된 경우라 할 수 있다. 즉 자신이 지배 집단에 속하지 않으면서도 지배의 편에 서 있게 된 것이다. 그러면서도 지배의 편에 선 주체가 되었음을 이상하게 여기지 않는다. 나라 경제를 먼저 염두에 두는 것은 당연한 일이며 그것이 애국하는 길이라 생각하며 뉴스를 시청하고 해석한다. 그것이야말로 자연스러운 일이며 평범한 상식이고, 돌이켜 생각할 필요도 없는 당연한 것이라 여긴다.

이처럼 지배에 복종하는 주체, 피지배를 순순히 받아들이는 주체를 만들어 내는 사회적 제도를 가리켜 '이데올로기적 사회 장치'라 부른다.16 이 장치는 자본주의 사회에서 지배와 피지배가 자연스럽게 이뤄지게 하는 데 상상 이상의 역할을 한다. 경찰이나 군대, 법원은 자본주의 사회를 거스르는 것을 강제하는 '강제적 사회 장치'다. 법 질서를 어기면 신체를 구속하는 등의 징벌을 가하기 때문에 강제적 장치라고 부른다. 그와 달리 '이데올로기적 사회 장치'인 대중 매체, 학교, 가정, 교회는 복종을 강제하지 않는다. 강제하는 대신 스스로 지배와 피지배를 받아들이게 만든다. 그런 점에서 '이데올로기적 사회 장치'는 '강제적 사회 장치'에 비해 주체를 만드는 데 훨씬 효율적이다. 강제하지 않고 스스로 지배와 피지배를 받아들이게 하고, 그것의 주체가 되게 하기 때문이다. 상식적인 내용에 자신을 맞추어 스스로 주체가 되는 방식이야

16 원래는 이데올로기적 국가 장치라고 부르는데, 국가 중심으로만 생각해선 안 될 일이라 여겨 '이데올로기적 사회 장치'라 이름 붙였다. 이에 대해서는 구조주의 문화론에서 자세히 설명한다.

말로 자발적인 것이기 때문에 더 큰 효과를 낸다.

조금 논의가 복잡해졌다. 하지만 짚고 넘어가야 할 사안이 하나 더 있다. '이데올로기적 사회 장치'는 대체로 언어적 활동을 통해 주체를 만들어 낸다.17 대중 매체에서 쏟아내는 내용은 어떤 것이든 언어적 형태로 구성된다. 영화, 텔레비전, 대중 가요, 신문, 라디오, 인터넷, 게임, 애니메이션은 언어적 작동을 통해서 소통을 하고, 수용자를 주체로 만든다. 학교나 가정 또한 마찬가지다. 여러 교칙이나 교과서 내용, 훈화, 그리고 부모의 조언 등 거의 모든 소통은 언어를 통해 이뤄진다. '이데올로기적 사회 장치'는 언어적 소통 혹은 언어 교환을 통해 주체를 만들어 낸다. 즉 언어적 소통이나 언어 작동이 매우 중요한 역할을 차지한다. 대중 문화를 연구하는 데 있어 언어학 혹은 기호에 대한 학문인 기호학(혹은 기호론)이 중요성을 띠는 것도 그 때문이다. 대중 문화 과정은 언어적 작동을 통해 수용자를 불러들이는 과정, 그에 반응하여 수용자가 주체가 되는 과정으로 구성되므로 언어학, 기호학, 기호론은 언제나 중요한 분석 도구가 된다.18

덧붙일 중요한 사실 하나는 주체 형성은 언어적 작동을 통해서뿐만 아니라 다른 방식(비언어적)으로도 이뤄진다는 점이다.19 기호 작동 혹은

---

17 알튀세르에 의해 명명된 이 제도의 원래 명칭은 이데올로기적 국가 장치(Ideological State Apparatuses: ISA)다. 이에 대해서는 6장 구조주의 문화론에서 자세히 설명할 것이다.

18 대중 문화와 관련된 이론이 지속적으로 기호, 언어에 대한 언급을 중시하는 이유가 여기에 있다. 이 책에서도 구조주의 문화론, 후기 구조주의 문화론, 포스트모더니즘 등에서 언어적 과정에 강조점을 두고 대중 문화를 설명하고 있다.

19 후기 구조주의, 포스트모더니즘 등에 이르면 언어 중심적 사고에서 벗어나려는 움직임들을 감지할 수 있다. 문화적 과정을 언어 중심으로만 사고하던 데서 벗어나 몸, 욕망 등을 내세워 설명하려는 노력이 등장하는 것은 그런 까닭이다.

언어 작동이 아니고서도 주체를 만들 수 있다. 몸을 통한 경험이 또 다른 주체 형성 방식이다. 특정 소리를 듣고 우리는 그에 상당히 호의적인 감수성을 표할 수 있다. 그리고 그 소리를 접할 때마다 긍정적 태도를 취할 수도 있다. 그것은 소리의 내용과 관계없이 소리의 물리적 작용에 대한 반응일 수 있다. 공간 배치 또한 그렇다. 너른 광장을 대할 때 우리는 시원한 느낌 혹은 그것에 대한 경의의 느낌을 가질 수 있다. 2002년 한일 월드컵 때 많은 시민이 거리로 쏟아져 나왔다. 자동차에 길을 내주고 좁은 인도로만 다니던 시민에게 모든 거리를 점거하는 것은 전혀 새로운 경험이었다. 많은 시민이 거리를 점거하는 일에 큰 기쁨을 혹은 전에 없던 새로운 느낌을 가지게 되었을 것이다. 이전 세대의 경우 거리를 점거한다는 사실이 무엇을 의미하는지 알고 있다. 군사 독재에 항거하던 민주화 항쟁 때 거리에 쏟아져 나와, 거리를 점거하며, 구호를 외쳤던 이들은 자신의 몸이 차도를 점거했을 때의 희열을 잘 알고 있다. 그 경험은 거리를 점거한다는 것이 무엇인지를 몸으로 알게 해주었다. 전혀 그런 경험을 갖지 못했던 세대는 거리를 점거한 후에도 그것이 갖는 의미는 잘 모른다. 하지만 몸이 그때를 기억하는 한, 거리의 점거는 해방의 기쁨과 구속으로부터 벗어난 만족감을 전해 준다. 서로 다른 방식으로 거리를 점거한 몸이지만 그 몸은 앞으로도 찻길과 광장, 해방을 한데 묶어 고민할 기억을 가지고 있다. 그와 같이 공간의 배치, 공간의 활용도 우리의 주체 형성에 영향을 미친다.[20]

문화 운동 시민 사회 단체인 '문화연대'는 광장 만들기 운동을 펼친

---

[20] 게오르규 짐멜, 발터 벤야민의 도시에 대한 논의가 공간의 주체 형성을 논의한 대표적 예이다. 이들의 작업을 정리해 주체 형성과 함께 논의한 책으로 강신주, 《상처받지 않을 권리》, 프로네시스, 2009를 참조하라.

적이 있다.21 그들은 먼저 도심 속 거리가 사람들에게 편의를 주는 것이 아니라 자동차를 위한 것일 뿐이라고 파악했다. 자동차에 많은 공간을 빼앗긴 도시를 구해 내기 위해 보행인이 편히 쉴 수 있는 공간, 서로 소통을 할 수 있는 공간, 즉 광장을 만들어 내자고 했다. 광장 만들기 운동의 한 예로 광화문 광장을 기획했다.

그 넓은 길이 자동차를 위해서만 존재하니 차선을 줄여 양쪽의 일부 공간을 공원 혹은 광장으로 만들어 사람이 모여들게 하자고 제안했다. 그 공원과 광장에서 휴식을 취함은 물론이고 다양한 문화 행사를 벌여, 시민의 몸끼리 부딪치는 소통을 할 수 있는 전혀 새로운 형태의 광장을 만들자는 제안이었다. 그 같은 도시 환경의 변화를 통해 좀 더 쾌적한 삶을 원하는 주체, 현재의 도시에 대해 저항하는 주체, 문화를 향유하려는 주체를 형성할 수 있다고 기대했다. 이들의 주장이 모두 받아들여진 것 같지는 않다. 서울시는 문화연대의 주장과는 달리 광화문 광장을 스펙터클의 공간으로 만들었다. 시민의 편의가 아닌 시민에게 놀라움을 선사할 만한 큰 볼거리의 공간으로 만들었다(심지어 거기서 겨울에 스키 점프 대회를 열기도 했다). 공권력의 힘을 보여 주는 스펙터클 공간을 만든 셈이다. 문화연대의 주장에 맞는 광장을 만드느냐, 현재의 방식대로 공권력의 힘을 자랑하는 광장을 만드느냐에 따라 공간이 만들어 낼 주체의 모습은 달라질 수밖에 없다. 이처럼 공간, 공간의 배치와 같은 비언어적 과정 또한 주체 형성에 영향을 미친다.

대중의 일상은 대중을 주체로 만드려는 언어적 활동과 비언어적 활동으로 가득 차 있다. 대중은 날마다 그 같은 언어적 활동과 비언어적

---

21 이들의 주장과 논리는 www.culturalaction.org에 실린 성명서, 기자 회견문 등에서 접할 수 있다.

주체 형성은 언어 작동을 통해서뿐만 아니라 다른 방식으로도 이루어진다. 그 가운데 공간 배치나 공간 활용도 우리의 주체 형성에 영향을 미친다. 최근 시민의 편의가 아닌 시민에게 놀라움을 선사할 만한 큰 볼거리 공간으로 만들어진 광화문과 시청 앞 광장.

활동을 경험하고 그를 통해 사회를 사는 주체가 된다. 대중 문화란 그같이 언어적 활동과 비언어적 활동이 발생하는 지점이며, 끊임없이 주체가 만들어지는 지점이다. 텔레비전, 신문, 인터넷, 게임, 모바일 커뮤니케이션은 그러한 예다. 놀이동산, 광장도 그 과정 속의 한 지점이다. 학교 교실의 배치도 마찬가지다. 입고 있는 옷의 색깔도 그렇다. 라디오에서 흘러나오는 노래도 마찬가지다. 친구와 주고받는 말, 이메일, 휴대 전화의 문자 메시지, 트위팅도 그렇다. 돈을 내며 물건을 사고파는 행위도 마찬가지다. 이처럼 우리의 일상은 다양한 형태의 언어적, 비언어적 활동으로 채워져 있으며 우리는 그 활동을 통해 주체로 거듭나게 된다.

대중 문화 과정에서 주체가 형성된다는 점에서 우리는 대중 문화의 중요성, 정치성을 실감한다. 주체 형성은 대체로 다양한 형태의 지배적 입장에 동조하는 쪽으로 이뤄진다. 도심의 수많은 자동차 거리, 좁은 인도는 사람의 편의보다는 사회적 효율성을 강조하며 형성된 것이지만 그에 대하여 항의하거나 반발하는 대신 그것을 받아들이며 거리를 걸으면서 그에 동조하는 주체가 된다. 라디오에서 흘러나오는 수많은 댄스 음악은 과거보다 더 빠른 속도로 살아가는 주체 형성에 안성맞춤이다. 인터넷에 흘러 다니는 상업주의적이고 자극적인 각종 정보는 네티즌으로 하여금 더 많은 돈을 벌고, 더 많이 돈을 쓰는 사람이 자본주의에 가장 적합한 사람임을 인식케 하는 힘을 갖는다. 텔레비전에 등장하는 선남선녀는 매끈한 몸을 갖도록 권유하며, 그들의 사랑 이야기는 '신데렐라,' '백마 탄 왕자' 꿈을 갖도록 한다. 이처럼 대중 문화가 지배적 입장에 동조하는 주체를 만드는 데 이바지하는 사회적 제도임을 알게 되면 사회 변화를 꾀하는 쪽에서는 대중 문화의 변화 없이 사회 변화가 불가능하다는 결론을 내린다. 대중 문화를 분석함으로써 우리가 처한 지배적 조건이 무엇인지를 알게 된다. 동시에 지배적 조건으로부터 벗어나기 위해 대중 문화를 어떻게 변화시키고, 새로운 주체를 어떻게 만들어 낼 수 있을지를 고민하게 된다. 그러니 까다로운 용어와 어려운 이론이 등장한다.

4. 다양한 삶과 대중 문화

앞에서는 언어적 활동과 비언어적 활동을 통해 주체가 탄생하는 과정을 살펴보았다. 앞선 설명에서는 지배 집단에 이익이 되는 주체가 만들어지는 과정에 대해 주로 말했다. 대체로 많은 언어적 활동과 비언어적 활동은 지배 이익에 따르는 주체를 만들기도 하지만 그렇지 않은 경우도 많다. 우리 주위의 언어적 활동과 비언어적 활동은 아주 다양한 형태로 존재한다. 남성적인 것은 사회적으로 우월한 것이라며 남성적으로 살기를 요청하는 언어적 활동이 있는가 하면 그에 반대하는 언어적 활동도 있다. 인종 차별을 당연시하는 영화가 있는가 하면 그에 반대하여 그 영화를 보지 말 것을 권유하는 언어적 활동도 존재한다. 권위에 복종하게 하는 공간 배치가 있는가 하면 인간의 몸을 편안하게 만들어 주는 공간 배치도 존재한다. 돈을 내며 물건을 사는 행위도 있지만 남에게 조건 없이 선물하는 행위도 존재한다. 이처럼 우리 주변에는 서로 경쟁하는 다양한 언어적 활동과 비언어적 활동이 존재하고 우리는 그것의 대상 주체로 존재한다. 다양한 형태로 주체가 형성될 수 있는 가능성이 열려 있는 셈이다. 물론 경쟁하는 언어적, 비언어적 활동이 균형 상태로 존재하지는 않는다. 현 상태의 유지를 강화하는 쪽으로 대부분의 활동이 치우쳐 있긴 하다. 그렇더라도 경쟁이나 대안을 배제해선 안 된다.

자본주의 사회는 불균등한 발전을 낳는다. 불균등한 발전은 —— 의도했든 의도하지 않았든 간에 —— 다양한 집단과 다양한 삶의 방식으로 이어진다. 물질적 자본이 풍요로운 집단이 있는가 하면 그렇지 못한 집단도 있다. 교육적 자본이 풍부한 집단과 그렇지 못한 집단, 남성과 여성, 지역 거주자와 서울 거주자, 도시 거주자와 비도시 지역 거주자 등. 서로 다른 집단은 서로 다른 삶의 방식을 갖는다. 여성은 드라마와 같은 픽션을 즐기지만 남성은 대체로 뉴스, 다큐멘터리 등과 같은 논픽션을 더 즐긴다. 서울 강남 지역의 청소년이 미국식 힙합 문화를 선호하지만 강북 지역의 청소년은 일본 문화 혹은 한국식의 놀이를 더 즐긴다. 그 같은 차이는 그들이 사용하는 언어, 의상, 접하는 매체의 내용, 감수성에서 쉽게 찾을 수 있다. 이처럼 불균등 발전은 다양한 집단을 만들어 내고 그에 따른 다양한 삶의 방식을 형성한다. 다양한 삶의 방식은 곧이어 특유의 언어 생활과 비언어적 생활로 이어진다. 언어 생활을 예로 들어 보자. 노동 계급은 언어를 기능적 소통 수단으로 활용하며 그에 맞춘 언어 생활을 즐긴다. 필요한 말, 기능적인 말만 하는 셈이다. 그래서 그들의 언어 생활은 딱딱하거나 소란스러운 분위기를 수반하고 있음을 볼 수 있다. 반면 물질적 자본이 풍부한 집단은 언어를 기능적 소통 수단임을 넘어 감정 표현, 분위기 조절 등 인간 관계 설정에 필요한 수단으로 활용한다. 그래서 군더더기 말을 많이 쓰고, 논리적인 수사법을 자주 동원한다.22 비언어적 활동에서도 비슷한 차이를 드러낸다. 가구 배치를 예로 들어 보자. 물질적 자본이 적은 집안의 가구 배

---

22 영국의 언어 사회학자인 번스타인은 계급에 따라 정교한 언어 코드를 사용하거나 단순한 언어 코드를 사용하고 있음을 밝힌다. Basil Bernstein, *Class, Codes and Control* (vol. 1), London: Routledge & Kegan Paul, 1971.

치와 풍요로운 집안의 가구 배치 방식은 확연히 차이가 난다. 물질적 자본의 차이가 넓은 공간 혹은 좁은 공간의 선택으로 이어지고 공간의 선택은 곧이어 상이한 가구 배치로 이어진다. 좁은 공간의 가구 배치에 익숙한 집단은 자신에게 새로운 상황이 오더라도, 즉 갑자기 큰 집이 생긴다 하더라도 가구 배치를 예전의 방식대로 할 가능성이 크다. 그들의 삶의 방식이 그러했기 때문이다.

불균등 발전으로 인한 차이는 과연 어떤 사회 작용을 할까? 대중 문화 연구에 있어 이에 대한 답은 중요한 의미를 갖는다. 노동 계급의 미적인 감수성이나 언어 생활을 두고 퇴행적이라며 걱정했던 일군의 모더니스트(영국의 T.S.엘리엇T. S. Elliot, F.R.리비스F. R. Leavis 등)는 자본주의 이전의 문화적 삶으로 돌아가야 한다고 주장하기도 했다. 그들은 불균등 발전으로 인해 생긴 차이를 저주하며 차이가 없었던 과거로 돌아가자고 제안했다. 특히 노동 계급이나 중산층 이하 시민의 경우 과거에 비해 문화적으로 타락했으며 사회를 후퇴시킬 우려가 있을 만큼 비천한 문화적 소양을 지녔다고 파악했다. 불균등 발전 자체를 문제의 영역으로 파악하고 예전 균등했던 삶의 방식으로 돌아가자는 주장이다. 과거로 돌아가기 위해서는 과거 사회가 유기적으로 서로 공유하고 있었던 공유 문화common culture를 유지 전승해야 한다고 피력했다.

불균등 발전에 대한 다른 의견도 있다. 불균등 발전으로 인한 차이가 새로운 사회를 만들 수 있는 계기가 될 수 있다는 주장도 있다. 지배 계획이 차이(불균등)로 인해 매끄럽게 수행될 수 없음을 간파하고, 그 차이를 축복하고 활용할 것을 제안한다. 불균등 발전을 더욱 도드라지게 하자는 주장인 셈이다. 지배를 위한 언어적 활동이나 비언어적 활동이 늘 자신에게 유리한 방향으로만 주체를 만들 수 없음을 불균등 발전이 증명하고 있다는 주장이다. 문화 산업을 예로 들어 보자. 문화 산업은 대체로 상식을 기반으로 한 내용을 내놓고 사회 현상 유지를 위한 메시지를 담는다. 남성 중심적 지배를 유지하고자 하는 내용도 그런 것들 중 하나다. 그래서 문화 산업은 여성은 여성답게 살아야 하며 남성은 남성다워야 한다고 드러내 놓고 발언한다. 드라마 속에서 여성은 남성에 의존적이며 남성은 여성을 이끌고 가는 모습을 보여 준다. 드라마라는 언어적 활동을 통해서 남성다움과 여성다움을 받아들이는 주체를 만들려 하는 것이다. 우리 주변의 생활이 드라마 속과 별로 다르지 않으니 시청자는 그 같은 내용을 받아들이고 주체 형성 과정에 기꺼이 동참하게 된다. 하지만 모든 드라마 시청자가 반드시 그렇게 느끼진 않는다. 남성 중심적 사고에 대해 반감을 지니고 있는 집안에서는 그런 드라마에 관심을 보이지 않을 것이다. 드라마에 대한 비평 또한 드라마 속 여성과 남성 묘사에 대해 불만을 표시할 수 있다. 여성 해방 운동을 벌이는 측에서는 더욱 강한 어조로 그 같은 드라마를 그만두라고 주장할 수도 있다. 이같이 다양한 형태의 언어적 작용 속에 주체가 놓이게 되면 반드시 문화 산업이 내놓은 내용에 포획된다는 보장은 없다. 문화 산업이 만든 드라마 내용은 다른 언어적 활동(집안의 전통, 비평, 여성 운동)과 경합을 벌이게 된다. 경합의 결과 원하는 바대로 주체를 만드는 데 실패할 가능성도 있다. 전혀 예상치 않은 다른 주체가 만들어질 수도 있다. 드라마를 시청하는 수용자가 드라마 내용보다는 그에 대한 페미니스트 비평에 더 동의하면서 드라마 내용과 어긋나게 해석하며 수용하는 주체가 될 수도 있다.

문화 산업이 만들어 낸 내용과는 거꾸로 가고, 동의하지 않는 주체가 등장하면 문화 산업은 깊은 고민에 빠지게 된다. 세상이 바뀌었음을 포착하고 스스로 변신할 준비를 할 수밖에 없다. 인기를 끌기 위해서는 어쩔 수 없다. 여성, 여성의 삶에 대한 사회적 인식이 바뀌어 가는데도 드라마가, 방송사가 그를 못 본 체할 수만은 없는 노릇이다. 인기를 먹고 사는 방송사로서는 세상의 변화에 누구보다도 민감해야 한다. 남성, 여성에 대한 상식은 영구불변으로 존재하고 통용되는 것이 아니다. 모든 시청자를 만족시킬 수 없을 뿐만 아니라 그에 대한 불만이나 반감을 지닌 집단이 늘어나게 되면 드라마 내용은 바뀔 수밖에 없다. 결국 텔레비전 드라마 내용은 사회 내 다양한 집단이 어떤 경험을 지니고 있으며 어떤 의식을 지니고 있는지, 어떤 반응을 보이는지에 따라 변화하기도 하는 셈이다. 대중 문화에 대한 관심은 이 같은 과정에 대한 관심이다. 이 예에서 텔레비전 드라마 자체를 대중 문화라고 부르기보다는 다양한 집단이 드라마의 의미를 둘러싸고 벌이는 게임을 대중 문화로 볼 필요가 있다. 반복해서 말하지만 대중 문화를 생산에서 수용에 이르기까지에 참여하는 많은 요소의 과정으로 파악해야 한다. 그 과정은 드라마가 수용자를 주체로 만드는 것으로 마감하는 단순한 과정이 아니다. 드라마는 수용자를 주체로 만들려 하되 수용자는 드라마가 의도했던 주체가 되기도 하고 전혀 다른 방향의 주체가 되기도 하며, 그 결과에 따라 드라마가 방향을 바꾸기도 하는 과정, 바로 그 과정을 대중 문화로 파악하는 지혜가 요청된다.

불균등 발전으로 인해 다양한 집단의 다양한 경험이 존재하고, 다양한 담론(예를 들어, 수용자의 감상, 전문가의 비평, 시청자 단체의 비판 등등)이 존재하는 한, 문화 산업, 대중 매체가 의도했던 주체 형성은 온전히 성공할 수 없다. 다양한 경험은 대중 매체 내용을 거꾸로 받아들이게도 하고, 내용 일부분을 바꾸어서 받아들이게도 한다. 대중 문화란 문화 산업, 대중 매체가 내놓은 내용, 비언어적 활동이 내놓은 내용, 그리고 그것을 받아들이는 사람의 조건, 주체가 만들어지는 과정을 모두 포함한 것이다. 다시 말해 자본주의 사회에서 대중 문화는 대중을 지배의 대상으로 삼고자 하는 움직임 — 언어적, 비언어적 활동을 포함한 움직임 — 과 그 움직임에 대한 다양한 집단의 반응 모두를 한데 합친 것이라 할 수 있다. 그러므로 대중 문화에는 순응과 저항, 혹은 협상 등이 한데 어우러져 있다고 할 수 있다. 대중 문화를 고정된 실체로 보지 않고 이처럼 과정으로 파악하는 일은 그 안의 역동성과 정치성을 파악하는 데 도움이 된다. 사회 내 불균등 발전은 불가피하게 대중 문화 과정에서 갈등과 모순이 드러나게 하고 경쟁과 저항으로 이어지게 하는 힘이 되기도 한다.

대중 문화를 논의함에 있어 사회적 차이, 불균등 발전, 갈등, 경쟁, 모순은 빠뜨릴 수 없는 사안이다. 오히려 이를 축으로 하여 대중 문화 과정에서 발생하는 불협화음을 찾아내고, 그 갈등이 사회를 변화시키는 힘으로 이어질 수 있도록 유도하는 것이 대중 문화를 분석하는 중요한 목적이기도 하다. 여성의 삶이, 청소년의 삶이, 노동 계급의 삶이 언제나 억압에 눌려 있거나, 피지배의 지위에만 놓여 있을 수만은 없지 않은가. 다양한 삶이 자신의 목소리를 낼 수 있게 하고, 그에 맞추어 문화를 향유하고, 사회적 발언을 높이는 일은 소중하다. 대중 문화를 논의하는 일이 문화적인 사건임을 넘어 정치적인 것, 사회적인 것임을 인식하는 노력의 중요성은 언제든 강조되어야 한다.

5. 대중 문화와 대중 매체

앞서 대중 매체를 이데올로기적 사회 장치라고 지적한 바 있다. 대중 매체는 여러 장치 가운데서도 가장 두드러지는 역할을 하는 이데올로기 장치임에 틀림없다. 학교나 가정도 중요한 역할을 하지만 매체가 폭발적으로 늘어난 지금은 압도적인 장치라 할 수 있다. 비록 불균등 발전으로 인해 다양한 집단이 다양한 삶을 형성했고 그 삶을 기반으로 대중 매체의 내용을 거부하기도 하지만 대중 매체의 위력을 쉽게 넘어서지 못하는 것이 현실이다. 대중 문화를 논의하는 데 있어 대중 매체를 결코 뺄 수 없는 이유가 거기에 있다.[23] 대중 매체의 생산물을 대중 문화와 등치시키는 습관도 대중 매체의 위력을 인정한 데서 비롯된 것이다. 대중 매체의 내용이 지배를 지속시키기 위한 주체를 만들어 내는 데 성공을 거두고 있음을 인정한 셈인데, 그렇다면 과연 대중 매체는 어떤 방식으로 지배와 피지배를 자연스럽게 받아들이도록 하는 것일까? 대중 매체의 내용이 어떻게 짜여져 있기에 우리를 주체로 낚아 내는 데 성공을 거두는가.

첫째, 대중 매체는 이미 우리 사회 내에서 상식화된 것을 기반으로 내용을 꾸민다. 남성은 강하고 여성은 부드럽다는 것은 누구나 받아들이는 상식이다. 남성과 여성을 드러낼 때는 이 같은 상식에서 크게 벗어나지 않는다. 지역은 중앙에 비해 낙후되어 있고, 중앙을 보조하는 역할을 한다는 것도 사회가 상식적으로 받아들인다. 그런 탓에 지역의 사투리를 사용하는 등장 인물을 표준에서 벗어나는 캐릭터로 설정하는 것도 자연스럽다. 상식적인 것, 우리가 자연스럽게 받아들이는 것들을 사회 내 신화myths라고 부른다. 신화는 신에 대한 이야기라기보다 전혀 자연스럽지 않은 것을 자연스럽게 만들어 의문시하지 않도록 만들어진 관념을 의미한다. 여성에는 약하다, 감성적이다, 부드럽다, 양육에 능하다 등의 신화가 뒤따른다. 노동자에는 늘 받기를 원한다, 때로는 과격하다, 고용주의 입장을 이해하지 않는다 등의 신화가 붙여진다. 흑인에 대한 신화는 강하다, 체력이 뛰어나다, 게으르다 등의 내용을 갖는다. 대

---

23 최근에 출간된 대중 문화 관련 외국 서적에서 대중 매체는 늘 앞 자리를 차지해 대중 매체의 진전과 대중 문화의 관계를 강조하고 있음을 알 수 있다.

중 매체는 이같이 사회에 널리 퍼져 있는 신화를 기반으로 제작한다. 그리고 반복함으로써 신화를 재생산한다. 이미 언제나*already always* 신화에 길들여진 우리는 대중 매체의 신화 이용을 쉽게 거부하지 못한다. 그를 자연스러운 것으로 받아들이고 의문을 표하지 않는다. 신화를 재생산하는 순간이다. 대중 매체는 쉽게 거부할 수 없는 상식을 기반으로 신화를 생산하고 재생산한다.

둘째, 대중 매체는 신화를 생산, 재생산하기도 하지만 때로는 그 신화에 대한 도전도 행한다. 반反신화적 내용도 만들어 낸다. 하지만 그 도전은 일종의 예방 접종 효과를 내는 수준에서 그치기 일쑤다. 신화에 대한 과격한 도전이 사회 내에서 큰 힘을 발휘하지 않도록 미리 예방을 해내는 역할을 수행한다는 의미다. 그런 점에서 대중 매체는 신화에 대한 도전을 가끔 행하되 약한 정도에서 수행한다. 혹은 하나의 신화에 도전하면서 다른 신화에 파묻히게 하는 작업을 하기도 한다. 한 예를 들어 보자. 여성 노동자의 삶이 얼마나 힘든 것인가를 보여 주는 다큐멘터리가 있다고 하자. 여성 노동자의 삶이 힘들다는 것을 보여 주면서 그 해결책으로 가정의 따뜻함을 내세웠다고 하자. 그 다큐멘터리는 여성 노동자의 삶을 보여 주며 노동자 신화에 도전하는 듯하지만 그 해결책을 가정으로 돌림으로써 가정에 대한 신화, 여성에 대한 신화를 더욱 강화시켰다고 할 수 있다. 이처럼 신화에 도전하는 듯한 내용을 담은 대중 매체라 할지라도 여전히 사회 전체의 모순에 메스를 댄다든지 하는 과감함에까지 이르지 않는다. 하나의 모순이 다른 신화로 해결되게 하는 등의 방식으로 도전 자체를 의미 없는 것으로 만들기도 한다. 그런 점에서 대중 매체는 때때로 진보적 사상을 사전에 예방하는 면역 주사 역할을 하고 있다.

셋째, 대중 매체는 사회 변화에 매우 민감하다. 영화는 관객의 취향 변화를 읽지 않고서는 성공을 거둘 수 없다. 방송 또한 시청자가 변하고 있다는 사실에 항상 촉각을 곤두세운다. 대중 매체는 인기(관객수, 시청률)가 자신의 성패 여부를 정해 주는 기준이 되기 때문에 그를 외면할 수 없다. 하지만 결코 대중 매체 자신이 나서서 사회 변화를 선도하지는 않는다. 대중을 뒤따르는 대중 추수적 성격을 지니며, 사회의 변화를 따르기만 한다. 대중 매체는 변화를 따르면서 대중의 입맛을 충족시켜 주는 것처럼 보이지만 대중에게 고민거리를 던져 주는 선도의 입장을 취하진 않는다. 변화에 민감하되 변화를 추종할 뿐 그 변화를 긍정적인 변화로 끌고 가는 모험을 행하지 않는 것이다. 대중 매체는 보수적이며 체제 유지적 자세를 취한다. 그래서 대중을 크게 불편하게 만들지 않는다.

상식적인 것, 즉 신화에 기반을 두기, 신화에 대한 도전을 또 다른 신화에 포괄시키기, 사회 변화에 민감하되 대중의 취향 변화에 따르기만 하기 등의 전략. 대중 매체의 이 같은 전략은 보수적이며 체제 유지적이다. 대중 매체 바깥의 정세가 보수적이고 큰 변화가 없으면 그 같은 행태는 지속될 수밖에 없다. 대중 매체의 내용과 경쟁하는 많은 언어적, 비언어적 활동이 등장해 끊임없이 사회 내 새로운 주체를 만드는 작업이 이뤄지지 않는 한 대중 매체의 변화를 기대하긴 어렵다. 흔히 대중 매체나 대중 문화 역동성을 논의할 때 헤게모니*hegemony*의 개념을 끌어다 쓴다. 헤게모니는 사회 내 지배 권력이 피지배 권력을 동원하거나 이끌 때 억압적 방식을 채택하기보다는 사회의 동의*consent*를 그 기반으로 삼을 때 형성된다. 사회가 상식적이라고 생각하는 것, 사회가 동의를 보낼 수 있는 것을 통해 지배를 이끌 때 헤게모니적이라고 부른다. 나라의 경제가 어려울 때 온 국민이 합심해서 나라 경제를 살려야 한다는 국민 의식. 이것은 분명 상식에 해당하는 일이다. 노동자도 양보해서 어려운 나라 살림에 보탬이 되도록 해야 한다는 것. 이것도 분명 상식에 속하는 일이다. 사회에 큰 변화가 없는 한 그 같은 상식을 통해 지배를 정당화할 것이고, 대중 매체 또한 그 같은 상식을 기반으로 제작에 임할 것이다. 그리고 피지배를 당하고 있는 측에서 그 상식에 동의를 하면서 헤게모니는 성공적으로 이뤄진다. 하지만 만일 그 같은 국민 의식이나 노동자 의식이 문제가 있는 것이라는 분위기가 사회에 팽배해진다면 상식은 바뀔 것이고, 동의를 주는 피지배 측도 동의를 보내기를 꺼려하게 되고 헤게모니는 위기에 처하게 된다.

현대 자본주의 사회에서 대중 매체는 헤게모니가 자연스럽게 유지될 수 있도록 할 뿐만 아니라 헤게모니 위기 상황을 헤쳐 나가는 역할을 한다. 대중 매체를 논의하면서 대중의 삶의 방식까지 끌어들이는 이유는 그것이 헤게모니 과정에서 소중한 역할을 하기 때문이다. 대중의 삶이 늘 기존 상식에 묶여 있거나 지배 권력에 동의하는 쪽으로만 치우쳐 있다면 사회 변화, 대중 매체 변화를 바랄 수는 없다. 보수적이고 현상 유지에 지속적 관심을 보이는 대중 매체의 내용에만 탐닉하는 주체로 머물 경우 대중 매체의 내용과 사회 변화는 요원하다. 대중 문화와 대중 매체(혹은 문화 산업), 헤게모니 그리고 대중의 삶의 방식을 한데 묶어 논의해야 하는 이유는 거기에 있다. 현재의 삶을 되돌아보고 과연 그 삶이 어떻게 이뤄져 있고, 어떤 방향성을 갖는지를 살펴보는 일은 새로운 사회를 위해 반드시 필요한 부분이다. 분석과 논의를 통해 그 안의 보수성뿐만 아니라 새로움, 기존 질서와 상식에 대한 도전을 찾아내는 일도 대중 문화 연구의 중요한 소임이다.

6. 새로운 주체의 가능성

대중의 삶 속에서 새로움을 찾는 일은 대중 문화 연구에서 매우 중요한 부분을 차지한다. 대중은 자신에 부과된 언어적, 비언어적 활동에 대해서 깊은 고민을 하거나 연구를 하진 않는다. 오히려 그 안에서 하루하루를 살아갈 뿐이다. 그래서 대중의 삶 속에서 새로움을 찾아내고 그 새로움을 다시 대중들에게 돌려주는 일은 매우 소중하다. 대중의 자기 성찰이 가능토록 돕는 일이 되기 때문이다. 대중 문화 연구의 궁극적인 목적도 그에 있을 것 같다. 대중의 삶을 들여다보고 그 안에서의 새로움을 찾아내고 다시 대중에게 돌려주어 자신의 삶을 반추하게 하고 더 나은 삶을 위해 활동할 수 있도록 이끄는 일. 그것이 대중 문화 연구의 목적이라 할 수 있다. 계몽적 일꾼으로 대중 문화 연구자가 나서자는 주장은 아니다. 대중 문화 연구자는 때로 대중의 삶을 통해 생각지 못했던 부분을 배우기도 한다. 연구자는 대중과의 대화, 대중으로 돌아가기 등과 같은 노력으로 대중과 함께 가기를 행해야 한다.

대중 문화 논의가 중요성을 띠게 된 것도 대중에게 돌아가는 전략의 필요성 때문이다. 대중의 삶으로부터 배우기, 그리고 다시 그들에게 돌려주기. 엘리트주의적 논의나 계몽적 수사에서 벗어나기를 꾀한 것도 그 필요성 탓이다. 그동안 대중 문화 논의는 대체로 대중 매체에 대한 분석과 언어적, 비언어적 활동 속 대중의 삶에 대한 분석에 주력해 왔다.[24] 첫 번째 분석 유형을 대중 문화 텍스트 분석이라고 부른다. 두 번째 분석

---

[24] 구체적인 분석과 분석법을 담은 책으로는 J. Storey, *Cultural Studies and the Study of Popular Culture: Theories and Methods*, Edinburgh: Edinburgh University Press, 1996 [《문화 연구의 이론과 방법들》, 박만준 옮김, 경문사, 2002]을 참조하라.

유형을 대중 문화 수용 분석이라고 부른다.

텍스트 분석은 대중 매체나 사회 내 담론이 어떻게 구성되어 있는
가를 밝히는 작업이다. 과연 어떻게 구성되어 주체를 형성하고 있는지
를 살펴본다. 이 같은 분석을 위해 — 앞서 설명한 바와 같이 — 기호
학semiotics, 구조주의 언어학을 주로 동원했다. 기호학은 사회 내 소통의
기본 단위를 기호signs로 보고 그 기호가 짜여진 방식, 체계 등을 찾고자
했다. 그 분석을 통해 어떤 의미가 생기고 그 의미는 어떤 주체를 만들
수 있는가를 예측해 냈다. 그에 비해 수용 분석은 전달된 텍스트를 과
연 어떻게 수용하고 있는지를 분석한다. 불균등한 발전이라는 여건 속
에서 사는 다양한 집단이 자신에게 전달된 텍스트를 어떻게 해석해 내
고 그 텍스트를 어떻게 활용하고 있는지를 찾아낸다. 이 같은 수용 분
석을 위해서 민속지학ethnography, 인류학을 주로 동원했다. 민속지학, 인
류학을 동원한 수용 연구는 주로 대중 문화 수용이 대중의 삶 속에서 어
떤 의미를 갖는지를 밝히고자 한다.

텍스트와 수용 분석을 통해 대중 문화 연구는 많은 성과를 거두었
다. 텍스트 분석을 통해서 대중 매체나 사회 내 주도적인 담론의 전략
을 파악해 낼 수 있었다. 뿐만 아니라 반反대중 매체 제작이나 반주도적
담론의 제작을 위해 필요한 방식도 정리해 낼 수 있었다. 수용 분석을
통해서는 다양한 삶에서 다양한 의미 형성이 이뤄지고 있음을 찾아냈
다. 사회 내 소외 계층이나 팬덤 연구를 통해 대중 매체나 주도적 담론
의 주체 형성 전략이 실패로 돌아갈 수 있음을 밝히기도 했다. 그리고
그 연구를 다시 되돌려서 그 실패가 갖는 의미를 대중에게 전달하고자
했다(일런의 비평 작업이 그에 해당한다).

대중 문화 분석이라는 과제를 받은 학생은 앞서 설명한 두 영역 중
어느 쪽을 택할 것인지를 고민하게 마련이다. 텍스트를 분석해 나갈 것

인가 아니면 그 텍스트의 수용을 고민할 것인가를 택해야 한다. 그러나 두 분석이 결코 상호 배타적이 아니란 점은 명심해 둘 필요가 있다. 텍스트 분석 없이 텍스트 수용에 대한 분석이 불가능한 것은 당연하지 않은가? 텍스트와 텍스트 수용에 관한 사안은 늘 연관시켜 고민할 필요가 있다. 분석을 위해 나름대로 기호학, 언어학이나 민속지학, 인류학에 대한 기본적인 준비를 해두어야 한다. 분석을 위한 방법론 없이는 체계적인 분석을 해낼 수 없기 때문이다. 단순히 자신의 느낌을 적는 일은 인상 비평 혹은 단순 분석에 지나지 않는다.

텍스트 분석이든 수용자 분석이든 지금까지의 대중 문화 연구는 일정 한계를 지니고 있었다. 텍스트 분석은 분석을 통해서 지배적인 담론이나 대중 매체의 정체를 드러내는 데는 성공을 거두었지만 텍스트 비판을 넘어서지 못했다. 대안적인 텍스트를 만드는 일을 주장하고 실행에 옮긴 것이 성과라면 성과라 할 수 있다. 수용자 분석은 수용자 주체가 수동적이지 않으며 다양한 삶을 통해 새로운 경험을 축적하고 새로운 의미 형성을 해낸다는 사실을 밝혀냈지만 정작 그것이 새로운 사회의 변화를 위해 어떻게 활용되어야 하는지 등에 대해 큰 고민을 해내지 못했다. 수용자의 능동성을 사회성으로 옮겨 놓지 못한 것이다. 하지만 양쪽의 분석 모두 새로운 주체를 만들어 내야 하고 그것이 불가능할 때 대중 문화는 늘 지배가 활개 치는 공간일 수밖에 없음에 대해서는 합의하고 있다. 새로운 주체를 만들어 내는 일. 만일 그것이 대중 문화 연구의 과제라면 이제 고민은 더욱 깊어질 수밖에 없다. 어떤 주체가 과연 새로운 주체일까? 만일 그것의 방향성이 정해진다면 새로운 주체를 만들어 내는 방식을 어떻게 구성해야 하는 것일까? 새로운 주체 만들기. 그것은 대중 문화를 분석하는 과제를 앞둔 학자, 학생 모두가 넘어야 할 큰 언덕처럼 다가온다.

그것은 책상머리에 앉아 벌이는 연구로만 이뤄질 일은 아니다. 주체를 만들어 내는 데는 국가의 정책, 교육, 미디어 정책 등 사회 제도의 모든 것이 동원된다. 그렇다면 새로운 주체를 꿈꾸고, 다양성을 갖춘 사회로 변화해야 한다는 생각을 가진 연구자는 때로 정책에도 개입하고, 사회 운동도 벌여야 한다. 대중 문화를 연구하는 일은 그런 일까지를 포함하는 것일 수도 있다. 연구자로서 임무를 마감하지 않고, 대중 문화 수업을 듣는 한 개인 수강자로만 머물지 않으며 대중 문화를 변화시킬 수 있는 다양한 루트에 개입하고 참여하는 일은 연구의 또 다른 면이라 할 수 있다. 최근 들어 대중 문화 연구자가 국가의 문화 정책, 사회 정책을 연구하고, 개입하며, 때로는 거리로 나서는 일을 자주 목격하는 것도 그런 까닭이다. 그를 통해 연구자 스스로가 새로운 사회를 꿈꾸는 주체로 태어나고, 사회 내에 더 많은 새로운 주체가 탄생하게 하는 생성자 역할을 할 수 있다. 그러므로 대중 문화 공부가 지향하는 가장 궁극적인 지점은 늘 같은 종속적 주체를 만들어 내기를 꿈꾸는 지배 권력에 맞서 새로운 주체를 만들고 새로운 사회를 형성해 내는 데 있다. 대중의 삶이 담긴 대중 문화를 분석하고 해석하기 위해 여러 문화론을 배우는 일도 궁극적으로는 그를 향한 것임에 틀림없다.

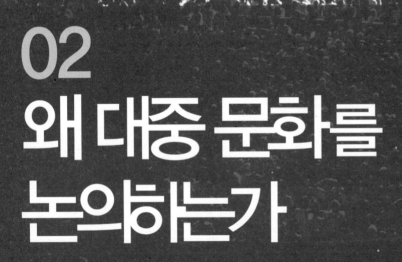

02
왜 대중 문화를
논의하는가

이 책의 전신인《대중 문화의 패러다임》(1996) 에서는 "대중 문화 연구가 넘친다"라는 말로 말문을 열었다. 당시 갑자기 늘어난 대중 문화 논의를 가리켜 '대중 문화 과잉 담론'이라 부르기도 했다. 대중 문화 논의가 넘치는 것을 경계하자는 의미도 있었지만 제대로 논의하자는 취지의 제안이었다.25 물론 대중 문화를 학문 대상으로 올려놓은 사실에 불만을 보이며 힐난조로 과잉 담론이라 부르는 쪽도 있었다.26 냉전이 끝나고 이념 갈등이 사라진 자리를 대중 문화가 채우고, 모든 사회 영역을 가로질러 떠돌아다니며 자본주의 승리를 노래하는 징후가 아니냐는 지적도 있었다. 소비 문화의 대명사라 할 수 있는 대중 문화를 학문의 대상으로 설정

25 원용진, "대중 문화의 과잉 담론," 〈경제와 사회〉, 1996, 봄호, pp.10~35.
26 특히 인문학적 전통을 고수하려는 문학 연구 등에 이러한 분위기가 있었다. 그러나 최근에는 영문학, 국문학, 철학 등을 선공한 이들이 대중 문화에 대한 수준 높은 비평을 가릴 뿐 아니다, 그들의 교과목에 대중 문화와 관련된 창작, 비평 과목을 설치하고 있다. 몇몇 학과는 문화컨텐츠학과 등으로 아예 이름을 바꾸기도 했다.

하고, 그를 찬양하거나 지위 격상시킨 일에 대한 불만이었다. 대중 문화는 배워야 할 대상이라기보다는 비판과 극복의 대상이므로 학문적으로 다루더라도 엄격한 비판의 그물망으로 다뤄야 한다는 지적도 있었다. 아예 대중 문화가 학문적 연구 대상이 되기 힘들다는 주장도 나왔다. 대중 문화를 제대로 들여다보자는 쪽, 그에 반대하는 입장, 대중 문화는 극복의 대상이라는 쪽 등이 쏟아낸 담론 탓에 '대중 문화 과잉 담론'의 시절이 시작되었다. 1990년대 중반 언저리가 그 정점이었다.

과잉 담론은 그치지 않고 지속되고 있다. 하지만 이제 누구도 과잉 담론이라고 칭하지 않는다. 대중 문화에 대한 과잉 담론을 체념한 것일까? 아니면 대중 문화의 과잉 담론이 사회적으로 큰 해악을 끼치지 않을 거라며 그냥 내버려 두기로 한 것일까? 그도 아니면 과잉 담론이 되어도 좋으니 제대로 연구해야 한다고 다 동의한 탓일까? 그 속내를 정확히 알 길은 없다. 하지만 이젠 더 이상 과잉 담론 자체가 뉴스거리가 되지 않음은 분명하다. 대중 문화 논의가 자연스러워졌고, 관심을 갖는 연구자도 많이 늘었다. 연구한 내용을 발표할 학술지도 많이 생겼다. 대학, 대학원에서 대중 문화 관련 과목이 관심 교과목으로 자리잡기 시작했다. 수업 교재로 사용할 만한 책도 전에 비해 많이 늘었다. 저널리즘 영역에 '대중 문화 전문 기자'라는 직함을 단 저널리스트도 생겼다. 이젠 과잉 담론을 걱정하는 일보다는 얼마만큼 대중 문화를 체계적으로 잘 설명해 낼 것인가, 대중 문화와 관련된 사회 문제를 두고 얼마나 잘 실천할 것인가로 초점이 모아지는 듯하다. 대중 문화의 사회적 지위가 긍정적인 방향으로 바뀌었고, 대중 문화 논의의 중요성에 대한 인식도 늘어난 셈이다.

대중 문화 연구를 어떤 학문 영역에서 하는 것이 적절한가를 놓고 논쟁을 벌인 적은 없었다. 분과 학문이 아닌 통합 학문, 학제(學際,

interdisciplinary) 연구가 각광받는 터라 누구도 대중 문화를 특정 학문 분야에서 연구해야 한다며 나서지 않았다. 대중 문화 연구야말로 가장 모범적으로 통합 학문, 학제 연구를 수행할 만한 곳이라는 동의가 암묵적으로 깔려 있는 것처럼 보인다.27 그런 탓에 다양한 학문 분야에서 논의하고 있으며, 다양한 연구 성과를 내고 연구자를 배출하고 있다. 대중 문화 연구자는 느슨한 형태로 '문화연구학회,' '대중서사학회,' '대중음악학회,' '영상문화학회,' '문화연구캠프,'28 '문학과 영상학회,' '영상예술학회' 등 학제적 모임을 만들고 연구서와 논문집을 발행하는 등 분과 학문 체제를 넘어선 활동을 해오고 있다. 다양한 형태의 비평 공간은 여러 분야의 학문적 논의를 응용한 문화 비평에 기회를 제공하고 있다. 대중 문화 평론가(혹은 비평가)라는 직함으로 학계 바깥에서 학문적 성과를 응용해 대중 문화를 풀어내는 전문가도 많이 생겼다. 과잉 담론 시절 상종가를 쳤던 대중 문화 비평 전문 잡지는 사라졌지만29 당시 활약했던 비평가는 다양한 방식으로 대중 문화 담론 생산에 기여하고 있다. 학계에서 생산한 담론을 비평계에서 활용해 대중화시키고 있음은 대중 문화 논의가 제도화되었다는 말과도 통한다.30

    체계적 담론이 늘고, 연구자의 제도권 학문 영역 진입이 많아진 것

---

27 영국의 문화 연구가 학과가 아닌 센터(CCCS)에서 시작되었던 점에 주목할 필요가 있다. 다양한 학문 분야가 센터로 몰려들어 학제적 연구를 하게 해야 한다는 취지로 센터 설립했음은 초기 문화 연구자는 여러 번에 걸쳐 밝히고 있다.

28 문화연구캠프는 미디어 연구자 가운데 대중 문화 연구를 주 전공으로 삼는 학자들이 결성한 모임이다. 해마다 대중 문화에 관심 있는 대학원생을 대중 문화 현장으로 초대하여 세미나, 토론, 대중 문화 이벤트를 벌인다.

29 여기서는 〈리뷰〉, 〈상상〉, 〈오늘 예감〉 그리고 현실문화연구사에서 발간하는 여러 책들을 염두에 두었다. 그리고 대중 문화에 관한 책을 발간하려 했던 많은 출판사들의 움직임 등도 감안했다.

을 두고 대중 문화 연구가 제도 학문화되었다고 평가하기도 한다. 그러나 단순히 제도 학문의 한 귀퉁이를 지키는 것만으로 그치지 않고 있다. 대중 문화론 학문의 장으로 들어와 사회학, 정치학, 철학, 문학, 미디어학, 심리학, 인류학, 경제학, 경영학, 정신분석학, 여성학, 심지어는 물리학, 수학에서까지 주요 개념을 가져와 자신의 영역을 구축해 가는 블랙홀과 같은 모습을 하고 있다. 머잖아 학제 간 연구의 한 표본으로 우뚝 서고 '대중 문화학'으로까지 도약할 거라는 예측도 있다.[31] 논의를 통합적으로 펼치고, 다양한 학문 분야의 성과를 가져왔다는 점에서 대중 문화 논의는 생산적이었고, 튼실한 감을 주었다고 평가할 만하다. 하지만 통합적이고, 다양함을 모았다는 점 때문에 생긴 어려움도 있다. 여전히 분과 학문 체제에 익숙한 탓에 대중 문화 연구에 입문하려는 이들은 혼돈스럽다는 느낌을 갖는다. 대중 문화 연구는 짧은 시간에 여러 학문 분야에 걸쳐서 많은 성과를 거두었고, 새로운 분야로 성장하고 있지만 아직까지는 논의 체계가 산만한 탓에 접근이 용이하지 않다는 불평이 뒤따른다.

특정 분야 공부를 시작하는 이는 그 시작점에서 해당 분야의 명료한 지형도, 관련된 이론, 방법론을 구하길 기대하리라 짐작할 수 있다. 대체로 개론서를 그런 방식으로 꾸리는 것으로 미뤄 보더라도 그 짐작은 가히 틀리지 않다. 불행히도 대중 문화 연구 분야는 아직 시작을 위한 안내에 소홀하다. 명료한 지형도를 그리기가 복잡한 탓인지 시도가

---

30 과거 대중 문화 비평가, 평론가로 활약하던 김종엽, 김창남, 정준영, 신현준, 김소영, 이동연, 서동진, 변재란 등이 모두 대학에서 연구자로 활동하고 있는 것을 보더라도 제도화는 확실해 보인다.
31 연세대학교, 중앙대학교, 성공회대학교에서는 대중 문화를 포함한 문화를 연구하는 석박사 과정을 개설하고 있다.

많지 않았다. 이론과 방법론을 일목요연하게 전하는 작업도 찾기 힘들었다. 이래저래 연구를 시작하려는 이들에게 친절함을 베풀지 못했다. 앞서 간 이들이 과거 느꼈던 고통을 생각하며 안내의 친절함을 베풀 만도 하건만 아직 정비가 미비하다. 젊은 학문 분야라서 그렇다고 변명하고, 앞으로 더 많은 작업이 나오도록 독려하고 기대해 보자.

그 같은 기대에 부응하고자 준비했지만 이 책이 그를 다 충족하기엔 미흡한 점이 많다. 시중에 나온 전문서와 교차해 가며 보완 학습하는 지혜도 필요하겠다. 한국보다 먼저 대중 문화 연구를 행한 지역에서 펴낸 이론서를 참조하는 노력도 기울여 보길 권한다. 모든 기대를 충족시켜 줄 만한 전문서가 없으므로 연구를 시작하려는 쪽에서 자료를 수합하고, 종합해 해석해 나가는 노고를 아끼지 말아야 겠다. 그런 요청을 하면서 대중 문화 연구를 잘하기 위한 몇 가지 방편을 전하고자 한다. 첫째, 대중 문화 논의 방식의 다양함을 인식하고 인정할 것을 요청하고자 한다. 대중 문화 연구를 소개하는 대부분의 서적은 놀랄 만큼 많은 철학자, 사상가, 이론가를 인용하며 그를 묶어 내느라 분주하다. 책을 적는 이마다 그를 묶어 내는 기준이 달라 한곳에서는 같은 묶음에 들어가던 사람을 다른 곳에서는 전혀 다른 생각을 가진 사람으로 분류하기도 한다. 이렇듯 대중 문화 논의는 다양한 기준으로 많은 사상의 흐름을 드러내고, 그를 분석하는 여러 방법을 소개한다. 다양한 흐름, 인물, 이론, 방법은 여러 형태로 연결되고 도움을 주고받고 있으므로 그들 간의 흐름, 수용, 이탈을 꼼꼼히 살펴볼 필요가 있다. 둘째, 흐름, 수용, 이탈을 이해하는 일만큼 그중에서 하나를 택해 자신의 것으로 만드는 지혜도 발휘해야 한다. 자신이 서 있는 지점에 따라 바라보는 풍경은 달라지게 마련이다. 자신이 설 지점을 분명히 깨닫는다면 일관된 분석과 해석을 해낼 수 있다. 어떤 선택을 할지는 연구자의 몫이다. 이 책은 대중 문화 분석, 해석에 필요한 여러 이론을 소개하고, 예증을 들기도 하겠지만 특별히 특정 이론이나 분석 방식을 독자에게 권유하는 일을 하지는 않는다. 선택은 독자의 몫이다. 책을 읽으면서 대중 문화 연구에서 반드시 익혀야 할 주요 개념 ── 문화, 기호화, 의미 실천, 이데올로기, 헤게모니, 절합, 권력, 욕망, 주체, 정체성, 아비투스, 시민 사회 ── 을 어느 이론, 분석법이 잘 설명하고 있는지 눈썰미 있게 지켜보고 선택하면 된다. 셋째, 자신이 선택한 이론적 틀로 특정 대중 문화 현상을 어떻게 설명할 수 있는지 점검해 두어야 한다. 현상 설명 실천은 이론적 틀을 오래 기억하게 하는 장점을 전해 준다.

　이번 장은 여러 대중 문화 논의가 모여 학문의 장을 형성할 만큼 커진 이유가 무엇인지 살펴보려 한다. '과잉 담론'이라며 업신여기는 측이 있을 만큼 눈총받는 영역이었으나 이제 엄연히 학문 영역에서 말석이나마 한 자리를 차지하기에 이르렀다. 이 정도되면 대중 문화의 출세기가 궁금하지 않을 수 없다. 도대체 대중 문화에 무슨 일이 있었길래 신분 상승, 출세를 누리게 되었나를 조명해 보자. 섣불리 인과 관계를 정해 설명하지는 않을 것이다. 문화적, 학문적 현상은 인과 관계로 설명될 만큼 단면적이지 않다. 단순한 인과 관계 설명은 문화 현상의 복잡성을 단순화하는 실수로 이어질 수도 있다. 대중 문화 출세기를 구성한다며 소개하는 다음의 몇 가지 현상은 대중 문화에 대한 사회적 관심과 논의가 증대했음에 어떤 형태로든 ── 원인이든 결과든 ── 관련된 것이라고 이해할 필요가 있다.

1. 문화의 재조명

학문 영역의 바깥에서 서성이던 대중 문화가 어쩌다 그 안으로 불쑥 진입하게 되었을까. 우선 '문화의 사회적 비중 증대'를 들 수 있다. '문화 영역은 신데렐라'라는 우스개 이야기가 있다. 늘 계모나 언니들에게 구박받다 나중에야 팔자가 펴지는 사건을 이야기로 옮겨 놓은 이 비유는 문화의 수동성을 전하기에 충분하다. 사회 구성을 언급하는 자리에서도 정치, 경제, 사회, 문화 이런 식의 배열을 즐긴다. 물질 문명의 반영인 정신문화라거나 경제 조건에 종속된 의식 세계라는 식으로 반영적이며 수동적인 존재로 설명하기도 했다. 말하는 이의 진보성, 보수성과 관계없이 문화는 늘 말석을 차지해 왔다. 대중의 사고 속에서도 문화에 대한 그 같은 평가는 손쉽게 찾을 수 있다. "경제가 어려운데 무슨 문화야?" "금강산도 식후경 아니야?" "문화 관련 부서보다야 경제나 행정 부서가 더 중요하지"32 등의 발언은 너무도 당연해 상식에 속할 정도다. 그런데 갑자기 오랫동안 천대받아 오고, 서러움을 당해 왔던 문화 영역에 볕이 들기 시작하였다. 호박이 마차로 변하고, 어수룩한 옷이 금은보화 치장의 드레스로 바뀌며 신데렐라가 되는 순간을 맞았다. 그 전환 이유를 잘 알기 위해서는 몇몇 개념 정의 논의로부터 시작해야 할 것 같다.33

　　문화culture는 영어권에서 '경작하고 양육한다'는 의미를 지니고 있

---

32 신문사와 잡지사의 문화 담당 기자들의 성별을 머릿속에 떠올려 보라. 문화란 이렇듯 사회적 약자인 여성적 이미지와 근접성을 지니고 있다.

33 한국에서 문화란 용어가 언제부터 사용되었는지, 시대마다 개념 정의가 어떻게 이루어졌는가 등을 살펴보는 것은 흥미롭거니와 학문적으로도 유익할 것이다. 일본에서 수입되어 사용되었으리라 짐작할 수 있으나 이에 대해서 참고할 근거를 찾지 못했다.

었다. 농업*agriculture*과 원예*horticulture* 라는 단어 안에 culture가 들어 있다는 사실로도 짐작할 수 있다. 이러한 개념이 점차 추상적인 형태(인간의 정신적인 측면)를 띠게 된 것은 16세기경으로 추정된다. 인간의 정신 가운데서도 세련되고 일정한 유형을 지닌 정제된 형태의 의식을 지칭하게 되었다. 베이컨이나 홉스의 저서에서 그 예를 찾을 수 있다. 레이먼드 윌리엄스는 이러한 추상화 과정을 통해 문화 개념이 점차 지배 계급적인 의지를 수반하게 되었다고 말한다. 즉 문화가 고급스러운 습관이나 의식을 의미하게 되면서, 귀족 등 특정 계층이나 계급만이 소유할 수 있는 문화로 취급했다고 한다. 지배 계급의 생활에 문화 개념을 연관 지으면서 문화를 점차 예술과 관련지어 언급하게 된다. 문화를 이런 식으로 설명하는 일에 우리는 매우 익숙하다. 즉 문화란 "음악, 문학, 회화, 조각, 연극, 영화와 같은 예술 장르와 이것을 둘러싼 예술 행위를 의미한다. 때로는 철학, 역사 등이 더해지기도 한다"34고 정의하기 시작한 것이다. 문화에 이런 의미와 위상을 부여한 것은 18세기 서구 사회부터였다. 산업 혁명과 함께 문화적 생산 양식이 변동을 겪자 공장에서 대량으로 생산될 수 없는 문화적 산물에 특수한 가치를 부여했고, 이를 문화로 정의하고자 했다. 이처럼 지위가 상승된 예술로서의 문화 영역을 19세기에 접어들면서부터는 사회 통합 원리로까지 승격시킨다. 예술이야말로 인간의 가치를 가장 완벽하게 구현할 수 있다며 예술을 대문자 'C'로 시작하는 문화(Culture with a big C)로 규정한다. 예술로서의 문화를 산업 혁명 등으로 황폐해진 인간을 훈화시키고 무질서로부터 구원할 수 있는 법과 질서의 대리자로 떠받들었다. 문화를 이같이 규정한 측에

---

34 R. Williams, *Keywords* (revised edition) , London: Fontana, 1983, p.87.

서는 복제 기술에 힘입어 대량 생산이 가능해진 대중 문화를 신랄하게 비판하였다. 공장에서 생산하는 상품과 다를 바가 없는 대량 생산 문화인 대중 문화를 대문자 'C'로 시작하는 문화와 적대 관계에 놓았고, 타락한 형태의 문화로 규정했다. 대중 문화가 예술로서의 문화에 긴장을 불러온다고 보았다. 저급한 형식의 문화가 사회를 주도함으로써 예술가, 고급 문화 생산자를 사회로부터 소외시키는 문화 범죄를 일으킨다고 비판했다. 이처럼 문화를 예술과 동일시하면서 세련되고 순화된 형태의 인간 정신, 의식意識 생활만을 그 안에 포함시키고자 했다.

세 번째 문화 정의법은 계몽주의와 관련되어 있다. 계몽주의는 역사의 전개 과정을, 목표를 향한 한 방향으로의 진전으로 보았다. 그 방향을 향해 나아가는 것, 즉 계몽주의의 완성 혹은 그를 통한 근대성 modernity의 완성을 문화의 과정으로 파악했다. 그 목표는 서구, 즉 유럽인이 상정한 이른바 '문명화'와 가까운 것이었다. 동양인의 입장에서 보면 '서구화'에 가까웠다. 즉 사회의 발전 과정을 야만(신화)에서 계몽(문명)으로 나아가는 것으로 파악하고, 타 문명이 유럽식 문명으로 옮겨가는 것을 계몽 과정으로, 문화적 과정으로 파악했다. 유럽식의 문명 발전 과정, 즉 계몽의 전개를 문화와 일치시키려 한 것이다. 이 세 번째 정의는 유럽 중심적이라는 비난을 피하긴 어렵다. 유럽식의 문화만을 문화라 여기고 다른 문화를 인정하지 않는다는 점에서 비난의 표적이 되었다. 뿐만 아니라 계몽을 근간으로 한 근대성의 완성은 오히려 이성 과잉으로 인한 인간 소외, 인간 소멸, 환경 황폐로 이르는 것이라는 비판에도 직면하게 된다. 역사의 전개 목표인 근대성에 대한 비판마저 대두하자, 그로 인해 문화 = 근대화 = 서구화 등식은 매우 큰 위기에 직면한다

그러한 비판을 바탕으로 문화를 복수로 파악하는, 즉 '문화들

cultures'을 파악하려는 노력이 등장한다. 이것이 흔히 인류학적 정의라 불리는 네 번째 정의법이다. 특정 시간대의 문화, 특정 집단의 문화 등 집단별로 공유하는 가치와 의미 혹은 '삶의 방식'을 문화라 정의한다. 사회 내에는 다양한 집단이 존재하는 만큼 다양한 문화가 존재한다. 다양한 문화 간에는 문화의 우월함과 열등함을 따지지 않는다. 다양한 문화는 각자 나름의 가치를 갖는다. 문화를 이같이 삶의 방식으로 보는 관점은 독일 철학자 헤르더의 문화 해석에 그 바탕을 두고 있다. 요한 헤르더는 계몽주의 사상에 깃든 유럽 중심의 문화 이해에 비판적이었다. 대신 그는 문화는 어떤 부족, 국민, 시대 혹은 인류 전체가 지닌 특정한 삶의 방식으로서 언제나 복수로, 즉 다양한 형태로 존재한다고 주장했다.35

다섯 번째 정의법은 문화의 상징적 차원에 주목하고 있다. 사회 내 각 집단은 공유의 문화를 갖되 그들은 각자의 상징 체계를 갖고 그를 통해서 의미를 주고받는다. '다양한 형태의 상징 체계와 그를 통해 벌어지는 의미적 실천*signifying practices*'을 문화로 규정하는 것이 다섯 번째 정의법이다. 여기서는 '문화란 무엇인가'라는 질문보다는 '문화는 어떻게 구성되어 있는지, 그를 통해 어떻게 의미를 주고받는지'에 관심을 둔다. 문화란 사물도 아니며, 특화된 것도 아닌 평범한 것이다(이는 두 번째 정의와 다른 점이다). 존재의 상태(이는 세 번째 정의와 다른 점이다)도 아니다. 다섯 번째 정의에서 문화는 의미를 만드는 실천이면서 그를 통해 구성된 상징 체계를 포괄한다. 네 번째와 다섯 번째 문화 정의법의 등장으로 인해 기호(記號, *signs*)와 언어의 세계에 대한 관심이 증대된다. 문화와 언어

---

35 헤르더는 이를 '시대 정신'이라고도 불렀다.

를 연결하는 시도와 관심이 폭발적으로 일어나 문화를 연구함에 있어 언어적 전환*linguistic turn*이 일어난 것도 바로 이즈음이다. 특정 삶의 방식을 유지하기 위해서는 공유하는 상징 체계가 있어야 한다. 그 체계에 기반한 상징 교환이 있어야 문화를 형성할 수 있다. 문화를 삶의 방식, 의미적 실천으로 파악하는 네 번째, 다섯 번째 정의법은 문화를 커뮤니케이션을 통해 형성되는 것, 그리고 커뮤니케이션의 바탕이 되는 것으로 규정하였다. 언어적 실천을 연구하는 것이야말로 문화를 연구하는 데 필수적임을 인식시켜 주었다. 여기서 언어를 우리가 알고 있는 말[言]이란 개념보다 넓은 것으로 이해할 필요가 있다. 말하는 것뿐만 아니라 옷 입는 것, 먹는 것, 영화 보는 것, 인터넷을 하는 일, 이동 전화로 문자 보내는 일 등도 언어적 행위에 포함한다. 청바지는 물질이기는 하지만 편안함이나 레저를 나타내기도 하고, 청바지를 입는 세대와 동질감을 가짐을 드러내는 기호*signs*이기도 하다. 선글라스는 햇빛을 가린다는 일 차적인 의미와 멋내기, 남으로부터의 회피라는 의미를 동시에 지닌다. 마찬가지로 영화, 인터넷, 이동 전화를 이용하는 행위도 여러 의미를 동시에 지닌다. 의미를 전하고자 하는 행위를 언어적 실천으로 파악하고, 그를 문화로 이해하려는 시도가 언어적 전환 이후 등장한다.

이상으로 언급한 문화에 대한 정의를 다시 정리하면 다음과 같다.

· 문화는 땅을 가꾸고 식물을 경작하고 동물을 키우는 행위를 말한다. 이로부터 문화란 이성과 함께 개발되어야 하는 감성적인 것, 미적인 것 등의 의미를 띠기 시작했다.

· 문화란 생각하고 말한 것 가운데 가장 좋은 모습으로 가꾼 결과로 나타난 것, 즉 예술 등을 가리킨다.

· 문화란 계몽주의를 통한 문명의 발전, 모더니티의 형성, 즉 서구적 사회 발전

과정을 의미한다.

· 문화란 특정 집단이 나누어 지니고 있는 삶의 방식이다. 사회 내에는 다양한 집단이 존재하는 만큼 다양한 문화가 복수로 존재한다.

· 문화란 상징 체계와 그 체계를 바탕으로 이뤄지는 의미 교환, 즉 의미화 실천이다.

위의 정의법 가운데 어느 것이 옳고 어느 것이 그르다고 말할 수는 없다. 각 정의는 나름대로 타당성을 지니고 있으며, 아직까지 각기 유효성을 지니고 있다. 앞서 말한 바와 같이 자신이 대중 문화를 이해하는 데 어떤 이론적 틀을 중요 근거로 선택하느냐에 맞추어 문화에 대한 정의를 선택하게 된다. 어떤 정의가 대중 문화를 연구하는 데 더 많은 도움을 줄지는 이 책을 전개하는 과정에서 점차 밝힐 것이다.

대체로 현대적 의미의 대중 문화론에서는 세 번째, 네 번째와 다섯 번째의 정의에 많은 관심을 둔다. 다른 정의법에서는 대중 문화를 문화의 영역으로 인정해 주지 않을 공산이 크다. 대중 문화를 문화의 오염이나 문화적 지체 혹은 문화를 파괴하는 비문화적 영역으로 파악하기도 한다. 왜 세 번째 이후의 정의법을 살펴볼 만하다고 말하는가? 세 번째 정의법은 대중 문화 안에 담긴 모더니티, 서구화를 논의할 여지가 남는다. 전 지구적 문화 영역 안에 담겨 있는 모더니티, 서구화는 대중 문화를 논의함에 있어 빠트릴 수 없는 주요 사안이다. 네 번째 대중 문화 개념 정의는 대중 문화가 다양한 집단에 의해 어떻게 생산 수용되고 있는지, 그리고 그 생산과 수용 과정에서 집단 간 긴장이나 갈등은 없는지를 논의할 기회를 제공한다. 그리고 마지막 정의법은 대중 문화의 전파가 언어를 통해 이뤄짐에 착안해 언어 작용, 상징 교환 등을 분석하고, 그를 통해 문화의 구조를 가늠하게 하는 지혜를 제공한다.

이상의 문화 정의법에는 포함되어 있지 않지만 점차 문화, 대중 문화 논의 안으로 '권력power' 개념을 덧붙이는 노력이 나타나기 시작했다. 권력은 정치적, 경제적, 문화적 권력 등과 같은 구체적이고 실질적인 힘을 의미할 뿐 아니라, 생체 정치에까지 미치는 미시 권력도 포함한다. 국가나 자본이 문화, 대중 문화 과정에 권력을 행사한다는 것의 의미는 누구나 알고 있다. 국가가 나서서 영화 등급 심의를 하고, 자본이 소유를 통해 미디어를 통제하는 일 등이 그에 속한다. 물론 대중이 나서서 특정 문화 상품을 거부하거나, 국가나 자본에 맞서는 일도 권력 행사에 속한다(이를 흔히 밑으로부터의 권력 행사라고 말한다). 텔레비전이나 영화에 등장하는 인물의 모습과 자신을 끊임없이 비교하고, 자신을 끊임없이 그에 맞추어 가는 일도 권력 작동의 효과다. 건강한 몸, 섹시한 몸, 젊은 몸을 위해 우리 스스로가 자신의 몸을 감시하며, 체크하는 것도 권력 작동의 결과다. 대중 매체로부터 그런 내용물이 반복적으로 흘러나오고 우리 몸 안에서 그에 맞추어 보려는 욕구가 자동적으로 발산되고 있는 것 아닐까. 미시적 권력은 그런 식으로 우리 몸 안으로 들어오고, 우리는 그를 실천한다. 그것을 '생체 정치'라고 말한다. 그러므로 권력 행사는 일상에서 광범위하게 벌어진다고 파악할 수 있으며, 문화, 대중 문화와는 떼려야 뗄 수 없는 개념이 되고 있다.

권력 개념을 문화 정의법에 더하면서 문화적 과정에 대한 논의는 문화의 역동성에 초점을 맞추게 된다. 문화를 정적인 것이 아니라 긴장, 갈등, 투쟁, 경쟁이 벌어지는 동적인 것으로 받아들인다. 영화 등급 심의를 하는 일에 맞서 심의 철폐를 외치며 영화관 바깥에 모여 야외 상영을 하는 영상 창작자 모임은 제도권 영상계와 각을 세워 긴장을 고조시킨다. 사람들로 하여금 섹시한 몸을 욕망하도록 부추기는 문화 산업이 있는가 하면 '생긴 대로 살자'며 권하는 '몸 짱' 집단도 있다. 국가의 건

권력은 정치적, 경제적, 문화적 권력과 같은 구체적이고 실질적인 힘을 의미할 뿐 아니라, 생체 정치에까지 미치는 미시 권력도 포함한다. 건강한 몸, 섹시한 몸, 젊은 몸을 위해 우리 스스로가 자신의 몸을 감시하며, 체크하는 것도 권력 작동의 결과다.

강 계획 프로그램의 실시 미흡으로 인해 자신들의 비만이 발생했기 때문에 이를 국가가 보상해야 한다며, 몸과 공권력 간 관계를 새로이 설정하고 나선 집단도 있다. 거대 라디오 방송은 광고주의 광고와 함께 자극적인 멘트와 시끄러운 잡담을 펼치며, 수용자의 주의를 끌어 수익을 올린다. 반면 각 지역에 산재하는 지역 공동체 라디오는 거대 광고주도 없고, 전문적인 DJ도 없지만 지역의 사안을 토론하고, 이 사회의 미래를 논의하기도 한다. 문화 내 다양한 집단과 주체는 자신을 드러내기 위해서, 자신의 존재 이유를 알리기 위해서, 자신의 이익을 극대화하기 위해, 재미를 구할 목적으로 권력을 행사한다. 그리고 그 권력 행사끼리 부딪친다. 문화 안에 다양한 주체가 존재하고 있으며, 이들은 다양하게 의미 실천을 하고, 다양한 삶을 꾸려 간다. 그리고 그들은 경쟁과 긴장을 이끌어 내며 그렇게 살아가고 있다.

어쨌든 이러한 문화에 대한 정의의 확장, 새로운 개념(권력, 생체 정치 등)의 포괄에 힘입어 많은 연구가 평범한 생활 전반을 문화와 관련지었고, 생활 내 긴장, 경쟁, 심지어는 다툼까지 주목하게 되었다. 물론 이 긴장, 경쟁이 힘의 균형 상태에서 일어나진 않는다. 광고주를 등에 업은 전국 대상 방송과 지역 공동체 라디오의 힘이 어찌 동등할 수 있을까. 국가의 등급 심의를 받고 극장에서 상영하는 영화의 인기와 그를 거부한 채 야외에서 상영하는 인디 영화의 인기를 비교할 수는 없다. 불균등한 채 권력 경쟁, 긴장, 싸움이 도처에서 벌어진다. 하지만 불균형적이고, 때로는 일방적이라고 하더라도 기존의 강한 권력에 도전하고, 경쟁하려는 권력을 의미 없다고 말해선 안 된다. 오히려 문화의 변화, 그로 인한 일상의 변화, 사회의 변화를 원한다면 도전, 긴장, 경쟁, 싸움에 대한 관심은 당연하다.

문화 개념에 대한 정의법의 변화와 새로운 개념의 도입으로 편협한 문화 정의에서 벗어나 일상사, 그리고 상징 행위로까지 문화 개념을 확장해 갈 수 있게 되었다. 점차 일상사를 포함한 모더니티 연구, 인류학적인 연구, 상징 행위에 대한 기호학적 연구를 문화 논의 안으로 끌어들였다. 이로써 문화를 연구하는 측으로 보았을 때 그 연구 대상이 엄청나게 늘었다. 문화가 구성된 방식, 문화적 내용이 문화 향유자에 미치는 영향력, 그 영향력이 갖는 구체적인 결과, 문화 생산 방식, 문화를 담는 매체와 관련된 사안, 문화적 불균형, 대량으로 생산되는 문화적 내용, 예술의 지위 변화, 대중 문화와 예술 간 관계, 대량 복제 기술의 의미 등.

　　문화에 대한 새로운 정의법 도입을 기반으로 문화적 영역이 정치, 경제, 사회 분야에 미치는 영향력을 분석하는 데도 관심을 갖게 되었다. 마르크스주의 재해석(특히 이데올로기론, 헤게모니론), 포스트마르크스주의, 후기 구조주의, 포스트모더니즘, 탈식민주의, 수용reception 이론 등 새로운 이론적 경향은 문화의 중요성에 대한 주장을 뒷받침해 줄 뿐만 아니라 문화가 때로는 타 사회 영역에 큰 영향을 미치는 자율적이면서도, 강한 동인임을 알려주는 역할을 행하기도 했다. 그래서 대중 문화 관련 이론은 많아지고, 대중 문화 논의도 활발해지고, 문화의 역할에 대한 관심도 늘었다.

2. 일상과 대중 문화

문화 산업이 생산해 낸 문화 상품이 우리 주변에 넘친다. 그를 빠트린 채 대중의 일상을 논의하기 어려울 정도다. 대중의 생활에서 문화 산업 생산물은 중요한 자원이 되고 있다. 대중의 오락 생활, 소통을 위한 소재가 되고 있다. 텔레비전을 따라 하는 이들도 생기고, 대화에 그 내용을 끌고 들어오는 경우도 많아졌다. 이 같은 사실과 대중 문화 연구 붐은 무관하지 않다. 문화 상품이 전에 비해 폭발적으로 늘어났고, 그 소비가 넘치고, 일상(日常, everyday life) 안에서 중요한 몫을 차지하게 되자 그동안 대중 문화를 논의하던 방식을 다시 정리하고 반성하는 작업을 행하게 된다. 이전의 문화론이 갖는 편협성을 반성하는 작업도 이루어진다. 대중 문화를 이념적 반영물, 지배 계급의 도구로만 취급하던 시각도 교정하였다. 미학적으로 저급하다는 문예론적 편견을36 지우는 노력도 폈다. 문화 상품을 소비하고, 그를 통해 의미를 생산하고, 나누는 일이 사회적으로 갖게 될 의미를 진지하게 고민하려 했다. 대중 문화를 일상으로 치환해서 사용해도 무리가 없을 정도로 문화 산업이 만든 문화 상품이 대중의 턱밑까지 치고 들어와 있었기 때문이다.

대중 문화의 시작을 언제부터로 보아야 할까를 놓고 치열하게 논쟁을 벌인 적은 없다. 그 논쟁을 위해서는 대중의 출현을 언제로 잡아야 할지, 대중 문화가 형성되기 위한 조건은 무엇이고 이 땅에서는 언제부터 그 조건이 충족되었는지 엄격하게 따져야 한다. 개항 이후 일제 시기에도 대중 문화적 징후가 없었던 것은 아니다. 하지만 그를 두고 대중 문화의 시대라고 부르기는 어렵다. 대중 매체의 도달 범위조차 매우 한정적이었던 것을 감안한다면 대중 매체를 거친 문화적 내용도 일부 계층에 의해 수용되어 계층 문화로만 존재했을 가능성이 크다. 대중 문화 현상으로 보지 않고 모던 보이, 모던 걸에 의한 서양 문물의 수용 정도로 파악하는 이유도 거기에 있다.37

36 문예론적 편견은 C 문화를 예술과 동등하게 끼워하려는 노력을 의미한다.
37 한국의 대중 문화 흐름에 대해서는 강준만의 《한국 대중매체사》(인물과 사상사, 2007), 혹은 이성욱의 《쇼쇼쇼 — 김추자 선데이서울 게다가 긴급 조치까지》(생각의나무, 2004)를 보라.

대중 문화의 본격적 형성 시기를 산업화가 열을 띠게 된 1960년대 후반쯤으로 잡는 것에 대해서 큰 이견은 없는 듯하다. 미국 사회학의 영향을 강하게 받던 한국 사회과학계에서는 공동체 상실 이후의 미국 사회를 다룬 대중 사회론에 관심을 보였다. 한국 사회도 1차 사회의 해체가 시작되던 즈음이라 그 같은 이론의 수입은 자연스러워 보였다. 문화 관련 연구자들은 1960년대 들어 한국 사회가 대중 사회인가 아닌가, 혹은 대중 문화 현상이 한국에 도래했는가 아닌가를 놓고 논쟁을 벌였다.[38] 도래했다고 주장하는 쪽에서는 1960년대 도시화, 대중 잡지, 텔레비전, 영화와 라디오의 성장을 그 징후로 들었다. 산업화에 의해 문화 변동이 급속하게 이뤄지고 있음을 여러 실증적 자료를 대며 주장했다. 그러나 대중 문화 현상의 도래를 인정하는 입장 안에서도 그것의 사회적 영향력에 대해서는 이견을 보였다. 대중 문화가 새로운 문화적 전기(즉 문화 민주주의)를 마련해 줄 거라는 측과 문화의 질을 떨어뜨릴 뿐 아니라 문화 정체성까지 위협하는 위험한 제도가 될 거라는 의견이 맞섰다. 물론 대중 문화 현상이 도래했다는 주장 자체를 반대하는 의견도 있었다. 외형상 변화가 있는 듯 보여도 여전히 과거의 인간 관계, 공동체 등이 건재하다는 것이다.

1970년대로 넘어가면서 대중 문화의 존재 여부를 따지는 일보다는 그것의 효과 논의를 체계적으로 정리하기 시작했다.[39] 대중 매체를 부정적인 존재, 부정적 대중 문화의 생산자로 파악하고 이데올로기의 생

---

38 강현두는 자신의 대중 문화에 대한 관심을 우리 나라에서의 대중 문화론과 병행하면서 설명한다. 그가 오랫동안 대중 문화에 대한 현상을 연구한 학자이고, 지금도 관심을 지속적으로 지니고 있다는 점에서 그의 경험담은 귀중한 단서가 되고 있다. 다음 책을 참조하라. 강현두 엮음, 《대중 문화론》, 나남, 1987, pp.9~13.

산자, 저급 문화의 확산자, 그리고 외래 문화의 '브로커'라는 혐의를 씌웠다. 대중 매체와 대중 문화를 큰 구분 없이 논의하고 이들 모두에게 집중적인 포화를 쏟아부었다. 저급 매체인 대중 매체의 사생아쯤으로 대중 문화를 평가했다. 대중 문화는 건전한 문화를 침해하고 더욱이 한국의 고유 문화 — '민족 문화'[40]라고 불리던 문화 — 에까지 나쁜 영향을 미치는 것으로 설명했다. 1970년대 대학 문화, 즉 청년 문화조차도 저급한 외래 문화의 모방으로 여겼고, 금기의 영역으로 규정해 제한을 가하기도 했다. 1970년대 후반쯤에는 정부가 직접 나서서 대중 문화 정화 운동을 폈다. 외국식 장발 연예인의 출연을 금지하기도 했다. 외국식의 이름을 가진 연예인에게 한국 이름을 사용하도록 종용했다. '바니 걸스'라는 여성 듀엣은 '토끼 소녀'로 개명해야 연예계 생활을 할 수 있는 등 지금 생각하면 우스운 일이 그 당시 벌어졌다. 대중 문화가 대중에게 외국 선호를 부추기거나 정체성을 잃게 할 거라고 우려한 탓이었다. 미풍양속을 해하며 나라 질서를 어지럽히는 것으로 바라보았다.

---

39 특히 대중 매체의 효과에 대한 설명이 큰 자리를 잡았다. 이는 대중 문화와 대중 매체를 동일시하거나 대중 매체를 대중 문화의 주 원인으로 삼은 탓이었으리라 생각한다. 이와 같은 경향을 보기 위해서는 다음 책을 참조하라. 강현두 · 유재천 · 이근삼, 《현대 사회와 대중 문화》, 서강대학교 인문과학연구소, 1988.

40 나는 '민족 문화'의 실체에 대해 뚜렷한 견해를 지니고 있지 못하다. 다만 여기서 민족 문화란 이름으로 끊임없이 고전 문화가 생산되고 소비되었다는 정치적 의미만을 전할 따름이다. 과연 우리에게 어떤 것이 민족 문화인가? 서편제? 항아리? 궁중 아악? 무당춤? 우리는 민족 문화의 본질을 찾기보다 민족 문화가 어떻게 정치 세력에 의해 구성되어 왔는지에 대해 관심을 가질 필요가 있다. 박정희 시대에는 웅장한 궁중 예술, 선비 예술이 민족 문화에 해당하는 것이었다면, 전두환 시대에는 씨름이나 사냥놀이가 민족 문화였다. 민족 문화가 왜 시대에 따라 다르게 성의되는가? 이 책에서 논의하는 대중 문화도 마찬가지다. 그 본질을 찾는 일은 큰 의미가 없다. 시대적 상황에 따라 어떻게 변화해 왔는가, 그리고 지금 이 시점에서 어떤 의미를 지니는가를 살펴보는 일이 더 의미 있을 것이다.

1970년대 청년 문화를 사회는 저급한 외래 문화의 모방으로 규정했고, 금기의 영역으로 규정해 제한을 가하기도 했다. 사진은 1970년대의 대학가를 중심으로 당시의 경직된 사회상과 젊은이의 방황을 그린 영화 〈바보들의 행진〉(감독 하길종, 원작 최인호, 1975). 이 영화는 당시 검열 당국에 의해 30분 가량의 필름이 잘린 채 상영되었다.

대중 문화가 본격적으로 대중의 생활 속에 자리잡기 시작한 때였지만 대중 문화에 대한 사회적 담론은 지속적으로 대중 문화의 수용을 바람직하지 않은 것, 민족 문화에 나쁜 영향을 미치는 것, 단순한 소비 문화 등으로 인식하도록 압박을 가하고 있었다.

1980년대는 '이데올로기'의 시대였다. 대중 문화에 대한 많은 논의는 대중 매체와 대중 문화의 계급성에 집착했다. 대중 매체와 대중 문화를 지배 계급이 지배를 공고히 하기 위해 동원하는 수단적 제도로 파악했다. 지배 계급에 대한 저항 의식을 심어 줄 '민중 문화'를 무너뜨리기 위한 도구로도 설명했다.[41] 뉴스든, 드라마든, 또 다큐멘터리든 어떠한 형식과 내용도 대중 매체를 통한 상업적 대중 문화라면 지배 계급의 이익을 대변하는 것에 지나지 않는 것처럼 논의했다. 대중 문화를 지배 계급의 문화로 편입시킴으로써 문화를 연구하는 많은 연구자 ─ 특히, 진보적인 학자 ─ 는 대중 문화의 반대편에 있는 '민중 문화,'[42] '저항 문화,' '주변부 문화'에 관심을 기울였다. 물론 모든 대중 문화 연구자가 민중 문화 등을 대안으로 설정하고 있었던 것은 아니다. 여전히 대중 문화를 중립적인 제도로 보고 사회 통합에 어떻게 순기능을 할 수 있는지를 따지는 기능주의적 시각도 건재하고 있었다. 그 경우 대중 문화를 사회 통합과 관련시켜 순기능과 역기능 차원으로만 논의하고 있었다.

---

41 진보적 학술 집단 '한국산업사회연구회'에서 편집한 《한국 사회와 지배 이데올로기》에 실린 대중 문화와 대중 매체에 대한 논의는 지배 문화, 지배 이데올로기 논의에서 크게 벗어나지 않는다. 한국산업사회연구회 엮음, 《한국 사회와 지배 이데올로기: 지식 사회학적 이해》, 녹두, 1991.

42 민중 문화에 대한 설명 또한 학자에 따라 다양하게 나타난다. 민중 문화를 계급 문화로 파악하는 관심과 민속 문화로 보는 편김이 있다. 여기서 나는 건거를 게기하고 있으며 그든이 놀이른 대상으로 설명하고 있다는 점에 유의해 주기 바란다. 민중 문화론에 대해서는 다음 책을 참조하라. 정이담 외, 《문화 운동론》, 공동체, 1985; 김정환 외, 《문화 운동론 2》, 공동체, 1986.

1980년대 대중 문화 논의를 '지배 문화론'과 '소비 문화론'으로 대별할 수 있다.43 지배 문화론은 대중 문화를 지배 계급의 도구로 파악하는 관점이다. 이때 대중 문화는 지배 계급에 경제적 이익을 안겨 주는 '상품'이면서 지배 계급의 이념을 재생산하는 이념적 도구다. 대중 문화에는 대중 매체가 생산하는 문화, 그리고 국가가 주도하는 문화 활동이 만드는 관제성 문화가 포함된다.44 '소비 문화론'은 대중 문화를 비문화적인 것, 지나치게 감각적이어서 문화의 본질을 잃고 있는 것으로 대한다. 즉 대중 문화는 말초적이며 퇴폐적인 정서에 호소해 의미 없는 소비를 양산하는 상품으로 파악한다. '지배 문화론'과 '소비 문화론'은 대중 문화를 부정한다는 의미에서 비슷해 보이지만 그 대안 제시에서는 상당한 차이를 보인다. 지배 문화론은 민중 문화와 같이 계급성을 담은 문화를 대안으로 내세운다. 소비 문화론은 변형되고, 정제된 대중 문화를 그 대안으로 내세운다. 지금의 대중 문화를 불완전하고 불순하며 저질스러운 문화로 파악하고, 비판과 교육 등을 통해서 미적으로 뛰어나고 도덕적으로 무장한 대중 문화로 그를 대신하자는 주장을 한다.

1990년대 들어 대중 문화 연구자는 전과는 다른 문화 논의를 전개하기 시작한다. 대중 문화를 '사회의 적'으로 보는 혐의를 걷고, '자세히 들여다볼 만한' 가치가 있는 것으로 파악하기 시작했다. 이때 새로운 대중 문화 현상을 대하면서 신세대 문화론을 등장시키기도 했다. 신세대 문화론을 펼치면서 시작한 '대중 문화 자세히 들여다보기'는 대중 문

---

43 지배 문화론은 위에서 말한 계급론적 관점에 가깝고, 소비 문화론은 기능주의적 관점과 유사하다.
44 여기서 관제성 문화라 함은 전통 문화 등과 같이 철저하게 만들어져서 보급된 '조작성 전통 문화'를 가리킨다. 특히 1980년대에 이러한 문화 현상들이 두드러져 보이는데, 이에 대한 논의들은 문화 운동 진영에서 많이 행해진다. 김정환 외, 앞의 책 등을 보라.

화론의 본격적 형성에 큰 기여를 한다. 1970~1980년대의 양적인 경제 발전의 결실을 1990년대 들어 누리는 '신세대'와 그들의 문화에 대해서 언론이 먼저 호기심을 표명했다. 대중 문화의 적극적 소비자로 등장한 신세대는 전 세대에서는 도저히 찾을 수 없을 정도의 대중 문화 수용, 이미지 찾아 나서기, 향유를 보여 주었다. 그들의 대중 문화 수용을 도 저히 이해하기 힘들 정도라며 'X 세대'라고 규정하기도 했다. 이 같은 흐름과 함께 1980년대 '지배 문화론'을 논하던 학자도, '소비 문화론'을 펴던 학자도 조금씩 자세를 바꾸기 시작했다. 젊은 소비층에 의한 대중 문화 소비를 비관적이며 자조적으로 바라보던 관점에서 벗어나 1990년 대 들어 세계화 등과 맞물린 신세대 문화의 진취적인 성향, 혹은 그 안 에 담긴 사회적 의미에 새로운 평가를 더했다.[45] 대중 문화 안에 퇴폐 적, 수동적, 화폐 교환적 의미만 있다고 보던 시각에서 탈피한 셈이다. 지금까지 소비를 생산의 마지막 단계라고 보던 시각에서 벗어나 소비 를 새로운 생산, 즉 의미 생산의 시작으로 보려는 시도도 등장했다. 이 같은 노력, 시도는 1980년대 이후 서구에서 등장한 후기 구조주의나 포 스트모더니즘 등의 문화론 혹은 인식론에 도움 받은 바가 크다. 고급 문화 / 대중 문화, 물질 / 문화, 소비 / 생산, 텍스트 / 독해, 지배 / 저항 등 의 경계를 허무는 성찰을 전해 주었던 새로운 사조에 힘입어 대중 문화 를 새롭게 해석하려는 노력을 펼쳤다.

　　1990년대 이후의 대중 문화 논의가 수용에 초점을 맞추고 수용에서 생길 수 있는 저항 등에 과도하게 집착한다고 해서 신수정주의*New*

---

45 미팅수의 '씨끼 논쟁'을 떠올리면 이에 대해 쉽게 수긍할 수 있을 것이다. 만약 그의 작품이 1980년대 중반쯤에 등장했다면 그는 사회 어디에서도 동정조차 받지 못했을 것이다. 그와 그의 작 품이 복권될 수 있었던 것은 1990년대의 문화 상황 덕분이었다.

*Revisionism*라고 부르기도 했다. 신수정주의라는 호칭에는 폄하의 의미가 들어 있다. 마르크스주의 등에서 말한 대중 문화 논의에서 멀리 떨어져 있음을 뜻한다. 신수정주의로 지칭되는 대중 문화 연구, 이론은 대중 문화 수용 과정에서 벌어지는 수용자의 창조적 소비, 수용을 통한 재창조, 수용을 통한 정체성 구축에 초점을 맞춘다. 이 같은 시도가 모든 비난을 감수해야 할 만큼 단점만 지니고 있는 것은 아니다. 문화 산업 생산물 자체를 대중 문화로 파악했던 과거 논의에서 진일보한 면이 있다. '대중 문화 = 문화 산업 생산물' 논의는 대중 문화의 정치 경제적 조건이나 텍스트 구성에 치중해 빈 연결 고리를 노정할 수밖에 없었다. 수용자의 문화 상품 수용, 해석에 대한 논의를 놓치고 있었다. 신수정주의는 바로 그 빈 여백을 찾아나섰다는 점에서 의미를 지닌다. 수용자의 수용과 해석에만 치우쳤다는 비판이 있긴 하지만 과거 논의가 수용자 해석 과정, 수용자 능동성을 감안하지 않았음에 비춰 본다면 균형을 잡아가는 과정이라고도 할 수 있다.

1990년대식 신수정주의 논의가 드러낸 문제점이 있다면 자칫 대중 문화에 면죄부를 주는 예찬론으로 흘러갈 위험성일 것이다. 신수정주의 논의는 문화 상품을 전혀 새롭게 이용하는 수용자의 문화 행위에 집중하면서 그 행위를 예찬하는 것에 열중하기도 했다. 문화 상품을 생산해 내는 문화 산업의 의도와 다르게 수용하는 모습에는 능동적이며 창조적이고, 저항적이라고 이름을 붙여 주었다. 대중 문화의 앞 과정은 생략하고, 뒤의 수용 과정만 부각시키는 편향성을 띠고 있었다.

1990년대 후반으로 들어서면서 한국의 대중 문화 논의는 큰 전환을 맞게 된다. 꾸준히 양적 경제 성장을 거듭해 오던 한국은 1998년 IMF 통치 경제 체제를 맞게 된다. 성장이라고 믿었던 것이 모두 거품이었음이 밝혀졌고, 너나없이 생활의 어려움을 겪었다. 대중 문화의 폭발적 증가,

그에 대한 집착, 과잉 담론 등이 IMF 통치 경제를 있게 한 원인 중 하나일 거라는 자책도 뒤따랐다. 이른바 신수정주의 추종은 대중 문화 찬양에만 그친 것이 아니라 사회 몰락에까지 영향을 주었다는 판단마저 있었다. 신수정주의적 입장에 대한 반성이 이뤄졌다. 지나치게 일찍 샴페인을 터뜨린 한국 사회를 반성하면서 대중 문화에 대한 재인식이 이뤄져야 함을 강조했다. 한 갈래는 문화 산업의 체질 강화에 대한 논의였다. 이는 신자유주의적 흐름에 맞추어 대중 문화 산업을 새로운 국가 동력 산업으로 육성하자는 입장이다. 대중 문화 산업의 체질 강화가 대중 문화를 건강하게 만들 뿐만 아니라 문화 상품의 해외 수출길도 확대한다는 논리다. 이는 마침 중국, 일본, 동남아시아에서 한국 문화 상품의 인기로 인해 형성되었다고 말하는 '한류韓流' 붐과 함께 어우러져 21세기 들어서 가장 유력한 대중 문화 담론으로 자리잡았다. 또 다른 한 갈래는 문화적 공공성과 관련된 논의인데, 대중 문화 논의가 지나치게 상업주의 중심 논의로 이어지자 이를 견제하려는 담론이었다. 대중 문화를 건강하게 만드는 것은 일상에서의 문화적 능력 향상이므로 공공성의 향상, 공공 영역의 확장 등이 더 필요하다고 주장했다. 대중 문화 영역에서의 인디 문화의 활성화, 비주류 문화의 활성화에 더 관심을 가지며 그를 튼실하게 할 정책을 주문했다. 하지만 대체로 그 이전에 비해 대중 문화 논의가 양적으로 줄어들었고 질적으로도 주목할 만한 논의를 만들어 내지 못했다.

한국에서의 대중 문화 논의를 편의대로 10년 단위로 끊어 짧게 살펴보았다. 이 같은 방식으로 대중 문화 논의를 시대 구분periodization하고 나면 몇 가지 의문이 생긴다. 시대적 상황에 따라 대중 문화 논의가 왜 다르게 나타나는가? 그리고 대중 문화에 대한 태두 또한 변화무쌍하지 않은가? 대중 문화에 대한 논의가 간단치 않은 이유는 바로 여기에 있다. 대중 문화에 대한 논의는 무엇보다도 대중 문화만의 논의로 끝나지는 않는다. 대중 문화란 대중 매체와도 관련이 있고, 그가 속해 있는 경제적, 정치적 제도와도 관계를 맺고 있다. 대중 문화 논의는 그를 둘러싼 많은 사회 제도와의 관계를 중심으로 펼칠 수밖에 없다. 그런 점에서 대중 문화 논의는 사회에 대한 논의, 사회 내 권력 작용의 동적 움직임에 대한 논의, 그리고 역사적 논의가 된다. 결코 대중 문화만의 논의가 아닌 셈이다. 10년 단위의 대중 문화 논의 시기 구분이 대체로 정치적 변화와 맞물려 보이는 것도 그런 탓이다.

대중 문화의 사회성을 감안해 현재 대중 문화의 지위를 살펴보도록 하자. 현재 대중 문화는 전에 없는 자본주의 사회의 공고화, 그리고 자본을 기반으로 한 대중 매체의 성장, 대중 매체에 대한 논의 없이는 설명하기 힘든 대중의 일상, 다양한 취향의 등장, 자신을 표현하려는 욕구를 과감하게 드러내는 대중, 취향과 표현 욕구를 기반으로 한 사회 집단의 등장, 자본과 국가 권력에 대한 견제력의 약화와 같은 상황에 처해 있다. 대중의 일상 안에 대중 문화가 깊숙이 들어와 있다. 대중의 일상이 곧 대중 문화라 해도 과언이 아닐 정도다. 과거 대중 문화에 대한 사회적 감시와 견제가 강했고, 감시와 견제 담론이 대중의 대중 매체 수용, 대중 문화 향유를 제한하고 있었다. 하지만 이제 그 같은 감시와 견제는 현저하게 줄어들었다. 대중 문화의 대안으로 제시되던 민족 문화, 고급 문화, 민중 문화 담론도 찾기 힘들어졌다. 마치 대중 일상과 함께 가는 대중 문화를 용인하는 듯한 느낌을 준다. 나아가 대중의 집단 경험에 입각한 대중 문화 향유와 향유를 통한 새로운 의미의 창출, 정체성 형성을 축하하고 있다는 경향도 보여 준다. 과거 대중의 일상과 떨어져야 하는 문화로 인식하던 것에서 더 이상 일상과 떨어뜨려선 의미를 갖지 못하는 것으로 대접하고 있는 현실을 맞고 있다.

대중 문화가 일상화되면서 대중 문화 논의가 늘어났다는 것은 대중 문화를 사회 문제로 받아들이고 있다는 말과도 통한다. 그것이 차지하고 있는 지위, 사회에 미치는 영향력, 대중 문화의 미래, 대중과의 관계 등이 연구 과제로 등장하였다. 우리가 대중 문화를 연구하는 이유도 대중 문화 현상을 목격하고 기술하는 데만 있지 않다. 대중 문화가 사회적 행위에 미칠 영향력을 예측해 보고, 문제가 도출될 경우 교정해야 하는 진단, 예방, 교정에도 그 목적 의식을 두고 있다. 대중 문화 연구는 그런 점에서 대중의 일상에 대한 논의이며, 대중의 미래에 대한 진단, 설명이기도 하다.

3. '우리 문화'

대중 문화는 과연 누구의 문화일까? 대중 문화 연구자 중 일부는 한때 대중 문화를 '다른 사람의 문화'라고 규정하고 왜 그들이 대중 문화를 즐길까하고 질문했었다. 그들 연구자에게 대중 문화란 객체화된 분석 대상이자 비판 대상이었다. 대중 문화와 연구자 간 간극을 설정해 두고, 연구 또한 객관성, 중립성을 지켜야 더 나은 연구가 가능한 것처럼 주장했다. 빈번히 "나는 텔레비전을 잘 보질 않지만……," "국내 영화를 보지 않아 쉽게 말할 수는 없지만," "게임을 즐기는 사람들을 알기 위해서……" 등과 같은 머리말 발언을 하곤 했다. 제1 세대 대중 문화 비평에서 자주 찾을 수 있는 경향이다.

1세대 비평 경향은 이젠 과거 이야기다. 비평가나 연구자는 글 곳곳에서 자신이 대중 문화 힌두 영역의 미니어이거나 연관하는 팬인을 숨기지 않는다. 대중 문화와 일정 거리를 유지하려는 움직임을 어디서도 찾기 힘들다. 대중 문화에 열광하는 태도를 드러내진 않더라도 대중 문화를 부정하는 얘기는 좀체 하지 않는다. 연구 대상과 일정 거리를 두고 객관적으로 연구해야 한다는 객관주의적 경향에 대해 저항하는 셈이다. 정확하게 알지 않으면서(좋아하지도 않으면서) 대상화시킨 채 연구하는 것 자체가 오히려 그 대상을 아는 데 방해가 될 수 있다는 주장도 편다. 때로는 연구자가 문화적 내용의 생산자 역할을 하는 등 과거에는 찾아볼 수 없는 적극적 수용을 펼치고 있다. 비평가나 연구자만 그런 것은 아니다. 예전에 비해 마니아, 애호가, 팬의 층은 놀라울 정도로 두터워지고 다양해지고 스타 중심의 팬덤*fandom*뿐만 아니라 작품, 내용상의 캐릭터, 제작자(감독, 프로듀서 등) 중심의 팬덤도 형성하고 있으며, 인터넷 등을 통해 자신의 팬덤 공동체를 지속시켜 간다. 한 편의 드라마를 시청하고 나서 얻은 감흥을 그냥 흘려 버리지 않는다. '폐인' 집단을 만들고 그를 통해서 감흥을 확인하거나 증폭시킬 계기를 갖고자 한다.[46]

1세대 비평 경향 혹은 전 세대 이론가의 대중 문화와 거리 두기는 이제 기억 저편의 이야기다. 누구든 대중 문화가 자신의 일상 한 부분임을 부인하지 않는다. 대중 문화를 인간의 조건으로 받아들인다. 대중 문화를 우리의 문화라고 여기게 된 배경에는 대중 문화 산업의 폭발적인 증대 현상이 깔려 있다. 이제 대중의 일상 생활은 대중 문화 산업의 생산물을 통해서만 구성될 수 있는 것처럼 보이기도 한다. 앞서 언급한 바와 같이 대중의 일상 안으로 대중 문화가 깊숙이 침투해 들어온 탓이다. 하지만 대중 문화 산업이 대중 문화의 증대를 초래한 직접적 원인인 것

---

[46] 대중이 스스로의 취향에 대한 비평을 생산하기에 이르렀다. 이를 대중 비평이라고도 하는데, 때로는 자신들의 취향, 선호 문화물을 놓고 전문 비평가들과 각을 세우기도 한다. 원용진, "대중 비평의 형성과 과정," 〈문학과 사회〉, 80호, 2007, 겨울호.

처럼 말해선 안 된다. 문화 산업을 통해 수익을 극대화하려는 자본의 계획대로 모든 것이 이루어졌다는 주장에는 동의하기 어렵다는 말이다. 다르게 설명하는 지혜가 필요하다. 대중 문화 산업의 확장과 그를 필요로 하는 대중 문화 수용자층에서의 요청이 서로 어우러져 대중 문화적 내용이 증대하였고, 대중의 일상 안에서도 큰 비중을 차지하게 되었다고 설명할 수 있다. 즉 대중 문화 산업의 증대와 대중 문화물을 소비하고 즐기는 층의 욕구 증대로 대중 문화는 어디에나 있으며 대중의 문화가 되었다고 인식하게 된 것이다.

미국에선 2차 세계 대전 직후 태어난 세대, 즉 베이비 붐 세대가 주 소비층이 된 시기에 문화 산업이 폭발적으로 성장했다고 파악한다. 한국의 경우 그와는 좀 다른 복잡한 설명이 필요하다. 인구학적으로 보아 문화 산업이 내놓는 대중 문화물을 가장 왕성하게 소비하는 세대는 경제적 여유를 지닌 10대와 20대다. 1990년대의 10대와 20대는 한국 사회의 양적 경제 성장의 혜택을 누린 세대였다. 부모의 경제적 윤택과 적은 수의 형제자매 덕에 상당한 소비 잠재력을 지닌 세대로 등장했다. 거기에다 10대의 경우 한국 사회가 지닌 입시 위주 교육의 모순에 시달림을 만회하여 해방구를 찾아 나선다. 해방구를 찾는 노력은 대중 문화와 손쉽게 마주한다. 물론 기성 세대는 이들 젊은 세대의 대중 문화 수용을 달갑게 받아들이진 않는다. 대중 문화 내용물이나 스타에 열광하는 10대를 두고 '빠순이,' '오빠 부대,' '오렌지족,' '소비 세대,' 'X 제네레이션,' '철없는 세대' 등으로 칭하며 특별한 대접을 하려 한다. 대중 매체나 문화 산업이 펼치는 대중 문화 내용에 비판 의식 없이 탐닉하는 것처럼 비하한다. 하지만 대중 문화적 내용을 찾는 10대는 기성 세대의 비판처럼 사고하거나 행동하진 않는다. 대중 문화를 바탕으로 그들끼리 통하고, 그들만이 누릴 수 있는 문화적 스타일을 찾고 즐긴다. 다른 연령대가 (따라)

할 수 없는 부분을 대중 문화를 통해 발굴하고 새롭게 창조하는 문화적 활동을 펼친다. 문화적 차이를 통해 10대라는 정체성을 구축하고 그 안에서 자신만의 의미, 이야기를 지속적으로 생산한다. 20대도 마찬가지다. 청소년과는 다른 문화적 정체성에 대한 고민이 있고, 보다 세련된 형태의 문화적 정체성을 담을 수 있는 문화물을 찾게 되고 그를 통해 의미를 주고받는다. 대중 문화 산업은 그들의 구미에 맞는 상품을 끊임없이 개발하고 그들의 고민과 외로움 등까지 상품화시킨다. 10대나 20대만큼 적극적이진 않지만 30대와 40대, 이젠 50대까지 능동적으로 대중 문화물과 관계를 맺는다. 그들도 이미 1960, 1970, 1980년대를 통해서 청년 문화라는, 당시로서는 새로운 대중 문화물을 만난 기억을 지니고 있다. 지금의 10대, 20대들이 원더걸스, 소녀시대, 동방신기, 비, 보아를 즐기는 만큼이나 과거 그들도 트윈폴리오, 송골매, 김현식, 소방차를 즐겼던 기억이 있다. 문화 산업은 그들의 기억마저도 잘 포장해 7080 음악이나 콘서트 등의 상품을 내놓고 향수를 자극하고, 장년층은 그를 통해 자신의 과거를 회상하며 정체성을 만든다. 문화적으로 소외된 것처럼 보이는 노인 세대도 트로트 음악이나 실버 산업을 통해 양산된 문화적 산물을 즐기면서 살아간다. 일요일 정오에 방영되는 KBS의 〈전국노래자랑〉에서 할아버지, 할머니가 노인 대학에서 배운 노래를 선보이는 모습을 대하기도 한다. 예전 노동요나 구전요, 판소리 대신 태진아, 현철, 설운도, 주현미, 송대관 등 트로트 가수의 노래를 부른다. 노인 세대도 이젠 민속 문화보다 대중 문화적 내용에 더 익숙해진 모습이다. 세대로 나누어 설명하지 않고 다른 범주를 기준으로 설명하더라도 대중 문화가 우리 문화라고 말할 정도로 생활 속 깊숙이 들어와 있음을 알 수 있다. 과거와는 달리 일괄적인 문화 향유 현상을 찾기란 쉽지 않다. 획일화되어 보이는 문화적 현상이라 할지라도 자세히 들여다보면 집단별로 같은 현상을 다르게 받아들이고 있다. 문화 산업은 이 같은 사회 경향에 착안하여 다양한 형태의 문화 상품을 내놓는다. 차별적 향유를 욕망하는 사회적 기대에 맞추어 문화적 메뉴를 내놓는다. 다르게 향유하려는 욕구, 그에 맞춘 다양한 문화 상품의 제공이 맞아 떨어지면서 사회 내 차이가 나는 문화적 내용이 늘어난다. 이처럼 대중 문화는 사회 내 다양한 집단이 차이를 내는 중요한 자원이 되고 있다.

대중 문화를 대중 자신의 문화라고 여기게 된 데는 매체 기술의 진전도 한몫을 했다. 특히 디지털 기술은 대중 문화 인식에 지대한 영향을 미치고 있다. 디지털 기술은 바야흐로 대중 문화의 지형에 긴장을 제공하고 있기도 하다. 디지털 기술은 여러 문화적 내용 제작에 편의성을 제공하고 있다. 디지털 카메라와 컴퓨터를 통해 간단한 동영상 작품을 만드는 일은 보편화되고 있다.

휴대 전화에 카메라가 달려 동영상까지 찍을 수 있게 되면서 이젠 누구든 자신의 주변에서 일어나는 일을 손쉽게 기록해 둘 수 있게 되었다. 그렇게 만든 내용은 인터넷을 통해 전국으로, 전 세계로 내보낼 수 있다. 최근의 다양한 패러디 작품, UCC(Users Created Contents)가 인터넷을 타고 퍼져 나가는 모습을 보더라도 과거의 제작, 보급 방식과는 확연히 다름을 알 수 있다. 자신이 수용자에 머물지 않고 생산자가 되는 기술적 환경을 맞고 있다는 말이다. 수용하는 일에 그치지 않고 제작까지 행하는 모습을 두고 '생비자_pro-sumer(생산_production−소비_consumption)'라 부르기도 한다. 문화 산업만이 대중 문화의 내용을 독점적으로 생산해 내지 않고 수용자도 생산자 반열에 드는 그런 시대를 맞고 있다. 자신이 즐기는 대중 문화의 내용물을 팬 스스로가 변형 제작하는 예도 과거에 비해 늘어났다. 이미 만들어진 텔레비전 드라마를 '폐인' 집단에서 자신의 비전으로 제작해 상영회를 갖는 일은 이미 흔한 일이 되었다. 수용과 대상 간

거리가 줄어든 구체적 사례라 할 수 있다.

이렇듯 대중 문화는 남의 문화가 아닌 우리가 즐기는 우리의 문화로 바뀌었다. 누구도 이 사실을 부인하기 어렵다. 그러한 현상을 부정적으로 볼 수는 있겠으나 그 사실 자체를 부정할 수는 없다. 대중 문화가 우리의 문화가 되었고 우리의 일상 안으로 들어와 있는 지금, 대중 문화에 대한 논의는 피할 수 없게 되었다. 대중 문화가 우리의 문화인 한 대중 문화를 적극적으로 논의하고 능동적으로 그 문화를 거부하거나 참여토록 할 필요성이 증대되었다. 대중 문화 연구자는 대중 문화의 사회적 위치를 알려 주고 대중 문화 수용 주체에게 능동적 수용자로서 자신을 생각해 보도록 성찰력을 전해 줄 의무도 떠안게 되었다.[47]

4. 대중 문화 속 갈등과 모순

대중 문화는 평등의 문화가 아니다. 그렇게 보이는 부분이 없진 않지만 일사불란한 획일적 문화도 아니다. 소란과 갈등이 뒤섞인 공간으로 보는 편이 옳다. '갈등'이라는 용어를 대중 문화의 논의 속으로 포함함으로써 대중 문화론은 한층 윤택해졌다. 이 책의 어느 부분에선가 설명하겠지만

---

47 대중 문화 연구자의 사회적 위치에 대한 논의는 많지 않았다. 그러나 이 사안은 매우 중요하다. 대중 문화 비평을 하는 사람의 역할을 어떻게 규정짓느냐가 비평 문화를 좌우할 수 있기 때문이다. 요즈음 행하는 많은 대중 문화 비평 — 텔레비전, 영화, 가요, 만화, 게임 등 — 은 그런 면에서 중구난방처럼 보인다. 어떤 이는 정보를 주는 것에 만족하고, 어떤 이는 문화 산업의 속성에 대해서 침묵을 지키고 창조하는 개인에게 모든 짐을 지우는 실수를 범하기도 한다. 아직 우리 학자가 쓴 텔레비전 비평, 영화 비평 등에 관한 적절한 교재가 등장하지 않았다는 사실을 생각해 본다면 그것이 그리 이상할 리도 없지만 말이다.

(문화주의culturalism, 마르크스주의 문화론, 구조주의, 문화 연구, 페미니즘 등), 대중 문화를 단순히 지배 계급, 지배 세력의 도구로 보거나 혹은 사회를 하나로 통합하는 도구적 기제로만 설명하는 대중 문화론은 일부에 지나지 않는다. 대부분의 이론은 대중 문화라는 공간이 사회 갈등, 즉 통합 대 일탈, 융화 대 대립, 지배 대 저항의 대립 구조가 놓인 곳이라 말한다. 대중 문화 안에 갈등의 여지가 있다는 사실은 그동안 갈등을 주요 사회 변인으로 여기던 연구자로 하여금 대중 문화에 주의를 기울이도록 만들었다.

'대중 문화'와 '대중 문화물'은 구별해 이해할 필요가 있다. 문화 산업 등 문화적 제도가 대중의 인기를 겨냥해 쏟아 낸 내용물을 일컬어 대중 문화물이라 한다. 대중 문화물을 대중 문화 텍스트라고 부르기도 한다. 과거 몇몇 대중 문화론에서는 텍스트 혹은 대중 문화물을 대중 문화와 같은 것으로 파악하기도 했었다. 이 입장에서는 대중 문화물, 대중 문화 텍스트를 분석하는 것으로 대중 문화 분석을 대신하기도 했다. 이 같은 관행은 대중 문화에 대한 오해에서 비롯된 것이다. 지금 그 관행을 받아들이는 편은 많지 않다. 대중 문화와 대중 문화물을 구분하는 일은 대중 문화를 보다 광의로 해석하는 중요한 이론적 실천이다. 그 둘을 구분하는 작업을 행하면서 대중 문화 과정을 대중 문화물의 생산, 대중 문화물의 수용, 수용 후의 다양한 소통 그리고 대중 문화 텍스트로 세분화하는 쪽으로 연구 방향을 잡고 있다. 즉 대중 문화 논의는 대중 문화물을 생산하는 일, 대중 문화물, 대중 문화물을 수용하는 일, 소통하는 일 등 각 요소를 포괄해 총체적으로 논의하는 작업이다.

텔레비전 프로그램의 내용, 즉 방송이 만들어 낸 프로그램 자체가 대중 문화가 아니라 시청 후 발생할 수 있는 대중 문화물을 둘러싼 많은 이야기, 즉 그 프로그램이 자아내는 문화적 현상이 대중 문화에 더 가깝다. 텍스트 분석으로 대중 문화 논의가 끝나지 않는다. 대중 문화물 생산, 수용, 수용 이후의 과정 모두를 총체적으로 추적하고 사고하는 것이 대중 문화 논의에 더 가깝다. '폐인' 문화를 예로 들어 보자. '폐인'이라는 말을 한 인터넷 사이트에 마련된 커뮤니티에서(디시인사이드) 지나치게 열중하는 네티즌의 모습을 가리키는 뜻으로 사용했다. 이후 이 용어는 특정 현상, 사물에 몰두하여 생활에까지 영향을 받는 사람을 지칭하게 되었다. 특정 드라마를 마니아 수준 이상으로 아끼고 다른 애호가와 그에 대한 이야기를 나눌 뿐만 아니라 새로운 차원의 의미까지 만들어 내는 드라마 폐인도 그 용어의 등장 이후로 자주 언급되었다. 〈네 멋대로 해라〉(네멋 폐인), 〈불새〉(불새 폐인), 〈다모〉(다모 폐인), 〈발리에서 생긴 일〉(발리 폐인) 등. 폐인 현상을 잘 파악하기 위해서는 그 논의를 드라마 속 내용 한두 요소에만 국한할 수 없다.48 폐인 현상을 불러일으킨 드라마의 내용, 그리고 그 내용(제작)의 뒷이야기, 제작진과 수용자 간의 대화, 폐인 간의 소통, 소통을 통한 스타일 만들기가 분석 대상이 된다. 뿐만 아니라 드라마 폐인의 사회적 속성(성별, 연령, 취향, 직업, 계급 등)을 살펴보는 일도 폐인 현상을 이해하기 위한 좋은 밑자료가 될 수 있다. 폐인은 드라마의 어떤 요소에 초점을 맞추며 드라마의 내용과 자신의 일상을 어떻게 연관 짓고 있는지를 살펴보는 일도 중요하다. 이렇듯 대중 문화에 대한 관심은 대중 문화의 과정에 대한 관심과 통하며 단지 텍스트나 수용자에 국한시킨 분석과는 일정 거리를 둔다. 대중 문화 연구란 대중 문화물의 내용을 분석하는 데 그치지 않고 그 내용이 사회적으로 순환되는 데까지 끌고 나가는 부지런함을 뜻한다.49

그런데 갈등이라는 요소는 대체 대중 문화의 어디쯤 들어가는 것일

---

48 폐인에 대한 구체적인 분석은 이기형 · 김영찬, "〈네 멋대로 해라〉 폐인들의 문화적 실천에 관한 현장 보고서," 〈프로그램/텍스트〉, 9호, 2003.

까? 갈등을 대중 문화 텍스트 안의 갈등으로 국한해 오해해선 안 된다.[50] 갈등은 대중 문화물을 둘러싸고 의미가 순환되는 과정에서 발생한다. 물론 대중 문화물 자체가 다양한 내용을 안고 있으므로 — 혹은 서로 모순되는 내용들을 담고 있으므로 — 갈등을 담을 수도 있다. 하지만 텍스트를 통해서 드러나는 모순은 다양한 사회적 경험을 지닌 수용자가 만들어 낸 것으로 보아야 한다. 한때 10대의 우상이었던 H.O.T가 해체되어 멤버가 뿔뿔이 흩어졌다. 멤버 중 솔로로 독립한 이도 있었고, 연예 매니지먼트 회사를 차려 사업에 착수한 이도 있었다. 그중 한 명이 독립과 함께 '한국의 록을 이끌어 가는 로커'에 인생을 걸겠다고 선언하고 나섰다. 그의 변신에 H.O.T 때부터 그를 따르던 소녀 팬은 열광했지만 그의 변신을 우스개 소식으로 받아들이는 이도 있었다. 특히 앞서 예로 들은 한 인터넷 사이트(디시인사이드)의 폐인은 각종 패러디, 비웃음, 조롱 등을 펼쳐 당사자는 인격 모독을 이유로 소송까지 준비했다. 이들은 당사자가 록 음악과는 아무런 연관성이 없을뿐더러 록 음악을 모욕하는 언사를 하고 있다며 패러디를 멈출 의도가 없다고 밝혔다. 평소 권위, 과장 등에 대해 냉소적 태도를 지니고 있던 폐인은 그 가수의 발언과 주장, 그리고 허술한 음악 산업을 문화적 텍스트로 받아들였고, 그 텍스트를 나름의 방식으로 수용하거나 재가공해, 전혀 엉뚱한 의

---

49 문화에 대한 연구가 바로 그러한 의미의 순환 과정임을 주장하는 글로는 다음 글을 참조하라. Richard Johnson, "What is Cultural Studies Anyway?" *Social Text*, Winter 1986, pp.38~80.

50 이러한 오해를 바탕으로 대중 문화를 문화적 포럼으로 생각하는 이들도 있다. 즉 다양한 견해들이 대중 문화물 속에 녹아 있다는 것인데, 이러한 다원주의에서는 갈등보다는 평화스러운 공존을 더 강조하게 된다. 다음의 글이 이런 입장에 속한다. H. Newcomb & P. Hirsh, "Television as a Cultural Forum: Implications for Research," in W. D. Rowland et al. (eds.), *Interpreting Television*, Beverly Hills, CA: Sage, 1984, pp.58~73.

미를 퍼뜨려 갔다.51

폐인의 이 같은 독해는 갈등과 어떤 관련을 맺는가. 폐인은 이 사건을 10대 소녀 팬을 한번 더 모아 보려는 음반사의 의도로 파악했고, 자신을 그 의도에 딴지를 거는 입장에 동일시했다. 상업주의 음악관과의 싸움으로 간주한 셈이다. (물론 그들의 해석은 오해에 기반한 것일 수도 있다.) '디시인사이드'는 실력 없는 가수를 포장해 팬을 속이고 기획력으로만 승부하는 한국 대중 음악관과 각을 세웠다. 대중 음악 산업의 의도에 딴지를 걸며 그로 인한 의미를 형성, 순환시키려 했다. 이는 앞서 살펴보았던 '지배 문화론'이나 '소비 문화론'이 수용자의 다의적인 해석을 고민하지 않았음을 증명하는 예다. 과거 대중 문화 이론 세계에서는 수용자의 일원적인 해석에 집착했다. 대중 문화물을 만들어 보급하는 이들의 의도가 그대로 수용되는 것으로 이해하였다. 그런 탓에 '지배 문화론'이나 '소비 문화론'에서는 대안적인 문화로 현재의 대중 문화를 대체할 문화를 제안했다. 하지만 다의적인 해석을 인정하고 그를 통해 갈등이나 모순을 부각시키는 대중 문화론을 갖게 되면 지금의 대중 문화를 포기하지 않고 더 많은 관심과 애정을 보이게 마련이다. 대중이 지금 즐기고 있고, 혹은 탐닉한다고 '욕 먹고' 있는 대중 문화물을 통해서도 지배적인 가치나 질서에 대항할 가능성이 있다고 주장한다. 수용자에 의한 다의적 해석, 갈등, 모순이 더 자주 발생할 수 있도록 수용자에게 문화 생산의 기회를 주고, 수용자의 문화 향유가 더 윤택할 수 있게 해주

---

51 대중 문화 분석에 탁월한 지혜를 보이는 존 피스크John Fiske는 이를 가리켜 대중 문화물의 연관성relevance이라고 부른다. 대중에 연관성이 있는 대중 문화물일수록 대중에게 다양한 방법으로 호소할 가능성이 있다는 지적이다. 다음 책의 마지막 장을 참조하라. John Fiske, *Understanding Popular Culture*, London: Unwin Hyman, 1989.

는 사회 운동적, 정책적 배려를 고민할 것을 제안하고 있다.52 대중 문화를 둘러싼 해석 간의 긴장, 갈등이 문화적 내용을 더욱 풍부하게 할 여지를 지니고 있을 뿐 아니라 사회 구성원이 스스로를 성찰할 기회를 제공한다고 파악하는 것이다.

예를 하나 더 들어 설명해 보자. 젊은이 사이에서 인기를 누리던 한 탤런트가 자신이 동성애자임을 밝히는(커밍아웃) 기자 회견을 가졌다. 그 회견으로 인해 출연 중이던 텔레비전 프로그램으로부터 퇴출당했다. 동성애자가 지상파 방송을 통해서 얼굴을 내밈으로써 청소년이 막연히 동성애를 동경할 우려가 있다는 이유였다. 방송사의 그 같은 조처는 동성애적 정체성을 밝히는 일, 이른바 커밍아웃을 위축시킬 뿐 아니라 동성애를 사회적 금기 영역으로 규정하는 일이다. 이 같은 방송사의 의도는 이성애자 중심으로 모든 성애性愛를 사고하는 규범을 지키고자 하는 것이었지만 곧바로 저항을 받게 되었다. 인터넷에서 그 탤런트의 커밍아웃을 격려하는 글이 오갔을 뿐 아니라, 그는 각종 인권 관련 행사 등에 초빙되는 등 오히려 인기를 누리게 되었다. 텔레비전이 만들어 낸 텍스트가 동성애자를 사회적으로 용인할 수 없음에 관한 것이었다면, 사회는 그 텍스트를 전혀 다른 것으로 변형해 냈다. 이처럼 대중 문화는 긴장과 갈등, 주도와 저항이 한데 만나서 소란을 일으키는 공간이다.

엘비스 프레슬리가 처음 미국 텔레비전 방송에 출연할 때 방송사와 몇 가지 약속을 했다. 그는 공연장에서처럼 몸을 흔들지 않고 수용자를 흥분시키지 말라는 방송국의 요청에 응했다. 방송사는 당시 로큰롤 음

52 대중 문화 영역에 시민 사회 운동이 일환으로 개입하고 있는 '문화연대' 문화 감례을 감시하면서, 시민들의 문화 생산 과정 참여를 유도할 수 있는 프로그램을 운용하고 있는데, 이는 대중 문화에 대한 새로운 이론적 입장에 바탕을 둔 것이다.

악에 대해 부정적 태도를 보이는 기독교 단체 등에서 로큰롤 가수에게 좋지 않은 시선을 보내고 있음을 의식해 그 같은 요청을 한 것이다. 엘비스 프레슬리의 초기 텔레비전 공연은 이름 그대로 조용한 공연일 수밖에 없었다. 하지만 점잖은 엘비스에게 수용자가 반응을 보일 리 없지 않은가? 인기를 먹고 사는 존재인 방송사는 그 요청을 철회하기에 이른다. 점잖은 문화를 강조하던 데서 자신을 자유롭게 표현할 수 있는 시대로 전환하던 때에 벌어졌던 해프닝이었다. 이 해프닝 이후 텔레비전 스튜디오에서 점잖게 노래 부르기만을 강요하는 일은 더 이상 존재하지 않게 된다. 텔레비전이 그것을 주도한 것이 아니라 텔레비전을 수용하던 사람들이 그에 동의하지 않음으로써 노래 부르기 방식이 바뀌고, 문화 상품의 내용도 바뀌었다. 어쩌면 '별 시시껄렁한 이야기'를 사회적 갈등, 긴장에 갖다 붙이고 과잉 해석을 펼친다고 한심해 하는 독자들도 있으리라 생각한다. 맞는 이야기이다. 대중 문화 논의는 늘 많은 이들이 시시껄렁하다고 생각하는 평범한 일상 영역에 관심을 기울여 왔다. 시시해서 사회적 의미를 지니지 못하거나 또한 관심의 대상이 되지 못했던(평범한) 영역을 찾아내 의미를 부여하고자 했다. 신나고, 친근한 생활, 일상에서 반복적으로 대중 문화적 사건이 발생하므로 자신의 주변에서 의미를 찾거나 정치성을 부여하는 일을 반복할 필요가 있다. 대중 문화에 대한 공부는 항상 자신의 일상, 주변으로부터 시작하되 그 안에서 벌어지는 모순과 갈등에 정치적 의미를 부여하는 작업이다.

사회 변화를 꾀하는 이론가나 운동가는 대중이 많은 독서를 해 진보적인 생각을 하고 사회적 모순에 대해 분노하기를 기대한다. 그런 기대를 텔레비전을 보고 대중 가요를 즐기는 사람에게 바라는 일은 불가능할까? 어려운 이론을 접할 기회를 갖지 않을 뿐 아니라 사회 변화의 미래조차도 생각해 볼 기회를 갖지 않은 사람이 커밍아웃한 탤런트의 사건을 통해 자유에 대한 갈망을 경험할 수도 있다. 자유에 대한 갈망을 통해 즐거움을 맛본 사람이라면 다른 사회적 불평등이나 모순에 대해서도 고민할 가능성이 있는 것 아닐까? 물론 문화적 갈망이 곧바로 정치적 갈망으로 이어지는 것은 아니다. 그래서 터무니없이 문화적 갈망을 부풀려 해석하고 설명해선 안 된다. 하지만 그러한 전이에 대한 기대나 해석을 애초부터 봉쇄하는 일은 문화적 갈망을 낮게 평가하거나 정치적 갈망 밑에 있는 하위 개념으로 설정하는 실수는 아닐지? 대중 문화를 통한 갈등은 그 자체만으로 의미를 갖진 않는다. 다른 영역으로 옮겨 가고, 그 전이를 통해 사회 내 갈등에 불을 지피고, 사회적 모순을 척결하는 움직임의 계기가 될 수도 있다. 쉽게 무시해서는 안 될 사안이다(이 같은 전이는 절합articulation이라고도 부르는데, 이에 대해서는 9장 문화 연구에서 언급하려 한다).

5. '소비'와 의미 생성

대중 문화는 생산보다는 소비의 영역에 더 가깝다. 생산 영역과 관련을 맺지 않는다는 말이 아니라 대체로 이미 생산된 내용을 감상하고, 감상을 통해 발생한 의미를 유통, 순환시키는 비중이 더 크기에 소비 영역에 더 가깝다. 영화, 텔레비전을 보고 소설을 읽고 음악을 감상하는 일은 회사에서 컴퓨터로 일을 하고, 공장에서 물건을 만드는 일과는 분명히 구분된다. 대중 문화는 생산 현장과 일정 정도 거리를 두고 있는 분명한 소비의 영역이다(물론 작업장 안에서의 사회적 관계 또한 대중 문화의 영역과 완전 별개의 것이라고 말할 수는 없다. 하지만 여기서는 설명의 명료함을 위해서 그렇게 나누어 보았다). 대중 문화가 학문적으로 큰 관심을 끌지 못했던 이유 중 하나로 소비에 대한 관심이 학계에서 상대적으로 적었던 점을 들 수 있다. 오랫동안 학문의 영역에서 유예당한 소비의 영역이 새롭게 각광받게 된 것은 최근의 일이다. 소비를 통한 의미 생산, 소비의 생산성, 생산과 소비의 이분법 해체 등의 논의가 활발해지면서 대중 문화에 대한 관심도 증대되었다.[53]

　소비 영역이 사회적으로 주목을 끌기까지는 오랜 시간이 걸렸다. 전통적으로 학문 세계에서는 소비보다 생산에 더 많은 관심을 보였다. 마르크스주의에서도 생산(노동)을 바탕으로 사회를 설명하려 했다. 오랫동안 서구 사회학에서 그 지위를 누려 왔던 베버적인 사회학 전통에서도 생산에 대한 관심이 더 컸다. 소비 영역이 학문적으로 괄시받아 온 것은 서구의 기독교 정신과 무관하지 않은 듯하다. 캘빈주의적 기독교는 근검과 절약을 미덕으로 삼았고, 그 같은 미덕이 자본주의를 번성케 해주었다는 베버의 설명에 따르더라도 소비는 감추어져야 하거나 권장되지 말아야 하는 영역으로 대접을 받아 왔음을 알 수 있다. 자본주의의 발전 원동력으로 금욕주의 정신을 내세운 베버의 주장을 한번 더듬어 보자.[54] 이른바 캘빈주의의 금욕주의가 자본주의 정신 ── 즉 합리적이며 평화로운 인간 관계 ── 에 얼마만큼 기여했는지를 베버는 설파하고 있다.[55] 열심히 일하고 저축하고 사업을 일으키되 소비는 망

53 여기서 나는 특히 세 사회학자의 저서를 들고 싶다. J. Baudrillard, *Selected Writings*, in M. Poster (ed.), Cambridge: Blackwell, 1988; P. Bourdieu, *Distinction: A Social Critique of the Judgement of Taste*, in R. Nice (trans.), Cambridge, Mass.: Harvard University Press, 1984; C. Campbell, *The Romantic Ethic and the Spirit of Modern Consumerism*, Oxford: Blackwell, 1987.

54 M. Weber, *The Protestant Ethic and the Spirit of Capitalism*, in Talcott Parsons (trans.), London: George Allen & Unwin, 1976.

55 R. Bocock, "The Cultural Formations of Modern Society," in S. Hall & B. Gieben (eds.), *Formations of Modernity*, London: Open University Press, 1992, pp.229~274.

설이게끔 사람들을 교육시킴으로써 자본주의가 발흥할 수 있었다고 베버는 주장한다. 소비를 억제할 수 있는 도덕률이 자본주의를 일으켰다고 주장하는 셈이다. 그러나 이 같은 베버의 설명은 곧 모순에 빠진다. 만일 모든 사람이 금욕주의 정신에 충실하여 생산이나 저축에만 관심이 있었다면 자본주의를 어떻게 재생산하고 유지할 수 있었겠는가? 자본주의 사회를 유지하고 재생산하기 위해서는 생산을 보장해 주는 기제가 있어야 한다. 소비가 없었다면 어떻게 자본주의를 재생산하고 유지하는 일이 가능했겠는가?

베버가 말하는 청교도적인 금욕주의가 자본주의의 발전에 영향을 미치지 않았다고 주장하는 것이 아니다. 베버의 문제점은 그가 주장한 금욕주의가 당시 사회의 헤게모니를 쥐지 못했다는 점을 간과한 데 있다. 금욕주의가 자본주의 초기의 핵심 가치이거나 규범이었다는 주장은 당시 귀족 계급에 만연해 있던 소비 생활에 대해선 애써 눈을 감은 결과다.56 구제도ancient regime 지배층의 소비 생활은 자본주의 진전에 따라 부르주아 계급에, 최종적으로 도시의 노동 계급에도 파급되었다. 그러나 베버는 여전히 그러한 모습에 관심을 기울이지 않았다. 소비를 배고픔이나 추위 등 고통을 줄여 주는 기능으로만 이해하려 했다. 베버가 생각했던 본능 충족을 위한 소비 개념은 의미 형성이라는 중요한 면을 부각시키지 못한다. 과거에도 그랬지만 소비는 사회적 권력을 나타내거나 정체성을 드러내는 수단으로 활용되어 왔다. 무엇을 만들며 어떤 회사에서 일하는가를 통해 정체성을 확립하는 것보다는 무엇을 소비하

---

56 귀족 계급이 지나친 소비 생활을 보여 주는 다음 책을 참조해 보면 베버의 잘못된 주장을 쉽게 발견할 수 있다. T. Veblen, *The Theory of the Leisure Class*, New York: Mentor, 1953 [《유한 계급론》, 정수용 옮김, 동녘, 1983].

느냐, 무엇을 가지고 있느냐에 따라 정체성이 형성되는 시대에 살고 있다. 소비를 본능적이고 물리적인 영역을 넘어서 상징적이고 문화적인 영역으로 인식할 필요가 있다.

자동차를 예로 들어 설명해 보자. 자동차란 먼 거리를 짧은 시간 내에 편안하게 다녀올 수 있게 해주는 기계에 불과하다. 바퀴가 있고 엔진이 있어 굴러가기만 한다면 그 목적에 부합하는 자동차가 될 터이다. 이처럼 기능적 측면에서만 보자면 자동차의 소비는 먼 거리를 빠르게 가기 위한 목적을 갖는다. 그러나 문화적 측면으로 접어들면 자동차 소비는 전혀 다른 의미를 갖는다. 모든 사람이 기능적 목적만을 위해 자동차를 구매한다면 왜 티코가 있고 외제차나 값비싼 에쿠스가 있겠는가? 돈을 꾸어서라도 외제차나 에쿠스를 사려는 사람은 단순히 편안함과 시간 절약이라는 목적만을 가지고 있을까? 행정 부서에 가서 일을 볼 때 외제차나 값비싼 대형차를 타고 가면 일이 더 쉽게 풀린다는 농담 반 진담 반의 이야기를 자주 듣는다. 티코를 타고 고급 호텔 앞에 차를 대고 발레파킹을 원했다면 오랫동안 웃음 거리가 될 가능성도 있다. 이렇듯 티코와 외제차, 에쿠스는 금속 덩어리이기도 하지만 의미를 만들어 내는 문화적 매체이기도 하다. 무엇을 소비하느냐가 그 소비 주체의 지위와 능력을 표현해 준다. 소비는 의미 생성이라는 문화적 측면을 지닌 사회적 행위다.

찢어진 청바지를 입는 일은 물질 상품의 소비이기도 하지만 다른 청바지와 다르다는 이미지를 소비하는 일이기도 하다. 찢어진 청바지의 착용은 젊음을 드러내는 일이기도 하고, 의상에 대한 기존 관념에 저항하는 자신을 드러내는 의미 작용이기도 하다. 혹은 서구 패션에 대한 발 빠른 적응을 드러내는 일일 수도 있다. 선호하는 대중 음악 장르도 의미를 내기에 충분하다. 록 음악을 즐기는 대중은 그의 향유를 통해

소비를 사회적 권력을 나타내거나 정체성을 드러내는 수단으로 활용하고 있다. 우리는 이제 무엇을 소비하느냐, 무엇을 가지고 있느냐에 따라 정체성이 형성되는 시대에 살고 있다. 소비를 본능적이고 물리적인 영역을 넘어서 상징적이고 문화적인 영역으로 인식해야 한다. 사진은 아우디 광고.

남성적 의미를 드러내려 하고, 발라드 애호가들은 향유를 통해 여성적 의미를 내고자 한다. 힙합의 향유는 저항적이며 도시적, 서구적 의미를 내고자 하며, 재즈나 블루스 향유는 이국적인 정서와 가까움을 드러냄과 관련이 있다. 빠른 비트의 댄스 음악은 좀 더 에너지가 넘치는 하이틴의 정서를 드러낸다. 각종 라디오 프로그램의 DJ 선택과 음악 선곡이 궤를 같이하는 것도 각 음악이 제 각각의 의미를 갖기 때문이다. 재즈나 블루스를 주로 선곡하는 프로그램은 이국적 색깔을 갖는 DJ에게 마이크를 맡길 공산이 크다. 힙합 음악을 주로 편성하는 프로그램은 도시적 정서와 저항적 색깔을 갖는 디제이를 고용할 가능성이 크다.

우리 주변에서 벌어지는 대부분의 소비는 그 상품이 갖는 기능적 측면뿐 아니라 의미를 생성하는 의미적 측면을 동시에 지닌다. 구매할 자동차에 대한 선택은 편안함을 누리겠다는 의지이기도 하면서 자신의 지위를 드러내는 일이기도 하다. 음악을 들으면서 긴장을 해소할 뿐만 아니라 특정 장르를 선택함으로써 자신을 드러내기도 한다. 이처럼 대중 문화에 참여하는 일은 의미를 생산하는 적극적 의미화 과정이기도 하다. 생산 영역만이 생산을 전담하지는 않는다. 소비의 영역도 의미 생산이라는 중요한 부분을 맡고 있다. 소비에 대한 새로운 해석, 즉 생산적 소비*pro-sumption* 란 합성어는 현대 사회에서의 소비의 중요성을 드러낸다. 소비의 영역인 대중 문화를 소비 개념의 부상과 함께 새롭게 인식하고 들여다볼 만한 가치를 지닌 것으로 파악하는 노력은 갈수록 늘어나고 있다.

6. 새로운 인식론

대중 문화가 고급 문화의 반대편에 선 저급 문화라는 전통 관념은 점차 깨지고 있다. 대중 문화와 고급 문화라는 이분법적 구분 자체도 위협을 받고 있으며, 실제 문화 현상 속에서 그 둘은 구분되지 않고 뒤섞여 등장하기도 한다. 〈열린 음악회〉라는 대중적인 음악회에서 고전 음악을 전공한 성악가가 대중 가요 가수들과 어울려 노래를 부른다. 백남준의 비디오 아트는 광고와 어우러진다. 고급 문화의 정수인 것처럼 여겨지던 시詩가 텔레비전에서 탤런트에 의해 낭송되면서 인기를 끌자 시인들은 바람직한 현상이라며 시문학의 부흥을 기대하기도 했다. 예전에 볼 수 없던 이러한 문화 현상은 단순히 대중 문화가 고급 문화 속으로 스며들었다거나 그 반대의 현상이라고 얘기할 만큼 단순한 사안은 아니다. 이 같은 이분법 해체는 문화 정치성을 더욱 확연히 보여 주는 예다. 문화 영역은 이른바 인문학적인 관점으로 보아 '지고의 진선미'를 추구하는 것이라는 기존의 부르주아 미학 수준에서 논의해 왔다. 고급 문화와 대중 문화의 경계 소멸은 그러한 부르주아 미학적 '횡포'에서 벗어나려 한다는 의미도 지니고 있다.

　　대학 커리큘럼의 '문화론'을 예로 들어 보자. 당연히 그 과목은 순수 문학을 읽고 고전 음악을 감상하는 것이었을 수 있다. '미'와 '선'을 추구하며 실천하는 '예술론'과 비슷했을 것이다. 이것이 오랫동안 우리가 지녀온 문화와 예술에 대한 생각이다. 그 생각 안에 대중 문화가 들어설 수는 없었다. 예술과는 거리가 멀기 때문이다. 그러나 특정 문화 형식이나 내용만이 '미'와 '선'을 제공할 수 있다는 주장은 어디서 비롯되었는가? 그리고 그 '미'의 '선'은 어떤 기준으로 설정했을까? 누군가가 정하지 않았겠는가? 누가 만들고 구분했을까? 고급 문화와 대중 문화의 경계를 정하는 기준을 모두가 쉽게 받아들일 수 있는가?

어떠한 미학적 기준으로 문화를 설명하느냐에 따라 문화에 대한 평가는 달라질 수밖에 없다. 특정 미학의 세계에서 평가하는(예를 들어 칸트 미학 등과 같은) 방식과 다른 미학의 세계에서 들여다보는 문화 현상에 대한 평가 방식은 다를 수밖에 없다. 그런데 지금까지 대중 문화는 대중 관점으로 평가받지 못했다. 여전히 그에 대한 평가는 고급 부르주아 미학이 주도해 왔다. 생활과 가까운 문화, 단순한 문화로서 대중 문화는 부르주아 미학적 기준에 의해 낮은 평가를 받아 왔다. 바흐친은 대중 미학적 관점에서 대중 축제를 평가하면서 전통적 미학적 평가 방식과 결을 달리했다. 저잣거리에서 펼치는 카니발은 민중들의 미적 감적을 고스란히 지니고 있다고 바흐친은 파악했다. 문학 작품 속 대중 카니발을 분석하면서 대중 관점으로 대중 미학을 포괄해 냈다. 카니발에서 민중은 걸쭉한 육담과 우스꽝스러운 몸동작으로 권력을 조롱하고, 허위로 가득 찬 권력을 폭로하며, 기존 질서가 뒤바뀐upside-down 세계를 연출한다. 그를 통해 드러나는 세계는 정신적이라기보다는 육체적인 것에 가깝다. 추상적이지 않고 구체적이며, 정상적인 물질object57보다는 비정상적인 물질abject에 가깝다. 정교하기보다는 투박하며, 아름답기보다는 상스럽다. 형식적 압박감은 찾아보기 힘들고, 비형식적 해방감이 주도하고 있다. 대중이 즐기는 문화를 엘리트의 미학적 돋보기를 통해 보면

---

57 abject는 비체라고도 일컫는다. 비체는, 예를 들면, 온전한 실체라고 여겨지는 인간이 몸에서 분비되는 침, 가래, 고름, 변 등을 의미한다. 이들은 인간 몸의 일부이기도 하지만 인간 외부, 더러운 것으로 대접받는다. 그러나 민중의 삶에서 그들은 거름이 되기도 하고, 때로는 민간 의약품으로도 쓰인다. '개똥도 약으로 쓰려면 없다'라는 말 속 비체의 의미를 떠올려 보라. 민중市民衆詩를 썼던 김지하의 〈똥바다〉라는 작품이 주는 의미도 한번 떠올려 보라.

저급하게 보이는 것이 당연할 것이다. 반대로 엘리트의 문화가 대중의 눈에는 고급하거나 난해하거나 백해무익한 것으로 보일 수도 있다(물론 대중은 대체로 엘리트적 문화관에 의해서 교육받아 왔기 때문에 그것을 바탕으로 문화를 평가할 가능성도 많지만). 부르주아 미학과 대중 미학은 서로 아무런 대화도 없이 따로 존재하지 않는다. 어느 한편이 다른 한편을 트집 잡고 공격한다. 그리고 방어하기도 한다. 어느 한쪽이 다른 쪽에 일방적으로 가르치기를 시도하기도 한다. 서로 불편한 갈등 관계에 놓여 있다. 그래서 문화의 영역은 갈등의 영역일 수밖에 없다. 1995년 봄 서울에서 있었던 한 사건을 길지만 인용해 보자.

서울 서대문 경찰서는 13일 대학 캠퍼스 안의 조형 미술 작품을 고철 덩어리로 잘못 알고 고물상에 팔아넘긴 혐의(특수 절도)로 인부 조모(39, 무직) 씨 등 2명을 구속. 조 씨는 11일 오후 6시 10분쯤 상명여대 운동장에서 철제 조각품 5점(학교 측 시가 3000만 원 주장)을 타이탄 트럭에 싣고 나가 인근 d고물상에 2만 1500원을 받고 팔았다는 것. 조 씨는 12일 오전에도 용접기를 준비해 "고철을 주우러 가자"며 친구 도모(39) 씨와 상명여대에 들어가 전날 미처 가져가지 못한 다른 대형 철제 조각품 2점을 절단하다 미술학과 대학원생의 신고로 경찰에 붙잡혔다. 조 씨는 경찰에서 "학교 측이 귀찮아 처리하지 않은 줄 알았다"며 "고철 덩어리가 미술 작품이라니 믿을 수 없다"라고 말했다. 훼손된 조각품들은 이 학교 예술대 미술학과 김종호(48) 교수의 작품. 김 교수는 "다음 달 김포의 야외 작업실로 옮기려던 차에 어처구니없는 일이 생겼다"며 "5점은 되찾았으나 절단한 2점은 3000만 원에서 4000만 원의 피해가 예상된다. 무지로 인해 저질러진 일이니만큼 보상을 원하지는 않지만 조 씨 등을 보수 작업 등에 참석시켜 작품 활동의 의미를 일깨워 줄 계획"이라고 말했다.[58]

예술을 보는 눈의 차이를 이보다 극명하게 드러내 준 사건이 있을까? 어떤 사람에겐 3000만 원인 물건이 다른 사람에겐 2만 원 정도에 불과한 이런 일이 도대체 어떻게 발생한단 말인가? 과연 그 인부는 보수 작업 동안 교육받아 그 물건의 가치를 알게 되었을까? 그 교수는 인부가 즐겨 부르는 노래나 그가 지닌 문화적 세상에 대해선 어떤 평가를 내릴까?

대중 문화에 대한 엘리트적 평가는 긴 역사를 지닌다. 저급한 미학적 가치, 정교하지 못함, 현실을 초월하지 못하고 세속적인 것에 연연해하는 모습, 이 모든 것이 대중 문화에 덧붙여진 평가였다. 물론 단지 대중이 즐긴다는 이유만으로 그 같은 덧칠을 하며 거부하거나 비판하진 않았다. 자신의 미적 판단 근거가 되는 이른바 부르주아 미학적 입장, 문법, 코드에 입각해 대중 문화, 대중 미학적 요소를 판단하고 평가하였다. 그 같은 판단과 평가에 의문을 표시하고 반발하며 새로운 인식론이 등장한다. 이른바 포스트모더니즘, 후기 구조주의 인식론이다. 이들은 기존의 미학적 평가와 판단은 (미학) 권력을 유지하기 위한 의지이며 지식을 독점하는 계기라고 폭로한다. 이어 대중 문화에 대해서 과거와는 다른 평가를 내린다. 대중의 취향, 즐거움, 건강함이 담겨 있거나 대중 미학적 기준으로 보아서 높이 평가받을 만한 가치를 지니고 있다는 새로운 평가를 내린다.

문화 간에 존재하는 평가의 불평등을 불식시키고 문화 민주화를 가져오려는 반엘리트주의 노력을 폄하해선 안 된다. 사회 내 민주주의를 정치적 영역에만 국한해 논의하는 일은 경계해야 한다. 때론 문화에서의 민주화가 정치적 민주화만큼이나 중요한 사안일 수도 있다. 문화 민

---

58 "주사위," 〈중앙일보〉, 1995. 4. 13.

주화가 이루어지지 않아 피해를 당하는 이들이 비민주적 정치로 인한 피해자보다 더 많을 수 있다. 인부와 조각가 간의 관계 또한 문화적 비민주성의 예가 아닐까? 고철로 파악한 인부의 경우 사회적으로 응징을 받지만 조각가는 교육을 통해서 그를 감화시키겠다고 발언함으로써 교육자로서 사회적 찬사를 받을 가능성이 크다. 왜 우리는 이것을 사회 내 팽배한 편견이거나 배제며 불평등이라고 주장하지 않을까? '고철덩이'를 예술품이라며 3000~4000만 원 한다고 내세우는 그 조각가를 왜 이상한 눈으로 보진 않는 것일까? 대중 문화론을 익히는 것은 그 같은 질문에 답하기 위한 과정이기도 하다. 그래서 난해하게만 보이는 새로운 인식론인 후기 구조주의나 포스트모더니즘 등도 익히는 것이다.

7. 글로벌 시대의 도래

새로운 자본주의 질서와 대중 문화는 끈끈한 인연을 맺고 있다. 정보 / 문화 산업의 발전으로 '지구 촌락화*global village*'가 더 앞당겨지고 있는 것같다. 자본주의는 이전 국내 독점 자본주의의 한계를 넘어서 다국적 기업이 국경에 상관하지 않고 정보 / 문화 산업을 통해 활개를 치는 모습으로 드러난다. 국적과 형상을 갖추지 않은 정보가 우리 생활 주위에 스며들고 있다. 그리고 우리는 기꺼이 전해진 정보를 받아들이고 일상 안으로 끌어들인다. 이는 이미 피할 수 없는 환경이 되어 버렸다. 이를 두고 정보 양식*mode of information*의 시대라 말하기도 한다. 상징적 기호를 매개로 하여 의미를 소통하고 주체를 구성하는 방식이 주도하는 시대라는 것이다.

　　정보 형태인 대중 문화들도 이미 상품화의 영역에 포섭되어 다국적 기업에 의한 문화, 다국적 기업의 횡포를 간파할 수 없게 되었다. 오늘

내가 부르는 노래는 한국 가수가 부른 것이지만 어쩌면 본래 모습은 미국의 한 스튜디오에서 만들어져 다국적 기업의 음반 회사에 의해 보급된 것인지도 모른다. 내가 즐긴 영화도 마찬가지다. 내가 노래 부르고 영화를 즐기는 순간 다국적 기업에서는 이익을 계산하느라 분주할 것이다. 그러나 그들과 나는 눈에 드러나는 직접적인 관계를 맺고 있지는 않다.

문제는 여기서부터 출발한다. 그들의 손으로 채색된 문화를 즐기고 나면 아무래도 그들의 분위기에 익숙해지고 좋아할 것 아닌가? 한국 것을 촌스럽게 여길 가능성이 많고, 항상 그들이 내놓는 새로움만을 추구하게 될 것이다. 그렇다면 한국의 땅에 발을 딛고 사는 나는 과연 한국인인가, 아니면 잠깐 한국을 들른 관광객인가? 나의 정체성을 질문하고 욕망을 따져 보아야 할 만큼 자본의 힘, 문화 생산력의 위력은 대단해 보인다. 다만 우리가 깊게 생각해 보지 않았거나 느끼지 않고 있을 따름이다. 타인의 손에 의해 만들어진 대중 문화물을 대하는 우리가 얻는 것과 잃는 것은 무엇인지를 따져 보는 일이 시급하다. 단순히 거부하기엔 이미 너무 복잡해졌다. 국내법이 국제법을 제어하지 못함을 WTO 세계 경제 체제에서 매일같이 경험하고 있다. 한미 FTA 체결과 관련해 미국의 요구대로 스크린쿼터 제도를 축소 변경한 것만 보더라도 그렇다. 우리의 주체 구성에 영향을 미치게 될 정보 형식으로서의 대중 문화에 대한 관심은 너무도 당연해 보인다.

1990년대 이후 세계의 정세 변화로 한국은 많은 것을 잃었고, 다른 한편으로는 많은 것을 얻었다. 한국이 가야 하는 길을 찾지 못해 우왕좌왕해야 했고, 한국이 거부해야 할 적을 찾지 못해 고민해야 했다. 2000년대 들어서는 그 고민이 더 깊어졌다. 신자유주의적 공세를 다 막아낼 수 없다면 어디까지 막아야 하고, 어디까지 수긍을 해야 하는지에 대해 갑론을박을 거듭하고 있다. 한미 FTA 협정 체결을 앞두고 정부가 완화해 버린 스크린 쿼터 제도를 놓고 영화인들이 벌였던 반대 투쟁은 바로 그와 관련된 대표적 예다. 격렬했던 1980년대에는 뚜렷해 보이던 고지와 적이 어느 틈엔가 사라져 혼란이 가중되고 있다. 앞서 밝힌 바와 같이 1980년대 미국식의 대중 문화가 물밀듯 들어오자 많은 이들은 문화적으로 종속된다고 아우성을 쳤다. 그러나 그 같은 현상이 가속화된 1990년대에는 마치 장밋빛 세상 속에서 활보하는 듯한 느낌으로 그에 대한 저항에서 손을 놓아 버린 감이 있다. 1970~1980년대에 치열했던 노력의 결실을 후배 세대들은 누리기만 하면 되는 것처럼 착각하기도 했다. 1980년대의 선배가 대학에서 공부를 한켠으로 밀어 두고 정치적인 영역에, 경제적인 영역에 집착했던 사실을 촌스럽게 여기기 시작했다. 1990년대 초반은 그야말로 세계화, 소비주의가 사회를 휩쓸었다. 선배의 이야기는 이제 상품이 되어 소설로, 시로 그리고 영화로 던져졌다. '가벼운 포르노'와 함께 포장된 선배의 이야기를 읽기도 하고 텔레비전 드라마와 영화로 과거의 선배를 인간적으로 존경하도록 배우기도 했다. 하지만 1990년대 후반에 이어 2000년대로 접어들면서 한국이 얼마나 허술한 기반 위에서 자신을 과신하고 있었는지를 절실히 배우게 된다. 세계화의 무서움을 직접 경험하고 한국 사회의 문화적 후진성을 깨닫게 된 것이다. 그러나 무엇보다 과거에는 가능했던 문화적 경계가 불가능하다는 사실을 배우게 된다. 모든 문화적 내용은 세계화의 물결에 속수무책이었다. 하지만 세계화의 흐름을 탄 한국의 문화적 내용을 세계 시장에 내놓을 수도 있다는 사실을 배워 활용하기도 했다.

점차 하나로 묶여지는 세계, 그 세계로부터 받아들이는 현실은 모두 문화화되어 우리에게 다가왔다. 정치, 경제적인 현실은 우리에게서 밀어지고 기호의 세계를 통해, 문화를 통해 현실을 경험하게 되었다. 정보 산업의 확장으로 모든 것이 매체를 통해 기호화되어 소비되고 우리

새로운 자본주의 질서와 대중 문화는 끈끈한 인연을 맺고 있다. 자본주의는 이전 국내 독점 자본주의를 넘어서 다국적 기업이 국경에 상관하지 않고 정보/문화 산업을 통해 활개를 치는 모습으로 드러난다. 정보 형태인 대중 문화물도 이미 상품화의 영역에 포섭되었고, 다국적 기업에 의한 문화, 다국적 기업의 횡포를 간과할 수 없게 되었다. 2006년 한미 FTA 협정 체결을 앞두고 정부가 완화해 버린 스크린 쿼터 제도를 놓고 영화인들이 벌였던 반대 투쟁은 바로 그와 관련된 대표적 사건이다.

의 경험을 압도한다. 과거와 미래를 영상과 소설로 소비하며 낯선 곳을 기호로 경험하면서 우리는 살아가고 있다. 시간과 공간이 압축되고 초월되어 기호화된 시점에서 문화 영역은 우리의 일상이며 생활이며 현실이다. 격렬하게 몸으로 모순을 경험했던 앞선 세대에 비해 우리는 현실을 '가상 현실'인 기호로 경험한다. 대중 문화 혹은 문화의 영역이 부상하는 것은 이러한 역사적 경험에 의해서이다. 대중 문화에 대한 많은 논의는 이렇듯 새로운 시대의 경험이 사회 변혁에 어떤 기여를 할 수 있을 것인가에 대한 모색의 결과이다. 문화가 정치·경제 영역을 완전히 대신했다는 의미가 아니라 변방에 자리잡았던 담론이 이제 제자리를 찾았다는 것이 더 옳은 표현이리라. 억압받던 영역의 복귀라고 하면 너무 지나친 지적일까?

대중 문화에 대한 관심이 고조된 것과 관련해서 나열한 여러 현상 각각이 독립적으로 존재한다고 볼 수는 없다. 오히려 서로 얽혀 있기 때문에 구분해 낸다는 일 자체가 불가능해 보이기도 한다. 다만 논의의 편의를 위해 분류했을 따름이다. 예를 들어 새로운 인식론의 부상은 여러 사회적 사건과 분리될 수 없다. 대중 문화가 우리 일상 안으로 들어왔다는 사실과 대중 문화를 우리 문화로 인식하는 일이 잦아졌다는 사실은 별개의 사안이 될 수 없다. 그리고 대중 문화가 모순과 갈등을 잉태하고 있다는 사실도 그와 관련을 맺고 있을 수밖에 없다. 어쩌면 비슷비슷한 논의를 반복하고 있었는지도 모르겠다. 인식론과 사회적 경험 간의 인과 관계를 말하거나 대중 문화에 영향을 미친 사건을 열거하기 위해서 이런 노력을 한 것은 아니었다는 점을 밝혀 둔다. 대신 대중 문화를 연구하기 위해서는 인식론에 관한 많은 지식을 갖추어야 하고, 생활 주위에 애정을 부이며, 정치나 경제 영역의 변화 등에 민감해야 함을 강조하기 위함이었음을 이해해 주길 바란다.

03
대중 사회론이
바라본 대중 문화

1960년대 후반 이후 한국 사회의 성격을 규정하려는 학문적 노력이 늘어난다. 산업화, 근대화, 도시화, 자본주의의 심화 등으로 가시적 인구 변동(특히 이농 현상과 도시로의 인구 집중), 산업 구조 변동, 사회 구성 변화를 목도한 탓이었다. 한국 전쟁 이후 이념적 관용 폭이 크지 않았기 때문인지 마르크스주의 등 진보적 이론을 동원해 사회의 성격을 규정하려 한 흔적은 많지 않다. 한국 사회의 성격을 규정하려던 노력 초반에는 엄격한 분석, 치밀한 해석이 이뤄지진 않았다. 대신 한국 사회의 외양 변화에 초점을 맞추고 그 변화를 기술description하며 미래에 생길 긍정적 혹은 부정적 측면을 다루는 데 그쳤다. 이번 장에서 다룰 대중 사회론은 1960년대 후반 이후 이뤄진 한국 사회에 대한 진단 및 해석 중 하나다. 대중 사회론은 한국 사회가 과연 대중 사회에 진입했는가, 대중 문화의 시대에 들어섰는가에 대한 논의로부터 시작하여 대중, 대중 사회, 대중 문화가 가질 사회적 영향력에 주목하고 있었다. 경제 개발 정책에 따른 산업화, 이농 현상, 도시화, 대중 매체의 증가, 전통 규범의 붕괴를 목두한 끝에 던진 학문적 질문이었다고 보아도 무방할 것 같다.

대중 사회론은 한국 학계가 독창적으로 제기한 관점은 아니다. 산업화, 근대화, 자본주의의 심화를 거친 대부분의 사회는 대중의 등장, 대중이 중심이 되는 사회의 등장을 어떻게 설명해야 할 것인가를 놓고 심각하게 고민하였다. 엘리트가 사회 중심이 되고 대중을 이끄는 시대가 지나 대중이 중심이 되고, 엘리트가 대중의 의사를 따라야 하는 시대에 들어섰다고 보고 그 같은 변화로 인해 대중 사회의 미래는 어떻게 될 것인가를 질문하고 답하고자 했다. 대중과 대중 사회에 대한 논의는 산업화, 근대화 초기에만 국한되지 않고 이후에도 상당한 영향력을 지니며 지속되었다. 아직도 한국 사회를 대중이 주도하는 대중 사회로 파악하는 인식을 여기저기서 찾을 수 있을 정도다. 취향의 획일성이 두드러지고, 쏠림 현상이 강한 것을 근거로 한국 사회는 여전히 대중 사회적 특성을 지닌다고 지적하는 이도 있다. 그 같은 지적이 아주 틀린 것은 아니다. 1920년대를 전후해 서구 근대 사회의 급격한 변화(대중의 참정권, 대중 문화 산업의 성장, 대중 교육의 확대, 대중 매체 보급 확대 등)를 설명하기 위해 등장했던 대중 사회론은 시차를 달리하며 한국 땅에서 논의되기 시작했고, 아직도 그 생명력을 일정 정도 유지하고 있다.

대중 사회론은 일종의 사회 변동론이다. 전통 사회에서 산업 사회로 바뀌면서 사회의 연대連帶, 규범, 도덕, 생활, 일상, 태도 등에 어떤 변화가 생겼는지를 추적하는 작업이다. 그리고 그 변화의 의미를 해석하는 데 관심을 둔다. 산업 사회로의 진입은 과거 전통 사회로부터의 단절을 의미한다. 산업 사회로 진입하면서 대중은 정치 참여를 보장하는 참정권 확대, 대중 교육 증대, 대량 복제 기술의 대중 매체 접촉의 증대, 도시 인구 증대, 생산 과정에서의 분업으로 인한 개인주의의 확산을 목도하고 경험한다. 그 과정에서 대중mass은 사회의 주 구성원이라며 떠받들어진다. 대중은 과거의 사회 구성원과 전혀 다른 사회적 존재다. 이미 농촌 사회를 떠나 도시민이 되었고, 기계적 사회 관계 대신 유기적 사회 관계에 묶였다. 대중 교육의 혜택을 받았고, 정치적 권리를 얻었으나 공동체로부터는 유리된 고독한 존재가 되었다. 이처럼 바뀐, 혹은 바뀌어 가는 사회의 주 구성원인 대중을 어떻게 바라보아야 하는지, 그들이 얻게 된 대중 매체, 읽고 쓰는 능력, 개인주의는 사회를 어떤 모습으로 바꿀지에 대중 사회론은 주목했다. 1960년대 이래 압축적인 산업화를 경험한 한국 사회가 이 같은 사회학적 질문을 한 것은 당연해 보인다.59 1960년대 이후의 급격한 산업화는 사회 내 모든 영역을 '혁명적'이라 할 만큼 과격하게 변모시켰다. 그 변모에 대해 사회는 한편으로는 긍정적 태도를 다른 한편으로는 부정적 태도를 보였다. 대중 사회론은 주로 산업화 등으로 초래된 대중의 등장과 대중 사회의 형성에 대해 우려의 눈길을 던지는 편이었다.

대중 사회론은 자유주의적 관점을 기반으로 하고 있다. 자유주의적 관점에서는 그로부터 벗어나는 일탈을 사회적 문제로 대한다. 권리를 바탕으로 한 개인의 소중함, 개인의 집합인 사회가 사회적 규범을 기반으로 원활히 작동하는 것을 해치는 모든 것을 문제시했다. 그러한 관점에서 보자면 대중, 대중 사회, 대중 문화 모두가 이미 문제의 영역이었다. 대중은 자신의 권리를 방종으로 흘리고 있다는 것이 자유주의자의 생각이었다. 그 같은 대중의 집합이 대중 사회이므로 이 또한 문젯거리로 대두한다. 대중이 즐기는 대중 문화는 방종하는 개인들이 향유하기 때문에 문제이기도 하지만 지속적으로 사회에 영향을 미치기 때문에 문제다. 대중 문화는 대중, 대중 사회의 결과이기도 하지만 원인이기도

---

59 특집 "대중 사회와 대중 문화에 대한 이론적 전개," 〈현상과 인식〉, 8호, 1978.

한, 문제의 영역인 셈이다. 대중 사회론을 펴는 자유주의자가 보기에 대중 사회는 자유주의 이상에서 벗어나 혼동의 사회, 아노미anomie의 사회가 되고 있었다. 그러므로 자유주의자는 최종적으로 그것을 막을 방도를 찾고자 했다.[60] 그들은 계몽과 통제를 강조하면서 우려를 자아내는 대중 사회를 변화시키고자 했다.

한국 사회가 대중 사회, 무규범의 사회, 즉 아노미 사회로 접어들었다는 논지는 1960년대 이후 강하게 대두되었다. 그 논의가 대중 사회의 교정 수단으로 제시한 것은 과거로의 회귀였다. 과거 전통 사회 규범을 되살리고, 그를 통해 사회적 연대를 재구성하자는 논리였다. 전통 사회의 규범이 무너지고 무규범 사회로 진입한 데는 대중 문화 탓이 컸다고 보고 있었다. 대중 문화가 대중의 인기를 끌고, 대중의 일상 안으로 파고들면서 사회를 통합할 수 있는 기반인 사회적 규범, 가치를 위협했다고 파악했다. 사회적 규범, 공통 가치에 대한 위협은 곧 규범 상실과 사회적 혼란으로 이어지고, 도덕적 무질서anomie와 사회적 혼돈을 초래한다는 결론으로 마감했다.[61] 대중 사회론자는 사회 복구를 위해서는 전통 문화 혹은 미풍양속을 복구하고 계승하도록 노력해 과거의 공동체 문화를 형성해야 한다고 강조한다. 이 같은 논리는 불가피하게 대중 문화에 국가와 같은 공권력이 개입하게 하는 결과를 낳는다. 사회 통합을 책임진 국가가 나서서 '저질' 대중 문화를 규제하고 전통 문화를 육성해 사회 질서를

---

60 윤수종, "새로운 주체의 등장과 사회 운동의 방향," 〈철학 연구〉, 102집, 2007, pp.67~101.
61 이러한 주장을 뒷받침하는 증거로 한국 대중 문화에 대한 성토의 장이 되고 있는 문예진흥원이 발간하는 격월간지 〈문예 진흥〉을 들 수 있다. 이 잡지의 집필자들은 대중 문화가 얼마나 민족 문화나 고유의 미풍양속을 해치고 도덕적 무질서 창출에 앞장서는지를 밝히고 있다. 이들이 내세우는 논리는 이 장에서 이야기할 대중 사회론의 그것과 상당히 닮아 있다.

세워야 한다는 주장으로 이어진다. 이처럼 대중 사회론은 자유주의론을 기반으로 대중과 대중 문화를 규제하고 통제할 수단을 강구하는 이념적 편향성을 지니고 있었다.

　　대중 사회론자가 내세운, 대중 문화를 대신할 과거 회귀적 문화 수단은 대중이 쉽게 접할 수 없었거나 현재는 사라진 형태의 문화일 가능성이 크다. 대중 사회론자의 주장을 복기해 보면 그 추측은 크게 틀리지 않는다. 대중이 즐기는 대중 문화는 대중의 수준에 맞춘 평균적 취향의 문화다. 판매할 목적으로 문화 상품을 생산하는 측에서는 대중의 최대공약수적 취향을 찾아 그에 맞춘다. 대중은 낮은 수준으로 획일화되고 자신의 개성을 찾지 못한 채 외부의 자극에 쉽게 반응하게 된다. 대중이 최대공약수적 내용에만 몰두하다 보니 과거 사회를 주도하던 엘리트 문화는 축소되고 소외된다. 대중을 이끌 사회적 수단이 사라지는 셈이다. 뿐만 아니라 농촌 공동체로부터 인구가 이탈하면서 공동체 정신이 사라지고, 공동체를 기반으로 하던 문화도 사라지게 되었다. 다양한 배경의 인구를 묶을 수 있는 공유 문화common culture를 잃어버렸다. 그러므로 대중 사회로부터의 탈피는 엘리트 문화를 다시 활성화시키거나, 과거의 공유 문화 형태를 다시 발굴하든가, 아니면 사회 내 전통을 담은 전통 문화를 계승하는 일로부터 시작해야 한다. 대중 사회론자는 대중 수준을 향상시켜 사회를 유기적으로 통합하고 사회적 연대를 유지하는 일이 절실하기 때문에 그런 작업은 반드시 이뤄져야 한다고 보았다. 대중 사회는 흐트러진 사회이므로 사회를 재통합해야 하고, 그러기 위해서는 잃어버린 엘리트 문화, 전통 문화, 질서 중심 문화의 헤게모니를 창출해야 한다고 보았다.62

　　대중 사회론은 대중, 대중 문화, 대중 사회에 대한 고민을 여러 방식과 이론을 통해 표현한다. 대중 사회론 내에도 다양한 이론이 존재한다는 말이다. 각 이론들은 인간, 사회, 문화에 대해 서로 다른 기본 가정을 지니고 있다. 뿐만 아니라 문화 개념도 다르게 정의한다. 대중 사회론이라는 하나의 범주 안에 모두를 뭉뚱그려 넣기 어려울 정도로 그 차이가 크다. 다만 서로 다른 주장이 대중, 대중 사회, 대중 문화라는 개념에 공통적으로 관심을 보이고, 비슷하게 진단하고 유사한 대안을 내놓고 있어 하나로 묶을 따름이다. 이번 장에서는 대중 사회론 내 다양한 이론 혹은 주장을 살펴보면서 대중 사회론이 가진 대중관, 대중 문화관, 사회관을 정리할 것이다. 우선 그전에 대중 사회론이 지닌 특성부터 살펴보도록 하자.63

첫째, 매우 다양한 분야의 학자나 사상가가 긴 기간 동안 논의를 폈다는 특성을 갖는다. 다양한 학자나 사상가 간의 치열한 논의 결과로 형성된 만큼 — 그 주장의 갈래가 다양하고 덜 체계적인 것처럼 보이기도 하지만 — 다른 여느 문화론보다 긴 생명력을 유지해 왔다. 문명론자, 문화 이론가라 할 수 있는 매튜 아널드Matthew Arnold, T. S. 엘리엇, 니체, 오르테가 이 가세트Ortega y Gasset, 정치 이론가라 할 수 있는 J. S. 밀 J. S. Mill, A. 드 토크빌A. de Tocqueville, 그리고 대중 심리학에 정통한 귀스타브 르 봉Gustave le Bon, 빌헬름 라이히Wilhelm Reich, 한나 아렌트Hannah Arendt, 사회학자라고 이름 붙일 수 있는 빌프레도 파레토Vilfredo Pareto, 칼 만하임Karl Mannheim, 데이비드 리스먼David Riesman 등이 이 범주 안에서 대중, 대중 사회, 대중 문화를 논의해 왔다. 세계 대전 직후부터 1960년대 사이에 이뤄진 미국의 대중, 대중 문화, 대중 사회 논의는 미국 지성이 가

---

62 대중 사회론에 대한 평가는 다음의 책을 참조하라. 서규환, 《현대성의 정치적 상상력》, 민음사, 1993.
63 이 논의는 다음에서 빌려 왔다. L. Bramson, *The Political Context of Sociology*, New Jersey: Princeton University Press, 1961.

장 치열하게 사회를 고민한 역사적 순간이었다고 한다. 다양한 영역의 미국 지성이 대중을 이끌 만한 능력을 지녔다고 평가받은 순간으로 기억될 정도로 많은 분야의 지식인이 논의 과정에 참여했다.[64] 또한 대중 사회론 논의는 장기간 지속된 논의이기도 하다. 여러 분야의 학자와 사상가들이 산업 혁명 시기부터 산발적으로 논의를 펼치기 시작해, 20세기 초반에 이르러 논의를 더욱 활발하게 이어가고, 1960년대와 1970년대 들어서는 변형된 형태로 논의를 이어갔던 것으로 보자면 타 논의와 비교할 수 없을 정도로 긴 생명력을 지니고 있었다.

둘째, 대중 사회론은 근대 사회학 형성에 이바지한 학자들의 반자본주의적인 낭만주의_anti-capitalist romanticism_에 기반을 두고 있다.[65] 사회학을 정립한 퇴니스, 뒤르켐의 논의에서 찾을 수 있는 전통 사회와 근대 사회의 구분 등을 상기해 보자. 그들은 전통 사회에서 근대 사회, 산업 사회 혹은 대중 사회로 넘어오면서 전통적인 가치나 인간 관계, 도덕률이 변화했음에 주목했다. 그러한 변화에 대한 주목은 우려로 바뀌었고, 그 우려는 산업 사회 이전의 사회가 지녔던 낭만적인 모습을 그리워하는 일로 이어졌다. 산업 사회의 다양한 사회 제도들이 전前 자본주의적인 사회 관계에 준하는 새로운 규범을 만들어 낼 것을 요구한다. 하지만 그들의 기대는 충족되지 않는다. 기대와는 달리 산업 사회 내 제도, 특히 대중 문화나 대중 매체는 산업 사회의 부정적 면을 반복할 뿐이다. 대중 사회론은 그에 대해 비판적인 태도를 취할 수밖에 없었는데, 그들이 낭만주의적 태도에 의존함으로써 이미 대중 사회와 대중 문화

---

64 A. Ross, _No Respect: Intellectuals and Popular Culture_, London: Routledge, 1989.

65 T. Bennett, "Theories of the Media, Theories of Society," in M. Gurevitch et al. (eds.), _Culture, Society and the Media_, London & New York: Methuen, 1982, pp.30~55.

를 부정적인 것으로 파악할 준비를 해두었던 것으로 볼 수도 있다.

셋째, 대중 사회론은 사회적 불평등을 원래부터 존재하던 것으로 파악하는 경향이 있다. 대중과 엘리트 간의 관계 혹은 두 집단 간의 불평등이 정치, 경제, 문화적인 과정을 통해 발생한다고 보지 않았다. 더 정확히 말하자면 두 집단 간의 불평등의 기원에 대한 설명을 피하거나 생략하고 있다. 사회 내 집단 성원들 간 능력 차이는 원래 존재하는 것으로 전제하는 경향이 있다. 극단적인 경우는 그 차이를 태어나면서부터 정해지는 것으로 파악하기도 한다. 엘리트적일 수 있는 사람과 그렇지 않은 사람으로 구분하기도 한다. 그리고 두 집단 간의 관계를 고정적인 것으로 파악할 뿐 갈등이나 경쟁으로 보는 것도 거부한다. 엘리트는 지배할 수 있는 사람으로, 대중은 통제받거나 교육을 받아야 할 사람들로 표현한다. 사회 변화는 두 집단 간 갈등을 통해 이루어지는 것이 아니라, 엘리트 간의 경쟁을 통해 발생한다고 본다. 한 엘리트 집단의 몰락은 다른 엘리트 집단의 부상으로 이루어지는 것이지, 지배자와 피지배자 간의 긴장 관계로 인한 것이 아님을 강조한다.[66] 대중이 사회의 흐름을 지배하는 듯이 보이는 대중 사회가 등장하고, 대중 문화가 넘치자 이들 이론가들은 대중이 전면에 나선 것을 두고 엘리트에 대한 도전이라고 보았고, 애초 사회를 지도할 능력이 없는 자들에 의한 사회 지배라며 우려했다.

넷째, 대중 문화가 대중과 대중 사회를 지체시키고 있음에는 대체로 동의하지만 왜 그런 일이 일어나는지에 대해서는 서로 다양한 이유를 댄다. 대중 사회론 내에는 대중 문화 유해론을 설명하는 두 가지 서

---

[66] 이는 G. Therborn, *Science, Class and Society: On the Formation of Sociology and Historical Materialism*, London: New Left Books, 1976, p.397에서의 지적이다.

로 다른 방식의 설명법이 있다. 어떤 이들은 대중 문화가 대중을 기존 사회 질서에 도전케 한다고 파악한다. 대중 문화는 대중을 엘리트 중심의 사회에 도전하게 만들고 대중 중심 사회로 이끌어 사회를 위기에 처하게 한다고 주장한다. 이를 간혹 대중의 반란 혹은 반역이라고 부르기도 한다. 다른 한편에서는 대중 문화가 대중을 타락과 일탈로 이끌고 궁극적으로는 새로운 사회 건설을 불가능하게 만든다며 대중 문화의 보수성, 사회에 미치는 해악을 공격한다. 대중 문화가 대중을 전혀 바꾸지 않은 수구적 존재 혹은 퇴행적인 존재로 만들 뿐, 새로운 사회로 진입하는 데 도움을 줄 만한 내용을 생산하지 않는다고 한다. 대중 문화가 '대중 지체遲滯'를 초래한다고 본다.

이처럼 어떤 측에서는 대중이 펼치는 도전으로 인해 바람직한 사회가 형성되지 않는다고 생각하는 반면, 다른 측에서는 대중이 보수적이어서 더 이상 도전 자체를 행하지 않아 문제라고 본다. 사회 지배가 엘리트, 혹은 보수주의자의 손에 들어가야 제대로 이뤄진다고 보는 것이 보수주의자, 즉 엘리트의 지배가 유지되기를 원하는 쪽이 전자의 입장에 속한다. 사회 변혁을 기대했지만 대중이 수구적으로 변하는 통에 혁명 기회가 점차 사라지고 있다며 우려하는 자들은 후자의 입장에 서 있다. 이처럼 대중 사회론자들은 대중 문화가 대중, 대중 사회의 변화에 어떤 식으로든 부정적인 영향력을 미치고 있음에는 동의한다. 하지만 그 같은 일들이 왜 벌어졌는지에 대해서는 말을 아낀다. 대중, 대중 문화, 대중 사회의 결과에는 많은 관심을 보이지만 그 원인에 대한 언급은 많지 않다.

이번 장의 목적이 대중 사회론이 대중 문화를 어떻게 정리하고 있는지를 살펴보는 데 있는 만큼 대중 사회론 모두를 포괄적이고 심층적으로 소개하지는 않으려 한다. 다만 대중 사회론 내부의 여러 갈래 중에서 대중 문화 논의를 벌인 대중 사회론의 하위 범주를 소개하고 그 요체를 정리할 것이다. 대중, 대중 문화를 어떻게 정의하고 있는지, 그것에 대해 어떤 기대를 갖고 있는지를 기준으로 하위 범주 네 가지로 나누어 보았다. 소개할 네 가지 하위 범주는 (1) 자유주의적 입장, (2) 대중 / 엘리트론, (3) 문화와 문명론(혹은 아널디즘Arnoldism), (4) 전체주의론이다. 이중 문화와 문명론 전통, 아널디즘은 앞으로 전개될 다른 대중 문화론(문화주의 등)에 많은 영향을 끼쳤으므로 좀 더 심도있게 다룰 것이다.

1. 자유주의와 대중 문화

비판적 자유주의자들은[67] 산업 사회의 등장으로 전前 자본주의적인 사회 관계가 해체되고 대중 사회가 도래했다고 파악한다. 애초 기대했던 것과는 달리 대중 사회가 도래함으로써 잘못된 평등을 바탕으로 한 잘못된 민주주의가 횡행한다고 지적한다. 그들은 개인의 경제적, 정치적 자유를 기반으로 하는 민주주의 이념이 대중 사회에서 오용되는 현상에 주목한다. 여기서 민주주의란 개인의 이상 실현을 의미한다. 즉 자유나 합리성 등의 이념이 개인 안에서 실현되는 순간을 민주주의의 완성으로 파악했다. 그러나 실제 대중 사회에서 민주주의 실현은 개인적인 면에서 이뤄지지 않고 대중의 범주에서 이루어지고 있으므로 우려할 수밖에 없다고

[67] 고전적 자유주의자들이 개인의 효용을 극대화하는 것을 도덕적이라고 파악한 데 비해, 비판적 자유주의자들은 개인의 자유와 사회적 구조 간의 관계에 주목했다. 비판적(혹은 수정) 자유주의자들은 사회와 개인은 자유를 실현할 수 있는 쌍방적 책임체이고 민주주의를 위한 공동 책임을 지니는 것으로 파악하였다.

한다. 각 개인은 대중의 축소판microcosm이 되어 버렸고 책임지지 않는 존재가 되었다. 그 결과 민주주의가 원래 추구하려 했던 개인 실현은 이뤄지지 않고, 대신 개인의 집합인 대중이 참정권 등을 기반으로 잘못된 판단을 내리면서 사회를 호도하고 있다고 우려한다.68

비판적 자유주의 전통 안에 있는 밀이나 토크빌은 무엇보다 대중에 의한 민주주의의 오용을 두려워하고 있다. 대중 사회에 펼쳐진 전면적인 민주주의 원리가 오히려 개인주의와 물질주의를 키우고 사회가 불안정해지는 데 기반이 되는 것을 우려했다. 민주주의의 여러 제도가 대중, 즉 다수의 힘에 따른, 새로운 전체주의적인 횡포에 시달리고 있다고 지적했다. 사회에 책임을 지지 않은 채 벌어지는 대중의 다수결 결정은 민주주의 오용에 지나지 않는다고 파악했다. 즉 민주주의 제도를 악용해 대중은 스스로를 억압하거나 다른 사람을 억압하는 비민주주의적인 작태를 편다고 비판했다. 밀은《자유론 On Liberty》에서 다음과 같이 주장한다.

> 이제는 자치니 민중의 민중 자신에 대한 권력이니 하는 말로는 사실의 진상을 나타낼 수 없다는 것이 인정되었다. 이른바 자치라는 것은 각자가 그 자신에 의해서 통치되는 것이 아니라 각자가 다른 모든 사람들에 의해서 통치되는 일이다. 뿐만 아니라 민중의 의사라는 것은 실제로는 민중 속에서도 가장 활동적인 부분의 의사, 즉 다수자나 또는 자기네들을 다수자로서 인정시키는 데 성공한 사람들의 의사를 의미한다. 따라서 민중이 그 성원의 일부를 억압하려는 일이 있을 수 있으며 이것에 대해서는 다른 일체의 권력 남용에 대해서와 마찬가지로 철저한 경계가 필요하다.69

---

68 S. Giner, *Mass Society*, London: Matin Robertson, 1976.

비판적 자유론자는 소수에 대한 다수의 횡포, 그로 인한 정치적인 소외 등을 두려워하고 있었다. 개인의 의지 집합이 으레 개인의 의사를 반영하기보다는 개인뿐만 아니라 많은 대중도 희생시키고 있음을 지적하고 우려했다.

밀과 토크빌은 대중의 정치적 힘뿐만 아니라 대중이 지니게 된 도덕적인 권위moral authority에 대해서도 관심을 기울였다. 대중이 행하는 다수결 혹은 대중의 힘에 기반한 정치적 폭력을 막는 것도 중요하지만, 대중의 의견이나 감정이 사회를 주도하는 것을 막아 내는 장치도 필요하다고 보았다. 다수의 의견이나 감정임을 내세워 다른 대중에게 강요해 자기 실현보다는 비합리적인 면이 판치게 만들 수 있다며 경계하였다. 밀은 '무위해성의 원칙no harm principle'을 강조해 남에게 피해를 끼치지 않은 자유를 주장했다. 그러나 그의 바람과는 달리 대중 사회에서는 다수의 횡포에 의해 피해받는 소수가 빈번히 등장한다. 다수의 횡포를 피하기 위해 소수는 다수에 따르게 되는데, 그러한 과정을 통해서 이루어지는 것은 다름 아닌 사회적, 문화적 획일화다. 더구나 시장이 발달하고 대중 교육과 대중 매체의 수용이 일반화됨으로써 사회는 문화적으로, 도덕적으로 동일한 모습이 될 조건을 갖추게 되었다. 그러므로 획일화의 가능성은 높아졌고 대중을 따르지 않는 개인이 남지 못하도록 압박하게 되었다.

비판적 자유론자의 입장에서 보자면 대중 교육이나 대중 매체의 등장과 확장은 계몽 정신과는 거리가 멀다. 계몽이 아니라 계몽의 반대 방향으로 치닫게 만들어 사회의 지적 수준을 떨어뜨린다. 하지만 밀과

---

69 J.S 밀, 《자유론》, 이극찬 옮김, 문명사, 1976, p.240에서 발췌.

같은 비판적 자유론자가 진정으로 두려워했던 것은 대중이나 대중의 무지, 대중의 저급한 취향이 아니었다. 그들은 오히려 자기 만족적이고 위선적인 중간 계층을 혐오하며 경계하고 있었다. 그들이 대중을 활용해 민주주의 제도를 악용한다고 믿었기 때문이다. 중간 계층이 대중 사회를 이끈다고 보았으며, 그들이 사회에서 전횡을 한다고 파악하고 그에 대해 견제의 목소리를 내놓았다. 대중은 개별성과 다양성을 유지할 수 있는 잠재적 능력을 갖추고 있기는 하다. 하지만 사회 제도가 그를 허용하지 않아 대중은 늘 중간 계층의 전횡에 놀아난다고 보았다. 그 같은 중간 계층의 전횡을 막기 위해 사회는 더 많은 민주주의 제도와 교육을 제공하고 대중이 독창적 개별성과 다양성을 유지할 수 있도록 도모해야 한다고 주장했다. 더 많은 토론을 이끌어 내고 더 많은 사람들이 토론에 참여할 수 있도록 사회가 배려할 때 대중의 잠재적 능력이 발휘될 수 있고, 그럼으로써 현재 대중을 오도하고 있는 대중 사회를 교정할 수 있을 것으로 전망했다.

토크빌은 봉건 사회에서 민주 사회로 진전하면서 자유와 평등이 긴장 관계에 놓이게 되었다고 보았다.[70] 대중은 평등에 대해 강한 열정을 갖는다. 심지어는 평등을 위해 자유를 포기할 수 있다는 극한에 이르기도 한다. 자유 속 평등은 자유와 평등 간 긴장 관계를 가장 잘 해소할 수 있는 상태지만 현실적으로 그처럼 —— 자유와 평등 —— 균형을 맞추기란 여간 어렵지 않다. 균형을 맞추기 어려울 때 혹은 자유와 평등 중 어느 하나를 선택해야 할 때 대중은 자유를 포기하고 노예 상태의 평등 속으로 들어가는 경향을 보인다. 그 결과 민주 사회로의 진전은 전혀 예

70 A. de Tocqueville, *Democracy in America*, in G. Lawrence (trans.), J. Mayer (ed.), Garden City, N.Y.: Anchor, 1969. 이하의 내용들도 이 저서를 참고로 요약한 것들이다.

상치 못한 평등화의 사회라는 국면으로 이어진다. 즉 자유 없는 평등화와 민주 사회로의 진전으로 인해 평등화는 낮은 수준의 평등, 균질화로 이어질 개연성이 높다. 누구든 의사를 제출하고, 참여한다는 점에서 평등화된 민주 사회에서 여론, 다수결 등은 질서의 기준이 된다. 하지만 여론과 다수결이 질서의 기준이 됨으로써 많은 이들을 그에 쏠리게 하거나 소수를 과정에서 배제시키는 일이 벌어진다. 여론 속에 안주하는 중우 정치가 되거나, 다수가 전제 정치를 펼치는 다수의 횡포*tyranny of the majority*가 펼쳐진다. 사회의 전면적인 평등주의 요청이 민주 사회의 불안 원인이 되는 셈이다.

정치적 과정과 마찬가지로 평등을 향한 열정은 문화적 과정에서도 영향력을 갖는다. 낮은 수준에 맞추어 평등해진 대중은 평준화된 문화적 취향에 안주한다. 대중의 문화적 취향에 맞춘 문화적 내용이 사회를 주도하면 대중의 범주에 들지 못한 소수는 문화적 혜택을 입을 가능성이 없다. 문화적 과정에서도 다수의 횡포가 이뤄지는 셈이다.

고급 문화는 산업 사회의 단조롭고 틀에 짜인 생활 방식에 의해 위협받고 있다. 그러한 산업 사회 속에서 작가는 즐거움을 주기보다는 놀라움을 주고, 매력적인 취향으로 이끌기보다는 열정을 자극시키는 문학을 낳았다. 따라서 작가는 상품의 어용 상인이 되었으며, 민주주의적 문학은 문학을 단순히 상업적인 것으로만 보는 일련의 작가들에 의해 어지러워졌다.[71]

---

[71] A. Swingewood, *The Myth of Mass Culture*, London: Macmillan, 1977 [《대중 문화론의 원점》, 이강수 옮김, 전예원, 1984, pp.34~35에서 재인용].

평등해진 취향에 영합하는 상업 정신이 곧 문화 정신으로 둔갑하고, 그로 인해 고급 문화는 소수 문화로 전락하고 그 존재조차 위협받는다. 대중 문화가 힘을 얻는 민주주의의 시대에는 세련되지 못한 사람들이 문화를 주도하고 향수享受한다. 그래서 작가는 정작 명예롭던 것을 잃어버리고, 값싼 평판에 우쭐대고, 돈을 버는 데 만족하고 그 안에서 안주한다. 토크빌은 그러한 행태를 문화적 행위와는 거리가 먼 단순한 상업 행위에 지나지 않는다고 본다.

토크빌은 밀과 마찬가지로 '계몽된 자기 이익enlightened self-interest'을 가진 주체를 만드는 일의 중요성을 강조한다. 자기뿐만 아니라 타인, 공동체를 존중하고 도덕적으로 절제하는 주체 형성을 통해 평등의 열정으로 인해 생긴 부작용을 완화하고 극복할 수 있다고 보았다. 충분한 토론을 끌어내고 언론의 역할을 강조한 것도 그런 탓이다. 토크빌은 사회적 과정에서 민주 사회에 바람직한 주체를 만드는 것은 제도가 아니라 습속이라고 강조한다. 대중 문화의 내용은 자기 이익만을 쫓고 공동체 이익에 무관심한 주체를 만드는 습속의 촉매자일 수 있다. 논쟁을 통해 개인주의를 극복하고, 공동체에 개입하고, 인간 존엄을 고민할 수 있는 습속의 생산자는 역시 위에서 밝힌 바와 같이 계몽자로서의 고급 문화다.

비판적 자유주의자는 대중의 지적, 도덕적 성장이라는 가치에 중점을 두었다. 만일 그들이 대중이나 대중 사회에 대해 실망을 했다면 지적, 도덕적 성장이 지체되어 있었기 때문이다. 대중 문화에 대한 비판도 대중 문화가 그 지체의 주요 요인이라고 보았기 때문이다. 궁극적으로 진정한 민주 사회로 이르는 데 대중 문화가 방해가 된다고 파악하였다.

2. 대중 / 엘리트론

산업화, 민주화로 인한 사회 변화에서 가장 두드러진 현상 중 하나는 전 영역에 걸친 대중의 진출이다. 대중은 여론, 다수결, 시장의 원칙 등에서 숫자를 앞세워 무서운 세력으로 부상했다. 앞서 보았듯이 자유주의자들은 대중이 평등을 열정적으로 갈구함으로써 민주주의 사회의 지체를 초래했다고 불평하였다. 그리고 그 지체를 교정하기 위해서 대중을 지적으로나 도덕적으로 성장하도록 교육하고, 민주주의가 제대로 작동하게 해야 한다고 주장했다. 자유주의자들은 대중의 잠재력을 믿고 있었기 때문에 대중을 포기하지 않았다. 잠재력을 발휘하기 위해서는 교육, 계몽이 필요하다고 믿었다. 자유주의자들과는 달리 대중의 잠재력 자체에 의문을 표시하며 믿음을 주지 않았던 사상가, 이론가 집단도 있었다. 이들은 대중 중심의 사회 체제 자체를 근본적으로 부정하며 대중을 질타하고 나섰다. 대중 중심의 현 민주주의에 교정 가능성이 있다고 믿지 않았다. 지금처럼 대중이 중심이 되는 대중 민주주의가 아닌, 전혀 다른 정치, 사회, 문화 체제를 갖춘 사회를 구상하고 제안하였다. 이같이 주장하는 집단 내부에도 약간의 차이는 존재하지만 대체로 대중과 엘리트로 사회가 구성된다고 주장했고, 대중이 엘리트의 권위에 도전하거나 파괴하는 사태에 주목하고자 했다. 그런 경향성 때문에 이를 대중 / 엘리트론이라고 부른다. 여기서는 대중 / 엘리트론을 주장한 대표적 인물인 니체와 가세트를 중심으로 논의하고자 한다.

니체는 대중 민주주의에 대해 강한 회의를 표시했다. 그는 민주주의의 광범위한 확대가 오히려 유럽 문화의 쇠퇴를 가져왔다고 주장한다. 특히 대중의 평등에 대한 열정은 평등을 오해하게 만들었을 뿐 아니라 유럽 문화의 쇠퇴를 가져올 만큼 심각한 것이라고 보았다. 민주주의 사회 내 대중은 자신이 모든 것에 적합하고 모든 것을 다 해낼 수 있는 인물이라는 자신감을 갖는다. 이 같은 자신감은 권리의 평등을 넘어 이윽고 능력과 취향의 평등에까지 이른다. 모든 가치는 균질해지고 대중 스스로도 균질화될 수밖에 없다. 심지어는 심성까지 모두 닮아 간다. 그로써 평균 이외의 것, 즉 위대하고, 특수하고, 예외적인 것, 초월적인 것은 존재하기조차 어려워졌다. 이 모든 것이 평등을 강하게 내세운 민주주의 덕택이었지만 어쨌든 인간 개개인은 균질화되고 왜소화되었다. 예술과 교육 영역을 보자. 새로운 창조를 꿈꾸어야 할 예술가가 남의 시선을 의식하는 까닭은 거기에 평등의 원리가 작동한 데 있다. 극장과 연주회장에서 비평가와 언론이 평등의 원리에 입각해 비평을 하자 예술은 그에 맞추어야 했고, 궁극적으로는 왜소해지고 말았다. 과거 어느 때에도 지금 대중의 시대만큼 예술의 가치가 하락하고 왜소해진 적은 없었다.

　민주주의에서 평등이 특화됨으로써 인간, 예술 등 모든 것이 왜소해진 근본 원인은 무엇인가?72 왜 평등이 보편적 가치인 것처럼 특화되었는가라는 질문이다. 니체는 그를 소크라테스와 그리스도교라는 서양의 사상 전통에서 비롯되었다고 파악했다. 두 사상의 전통은 평등을 특화해 민주주의를 말했다. 그것이 결코 진리가 아님에도 불구하고 서양 사회에서는 그를 민주주의에 관한 진리인 것처럼 떠받들었다. 그리고

72 니체의 이 질문은 이후 후기 구조주의, 포스트모더니즘 등에서 다시 한 번 반복될 것이다. 니체의 이 같은 질문 혹은 철학하는 방법을 두고 계보학적 접근이라고 말한다. 계보학적 접근이란 우리 삶을 지배하는 보편 가치를 끝까지 파고들어가 기원과 발생을 밝히고, 그 가치 자체가 결코 고정불변의 보편적 가치가 아님을 폭로하는 작업이다. 예를 들면 민주주의 내 평등 개념은 그 근원을 추적케 가면 보편적 가치가 아니라 소크라테스 철학, 그리스도교에서 비롯된 것임을 알게 된다. 즉 특정 가치가 보편적 가치로 바뀌어 있는 셈인데, 니체는 그것들을 찾아 나서 그 우상(보편성)을 부순다.

이성 발달, 인간 진보를 통해 얻은 인류 보편적 결론인 것처럼 받아들였다. 권력 의지*will to power*의 결과에 지나지 않는 것을 진리 체계로 받아들였던 셈이다. 그로써 다른 권력 의지로 인해 생긴 사상은 민주주의 개념 구성에 끼어들 기회를 갖지 못했다. 민주주의와 관련해서 소크라테스 철학과 그리스도교는 우상이 된 셈이다. 니체가 보기에 소크라테스나 그리스도교 사상 안에서 벌어지는 민주주의 관련 논의는 우상화 작업이며 사이비다.73 그 우상화 작업이 궁극적으로 인간, 문화, 예술을 왜소하게 만들었다. 그로부터 벗어나기 위해서는 그 권력 의지를 넘어서는 새로운 권력 의지가 필요하다. 우상을 파괴하고, 새로운 생성을 꾀하고 새로운 미래를 논의해야 한다. 그것이야말로 진정한 민주주의 사회를 만들어 낼 수 있다.

　니체는 균질화된 대중을 넘어서는 초월자가 그 새로운 미래를 담당해 주길 바랐다. 자신에 엄격하고, 고통을 긍정하는 능력을 소유한 인간, 삶의 의미와 가치를 스스로 만들 줄 아는 주권적 인간이 탄생해 미래를 만들기를 기원했다. 새로운 초월자가 나오기 위해서는 계몽, 훈육이 필요하다. 이때 계몽은 평등을 기반한 민주주의 건설을 위해 펼쳤던 과거의 계몽과는 다르다. 무차별적 평등주의를 내세운 계몽을 옛날 계몽이라고 한다면, 평등주의를 추방하고 정신적, 가치적 차원에서 고상함을 회복시키는 계몽을 니체가 주장한 새로운 계몽이라 부를 수 있다. 그 새로운 계몽으로 현재를 초월할 수 있는 인간을 만들어야 한다. 초월적 인간들이 궁극적으로 다양한 권력 의지를 드러내며 변화와 생성을 거듭하는 '영원 회귀'를 꾀할 것이다. 그러므로 평등, 균질성을 기반으로 하는

---

73 여기서 니체는 독일의 유명한 음악가이며 한때 그와 가장 절친한 음악가였던 바그너에게까지 사이비 예술인이라는 비난을 퍼붓는다.

대중, 대중 문화, 대중 사회는 니체로 보아서는 언제나 극복의 대상이다. 그를 극복하고 변화와 생성을 꾀하는 훈육의 재료는 언제나 고급하고, 고상하고, 초월적인 문화가 될 것이다. 니체는 평등에 기반한 민주주의 사회로부터 대중을 구해 내 초월적 존재로 옮기는 것에 더 관심을 둔 듯하다. 비판적 자유주의자들이 대중을 계몽이나 교육을 통해 구해 낼 수 있다고 보았다면 반反자유주의자인 니체는 대중의 초월을 강조했다.

니체와는 달리 대중의 범주를 저주하며, 엘리트 영역의 보호를 주장하는 대중/엘리트 논의도 있었다. 이들은 사회 구성을 대중/엘리트의 대립으로 파악하고, 대중을 저주하며 엘리트를 중심으로 한 사회 통합을 주장했다. G. 모스카G. Mosca나 파레토 같은 이탈리아 학자들은 엘리트에 의한 대중 지배는 당연한 것이고 현재도 피할 수 없는 것이라고 보고 있다. 가세트는 대중이 대중 사회에서 반역을 일으켜 지배 집단 행세를 하고 있다며 한탄한다. 이들이 두려워하는 것은 엘리트에 의한 지배의 종언 그리고 그를 대신할 대중의 통치다. 그들은 대중을 가리키는 말로서 masses라는 용어 대신 rabble(군중, 어중이떠중이라는 뜻)이라는 용어를 자주 사용할 정도로 대중에 대해 혐오를 표시했다. 이들은 엘리트와 대중 간 구분은 생득적인 것이라고까지 말했다.

대중 사회 구성을 엘리트와 대중의 조합(긴장)으로 파악한 대표적 학자는 오르테가 이 가세트다. 그는 자신의 유명한 저서 《대중의 반역 The Revolt of the Masses》74에서 두 집단 간 관계를 자세히 설명하고 있다. 그에 따르면 "사회란 모범적인 자와 거기에 복종하는 자로 형성된 동력이

---

74 J. Ortega y Gasset, *The Revolt of the Masses*, London: Allen & Unwin, 1951 《대중의 반역》, 황보 영조 옮김, 역사비평사, 2005]. 이 책의 내용은 정문길, 《소외론 연구》, 문학과지성사, 1978에 자세히 소개되어 있다.

고 정신적인 통일체"이다.[75] 역사 이래로 소수의 엘리트가 지배하지 않은 사회는 없었다. 그런데 과학과 기술의 진보에 힘입어 자격 없는 대중이 사회 전면에 등장하고 급기야는 정치적으로도 지배하게 되었다. 질서에 역행하는 새로운 대중의 반역을 경험하게 된 것이다. 대중에 의한 지배는 예전의 고급스러운 품위나 전통을 결여하고 있다. 대부분의 사회적 실천이 기술적, 실용적 가치에 의해서 이루어지므로 음울한 민주주의가 될 수밖에 없다고 주장한다.

가세트가 우려했던 것은 증가하는 대중의 힘이나 숫자는 아니었다. 대중이 원래 처했던 사회적인 위치에서 벗어나 점차 그 영역을 확대시키고 있으며, 문명 발전의 열매를 그들이 모두 다 누리려 하는 데 대한 불만을 토로하는 것이다. 그리하여 대중이 전혀 손대면 안 될 문화나 예술 분야에조차 진출하여 권리를 주장한다고 보았다. 지고의 선이나 미를 깨닫지 못한 대중 혹은 평민이 그들의 예술적인 취향을 전 사회에 퍼뜨리려 하는 것에 불만을 가졌다.

가세트는 대중을 특별한 실체를 지니고 있다기보다 정치적, 문화적 무자격자이면서 정치적, 문화적 지배 세력으로 행세하는 집단으로 그리고 있다.

> 대중은 특별히 노동자로 이해되지는 않는다. 대중은 하나의 사회 계급을 지칭하는 것이 아니다. 오늘날 모든 사회 계급에서 발견할 수 있는 유형의 인간을 지칭한다. 결국 대중은 그 자신이 지배력과 통치력으로 등장하는 오늘날의 시대를 대표한다.[76]

---

75 같은 책, p.52.
76 같은 책, p.120.

대중이 점차 대중 사회의 핵심 부분으로 접근하는 반면, 엘리트는 권위를 상실하게 됨으로써 대중 사회는 대중이 지배하는 사회가 된다. 대중의 문화인 대중 문화도 문화적으로 자격 없는 대중이 만들어 낸 비지성적이고 충동적이며 문화적으로 가치가 없는 낮은 수준의 문화지만 전체 사회를 주도하는 문화로 자리잡게 된다. 가세트의 주장은 대중 사회론을 수입하여 사회를 설명하던 1960~1970년대 한국의 학자들에게 설득력이 있었던 모양이다. 문화가 하향 평준화되고 고급 문화가 위협받는다는 입장을 가진 많은 학자는 가세트의 이러한 주장을 빈번히 인용했다. 하지만 사회학과 정치학이 점차 세련된 모습을 갖추고 사회 구성에 대한 논의가 체계화되면서 이런 논의는 점차 그 영향력을 잃게 된다. 그 같은 대중의 존재를 찾기도 어렵거니와 엘리트 문화 또한 새로운 역할을 할 가능성을 보여 주지 못했고, 엘리트 / 대중으로 사회를 나누는 일이 사회 분석에 큰 도움을 주지 못했기 때문이다.

니체와 가세트는 당대의 민주주의에 대해 불만을 갖고 있었다. 가장 큰 불만은, 즉 평등의 과잉으로 인해 민주주의가 형편없는 모습을 한데 있었다. 그들은 자유주의자와는 전혀 다른 대안을 추구하였다. 자유주의자는 문제투성이의 민주주의를 교정해 변화된 모습의 민주주의로 진입하는 기획을 했다. 그에 비해 니체는 전혀 다른 모습의 민주주의를 꿈꿨다. 지금의 민주주의 전제, 가정, 구성 요소와는 완전히 다른 민주주의를 구성하고자 했다. 그 민주주의를 위해서는 노예 근성을 가진 대중이 아닌 주인 의식을 가진 주권적 인간들, 초월적 인간이 필요하다고 보았다. 새로운 인간을 만들어 내기 위해서라도 대중 사회와 대중 문화는 극복되어야 하고, 전혀 새로운 (귀족적이고 고상한) 문화적 자극이 필요함을 밝혔다.

3. 문화와 문명 전통: 아널디즘

영국의 산업 혁명을 바탕으로 한 도시 발전은 사람들의 생활을 완전히 바꾸어 놓았다. 비판적 자유주의자가 걱정한 것처럼 평등에 입각한 대중은 개인주의에 매몰되어 갔다. 과거 개인이 혈연과 지연으로 유지하던 공동체와의 관계는 더 이상 찾아보기 힘들었다. 개인주의는 개인으로 하여금 공적 영역이 아닌 사적 영역에만 관심을 갖게 만들었다. 즉 자신들의 이익에만 충실한 주체를 만든 것이다. 더 나아가서 공적인 문제를 사적 문제로 환원해 사고하도록 만들기도 했다. 이처럼 개인주의는 개인뿐만 아니라 개인이 포함된 사회를 왜곡되게 하는 결과를 낳게 되었다.

개인과 공동체 간 분리는 개인주의에 의해서만 생긴 결과는 아니었다. 자본주의의 진전은 도시의 발전을 가져 왔지만 도시 내부는 서로 다른 두 나라가 존재하는 것처럼 불균질적 발전을 보였다. 그러다 보니 자연히 도시 안에서 서로 다른 삶의 환경이 공존하게 되고 문화 차이도 커졌다. 즉 지배 계급과 피지배 계급의 거주 지역에 따라 문화의 구분도 뚜렷해지기 시작했다. 산업화와 도시화가 전과는 전혀 다른 문화 지도를 창출한 셈이다. 그리하여 예전과는 달리 점차 문화의 공유 영역이 사라지고 피지배 계급은 그들만의 독특한 문화 영역을 구축하게 되었다. 피지배 계급의 문화는 두 가지 문화적 원천을 지니고 있었다. 하나는 도시화와 산업화로 생긴 문화 산업에 의한 문화였다. 나머지는 그들 자신 혹은 사회 개혁가들에 의해서 이루어진 반항적인 문화였다.[77]

개인주의와 함께 꽃을 피웠던 공리주의*utilitarianism* 사상 이후 19세기

---

[77] 그들의 반항적인 문화의 모습은 이 책의 문화주의 논의(5장)에서 자세히 설명한다.

초반 영국에서는 개인주의 극복, 공동체 건설, 휴머니즘의 회복을 위한 낭만주의가 형성된다. 낭만주의는 지나친 평등을 기반으로 한 대중 사회에서 황폐화된 문화, 인간 관계(개인 대 사회와의 관계), 공동체, 영성spirit을 고민한다. 낭만주의는 칸트나 괴테의 영향을 받아 시, 예술 등의 도움을 통해 대중의 조건을 개선시킬 수 있으리라 믿었다. 대표적 낭만주의 시인인 새뮤얼 콜리지Samuel Coleridge는 지식인이나 예술인이 과거 교회의 종교인이 했던 역할을 맡아야 한다고 주장했다. 당시 영국 사회 내 대중의 등장 이후 드러난 혼돈, 사회 문제를 문화적 행위를 통해 피할 수 있는 방법을 강구하고자 했다.

이들의 가장 큰 관심은 공유 문화common culture가 사라졌다는 사실에 있었다. 노동자 계급 문화는 중간 계급 문화와 갈라졌다. 중간 계급은 대량으로 생산되는 오락물에 의한 여가 활동에 치중하였고, 노동자 계급은 정치적으로 준비된 문화 활동을 벌였다. 이 같은 문화 분리는 영국 사회가 지녀 왔던 문화적 유기성과 안정성이 흔들림을 의미했다. 전통적으로 찾을 수 있던 도덕성, 개인을 공동 사회로 묶어 주는 전통적 인간 관계가 점차 무너지는 것은 사회적 권위가 무너지는 것과 동일한 현상이며, 사회적 안정을 해치는 일이었다.[78] 아널드, 엘리엇, 리비스 등은 이 같은 현상에 관심을 보였고, 이를 교정하고자 했다. 이들은 무엇보다도 산업화로 인한 도덕의 붕괴, 사회 안정성의 위험 등 아래로부터의 위협에 대해 관심을 보였다. 즉 유기적 공동체, 유기적 공동 문화의 상실을 우려하면서 그것을 다시 복구할 수 있는 방안을 설명하려 했다. 특히 대중을 교육시키는 문제에 꾸준히 관심을 가졌다. 문화와 교

---

[78] P. Anderson, "Components of the National Culture," in A. Cockburn & R. Blackburn (eds.), *Student Power: Problems, Diagnosis, Action*, Harmondsworth: Penguin, 1969, pp. 219~243.

육을 동일선상에 두어 대중 사회와 산업화 추세에 맞서 싸우는 대항력을 키우려고 했다.

1) 매튜 아널드

근대적 의미의 (대중) 문화론은 매튜 아널드(1822~1888)에서 비롯되었다고들 말한다. 아널드가 대중 문화에 대하여 구체적으로 분석하고 언급한 바는 없다. 심지어 그는 문화의 개념 정의조차 정면으로 다루지 않는다. 그가 정작 고민한 부분은 다소 의아스럽게도 정치적 영역이었다. 1866년 영국에서 벌어진 노동자의 참정권 요구 시위를 목격한 그는 노동자를 다스릴 수단과 방법을 고민하게 된다. 그때 그는 문명과 문화를 주요 개념으로 등장시켜, 주요 사회 문제로 대두되던 대중 사회로의 진전을 통제하고자 했다. 즉 소수가 향유해 왔던 문화를 보전해 대중을 문명화시키는 기준으로 삼고자 했다. '문화화된 소수'가 '문명화된 대중'을 만들고 통제해 나가야 한다는 낭만주의적 전통을 그대로 이어받고 있었다.

그의 문화관과 사회관 등은 그 이후에 등장하는 영국의 문화 연구자, 대중 문화 연구자에 많은 영향을 미쳤다. 어떤 이는 아널드의 시각이 학계 안팎에서 거의 상식화될 정도로 힘을 발휘한 적도 있었다고 말한다.[79] 그의 문화관 안에서 문화 혹은 대중 문화를 논하는 학자들을 아널드 학파라고 포괄해 버릴 정도로 학문적 호강을 누렸다. 아널드는 앞서 설명했던 영국의 낭만주의 전통, 즉 콜리지, 뉴먼, 칼라일 등으로부터 영향을 받아 19세기 영국 사회 변동(산업화, 대중 사회의 등장)을 맞아 공동

---

[79] J. Storey, *Cultural Theory and Popular Culture: An Introduction* (3rd ed.), London: Prentice Hall, Inc., 2001, p.34.

이널드는 19세기 영국이 산업화와 대중 사회의 등장을 맞아 공동체와 인본주의를 상실했다고 보고 이를 회복하려 했다. 그 과정에 문화와 예술을 활용하고자 했다. 그는 문화를 "지식 체계이면서 이성과 신의 의지가 힘쓰게 만든 것"이라고 규정했다.

체와 인본주의를 회복하려 했으며, 그 과정에 문화와 예술을 활용하는 기획을 세우고 있었다.

아널드는 문화를 '지식 체계이면서 이성과 신의 의지가 힘쓰게 만드는 것'이라고 규정했다(이러한 아널드의 문화 정의는 우리가 앞에서 살펴보았던 다섯 가지 정의 중에서 두 번째와 세 번째에 해당하는 것이라 할 수 있다).[80] 문화란 최선의 것을 알려는 노력이며, 그 지식이 모든 인류를 위해서 널리 퍼지게 하는 것이라고 했다.

> 문화란 진실된 인간적 완벽이라는 인간성의 모든 면을 발전시키는 조화로운 완벽,
> 우리 사회의 모든 면을 발전시키는 일반적인 완벽으로 이르게 하는 것이다.[81]

문화란 정치적, 경제적 영역조차도 완벽하게 만들어 주는 자원이다. 하지만 산업 사회, 대중 사회에 접어들면서 그러한 문화의 역할이나 모습은 찾아보기 힘들어졌다. 귀족 계급은 현상 유지에만 골몰할 뿐 문화를 방어할 관심을 기울이지 않는다. 개인적인 성공에만 치중하는 중간 계층(아널드는 이들을 위선자, 혹은 속물들이라고 불렀다)은 물질적인 이득에만 관심을 보였다. 속물 근성을 가진 중간 계층의 성격은 바로 노동 계급으로까지 이어졌다. 이로써 문화가 인간 내면을 조정하는 역할을 수행할 뿐 아니라 타 영역조차도 완벽하게 만들어 주는 역할을 해낸다는 점을 인식하고 실천하는 계층은 산업화가 도래한 이후 사라져 버렸다.

구체적으로 무엇이 사라졌기에 그 같은 일이 벌어진 것일까? 인간 내면을 조정하는 역할, 그래서 신의 의지가 세상에 퍼지게 만드는 기본

---

80 M. Arnold, *Culture and Anarchy*, London: Cambridge University Press, 1960, p.6.
81 같은 책, p.xi.

적 원동력은 무엇일까? 아널드는 그를 독서와 사색, 그리고 그에 맞춘 관찰이라고 말했다. 독서, 사색과 관찰로 문화를 얻을 수 있고 유지할 수 있다. 문화의 유지법과 문화의 정의를 바탕으로 다시 문화를 광의로 정의하자면 문화란 최고의 것을 찾는 과정이고, 그러한 노력으로 배출된 최고의 것이며, 그것이 다시 생활에 적용되어 사회적으로 나쁜 것을 척결하는 제도다. 아널드는 이를 위해서 교육을 하고 창조적인 행위를 보호해야 하고, 지식인이 적절히 비평하도록 해야 한다고 주장했다. 사라진 것을 국가적 차원에서 복원하고, 공동체와 인본주의를 찾아내자는 요청이다.

아널드의 이 같은 문화 개념 정의, 문화 실천 논의에 대중 문화가 끼어들 자리는 없다. 만일 있다면 그것은 저주의 영역으로 존재할 뿐이다. 그의 책 제목대로 대중 문화는 사회를 혼돈 상태*anarchy*로 몰아넣는 쓸데없는 제도일 가능성이 크다. 참정권을 얻어 정치적 과정에 진입한 노동 계급 남성의 대중 문화는 질서를 깨며 신의 의지에 반하는 무질서에 가까운 것이었다. 진정한 문화는 그런 대중 문화를 다스리는 질서 통제자여야 한다. 거칠고 교양 없으며 사회에 도움이 되지 않는 대중을 다스릴 수 있는 것이야말로 진정한 문화다. 하지만 대중은 진정한 문화를 외면한 채 대중 문화에 더 탐닉하면서 지나치게 기계 문명에 의존하고, 인간 내적인 면보다는 금전적인 면과 같은 인간 외적인 가치를 더 존중하게 되었다고 아놀드는 걱정했다.

아널드의 대중관 및 문화관은 다분히 그의 정치적인 성향을 반영하고 있다. 아널드는 사회를 귀족층, 중간층, 그리고 평민층으로 분류한 후 이 세 계층을 관통하는 인간 본성이 있다고 주장한다. 세 계층이 문화를 공유한다고 말함으로써 계층 구분의 절대성에 제동을 거는 것처럼 보인다. 하지만 다음 설명을 들으면 아널드가 어떤 정치성을 지니는

지 분명해진다. 그는 공통의 인간 본성 모습을 중간층이나 귀족층에서 찾는다. 평민층 혹은 노동 계급은 그러한 문화를 잃어버렸거나 보살피려 하지 않는다고 보았다. 아널드가 생각한 문화의 기능이란 다름 아닌 중간층이나 귀족층의 잘 유지된 인간 본성이 지속될 수 있도록 안내하는 것이며, 평민층, 노동 계급이 지닌 무질서하고 사회에 도움이 되지 않는 부분을 교정토록 하는 것이다. 전 계층을 관통하는 인간 본성이란 다름 아닌 중간층 이상의 문화인 셈이다.

아널드는 중간 계층 이상의 지식인이 느끼는 위기감을 표현한 것처럼 보인다. 대중의 시위, 참정권 요구 등과 같은 정치적 요동으로 위기감을 느낀 엘리트 집단을 대변하고 있는 듯 보인다. 노동 계급은 과거 그들이 보였던 복종의 모습을 벗어던지기 시작했다. 과거 질서를 벗어던짐으로써 기존 질서에 무질서를 선사했다. 엘리트 집단은 대중이 사회와 유기적으로 결합될 어떤 요소도 갖고 있지 않다고 보고 우려하기 시작했다. 노동 계급은 중산 계층 이상이 볼 때는 위협적인 존재가 아닐 수 없었다.

> 노동 계급은 그들이 원하는 대로 한다. 그들이 원하는 것이면 무엇이든 거리끼지 않고 하며, 만나고 싶으면 장소를 가리지 않으며, 그들이 원하는 대로 사회를 위협한다. 이 모든 것은 결국 무질서라고밖에 할 수 없다.[82]

지식인들은 국가가 교육을 통해서 적극적으로 그러한 위협을 제거해야 한다고 주장하였다. 교육을 통해서 '대중 문화'를 즐기는 노동 계

82 같은 책, p.37.

급이 진정한 의미의 '문화'를 익히게 되면 정치적인 선동도 줄어들고 예전의 복종의 미덕을 보일 것이라 생각했다.[83] 야만적일 수도 있는 노동 계급을 교육을 통해 건전한 시민으로 키우는 문명화 작업에 국가가 나설 것을 주장한 셈이다. 대중은 대중 문학과 같은 대중 문화나 당파적인 이념 체계로부터 영향을 받게 마련이다. 그 영향력으로 대중은 세상의 실제를 보지 못하고 왜곡되게 인식한다. 이에 대한 처방으로 최상의 사상을 전파하는 일이 필요한데 그것이 바로 '교양'의 전달이다.

아널드는 우리가 아는 것보다 문화에 대해서는 훨씬 적게 논하였다. 그의 주 관심사는 문화라기보다 사회적 질서, 사회적 권위 등에 관한 것이었다. 그러한 질서나 권위에 대한 도전으로서 대중 문화를 파악했고, 그 도전을 막기 위해 문화와 교육(교양)이라는 영역이 필요함을 주장했다. 잘 알려진 대로 대중, 대중 문화에 대한 아널드의 태도는 매우 가혹한 것이었다.[84] 그리고 그 자신을 포함한 중산층 이상의 지식인에 상당한 문화적 권위를 부여하였다. 그가 말하는 질서는 지금까지의 지배적 질서를 의미한다. 기존 질서에 대한 아래로부터의 도전에 대해서는 전혀 아량을 보이지 않았다. 아래로부터의 질서에 대한 도전은 사회적 혼동social anarchy을 조장하는 것에 지나지 않는다고 보았다. 아널드로부터 비롯된 문화관, 대중 문화관은 영국에서 1950년대까지 상당한 지적 권위를 지녔다. 특히 공유 문화의 중요성, 공유 문화가 사라지는 것에 대한 관심은 이후 영국 학자들이 계승했고, 공유 학파로까지 이어진다.

83 M. Arnold, *On Education*, Harmondsworth: Penguin, 1973.
84 T. Eagleton, *Criticism and Ideology: A Study in Marxist Literary Theory*, London: Verso, 1978.

2) 공유 학파: 리비스와 엘리엇

20세기 들어서 문화적 퇴보를 목격하고 있다고 주장하는 리비스와 그 주변에 있는 학자들[85]은 1930년대를 문화적 위기의 시대로 파악한다. 문화가 점차 하향 조정되고 규격화되는 현상을 그러한 징후로 지적한다. 특히 하층 계급의 대중 문화에 대한 탐닉이 가속화되고 그로 인한 사회적 분열이 가시화되면서 대중 사회에 대한 우려는 커졌다. 이들의 주장은 19세기 영국 문화에 대한 우려를 표시했던 아널드 전통을 잇고 있어 그러한 징후에 대한 대책으로 식별력을 키울 수 있는 교육의 중요성을 강조하였다.[86] 아널드의 관심사를 1930년대의 문화 현상에 적용시켜 보았다고 해도 큰 무리가 아니다. 아널드가 19세기 중엽 이후의 영국 대중 사회에 관심을 표명하고 있었다면 리비스 부부와 엘리엇 등은 1차 세계 대전 이후 미국의 상업적 대중 문화가 영국의 대중을 사로잡는 시기의 영국을 논의하였다.

사실 F. R. 리비스(1895~1978)와 Q. D. 리비스(1900~1982)가 캠브리지 대학에 들어간 것 또한 영국 사회의 변화를 의미했다. 중하위 계급이 최고 학부에 들어갈 수 있게 된 것은 과거에 비하면 큰 변화가 아닐 수 없다. 그들은 본격적인 산업 사회, 대중의 참정권의 확대 등 급격한 사회 변동을 맞은 영국 사회에 적절히 대처해 가기 위한 한 방법으로 교육, 그중에서도 문학 교육을 받았다. 중하위 계급도 과거와는 달리 문화

---

85 리비스를 중심으로 한 일련의 학자들이 만든 학술지 이름을 따서 리비스와 비슷한 문화관을 지닌 사람들을 '탐색scrutiny 학파'라고도 부른다. 혹은 공유 문화에 대한 관심이 많았다고 해서 '공유 학파'라고 하기도 한다. 이에 대한 자세한 설명은 다음의 책을 참조하라. T. Eagleton, *Literary Theory: An Introduction*, Minneapolis: University of Minnesota Press, 1983.

86 F. R. Leavis, *Mass Civilization and Minority Culture*, Cambridge: Minority Press, 1930.

의 무대 위에 등장할 수 있었던 것이다. 이는 앞선 시기 활동했던 영국 낭만주의자들이 심어 놓고자 했던 문학 교육의 강조가 현실화된 일이기도 했다.

1930년 당시 영국 사회는 어떤 변화를 겪었던 것일까? 1차 세계 대전은 미국이 전 지구적 힘을 발휘하기 시작한 세계사적 사건의 의미를 갖는다. 포디즘을 기반으로 한 미국 문화의 유럽 진출은 '미국화'가 주요 연구 테마가 될 정도로 붐을 일으킨다. 특히 노동 계급의 여가 문화에 끼친 미국의 영향력은 대단한 것이어서 온 유럽이 그에 대한 우려를 표명할 정도였다. 물론 그 같은 우려는 유럽의 문화적 우월성이 대중으로부터 인정받지 못하고, 오히려 미국식 대중 문화에 의해 잠식되고 있음에 대한 불편함의 표시이기도 했다. 예술성을 기반으로 했던 유럽의 영화는 1차 세계 대전으로 인해 그 산업적 기반이 흔들릴 정도로 붕괴된 반면, 할리우드 영화는 전 유럽을 휩쓸며 유럽식 예술 영화를 먼 옛날 이야기로 취급하며 몰아내고 있었다. 미국의 대중 문화에 열광하는 대중에 대해 유럽의 지식인이 할 수 있는 비평의 폭은 매우 좁아 보였다. 그들은 새로운 강자로 등장한 미국 대중 문화를 견제하고, 자신이 전통적으로 가져 왔던 가치를 강조해 공동체를 복원하자는 주장을 펼치는 것 말고는 별다른 대안이 없었다.

리비스 부부와 엘리엇 등의 문화와 문명 전통은 대중 문화에 의한 문화적 무질서를 논의했지만 이들이 궁극적으로 보호하고, 재구성하고자 했던 것은 영국 공동체였다. 전통적으로 영국 공동체는 영국민을 하나로 묶어주는 계기가 되어 왔다. 그 안에서 영국민은 유기성을 느끼며 하나됨을 얻을 수 있었다. 하지만 대중, 대중 사회의 등장으로 그 공동체성, 유기성이 망가지기 시작했다. 다른 말로 하면 영국 공동체가 위기에 봉착한 것이다. 그 위기를 초래한 것은 문화적 무질서, 문화적 무정부, 즉 대중 문화였다. 그리고 공동체를 구하기 위해 그들이 나섰다.

엘리엇은 다양한 집단은 다양한 문화를 갖게 마련이고 그럼으로써 사회는 많은 문화로 구성된다고 보았다. 그러나 그 다양성을 넘어서서 모든 문화에는 관통하는 질서가 있다고 파악했다.[87] 이를 다른 말로 설명하면 문화의 다양성 내에도 층위가 있으며, 어느 한 문화가 그 층위에 널려 있는 문화를 관통하는 핵심적인 내용을 지니게 된다는 것과 다름 없다.[88] 엘리엇이 말하는 핵심적인 내용을 지닌 문화, 다양한 문화를 관통할 가치를 지닌 문화란 다름 아닌 예전의 엘리트적 문화일 가능성이 높다. 아널드가 말한 대로 문화는 전통적으로 존경을 받아 오던 엘리트적인 삶의 방식 등으로 이루어져 이전의 종교와 같은 초월적 모습을 지니고 있어야 한다고 전제하기 때문이다.

그에게 있어 대중 문화는 소수의 문화로부터 자양분을 받고, 사회적 질서에 이바지하는 한에서 용인될 수 있었다. 하지만 현실의 대중 문화 사태는 그런 식으로 전개되지 않았다. 사회적 무질서를 야기하고 있기 때문에 대중 문화를 폐기해야 하고, 교육 혹은 교양으로 그 자리를 메워야 한다. 소수의 문화에서 중심이 되어 온 교양을 통해 대중 문화로부터 오염된 대중을 바꾸어 내야 한다는 것이었다. 문학 교육의 중요성이 강조된 것도 바로 이때부터다. 엘리엇은 인간적인 가치를 가장 많

---

87 T. S. Eliot, *Notes Towards a Definition of Culture*, London: Faber & Faber, 1948.

88 엘리엇은 문화의 층위를 개인적인 문화, 집단 문화, 그리고 전체 사회의 문화로 나눌 수 있다고 보았다. 레이먼드 윌리엄스는 엘리엇의 이러한 문화에 대한 전제가 아널드보다 뛰어나다고 평한다. 즉 개인적인 문화, 집단 문화에 대해서 아널드가 관심을 가져 온 것은 사실이지만 이것이 전체 사회 문화와 어떻게 연관될 수 있는지에 대해서는 설명하지 않았다는 점을 지적하고 있다. 엘리엇은 문화 간의 연관성 혹은 유기성에 대해서 관심을 보였다. R. Williams, *Culture and Society: 1780~1950*, London: Chatto & Windus, 1960, pp. 234~235.

이 담고 있는 문학이 도덕 회복의 기능을 해주리라 기대했다.[89]

리비스 부부의 생각도 엘리엇과 크게 다르지 않다. 그들은 문화란 항상 소수에 의해 지켜져 왔다는 가정을 바탕으로 논의를 끌어간다. 여기서 소수라 함은 단순히 귀족층이나 어느 특정 계급을 의미하진 않는다. 오히려 그들이 속한 계급이나 집단 의식을 뛰어넘어 선의의 문화를 지킬 수 있는 사람을 지칭하는 것이었다. 그런데 문제가 되는 것은 그러한 소수의 지위가 바뀌고 있다는 사실이었다. 소수의 문화적 지위, 권위가 점차 자리를 잃어 가고 있었다. 아래로부터의 도전 때문이다. 리비스는 도전에 직면해 권위가 붕괴되는 소수 문화의 모습을 지켜보며 그를 한탄스럽게 생각했다.[90] 산업화, 대중 사회, 대중적 민주주의로 인해 대중이 문화적 소수의 턱밑까지 쳐들어와 그 권위를 뒤엎고 심지어 스스로가 문화적 총아가 되려 한다고 우려했다. 문명*civilization*과 문화*culture*가 충돌하고 있음을 지적한 셈이다.

리비스나 엘리엇은 산업 혁명 이전의 영국에는 공유 문화가 있었다고 강조한다.[91] 국민 문화라고 부를 만한 공유된 도덕률이 있었다고 주장한다. 그들은 하나로 공유되던 문화가 산업 혁명 이후 점차 두 문화로 갈라지는 현상을 목격했다. 그 하나는 소수의 문화이고, 다른 하나는 대중 문화이다. 아널드가 정의했던 문화의 모습, 즉 생각되고 말해지는 최고의 것으로서의 문화의 모습은 소수의 문화 속에 살아 있었다.

---

89 Eagleton, 앞의 책, 1983, p.25.

90 그의 부인인 Q. D. 리비스도 매우 비슷한 사상을 지니고 있으며 같이 저술한 경우도 많다. 이 책에서는 그들을 따로 논의하기 않고 같은 범주에 넣서 설명하려고 한다. Q. D. Leavis, *Fiction and the Reading Public*, London: Chatto & Windus, 1978.

91 이들은 대체로 17세기의 영국 '유기적 공동체'와 그 문화를 꿈꾸고 회고하고 있다.

어느 시대를 막론하고 극소수의 사람들만이 예술과 문학의 감식안을 지니고 있다. 그들은 자발적이고 직접적인 판단을 할 수 있는 적은 수의 사람들이다. [……] 우리가 예전의 의미 있는 인간 경험으로부터 도움을 받을 수 있느냐, 그렇지 않느냐는 바로 이러한 소수의 손에 달려 있다.[92]

그러나 대중 문화 또는 상업 문화는 무지한 대중에 의해 끊임없이 소비되면서 전혀 다른 모습을 갖추어 갔다. 무지한 대중이 즐기는 대중 문화의 모습이 그들의 눈에 과연 어떻게 비쳤을까? 기계 문명의 등장으로 대량 생산과 표준화가 급속도로 이루어졌고, 그로 인해 대중의 감수성은 약화되었다. 아울러 문화도 그러한 약화된 감수성에 맞는 형식으로 변화했다. 결국 그들의 눈에, 대중 문화는 공유된 가치를 잃어버리고 약화된 감수성을 지닌 대중을 대상으로 한 채, 기분 전환과 일시적인 보상만을 제공하는 중독성을 지닌 저주받을 문화의 모습을 띠고 있었다.

리비스는 대중 문화가 대중으로 하여금 현실 생활에 대한 적응을 어렵게 만들고 있을 뿐만 아니라, 현실을 도피하거나 부정하게 하는 등 소극적인 성격을 띠게 하고[93] 더 나아가 대중의 정신을 둔화시킨다고 판단했다. 리비스는 아널드와 달리 1930년에 발흥하는 대중 매체의 모습을 보고, 그에 대한 비판을 피력할 수 있는 기회를 맞게 된다. 물론 이러한 대중 매체의 생산물은 리비스가 그의 주장을 적용하는 데 좋은 소재가 된다. 소설, 영화, 라디오, 광고, 신문 등이 비판의 그물에 걸려들었다. 대중 소설을 읽는 것은 환상에 빠져들기 위한 약을 복용하는 것

92 Leavis, 앞의 책, 1930, p.3.

93 F. R. Leavis & D. Thompson, *Culture and Environment*, Westport, CT: Greenwood Press, 1977, p.100.

리비스는 1930년에 발흥하는 대중 매체들의 모습을 보고, 그에 대한 비판을 피력할 수 있는 기회를 맞게 된다. 사진은 1937년 〈데일리 헤럴드*Daily Herald*〉를 읽고 있는 영국인들.

에 지나지 않는다. 대중 소설을 읽지 않는 사람은 영화를 통해서 환상에 빠져드는 실수를 범한다. 그의 눈에는 영화가 인기를 더해 갈수록 위험한 것으로 비쳤고, 할리우드 영화는 단지 자위 행위에 지나지 않을 뿐이었다. 신문이나 라디오도 마찬가지로 문화적 퇴행을 초래한다고 주장했다. 광고도 비난의 화살을 피하지 못했다. 광고는 특히 언어를 저급화시켜 생활을 점차 황폐화시키고 있다고 보았다. 그에게 대중 문화 생산물은 인간 경험의 본질을 반영하지 않으며 단순히 그 시대의 기계적 물질성을 반영할 따름이었다.

공유 학파 학자가 염두에 두는 문화적 황금 시기가 있었다. 상업적 이해관계가 없는 공유된 문화가 존재하던 전원적 과거가 바로 그 시기다. 셰익스피어의 연극이 대중을 문화적으로 하나 되게 묶어 주던 것을 그들은 자주 언급한다. 셰익스피어를 순수한 민족 문화로 파악하고 그 문화야말로 누구에게나 호소력을 지니는 진정한 공유 문화였다고 밝힌다.94 리비스를 비롯한 공유 문화를 강조하는 학자들이 생각하기에 기계 문명으로 인한 대중의 등장 그리고 기존의 전통이나 도덕률을 유지시켜 줄 수 있는 소수 엘리트가 설 수 있는 환경이 사라짐으로 인해 진정한 공유 문화는 소멸되었다.

이들의 문화적 황금 시기에 대한 논의는 설득력이 있긴 하지만 의문도 갖게 한다. 민족 문화란 것도 위로부터 주어짐으로써 공유가 가능했던 것이라고 파악하고 있다는 점이다. 이들은 대중은 위로부터 즐거움을 부여받았고, 그럼으로 해서 그들은 그들보다 뛰어난 사람들의 문화를 즐길 수 있는 혜택을 누리게 되었고, 행복하게 문화를 누렸다고 생

---

94 F. R. Leavis, *For Continuity*, Cambridge: Minority Press, 1933, p.216.

각한다. 이러한 문화적 황금 시기란 것도 결국 유기적 문화 향유라는 측면보다는 문화의 권위적 질서를 논의하기 위한 설정이란 의문을 갖게 한다. 만일 대중에게 문화적 향유를 제공하는 자들이 없었다면 그들은 어떠했겠느냐 하는 다분히 온정주의적*paternalistic* 의미를 내포하고 있다. 문화를 제공하는 자와 즐기는 자의 구분이 뚜렷한 문화적 위계 질서를 강조하고 있다. 문화적 황금 시기, 혹은 문화적으로 질서가 있는 시기란 자신의 문화적 본분을 잘 알고 그것에 충실한 모습을 지닌 대중이 존재하는 시간을 의미한다. 그런 의미에서 공유 학파가 찾으려 하는 문화의 모습은 특정 계급이나 계층이 문화적 헤게모니를 이룬 상태를 지칭하는 것이라 판단할 수 있다. 보수적 성향에서 크게 벗어나지 않고 있는 셈이다.

이들에 따르면 산업 혁명 이후 사라진 공유된 문화의 잔재는 이제 시골에서나 찾아볼 수 있다고 한다. 민속요, 민속춤, 수공예 제품 등이 유기적 공동체를 나타내 준다. 그 살아 있는 문화 안에서 사람들은 질서 정연한 생활을 누렸고 잊을 수 없는 경험을 서로 나누었으며 잘못된 것을 고쳐 나가곤 했다. "옛날의 영국에서는 도시나 시골이나 다 같이 참다운 공동체였다. 노동은 의미 있는 활동이었으며 결코 비인간적인 활동이 아니었다. 거기에는 자본과 노동 사이의 갈등이 없고, 노동자는 결코 억압감 없이 장시간의 노동과 저임금을 감수할 수 있었다."[95] 그러나 유기적 공동체가 점차 사라지면서 사람들의 생활도 악화되어 갔다. 노동 안에서 즐거움을 찾던 시절이 사라지고 노동과 생활, 즉 노동 외 시간이 분리되는 시기를 맞았다. 그래서 사람들은 레저를 찾게 된다. 사

---

[95] Leavis, 앞의 책, 1930, pp.3~5.

람들이 대중 문화를 찾게 되고, 그 안에서 중독적으로 보상을 추구하려는 모습은 어찌 보면 당연한 귀결인지도 모른다.

그런데 그들이 더욱 걱정하는 것은 그러한 대중 문화에 대한 탐닉이 소수 문화에 대한 적개심으로까지 이어지지 않을까하는 점이다. 그러한 적개심으로 인해 문화적인 권위가 상실된다면 황금 시기를 되살리는 일이나 그에 가까워지려는 노력은 힘들게 된다. 사실 공유 학파 학자들도 잃어버린 황금 시기를 되살린다는 일이 거의 불가능하다는 것을 인정하였다. 하지만 문화적인 전통, 그리고 소수의 문화적 권위를 되살림으로써 어느 정도 대중 문화의 영향이 확대되는 것을 막고 영국 민족 문화 전통을 보호하고 유지할 수 있을 거라고 믿고 있었다. 아널드가 정의한 문화, 생각되고 말해지는 최고의 것을 유지할 수 있는 교양 있는 대중을 만들어 내는 일이 무엇보다 중요하다고 생각했으며 가능하리라고 믿었다. 문화를 통한 사회의 통합이 교육 프로그램의 마련으로 가능하다고 주장하였다. 영문학 연구와 문학 비평 등으로 문화를 주도하는 엘리트를 키워 내고 궁극적으로는 문화의 성취가 가능토록 하겠다는 의지를 보였다.

지극히 엘리트주의적이라는 비난에서부터 문화적 헤게모니를 은연중에 반영하고 있다는 해석 등 리비스를 중심으로 한 공유 문화 전통에 대한 비판은 매우 다양하다. 그러나 그들의 주장을 너무 단순화시킬 경우(이 책도 분명 단순화시키는 우를 범하고 있지만), 그들이 후에 영국의 다른 대중 문화론(문화주의)에 미친 영향을 놓칠 염려가 있다. 사실 대중 문화와 교육(교양)에 관한 논의는 단순히 엘리트주의라고만 치부하기에는 복잡한 의제다.96 지금 대부분의 대중 문화 교육이나 대중 매체 교육이 리비스 전통 안에서 행해지고 있음을 예로 들어 보자. 한국의 대학에서는 대중 문화론이나 대중 매체론, 혹은 미디어 교육론을 강의할 때 대부분 대중 문화의 해악에 관해서 논한 다음, 그를 대신할 대체 문화나 매체를 소개하고 있다.[97] 그런 의미에서 무차별적으로 대중에게 비난을 퍼부었던 이전의 대중 사회론과는 구분이 된다고 볼 수 있다. 귀족주의 전통이라는 비판도 그리 정당성을 갖지 못한다. 귀족 문화만이 공유 문화가 될 수 있음을 주장한 것이 아니기 때문이다. 다만 사회 구성 자체를 덜 체계적으로 파악했으며 과거에 대한 집착과 향수를 보였다는 점에서 덜 과학적이고 현실적이지 못했다고 비판할 수는 있다.

대중, 대중 사회, 대중 문화 논의가 영국에서는 주로 문학 비평가, 문학 연구자에 의해 이뤄졌던 점에 주목할 필요가 있다. 프랑스, 이탈리아, 독일 등에서는 문명 사상가, 철학자에 의해 이뤄진 것과는 대조를 이룬다. 그런 탓인지 영국에서의 논의는 대중 사회보다는 문화 논의에 더 초점이 맞춰져 있으며 문학, 교양 교육을 통한 대중의 교화에 관심을 보인다. 대중 교육을 통해 대중의 읽고 쓰는 능력을 향상시켜 모든 영국인이 위대한 전통을 공유할 수 있도록 배려해야 한다고 보았다. 민주주의 사회에서의 개인적 정치 소외를 여러 정치 제도가 메워 주듯이 문학, 교양, 교육이 소외된 개인과 사회를 엮어 주는 역할, 개인적 문화 소외를 메우는 역할을 해야 한다고 믿었다. 문학, 교양, 교육은 온 사회가 다 나누어 가질 도덕, 미학, 수월한 지식을 포괄해야 한다고 보았다.

---

[96] 리비스의 문화론이나 비평론 등에 대해 가해지는 단순함이나 왜곡을 지적하는 글을 많이 찾아볼 수는 없다. 다음 논문은 그러한 부족함을 메워 주는 논의를 담고 있다. 김영희, 《비평의 객관성과 실천적 지평: F. R. 리비스와 레이먼드 윌리엄즈 연구》, 창작과비평사, 1993.

[97] 미디어 교육에 관한 좋은 책에서도 리비스적인 전통이 아직까지 중요한 위치를 차지하고 있다고 논한다. M. Alvarado & O. Boyd-Barrett, *Media Education: An Introduction*, London: BFI, 1992.

4. 대중 사회와 전체주의

대중 사회론 안에 포함되는 대중, 대중 문화에 대한 논의는 대체로 염세적이다. 그중에서도 대중 사회와 전체주의 등장을 연결하는 논의가 가장 정도가 심하다 할 수 있다. 이 유형의 대중 사회론에서는 대중이 처해 있는 사회적 조건이 전체주의의 발흥과 어떻게 관련되어 있는지에 관심을 갖는다. 나치즘이나 러시아에서의 스탈린주의가 등장하는 모습과 대중을 연결 지어 설명한다. 대중이 자신들에게 주어진 정치적인 힘을 소화해 내지 못하거나, 왜곡된 사회 제도로 인해 생긴 비이성적인 판단 탓에 몇몇 독재자에게 그들의 권리를 넘겨 버린다고 주장한다. 대중 사회는 전체주의 사회 이전에 존재하고, 대중 사회에서의 병리적 모순으로 인해 전체주의 사회로 넘어가게 된다는 주장이다.

앞의 대중 사회 이론가는 엘리트를 대중으로부터 보호하는 문제에 관심을 가졌다. 대중의 세력이 강해지면서 대중이 엘리트를 대신하려 함에 주목한 것이다. 그러나 이번 논의에서는 반대로 대중을 소수 엘리트의 지배로부터 보호하는 데 관심을 갖는다. 대중 참여를 통해 다수가 소수를 압박했다고 보았던 다른 대중 사회론과는 달리 이 전통에서는 개인과 집단의 프라이버시 영역에서 나타나는 대중 조작과 대중 동원을 염려한다. 이 전통에 따르면 대중 사회란 소수가 다수 대중을 통제, 조작하며 자신의 의도대로 이끄는 그런 사회다. 대중은 고립되어 있기 때문에 소수가 만든 조작의 틀에 이끌리게 된다. 그 같은 이끌림을 당하는 대중은 하층 계급에 국한되지 않는다. 높은 지위에 있는 사람조차도 대중 행동에 매료되어 이끌림을 당한다.[98] 대중 사회 내 대중은 어떤 조직에도 통합되어 있지 않은 채 소외되어 있기 때문에 빈번히 집단 행동에 동원되며 조작될 수 있는 잠재성을 지닌다.

대중 사회의 대중 심리에 대한 논의는 프로이트의 정신분석학에 의존하는 경우가 많다. 프로이트는 대중 개개인의 성적 충동에 대해 상반된 주장을 내놓았다. 전기에는 성적 충동(리비도)이 인류 발전의 힘인 것처럼 주장했으나 후기에 이르러서는 성적 충동의 승화가 인류 문화의 근원인 것처럼 설명한다. 가장 대표적인 설명이 오이디푸스 콤플렉스다. 오이디푸스는 아버지를 살해하고 어머니를 차지한다. 하지만 오이디푸스는 아버지를 대신한 토템을 살육하지 못하고, 어머니와 관계를 맺지 못한다. 인류가 근친상간을 금지하고, 토템 동물의 살육을 금지한 일을 두고 리비도를 승화시킨 인류의 보편적인 모습이라고 파악한 것이다.

그러나 대중 사회의 대중 심리를 파악하는 정신분석가는 프로이트 후기의 이러한 주장을 비판한다. 대중 사회에서 드러나는 대중의 이상 심리는 오히려 리비도가 억압되고 금기시되었기 때문에 나타나는 병리라고 파악했다. 대중의 억압된 욕망은 오히려 비합리적인 파시즘 등에 경도되어 그를 통해 해소하려는 경향을 갖는다고 보았다. 파시즘의 근본 원인은 대중의 억압된 욕망이란 것이다. 사회 내 개인은 원자화되어 있어 자신의 억압된 욕망을 풀기 위해 국가라는 공동 권력과의 관계를 맺는다. 개개인은 사회의 다양한 집단과 연계되어 있지 않다는 말이다. 원자화된 사회에서 원자화된 개인은 소외감과 불안감을 지니므로 그러한 긴장에서 도피할 수 있는 탈출구를 찾으려 한다. 계급도 사라지고 가족이나 지연 등을 바탕으로 하는 일차적인 집단마저 사라져 버린 20세기에 들어서면서 대중은 지녀야 할 자주적인 정신을 잃어버리고 소외와

---

98 H. Arendt, *The Origins of Totalitarianism*, New York: Harcourt, Brace, 1951, p.310.

고독 속에서 살게 된다. 뿌리도 없고 고독하기만 한 그들은 그들 자신을 내맡길 기제(즉 대체적 공동체)를 찾게 된다. 국가가 그 대체적 공동체 역할을 행한다.

개개인의 개성이나 주장은 중요하지 않으며, 대중이 움직이는 대로 자신을 내맡긴 사람은 전체주의적 당이나 정치 세력에 쉽게 동조해 버린다. 소수 엘리트가 만들어 내는 상징적 조작에 대해서 화답할 수 있는 조건이 갖추어진 사회인 셈이다. 소외된 대중이 찾는 탈출구는 상징 등으로 만들어진, 그러나 강한 애착심을 전할 수 있는 허구의 공동체로 귀결된다. 그리고 그 허구의 공동체에 과잉 충성을 하게 된다.

> 그러한 과잉 충성은 어떤 다른 사회적 유대 없이 …… 단지 어떤 운동에 속함으로써만 자신이 어떤 위치에 있다고 느끼는 …… 완전히 고립된 인간에게만 기대할 수 있다.[99]

바로 이러한 사회적 고리의 부재, 소외감, 불안감, 그로 인한 소수 엘리트에 대한 과잉 충성은 전체주의의 토양이 된다. 이러한 과정은 개인이 스스로의 정체성을 포기하고 조작된 권위에 복종하며 가상의 약자를 공격하게 하여 불안에서 도피할 수 있는 헛된 메커니즘을 제공하는 것에 지나지 않는다.

예전엔 특정 상황에서만 느끼던 한계적 경험으로서의 고독이 오늘의 대중에게는 하나의 일상적인 경험으로 바뀌었다. 고독이라는 일상적 경험 속에서 현실보다는 허구, 우연성보다는 불변성을 갈구하는 대

---

[99] 같은 책, pp.316~317.

중에게 전체주의는 전지전능의 준거를 제시한다. 그럼으로써 대중은 환상과 거짓의 세계로 탈출한다. 대중 문화는 상징적 조작의 수단이며 허구적인 세계의 생산자에 해당한다. 소외감을 거짓 충족시켜 주며 궁극적으로는 전체주의 사회로 이르게 하는 주요 기제로 작동한다.

이러한 논의는 에리히 프롬Erich Fromm, 라이히 등의 정신분석학자가 주도해 왔다. 프랑크푸르트 학파가 지적한 대중 사회의 문제점을 사회심리, 정신 분석과 접목시킨 이러한 논의는 1970년대 독재 정권을 마주한 시점에서 한국 학자의 많은 호응을 얻었다. 특히 정치적, 문화적 무력감을 느끼고 소외감을 느끼는 대중을 염려하는 입장에 선 한국 학자들은 이 논의를 많이 따랐다. 하지만 인간을 소외와 고독으로만 파악할 만큼 한국 사회가 모든 사회적 유대를 잃지는 않았었다. 표피 현상을 설명하는 데 유용해 보이긴 했지만 이러한 주장을 실제 사회 분석이나 문화적 설명에 이용하는 것은 무리가 있었다. 묵시록적이어서 반향이 있기는 했겠지만 과학적 논의로 받아들여지진 않았다.

5. 미국의 대중 문화 찬반론

대중 사회론의 대부분 요점은 미국에서 행해진 1950년대의 대중 매체, 대중 문화에 대한 논의에서 정리된다. 미국 1950년대의 대중 문화론을 우리는 흔히 대중 문화에 대한 찬반론이라고 부른다. 혹자는 다원주의 문화 논쟁이라고도 부른다. 어떻게 부르든 미국의 초기 대중 문화론을 대중 사회론의 말미에 포함시키는 것은 외형상 앞에서 논의되었던 대중 사회론과 닮아 있다는 짐 때문이라 할 수 있다. 그리고 사회학의 창시자들이 지녔던 사회관을 지니고 있다는 점에서도 대중 사회론과 흡사하다. 앞의 논의와 다른 점이 있다면 대중 사회보다는 대중 문화나 대중 매체 등에 보다 더 치중했다는 점을 들 수 있다. 대중 문화나 대중 매체의 영향력 등에 관심을 표명함으로써 문화적 논의에 더욱 충실했다고 볼 수 있다.

2차 세계 대전 이후 주로 이루어졌던 대중 문화에 대한 미국 내 토론은 미국의 지성사에서 중요한 의미를 지닌다. 1960년대 시민 운동이나 학생 운동 등으로 사회 위기를 맞기 전까지 미국은 지적인 합의를 이루고 있는 것처럼 보였는데 미국이 자유주의, 다원주의 그리고 무계급의 사회라는 점이었다. 그러한 사회관을 바탕으로 지성들은 대중 문화론 토론에 임했고 참가한 지식인들은 미국 내 문화를 선도하고 있음을 자처하고 나섰다.100 사회 내 대중 문화는 이러저러하다고 논의함으로써 그들의 문화 선도자적 위치를 더욱 공고히 해낼 수 있었다. 미국의 지성사에서 이 대중 문화 찬반론은 미국이라는 사회가 합의의 사회이며, 안과 밖으로부터의 위협에 공동으로 대처하는 하나된 사회라는 점을 지식인들이 사회에 재인식시키는 의의를 지닌다.

그렇다면 지식인이 강조한 위협이란 무엇인가? 그들은 산업화를 통해서 기존의 미국이 지니고 있던 농촌 문화 혹은 공동체 문화가 변화의 조짐을 보였다는 사실에 주목한다. 알다시피 미국은 전형적인 촌락이 특정 문화를 가지고 살아가는 모습을 그 전형으로 내세웠다. 그러한 향수 어린 문화적 전통을 안고 있던 당시 미국의 신세대 사회학자는 자신의 경험에 기초한 문화 비평을 펼치게 된다. 신세대 사회학자들은 뒤르켕의 공동 생활의 파괴에 대한 논의나 짐멜의 도시 생활의 고독함 등을 전통 사회의 변화와 관련지어 설명하려 하였다.

---

100 A. Ross, *No Respect: Intellectuals and Popular Culture*, London: Routledge, 1989, p.7.

2차 세계 대전 이후로 이루어졌던 대중 문화에 대한 미국 내 토론은 미국의 지성사에서 중요한 의미를 지닌다. 사진은 1950년대 미국의 텔레비전을 시청하는 한 가정의 모습.

이러한 상황에서 논의된 대중 문화는 외부로부터의 위협, 즉 공산주의에 비견될 만큼 큰, 내부로부터의 위협으로 간주되었다. 이 위협을 바라보는 시각은 크게 세 가지 학문적 위치에서 바라본 것으로 나눌 수 있다.[101] 먼저 고급 문화를 포기하고 2류, 3류급의 문화를 대중이 섬기는 현상을 근심 어린 눈으로 바라본 미학적 자유주의론을 들 수 있다. 그리고 급변하는 산업 사회에 사람들이 잘 적응할 수 있도록 대중 문화가 기능한다고 보는 순기능론이 두 번째라 할 수 있다. 마지막으로 대중 문화가 사회적 통치를 위한 수단이라고 보는 도구론적 견해가 있었다. 그러나 1950년대 미국 내의 반공주의, 특히 매카시 선풍으로 인한 세 번째의 급진적인 논의는 점차 자취를 감추고 처음의 두 논의가 주종을 이루게 된다.[102]

우선 미학적 자유주의자 진영의 논의를 살펴보자. 이 입장은 대중 문화를 고급 문화의 활기를 갉아먹는 존재로 파악한다. 고급 문화로부터 자양분을 빨아먹고 고급 문화에 아무것도 제공하지 않는 존재다. 과거 문화 형태인 민속 문화의 경우 고급 문화와 연관을 맺지 않고 독자적으로 생성하고 발전했다. 자발적이고 아래로부터 형성된 문화였다. 농업과 자연 간 관계에서 비롯된 일상적인 문화였다. 그것은 고급 문화를 괴롭히지도 않았고, 긴장 관계를 갖지도 않았다. 그러나 대중 문화는 다르다. 고급 문화를 괴롭히고 있다. 대중이 끊임없이 저급화된 문화를

101 J. Storey, *An Introductory Guide to Culture Theory and Popular Culture*, Athens: University of Georgia Press, 1993, p.34에서 빌려 왔다.

102 미국의 대중 문화에 대한 찬반론은 강현두 엮음, 《대중 문화론》, 나남, 1987에 실려 있다. 자세한 내용을 보려면 이 책을 참고하기 바란다. 혹은 미국 내의 대중 문화 논의들을 모은 다음의 책을 참조하라. B. Rosenberg & D. M. White (eds.), *Mass Culture: The Popular Arts in America*, New York: The Free Press, 1957.

즐기도록 함으로써 고급 문화와 다른 문화 사이에 놓인 벽들을 무너뜨리고 있다. 대중 문화는 대중의 욕구를 충족시켜 주는 듯이 보이지만 실상은 그들의 욕구를 갈취하는 것에 지나지 않는다. 고급 문화의 겉만을 흉내 내 문화의 가면을 쓴 채 대중 문화는 팔리기 위해 만들어졌다는 점을 미학적 자유주의자, 즉 대중 문화 반대론자들은 강조한다. 대표적 반대론자인 맥도널드의 말을 들어 보자.

> 대중 문화가 산업 혁명의 시기까지는 어느 정도 일반 서민의 문화였던 향민 또는 민속 예술의 연장인 것 또한 사실이다. 그러나 이제 와서는 대중 문화와 민속 예술의 관계를 보면 이들은 서로 너무나 뚜렷이 다르다. 민속 예술은 하위 계층에서 생성되어 왔다. 민속 예술은 자발적이고 토착적인 표현이며 고급 문화로부터 영향받지 않고 하위 계층 스스로의 필요에 의해 이루어진 문화이자 예술이다. 그런데 오늘의 대중 문화는 위로부터 강요되는 문화인 것이다. 대중 문화는 기업인이 고용한 기술자에 의해 가공된 것이며, 대중 문화의 수용자는 수동적이기만 한 소비자들이며, 그들이 할 수 있는 것이라고는 오로지 대중 문화라는 상품을 살 것인가, 사지 않을 것인가를 선택하는 정도다.[103]

이들은 대중 사회의 문화적 현상을 문화의 그레샴 법칙으로 설명하려 한다. 화폐의 유통에서처럼 문화의 유통에서도 악화惡貨가 양화良貨를 구축하는 현상이 발생한다고 보았다. 대중 문화는 고급 문화에 비해 쉽게 이해되도록 꾸며져 있고 손쉽게 구할 수 있다는 점 때문에 많은 소

---

103 Dwight McDonald, "A Theory of Culture," in B. Rosenberg & D. M. White (eds.), *Mass Culture: The Popular Arts in America*, New York: The Free Press, 1959, pp.59~73[강현두 엮음, 앞의 책, p.46에서 재인용].

비자를 끌 수 있다. 소비자가 많은 대중 문화는 규모의 경제를 누리게 되어 엄청난 성장 속도를 보이게 된다. 이 같은 문화 시장의 조건에서 고급 문화는 대중 문화의 적수가 될 수 없다. 오히려 상품으로서 가치를 누리지 않아야 더욱 자신의 가치를 빛낼 수밖에 없는 고급 문화로서는 그 경쟁 자체를 피하거나, 아니면 생존을 위해 불가피하게 대중 문화 안으로 흡수되는 길을 택하게 된다. 나쁜 문화가 좋은 문화를 쫓아내는 일이 벌어지는 것이다.

대중 문화에 대한 반대론자는 그러한 대중 문화의 몇 가지 주요 특성을 제시한다. 우선 대중 문화는 동질화된 문화이다. 대중 문화는 이질적인 문화 내용을 모두 혼합해 버리는 힘을 지니고 있다. 그리하여 각 집단이 지닌 사회적 특성이나 독특한 가치를 파괴한다. 심지어는 대중 문화에 대항하기 위해서 만들어진 전위 문화 형태까지도 삼켜 버리는 왕성한 식욕을 보인다. 이질적인 문화 내용을 융합하기 위해서는 대중 문화를 만들어 내는 나름의 공정工程이 필요하다. 그러한 필요성에 의해 등장한 것이 바로 표준화다. 대중 문화를 생산하는 문화 산업은 거대한 공장처럼 분업 체계로 가동한다. 내용을 한결같이 문화 생성의 문법에 따라 표준화해서 생산한다.[104] 그러한 문화를 소비하는 대중은 마치 먹기 좋은 죽을 냅다 받아먹는 유아와 흡사하다. 이로 인해 고급 문화가 들어설 자리는 없어지고 대중 문화 또한 더욱 참담한 장래를 맞이하게 되리라는 것이 반대자들의 예측이다.

찬성론자들은 대중 문화에 반대에 대해 다음과 같은 비판을 가한다. 대부분의 대중 문화 반대론자가 과거를 필요 이상으로 미화시켰다고

---

[104] 이들이 보았던 할리우드의 스타 시스템이나 스튜디오 시스템은 분명 이러한 지적과 맞아떨어지는 문화 현상이기도 했다.

공격한다. 미국인이 마치 해충이라도 만지고 있다는 미국의 대중 문화를 비판하는 사람은 과거 사람이 모두 레오나르도 다 빈치 같은 인물일 것이라고 착각했다고 놀린다. 어느 시대든 대중의 무지와 불안을 악용하는 인간 집단이 있었듯 오늘날 그런 사람이 있다고 해서 그리 놀랄 일은 아니라고 한다. 대중 문화의 등장에 대해서 긍정적 입장을 보이는 대중 문화 찬성자는 대중 문화를 오히려 고급 문화가 활성화될 수 있도록 뒷받침해 주는 기제로 보려 한다. 텔레비전에서 셰익스피어 연극을 공연하고 라디오가 고급 음악을 제공하는 것을 꼭 나쁜 방향으로만 보지 말자는 논리다. 문화적인 민주화를 이룩할 수 있다는 점에서는 긍정적으로 볼 수도 있음을 강조하고 있다.

초기의 대중 문화 비평가가 그들의 견해를 펴는 데 지나치게 귀족적이고 심미적이었다고 주장하는 에드워드 쉴즈Edward Shils는 대중 문화에 대한 비판에 대해서 반성할 것을 주장한다.105 그리고 동시대의 대중 문화 비판론자들이 마르크스주의나 사회주의에 경도되어 있다고 주장한다(여기서는 맥도널드, 밀스, 테어도어 아도르노T. W. Adorno, 로웬탈, 프롬 등을 염두에 둔다). 그들의 사상적 편향에 따라 대중의 혁명 의식이 사라졌다고 대중 문화 비판자들이 걱정하고 있는 것으로 보고 있다. 쉴즈는 이들의 주장이 옳고 그름을 떠나서 철저하게 이론적이고 사변적이기 때문에 설득력이 크지 않다고 주장한다. 대중의 문화에 대해 직접적이고 깊은 성찰

---

105 쉴즈의 경우 대중 문화에 대해 옹호했다기보다는 대중 문화에 대한 비판론 혹은 부정론에 대해서 비판을 가했다는 편이 더 옳을 것이다. 쉴즈는 끊임없이 대중 사회론자 그리고 비판론자의 주장이 상당 부분 옳다는 것을 인정한다. 단지 그들이 과거를 지나치게 낭만적으로 생각했으며 대중 문화에 의한 긍정적인 부분을 지나치게 폄하했음을 지적하고 있다. E. Shils, "Daydreams and Nightmares: Reflections on the Criticism of Mass Culture," *The Sewanee Review*, 65, 4, 1957, pp.587~608.

을 하지 않아 심도있는 토론에까지 이르지 못했다고 보고 있다.

대중 문화의 긍정성을 대변하는 쉴즈는 미국 문화가 대체로 세 부류의 문화적 계층을 이루고 있다고 본다. 정제되고 뛰어난 문화, 중간쯤의 문화, 그리고 투박한 문화가 그것이다. 그런데 대중 사회가 본격화되면서 그러한 문화적 지도가 모습을 바꾸었다고 한다. 정제되고 뛰어난 문화의 중요성이 점차 감소되는 반면, 두 번째와 세 번째의 문화의 중요성이 증대하고 있다는 것이다. 쉴즈는 그러한 문화적 현상을 염려스럽거나 부정적인 것이라고 생각하지 않는다. 오히려 자신들에게 주어진 것만을 수용하던 소극적인 수용자가 다른 미적인 것에도 눈을 뜨도록 만드는 역할을 하기도 한다고 본다. 그리고 문화가 독점되지 않고 투박한 형태로 대중에게 호소력을 가지려고 노력하다 보니 자연히 문화적 분화가 일어나는 효과도 생긴다고 주장한다. 그러한 문화적 분화 현상은 사회의 활력을 위해서 필요한 부분일지언정 결코 부정적인 요소는 아니다.

대중 문화를 옹호하는 입장에서는 대중 문화가 문화의 민주화를 가져왔으며, 대중에게 문화에 관한 한 선택의 폭을 넓혀 주었다고 주장한다. 그리고 대중 문화가 산업 사회를 살아가는 대중이 사회에 적응할 수 있게 순기능을 한다는 점을 강조한다. 여기서 문화의 민주화라 함은 대중이 문화의 절대적 빈곤에서 해방될 수 있음을 의미한다. 정치적 민주화에 이어 문화적 민주화도 대중 매체의 등장, 그리고 대중 문화의 발달로 가능했다는 주장이다. 선택의 폭을 넓혔다는 것은 개인이 문화적 취향에 맞출 수 있는 대중 문화의 융통성이 생겼음을 의미한다. 누구든 그 자신의 경험과 미학적 수준에 따라 문화적 취향을 가질 수 있고, 그러한 취향에 따라 문화를 향유할 권리를 지니고 있다. 취향적 문화를 향유하는 전제가 되는 부분이 바로 대중 문화이다. 산업화된 사회에서 항상 긴장하고 좌절하는 대중에게 대중 문화가 해소할 기회를 제공하고 있다고 보는 것이 옹호론자의 주장이다.

당시 미국의 사회학에서 논의되던 1차 집단의 재발견에 힘입어 대중 문화의 옹호론자는 비판론자의 주장을 반박하기도 한다. 대중 사회 속 대중은 고립되어 있는 원자화된 인간이 아니라 자신을 둘러싼 다양한 집단과 사회적 관계를 맺고 있다는 주장을 폈다. 대중 문화가 전하려는 내용은 집단과의 관계를 통해 개인에게 전해지는 것이기 때문에 그 내용이 반드시 직접적인 효과로 이어지진 않을 것으로 보았다.

이상과 같은 대중 문화의 찬반론은 체계적인 이론 논의는 아니었다. 학자들 자신의 이데올로기적 위치에서 미국 사회와 대중 문화를 어떻게 볼 것이며, 앞으로 어떤 방향으로 이끌고 갈 것인가에 대한 전망 간 대결이었다고 할 수 있다. 한국 사회와 문화를 진단하는 데 이 대중 문화의 찬반론을 많이 언급한 것도 전망을 다루고 있었기 때문으로 추정할 수 있다. 현재의 한국 대중 문화를 어떻게 볼 것인가 하는 논의에서 이 찬반론은 빠질 수 없는 논의 근거였으며 풍부한 개념을 제공해 주고 있었다. 하지만 사회가 구체적으로 어떻게 구성되어 있는지에 대한 과학적인 고찰이 빠져 있어 잘 정리된 이론 체계로 보기에는 어려운 점이 많다. 사회 내 문화를 설명하기보다는 기술하고 있으며, 지나치게 규범적 논의를 펴고 있다는 점도 약점으로 손꼽을 수 있다.

6. 한국에서의 대중 사회론 대중 문화 논의

이상의 대중 사회론이 한국에서의 대중 문화 논의에 미친 영향은 상당히 컸다. 한국 사회를 대중 사회로 보려는 노력이 많았음을 감안해 본다면 대중 사회론이 초기 한국의 대중 문화론에 끼친 영향력을 평가 절하할 수 없다. 그리고 아직까지도 중요한 문화관으로 자리잡고 있다는 증거는 얼마든지 있다.

아널드나 도덕적 무질서에 대한 논의는 대중 문화가 논의될 때마다 거론되는 메뉴였다. 문화의 순화를 위한 문화적 대안으로 교양 있는 문화나 민족 문화를 내놓으며 대중 사회론 일부를 반복하는 예도 얼마든지 있었다. 미국에서 논의된 고급 문화와 대중 문화와의 관계를 전통 문화에 대한 위협, 전통 문화가 지니고 있는 전통 정신의 파괴라는 대립으로 옮겨 놓기도 했다.

하지만 대중 사회론은 개념의 모호함, 사회 구성체에 대한 비과학성의 약점을 지니고 있다. 미국에서 고급 문화가 어떤 것이라는 정의를 지니고 있지 못한 만큼 한국에서도 전통 문화 혹은 민족 문화가 무엇을 의미하는지 정의하지 않은 채 논의를 진행시켰기 때문에 엄밀한 논의로 이어지지 못했다. 일례로 미국에서 수입된 형태의 문화라고 해서 대중 문화를 GI 문화라고 표기하는 학자도 있었다. 그러나 어디까지가 GI 문화이고 어디까지가 아닌지 등에 대한 체계적인 논의는 없었다. 미국 군인이 즐기는 문화가 나쁘다든지, 미국의 문화인이 즐기는 고급 문화가 좋은지 등에 대한 논의도 없었다. 다만 미국을 통해서 들어오는 대중 문화가 한국의 미풍을 지닌 전통 문화를 어지럽히고 마침내는 사회에 악영향을 미칠 것이라는 논의 정도가 있었을 뿐이다.

무엇보다도 한국 사회 구성체에 대한 천착이 없었다는 점이 대중 사회론의 치명적 약점이었다고 할 수 있다. 한국 사회가 과연 엘리트/대중의 구성체인지 아니면 계급 중심의 구성체인지에 대한 토론 없이 대중 사회로 묘사했다는 점에서 문화에 대한 논의를 기름지게 하지 못했다. 문화란 다른 사회적 제도와의 관계에서 철저히 논의되어야 하는 부분이다.

그것이 경제 제도의 반영이든, 독립적인 것이든 과학적으로 규정되어야 함에도 그를 간과하였다. 개념과 주장을 빌려 문화 외양을 기술하는 데는 성공했지만 한국의 대중 문화 현상에 대한 적절한 분석으로 이어 가는 데는 이르지 못했다.

한국 사회가 대중 사회에 돌입했다는 것은 무엇을 의미하며, 그것이 문화에 미치는 영향은 무엇인지, 더 나아가 대중 문화가 출현했다는 사실이 한국 사회의 미래에 어떤 역할을 할 것인지 등의 단순한 물음에도 적절한 대답을 내놓지 못했다. 미국의 기능주의적인 인식론의 틀 안에서 대중 문화의 기능 —— 순기능과 역기능 —— 에 대한 간단한 기술로 그치고 마는 실수를 범하였다. 이러한 것을 바로잡기까지는 상당한 시간이 걸렸다. 1980년대 종속 이론과 마르크스주의의 강력한 대두로 해서 한국의 문화를 심각하게 살펴보기까지 한국의 대중 문화 논의는 대중 사회론의 틀 안에서 약 20여 년을 보냈다.

04
마르크스주의
문화론

1996년 이 책의 전신인 《대중 문화의 패러다임》을 펴낼 때만 해도 마르크스 문화론이 문화 논의 전체에서 갖는 비중은 컸다. 사회 구성이 계급 위주로 이뤄지고, 계급 갈등이 문화를 형성하는 주요 사회 요인임을 인정하고 있었다. 자본주의 내 상업적 대중 매체가 쏟아 내는 문화적 내용은 계급 의식을 죽이며, 사회의 보수화에 기여한다는 논의도 문화 논의에서 큰 몫을 차지하였다. 무엇보다도 자본을 중심으로 재편되는 대중 매체에 대한 비판을 마르크스주의 문화론을 기반으로 많이 펼치고 있었다. 한국 사회가 어느 정도 형식적, 과정적 민주주의를 이루고 난 다음 벌어진 자본의 권력 등극에 대한 견제와 비판의 작업이었다.

그로부터 10여 년이 지난 지금 마르크스주의 문화론의 열기는 실망스러울 정도로 식어 있다. 그를 기반으로 한 문화 논의를 인용하기 위해 관련 연구 작업을 찾아내는 일도 여간 어렵지 않다. 자본주의의 진전이 더 이뤄진 지금, 자본주의 문화의 본격적인 분석인 마르크스주의 문화론에 대한 열정이 식은 것을 여설 퍼시리고 말히는 껏 외엔 달리 설명할 방법이 없다. 더 열심히 분석하는 일에 매달려야 하겠지만 오히려 그 열기가 식었으니 역설적이랄 수밖에. 한국 땅 바깥에서도 마르크스주의 문화론에 대한 열정이 식은 것은 마찬가지다. 다만 변형된 형태로 마르크스주의 문화론을 펴고 있으며, 과거에 비해 힘이 많이 떨어진 새로운 이론과 방법론으로 무장해 문화에 메스를 대고 있다. 그러나 비교적 유행에 민감한 채 문화론을 전개하는 한국에선 그런 움직임도 감지하긴 어렵다. 아직 마르크스주의 문화론은 유용하고, 앞으로 더 정교한 문화론을 펼치기 위해서라도 학습하고 넘어가야 할 주요한 자원이지만 현실적 지위는 그렇지 못하다. 썰물 빠지듯 빠져나간 논의의 빈자리가 그래서 더욱 아쉽다.

이 책에 등장하는 대부분의 문화론은 마르크스주의 문화론에 일정 부분 빚을 지고 있다. 다양한 방식으로 영향을 받거나 연관을 맺고 있다. 현재의 부르주아 문화 패권을 경계하고, 그를 끊임없이 비판하고, 나름의 대안을 마련하려는 것이 대부분 문화론의 목적이다. 부르주아 문화 패권이 가져 올 위험성을 설명하는 마르크스주의 문화론이 그 같은 문화론에 통찰력을 제공함은 물론 안내를 제공하는 일은 당연해 보인다. 그렇다고 그 모두를 마르크스주의 문화론의 우산 아래로 포괄할 수는 없다. 기본 정신은 여전히 마르크스주의 근방에서 맴돌고 있으나[106] 전혀 다른 전제와 용어를 활용해 자신의 영역을 쌓은 경우가 많기 때문이다. 그런 탓에 이 책에서도 일부 마르크스주의 문화론 — 톰슨 등의 문화주의 마르크스주의, 구조주의 마르크스주의, 페미니즘, 그람시 등의 문화 연구 마르크스주의 — 는 아예 따로 떼 내 다른 장에서 다루고 있다.

---

[106] 마르크스주의 문화론의 소개는 그리 많지 않다. 간혹 출판되는 마르크스주의 관련 서적에서도 문화의 위상이나 역할을 적기 위한 지면을 아끼는 편이다.

마르크스 문화론으로부터 도움을 받았다고 고해하는 문화론조차도 마르크스 문화론에는 반대하는 경우가 허다하다. 도움에 감사하는 마음의 몇 배만큼이나 비판하는 마음으로 가득 차 있다. 구조주의 마르크스주의자는 언어, 의미화 과정, 이데올로기, 문화를 설명하기엔 마르크스주의에 허점이 많다며 그 임무를 자임하고 나선다. 문화주의자는 마르크스주의가 역사 과정에서 인간을 생략하고 있다며 그를 집중적으로 조명하고 나섰다. 페미니스트는 남성과 관련된 모순만을 사회 전체의 모순인 양 부각시켰다며 성 억압을 중심으로 새롭게 역사를 적고 있다. 포스트모더니스트는 마르크스주의가 교조적으로 역사의 진전을 설정했다며 불만을 표시하고 있다. 이렇듯 마르크스주의로부터 혜택을 받은 많은 문화론이 마르크스주의를 비판하고, 수정하며 자신의 논지를 펴고 있다. 그들이 마르크스주의에 던진 공통된 주요 비판점 몇 가지를 들어 보자.107 첫째, 문화에 대해 마르크스 주의가 지나치게 기계적인 도식을 견지했다는 점이다. 이후 설명하겠지만 토대 / 상부 구조라는 도식에 갇혀 있어 상부 구조에 해당하는 문화가 토대의 반영물로 나타난다는 단순화를 범한 것은 두고두고 비판의 대상이 된다. 둘째, 그 기계적 도식을 따르다 보니 자연히 마르크스주의에서 알파요 오메가로 여기는 경제적 구조에만 초점을 맞춘 점을 비판하고 있다. 문화 영역은 언제나 경제 영역의 반영이고, 부수적인 것이라고 파악했다. 문화의 수동성만을 강조했다는 지적인 셈이다. 셋째, 문화를 단순히 계급의 도구로 간주했다는 점을 비판하고 있다. 지배 계급은 지배 수단으로, 피지배 계급은 저항, 혁명의 수단으로 문화를 이용해야 하는 것처럼 파악했다고 밝힌다.

---

107 J. Lewis, *Cultural Studies: The Basics*, London: Sage, 2002, pp.82~84.

마르크스주의 문화론을 논의하는 방식에는 여러 길이 있겠지만 위의 비판점을 추적하는 것도 한 방법일 수 있다. 왜 그 같은 비판점을 도출했는지를 살펴봄으로써 마르크스주의 문화론의 윤곽을 그려볼 수 있다. 마르크스주의 문화론은 문화를 어떻게 보고 있는가? 토대가 문화를 결정하는 방식은 어떻게 이뤄지는가? 문화의 사회적 위치를 어떻게 파악했는가? 계급과 문화는 어떤 관계를 맺고 있는가? 이와 같은 질문에 답하는 방식으로 마르크스주의 문화론을 정리할 수 있다.

마르크스주의 안에도 다양한 형태의 마르크스주의가 있기 때문에 모두를 마르크스주의 문화론으로 통칭하는 일은 위험할 수도 있다. 그런 점에서 어떤 마르크스주의를 염두에 두고 있는가를 구체적으로 밝히는 일은 중요하다. 이번 장에서는 '정통 마르크스주의'108 문화론과 마르크스주의를 수정하려 하는 '서구 마르크스주의 문화론'109을 중심으로 논의를 전개하려고 한다. 서구 마르크스주의는 정통 마르크스주의 논의들을 일정 부분 수정하여 문화를 새롭게 정의하고 그 사회적 지위를 격상시킨다. 이 장에서는 G. 루카치G. Lukács의 문화에 대한 논의를 언급한 다음 대중 문화를 좀 더 심각한 수준에서 정리한 프랑크푸르트 학파에 대해 설명한다. 물론 프랑크푸르트 학파를 마르크스주의 문화론에 포함시키는 일에 반대가 있을 수 있다. 프랑크푸르트 학파의 논의를 본격적인 자본주의 비판이 아니라, 산업 사회 전반에 대한 비판 혹은

---

108 여기서 정통 마르크스주의는 경제 중심의 속류 마르크스주의Economistic Marxism를 염두에 두고 이름 붙였음을 밝힌다.

109 이 논의에서는 속류 마르크스주의의 문화에 대한 논의를 비판하고 한층 더 발전시킨 루카치와 골드만을 염두에 두었다. 문화적 영역의 중요성을 인식하고 이에 대한 이론을 발전시킨 초기의 마르크스주의 이론가들로 이 두 학자를 들 수 있다. 이후 이들의 사상은 프랑크푸르트 학파에 의해 계승된다.

근대 문명에 대한 비판으로 보려는 시각도 있다. 그러나 대체로 이들의 논의가 자본주의하에서의 이성의 잘못된 진전, 전체주의로의 진입, 자본주의의 지속 가능성 등에 주목한 것으로 파악해 서구 마르크스주의에 포함하고 논의하고자 한다(이에 대한 자세한 설명은 다시 한 번 하도록 하겠다). 마르크스주의와 문화를 매개로 연관성을 갖는 문화주의 마르크스주의는 5장에서, 구조주의 마르크스주의는 6장에서, 헤게모니론은 9장에서 다룬다.

1. 마르크스주의 문화론: 결정론과 상대적 자율론

대중이 중심되는 현실에 우려를 표시했던 대중 사회론은 대중 문화가 점차 패권을 잡아가고 있음에 두려움을 표시하고 있었다. 대중 문화가 전통적으로 우위를 점해 왔던 부르주아 문화에 도전하고 나섰기 때문이다. 대중 사회론은 대체로 대중 문화로부터 부르주아 문화의 패권을 지켜 내야 한다는 결론을 도출하고 있었다. 그들이 경계했던 대중 문화의 승리라는 끔찍한 현상은 알고 보면 결코 대중의 승리가 아님을 강조한다. 대중 문화는 위로부터 누군가가 전해 주는 문화이므로 누군가의 의도가 숨겨져 있다고 대중 사회론은 경계하고 있었다. 특히 리비스 학파의 경우 대중 문화는 문화 산업을 운용하는 쪽의 승리라고 보았다. 전체주의를 경계하는 쪽에서는 정치적 전체주의를 통해 이득을 챙기고자 하는 쪽의 승리일 뿐이라고 설파했다. 미국의 대중 문화 찬반론도 마찬가지 방식으로 대중 문화를 평가했다. 대중의 승리가 아닌 대중 조작의 승리로 파악하였다. 이러한 지적은 마르크스주의가 문화에 대해 행한 지적과 맥이 통하는 부분이 있다. 마르크스주의는 시종일관 자본주의 사회의 문화는 유산 계급과 그를 지지하는 정치 세력의 이익에 충실한 쪽으로 작동한다고 지적했기 때문이다.

대중 사회론의 문화 논의는 덜 체계적일 뿐만 아니라 과학적이지 않다는 지적을 피하기 어렵다. 대중 사회론은 계급, 문화, 경제 구조 그리고 그 변인 간의 관계를 체계적으로 설명하지 않았다. 대중 사회가 어떻게 시작되었는지, 그 사회를 지배하는 대중 문화는 누구에 의해 어떤 목적으로 전해지는지에 대한 논의를 빠트리고 있었다. 마르크스주의 용어로 지적하자면 과학적이지 않았다. 과학적이고 체계적인 분석이 없었기 때문에 대중 사회론이 내놓는 대안도 대안이라 말하기 힘들 정도로 허술함을 지니고 있었다. 대중 사회론자는 문제가 되고 있는 현재 대중 문화의 대안으로 전前 자본주의 사회에서의 문화와 전통을 내놓는다. 하지만 부르주아 사회 이전의 문화와 전통이 어떻게 복구될 수 있는지, 그것의 역할이 무엇인지를 자세히 설명하지 않는다. 대중 사회론은 논의의 정확성과 구체성을 갖추고 있지 못했다.

대중 사회론이 대중의 등장, 대중 사회 형성에 초점을 맞춘 것은 시대의 전환을 읽었기 때문이다. 비록 덜 체계적이고, 과학적이지 못했지만 대중 사회론은 그 전환의 의미를 밝히고자 했으며 그 안에서 문화가 행하는 역할도 찾아냈다. 대중 문화의 패러다임을 정리하면서 대중 사회론을 맨 앞 줄에 놓은 것도 그가 처음으로 그 전환을 읽었기 때문이다. 마르크스주의도 대중 사회론이 시대 전환을 읽을 즈음해서 자본주의로의 전환, 그리고 진전을 읽고자 했다. 그리고 그 과정에서 문화가 맡은 역할도 정리하고자 했다. 물론 대중 사회론보다는 체계적이었고 설득적이었다.

마르크스주의 문화론은 문화를 마르크스주의 역사관, 사회관 안에서 정리하고 있다. 문화를 계급 구조, 경제 제도, 정치적 조직과의 관계로 설명하려 한다. 마르크스주의의 사회적 제도에 대한 기본 전제는 그것이 혁명적이어야 하고, 궁극적으로는 세계를 변화시키는 데 기여해야 한다는 것이다. 마르크스주의로부터 파생된 학문적 논의, 철학적인 논의도 세계를 변화시키는 데 기여함으로써 그 존재 가치를 지닌다.110 이러한 면에서 마르크스주의 문화론은 변혁을 강조하는 정치적 입론일 수밖에 없다. 대중 사회론과는 달리 독립적이고 도덕적인 형식의 문화를 마르크스주의에서는 인정하지 않는다. 문화가 자본주의 사회에서 어떤 정치적 역할을 하고 있는지, 자본주의 경제 구조와 어떤 관계를 맺고 있는지, 사회 변혁의 가능성을 위해 어떤 노력이 필요한 지를 분석하는 것이 마르크스주의 문화론의 요체다.

마르크스의 자본주의에 대한 사고 자체를 일관성 있는 것으로 보긴 어렵다. 그에 대한 해석은 해석자에 따라 들쑥날쑥하다. 마르크스는 없고 마르크스주의만 있다는 말도 그런 맥락에서 나왔다. 현재의 마르크스주의 해석에 따르면 마르크스는 마르크스주의자가 아니다라는 불평도 나올 정도다. 그 같은 논의의 불균질성을 감안해 불가피하게 몇몇 주요 저서를 통해 마르크스주의의 핵심 사상을 전하고 그를 문화와 연결 짓는 작업을 해야 할 것 같다. 우선 마르크스주의자의 역사, 사회에 대한 생각에 영향을 미친 《정치경제학 비판A Contribution to the Critique of Political Economy》을 중심으로 논의하고자 한다. 그를 통해 토대와 상부 구조의 관계, 그리고 그것의 사회적, 역사적 발달을 설명해 보자.

마르크스는 역사의 각 단계를 특정한 생산 양식mode of production으로 규정할 수 있다고 보았다. 사회가 생존에 필요한 것들을 생산해 내는

---

110 F. Engels, *Ludwig Feuerbach and the End of Classical German Philosophy*, Peking: Foreign Languages Press, 1976, p.65.

방식, 즉 생산 양식으로 역사의 단계를 정의할 수 있다고 생각한 것이다 (노예 사회, 봉건 사회, 자본주의 사회 등). 또한 각 생산 양식에서는 생활에 필요한 물건을 각기 다른 방식으로 만들어 낸다. 또한 각 생산 양식에서는 노동자와 비노동자 간의 관계도 다르게 규정된다. 이를 생산 관계라 부르는데 봉건 영주─소작인, 자본가─노동자 등의 생산 관계가 각 생산 양식에서 두드러진다고 보았다. 이렇듯 마르크스의 분석에서는 생산 양식이 항상 중심에 서고 그것이 다른 것을 결정하는 힘(결정력)을 갖는다. 즉 생산 양식이 궁극적으로 그 사회의 정치적, 사회적, 문화적 형태를 결정하고 앞으로의 발전도 정하는 힘을 갖는다. 생산 양식 변화는 정치, 윤리, 문화 변화로 이어진다. 새로운 생산 양식인 자본주의로 돌입하면서 종교를 중심으로 하던 전통 문화는 사라지고, 무미건조하고 물질주의적인 규범이 대중의 생활을 지배한다. 시간을 정확하게 지키고 금전 관계를 명확히 하며, 시장에서의 교환을 노동의 목표로 삼는 등 전에 없던 규범 속으로 대중은 빠져들게 된다. 종교마저도 청교도적인 규범을 강조해 자본 축적에 필요한 근검, 절약, 자기 수련을 내세우고, 자본주의 지속의 수단이 될 정도다. 자본주의 사회의 유지를 위해 대중의 생활 전 영역을 동원하는 일이 발생한다.

> 부르주아는 끊임없는 생산 수단의 혁명적 개혁 없이 존재할 수 없다. 그것에 의해 생산 관계가 개혁되고, 사회의 전반적 관계에 혁명이 초래된다……. 고정되고 얼어붙은 모든 관계는 일소되고…… 신성한 모든 것도 세속화해 버린다.[111]

111 K. Marx & F. Engels, *Selected Works*, vol. 1, Moscow: Foreign Languages Publishing House, 1958, p.37 [알란 스윈지우드, 《대중 문화론의 원점》, 이강수 옮김, 전예원, 1984, p.67에서 재인용].

〈모던 타임스*Modern Times*〉(1936)에서 찰리 채플린이 그리는 근대는 냉혹하다. 노동자들은 축사로 끌려 가는 양떼처럼 공장으로 몰려 들어가고, 자본가는 커다란 스크린을 통해 노동자를 감시한다. 주인공 방랑자 는 근대의 노동자이다. 대중 사회에서 소멸되어가는 인간성과 물질 문명이 가져온 비인간성을 담은 이 영화 는 공산주의적 경향을 지녔다는 이유로 당시 커다란 논란을 일으키기도 했다.

생산 양식과 관련된 문화에 대한 이러한 논의는 토대와 상부 구조의 논의로 조직화된다. 토대_Base_는 생산력과 생산 관계의 조합으로 이뤄져 있다. 생산력은 원료, 기계, 기술, 노동자와 그들의 손재주 등등을 일컫는다. 생산 관계는 생산과 관련된 계급 관계를 가리킨다. 각 생산 양식은 그에 해당하는 생산 관계를 만들어 낸다. 노예 생산 양식에서는 노예 / 주인의 관계, 봉건 제도상에서는 영주 / 소작인 관계, 자본주의 생산 양식에서는 부르주아 / 프롤레타리아의 관계가 발생한다. 그러한 경제적인 토대, 즉 생산력과 생산 관계에 의해 상부 구조_Superstructure_가 형성되고 유지된다. 상부 구조란 정치적, 법적, 문화적, 교육적 기구와 그러한 기구를 통해 생산되는 여러 사회적 의식의 형태로 이루어져 있다.[112] '토대 / 상부 구조'는 마치 2층집과 같은 구조를 지닌다. 이 건축물에서 가장 강조되고 있는 점은 1층(토대) 없이는 2층(상부 구조)도 없다는 것이다.

대중 사회의 등장도 이 같은 도식으로 설명할 수 있다. 대량 생산이 가능해질 정도로 생산력이 증대하자, 자본가—노동자 간 생산 관계도 성립하게 되었다. 생산 수단을 소유한 부르주아 계급은 생산 관계를 지속적으로 유지할 필요가 생겼고, 대중(여기서는 노동 계급)이 자본주의를 당연한 것으로 여기도록 하는 문화를 제공한다. 자신들의 지배가 영속화되길 꾀하는 것이다. 그런 탓에 자본주의에 맞지 않는 자본주의 전 단계에서의 문화는 서거를 맞는다. 아니면 자본주의 생산 양식에 맞도록 문화 변환을 꾀한다. 그러므로 자본주의 사회에서 전 단계의 문화가 다시 살아나는 일은 어려울 수밖에 없다. 민속 문화, 전통 문화 등은 자본주의와 궁합을 맞추지 않는 한 존재하기조차 어렵게 된다. 대중이 시장

---

[112] 그러한 사회적 의식을 마르크스주의 내에서는 이데올로기라고 부른다.

에서 끊임없이 상품을 사고파는 자본주의 대중 사회에서는 대중 문화가 주류 문화가 되고, 이어 대중 문화는 자본주의 사회를 더욱 굳건하게 하는 시멘트 역할을 한다.

토대와 상부 구조 간 관계 설명에 대해 모든 마르크스주의자가 동의하는 것은 아니다. 그에 대한 견해 차이가 정통 마르크스주의와 수정 마르크스주의로 갈라놓기도 한다. 하지만 대체로 마르크스주의 큰 테두리 안에서의 담론은 다음과 같은 토대와 상부 구조 간 관계 설명에 동의하고 있다. 첫째, 상부 구조는 토대의 표현이며 토대를 정당화시킨다. 둘째, 토대는 상부 구조의 형식과 내용을 결정짓거나 조건 짓는다. 물론 이 같은 이중 관계에 대해서도 서로 다른 여러 해석이 있다.

토대와 상부 구조 간 관계를 명료한 원인과 결과로 파악하려는 경제 결정주의*economic determinism*적인 해석이 있다. 상부 구조에서 발생하는 모든 것을 토대의 반영으로 돌리는 해석이다. 이 같은 해석은 문화를 수동적 반영으로 보려 한다. 문화 반영 이론*reflection theory*이라고도 한다. 반영 이론은 문화적 텍스트의 내용이나 형식의 근원을 모두 생산 조건으로 돌린다. 반면 경제 결정주의에서 벗어나 '결정'이라는 의미를 확대 해석하는 노력도 있다. 토대는 상부 구조에서 발생할 수 있는 가능성의 테두리를 그어 주며 준거틀을 만들어 주는 데 그친다는 주장이다. 토대가 상부 구조를 완벽하게 결정한다는 주장에 대한 반발인 셈이다. 문화 텍스트를 지배 계급의 이익을 대변하는 이데올로기로 보고, 그것을 분석하기 위해서 경제 구조에만 초점을 맞추는 것은 환원적인 분석법이라고 주장한다. 문화라는 영역은 토대를 수동적으로 반영만 하는 것이 아니라 상대적 자율성*relative autonomy*도 지닌다고 해석한다.113 상내적 독립성은 문화 영역, 상부 구조 영역에 능동성을 부여하려는 시도다. 문화 또한 경제적 영역(토대)만큼이나 역사적 전통을 지니고 있어 과거의 문화로부터 끊임없이 영향을 받게 되고, 문화 창조자의 역할도 무시할 수 없다고 주장한다. 또한 문화 영역은 때로 사회 변동에 능동적으로 이바지할 수도 있음을 주장한다. 결국 토대와 상부 구조 관계에 대한 해석은 크게 두 가지로 나뉘는 셈이다. 반영 이론 혹은 경제 결정론이 그 첫 번째다. 두 번째는 상대적 타율성 이론 혹은 문화 능동론이라고 할 수 있다. 먼저 경제 결정주의로부터 논의해 보자.

　한 사회가 지닌 사상, 가치, 신념의 총체를 이데올로기ideology라고 부른다. 이데올로기에 대한 해석도 토대와 상부 구조 간 관계를 이해하는 방식에 따라 다양하게 이뤄지고 있다. 전통적으로 마르크스주의 틀 안에서의 이데올로기 이해는 제한적이다.114 마르크스와 엥겔스는《독일이데올로기The German Ideology》에서 지배 계급의 사상이 각 역사적 단계에서 지배적 사상이었다고 주장한다.115 즉 경제적으로, 물리적으로 지배적인 계급이 정신적으로도 지배적이었다는 주장이다. 지배 계급, 즉 물적 생산 수단을 소유하고 통제하는 계급이 지적 생산 수단도 소유하고 통제한다고 보고 있다. 지배 계급은 자신의 이익을 사회 전체의 이익인 것처럼 꾸민다. 그리고 자신들의 사상을 보편타당한 것처럼 보이도록

---

113 자본주의 사회에 진입해서도 여전히 촌락 공동체적 문화가 존재하고 있으며, 자본주의와 완전히 거리가 있는 문화적 행위들이 이어지고 있음은 상부 구조를 토대의 반영으로만 볼 수 없는 증거가 된다. 사람들 사이에서 존재하는 '인정,' '인정 어린 도움,' '선물의 주고받음' 등이 그 같은 예외적인 삶의 방식일 수 있다.

114 이에 대한 해석들의 소개는 각 장마다 이루어지겠지만, 특히 구조주의 문화론 부분에서 많이 다루려고 한다. 그리고 문화주의 문화론이나 문화 연구 부분에서도 자세히 소개하도록 하겠다. 다만 여기서는 속류 마르크스주의라 불리는 파의 이데올로기에 대한 해석을 소개하려 한다.

115 K. Marx & F. Engels, The German Ideology, edited and introduced by J. Arthur, London: Lawrence & Wishart, 1974, p.64.

노력한다.116 자신의 사고를 합리적이고 건전하며 모두의 이익을 위한 것인 양 보이도록 한다. 그로 인해 인간(여기서는 노동 계급)은 진실을 보지 못하는 '허위 의식'의 감옥에 갇혀 버린다. 이데올로기는 노동 계급이 억압당하고 있으며, 지배 계급이 지배하고 있다는 역사적 진실을 보지 못하도록 하는 허위 의식false consciousness인 셈이다.

사상, 가치, 신념은 대중의 삶의 방식에서 큰 역할을 차지한다. 그런 이유로 이데올로기 분석은 마르크스주의 문화론에서 큰 비중을 차지한다. 마르크스 원전에 충실하려는 문화론은 이데올로기를 계급 지배의 합리성을 뒷받침해 주는 주요 무기로 이해한다.117 이데올로기가 현실을 직시하지 못하게 하는 기호들로 구성되어 있다고 파악한다. 노동 계급은 언제나 이데올로기로 여과된 현실을 대하게 된다. 지배 계급은 사회에서 기호를 생산하는 핵심적 제도를 확보하고 있다. 그 제도를 통해 대중이 사는 현실을 (허위적으로) 기호체로 만들어 지배적인 정의를 내린다. 대중 매체와 같은 문화 산업을 통해 대중은 그 지배적인 정의를 늘 대하게 된다.118 피지배 계급은 끊임없이 자본주의의 미덕과 소비를 교육받는다. 뿐만 아니라 교육받은 현실을 진짜 현실로 받아들인다. 피지배 계급은 허위 의식을 통해 기꺼이 자본주의 재생산 과정에 동참하고 기여한다. 허위 의식을 담고 있는 문화 생산물은 상품이기도 하므로 피지배 계급의 지출은 자본가의 손아귀에 수익으로 들어가기도 한다.119 자신들을 속이는 문화 상품을 소비해 이데올로기의 포로가 되

116 같은 책, pp.65~66.

117 A. Mattelart, "Communication Ideology and Class Practice," in A. Mattelart & S. Siegelaub (eds.), *Communication and Class Struggle*, New York: International General, 1979, pp.115~123.

118 T. Gitlin, *The Whole World Is Watching*, Berkeley: University of California Press, 1980, p.10.

는 것은 물론이고, 지배 계급의 경제적 이익까지 챙겨 주는 일이 벌어지는 셈이다.

현대 자본주의 사회에서 산업 자본에 의해 운영되는 문화 산업은 필연적으로 그 운영 주체에 유리한 이데올로기를 생산할 수밖에 없다. 그 이데올로기는 부와 권력을 정당화하는 역할을 한다. 이러한 지적은 전통적 마르크스주의에 충실한 정치경제학적 문화론의 골자다. 이데올로기는 지배 계급의 지배를 영속시키기 위한 중요한 수단이나 다름없다.

> 사회가 점차 복잡해지고 사회의 각 분야가 서로 얽혀 있어 개인은 그들이 처해 있는 현실을 분석하고 이해하기가 힘들어졌다. 아울러 사회의 제 사건을 직접적으로 접하기 힘들어지고 사건을 중재하는 여러 기구에 더욱더 의존하게 되었다. 이것이 바로 사람들의 의식이나 그것의 기본이 되는 정보를 왜곡할 가능성을 낳게 된 것이다.[120]

이 가능성 속에서 여러 문화 기구는 대부분 거대 자본에 종속되어 있다. 자본에 종속된 문화 기구가 낳는 문화나 정보는 여지없이 지배 계급을 대변한다. 나아가 문화적 영역은 잉여를 챙길 수 있는 새로운 경제 수단이 되기도 한다. 자본은 피지배 계급이 알아야 할 진실을 숨기는 것에서 나아가 그를 통해 경제적 이득까지 취하고 있다. 점차 자본주의 사회에서 문화 영역은 이데올로기적 기능을 넘어 경제적 이익을 챙기는 수단으로 그 모습을 바꾸어 가고 있기도 하다. 문화적 기능

---

119 S. Ewen, *Captions of Consciousness*, New York: McGraw-Hill, 1976, pp.69~76.

120 N. Garnham, "Toward a Theory of Cultural Materialism," *Journal of Communication*, 33, 3, 1983, pp.315~329.

을 넘어서 경제적 기능에도 초점이 맞추어져 있다는 주장이다.[121] 마르크스주의 문화론을 현대 사회의 문화 산업과 연관시켜, 이데올로기적 기능과 경제적 기능을 동시에 논의하는 작업을 '문화의 정치경제학적 분석'이라고 통칭한다.[122] 이 분석에서는 문화가 상품으로서 생산, 분배, 교환, 소비되는 것에 초점을 맞춘다. 문화 상품이 생산, 유통 과정을 거쳐 소비로 이어지고, 그 이후 지배 이데올로기와 문화 산업의 재생산에 어떤 기여를 하는지 논의한다.

이 같은 전통적 마르크스주의에 경도된 문화 논의도 있지만 그와 차이를 두며 논의하는 방식도 있다. 이를 수정된 마르크스주의 문화론이라고 부르기도 한다. 이들은 이데올로기나 상부 구조가 토대의 단순 반영이라는 주장을 거부한다. 앞서 언급한 바와 같이 문화적 영역의 상대적 자율성을 인정한다. 즉 이데올로기를 지배 계급을 위한 일방적인 기제로 보는 대신 이데올로기를 하나의 장field으로 파악하고 그 장 내부에서 끊임없이 투쟁이 벌어진다고 주장한다. 지배 계급의 노력이 완벽한 승리를 구가하지 못하는 경우가 많은데, 그럴 경우 이데올로기를 둘러싼 경쟁 혹은 투쟁은 불가피하다. 사회적 변화가 극심한 시기에 그러한 투쟁은 만성적으로 될 가능성도 있다. 자본주의 사회로 진입한 지 오래되었지만 '돈이면 무엇이든 다 된다,' '개같이 벌어 정승처럼 쓰자'라는 말은 자조적으로 입 끝에 올려질 뿐 사회 구성원 모두의 신조가 되

121 D. Smythe, "Communication: Blindspot of Western Marxism," *Canadian Journal of Political and Social Theory*, 1, 3, 1977, pp. 1~27.

122 문화의 정치경제학적 분석에 대한 자세한 설명과 한국적 적용에 관해서는 다음의 글을 참조하라. 김동민, "정치경제학과 한국 언론의 구조 연구," 한국사회언론연구회 엮음, 《한국 사회와 언론》 1호, 한울, 1992, pp. 105~132.

지 않았음은 돈과 관련된 이데올로기가 갈등을 겪고 있는 증거라 하겠다. 엥겔스의 변명처럼 — 전통적이고 교조적인 마르크스주의자의 문화론과 — 달리 마르크스와 엥겔스의 사상 속에는 이데올로기의 일방적인 면보다는 투쟁적인 가능성이 담겨져 있음을 읽어 내는 방식을 일컬어 수정된 마르크스주의 문화론이라 부른다.

문화가 특정 생산 양식과 관련되긴 하지만 물질적 영역의 단순 반영이 아니라는 지적은 앞으로 등장할 많은 문화론에 영향을 미친다. 부르주아 문화를 예로 들어 보자. 부르주아 문화는 자본주의의 등장과 함께 시작된 것은 아니다. 이미 봉건 사회 혹은 그 이전부터 시작되어 수세기 동안 지속되어 온 문화적 산물이다. 자본주의에 이르러 부르주아 문화가 강화되긴 했겠지만 자본주의가 곧 부르주아 문화를 만들어 냈다고 말할 수는 없다. 프롤레타리아 문화도 마찬가지일 것이다. 자본주의 사회 이전부터 있었던 농민의 문화, 농노의 문화가 프롤레타리아 문화에 틈입했다. 그런 점에서 프롤레타리아 문화는 자본주의가 만든 것이기도 하지만 그 이전부터 있던 민중의 삶과 합쳐진 복합적인 것이다. 새로운 생산 양식, 즉 사회주의가 도래했다고 해서 프롤레타리아가 곧바로 새로운 문화를 갖게 되는 것은 아닐 것이다.

그렇다면 부르주아 사회에서 프롤레타리아 문화는 존재하지 않는가? 만일 존재하지 않는다면, 자본주의가 사라진 변혁된 사회에서 지배 문화는 과연 무엇이 되어야 하는가? 문화적 혁명이 필요하며, 이를 통해서 새로운 문화를 구축해야 한다는 레닌의 이야기는 무엇을 뜻하는가? 이는 특정 생산 양식이 자동적으로 특정 문화를 만들어 준다는 마르크스주의의 기계적인 결정론을 피하지 않으면 안 되는 불가피성을 의미한다. 상부 구조의 자율성을 논의할 필요성을 강조한 것이다(이후에 설명할 문화주의 문화론은 그 같은 자율성에 초점을 맞추고 있다).

마르크스가 죽고 난 후 그의 동료이자 친구인 엥겔스는 마르크스주의가 문화를 설명한 방식에 관해 해명을 시도한다. 마르크스주의가 환원주의적 입장을 가진 것처럼 말하는 것은 오해라 주장했다. 마르크스는 결코 문화에 대해 기계론적 해석을 한 적이 없다고 덧붙였다. 그리고 기계론적 해석, 단순한 환원론적 해석의 위험성을 경고했다.

> 유물론적 관점에서 역사를 해석하면 역사의 가장 궁극적인 요소는 바로 생산과 재생산이다. 마르크스나 나 자신은 그 이상을 주장한 적이 없다. 그러므로 만일 누가 우리들의 그러한 언급을 경제적 요소야말로 유일한 결정력을 지니고 있는 것이라고 해석한다면, 그것은 우리의 생각을 의미 없고 추상적이며 터무니없는 것으로 만들어 버리는 실수를 범하는 것이다. 경제적 상황이 항상 바탕이 되는 것이지만 상부 구조의 여러 부분들도 역사적 투쟁 과정에 영향을 미치기도 하고 상부 구조의 형식을 결정하기도 한다. 우리는 스스로의 역사를 만들지만 그 과정은 항상 제한적인 가정과 조건 속에서 이루어진다. 그러한 여러 조건 가운데 경제적인 면은 궁극적으로 결정적이다. 그렇지만 비록 경제적인 면보다는 결정적이지 않다 하더라도 정치적인 면이나 전통 등과 같은 부분도 나름의 역할을 한다.[123]

엥겔스의 이 같은 해명은 문화적 영역도 역사 과정에서 반영에만 그치지 않고 능동적 역할을 할 수 있음을 암시한다. 문화 영역이 역사의 주된 원동력이 될 순 없지만 상부 구조의 기구나 그에 참여하는 주체 사이에서 활발한 상호 작용 도구로 활용될 수 있고 그럼으로써 역사 과정에서 주요 역할을 해낼 수 있다.[124] 사실 마르크스 자신도 예술이나

---

[123] K. Marx & F. Engels, *Selected Letters*, Peking: Foreign Languages Press, 1974, pp.75~76.
[124] 같은 책, p.92.

문화의 자율적이며 복잡한 과정을 인정했다. 문화 발전 수준과 물질적 생산의 발전 수준이 반드시 일치하지 않는다는 사실을 고려하고 있었다.125 자본주의 사회에서 자본주의적인 요소가 전혀 담겨 있지 않은 전통 문화를 즐기는 풍경도 존재한다. 그럴 경우 물적 토대보다는 향수를 쫓으려 하는 비물질적 정서sentimentalism가 더 큰 작용을 한다. 혹은 문화적 전통을 중시하는 습속도 한몫한다. 이것이 바로 마르크스가 말하는 상부 구조의 상대적인 독립성이다. 상부 구조의 각 요소들은 나름대로 발전 속도나 전통을 지니고 있으며, 그것은 단지 계급 투쟁이나 경제적 상태에 환원해 설명할 수만은 없다.

　　T. S. 엘리엇이 1922년에 발표한 〈황무지〉라는 작품(시)을 예로 들어 마르크스주의의 설명을 다시 정리해 보자.126 마르크스의 생각을 문자 그대로 해석하는 이들은 그 시가 이데올로기적이고 경제적인 요소에 의해 결정되었다고 주장할 가능성이 크다. 그 시가 1차 세계 대전이라는 제국주의 위기를 담은 공허한 부르주아 이데올로기를 그대로 반영하고 있다고 해석할 수 있다. 시라는 상부 구조의 모습을 경제적 조건의 반영으로 파악한 결과다. 경제 결정론적인 논의에서 조금만 벗어나 시라는 사회적 제도가 지닐 수 있는 자율성을 강조하면 다른 해석이 가능해진다. 문화의 자율성을 강조하는 이들은 자본주의 경제와 시라는 텍스트 사이를 매개하는 일련의 단계에 주목한다. 일련의 단계를 풀이함으로써 기계론적, 환원론적 함정을 피할 수 있다는 주장을 편다. 우선 엘리엇이라는 시인을 통하지 않고는 그 시가 등장할 수 없었다는 점

---

125 T. Eagleton, *Marxism and Literary Criticism*, Berkeley & Los Angeles: University of California Press, 1976, pp. 10~11.
126 이 예는 이글턴의 앞 저서에서 빌려 왔다.

에서 시인 개인과 사회가 맺고 있는 관계를 살펴보는 일은 중요하다. 그리고 당시 영국 사회에 퍼져 있는 이데올로기의 전반적인 모습을 살피는 일도 빠뜨려선 안 된다. 또한 〈황무지〉라는 시가 지니고 있는 형식에 대한 논의도 있어야 한다. 당시 영국에 퍼져 있던 시 활동의 사조를 아는 일도 필요하다. 결국 〈황무지〉라는 시에 대한 완전한 분석을 위해서는 자본주의의 생산 양식과 시라는 결정체 사이에 존재하는 시인의 창작력, 사회의 문화적 조건, 시적 형식 등 여러 요소를 포함해야 한다.

앞에 쓰인 엥겔스의 마르크스에 대한 해명으로 잠깐 돌아가 보자. 엥겔스는 앞의 인용문에서 이데올로기적 투쟁을 암시하고 있다. 경제적인 면이 결정적 조건이 되기는 하지만 여전히 역사는 우리 자신의 노력과 제한된 조건들과의 대화 속에서 만들어진다. 구조 — 제한된 가정과 조건 — 와 인간 — 우리 자신 — 간의 변증법적인 관계에서 역사를 파악하는 것이 오히려 더 마르크스와 엥겔스에 충실한 것이라 할 수 있다. 문화에 관한 설명도 마찬가지다. 문화적 조건과 문화를 창조하고 즐기는 인간 간 대화로 만들어지는 것을 문화라고 규정하는 편이 더 나아 보인다. 예를 들어, 19세기 멜로드라마 연극에 대한 분석은 그러한 멜로드라마를 볼 수 있는 수용자를 창출해 낸 경제적인 변화와 연극 내적인 발전(문예 사조, 창조성 등), 혹은 전통(관습, 연극 소비) 등에 대한 논의를 포함해야 한다. 경제적인 분석만으로는 해당 장르나 작품에 대한 완전한 분석을 해냈다고 말하기가 힘들다. 앞의 엘리엇의 예에서 설명했듯이 말이다.

정통 마르크스주의자들의 사상, 가치, 신념, 의식, 문화 등과 같은 상부 구조에 대한 편협한 사고를 본격적으로 수정하려 등장한 것이 서구 마르크스주의이다. 정통 마르크스주의와 서구 마르크스주의의 대립점은 '삶의 조건이 의식을 결정한다'와 '역사 안에서 의식도 적극적 역할을 한다'라는 입장 차이다. 마르크스에 따르면 자본주의의 모순이 극대화되는 자본주의 성숙기에 이르면 이데올로기가 걷어지고 자연스럽게 다음 단계로 진입해, 즉 혁명적 상황을 맞게 된다. 그러나 마르크스가 주장한 대로 자본주의가 붕괴될 역사적 조건(경제적 공황 등)은 무르익었는데도 불구하고 혁명의 조짐은 보이지 않았다. 혁명이 아니라 자본주의 사회가 더욱 단단해지는 것을 목격하게 된다. 서구 마르크스주의는 바로 그 같은 의문을 풀고자 나선다. 삶의 조건이 바뀌면 즉 자본주의가 성숙하면 노동 계급의 의식에도 변화가 생기고, 그럼으로써 사회주의 혁명이 가능해진다. 그러나 현실은 혁명 이론을 배신했다. 1917년 러시아에서 혁명이 성공한 이후 1918년의 독일 혁명, 다시 1919년의 헝가리 혁명은 좌절됐다. 1917년에 탄생한 소비에트 사회주의 공화국은 과연 인류 해방에 가치가 있는 것인가 등과 같은 질문을 던지면서 마르크스주의를 전면적으로, 또는 근본적으로 재검토하려는 움직임이 일어났다. 그러한 움직임은 대체로 상부 구조에 대한 재정리, 이데올로기에 대한 논의의 상세화 등으로 정리할 수 있다. 루카치와 프랑크푸르트 학파의 논의를 소개하면서 서구 마르크스주의 문화론을 살펴보도록 하자.

2. 계급 의식의 지연: 루카치

루카치의 마르크스주의 논의를 대중 문화와 연계 지어 설명하는 일은 쉬운 일이 아니다. 그가 문학(특히 소설)에 대한 고민을 많이 펼치긴 했지만 대중 문화를 논의한 적은 없었다. 비교적 대중적이라고 할 수 있는 연극을 두고 브레히트와 나눈 논쟁이 있긴 했지만 이조차도 대중 문화 논의와는 거리가 있는 미학 논쟁이었다. 그런 점에서 루카치를 대중 문화와 연관 지으려는 작업은 무모해 보인다. 다만 루카치의 문화 논의가 전통적 마르크스주의의 문화론을 수정하고 있으며 다음에 논의될 프랑크푸르트 학파에 큰 영향을 미쳤다는 사실에 근거해 마르크스주의 문화관을 어떻게 수정하고 있는지, 그로부터 얻을 수 있는 새로운 통찰력이 무엇인지를 살펴볼 수는 있겠다. 시계 바늘을 조금만 뒤로 돌려 1970~1980년대 한국에서의 문화 논쟁을 보면 루카치가 그 한가운데 있었음을 쉽게 확인할 수 있다. 그는 이데올로기 개념, 물신화 개념을 새롭게 해석하고 리얼리즘 논의로 이어갔는 바 문학 논의에서는 빠트릴 수 없을 만큼 중요한 인물이었다. 특히 '민중 문화론'을 활발히 논의하던 1980년대 중반까지 루카치의 리얼리즘론, 사물화에 대한 논의는 상당한 무게를 지니며 한국 사회 내 문화 논의에서 자리잡고 있었다. 그의 문화론을 두고 마르크스주의 문화론의 집대성이라거나 가장 뛰어난 것이었다고 말할 수는 없다. 시대적 흐름마다 자신을 수정해 일관성을 결여한 부분도 있긴 하지만 마르크스주의 문화론을 더욱 두텁게 했다는 점에서 논의할 충분한 가치를 지니고 있다.

그의 주요 저서 이전에 출판된 글들은 마르크스주의가 아닌 낭만주의 철학에 기대고 있었다. 이후 그의 저서들은 스탈린주의에 경도되는 모습을 보여 주었다. 그것 탓에 루카치의 사상을 일목요연하게 다루기가 힘들다. 그래서 흔히들 마르크스주의 문화론자로서의 루카치를 다루려고 할 때는 그의 역저인 《역사와 계급 의식History and Class Consciousness》[127]을 대상으로 삼아 정리하곤 한다. 여기서도 그 저서를 중심으로 루카치의 사물화, 리얼리즘론을 논의하고, 그것이 대중 문화 논의에 주는 함의를 정리하겠다.

---

[127] G. Lukács, *History and Class Consciousness*, in Rodney Livingstone (trans.), Cambridge: MIT Press, 1971.

루카치의《역사와 계급 의식》출판은 유럽에서 마르크스주의가 위기에 처했음을 대변하는 역사적인 사건이었다. 그는 혁명의 조건이 성숙해 간다는 객관적인 조건과는 달리 혁명 기운이 퇴조해 가는 현실에 의문을 던졌다. 1차 세계 대전 이후 유럽에 계급 혁명의 바람이 거세게 몰아쳤다. 러시아 혁명 이후 많은 혁명의 전조가 유럽 대륙에 현실로 닥쳐 왔다. 하지만 모두 미완의 혁명으로 마감하고 말았다. 사회주의 혁명의 연이은 좌절로 말미암아 마르크스주의에도 위기가 도래했다. 사회주의 혁명을 위한 사회적 조건이 갖추어졌는데도 불구하고 혁명이 좌절되고 소멸해 가는 이유는 어디에 있는가? 루카치가 다루려고 했던 주요 관심사는 바로 그 좌절되고 소멸해 가는 혁명에 있었다.

루카치의 관심사는 마르크스주의의 경제 결정주의에 대한 도전이었다. 자본주의가 깊어질수록 자본주의는 위기에 처하게 되고 노동 계급의 혁명적인 봉기가 있을 것이라 예고했지만 그런 일은 실제로 일어나지 않았다. 마르크스주의자들의 경제 결정적인 예고는 현실을 비켜 갔다. 루카치는 그 이유를 프롤레타리아의 이데올로기적 위기에서 찾으려 했다. 혁명을 기원하고 주도할 계급 의식과 이데올로기적 성숙이 이뤄지지 않았다고 파악하였다. 경제적 토대만큼이나 노동 계급의 의식이 혁명의 중요 관건인데, 이것이 혁명에 이를 만큼 성숙하지 않았거나, 경제적 조건보다 지체되고 있음을 지적했다. 자연스레 그의 관심은 계급 의식과 이데올로기에 모아진다.

루카치는 계급 의식 논의를 마르크스가 행했던 '객관적 계급class-in-itself'과 '주관적 계급class-for-itself'의 구분에서부터 시작한다. 객관적 계급이란 물질 세계(생산 수단의 유무)에서의 위치에 따라 정해지는 계급이다. 노동 과정에서 어떤 일을 하고 있으며 생산 수단을 소유하고 있는지의 여부 등의 객관적 조건에 따라 이름 붙여지는 계급이다. 주관적 계급이란 스스로 자신이 특정 계급에 속함을 알고 그에 해당하는 계급 의식을 갖는 경우를 말한다. 루카치는 노동 계급이 객관적 계급에 머물지 않고 주관적 계급으로 승화할 수 있을 때 혁명이 성공할 수 있다고 보았다. 노동 계급에 속한 노동자가 스스로 자신을 노동 계급에 속한다고 생각해야만 객관적 계급과 주관적 계급이 일치한다. 그러나 실질적으로 유럽의 노동 계급은 그 같은 계급 의식의 일치를 경험하지 못했다. 노동 계급 노동자가 자신을 중산층이라고 여기거나 자본가 계급과 동등한 위치의 시민이라고 믿고 있었다. 객관적, 경제적 토대가 곧바로 계급 의식으로 이어지지 않음을 보여 주는 증거다. 루카치는 계급 의식이란 개인이 계급을 깨닫고 혁명 의지를 지니게 될 때 그 가치를 갖는다고 말한다. 자신들이 처한 세계를 '허위 의식' 안에서 보고 경험할 경우 계급 의식을 갖기란 어렵다. 계급 의식이란 자본주의 사회에 대한 합리적이고 적절한 이해를 전제로 한다. 하지만 진정한 계급 의식을 갖는 과정에서 이데올로기인 허위 의식은 끊임없이 방해 작용을 편다. 그로 인해 객관적 계급과 주관적 계급 간 틈새가 생긴다.

이데올로기나 허위 의식은 어디서 발생하는 것일까? 루카치는 계급 의식 위기의 시작점을 자본주의의 상품 구조에서 찾는다. 상품 구조를 통한 물신주의의 등장을 마르크스는 그의 《자본론》에서 간파하고 있었다. 루카치는 마르크스의 저서에서 언급된 물신주의를 더욱 발전시켜 나갔다. 인간은 특정 결핍을 메우기 위해 물건을 생산하였다. 그러나 자본주의에 들어서면서 대부분의 생산품은 팔기 위해 생산하기 시작했다. 상품으로 물건을 생산하기 시작한 것이다. 특정 쓸모에 맞는 가치를 사용 가치, 팔림으로 해서 얻는 가치를 교환 가치라 한다. 상품은 두 가지 가치, 즉 사용 가치와 교환 가치를 동시에 지닌다. 자본주의 이전의 사회, 혹은 자본주의의 초기 단계까지 대부분의 생산품은 사용을 위해서 존재했다. 옷은 입기 위해 만들었고, 음식은 먹기 위해 만들었다. 추위로부터 사람을 보호해 주고 굶주림을 해결해 주는 사용 가치가 생산품의 주요 가치로 자리잡고 있었다. 그러나 자본주의가 성숙하면서 대부분의 생산품을 팔기 위해서 만들기 시작했다. 즉 생산품들의 가치가 교환 가능성, 즉 팔 수 있느냐 없느냐로 결정되는 사회가 도래한 것이다. 그러면서 생산품은 사용 가치로부터 소외되기 시작했다. 3억 원짜리 21평형 아파트는 그것이 팔리지(교환되지) 않는 한, 많은 사람들이 겨우내 추운 곳에서 떨고 있을 때도 비워 둘 수밖에 없다. 판매되지 않으면 — 교환되지 않으면 — 그것의 가치는 없다.

자본주의 사회는 물건의 원래 가치인 사용 가치보다 덧붙여진 가치인 교환 가치를 더 중요한 속성으로 파악한다. 모든 물건은 팔리기(교환되기) 위해 목숨을 건 도약을 행한다. 화폐로 바뀌지 않으면 그것의 가치는 없기 때문이다. 그렇다면 상품의 교환 — 즉 화폐를 통한 교환 — 은 어떤 근거로 이루어지는가? 양복점 주인이 양복을 한 벌 지어 주고 받은 돈으로 텔레비전을 한 대 구입했다면, 그는 양복 한 벌과 텔레비전을 교환했다고 할 수 있다. 그런데 양복 한 벌과 텔레비전 한 대가 비슷한 가치를 지니고 있다는 것을 어떻게 확인하는가? 그것은 그 물건들 속에 숨어 있는 노동으로 결정된다. 양복을 짜는 데 드는 노동량과 텔레비전 만드는 데 드는 노동량이 같다고 여기기 때문에 교환할 수 있다. 하지만 화폐를 통한 교환이 이뤄지면서 물건 속에 들어 있는 노동은 추상화된다. 화폐가 교환의 척도가 된다. 양복 한 벌과 텔레비전 한 대가 비슷한 화폐량으로 서로 교환되는 속성을 지니고 있다고 생각하게 된다. 이것이 반복되면 물건을 보는 순간 '아! 이것은 무엇과 값이 비슷하므로 바꿀 수 있겠구나' 하고 자동적으로 떠올리게 된다. 모든 물건을, 화폐를 매개로 교환할 수 있는 성질을 지니고 있다고 여기는 생각,

바로 그것이 물신화다. 그것은 물건 안에 숨겨진 자본과 노동의 과정을 모두 빼버리는 왜곡된 의식 과정이다.

사회주의 혁명 완성의 관건이 노동 계급의 역사 의식과 계급 의식에 있음을 간파한 루카치는 상품 안에 포함된 정신의 일부인 물신화가 바로 인간의 관계까지 연장되어 인간 관계가 기계적이고 비인간적인 면으로 발전되었다고 파악했다. 상품과 화폐의 등장으로 교환 가치가 사용 가치 우위에 서는 일, 시장을 중심으로 한 합리화와 관료제 같은 과학적 사고나 인간 관계가 이상적인 인간 관계를 가로막는 기제가 된다고 보았다. 루카치는 그러한 현상을 물화reification라 불렀다. 물화는 사회에 대한 구체적이고 역사적이면서 총체적인 인식을 가로막는다. 계급 의식을 막는 반反테제다. 애초 루카치는 노동 계급 의식, 즉 자본주의를 바라보는 과학적 인식, 총체적 인식이 혁명적 실천의 바탕이 된다고 인식했다. 그를 막는 물화 작용을 타파해야 하고, 타파를 위해서는 철저히 분석해야 한다고 믿었다. 물화 과정이나 물신화 과정이 자본주의의 부수적인 현상이라 파악하던 관점에서 진일보한 것이다. 그 이전까지는 물화 과정을 쉽게 사라질 수 있는 것으로 간주하고 큰 관심을 기울이지 않았다. 물화, 그리고 그로 인한 소외가 자본주의의 중요한 성격으로까지 부상해서 학문적인 관심을 받게 된 것은 루카치에 이르러서였다. 이는 이후 프랑크푸르트 학파로 하여금 관심을 갖게 하는 지침이 되기도 한다.

루카치는 혁명적 실천의 주체를 노동 계급, 즉 프롤레타리아로 보았다. 그들의 계급 의식에 관심을 보이면서, 기존의 계급 주체를 단지 경제적 조건의 반영으로 간주한 경제 결정론에 수정을 가했다. 계급 주체는 주체와 개체의 변증법적인 관계로 구성된다고 본 것도 획기적인 것이었다. 그리고 노동 계급을 둘러싼 산업 사회의 지식이나 권위, 관료

제도 등과 같은 합리화를 계급 의식의 반테제로 바라보았던 점도 이후 서구 마르크스주의에 큰 영향을 미쳤다. 그리고 계급과 직접 관련되지 않은 것도 계급 의식에 영향을 끼치고 있음을 보여 주었다. 루카치의 본격적인 문화 논의는 계급 의식을 살릴 수 있는 가능성을 말한 리얼리즘 논의로부터 시작한다. 자본주의 사회의 대중이 물화 탓에 잃어버린 계급 의식, 혁명 의식, 총체적이고 과학적 인식을 되살릴 수 있는 기제를 구하고자 했다. 루카치는 그 기제로 리얼리즘 문학을 꼽았다. 기존의 자연주의 문학을 비판하면서 혁명의 기반을 만들 예술과 예술가의 역할을 다음과 같이 규정하였다.

> 훌륭한 예술가란 인간 생활의 조화로운 총체성을 포착하고 재현해 내는 사람을 말한다. 자본주의의 소외 작용에 의해서 산산이 부서져 있는 개인 대 사회, 지성 대 감성, 부분 대 전체의 관계를 하나의 총체적인 모습으로 엮어 낼 수 있는 작가가 훌륭한 예술가이다. 그러한 예술가의 작품은 사회의 복잡한 총체를 반영한다. 그러한 예술품은 자본주의 사회의 소외 과정, 파편화 과정 등과 싸우게 된다.[128]

루카치는 그러한 예술품, 문학 작품을 리얼리즘*realism*이라고 이름 붙였다. 리얼리즘 문학과 예술은 인간, 자연 그리고 역사 간의 복잡하면서도 총체적인 관계를 밝힌다. 예술 작품에 이러한 역할을 부여하는 것 또한 프랑크푸르트 학파의 문화 산업론에서 반복된다. 즉 예술이 총체성을 제공하는 비판적 역할을 맡으려 하더라도 문화 산업이 그를 막고 순응의 논리만을 강요하고 있다는 식으로 말이다. 뒤에 설명하겠지만

---

[128] Eagleton, 앞의 책, p.28에서 재인용.

문화 산업이 생산하는 대중 문화는 총체성을 제공하는 역할을 전혀 해 낼 수 없다. 이처럼 루카치의 문화론을 대중 문화와 관련 짓는다면 총체성과 문화 산업이 생산한 문화 상품과의 관계로 설명할 수 있다.

리얼리즘에 충실한 예술은 역사의 중심(주체)이 되는 노동 계급이 진정한 계급 의식을 갖게 한다. 물화 탓에 잃은 계급 의식을 살리는 문화 생산물을 두고 루카치는 리얼리즘이라고 칭했다. 루카치의 이후 리얼리즘 문화 생산물에 대한 논의는 이름 있는 작품을 평가하면서 과연 리얼리즘적 전통 안에 있는가, 그렇지 않은가에 초점을 맞춘다. 어떠한 요소를 지니고 있어야 계급 의식을 제고할 수 있는 리얼리즘 예술이 될 수 있는가를 설명하였다. 루카치에 따르면 리얼리즘 문화 생산물이 되기 위해 갖추어야 할 자격은 '총체성,' '정형성,' '역사성' 등이다. 우선 리얼리즘 예술은 예술품 안에서 개인을 사회 전체와 연결시켜야 한다. 즉 사회의 개별적인 경험이 항상 사회 전체와 연결됨을 보여 주어야 한다. 그리고 개별적 경험이나 각각의 주인공들은 개인화되는 모습을 벗어나 역사적 주체로 정형화되어야 한다.

여기서 우리가 주의해야 할 점은 리얼리즘을 위해서는 예술가 개인의 솜씨보다 그것이 탄생할 수 있는 역사적인 조건이 필요하다는 사실이다. 위대한 리얼리즘 예술가는 19세기의 혁명적인 역사적 시간을 배경으로 등장하였다. 그들은 혁명적인 순간을 잘 포착하였기 때문에 리얼리즘에 충실할 수 있었다. 혁명적인 순간에 등장하여 전형적인 갈등과 그 순간의 역동성을 잘 표현해 낸 사람들이 바로 리얼리즘 작가다. 그러나 자본주의 사회가 더 진행되면서 그러한 역사적 순간은 존재하지도 않고 다가올 것 같지도 않다. 그럼으로 해서 리얼리즘 시대는 가고 자연주의와 형식주의의 시대가 왔다고 본다. 결국 리얼리즘론이 내세우려고 한 부분은 내용이나 형식의 중요성이라기보다 그것의 상황적 맥락이라고 할 수 있다.

근대적 자연주의와 형식주의 등 유럽의 고급 예술 문화 전통과 거리가 있는 어떠한 예술적인 모습에도 루카치는 눈길을 주지 않았다. 모더니즘 예술도 사회적, 경제적, 정치적, 역사적 조건의 총체성과 결부된 인간 조건의 진리를 제대로 인식하지 못한 일탈적인 것으로 파악하고 거부했다. 그는 인간의 회복, 실현은 오직 유럽의 고급 문화 전통을 통해서만 이루어질 수 있다고 보는 반反모더니즘 사고를 지녔다. 대중 문화와 관련된 그의 논의는 분명히 드러나 보이지 않지만 그의 문화에 대한 일련의 작업을 바탕으로 생각해 보면, 대중 문화를 물화 과정의 일환으로 파악했고, 계급 의식을 가로막는 기제로 파악했던 듯하다. 이에 대한 자세한 논의는 뒤에 프랑크푸르트 학파의 문화 산업론에서 자세히 언급할 것이다.

대중 문화는 루카치 문화 논의 어디에서도 찾을 수 없는 주제였다. 루카치가 논의했던 대중 문화는 단지 예전 대중에 의해 사랑받던 리얼리즘 문화만이 있을 따름이다. 그 좋던 옛날에는 노동 계급이 그들의 역사 속 위치를 가늠하게 해주는 대중 문화를 지니고 있었다. 그러나 지금은 그러한 문화, 혹은 대중 문화는 존재하지 않는다. 자본주의가 진행된 지금의 대중 문화는 대중에게 그 무엇도 주지 못하고 대중 또한 객체화된 문화 안에서 살 수밖에 없다. 그 결과 대중은 이미 자본주의 붕괴의 조건이 와 있음에도 움직이지 않는 수동적이고 비혁명적인 존재로 남아 있다.

그렇다면 루카치는 사회의 변화를 어떻게 가져올 수 있다고 생각한 것일까? 계급 의식을 제고할 기제가 없는 현대 자본주의 사회에서 사회의 변화를 바라는 것은 무리일까? 루카치는 분명 사회 변화를 기대하며 미래를 이야기하고 있다. 그러나 그는 미래를 향하고 있긴 하지만, 등을 돌려 그 좋던 옛날을 노래하는 향수에 젖은 채 미래로 나아간다. '옛날

루카치의 리얼리즘 논의를 이어받아, 영국의 〈스크린〉지는 영화와 텔레비전에서의 리얼리즘 형식이 가능한 가를 토론했다. 다큐 드라마 〈희망의 나날들〉(BBC, 1975)을 중심으로 과연 텔레비전 드라마가 리얼리즘 형식을 갖추어 역사성, 총체성, 전형성을 전달할 수 있는지를 논의했다. 〈희망의 나날들〉은 1916년 1차 세계 대전부터 1926년 총파업까지 한 노동 계급 가족이 분투하는 과정을 다루고 있다.

에는 리얼리즘이 있어 가능성이 있었지만 지금은 안 돼. 지금의 노동 계급은 아니야' 하는 식으로……. 만일 그렇게 평가한다면 너무 지나친 것일까. 영국의 영화 이론 학술지 〈스크린Screen〉은 루카치의 리얼리즘 논의를 이어받아, 영화와 텔레비전에서 리얼리즘 형식이 가능한가에 대한 논의를 벌인 적이 있었다. 특히 영국 BBC가 방영한 역사 다큐 드라마인 〈희망의 나날들Days of Hope〉를 둘러싸고 과연 텔레비전 드라마가 리얼리즘 형식을 갖추어 역사성, 총체성, 전형성을 전달할 수 있는지에 대한 논의를 전개했다. 물론 그럴 수 있다는 측과 그렇지 않다는 측이 맞서는 수준에서 논의가 그쳤지만, 중요한 것은 상업적 할리우드 영상 제작 방식이 모범화됨으로써 그럴 가능성은 적다는 것이 대강의 결론이다. 그렇다면 할리우드 영상 제작 방식을 벗어나 비주류적이고 아방가르드적 영상 문법과 형식의 채택으로는 리얼리즘 생산이 가능하다는 주장으로 이어질 수도 있다. 물론 이 논의는 철저하게 영상 형식과 관련된 것이어서 '형식주의'에 갇혀 있다는 비판을 받고 있긴 하다. 하지만 비상업적 독립 영화, 저항을 의도한 영화가 갖추어야 할 형식을 시사했다는 점에서 소중한 의미를 지닌다. 혁명적 문화 생산물이 지녀야 할 자격을 정리한 루카치 논의를 대중 문화 논의에 활용할 수도 있겠지만 그 유용성은 제한돼 보인다. 〈스크린〉과 같은 논의가 지속된다면 그 가능성도 늘려 갈 수는 있을 것 같다.

3. 프랑크푸르트 학파의 대중 문화론

프랑크푸르트 학파는 대중 사회론, 마르크스주의 등에 친근감과 거리감을 동시에 지니고 있는 학문 분야이다. 그래서 대중 문화론을 논의할 때 결코 빠뜨릴 수 없다. 그런데 문화에 대한 그들의 논의는 그리 활발하게 소개되지 않은 듯하다. 오히려 정치학이나 사회학에서 사상사의 한 흐름으로 더 많이 인용하고 소개하고 있다. 마르크스주의에 비해 조금은 덜 과격한 모습으로 우리의 곁에 다가왔던 탓에 프랑크푸르트 학파는 1970년대에 한국 학계에서도 많은 논의를 폈다. 그러나 1980년대에 불어 닥친 마르크스주의 문화론, 민중 문화론 등에 의해 변혁 의지가 약한 사상으로 평가받고 약간 주춤거렸다. 그러다 보니 프랑크푸르트 학파의 대중 문화론은 단편적으로 알려졌다. 이후 프랑크푸르트 학파의 문화 산업이라는 개념은 "의식 산업consciousness industry에 대해 진보적 지식인들이 지나치게 부정적이며 비분석적인 성향을 보인다"129라는 지적이 나온 다음 다시 읽혀지기도 했다.

한국 학계는 근대성(모더니티modernity) 논의를 활발히 행하면서 프랑크푸르트 학파를 다시 논의하기 시작했다. 프랑크푸르트 학파의 논의를 마르크스와 연관 지을 수도 있다. 하지만 엄밀한 의미에서 이 연구 집단은 산업 사회, 근대 사회에 대한 비판을 주요 연구 과제로 잡고 있다. 근대 사회, 근대성의 속성에는 자본주의가 자리잡고 있기 때문에 자본주의에 대한 비판을 행했고 그로 인해 마르크스주의에 포괄하고 있다. 그러나 프랑크푸르트 학파의 논의는 언제나 자본주의 비판 이상의 모습을 띠었다. 과도한 근대적 이성, 계몽, 테크놀로지, 관료제의 성장, 그로 인한 인간 주체의 비이상적 성장, 비판 정신의 소멸, 과잉 산업화를 비판적 관점에서 파악하였다. 이 학파를 비판 이론critical theory 학파라고도 칭하는

---

129 의식 산업이라는 개념은 H. M. Enzensberger, *The Consciousness Industry*, New York: Seabury, 1974에서 처음으로 사용되었다. 이 글에서 엔첸스베르거는 새로운 문화 기술의 발전에도 불구하고 진보적인 지식인들이 아직까지도 전자 매체를 적극적으로 활용하지 못하는 것을 질타하였다.

이유다. 그들은 근대성 논의에서 자본주의 비판, 자본주의 이성의 과잉 성장 비판을 주요 연구 목록으로 택하고 있어 자본주의 비판을 주목적으로 하는 마르크스주의 문화론 범주에 포함시켜도 큰 무리는 아니다.

프랑크푸르트 학파는 1923년에 설립한 프랑크푸르트 대학 사회과학연구소를 중심으로 활약했던 일군의 연구자와 그들의 집합적 사상을 가리킨다. 독일의 진보적인 젊은 학자, 과거 공산당원이었던 학자 등 넓은 사상적 편력을 지닌 연구원이 설립한 이 연구소는 시작부터 정치적, 경제적 자율을 유지하려 했다. 연구소가 프랑크푸르트 대학에 편입되었을 때도 재정적으로는 독립성을 지켰다. 노동 운동과 연계를 맺고 있었지만 의존적인 관계는 아니었다. 어느 한 사람이 중심이 되는 체제를 지양했고 집단적으로 과제에 몰두하였다. 그들이 집중했던 과제는 두 가지였다. 하나는 이른바 강단 사회학에 대한 점검이었다. 다른 하나는 점차 경제 위주 접근으로 그 모습을 달리해 가는 마르크스주의에 대한 점검이었다. 그들은 교조적 마르크스주의로부터 독립성을 유지하며 자신들만의 전통을 만드는 일을 지향했다. 이른바 제3의 전통을 만드는 일이었다. 제3의 전통이란 비판적인 정신을 되살리며 좌우익의 교조주의에 대항하겠다는 표현이었다.

1933년 히틀러가 독일 총통으로 취임하자 진보적 유태인으로 구성된 프랑크푸르트 학파는 신변 보호를 위해 여러 곳으로 흩어진다. 주요 구성원들은 독일을 떠나 뉴욕에 연구소를 설립한다.130 1942년까지 컬럼비아 대학 사회학과 안으로 편입되어 그 명맥을 유지하게 된

---

130 이들이 망명처를 소련이 아닌 미국으로 정한 것은 마르크스주의에 대한 그들의 수정을 여실히 드러낸다. 그들은 소련의 공산주의 체제를 국가 독점 이데올로기로 보고 독일의 파시즘과 다를 바 없다고 생각한 것이다.

다. 1949년 소장이던 막스 호르크하이머Max Horkheimer는 연구소를 이끌고 다시 프랑크푸르트로 복귀하였고, 허버트 마르쿠제Herbert Marcuse 등은 미국에 남아 자본주의 문명, 근대성 비판을 지속한다. 호르크하이머 뒤를 이어 아도르노가 소장에 취임해 1968년까지 학파를 이끈다. 이후에도 하버마스 등 제2 세대가 학파의 작업을 이어갔으며 여전히 근대성 비판 영역에서 중심 사상으로 자리잡고 있다.

많은 연구자들을 이 학파의 구성원인 것처럼 묶어 설명하는 경우도 많으나 실질적으로 이들이 모여 함께 연구를 한 기간은 매우 짧다.[131] 아예 연구를 같이한 경험이 없는데 이 학파의 구성원인 것처럼 소개되는 학자들도 있다. 이 학파에 이름을 올린 연구자들 간에는 서로 견해를 달리 하는 부분도 있다. 그래서 큰 그림으로 이들을 이해하는 지혜가 필요하다. 물론 세세한 차이를 전하지 않아 많은 정보를 잃는 위험도 존재한다. 하지만 포괄하는 전략이 잃는 것보다 득을 더 많이 가질 수 있다. 대중 문화와 관련해 그들이 공유했던 요점을 몇 가지로 나누어 정리해 보자. 특히 아도르노와 호르크하이머 그리고 마르쿠제의 주요 사상을 중심으로 정리하려 한다. 먼저 그들은 (그들이 목격했던) 주요 역사적 경험에 대해 나름대로 학문적 반응을 나타낼 필요성을 느꼈다.[132] 첫째, 그들은 1917년 러시아에서 성공한 혁명이 유럽 전역에 퍼지지 않았다는 점에 실망했다. 둘째, 파시즘의 등장이다. 이는 동시대 지식인인 아렌트, 라이히

---

[131] 연구소의 주요 인물로는 호르크하이머(1895~1973), 아도르노(1903~1969), 마르쿠제(1898~1979), 벤야민(1892~1940)을 든다. 이 책에서도 이들의 사상을 중심으로 프랑크푸르트 학파의 사상을 정리하고 있다.

[132] T. Bennett, "Theories of the Media, Theories of Society," in M. Gurevitch et al. (eds.), *Culture, Society and the Media*, London & New York: Methuen, 1982, pp.30~55.

등이 대중 사회가 점차 전체주의 사회로 변화한다고 파악한 것과 맥락이 닿아 있다. 아렌트나 라이히는 자본주의 사회에 대한 본격적인 분석을 행하진 않았다. 사회를 대중 사회라고 규정해 일부 사회 심리적 현상을 정리한 기술적記述的 분석이었지만, 이는 전체주의로 치닫는 유럽 제국들에 대한 첫 예언이며 분석이었다. 덕분에 자본주의 문명 비판, 근대성 비판에 관심을 둔 프랑크푸르트 학파와 닿을 수 있었다. 셋째, 유럽 제국의 정치적 안정에 대한 의문이었다. 당시 많은 좌파 이론가들은 목적론적이거나 진화론적인 마르크스주의에 대해 의문을 표하고 있었다. 이론이 설정한 진로에서 자본주의가 벗어나고 있으나, 마르크스주의는 그 이탈을 설명하지 못한다는 불만이 일었다. 자본주의가 망하기는커녕 더욱 견고해지고 있다는 지적이었다. 문화 연구 전반에 큰 영향을 미쳤던 이탈리아 공산주의 이론가 안토니오 그람시도 자본주의의 성공과 유럽 제국의 안정성에 대한 의문으로부터 시작했다. 그람시의 경우 이탈리아의 계급 연합, 즉 이탈리아의 남／북 문제(즉 남부 지방의 농민과 북부 지방의 산업 노동자 간 결합 혹은 결합 실패)에 관한 사상가로도 알려져 있지만, 의회주의적인 자본주의 사회인 서유럽과 그렇지 않은 곳의 지배 양식 차이를 조명한 사상가이기도 하다. 그는 의회 중심 정치를 가진 서유럽 사회에서 자본주의가 융성한 이유를 고민했다. 그리고 비슷한 시기 프랑크푸르트 학파도 비슷한 고민을 했다.

이 같은 관심사는 억압받는 대중이 왜 억압에 침묵하거나 동조하는가로 모아진다. 대중의 방관 내지 동조로 인해 자본주의는 위기를 맞으면서도 지속된다. 때로는 지배가 모든 것을 압도하고, 저항이 전무한 전체주의 사회로까지 진입하기도 한다. 프랑크프루트 학파는 혁명적인 주체로까지 상정했던 피지배 계급이 보여 주는 이 같은 반동성을 — 앞서 루카치가 지적했던 바와 같이 — 의식 문제로 파악했다. 그리고 이 문제를 독일 관념 철학 전통에서 하나씩 논의해 갔다. 관념 철학에서 역사는 항상 이미 정해진 목표를 향해 전개된다. 그 역사는 초인간적인 힘에 의해 지배된다. 이상적인 이성, 영혼 그리고 인간에 의해서 역사는 전개되고 궁극적으로 그 목표점에 다다른다. 헤겔 철학을 바탕으로 한 이 역사관은 역사를 단계적인 전개로 파악한다. 시작과 목적이 있고 그사이에는 목적을 달성하기 위해 나아가는 몇몇 단계가 끼어 있다. 그 과정은 이성이 실현되는 과정이기도 하다. 이러한 역사주의에서 주체는 피와 살을 지닌 구체적 인간이라기보다 이론적으로 구성한 완벽한 인간, 완벽한 이성이다. 역사적인 구체성이나 원동력이 아니라 철학적 계획에 의해 구상된 인간 이성이 역사를 이끈다고 보고 있다.133

헤겔주의 역사관은 1920년대 당시 루카치를 중심으로 한 이른바 서구 마르크스주의자 사이에서 성행하였다. 루카치의《역사와 계급 의식》이 출간된 1923년과 프랑크푸르트 학파의 설립 연도가 일치하는 것은 결코 우연이 아니다. 헤겔주의 역사관을 바탕으로 하던 학자들은 그 정해진 역사 진행이 왜 제대로 실현되지 않은지를 고민한다.134 철학자가 할 일은 왜 철학의 실현, 역사 실현이 이루어지지 않으며 주춤거리는지를 밝히는 데 있다고 주장한다.

이들은 철학이 설정한 역사 진행이 제대로 이루어지지 않고 역사적 재앙(여기서는 파시즘과 같은 전체주의로의 진입을 뜻한다)을 맞이하게 된 것을 주체

---

133 헤겔에 따르면 역사는 정신이나 이성에 의해서 지배되고 구조화된다고 한다. 그리고 역사는 그 이성이나 정신이 실현되는 목적에 이르기까지 몇 단계를 거치게 된다. 사회적 존재는 그러한 이성이나 정신의 산물로 이해된다. 즉 의식의 산물이 바로 사회적 존재인 것이다. 유물론적인 입장에 따르면 이러한 헤겔의 공식은 의식과 존재의 관계를 뒤집어 놓은 것에 지나지 않는다, 존재를 결정하는 것이 사람의 의식이 아니라 사람들의 의식을 결정하는 것이 존재라는 사실을 간과하고 있는 셈이다.
134 T. W. Adorno, *Negative Dialectics*, in E. B. Ashton (trans.), London: RKP, 1973, p.3.

와 객체 간 관계가 분절된 탓이라고 보았다. 단순화시켜서 논하자면 주체는 인간 의식(상부 구조), 객체는 인간의 존재 조건(토대)을 의미한다. 프랑크푸르트 학파는 주체에 논의를 집중시킨다. 자본주의의 심화로 인한 사회의 변혁 조건(객체)은 무르익은 데 비해 사회를 변혁해야 할 인간(주체)은 객체의 진행 정도를 따라가지 못하고 있다고 본 탓이다. 사회 변혁을 행해야 할 인간 주체가 철학에 의해 정해진 역사 과정을 실현할 수 없을 정도로 결함을 지녔다고 보았다. 이는 이른바 허위 의식인 이데올로기의 힘이 강하게 작용했기 때문이다. 이데올로기는 대중의 저항을 무력화시키고 비판적 정신마저도 현상 유지의 도구로 전환시키는 역할을 수행했다. 그로 인해 자본주의가 계급을 바탕으로 한 사회임에도 불구하고 대중은 자본주의를 마치 계급 없는 사회인 양 인식하게 된다.

프랑크푸르트 학파를 마르크스주의의 적자가 아니다라는 비판이 있다. 적자 여부보다는 마르크스주의의 어느 부분을 수정·발전시켰는지에 초점을 맞추는 일이 더욱 값진 일이다. 마르크스주의자들의 엄격한 잣대로 보면 프랑크푸르트 학파가 마르크스주의에서 크게 벗어날 수도 있다. 또한 이들을 토대보다는 상부 구조에 관심을 보였던 상부 구조 연구 집단이라고 부를 수도 있다. 프랑크푸르트 학파는 마르크스주의와의 완전한 단절이 아닌 변형을 강조하고 있다. 어떤 식으로 보든 둘 간의 관계는 다음과 같이 정리할 수 있다.[135] 첫째, 프랑크푸르트 학파는 마르크스주의를 충실히 따르고 지켜야 할 규범으로 삼고 있는 것이 아니라 현존 문화를 분석하고 비판하는 데 있어 필요한 출발점, 준거 수단으로 삼고 있다. 둘째, 이 학파는 비당파적이며 특히 공산당이나

---

135 L. Kolakowski, *Main Currents of Marxism: The Breakdown*, 3, New York: Oxford University Press, 1981, pp.341~395에서 부분 재인용.

사회 민주당을 포함해 어떤 정파, 정치 운동과도 제휴하지 않았다. 이론적 발전에 더 많은 관심을 기울이고 있었다. 셋째, 이 학파는 1920년대에 루카치 등 서구 마르크스주의 해석으로부터 많은 영향을 받았다. 특히 '물화' 개념 등에 관심을 갖고 연구를 더 진전시켰다. 그러나 루카치로부터 사사받는 등의 직접적 연관성을 지니고 있지는 않았다. 넷째, 학파 구성원들은 이론의 독립성과 자율성을 강조했다. 사회 변혁 지향적인 사회 비평은 하되 실천이 이론을 압도하고 흡수하는 데에는 반대했다. 다섯째, 대안이 될 만한 이상향을 제시하지 않았지만, 자신들의 학문적 성취를 혁명적 지식인 운동으로 자임했다.

이 같은 입장을 바탕으로 마르크스주의에 대해 프랑크푸르트 학파는 몇 가지 수정을 제시한다. 이들이 보기에 마르크스주의 전통은 지나치게 노동을 특권화한다. 그 결과 노동 외의 삶에 대해 설명력을 줄이고 있음을 지적한다. 프랑크푸르트 학파는 자신들이 목도하고 경험한 파시즘에 대해서 마르크스주의가 제대로 설명하지 못함에 실망한다. 마르크스주의자가 채택한 유물 사관의 공식에 의하면 당시 독일은 경제적으로 사회주의 혁명 여건이 성숙하여 필연적으로 사회주의 혁명을 맞이하게 되어 있었다. 하지만 경제적 모순은 동일 사회를 사회주의로 이끄는 대신 파시즘으로 이어갔다. 마르크스주의는 그러한 전환을 설명하지 못했다. 프랑크푸르트 학파는 인간 의식 구조, 성격 구조가 유물 사관이 내세우는 경제적 조건에 의해 직접적으로 결정되는 것이 아니라는 주장을 내세우며 마르크스주의를 수정하려 했다.

자본주의 사회의 상부 구조인 인간 의식을 다루기 위해 프랑크푸르트 학파는 사회 심리 관련 학문인 정신 분석을 연구 안으로 끌어오기도 했다. 그러한 기획은 마르크스의 유물 사관을 극복하기 위한 한 방편이기도 했다. 과학 기술 체계, 그를 바탕으로 한 관료제의 횡포, 물화, 자아 상실 속에서 헤매는 대중을 분석하기 위해 그들은 프롬, 라이히, 아렌트가 내놓은 정신분석학적 설명에 기대기도 했다. 인간 의식의 무력화를 설명하기 위해서 채택한 정신분석학은 이들에게 많은 개념을 제공하고 상당한 도움을 주었다.

소외 문제를, 자본주의 생산 과정에서의 소외로만 파악하려 했던 마르크스주의자와는 달리, 근대 사회의 대중이 처한 문화적 환경(가족 관계, 정치 환경, 매체 환경 등)에서 오는 병리적 현상으로 접근해 갔고 정신분석학으로부터 많은 도움을 받았다.

마르크스주의의 경제 중심적 사고를 수정하며 상부 구조에 주목했던 프랑크푸르트 학파는 문화의 역할에 기대가 컸다. 그들은 인간 소외나 의식의 왜곡을 치유할 수 있는 방편으로 예술을 내세웠다. 예술이 현실을 부정하고, 비판하는 기능을 할 수 있으며 해야 한다고 보았기 때문이다. 예술을 토대의 반영 혹은 이데올로기로 보고 수동적 존재로 파악했던 전통 마르크스주의에 대한 강한 거부였다. 진정한 예술은 오히려 사회에 대해 초월적이어야 하고 부정적이어야 한다는 초월적, 자율적 문화론을 펼치면서 문화적 영역의 자율성을 강조해 갔다. 지금 현재 문화 산업이 쏟아 내는 대중 문화물은 토대의 반영이거나 지배 이데올로기일 수 있지만 그에 대해 해독 작용을 할 수 있는 비판성과 부정성을 담은 위대한 예술은 자율성을 갖고 있음을 주장했다. 물론 불행히도 그러한 문화조차도 외면당하고 그 기반을 잃어 가고 있기는 하지만 말이다.

결국 프랑크푸르트 학파가 관심을 가졌던 부분은 어떻게 이데올로기가 주체의 완성을 막는가, 비판적 정신과 부정성의 정신마저도 자본주의의 편으로 끌어오는가, 예술의 비판적 기능은 완전히 소멸했는가 등에 관한 것이었다. 문화적 소비는 이제 민주적인 행위처럼 여겨지게 되었다. 노동자와 중간 계급의 일상 생활은 그들을 고용하고 있는 자본가들의 그것과 점차 닮아가고 있다. 대중은 원하기만 하면(적은 경제적 지출로도) 자신의 집에서 영화를 감상할 수 있게 되었고, 자동차를 이용하여 손쉽게 백화점을 찾고 소비할 수 있다. 지난날의 계급적 차이는 점차 소멸하는 듯하다. 이미 언제나 대중은 스스로를 중산층 범주에 포함시키거나 그럴 수 있을 것이라고 생각하고 있다. 대중 문화, 대중 소비는 민주적 현실, 평등한 미래를 열어 주고 있거나 그럴 거라고 믿고 있다. 하지만 프랑크푸르트 학파가 보기에 대중 문화는 민주적 문화와 거리가 멀다. 대중의 문화 소비는 획일적 소비 패턴을 조장하고 획일적 세계관을 갖게 하는 획일적 수용에 가깝다. 그리고 개인주의와 소비 지상주의 주입시켜 비판성과 부정성을 제거하는 이데올로기 역할을 수행한다. 프랑크푸르트 학파는 비판 정신의 소멸을 추적하고, 소멸 과정에서 문화 산업, 대중 문화가 어떤 역할을 수행해 내는지를 정리하며, 그 대안이 있을지를 고민한다.

1) 생활 방식으로서의 이데올로기

마르쿠제는 《일차원적 인간One Dimensional Man》[136]이라는 저서에서 상부 구조가 토대를 침범했다는 도전적인 명제를 내놓는다. 그는 마르크스주의적 범주를 버리고 고도 산업 사회에서의 '계급 투쟁의 종식'과 '혁명적 이데올로기 갈등의 종언'을 주제로 삼는다. 그는 대니얼 벨이 주장하는 이데올로기의 종언이 뜻하는 바와 같이 서구 사회에서는 공산주의와 같은 과격한 혁명 운동을 이끄는 이념 체계가 그 효력을 상실했다고 믿는

---

136 H. Marcuse, *One Dimensional Man*, Boston: Beacon Press, 1964.

다. 그 주요인으로 풍요로운 소비 생활을 든다. 이와 같은 소비 형태는 반항으로도 이어질 수 있는 욕구를 충족시켜 버려 사람들로 하여금 기존 질서에 자신을 동화하게 만든다. 고도 산업 사회에서의 소비 형태는 사람들을 현 체제에 동조토록 조건화시킨다는 것이다.

화려한 소비 생활의 중심에 문화적 소비가 있다. 문화 산업의 비대화로 인해 '풍요로운' 문화를 소비할 뿐만 아니라 그 내용을 통해 풍요로운 사회에 살고 있다는 허위 의식을 갖게 된다. 문화 산업의 등장, 그리고 급속한 성장으로 인해 문화의 상품화는 가속화됐다. 문화 상품 생산은 돈으로 교환하기 위한 목적을 갖는다. 마르쿠제 등이 보기에는 이 같은 상품화 현상은 문화가 원래 지니고 있던 해방의 가능성을 탈취하고 문화를 저속화시킨다. 기계적으로 복제되고 생산되는 문화 상품은 문화 생산물이 원래 지니고 있던 '기(아우라aura)'137를 파괴한다. 음악 연주회를 통해 얻을 수 있던 음악의 원래적인 기는 연주회나 연주와는 동떨어진 음반으로 소비됨으로써 사라진다. 세속적인 현장으로부터 거리를 두면서 자본주의 사회를 비판할 수 있는 능력을 가졌던 예술도 복제 기술에 힘입어 세속적인 현장에서 소비가 가능해졌고, 그럼으로 인해 그 역할이 변질된다. 자본주의 성숙과 더불어 문화 상품화가 점차 가속화되면서 그 같은 변질 또한 가속화된다. 이제 문화 산업은 산업 구조 개편으로 거대화되고 수직적으로 통합되고 있으며 독점의 길로 치닫고 있다. 문화

---

137 '아우라'의 개념은 벤야민이 내놓은 것으로 예술품이 지니는 '모방할 수 없는 특유의 조건, 창조성이 증명되는 시·공간상의 독자성'을 의미한다. 그런데 대량 복제 생산 등으로 인해 그 특유성, 독자성이 사라진다. 하지만 벤야민은 부르주아와 엘리트의 특권화된 전유물인 예술품이 대량 복제된다는 사실이 해방의 잠재력을 가져다줄 수도 있다고 본다. 결국 아우라의 상실은 양날의 칼과 같은 성격을 지니고 있는 셈이다.

가 상품화의 영역 안에 포함됨으로써 문화, 예술의 역할이 바뀌었을 뿐 아니라 문화를 창조하는 이의 사회적 위치 또한 변화하고 있다. 문화 창조자는 자신의 문화적 역량이나 창조성에 의해 평가받지 않는다. 대신 그들 창작물의 수익성을 따지는 중간 매개자에 의해 평가를 받는다. 이처럼 예술의 영역조차 모두 상품의 논리 안에 포괄되고 말았다.

프랑크푸르트 학파는 문화 분석을 상품 물신화 논리로까지 확장한다. 문화 산업은 경제적 사업과 이데올로기적 사업을 겸한다. 먼저 문화 산업을 통한 이데올로기적 작용은 허위 욕구로 설명할 수 있다.[138] 대중 문화는 끊임없이 대중의 허위 욕구를 만들고, 그를 통해서 자본을 재생산할 뿐 아니라 대중이 자신의 객관적인 이익을 알아차리지 못하도록 한다. 문화 산업은 대중의 허위 욕구를 자아내기 위한 대중 문화, 이익 창출을 위한 대중 문화, 자기기만의 대중 문화를 만들어 내는 사회적 장치다. 현대 자본주의 사회는 대량 생산을 보장해 주는 대량 소비를 확보해야 한다. 이 연결 고리가 이어지지 않으면 사회의 재생산이 어렵게 된다. 그 재생산 과정에서 문화 산업은 끊임없이 소비를 자극하고, 자극된 소비 동기를 충족시켜 줄 듯한 새로운 상품을 쏟아 낸다. 소비가 곧 '미덕'이며 '선'이고, 행복을 보장하는 것처럼 꾸며 댄다. 이러한 상상적인 욕구 충족에 대한 기대는 곧 실질적인 소비로 이어지며 궁극적으로 자본주의 사회에 대한 비판적인 사상을 갉아먹는다. 허위 의식에 충만한 대중은 자신의 정체성을 소비나 라이프스타일을 통해서 구축한다. 대중 영화를 보면서 소비자는 그들의 노동으로 번 돈을 소비하고, 자신의 삶을 대신해서 살아 주는 주인공에 열광한다. 그리고 자신

---

138 Marcuse, 같은 책.

도 그 같은 행복에 동참하거나, 그럴 수 있을 거라 기대한다. 결국 문화 산업은 소비자의 주머니를 비울 뿐만 아니라 그들의 정신마저 비게 만든다.

대중 문화 상품을 소비하는 대중의 욕구를 허위라고 주장하는 것은 욕구의 모습이 늘 비슷하거나, 획일적인 형식을 지니고 있기 때문이다. 그들이 요구하는 문화적 내용이란 얼마 전 그들에게 제공된 것과 크게 다르지 않다. 전통적인 마르크스주의자가 이데올로기를 허위 의식과 관련지은 것은 그러한 문화 내용이 결코 진실을 말하지 않는다는 데서 출발한다. 프랑크푸르트의 학자들은 대중의 문화적 욕구 자체가 허구적이라고 파악한다. 그들의 욕구는 결코 메워질 수 없는 것들이다. 비디오테이프를 빌려 오고 돌려주고 다시 다른 테이프를 빌려 오는 행위는 허구적이다. 영화관을 찾거나 MP3를 통해 음악을 듣는 행위도 마찬가지다. 그러한 행위를 통해서 대중은 자신이 기대한 욕구를 실질적으로 메울 수 없다. 매번 기대는 하지만 이뤄지는 것은 없다. 욕구를 충족시킬 수 있을 것이라고 기대하고, 소비하고, 또 소비하는 과정에서 오히려 교환 행위만 반복될 뿐이다. 상품 교환을 통해 진실한 문화적 관계, 문화의 역할은 잊게 되고 문화 상품 자체가 그 가격에 해당하는 만큼의 가치를 지니고 있을 거라는 물신 숭배 사상마저 발생하게 된다.

마르쿠제의 주요 저서인《일차원적 인간》은 물신화로 인해 생산 관계에 대한 인식까지 허물어지는 과정을 적고 있다. 즉 물신화가 상부 구조에 영향을 미치는 것을 넘어 토대에까지 영향을 미치고 생산 체계에도 깊숙이 침투해 있는 현상을 논의한다. 그는 일상 생활에서의 소비는 대중 의식 너머로 무의식 수준에까지 침투하고, 그를 통해 허위 의식을 조장한다고 본다.139 일상 생활에서 문화 상품을 구매하고, 소비하는 과정을 반복하면 자연스럽게 자본주의 사회의 그림을 갖게 된다. 즉

프랑크푸르트 학파는 문화 분석을 상품 물신화 논리로까지 확장한다. 문화 산업은 경제적 사업과 이데올로기적 사업을 겸한다. 문화 산업을 통한 이데올로기적 작용은 허위 욕구로 설명할 수 있다. 대중 문화는 끊임없이 대중의 허위 욕구를 만들고, 그를 통해서 자본을 재생산하고 대중이 자신의 객관적인 이익을 알아차리지 못하도록 한다. 문화 산업은 대중의 허위 욕구를 자아내기 위한 대중 문화, 이익 창출을 위한 대중 문화, 자기기만의 대중 문화를 만들어 낸다. 사진은 대중 문화 상품의 소비가 이루어지는 멀티플렉스.

자본주의란 상품을 생산하고 소비하는 체계이고 그 과정이 바로 일반적인 생활 과정인 것처럼 받아들이게 된다. 그럼으로써 자본주의 사회전 과정에 담겨 있는 많은 진실(모순)에 눈을 감게 된다. 필요로 하고 원하는 것을 생산하고 파는 자본주의의 편리함 수면 아래로 인간이 진정으로 필요로 하는 것, 원하는 것이 무엇인지가 다 숨어 버린다. 그리고기계적이고 관료적인 합리화는 이데올로기의 작용을 더욱 용이하게 만든다. 거대한 관료주의는 자본가를 생산 현장에서 분리시켜 보이지 않는 존재로 만든다. 노동자의 불만과 적대의 대상에서 제외시키는 현상을 만들어 낸다. 그리고 기술적인 합리화는 노동자로 하여금 자신이 점차 노예화된다는 사실을 망각하게 만들었다.140

자본주의 사회 안에서 가장 힘 있는 비판 세력으로 살아 있어야 할노동 계급이 자본주의 사회에 모두 통합되어 버린다. 그들은 이데올로기의 결과로서 존재할 뿐이다. 그들이 숙명적으로 지녀야 할 미덕인 혁명 의식 혹은 계급 의식을 경험하지 못하게 된다. 이데올로기로 인해새로운 비판 정신, 저항 정신에는 도달할 수 없다. 일상 생활에 안주하는 대중은 자본주의 사회를 용인하거나 즐기게 되고 인간 해방으로 이어지는 비판적 정신을 잊게 된다. 대중 문화는 바로 이러한 과정에서중요한 역할을 한다.

139 같은 책, pp.26~27.
140 같은 책, p.41.

2) 비판적 사고의 차단

프랑크푸르트 학파는 공개적으로 혹은 비공개적으로 실증주의의 악령과 싸워 왔다.**141** 아도르노와 칼 포퍼Karl Popper의 논쟁, 그리고 미국에서 아도르노가 보인 폴 라자스펠드Paul Lazarsfeld의 과학적 방법에 대한 차가운 반응 등 그들의 실증주의에 대한 혐오는 여러 곳에서 찾을 수 있다. 실증주의가 비판적인 사고와 변증법적 사고 등을 혐오하고 있으며 주어진 사실에만 집착하는 몰가치적 과학 사상이라며 반대 의사를 보냈다. 아도르노는 실증주의자들이 사고를 거추장스럽게 여기고 심지어는 불필요한 것으로 치부한다며 비판한다.**142** 그 같은 비판에도 불구하고 실증주의적 사고는 학문 세계뿐만 아니라 대중 사이에서도 점차 주류가 되어 갔다. 프랑크푸르트 학파는 그처럼 실증주의가 대중의 일상에까지 번지는 것을 우려하였다. 자본주의 사회에서 노동 계급의 저항적인 면들이 점차 그 모습을 잃어 가고 있듯이 정신 세계도 점차 사고적인 면이 사라지고 일차원적인 형태로 변해 가는 것을 목격하고 염려했던 것이다. 그들은 실증주의가 인간 세계에서 사고 차원을 축출하고, 사고의 기능을 기계적이며 수동적인 것으로 변화시킨다고 믿었기 때문이다.

그들의 실증주의 비판을 좀 더 폭넓게 이해할 필요가 있다. 실증주의와 같은 반동적인 담론은 세계를 볼 수 있는 시각이나 사고의 폭을 좁히는 이데올로기적인 기능을 한다고 보았다. 대중 매체에 대한 실증주

141 T. W. Adorno et al., *The Positivist Dispute in German Sociology*, in G. Adey & D. Frisby (trans.), London: Heinemann, 1976.
142 T. W. Adorno, "The Stars Down To Earth: *The Los Angeles Times* Astrology Column," *Telos*, 19, 1974, p.13~90.

의 연구를 예로 들어 보자. 대부분의 실증주의적 대중 매체 연구는 대중 매체가 갖는 효과에 많은 시간과 노력을 투자한다. 특정 광고가 얼마나 효과가 있었는지, 대중은 광고에 대해 얼마나 잘 반응하고 있는지 등을 연구한다. 선거에서 특정 후보를 광고한 정치 캠페인이 얼마나 잘 작동하였는지도 실증주의 연구에서 인기 품목이다. 그 같은 연구는 실제로 대중의 경험과 관련된 합리적, 비판적 커뮤니케이션에 관한 논의나 사고를 차단시키는 역할을 하기도 한다. 특정 상품이 생산되고, 특정 후보자가 정치 과정에서 실질적으로 어떤 일을 행해 냈는지 등은 아예 괄호쳐 버린다. 자본주의나 대의제 민주주의의 모순에 대해선 침묵한다. 현재의 자본주의 과정이나 현실 정치에 대한 불만이나 비판은 차단하고 현상이 유지되는 것을 자연스럽게 생각하도록 도울 뿐이다.

실증주의 학문 영역의 역할과 마찬가지로 대중 매체도 실증주의적으로 정보를 전달하고 그런 방식으로 생각하도록 기능한다.[143] 텔레비전 뉴스는 삶의 지표로 주로 GDP 등과 같은 통계 수치를 전할 뿐 진정한 삶의 가치, 행복을 전해 주진 않는다. 그럼으로써 우리가 사고할 수 있는 '지적인 틀*intellectual gestalt*'을 실증적으로 구성하고 조정한다. 손에 쥐어지는 구체적인 데이터로만 삶을 고민하고 생각하게끔 만드는 것이다. 그것이 반복되었을 때 대중들은 미디어를 넘어서는 삶의 가치, 행복 등을 고민할 방도를 갖지 못하게 된다. 더구나 삶의 척도를 아주 미세한 방식으로 쪼개어 실증주의적으로 세밀하게 묘사하는 일이 반복되고 온 사회에 넘치면 대중이 그로부터 벗어나기란 거의 불가능할 수밖에 없다.

고도 산업화 사회에서 실증주의를 벗어날 수 있는 주체가 존재하긴

---

143 이를 흔히 '지적인 틀'이라고 부르기도 한다. 무엇을 생각할지 틀을 지어서 전해 준다는 의미에서 그렇게 부른다.

어렵다. 그런 주체를 만들어 낼 제도 또한 존재하지 않음을 프랑크푸르트 학파는 지적하고 있다. 실증주의 탓에 사고가 차단되어 있음에도 불구하고 그 부정성을 지양할 존재와 제도가 없다는 것은 곧 비판 정신이 소멸되고 있다는 말이기도 하다. 대중 매체 연구가 대중 매체의 존재 자체에 대한 철학적 고민을 하지 않고, 대중 매체를 어떻게 잘 돌아가게 할 것인가에만 집중하고 있으며, 대중 매체 또한 당연하게도 대중의 비판 의식을 지우고 있는 실정에서 프랑크푸르트 학파는 자신의 비판적 목소리와 연구가 더더욱 필요함을 내세울 수밖에 없었다. 그들은 비판적 사고가 더 이상 차단되지 않도록 계몽하고, 비판하는 목소리를 높이게 되었다. 비판이 곧 그들의 실천이었다.

만약 프랑크푸르트 학파의 이 같은 문화론에 입각해 대중 문화를 논의하려 한다면 무엇보다도 지금 이뤄지고 있는 대중 문화에 대한 실증주의 학문 담론을 비판해야 한다. 그리고 다른 해석과 연구 결과를 내놓고 대중 매체가 내놓는 내용 안에 숨겨져 있는 사고 차단 방식을 드러내 주고 해석해 주며 —— 만일 가능하다면 —— 대안적인 형태의 문화 양식을 찾아내 부정성을 강화하도록 돕는 일도 병행해야 한다. 그러나 프랑크푸르트 학파가 이 같은 지적에 도달하게 된 데는 그 어떤 곳에서도 희망의 단서를 찾아보기 힘들다는 절망감에 이르게 되었기 때문이라고 본다면 대안적 문화 논의는 참으로 어려워 보인다. 이미 비판적 사고가 모두 차단되어 있는 사회에서 비판적 논의의 불씨를 지피기란 얼마나 힘든 일인가.

3) 문화 산업에 대한 비판

베버의 합리성 논의는 이후 서구 근대사를 도구적 합리성의 진전으로 보는 프랑크푸르트 학파 논의를 이해하는 데 도움을 준다. 물론 베버를 학문적 스승으로 모시고 있지는 않지만, 프랑크푸르트 학파는 베버의 논의와 친화성을 지니고 있다. 특히, 후기 프랑크푸르트 학파 학자라 할 수 있는 위르겐 하버마스Jürgen Habermas의 경우 더욱 그러한 성향을 보이고 있다. 먼저 베버가 말한 합리성을 중심으로 논의를 시작해 보자. 베버는 서양 문명의 진전을 삶의 합리화 과정으로 파악하였다. 그 합리화 과정을 그는 '세계의 탈미신화'라고 불렀다.

> 합리화가 의미하는 바는 세계를 설명하는 데 더 이상 신비롭고 불가측한 힘에 의존하지 않아도 된다는 사실이다. 세계는 이제 탈미신화(탈신비화)되었다. 야만인들은 신령들을 제어하거나 그들에게 간청하기 위해 마술적인 수단을 사용했지만 이제 그럴 필요가 없다. 기술적 수단과 계산이 그 역할을 대신한다. 이것이 바로 합리화의 의미이다.[144]

합리화는 합리성 발휘의 결과다. 근대 서구 사회의 시장 경제와 관료 행정 영역은 합목적적 사회 행위라는 특수한 형태의 행동 양식을 드러낸다. 이 행동 양식이 근대 서구 사회의 조직에서 핵심을 이룬다는 것이 베버의 생각이다. 하지만 합리성이 극대화되는 부분에서 합리성이 전혀 예측하지 못했던 일이 발생한다. 목적을 달성하는 합리성의 가

---

[144] M. Weber, "Science as Calling," in H. Gerth & C. Mills (eds.), *From Max Weber: Essays in Sociology*, New York: Oxford University Press, 1946, p. 139.

치에 대한 논의가 필요하게 된 것이다. 정치의 효율성을 위해 만들어진 관료제는 합리화의 산물이기는 하지만 그것이 반드시 가치적으로 옳은 것이라고 할 수는 없다. 즉 지배의 입장에서는 합리적일 수 있지만, 인간적인 관점 혹은 지배를 당하는 측의 관점에서 보면 관료제는 비합리적인 것이 될 수 있다. 효율성 중심의 합리성은 가치로 따져 보면 비합리적인 것으로 나타나기도 한다는 말이다.

프랑크푸르트 학파는 베버가 간파한 가치적 비합리성, 즉 합리성의 이름으로 행해진 계몽과 과학의 폐해, 문화 산업에 주목한다. 이 학파가 공헌한 공산주의 비판은 인간 소외론의 입장에서 스탈린 체제가 자연의 지배를 넘어 인간에 대한 지배인 당 관료제로까지 이어졌다는 점에 초점이 맞추어져 있다. 이들은 공산 체제는 당 관료적 국가 기관을 통해 인간 소외를 부추긴 것 외에는 한 일이 없다고 공격한다. 이는 관료제의 양면성을 합리성의 배리背理로 설명하려 한 베버의 설명과 비슷해 보인다. 계몽이나 과학의 전개도 마찬가지다. 미신과 신화로부터의 탈피를 위해 인간 관계 안으로 들어온 계몽이나 과학은 과연 그 가치를 온전히 보전하고 있는가. 과학의 가장 원시적인 단계라 할 수 있는 '불'의 사용을 예로 들어 보자. 불을 얻게 된 인간은 과거에 비해 따뜻한 환경을 얻게 되었다. 밤의 어둠도 극복할 수 있게 되었다. 음식을 다양하게 취할 수도 있게 되었다. 그래서 불을 밤낮으로 사용하고, 온 세상에 전하게 되었다. 그러나 — 비유에 따르면 — 불을 너무 사랑한 나머지 밤새 온 동네를 밝혔지만 아침에 일어난 후 많은 다른 인간이 불에 타죽은 결과를 목격하게 된다. 과연 과학은 원래의 가치를 온전하게 지니고 있는 것일까? 어둠을 밝힌다는 계몽enlightenment도 과연 어둠을 밝히는 가치를 온전하게 보전하고 있는 것일까? 미신, 어둠, 추위를 벗어나기 위해 활용한 합리적이라는 과학, 관료제, 지식이 다른 사람을 타 죽게

한 이 아이러니를 어떻게 설명해야 할까.

현대 문화의 모습도 합리적 제도와 마찬가지의 모습을 띠고 있다. 인간성의 고양이나 비판 능력의 함양이라는 문화 본래의 기능은 잊혀지고 대신 원자화되고 파편화된 개인의 자기 마취에 봉사하고 인간 소외를 가속화시키고 있다. 프랑크푸르트 학파가 현대 문화에 대한 부정성을 내세우면서 가장 많이 언급했던 부분은 문화 산업에 관한 것이었다. 이 학파의 학자들이 보기에는 대중 매체에 관한 한 어떤 부분도 긍정할 만한 것이 없었다. 그들의 문화 산업에 대한 분석은 산업 자체보다 문화 산업의 메커니즘과 그것이 낳는 정치적 효과 등과 관련되어 행해졌다.[145]

그들은 문화 산업이 문화 영역 내 모든 관계를 변형시킨다는 점에 착안하였다. 문화 산업은 전통적인 고급 문화와 대중 문화의 관계를 변형시켰다. 고급 문화가 지니고 있던 비판 정신마저도 빼앗아 버렸다. 이러한 점에서 앞서 살펴보았던 대중 사회론과 비슷한 면을 보인다. 그러나 프랑크푸르트의 궁극적인 관심은 여전히 계급적인 사회 구성 내에서 대중 문화가 행하는 역할에 닿아 있다. 문화 산업은 무엇보다도 독점 자본주의의 문화적 형식을 띠고 있다. 그리고 독점 자본주의의 이익에 충실하다. 문화 산업이 중계하려 하는 궁극적인 것은 계급 지배다. 물론 프랑크푸르트 학파는 이러한 계급 지배에 대해서는 전통 마르크스주의자와는 조금 다른 해석을 가한다. 문화 산업이 대상으로 삼는 주 수용자는 원자화되어 속임수 앞에 아무런 저항을 할 수 없다. 문화 산업에서 쏟아 내는 많은 문화물을 적절히 해석할 수 있는 능력을 갖추고 있지 않아 주어진 대로 받아들인다. 그리고 문화 산업 자체에서도

145 아르망 마텔라르 · 장 마리 핌, "문화 산업론의 기원," 도정일 옮김, 《문화 산업론》, 나남, 1987, p.76~92.

이미 사회적으로 논의할 만한 성질의 메시지를 전해 주지 않는다. 이로 인해서 어떠한 형식의 비판이나 저항도 불가능해진다. 문화 산업이 내놓은 문화적 내용의 승리는 이미 보장된 것이나 다름없다. 그 승리란 궁극적으로 문화 산업에 투자된 자본의 승리다. 획일화에 반대하는 문화적 실험이나 개혁은 시장이 행하는 표준화를 이기지 못하고 모두 실패를 맛본다. 대중 매체를 통해서 사회에 진보적인 사상을 펼치거나 자본주의에 반대하는 의사를 펼치기란 불가능한 일이다.

프랑크푸르트 학파의 문화 산업에 대한 논의는 최초의 좌파 대중 문화 이론이라 할 수 있다. 마르크스가 전혀 예견하지 못했던 후기 자본주의 사회의 발전을 문화와 연계시켜 논의했다는 점에서 마르크스주의 진영에서 등장한 최초의 대중 문화 이론이라 할 수 있다. 문화 산업에 대한 논의는 문화의 상품화를 물신화, 사물화와 연관 지으면서 문화의 정치적 영역을 포괄하고 있었다. 문화 산업에 대한 논의는 뒤에 이어지는 여타 문화 이론에 큰 영향을 미쳤고 아울러 문화에 대한 주장을 체계화하는 데 일조한다.

프랑크푸르트 학파의 문화 산업에 대한 평가는 양분된다. 먼저 마르크스주의의 정치경제학적 접근을 보다 체계화시키고, 후기 자본주의 사회에서의 상부 구조의 역할을 간파한 점을 높이 산다. 이데올로기 논의를 구체화시켜 나갔다는 점도 평가를 받는다. 그러나 그들이 대중 문화를 지나치게 부정적으로 때로는 엘리트적인 관점으로 파악했다는 점에서 비판을 받는다. 앞으로 살펴보겠지만 대부분의 문화 이론은 프랑크푸르트 학파의 대중 문화론과 얼마나 차이가 나는지 지속적으로 강조하고 있다. 문화 산업론은 대중 문화를 정치의 장으로 올려놓았다는 점에서 긍정적 평가를 받을 수 있을 것이다. 문화 산업 논이를 통해 경제적인 면에서의 잉여 이익을 강조하였으며, 정치적인 면에서의 상품 교환을 통한 인간 관계의 사물화를 강조한 바 이는 매우 중요한 의미를 지닌다. 특히, 많은 마르크스주의자가 문화를 상품으로 전제하고 경제적 논의에 그치고 있었기에 그에 대한 적절한 보충이 되고 있다. 문화 산업을 단순히 거대 산업화와만 연관 짓는 방식은 이데올로기의 과정을 놓칠 뿐 아니라 문화의 상품화가 공적인 담론 영역을 해치며 아울러 특정 사회 세력이 문화적 헤게모니를 쥐는 과정도 놓치게 만들 수 있다.

4) 이데올로기적 면역

아도르노와 마르쿠제에 따르면 19세기 부르주아 문화, 특히 낭만주의류 문화는 항상 저항적인 문화였다고 한다. 부르주아 질서, 즉 노동에 억눌린 채로 존재해 온 이상이나 감정을 도모해 주는 기능을 그러한 문화 형식이 해주었다고 보았던 셈이다. 즉 문화는 삶의 한 대안으로서 존재했다. 심지어는 초월적 존재의 모습을 하고 있기도 했다. 그 당시 문화는 저항적인 표현 체계였던 것이다. 그러나 독점 자본주의에 들어서면서 예술은 그러한 저항적인 가치를 모두 잃게 되었다. 문화 산업을 통하여 등장한 대중 예술의 형태는 이제 교환될 수 있는 상품으로서의 가치 외에 아무것도 지니지 않는다. 시장 경제의 원칙에 의해서 그것은 순치되었다. 혁명 전사 체 게바라는 포스터와 의류 사업의 좋은 소재가 되고 있으며, 마오쩌둥의 혁명을 의미하는 모자도 유행 산업의 채산성 있는 소재에 불과하게 되었다. 그러한 문화적 상황에서 어떠한 진보적인 것도 자본주의의 영리 목적에 이용된다. 그럼으로써 그 진정한(혁명적) 가치는 사라진다. 아울러 진보적인 내용을 그 같은 상품으로 접하게 된 사람들은 다른 그 어떤 진보적인 것에도 면역*innoculation*되어 일시적 유행이나 상품으로만 대할 수밖에 없다.**146**

문화 산업을 통해 등장한 대중 예술의 형태는 교환될 수 있는 상품으로서 가치 외에 아무것도 지니지 않는다. 시장 경제의 원칙에 의해서 그것은 순치되었다. 혁명 전사 체 게바라의 이미지는 이제 팔고사는 포스터, T 셔츠, 광고 등 다양한 상품에서 찾을 수 있다. 사진은 브라질의 한 의류 세제 광고.

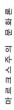

텔레비전 수상기 광고에 등장하는 백남준의 비디오 아트를 예로 들어 보자. 그의 비디오 아트는 기존 일상에서의 문화적 표현에 반대하는 입장의 예술 형식을 지니고 있다. 그의 스승격에 해당하는 쇤베르크의 음악이나 존 케이지의 음악은 일상적인 음악 형식을 깨고 사람들에게 새로운 형식의 가능성을 열어 주는 아방가르드 범주에 속한다. 백남준의 비디오 아트는 기존의 영상 형식을 깨고 새로운 형식을 추구하는 정신을 지니고 있다. 그러나 광고와 결합하면서 그것의 의미는 바뀐다. 자본주의의 꽃이라 불리는 광고와 결합하면서 팔려야만 가치를 가지는 상품 정신과 결합하고, 자본주의에 편입되고 아울러 작품이 지녔던 비판 정신은 사라진다. 백남준의 비디오 아트를 대하게 되면 이미 광고에 익숙해 있던 대중은 그가 갖는 저항성과 새로운 형식의 추구라는 비판적 정신을 떠올리기보다는 멋진 텔레비전 수상기에 대한 욕망을 먼저 떠올리게 된다. 비판적인 것이 교환 가치 안으로 녹아 없어져 버린 셈이다.

이처럼 문화 산업은 진보적인 것조차 평범한 것으로 만들어 교환의 대상으로 바꾸어 낸다. 문화 상품으로 교환하고 소비될 수 있도록 생산하는 역할을 수행한다. 즉 문화가 지녔던 다양한 형식을 교환되고, 소비되는 것으로만 수렴케 하는 역할을 수행한다. 대중 사회론에서 쉴즈가 주장했던 대중 문화의 문화 민주화 역할을 떠올려 보자. 쉴즈는 한정된 문화적 자원을 보다 더 많은 사람이 접할 수 있게 해준다는 점에서 대중 문화가 문화 민주화에 이바지한다고 주장했다. 프랑크푸르트 학파도 문화 민주화가 일어난다는 사실을 반대하지는 않는다. 그러나 그 민주화가 과연 어떤 민주화인가를 놓고는 쉴즈와 의견을 달리 한다. 널리

---

146 롤랑 바르트는 이를 '접종innoculation' 이론이라고 한다. 즉 접종을 통해 면역이 되어 있으므로 진보적이거나 급진적인 사상에도 무덤덤하게 반응할 가능성을 간파한 것이다.

퍼져 많은 사람이 접하게 된 이면에는 특정 문화 생산물, 예술품이 가질 수 있는 비판 정신을 수탈당하는 일이 연출된다. 문화가 지닐 수 있는 잠재적 저항성도 특정 형식으로 수렴해 버림으로써 아예 싹을 자른다고 프랑크푸르트 학파는 진단하고 있다.

문화 상품을 대량 생산하기 위해서는 문화의 형식을 바꾸어야 한다. 아도르노는 그의 에세이 "대중 음악에 대하여On Popular Music"에서 자세히 그 변형을 설명하고 있다. 그는 대중 음악의 성격을 다음과 같은 세 가지 형식적 특성으로 설명한다. 먼저 대중 음악은 '표준화되어standardized' 있다. 그 표준화의 정도는 일반적인 외양에만 그치지 않는다. 아주 구체적인 부분까지 이루어지고 있다.147 하나의 음악적 표현이나 가사가 성공을 거두게 되면 그것을 어김없이 상업적 목적 안으로 함몰시켜 버린다. 표준화의 결과로 음악 간에 차이가 없어진다. 한 작품의 일부분을 떼어 다른 작품에 삽입시키더라도 어색함이 없을 정도로 차이 없이 닮아 있다. 신중하게 짜인 예술적인 음악은 전체와 부분이 조화를 이루고 있기 때문에 일부분의 삽입 혹은 삭제만으로도 전체가 훼손된다는 것을 알 수 있다. 그러나 대중 음악의 경우 전체와 부분의 유기적 관계가 없고 기계적으로 표준화되어 있어 별다른 차이를 발견할 수 없다.

아도르노의 대중 문화에 대한 두 번째 지적은 수동성에 관한 것이다. 그는 대중 음악이 수동적인 음악 감상을 조장한다고 주장한다. 자본주의 사회 내 노동은 매우 단조로운 것이어서 노동자 대중은 항상 그로부터 도피하고 싶어 한다. 그 같은 도피는 새로운 사회를 찾으려는

---

147 T. W. Adorno, "On Popular Music," *Studies in Philosophy and Social Science*, 9, 1941, pp. 17~48.

움직임으로 이어져야 하지만 실상은 그렇지 못하다. 자본주의 사회에서 찾을 수 있는 도피처는 또다시 단조로움을 선사하는 곳이어서 '진정한 도피'148를 찾을 길이 없다. 즉 대중 음악은 진정한 도피가 아닌 수동적 도피로 바꾸어 버리는 단조로운 도피처일 뿐이다. 반복적이고 순응적인 대중 음악은 도피를 찾은 대중에게 아무런 생각할 여지를 전해 주지 않는다. 전혀 창조적이지 않으며 표준적이기까지 한 대중 음악의 감상은 일회성 소비로만 그칠 뿐이다. 생활에 그 어떤 활력도 주지 못한다. 오히려 단조로운 노동 습관에 맞는 단조롭고 건조한 문화 소비 습관이 지속되도록 조장할 뿐이다.

아도르노의 세 번째 지적은 대중 음악의 역할에 관한 것이다. 대중 음악은 사회적 접착제social cement 역할을 한다고 지적한다. 사회의 현상 유지에 큰 역할을 한다는 것이다. 현실 세계에서 일어나는 억압이나 착취에 대한 사실을 잊게 하거나 그러한 것에 쉽게 복종하는 심리적인 상태를 끊임없이 만들어 내는 데 대중 음악이 일익을 담당한다고 주장한다.

이렇듯 문화 산업은 대량으로 문화 상품을 '찍어 내면서' 때로는 진보적인 사상마저 게걸스럽게 먹어 치우고, 그 나머지 시간에는 표준화되고, 수동적이며, 자본주의 친화적인 상품을 소비하도록 한다. 진보적 성향의 예술품도 그 탐욕스러움 앞에서는 아무런 행세도 하지 못하고 시장의 흥정 대상으로 내몰릴 뿐이다. 늘 비슷한 형식으로 수동적 수용을 행했던 수용자들은 새로운 형식을 새롭게 대할 자세를 전혀 갖추지 못하고 있다. 진보적 내용을 가진 문화 생산물, 예술품들은 그 비판성을

---

148 여기서 진정한 도피는 진정한 문화를 수용하는 것을 의미한다.

잃게 되고, 늘 비슷한 형식의 문화물은 일회성으로 소비될 뿐이다. 그 같은 상황이 반복되면서 지금까지와는 전혀 다른 형식의 진보적 내용을 대하더라도 별다른 반응을 보이지 못한다. 이미 면역이 되어 있기 때문이다.

이상과 같은 프랑크푸르트 학파 문화론에 대한 평가는 매우 다양하다. 다양한 비판 가운데 가장 두드러지는 것은 그들의 관념론적 성향에 관한 것이다. 칼 포퍼 같은 이는 '그들은 아무것도 하지 않았다'라며 악평을 퍼붓고 있다. 그리고 헤겔의 생각을 마음대로 해석하는 헤겔의 사생아로 폄하하기도 한다. 미국의 사회학자들은 그들이 너무 생각만 한다고 불평한다. 비판을 위한 비판 외에 그들이 한 일은 없다라고도 말한다. 마르크스주의의 전통조차 그들에 대한 평가는 양면적이다. 마르크스주의의 상부 구조 개념(이데올로기, 허위 의식)을 이론화한 것은 긍정적 평가를 내린다. 특히 문화에 대한 마르크스주의적인 분석을 체계화시켰다는 의미에서, 다시 말해 경제 결정주의적인 마르크스주의를 순화시켰다는 점에서 그렇게 말한다. 이후 대중 매체나 대중 문화 등에 관심을 가졌던 많은 마르크스주의자들은 프랑크푸르트 학파가 내세운 많은 개념을 천착해 나갔다. 그런 점에서는 긍정적인 평가가 있었던 반면 유물론적이었다는 부정적 지적도 가해졌다. 전통적 마르크스주의자들은 프랑크푸르트 학파가 자본주의를 문화적 구성체로 보았다는 사실을 지적한다. 즉 자본주의를 경제적 생산 체계로 이해하지 않고 이데올로기적 형식에 의해 정의되고 재생산되는 사회로 잘못 규정하고 있다는 것이다.

프랑크푸르트 학파가 내세웠던 이론과 실천에 대한 명제는 오랫동안 비난의 대상이 되었다. 프랑크푸르트 학파는 레닌이 내세웠던 이론과 실천에 대한 명제에 반대 입장을 취했다. 조직화된 정당을 통해 이론을 펼치고, 이어 프롤레타리아 행동으로 이어 가야 한다는 레닌적 명제에 반기를 들었다. 오히려 이론이 실천으로 이어져 세상을 바꿀 수 있다는 명제는 포기해야 한다고 주장했다. 이론 자체가 세상을 반대할 수 있는 실천이므로 이론으로 무장하는 일에 힘을 쏟아야 한다고 보았다. 프랑크르트 학파는 비판 이론 학파라고도 부르는데, 그들의 이론이 현실에 대한 비판 즉 부정에 초점을 맞추기 때문이다. 그래서 프랑크푸르트 학파의 철학은 비판 철학이기도 하고 부정의 철학이기도 하다. 이론, 비판, 부정이 바로 투쟁이며 실천일 뿐 또 다른 실천으로 이어져서 세상을 바꿀 수 있다는 생각에는 반대하고 있었다.

결국 실천 부분이 사라짐으로써 프랑크푸르트 학파의 이론은 상당 부분 관념적인 것이 되었다. 바꾸어야 할 대상조차도 애매해져 버렸다. 그들은 투쟁의 대상으로 실제적이고 구체적인 사항을 설정하지 않았다. 이성 대 비이성, 예술 대 야만, 마음 대 사물의 관계로 환원해 후자 쪽을 투쟁의 대상으로 삼았다. 그럼으로써 마르크스주의가 결코 양보할 수 없는 계급 투쟁을 추상화하거나 약화시켜 버렸다. 문화 산업은 부정되어야 할 요소이지만 실제적이고 구체적인 사안이 아닌 인간의 주체 안에서 해결되어야 할 것으로 비치게 되었다. 그들의 목적은 이렇듯 인간의 의지를 바꾸는 것이 되었다. 더 이상 대중이 원하던 것을 원하지 않게끔 만드는 것을 목표로 삼게 되었다. 지배를 종식시키는 일은 의지와 관련되어 있으며 사물에 대한 마음의 승리를 이루는 것이 된다.

이번 장의 시작에서 밝혔듯이 마르크스주의 문화론은 이후 다른 대중 문화 이론에 많은 영향을 끼친다. 이후 논의될 문화주의, 구조주의, 페미니즘, 포스트모더니즘, 포스트콜로니얼리즘, 문화 연구 등은 한결같이 마르크스주의 문제틀과 함께 사유되고 발전해 왔다. 비록 그들이 출발점을 마르크스주의라고 언급하지 않거나 마르크스주의의 수정으로 잡고 있다 하더라도 말이다. 그러므로 대중 문화론에서 마르크스주의 문화론은 폐기하거나 소홀히 할 대상이 아니라 시작점이며 성찰 지점이 된다는 것을 인식해 둘 필요가 있다. 5장의 문화주의 문화론, 6장의 구조주의 문화론에서의 알튀세르, 7장의 페미니즘 문화론, 8장의 후기 구조주의와 포스트모더니즘, 보론의 포스트콜로니얼리즘 그리고 마지막 장의 문화 연구 등에서 마르크스주의를 어떻게 조금씩 수정해 가는가를 살펴보면 마르크스주의 문화론이 갖는 의의를 경험할 수 있을 것이다.

05
문화주의
대중 문화론

문화주의culturalism는 매우 낯선 용어다.149 적어도 한국에서는 그렇다. 한국에서는 문화를 다른 사회적 제도보다 우선시하는 사람을 일컬어 문화주의자라고 부른다. 경제를 최우선으로 삼는 사람을 경제주의자라 부르듯이 말이다. 그 같은 경향 탓에 문화주의는 문화주의자라는 개념에 휩쓸려 전혀 다른 의미로 받아들여지기도 한다. 그나마 오해를 피할 수 있는 단서가 있다면 다행히 문화주의 대중 문화론에 속하는 연구자가 비교적 널리 알려진 인물이라는 점이다. 에드워드 톰슨, 레이먼드 윌리엄스, 리처드 호가트가 문화주의를 대표하는 학자다. 이들은 역사학, 문학, 문화론 영역에서 이름을 널리 떨쳤다. 문화주의라는 우산 아래 이들을 한데 모으는 시도는 많지 않아 문화주의가 낯설기는 하지만 이들 학자의

---

149 영국 버밍엄 대학의 현대문화연구소 2대 소장을 지낸 리처드 존슨이 명명하였다. 존슨은 호가트, 윌리엄스, 톰슨의 이론적, 분석적 연관성에 주목해 이들을 문화주의라는 범주 안에 포함시켰다고 한다. R. Johnson, "Elements of a Theory of Working Class Culture," in J. Clarke (ed.), *Working Class Culture's Studies in History and Theory*, London: Hutchinson, 1979.

논지를 정리해 나가면 문화주의의 외연과 내포를 이해할 수 있다.

문화주의를 영국이라는 무대로 옮겨 놓으면 낯설음은 엷어진다. 영국의 문화 논의 전통 내에서 문화주의가 갖는 의미는 각별하다. 문화주의는 지극히 영국적인 전통이기 때문이다. 영국적 대중 사회론 논의였던 — 앞선 3장에서의 — '문화와 문명 전통'을 잇는다고 해서 '좌파 리비스주의'로 불릴 정도로, 영국적 색채를 띤 학파로 받아들여지고 있다. 이후 문화주의는 구조주의와 절충되면서 영국 문화 연구*British Cultural Studies*라는 이름을 달고 새롭게 얼굴을 내민다(이 책의 마지막 장에서 그 일부분을 소개하고 있다). 문화주의의 중심 인물인 세 학자는 문화 연구의 원조로 대접받기도 한다. 이들의 연구가 최근 대중 문화 논의에서 각광받는 문화 연구의 선조 역할을 했으며, 이는 문화주의가 (대중) 문화를 새롭게 볼 시각을 많이 제공했다는 말과도 통한다. 실제로 문화주의는 문화 개념 정의를 그 이전보다 훨씬 더 풍부하게 해냈다. 문화 내 긴장, 경쟁, 갈등을 포괄했고, 문화적 과정에 인간 주체의 능동성을 보태어 대중 문화 논의를 역동성 있게 할 기반을 닦았다.

문화주의는 앞서 살펴본 대중 사회론, 마르크스주의를 포함한 대부분의 문화론과 달리 밑으로부터의 문화에 관심을 갖는다. 지금까지의 많은 문화 논의, 대중 문화 논의는 지배의 문화, 혹은 문화적 지배를 주로 다루어 왔다. 대중 사회론은 저급한 대중 취향 문화의 도전에 직면한 지배 문화의 위기를 걱정한다. 대중으로부터의 도전을 극복하고 지배 문화, 즉 엘리트 문화를 지키기 위한 노력을 폈다. 마르크스주의는 지배 계급이 내놓은 문화의 실체, 이데올로기적 영향력에 대해 논의한다. 이 또한 지배 문화, 문화의 지배에 관한 것이었다. 이후 논의할 페미니즘도 가부장제적 지배 문화에서 그 논의를 시작해 지배 문화인 가부장제를 극복할 수 있는 가능성과 새로운 대안을 말하며 논의를 마무리

짓는다. 이처럼 대부분의 문화론은 지배하고 있는 문화, 지배를 견고히 해주는 문화에 관심을 보였지만 피지배 계급의 문화, 대중이 스스로 만들어 내는 문화에는 소홀했다. 피지배 계급 혹은 대중의 문화 영역은 구제되어야 하거나 교육·계몽되어야 할 대상으로 파악할 뿐이었다. 피지배 계급, 집단이 문화적 과정에서 늘 객체로만 대접을 받은 것은 학술 담론이 지배 문화에만 관심을 보이고, 그 장치를 논의하는 데 매달린 탓이기도 하다.150

　　간혹 문화론 중 일부가 피지배 문화를 다룰 때조차도 곧 비참한 운명을 맞을 존재로 그리기 일쑤였다. 노동자, 기층 민중, 피지배 계급의 문화는 소멸되고 있다는 식의 실망을 기조로 했다. 앞서 보았던 리비스주의자(공유 학파)도 다분히 노스탤지어적 시선으로 잔존해 있던 민중 문화를 바라보았다. 민중의 삶의 조건이 자본주의 진전으로 인해 바뀜에 따라 문화 또한 지배 계급의 지배와 부합되는 것만 남게 된다고 파악했다. 피지배 계급이 지녔던 저항적이고 역동적인 문화를 지배 문화에 밀려 사라졌다고 본 것이다. 즉 피지배 계급 문화는 과거에는 저항성으로 칭송받았지만 자본주의 한가운데로 들어서면서 실망과 연민의 대상에 지나지 않게 되었다고 밝힌 셈이다.

　　자본주의 사회에서 피지배 계급은 과거의 공유 문화를 잃고 문화적 공백 상태에 놓이게 된다. 그 공백을 메운 것은 대량으로 생산되는 상업적 대중 문화였다. 공유 문화가 민중의 유대를 돈독히 하는 역할을

---

150 대체로 문화주의자culturalist 는 계급을 축으로 문화를 논의하지만 반드시 그 개념에 얽매여 폭좁게 이해할 필요는 없다. 지배 – 피지배로 나누어 피지배 집단의 문화 혹은 문화 수용에 관심을 보인다고 정리해 둘 필요가 있다. 그래서 독자에게 이 장에 등장하는 '계급'이라는 용어를 폭넓게 이해하라고 부탁하고 싶다.

했다면 상업적 대중 문화는 도덕적 무질서를 초래했다. 민중 계급의 문화를 깨뜨렸을 뿐 아니라 전 사회의 문화에 혼동을 던져 주었다. 사회를 하나로 묶을 만한 공통 문화가 사라지고, 도덕적 무질서를 조장하는 문화가 판을 치자 사회 통합에 대한 고민은 깊어 갔다. 상업적 대중 문화가 피지배 계급의 문화를 잠식하는 것에 그치지 않고 사회 전체의 문화적 질서를 깨려는 주제 넘는 모습을 보이자 그 고민은 더욱 커졌다. 문화적 질서의 붕괴가 도덕 질서, 정치 질서, 사회 질서의 붕괴로 이어질 거라 예상했기 때문이다. 그래서 강구된 문화적 대책이 교양의 회복과 교육이었다. 교양과 교육을 통해 사회 내 문화를 회복하고, 과거 전 영국인들이 공유하던 유기적 문화를 복구할 것을 제안했다. 이상이 공유 문화를 논의했던 리비스주의자의 논지다. 리비스주의자가 피지배 계층의 문화를 말하긴 했으나 여전히 피지배 집단, 대중의 문화를 교정 대상의 이상으로 대접하지 않았다. 그것 스스로는 의미를 지니지 않는 것처럼 다루고 있었다.

반복하면 문화주의 입장 중 가장 두드러진 특성은 피지배 계급 문화인 대중의 문화가 갖는 가치를 설명한다는 점이다. 문화주의는 피지배 계급의 문화를 패배주의적 사고로 설명하지 않는다. 피지배 계급의 문화가 패퇴하여 사라졌다고 말하지도 않는다. 피지배 계급이나 집단이 주어진 문화, 상업적 대중 문화에 빠져 탐닉한다는 주장에도 동의하지 않는다. '문화와 문명 전통'의 리비스나 엘리엇처럼 잃어버린 문화(즉 공유 문화)를 찾아 나서지도 않는다. 지금 현재 피지배 계급이 지닌 문화가 다른 문화와 어떤 긴장 관계를 유지해 왔는지, 그것이 지배 문화인 고급 문화와 경쟁하면서 어떻게 변해 왔는지, 그리고 어떤 사회적 효과를 내는지 등에 관심을 갖는다. 이 입장은 피지배 계급 문화가 능동적이며 적극적으로 지배 계급 문화에 대항함을 강조한다. 지배 계급의 문화가 가질 문화적 헤게모니를 견제하고 그에 도전하는 것으로 상정한다. 더 나아가 궁극적으로 피지배 계급의 문화가 새로운 사회 건설에 일조할 수 있는 전술과 전략을 수립한다. 이 같은 문화주의 입장은 이후 영국 문화 연구나 현대 대중 문화론에 큰 영향을 미쳤다(9장 참조).

1. 문화주의의 탄생

문화주의는 영국 피지배 계급, 노동 계급의 역사적 경험을 정리하는 과정에서 2차 세계 대전 이후의 큰 변화에 주목한다. 특히 미국식 상업 문화가 영국 전역에서 범람하고 있음에 관심을 가졌다. 노동 계급 사람들이 미국식의 세련된 상업 문화에 다가가면서 노동 계급 의식에 변화가 생겼고, 그로 인해 계급 투쟁이 약화되는 것은 아닌지 등에 관해 체계적 정리가 필요했다. 물론 미국식 대중 문화의 영향력에 대한 논의가 영국에서 처음 벌어진 것은 아니었다. 리비스를 비롯한 일군의 인문학자가 1930년대 1차 세계 대전 이후 대중의 미국 문화에 대한 열정을 논의하기도 했다. 하지만 그들의 논의는 매우 한정적이었다. 우선 계급적인 관점에 입각해 논의를 펼치지 않았다는 한계가 있었다. 또한 피지배 계급의 문화 향유에만 초점을 맞춘 것도 아니었다. 미국식의 대중 문화 등장으로 전통 공동체 문화나 민속 문화의 소멸, 그리고 인문학에서 말하는 정전, 고전 등이 외면당하는 고급 문화의 쇠퇴에 시선을 고정하고 있었다. 도덕적 타락이나 심미적인 면의 상실에 대한 걱정이었다. 산업 혁명의 역효과가 드러나 대중의 일상적 삶이 황폐해졌다며 그를 치유하려는 의도를 강하게 드러내고 있었다. 하지만 문화주의 문화론자는 리비스 학파와는 문제 설정을 완전히 달리했다. 그들은 좌파적 견지에서 노동 계급의 혁명성이 줄어드는 것을 걱정했다.

그리고 노동 계급의 혁명성을 여전히 유지할 수 있는 문화를 고민했다. 시선, 이념, 문제 설정의 차이에도 불구하고 문화주의 연구자는 리비스 학파와 비슷한 질문을 던졌다는 점에서 좌파 리비스주의자라고도 불린다.

문화주의는 다음과 같은 특성을 지닌다.[151] 첫째, 노동 계급이 즐기는 대중 문화 전체를 비관적인 문화로 보거나, 그들의 대중 문화 수용을 퇴행적인 것으로만 파악하지는 않았다. 노동 계급의 문화 향유가 행해 왔던 사회적 역할을 역사적으로 조망하면서 그에 대한 기대를 버리지 않았다. 그들의 문화가 노동 계급 형성과 유지에 크게 기여했음을 평가하려 했다.[152] 대신 긴 역사를 가졌던 노동 계급의 문화, 피지배 계급의 문화에 변화가 생기고 있음에 주목했다. 과연 그 변화를 긍정적으로 볼 수 있는 것인지, 아니면 계급 의식 감소를 부추기는 퇴행적 문화 향유로 볼 것인지를 논의했다. 호가트 같은 학자는 이전에 비해 퇴행적 향유를 보인다고 주장했고, 윌리엄스는 오히려 그 같은 변화에서 새로운 가능성을 찾을 수 있다고 내다보기도 했다. 어쨌든 문화주의자는 노동 계급, 피지배 계급 문화의 변화를 계급 투쟁, 계급 의식이라는 렌즈로 들여다보고자 했다.

둘째, 문화주의는 마르크스주의로부터 영향받았음을 인정하면서도 마르크스주의의 교조적인 면을 비판하고, 그를 수정하려 했다. 전후 영국 사회에 새롭게 등장한 갈등을 마르크스주의가 제대로 풀이해 내

---

151 S. Hall, "Cultural Studies and the Centre: Some Problematics and Problems," in S. Hall et al. (eds.), *Culture, Media, Language*, London: Hutchinson, 1980, pp.15~47.

152 이러한 차이는 대중 문화를 보는 위치의 차이에서도 두드러진다. 공유 학파는 대중 문화를 '객관적 위치' 혹은 '비평의 위치'에서 보려고 한 반면, 문화주의는 대중 문화를 노동 계급의 위치에서 보려고 했다. T. Bennett, *Popular Culture: Themes and Issues*, Milton Keynes: Open University Press, 1981, p.6.

지 못하고 있다고 비판했다. 특히 상업적 대중 문화 등장과 같은 문제를 대수롭지 않은 문제라고 보거나 반혁명적이라고 비판하며 마무리할 뿐이었다. 신좌파New Left 운동을 선도했던 문화주의는 그 같은 마르크스주의를 시대에 뒤떨어진 것으로 파악했다. 마르크스주의가 자본주의 사회 변화에도 불구하고 여전히 경제를 중심으로 사회를 해석하고, 계급을 본질적으로만 파악해 계급 형성, 변화, 소멸과 같은 역동성을 외면한다고 비판했다.153 문화주의는 정통 마르크스주의가 관심을 덜 가졌던 부분에 오히려 관심을 보였다. 이데올로기, 권력, 대중 소비, 대중 문화 그리고 계급 문화가 오히려 계급 정치에 큰 영향을 미친다고 파악했다. 그래서 그 개념을 정리했으며 관련된 분석을 통해 좌파 이론(정통 마르크스주의)을 보완하고 수정하려 했다.

셋째, 문화주의는 대중, 대중 문화에 대한 과거의 정의법을 반대하고, 새로운 정의 방식을 제안했다. 우선 대중에 대한 정의법을 수정하려 했다. 익명적이고 원자화된 인간의 무리라는 의미를 담은 대중the masses 개념을 포기할 것을 제안한다. 그들이 보기에 "대중이라는 존재는 없으며, 다만 대중이라는 개념을 정리하는 노력만이 존재"할 뿐이다There are no masses, only ways of seeing people as masses.154 문화주의자는 대중 사회론자나 리비스 학파가 말하는 대중과는 다른 대중의 개념을 채용하고자 했다. 문화론자가 말하는 대중은 피지배 계급과 비슷한 의미를 갖긴 하지만 그것과 반드시 일치하지는 않는다. 그들은 대중을 모든 사회적 모순(계급, 성차, 민족, 인종, 지역 등) 속에서 지배당하는 여러 층들의 총합으로 보고자

153 D. Dworkin, *Cultural Marxism in Postwar Britain: History, the New Left, and the Origin of Cultural Studies*, Durham & London: Duke University Press, 1997.

154 R. Williams, *Culture and Society*, Harmondsworth: Penguin, 1961, p.289.

했다. 그런 의미에서 그들이 사용하는 대중 개념은 'masses'로서의 대중이 아니라 'popular'로서의 대중에 가깝고 이 개념을 즐겨 사용해 왔다.[155] 이 개념은 피지배 집단의 유기적 결합체를 의미한다. 노동 계급 이상의 의미를 지니며 피지배 계급의 존재를 전혀 다른 방향에서 해석하려는 노력이다. 그리고 피지배 계급의 문화도 좀 더 다른 각도에서 해석하려 한다. 피지배 계급 문화를 단순히 계급적인 측면에서만 파악하는 것은 문화를 지나치게 단순화하는 것이다. 그러므로 그 폭을 넓혀 이해할 필요가 있다. 노동 계급 문화, 여성 문화, 흑인 문화, 시골 문화, 슬럼가 문화, 청소년 문화 등 사회 내 다양한 형태의 지배—피지배 관계에 놓인 피지배 집단의 문화를 총괄하려 한다. 대중의 문화는 이처럼 다양한 형태의 지배—피지배 관계가 얽혀 있는 때로는 매우 복잡한 양상을 띠는 점을 인정하는 것이다. 예를 들어, 노동자 계급 문화 안에 도사리고 있을 수도 있는 남성 중심적 문화는 성 정치에서의 피지배 계급인 여성의 시각에서 보자면 지배 문화가 될 수도 있다. 여성 문화 또한 백인 여성 중심의 여성 문화가 흑인 여성 문화를 배려하지 않은 채 여성 문화 전반을 대표할 수도 있다. 대중의 문화는 이처럼 여러 형태의 지배—피지배가 얽혀 있는 모습을 하고 있다. 문화주의는 대중 문화를 지배 계층의 문화라거나, 피지배 계층의 전유물로만 파악하는 것을 넘어 매우 복합적이며, 역사적 상황에 따라 그 성격이 바뀌는 것으로 보고 있다.

넷째, 문화주의는 전통 마르크스주의에서 내세우는 '문화는 물질적 토대의 반영'이라는 테제에 반대한다. 대신 문화적 영역은 경제적 영역으로부터 상대적으로 독립적임을 강조한다. 문화는 물질적 토대를 반영

---

155 S. Hall, "Notes on Deconstructing 'the Popular'," in R. Samuel (ed.), *People's History and Socialist Theory*, London: RKP, 1981, pp. 227~239.

하는 수동적 영역에만 머물지 않는다. 때로는 문화가 물질적 토대에 영향을 미칠 수도 있음을 배제하지 않는다. 하지만 문화적 영역을 물질적 토대와 관련시키지 않은 채 예술, 도덕으로만 파악하려는 '문화와 문명 전통'과는 거리를 유지한다. 문화주의는 경제, 정치, 문화적 영역으로 사회는 구성되어 있다고 파악한다. 그 구성 요소 간 관계에서 문화적 영역은 경제나 정치에 부수적이지 않고, 그 양편 모두에 영향을 미치기도 하는 독자적 영역이다. 예를 들어 노동 계급의 형성은 단지 공장에서의 지위, 공장 소유주와의 관계(적대)만으로 이뤄지진 않는다. 다른 노동 계급 동료들과 어떻게 어울리는가, 어떤 유대를 갖고 사는가, 어떤 여가를 즐기는가라는 면도 노동 계급 형성에 중요한 역할을 한다. 좌파이면서도, 신좌파라는 이름을 얻게 된 연유도 그처럼 문화의 중요성을 강조하고, 문화와 경제, 정치 간 관계에 새로운 해석을 덧붙였기 때문이다.

다섯째, 문화주의는 구조주의와 대립하며, 문화, 인간 주체에 대해 전혀 다른 의견을 내놓았다(구조주의 문화론은 6장에서 정리할 것이다).[156] 구조주의가 문화의 조건, 즉 사회적 구조의 결정성을 지나치게 강조한다고 문화주의 진영은 비판했다. 구조주의가 인간 존재 자체를 무시하고 역사 과정에서 인간 역할을 빼 버렸다며 비인문학적인 전통에 지나지 않는다고 지적한다. 구조주의 논의 안에서는 끊임없이 창조하고 도전하는 인간을 찾을 수 없으므로 '구조 환원주의'에 불과하다며 공격한다. 문화주의는 구조주의의 반인본성과 반역사성에 적대감을 표했다. 그리고 역사적 과정에 인간을 회복시켜 역사를 만들어 가는 존재로 보려 했다. 문화주의는 구조보다는 인간에, 이데올로기보다는 인간의 경험에, 지

---

[156] 이러한 반대 경향은 특히 톰슨의 경우 가장 심하게 드러난다. E. P. Thompson, *The Poverty of Theory and Other Essays*, London: Merlin, 1978.

배 계급의 전략보다는 피지배 계급의 전술에 관심을 갖는다. 문화주의
에서 논의하는 대중 문화론이 마치 인류학적, 혹은 역사적 연구인 것처
럼 보이는 것도 바로 이러한 관심 때문이다. 문화주의는 피지배 계급의
일상 경험이 지배적인 구조와 끊임없이 결합하거나 대결하고 있음을
밝혔다. 문화 연구*cultural studies*를 발전시킨 영국의 버밍엄 현대문화연구
소(CCCS: Centre for Contemporary Cultural Studies)에서는 문화주의가 강조한 인간
일상 경험의 중요성을 받아들였고 이를 새롭게 정리했다.157 문화주의
와 구조주의의 서로 다른 입장을 절합하는 방식을 택한 문화 연구는 늘
자신의 정체성을 이 두 가지 전통이 얽힌 것에서 찾는다(이에 대한 논의는 마
지막 장에서 할 것이다).158

　여섯째, 지금까지 이뤄진 노동 계급, 피지배 계급의 문화, 일상에 대
한 연구와의 차이점을 들 수 있다. 지금까지의 피지배 계급의 문화, 일
상에 대한 연구는 지배가 통하는 방식에 주목해 온 반면 문화주의는 '저
항성'에 초점을 맞추고 있다. 문화주의 이전에도 노동 계급, 피지배 계
급 문화에 대한 연구가 있었다. 특히 아날*Annales* 역사학파는 하층 계급
의 생활을 묘사하는 데 상당한 노력을 기울였고 성과를 거두었다. 인간
생활의 모든 면 사이에 있는 전체적 관계에 대한 안목과 역사적 역동성
분석에 치중하면서 인류학적인 태도로 피지배 계급의 문화를 연구하려
하였다. 하지만 아날 학파는 피지배 계급의 문제를 계급 관계에서 유리
시키는 결함을 지니고 있다. 은연중에 하층 계급의 생활을 계급 관계에

---

157 문화 연구와 문화연구소 등에 관한 논의는 다음 책을 참조하라. G. Turner, *British Cultural
Studies: An Introduction*, New York: Routledge, 1990[《문화 연구 입문》, 김연종 옮김, 한나래, 1995].
158 S. Hall, "Cultural Studies: Two Paradigms," in T. Bennett et al. (eds.), *Culture, Ideology and
Social Process: A Reader*, London: Open University Press, 1981, pp.19~37.

서 격리시켜 문화의 상대성, 즉 아래로부터 위로 치받는 저항의 역동성을 그려 내지 못했다는 지적을 받는다. 역사에서 정치적 차원을 제거했기 때문에 받은 비판이다. 문화주의자가 인류학적인 관점으로 피지배 계급의 문화에 접근한다는 점에선 아날 학파와 유사점이 있다. 하지만 아날 학파가 빠뜨린 계급 관계, 사회의 역동성, 즉 아래로부터 위로 저항하는 역동성에 많은 관심을 보였다는 점에서 큰 차이를 보인다.

이번 장 맨 첫 부분에서 밝혔듯 '문화주의'라는 번역은 자칫 오해를 살 수 있다.159 문화주의라는 이름 아래 연구자들이 모여서 연구를 같이 한 것도 아니고, 서로 협력해 저서를 같이 출판한 적도 없다. 서로 다른 학문적 영역(문화학, 문학, 역사학)에서 문화의 중요성을 강조하는 일련의 연구 경향들을 묶어서 그렇게 이름 붙인 것에 지나지 않는다. 문화주의라는 용어에는 '구조주의'와 연구 방향이 명확하게 다르다는 뉘앙스가 숨어 있다. 그리고 경제, 정치적인 영역만큼이나 문화적인 영역이 중요하다는 것을 강조하는 의도도 있다. 영국의 문화 연구(문화 연구에 대한 논의는 마지막 장에서 이루어질 것이다)의 선도 역할을 한 문화 연구의 산실인 버밍엄 대학의 현대문화연구소의 초대 소장인 호가트, 좌파 리비스주의자라고 불리는 윌리엄스, 영국 노동자 형성에 대한 연구로 널리 알려진 톰슨, 그리고 문화 연구의 꽃을 피운 (초기의) 스튜어트 홀Stuart Hall 등에서 일련의 문화주의적인 경향을 찾을 수 있다. 문화주의를 두고 지극히 영국 전통

159 문화주의란 말은 문화를 지나치게 강조한다는 의미에서 '문제성' 있는 개념이다. 윌리엄스나 톰슨 등을 문화주의란 범주에 넣어 버림으로써 그들이 지니는 학문의 깊이가 사장될 수도 있으므로 조심스럽게 사용해야 한다. 윌리엄스나 톰슨은 여전히 '계급'에 관심을 갖는 마르크스주의자였지만 전통적 마르크스주의자가 놓치고 있던 '문화'에 더 관심을 가졌다는 점에서 그런 이름이 붙었을 거라고 짐작해 본다.

이라고 말하는 것은 영국의 노동 계급 문화에 대한 관심 표명이 크기 때문이기도 하지만 그것보다는 문화주의가 리비스 학파의 논의로부터 도움을 받고 있기 때문이다. 리비스 학파의 논의를 그대로 옮겨다 수용하는 것은 아니지만 그들의 논의에 답하거나 수정하면서 문화주의 스스로의 전통을 만들었다.160 그런 점에서 영국적 전통이라 부르고 있다.

　　문화주의는 공유 학파, 리비스 학파의 몇 가지 가정을 수긍하였으나 다른 몇몇 가정에 대해서는 도전적 입장을 취했다. 문화주의 연구의 초석이 될 《읽고 쓰는 능력의 이용*The Uses of Literacy*》을 통해 호가트는 1930년대 영국 노동 계급을, 리비스 학파에서 파악한 것과는 달리, 매우 역동적인 계급 문화를 지니고 있었다고 주장한다. 1950년대 들어서 노동 계급 문화에 이상이 생기긴 했지만 1930년대에는 노동 계급 문화가 생생하게 살아 있었다고 밝힌다. 《문화와 사회: 1780~1950*Culture and Society: 1780~1950*》, 《장구한 혁명*The Long Revolution*》 등의 저서를 통해 윌리엄스는 리비스 학파 등에서 내보였던 문화 개념을 확장한다. 또 문화 개념 정의에 갈등, 경쟁, 투쟁의 요소를 포함시켰다. 대중이 교육의 기회를 갖고, 대중 매체를 접하며, 대중 정치 과정에 참여하게 된 것을 역사의 긴 여정에서 보면 혁명적인 것*Long Revolution*이라며 축복하고 있었다. 리비스 학파의 염세적인 사고와는 일정 정도 거리를 두었다. 톰슨의 경우 쉽게 잊혀지거나 끊이지 않는 노동 계급의 경험과 기억을 강조하며 노동 계급 문화가 쉽게 무너지지 않음을 역설하였다. 노동 계급은 해가 동쪽에서 서쪽으로 지는 것처럼 자연적으로 만들어지진 않는다. 노동 계급 구성원의 살림살이, 그들 간의 소통, 문화를 통해 노동 계급이 형성된다. 톰슨은 그

---

160 윌리엄스는 리비스의 제자이기도 하다.

의 긴 저서에서 노동 계급이 살아 온 여정을 추적해 노동 계급 문화가 형성되고, 살아 있음을 보여 준다.

세 사람은 "한 사회의 문화를 분석함으로써 문화를 생산하고 소비하는 사람에 의해 공유된 사상과 행위를 재구성하는 것이 가능하다"라는 주장을 공유하고 있다. 무엇보다도 대중의 수동적인 문화 수용이 아닌 능동적인 문화의 수용과 의미 생산에 관심을 두며 궁극적으로 문화 수용, 생산 과정 상 인간 주체*human agency*의 역할을 많이 언급했다. 앞서 살펴보았던 대부분의 문화론은 대중 안으로 들어가 그 모습을 찾기보다는 대중과 일정 거리를 둔 채 대중을 설명하려 했다. 그에 비해 문화주의는 대중이 대중 문화 등과 같은 문화적 기제를 통해 자신들의 계급 영역을 구축해 나가는 능동적인 모습을 대중 안으로 들어가 찾으려 한다. 대중의 입장에서 그들이 즐기는 문화를 해석하려 한 것이다. 그런 의미에서 대중 문화란 전적으로 배격되어야 하거나 질이 낮은 문화가 아니라 주 수용층의 사상과 행위를 알 수 있는 의미 있는 자료이다.161

좌파 리비스주의 혹은 문화주의가 등장할 수 있었던 것은 전후 영국 사회의 변화와 관련이 있다. 2차 세계 대전 이전만 하더라도 영국의 노동 계급이 고급 교육 기관에 진학하기란 쉽지 않았다. 그러나 전후 교육이 대중화되면서 장학금을 받아 공부를 계속할 수 있는 기회가 노동 계급 자녀들에게도 주어졌다. 호가트와 윌리엄스는 바로 그러한 '혜택'을 받은 학자였다. 노동 계급의 배경을 지닌 그들은 자연스럽게 그들이 자라난 그들의 문화 ── 즉 노동 계급 문화 ── 에 대해 관심을 보이기 시작했다.

---

161 이에 대한 논란은 R. Samuel (ed.), *People's History and Socialist Theory*, London: RKP, 1981의 후반부에 실려 있다.

이러한 변화는 대중 문화 논의에 큰 영향을 미쳤다. [……] 대중 문화를 남의 문화로 보고 그것을 걱정하고 경멸하던 분위기에서 우리의 문화인 대중 문화의 영향력을 이해해야 한다는 분위기로 선회한 것이다.[162]

윌리엄스와 호가트는 사회 내 성인 재교육 등에 관심을 가져 노동 계급 교육 기관 등에서 교육자 생활을 시작한다. 그 과정을 통해 노동 계급 문화가 지금까지 어떤 역할을 해 왔는지, 지금 당장 어떤 변화를 겪고 있는지를 파악해 낼 수 있었다. 대중 문화를 자신의 문화라고 파악하고, 대중과 더불어 대중 문화를 연구하는 자세를 취했던 것이다.

문화주의자의 대중 문화에 대한 관심을 설명할 수 있는 또 다른 사건으로 영국에서의 대중 매체의 획기적 급증을 들 수 있다. 대중 매체의 확산은 청소년의 가치관을 흔들어 놓기에 충분한 것이었다. 특히 학교는 대중 매체와 경쟁해야 할 입장에 놓이게 되었다. 많은 학자가 대중 매체의 확산으로 인한 청소년 문화의 변화에 관심을 보였고, 1960년 영국의 전국교사노조(NUT: National Union of Teachers) 연례 총회에서는 다음과 같은 결의문을 채택했다.

우리는 신문, 라디오, 영화, 텔레비전이 잘못 이용됨으로써 빚어지는 문화적 취향의 저속화를 막기 위해 노력해야 한다는 데 의견을 모았다. 대중 매체를 이용하는 사람, 통제하는 사람, 부모에게 그러한 의견을 전달하려고 한다. 이는 무엇보다도 학생이 교실에서 배우는 가치와 학교를 벗어나서 접하는 가치 간의 차이에서 발생하는 갈등을 막으려는 우리 교사의 노력임을 전달하려고 한다.[163]

---

[162] Bennett, 앞의 책, p.6.
[163] S. Hall & P. Whannel, *The Popular Arts*, London: Hutchinson, 1964, p.23에서 재인용.

2차 대전 후 영국의 청소년은 미국의 대중 문화, 특히 로큰롤에 열광했다. 이 당시 로큰롤 스타의 스타일로
따라한 10대를 테디 보이*Teddy Boys*라 불렀다.

이러한 결의문은 곧 전국교사노조의 임시 총회를 개최하게 만들었다. 임시 총회에서는 '대중 문화와 개인의 책임'이라는 주제로 열띤 토론을 벌였다. 그들은 처음에는 대중 문화를 저급한 문화로 파악하고, 학교와 적대적인 위치에 놓고자 했다. 하지만 점차 토론을 통해 대중 문화 속에도 과거 민중 문화적 요소가 있음을 파악하고 좋은 대중 문화와 나쁜 대중 문화를 구분할 줄 아는 능력을 어떻게 고양할 수 있을 것인가로 주제를 선회했다.164 앞의 리비스를 중심으로 한 영국의 공유 학파 학자가 대중 문화를 거부하고 교육을 강조했던 것에 비하면 상당한 변화라고 할 수 있다. 이러한 관심으로 문화주의는 대중 문화, 수용자인 대중 그리고 노동 계급에 천착했다는 사실을 여러 군데서 고백한다.165

2. 문화 개념의 확장

문화라는 개념의 정의를 두고 크게 논란을 벌인 당사자를 문화주의자라고 보아도 큰 무리는 없을 듯하다. 문화주의의 주요 인물인 윌리엄스는 문화 개념 정의의 계보를 작성하면서, 그 개념은 영어권에서 정의하기 가장 어려운 용어에 속한다고 밝혔다. 문화 개념의 정의가 시간 흐름에 따라 변했음은 그 어려움을 간접적으로 말해 준다.166 문화주의가 문화

---

164 호가트, 윌리엄스, 홀 등이 이 모임의 연사로 등장했다.

165 Turner, 앞의 책, p.46.

166 윌리엄스는 '문화'란 용어는 영어권 안에서 가장 정의하기 어려운 것이라고 설파한다. 그 주된 이유는 이제 '문화'를 너무 많은 학문 영역에서 다루고 있으며, 이데올로기 차이에 의해서도 그 정의가 달라지기 때문이라고 했다.

개념 정의의 변화에 큰 영향을 미친 과정을 정확히 알기 위해서뿐만 아니라 문화 개념을 더 잘 정의해 내기 위해서 앞에 행했던 작업을 한 번 더 해 보자.

애초에 문화는 '토지를 경작하거나 가축을 기르는 행위'라는 뜻이었다. 그 정의를 인간에 적용하면서 인간의 정신 개발, 도덕 함양 등과 같은 의미로 사용해 왔다. 이후 문화는 '지적, 정신적, 심미적 발전 과정'이라고 받아들이기 시작했다. 이로써 문화는 점차 인간이 만들 수 있는 가장 뛰어난 정신적, 심미적인 것으로서 예술과 동등하게 받아들일 여지를 갖게 된다. 이는 문화에 대한 가장 오래된 정의이며 가장 대중적인 정의이기도 하다. 즉 문화는 음악, 문학, 미술, 조각, 연극, 영화 등을 의미하며, 철학이나 역사 등과 같은 학문 분야를 포함하기도 한다. 아널드 학파 혹은 문화와 문명 전통, 대중 사회론이 염두해 두었던 문화의 정의는 대체로 이에 가깝다고 할 수 있다.

세 번째로 "문화란 사회가 (선)진화하는 과정을 의미한다. 선진화란 서구화, 즉 유럽화와 같은 의미를 갖는다"라는 서양(백인) 중심주의적 정의도 있다. 이러한 정의는 그것의 인종주의적 색채, 서구 중심주의적 색채로 많은 비판을 받았다. 그러나 문화에 대한 이 같은 사고는 여러 분야에서 드러나고 있어, 탈식민주의는 그를 직접 지적하고 비판하며 나서고 있다. 네 번째, "문화란 특정 민족이나 시대, 집단이 공유하는 특정한 삶의 방식이다"라는 정의를 들 수 있다. 흔히 인류학적인 정의법이라고 일컬어지는 이 개념 규정에서는 문화를 복수의 개념으로 —— 문화들cultures로 —— 파악한다. 여러 문화가 상존할 수 있으며, 문화의 우열성은 따질 수 없음을 강조한다. 마지막으로 문화를 정지된 그 무엇things으로 보지 않고 역동적으로 살아 움직이며 의미를 내는 의미 작용 과정signifying practices으로 파악하는 정의법이 있다. 문화란 다양한 형태의 상징을 이용해 의미를 만드는 적극적인 사회 실천이란 것이다. 이를 간단하게 정리해 보면 다음과 같다.

- 문화 = 경작, 양식
- 문화 = 문명화, 교양, 예술
- 문화 = 사회 발전, 진화의 일반 경향, 근대화, 서구화
- 문화 = 한 집단이 나누어 지니는 의미, 가치, 생활 방식
- 문화 = 의미 생산 과정, 의미화 과정

공유 학파는 두 번째의 관점, 즉 미학적인 관점의 문화관을 지녔던 것처럼 보인다. 아널드가 정의한 대로 예술 영역 부근의 것, 즉 인간의 정신을 순화하는 실천을 문화라고 보았다. 하지만 윌리엄스를 비롯한 문화주의자는 다른 견해를 펼친다. 즉 문화관을 미학적인 관점에서부터 일상 생활 관점으로 옮겨 갈 것을 주장한다. 그는 위에서 설명한 문화 정의 가운데 네 번째와 다섯 번째의 문화 정의에 주목한다. 이는 일상 생활에서 찾을 수 있는 문화에 대한 관심, 즉 '생생한 문화*lived culture*'로 전환됨을 의미한다. 결국 문화주의는 문화에 대한 새로운 정의를 갖고 특정 집단이나 계급 혹은 전체 사회가 지닌 경험이나 가치 등을 재구성하려고 한다. 그리고 문화 안에서 살아가고 있는 사람의 생활을 이해하기 위해 문화적 실천, 즉 의미화 과정에 대해서도 관심을 보인다.

이는 '문화란 무엇인가'라는 질문에서 '문화란 어떻게 형성되며 재구성되는가'라는 질문으로의 이동을 의미한다. 즉 문화의 'what'에 대한 질문에서 문화의 'how'에 대한 질문으로 옮기는 계기가 된다. 이로써 문화의 정의에 역동성이 들어서게 된다. 문화적 배열을 수직적이기보다 수평적으로 해낼 수 있도록 해준다. 좋은 문화, 나쁜 문화, 고급 문

화, 저급 문화가 아니라 이런 문화, 저런 문화식으로 규정하게 돕는다. 그래서 대중 문화 연구도 연구로서의 사회적 지위를 누릴 수 있게 된다. 대중 문화를 통한 의미 교환도 가능하고, 대중 문화를 통해 특정 집단을 표현해 낼 수 있고, 전통적인 문화와 경쟁하기도 하고, 통칭 '고급 문화'에 저항해 새로운 의미 형성, 문화 형성을 해내기도 한다. 문화주의는 이처럼 문화의 고정성, 문화의 구조가 아닌 문화의 형성, 경쟁, 변화 등에 초점을 맞추고 있다.

윌리엄스는 이와 같이 문화의 역동성을 파악했다는 점에서, 그리고 문화를 통한 대중의 실천을 문화 이론 안으로 끌어들였다는 점에서 문화주의의 선구자로 여겨진다(물론 윌리엄스는 후기 저작을 통해 이보다 더 정교하고 많은 논의를 전개해 나가 문화주의를 벗어나는 문화 이론의 대가가 된다). 호가트는 노동 계급 문화에 대한 실증적인*empirical* 연구로 문화주의의 대열에 동참한다. 그는 노동 계급 문화에 대한 인류학적인 연구를 통해서 노동 계급 안에서 대중 문화가 어떻게 소화되고 있으며 그 이전의 노동 계급이 나누어 가졌던 가치와 어떻게 충돌하고 있는지를 살피고 있다. 마르크스주의 역사학자로 일컬어지는 톰슨은 피지배 계급의 문화를 통한 경험이 얼마나 중요한 역할을 하는지를 살펴보고 있다. 문화에 대한 새로운 개념 정의, 이의 인류학적인 접근 그리고 역사학적인 접근을 하는 이들을 묶어서 우리는 문화주의적 접근이라고 부른다.

문화주의에 앞서서 문화 논의를 펼쳤고, 문화주의에 영향을 미쳤던 리비스 학파는 피지배 계급, 노동 계급의 생생한 문화 생활을 그리는 데까지 이르진 않았다. 노동 계급, 피지배 계급을 문화적으로 침식당하는 식민지로 그려 내는 데 그쳤다. 그러나 문화주의 내 연구자들은 노동 계급이 문화 생활을 어떻게 생생히게 그려 낼 것인가에 주력했다. 노동 계급 문화를 피상적으로 가정하지 않고 문화의 형성이 실질적으로 어떻게 이뤄지고 있는지를 살펴보았다. 호가트의 저서《읽고 쓰는 능력의 이용》은 문화주의의 대표작으로 손꼽힌다.[167] 호가트의 책은 크게 두 부분으로 나뉜다. 전반부는 노동 계급 출신인 저자 자신의 자서전적 문화 분석이다. 어린 시절의 일기처럼 보이는 이 문화 분석에서 호가트는 1930년대의 자신이 포함되었던 노동 계급 문화를 기술하고 있다. 책의 후반부는 1950년대 노동 계급 문화를 위협하는 새로운 형식의 오락을 그린다. 대중 매체를 통한 새로운 문화 형식이 노동 계급에 전해지면서 1930년대와는 다른 모습을 갖게 되었다고 지적한다. 후반부는 그가 학자적 관점에서 노동 계급 문화를 분석했다는 점에서 전반부의 분석과 차이가 있다. 전반부는 자서전적으로, 후반부는 사뭇 이론적, 분석적으로 정리하고 있다. 이 책의 전후반 분석을 통해 호가트는 1930년대에는 노동 계급의 삶에 기초한 문화가 존재하고 있었으나 1950년대에 이르러서는 그렇지 않다고 밝힌다.

호가트는 책 전반부에 노동 계급 문화를 다음 같이 설명한다.

노동 계급 문화는 신화나 의식의 중요성을 강조하는데, 미신적인 신념은 때로는 건강 문제와 관련되어 있다. 거기에는 운명 또는 숙명에 관한 믿음과 가정 요리의 덕에 관한 믿음이 광범하게 공유되어 있다. 지적 문화(책)에 대한 전형적인 반응은 '그것이 우리에게 무엇을 가져다줄 수 있는가?'라든가 '무슨 이득이 있을까?'와 같이 부정적인 것이었다. 그들의 사회 생활의 바탕은 군거적이며 사교적이다. 가족 간에는 가령 성격 같은 것을 포함해서 모든 것이 공유되고 있다. 거기에는 찰나적인 쾌락주의 또는 쾌락에 대한 즉각적인 보상이 있을 뿐이며 장래 계획은 필요

---

167 R. Hoggart, *The Uses of Literacy*, London: Penguin, 1958.

없다. 저금도 없고 인생의 계획도 없이 느긋한 쾌락주의만이 팽배해 있어서 '오랜 노력 끝에 크나큰 보상을 얻는다'라는 사려 깊은 생각이 그들에게는 별로 문제가 되지 않는다. 그러한 쾌락주의적 태도는 곧 '걱정해서 무엇 하느냐. 웃으면서 즐겁게 살아야지'와 같은 생각이라고 할 수 있다.**168**

리비스 학파는 1930년대 노동 계급이 처한 이 같은 문화적 현실에 대해 우려를 표시했었다. 노동 계급의 무계획성, 쾌락주의, 찰나주의 등을 부도덕한 것으로, 문화적 타락의 결과로 파악했다. 그러나 호가트는 정반대로 해석해 1930년대의 노동 계급 문화에 대해 깊은 애정을 표시했다. 호가트는 노동 계급의 사고는 다른 계급의 도덕 중심적 사고와 크게 다르다는 점을 강조하면서 그것이 노동 계급을 노동 계급답게 만드는 것이라고 보았다.

호가트는 책 후반부에서 새롭게 등장하는 대중 문화에 대해 언급한다. 하지만 전반부만큼 설득력 있게 논의하지 않는다. 노동 계급 특히 노동 계급 청소년의 문화 생활을 단순화시켜 설명한다. 전반부의 논의는 자서전이었던 점에서 구체성을 띠고 있었지만, 후반부 논의는 현상 기술적인 것에 그쳐 구체성을 결여한다. 책 전반부와 후반부 간 균형을 맞추지 못한 결과, 과거 호가트 자신의 청소년 시절 문화는 건강했고, 현재(1950년대)의 노동 계급 청소년 문화는 퇴행한 것이라고 파악했다. 비록 책 내부에 시선의 격차가 있긴 하지만 그가 저서를 통해 얻고자 한 점은 뚜렷하다. 그는 노동 계급이 도덕적으로 몰락했다는 주장에 동의하지 않는다. 노동 계급에 전해지는 문화의 내용이 점차 도덕적인 신중

---

168 A. Swingewood, *The Myth of Mass Culture*, London: Macmillan, 1977 [《대중 문화론의 원점》, 이강수 옮김, 전예원, 1984, p.83에서 재인용].

성을 결여해 가는 것을 인정함에도 불구하고 말이다. 호가트는 여러 우려에도 불구하고 노동 계급이 그 같은 대중 문화의 조작적 성격에 반드시 대항하고, 물리칠 것이라고 여러 번에 걸쳐 천명했다. 노동 계급은 그럴 능력과 전통을 가졌다고 보았다. 역사를 살아오는 동안 노동 계급은 새로운 것이 등장할 때 그 안에서 취할 것은 취하고 버릴 것은 버릴 줄 아는 지혜를 발휘해 왔다. 적응하고 변화를 견뎌 나가는 강하고 자연적인 힘과 능력을 지니고 있었다. 이러한 점에서 노동 계급은 대중 문화에 대해 항상 부분적으로 반응했고, 그를 낯설게 대했다고 호가트는 주장한다. 즉 노동 계급은 스스로 대중 문화 바깥 어딘가에 사는 존재로 여긴다며 노동 계급에 신뢰를 보였다. 그러므로 노동 계급은 통찰력 있고 습관적이며, 살아 있는 삶을 살게 되고 그로 인해 궁극적으로 매끈하고 상업적인 대중 문화에서 벗어날 수 있을 것이라고 믿었다.

호가트는 노동 계급의 미학, 혹은 대중popular 미학을 일상 생활에의 주된 관심, 이미 알려진 것에 대한 지대한 관심, 탐색하기보다는 보여 주는 것에 대한 선호로 파악하였다. 이러한 대중 미학은 일상 생활에서 도피하려는 것과는 거리가 멀다. 오히려 대중 미학은 일상 생활을 강화해, 일상 생활은 재미있다는 가정을 재확인시켜 준다고 생각했다. 그런데 1950년대 들어 호가트는 노동 계급의 일상 안으로 들어온 미국식의 대중 오락이 그 같은 대중 미학을 갉아 먹는다며 우려했다. 미국식 대중 오락을 통한 즐거움은 무책임하고 대리적이어서 일상 생활의 건강함으로까지 이어지지 못했다. 노동 계급 문화를 위협했던 것이다.

호가트가 보기에 1930년대 노동 계급 문화의 풍부함은 자발성과 계급 공동체 의식의 결과다. 노동 계급이 스스로 만든 공동체 문화를 노동 계급 문화로 파악했던 셈이다. 호가트의 이 같은 노동 계급 문화에 대한 설명은 많은 비판을 받는다. 우선 지나치게 목가적이고 낭만적이라는 지적이 있었다. 노동 계급 문화를 자기 충만한 것으로 파악해 외부로부터의 의식 충전 과정 등을 인정치 않은 데 대한 문제 제기였다. 노동 계급 문화와 외부와의 관계 설정이 실종되었다는 비판이었다. 그러나 호가트는 혹 외부를 설정한다고 하더라도 노동 계급이 그것들을 자신의 문화 안으로 끌어들이는 능력을 가졌다는 점을 강조한다. 즉 기존의 노동 계급 문화, 그를 통한 가치 등이 대중 오락을 소비하는 과정에서 방어 기제가 될 수 있음을 주장했다. 이는 문화적 소비를 한 단계 높여 논의한 것이라 할 수 있다.

호가트의 작업 중 가장 아쉬운 부분은 역시 많은 평론가들이 지적했듯이 책 후반부의 작업이다. 1930년대 노동 계급 문화를 분석하듯 1950년대 분석으로 이어갔다면 전혀 다른 결론을 낼 수도 있지 않았을까? 1950년대 분석으로 가면서 그는 갑자기 리비스 학파와 논조가 비슷해진다. 노동 계급 문화가 타계급 문화와 차별점을 갖는 부분이 있을 법도 하건만 1950년대 분석에 들어서면서는 노동 계급 도덕의 회복 대책 등으로 논점을 급선회한다. 회복을 위해서 교양, 교육, 독서 등을 강조한 점도 리비스 학파의 주장과 모습을 같이한다. 1930년대에는 영웅적인 면모를 가졌던 노동 계급 문화가 갑자기 맥을 추지 못했다는 사실은 쉽게 이해하기 힘들다. 문화 산업이나 대중 매체 확산에 의한 대중 오락이 범람했다고 하더라도 그렇게 빨리 노동 계급 문화가 망가졌다고 말하는 것은 무리가 있지 않은가. 아마 이 부분은 호가트가 직접 분석에 들어가지 않고 자신이 가진 감상을 적은 데서 생긴 결과가 아닐까 짐작한다.

한국의 대중 문화 연구에서 노동 계급 문화에 대한 관심은 많지 않다. 간혹 대중 매체를 노동 계급 수용자가 어떻게 받아들이는가에 대한 논의를 발견할 수 있긴 하다. 하지만 역사적 과정에서 노동 계급은 어떻게 문화를 향유했는지 그들의 정체성과 관련된 문화 형식을 논의한 예를 찾기 힘들다. 짧은 시간 내에 이뤄진 도시화로 각기 다른 배경을 가진 노동 계급 인구가 형성되기 시작한 집단 거주촌에서의 삶의 방식, 그리고 이후 도시 재개발 등으로 인한 인구 재결집으로 형성되기 시작한 빈민의 삶의 방식 등에 대한 논의는 여전히 빈약하다. 그런 점에서 보자면 한국은 문화, 대중 문화를 본격적으로 논의하기엔 역사적 자료나 기억을 기록하는 데 서툴지 않았나 싶다. 물론 그것을 유도할 만한 이론적 작업이 없었던 것도 사실이고. 호가트를 대하다 보면 그런 아쉬움이 뒤따른다.

3. 구조냐? 인간이냐?

문화를 삶의 방식의 총합이라고 규정한다면 몇 가지 질문이 뒤따른다. 첫째, 특정 시기, 특정 집단의 삶의 방식은 어떤 모습일까라는 질문이다. 그리고 두 번째로, 그것은 어떻게 형성되었을까라는 질문이다. 예를 들어 1970년대 중반의 한국 문화를 논의하는 자리가 있다면 당연히 첫째, 그 당시 문화는 어떤 모습을 띠고 있었을까라는 질문에 답해야 하고, 둘째, 그런 모습을 갖추게 된 연유는 무엇일까에 대해서도 답을 해야 한다. 문화주의를 대표하는 역사학자인 E. P. 톰슨은 1830년대 이후 영국의 노동 계급 문화는 어떤 모습이었으며, 도대체 그것은 어떤 경로를 통해 형성된 것일까라는 질문을 던졌다. 그 질문과 답을 담은 책이 바로 《영국 노동 계급의 형성 The Making of the English Working Class》이다. 마르크스주의 역사학자였던 톰슨은 항상 '아래로부터의 역사,' 즉 민중의 역사에 관심을 두고 있었다. 위로부터의 역사라고 일컬어지는 제도나 구조의 역사 속에서 민중이 — 아래로부터 — 어떤 역사를 만들어 왔는지 보고자 한 것이다. 그는 저서 서문에서 "역사는 만들어지는 과정"이라고 밝힌다. 많은 역사 현상 ─ 여기서는 영국 노동 계급의 형성 ─ 에는 만들어지는 시점과 그 이후 끊임없이 전개되는 과정이 있다고 보았다. 그의 주장에 따르면 역사적 사건은 "동쪽에서 해가 뜨는 것처럼 기계적으로 약속되어 있는 것"이 아니라 어느 시점에서 만들어지고 지속적으로 진행되는 것이다.[169]

톰슨은 주로 영국의 노동 계급 형성이라는 역사적 사건에 많은 시간을 할애하였다. 노동 계급을 보는 그의 관점 또한 매우 독특한데, 노동 계급마저도 하나의 역사적 사건으로 파악하였다. 우리의 통념으로 노동 계급은 하나의 유목*category*이거나 구조*structure*이다. 즉 어떠어떠한 '조건'에 놓이면 그는 혹은 그녀는 노동 계급이다라고 규정해 왔다. 그러나 톰슨은 다르게 규정한다. 그가 보기에 계급 형성은 항상 발생하게 마련이며, 다른 사람과의 관계 속에서 발생한다. 톰슨은 이를 결합과 차이에 의한 계급 형성이라 부른다. 사람들은 서로 이익이 공통된다고 느끼고 경험하게 되면 계급을 형성하고, 서로 이익이 일치되지 않는 사람을 설정해 적대적인 계급으로 상정한다.[170] 그의 책에서 밝힌 대로 "1780년부터 1832년 사이 시기에 대부분 영국 노동자들이 자신들 사이에서 이해 관계가 동일한 반면 지배자 및 사용자들과는 대립된다고 느낀 것이" 노동 계급 형성의 계기가 되었다.

이를 증명해 보이기 위해서 톰슨은 800쪽이 넘는 그의 저서에서 세 부분으로 나누어 설명한다. 1부에서는 18세기 후반 영국에서 있었던 민중적 전통, 특히 평민의 주요한 진보적인 사건을 검토한다. 2부에서는

---

[169] E. P. Thompson, *The Making of the English Working Class*, Hammondsworth: Penguin, 1980, p.8 [《영국 노동계급의 형성》(상), (하), 나종일 외 옮김, 창비, 2000].

[170] 같은 책, pp.8~9.

산업 혁명과 프랑스 혁명의 진전에 따라 노동자가 경험하는 경제적 착취와 정치적 탄압을 분석한다. 그리고 노동 계급 집단의 계급 의식의 성장에 대해서 정리한다. 3부에서는 다시 급진주의 전통으로 돌아와서 1820년대와 1930년대의 노동 계급 의식에 대한 논의로 결말을 짓는다. 이 세 부분을 통해 계급 형성에 문화가 미칠 수 있는 영향력을 정리하고 있다. 계급은 딱딱한 범주가 아니라 대립되는 이해 관계에 대한 감정과 인식이 나타날 때 비로소 생기는 역사적 현상이다. 이해 관계에 대한 파악은 어차피 사람들이 오랫동안 지녀온 공동 경험에 의해서 이루어진다. 문화에 해당하는 집단적 상호 주관성*collective inter-subjectivity*에 의해서 이루어진다는 것이다. 이렇듯 계급 의식이란 문화적 조건 속에서 형성된 계급 경험이다. 톰슨이 문화적 전통에 그의 관심 초점을 맞춘 까닭이다. 그의 문화에 대한 시각은 '사회 전체가 공유하고 있는 합의'로 파악하는 인류학적인 문화 정의와도 맞서고 있으며, 마르크스주의자의 경제 결정론적 문화관과도 대립하고 있었다.

계급 의식이 생기는 과정과 문화를 규명하기 위해서 톰슨은 '경험'이라는 개념을 도입한다. 경험은 톰슨의 연구 전반에 걸쳐 가장 중요한 개념이지만 많은 논란을 불러일으키기도 했다. 그에 따르면 경험이란 "서로 연관된 여러 사건이나 여러 번 되풀이되는 같은 종류의 사건에 대해 개인이나 사회 집단이 보이는 정신적, 정서적 반응"이다. 선거를 앞두고 정치인이 재래 시장을 방문했을 때 상인들은 그에 대해 축적된 형태의 반응을 보인다. 그 반응은 경험에 의한 것이고, 그것은 재래 시장 문화를 형성하는 일부분이다. 그런데 톰슨과 이론적으로 각을 세우고 있던 알튀세르적인 구조주의 마르크스주의는 경험이란 용어에 대해 불만을 표시한다.171 알튀세르와 같은 구조주의 마르크스주의자에게 경험이란 이데올로기의 수준일 뿐이며 오류를 낳는 환상 세계에 불과하다.172 톰슨이 경험을 인간이 지닌 창조적 가능성의 터전일 뿐만 아니라 현실 이해를 획득하고 각성케 하는 근거라고 말한 것은 획기적일 뿐만 아니라 구조주의와의 논란의 중심으로 뛰어드는 선언과 같은 것이었다.

전통적 마르크스주의자는 사회적 의식(정신 세계)을 사회적 존재(물질 세계)의 반영으로 파악하였다. 이 같은 전통적 좌파 사고에 반대하는 톰슨은 존재와 의식 사이에 경험이라는 매개체를 끼워 넣었다. 사회적 존재 조건, 즉 구조가 인간에 그대로 투영되는 것이 아니라 경험의 중재를 거친다고 본 셈이다. 인간은 경험이라는 매개체를 통해 인간 바같의 물질 세계, 즉 구조와 대화한다고 파악했다. 이는 인간을 역사나 구조의 제물로 파악하지 않는 긍정성을 갖는다. 구조로부터 영향을 받기는 하지만 경험이라는 영역을 통해서 그 영향에 대해 능동적으로 대응하고 움직이는 존재로 파악한다. 인간이 존재 조건으로부터 완전히 자율적이고 자유로울 수는 없다. 그러나 인간은 주어진 조건 안에서 겪어 나가고 새롭게 닥치는 경험에 대응해 나간다. 그 과정에서 배우고 깨달으며 다시 주어진 조건을 변화시켜 나갈 수 있다. 계급 의식도 이처럼 사람이 생산 관계를 경험해 나가면서 또 자신에게 주어지는 조건을 경험해 나가는 가운데 발생한다.

인간 경험에 대한 톰슨의 강조는 문화와 가치를 중요시하는 그의 역사적, 문화적 유물론의 토대가 된다. 톰슨은 문화를 전통, 가치, 신념, 이념 및 제도를 포함하는 인류학적인 의미로, 혹은 가치 체계와 비슷한 뜻으로 파악한다. 문화란 고상한 것도 아니며 위대한 선각자에 의해서

171 P. Anderson, *Arguments Within English Marxism*, London: Verso, 1980, p.?.
172 알튀세르의 구조주의 마르크스주의에 대한 비판은 다음 책을 참조하라. Thompson, 앞의 책, 1978.

톰슨은 영국 산업 자본주의 형성을 이해함에 있어 노동 계급의 경험을 중심에다 위치시킨다. 사진은 1920년대 구직을 위해 줄선 영국의 노동자들.

만들어지는 엄청난 지혜도 아니다. 문화란 평범한 사람의 경험, 가치, 사상, 행동, 욕망 등이 포괄적으로 조합된 것이다. 사람은 사회와 경제적 과정을 통해 경험을 얻고, 그 경험은 문화 속에서 나타나게 되므로 문화에 대한 정의가 문화와 문화가 아닌 것 간의 변증법적 상호 작용을 포함할 필요가 있다고 본다.

톰슨은 영국 산업 자본주의 형성을 이해함에 있어 노동 계급의 경험을 가장 중심에다 위치시킨다. 늘 그랬던 것처럼 아래로부터의 역사를 강조하기 위함이다. 아래로부터의 역사는 두 가지 의미를 지닌다.[173] 노동 계급의 경험을 역사 설명 안으로 끌어들였다는 점, 그리고 노동 계급을 스스로 계급을 만드는 의식적 행위자로 보았다는 점에서 아래로부터의 역사라고 말한다. 톰슨은 아래로부터의 역사를 논의할 때 그람시의 헤게모니 개념을 살펴보자. 그가 그람시의 헤게모니 개념을 빌려온 것을 보기 위해 잠깐 톰슨이 내세우는 도덕 경제moral economy에 대한 설명을 살펴보자. 18세기 영국의 귀족 계급은 시장 경제 원칙을 강조했다. 강조에 그치지 않고 이를 평민들에게 널리 퍼지도록 했다. 하지만 귀족의 원칙에 대항해 평민은 그들 나름대로의 경제 원칙, 즉 도덕 경제를 내세웠다. 그로 인해 귀족의 시장 경제와 평민의 관습적인 도덕 경제 사이에는 대립이 지속된다. 평민의 도덕 경제, 즉 정당한 가격에 따라 거래되어야 한다는 관습적인 신념이 혁신적인 시장 경제를 주도하려 하는 귀족과 갈등을 겪게 된다. 이 대립을 해소하기 위해서 귀족은 무엇보다도 문화적 헤게모니에 의존하려 하였다. 즉 시장 경제가 그 시대의 중심 도덕이 되어야 한다고 주장하고 퍼뜨리려 했다. 하지만 문화적 헤게모

---

173 G. McLellan, "E. P. Thompson and the Discipline of Historical Context," in R. Johnson et al. (eds.), *Making Histories: Studies in History-Writing and Politics*, London: Hutchinson, 1982, p.107.

니는 평민으로부터 끊임없이 도전과 저항을 받게 되었다. 이처럼 밑으로부터의 저항은 위의 도덕적 우위를 위태롭게 하고, 끊임없이 긴장을 유발시킨다. 그 저항의 원천적인 힘은 노동 계급의 경험이었다.

톰슨의 문화론은 이처럼 피지배 계급의 문화가 기존 체제에 대항하는 능동적인 활력을 지니고 있음을 부각시킨다. 문화를 인간의 능동성이 자리잡고 있는 터전으로 강조하면서 이를 바탕으로 세상의 변화를 꾀하려 했다. 톰슨은 문화에 대해 집착한 나머지 문화 부문이 비문화 부분까지 변화시킬 수 있을 것이라는 무리한 주장을 펼친다. 능동적인 개인이 무엇이든 다 할 수 있다는 지나친 주의주의_voluntarism_에 빠졌다는 지적을 받았다. 이는 톰슨이 계급을 역사의 움직임을 생산 양식과 연관지어 파악하지 않고 단순히 문화와 경험만으로 설명하려 했다는 것에 대한 비판이기도 하다. 톰슨의 노력은 그의 이론적 바탕인 역사 유물론으로부터도 멀어지는 위험성마저 보인다고 비판자들은 지적했다.

톰슨의 이러한 문화와 계급에 대한 관점은 당시에 일세를 풍미하던 구조주의자의 역사 유물론에 대한 해석과 바로 부딪히게 되었다. 톰슨은 구조주의자가 사회를 지나치게 과학적이고 기계론적으로 설명하고 있어 토대 / 상부 구조의 틀에서 벗어나지 못했다고 주장한다.[174] 구조주의자(특히, 알튀세르)가 내세우는 문화의 상대적 자율성이라는 개념조차도 상부 구조 역할이나 인간 경험에 대해 침묵을 지킨다고 지적한다. 그리고 교조적인 마르크스주의 탓에 끊임없이 자연 과학 법칙과 역사를 혼동하는 일이 벌어진다고 톰슨은 파악한다. 그리하여 법칙에 해박한 엘리트들이 민중을 이끌어야 한다는 전제 아래 인간의 능동성을 무

---

174 Thompson, 앞의 책, 1978.

시하는 지경에까지 이르렀다고 개탄한다. 결국 인간은 구조를 고스란히 담아내는 수동적인 담지자에 지나지 않으며, 역사는 기계적인 과정으로 나타날 수밖에 없다고 파악하는 것이 바로 결정론자의 주장이며 구조주의자의 주장이라고 보았다.

역사 유물론에서 등장하는 '법칙'이나 '결정'과 같은 용어가 어떤 식으로 톰슨이 내세우는 인간의 능동성과 부합되는가 하는 문제는 매우 중요하다. 토대와 상부 구조 간의 인과 관계와 같은 '법칙'을 톰슨은 새롭게 규정하고자 했다. 그리고 그 둘 간의 관계를 의미하는 '결정'이라는 용어도 새롭게 개념화할 것을 요구한다. 이는 윌리엄스가 토대와 상부 구조 간 관계를 다른 시각으로 정리한 것과도 통한다.[175] 문화주의는 인간을 둘러싼 사회적 상황이 인간의 의식을 '한계' 짓는다는 사실에 대해서는 동의를 한다. 하지만 그 한계를 짓는 조건조차도 어디까지나 인간의 몫이라 주장한다. 이는 마르크스가 설파한 "인간은 그들의 역사를 만들어 간다. 그러나 그들이 의도한 대로 역사가 만들어지는 것은 아니다. 사람들은 그들 자신이 선택한 조건 안에서 역사를 만드는 것이 아니라 과거로부터 그들에게 주어진 조건 안에서 역사를 만든다"[176]라는 명제에 충실하려 한 톰슨의 모습이라 하겠다. 기존의 마르크스주의자는 마르크스가 말한 부분 가운데 후반부(그들에게 주어진 조건 안에서 역사를 만든다)에 관심이 많았다면, 톰슨 자신은 전반부의 구절(인간은 그들의 역사를 만들어 간다)에 강조점을 두었다.

---

175 윌리엄스는 그의 문화 유물론을 통해서 토대와 상부 구조의 상호 작용을 주장한다. 이는 역사 유물론이 상대적으로 소홀히 취급하는 상부 구조에 대한 일정한 복권을 요구하고 토대/상부 구조라는 이분법적인 구분을 피하려는 의도이다.

176 K. Marx, *The Eighteenth Brumaire of Louis Bonaparte*, Moscow: Progress Publishers, 1977, p.10.

톰슨은 윌리엄스의 문화 논의를 상당 부분 비판하고 있지만 그 둘 사이엔 차이점보다는 닮은 점이 더 많다. 속류 마르크스주의자가 주장하는 문화에 대한 비판은 둘이 한목소리를 낸 것처럼 보인다. 경험이나 문화의 중요성을 강조한다는 점에서도 그 둘은 닮아 있다. 이후 설명하겠지만 톰슨의 '경험' 개념과 윌리엄스의 '감정 구조structure of feeling' 또한 새롭게 인식해야 할 닮은 개념이다. 그 둘이 비슷한 이유를 들어 문화와 계급의 정태성보다는 역동성을 강조한 지점에 이르면 둘의 유사성은 거의 완성된다.

윌리엄스를 문화주의 전통에 포함시키는 것에 대해 많은 논란이 생길 수도 있다. 그의 학문 활동 기간도 길었거니와 그가 남긴 상상을 초월할 정도의 많은 학문적 업적 또한 그의 문화관을 쉽게 이야기하기 힘들게 만든다.[177] 그가 한 문화에 대한 논의도 편협한 것이 아니라 문화 이론, 문화사, 텔레비전, 신문, 라디오, 광고 등 광범위한 것이었다. 다만 여기서는 그가 문화주의라는 문화 이론 전통에 어떠한 기여를 했는지 살펴보려 한다.[178]

호가트와 마찬가지로 윌리엄스도 노동 계급 출신이었다. 그의 첫 활동 무대는 성인들을 위한 대중 교육이었다. 그 과정에서 노동 계급의 정치적인 부분과 리비스의 전통을 연결하려는 노력을 폈다. 문화에 대한 천착은 그의 첫 저서 《문화와 사회: 1780~1950》에서 비롯된다.[179]

---

[177] A. O' Conner, *Raymond Williams: Writing, Culture, Politics*, Oxford: Basil Blackwell, 1989에 실린 윌리엄스의 연구 목록만도 무려 39쪽이나 된다.

[178] 특히 R. Williams, *The Long Revolution*, London: Chatto & Windus, 1961를 중심으로 논의를 전개할 것이다.

[179] R. Williams, *Culture and Society: 1780~1950*, London: Chatto & Windus, 1960.

윌리엄스는 자신의 저서에서 영국에서의 문화에 대한 사상의 흐름을 따라간다. 그곳에서 윌리엄스가 리비스의 전통을 묻히고 있음을 쉽게 알 수 있다. 그는 과거 문화에 대한 향수, 낭만성을 내세우고, 공유 문화에 가까운 개념을 사회의 분열을 메울 수 있는 계기로 내세웠다.[180] 리비스의 흔적이 있긴 했지만 윌리엄스는 지속적인 논의를 통해 그로부터 벗어나고 있었다. 특히 그가 문화 논의를 단순히 고급 장르로서의 문학 분야나 철학적 의미에서의 문화로 국한시키지 않고 실질적인 대중의 살아 있는 언어와 행동과 연계 짓고 있었던 점으로 미루어 보더라도 그렇다.

윌리엄스가 기호화 과정과 일상적 실천을 문화 개념 정의와 연관 지은 것은 중요한 의미를 갖는다. 이는 문화를 미학적, 윤리적, 도덕적으로 정의하던 노력을 넘어서 사회적으로 정의하는 계기가 되었기 때문이다. 윌리엄스는 텍스트 분석을 거부하고, 그를 넘어서는 사회 분석으로 문화 분석을 끌고 갔다. 문화를 사회적으로 정의하고 분석하는 일은 지금까지의 문화에 대한 논의를 한 단계 끌어올리는 기여이기도 했지만, 아울러 논의를 복잡하게 만드는 것이기도 했다. 문화 개념의 사회적 정의는 다음과 같은 함축적 의미를 지닌다. (1) 문화를 대중의 특정 생활 방식의 표현으로 간주했다는 의미에서 인류학적인 면을 부각시켰다. (2) 문화는 무색무취한 것이 아니라 특정한 의미와 가치를 생산해 내고 표현하는 것이라며 이데올로기적인 면을 강조했다. (3) 문화를 연구함은 특정 생활 방식을 살펴보고, 그 안에서 생산되고 표현되는 의미와 가치를 찾아내는 일임을 인식시켰다. 이러한 문화의 사회적 정의에

---

180 T. Eagleton, *Criticism and Ideology: A Study in Maxist Literary Theory*, London: Verso, 1978, p.40.

따른 함축적 의미는 사실상 현대 문화 이론이 정리해야 할 영역과 분석 방법론을 제시했다고 할 수 있다.

월리엄스는 문화론이란 대중의 전체 생활 방식에 담겨 있는 여러 요소 간 관계에 대한 연구라고 말한다. 이는 그가 학문적 고향으로 삼았던 리비스 학파 혹은 공유 학파가 문화의 내용*text*에 천착했던 것을 넘어서는 중요한 계기가 된다. 문화적 제도나 기구에 대한 분석은 그 기구나 제도를 둘러싸고 있는 다른 제도나 기구와의 관계에 대한 분석이어야 한다. 즉 전체와 부분이 서로 어떻게 관계 맺고 있으며 구조화되어 있는지를 살펴야 하는 것이다.[181] 이러한 월리엄스의 주장은 그의 문화론에서 중요한 자리를 차지한다. 문화가 표현되는 과정을 이해하는 것이 문화 분석의 핵심이라고 여기는 월리엄스는 문화의 생산, 문화를 통해서 이루어지는 실질적인 경험들, 그리고 그 경험이 어떻게 공유되고 있는지를 같이 살펴야 한다고 구체적으로 지적한다. 즉 특정 집단이나 공동체, 계급, 혹은 한 사회가 공유하고 있는 가치를 찾아내는 방식이 좀 더 총체적일 필요가 있다고 주장한다. 이는 문화가 경제의 부수적인 현상이거나 결과로 나타난다는 관점에 정면으로 도전한다. 문화란 그것 자체로 사상적인 것이며 아울러 물질적인 여러 형식으로 이루어져 있다고 주장한다.

월리엄스의 문화론은 그가 내세운 개념인 '감정 구조'란 용어에 잘 녹아 있다.[182] 이 개념은 톰슨이 내세웠던 '경험'이라는 개념과 유사하다. 개념 설명을 위해 단순화를 무릅쓰고 단어를 구성하고 있는 두 가지 개념의 말뜻으로부터 시작해 보자. '감정 구조'란 복합어에서 '감정'

---

[181] 같은 책, p.63.
[182] Williams, 앞의 책, 1975, p.64.

은 지극히 개인적 개념이다. 그에 비해서 '구조'는 사회적인 개념이다. 개인은 구조 속에서 살아가긴 하지만 때로는 그로부터 벗어나려 하는 능동적 존재다. 벗어나려는 존재가 있는 한 구조는 점점 더 단단한 형태로 개인을 한계 짓고, 제한하려 한다. '감정 구조'를 꾸리는 복합어인 '감정'과 '구조' 그 둘은 조화로운 관계라기보다는 경쟁적 관계 혹은 갈등 관계에 놓여 있다. 그 관계의 산물로 등장하는 것이 곧 '감정 구조' 다. 그러므로 감정 구조는 개인이 동시대를 살아가는 지침이기도 하고, 때로는 넘고 싶어 하는 적대적 대상이기도 하고, 개인을 늘 규제하고 제한하는 거대한 장벽이기도 하다. 이 같은 '감정 구조'는 시대별, 집단별로 차이가 있을 수 있다. 같은 시기에 사회적으로 느끼는 사회적 '감정 구조'가 있긴 하겠지만 사회적 집단별로 차이를 두고 있다는 말이다. 그렇다면 감정 구조란 '특정 집단에 의해 공유되는 특정 시기의 사회적 느낌'이라고 할 수 있다. 문화 분석은 바로 이 '감정 구조'를 읽어 내는 노력과 다름없다.183 대중 문화도 감정 구조의 한 형식이다. 구조, 즉 문화 산업 제도와 그를 통해서 생산되는 지배 이데올로기적인 대중 문화물, 그리고 대중 문화물을 구매해 즐기는 사람들, 즐긴 다음 형성되는 다양한 의미들, 바로 그 과정을 통해 만들어지는 것이 대중 문화다. 그러므로 윌리엄스가 이야기했듯이 대중 문화 분석은 총체적일 수밖에 없다. 생산에서 수용으로, 그리고 다시 재생산으로까지 이어지는 과정을 살펴야 하고, 그 과정을 통해서 만들어지는 감정 구조에까지 손을 대야 하기 때문이다.

　　윌리엄스의 문화에 대한 사회적 정의에서 더 찾을 수 있는 또 다른

---

183 E. Baldwin et al., *Introducing Cultural Studies*, London: Pearson Education Ltd., 2004의 4장에 이를 응용한 하위 문화 논의가 잘 정리되어 있다.

통찰력은 시대에 따른 문화 구분이다. 한 특정 문화가 정태적으로 머무르지 않고 살아 움직인다는 점을 강조하는 윌리엄스는 문화를 '주도 문화dominant culture,' '뜨는 문화emergent culture,' '잔존 문화residual culture'로 나누어 설명한다. 주도 문화란 특정 시대를 주도하는 그 시대의 대표적인 문화를 뜻한다. 주도 문화도 시간이 지남에 따라 그 주도권에 도전하는 새로운 형식의 문화를 만나게 된다. 그 도전하는 문화가 바로 '뜨는 문화'다. 주도 문화가 문화를 주도하는 가운데에서도 문화의 한구석에는 오랫동안 전통 같은 것으로 존재하는 잔재가 있게 마련이다. 사라지지 않고 남아 있는 문화를 잔존 문화라고 한다. 이 문화는 단순히 제로섬 게임 형식으로 존재하지만은 않는다. 동시에 존재하기도 한다. 주도 문화가 밀려 잔존 문화가 될 수도 있고, 잔존 문화가 뜨는 문화로, 이어 주도 문화가 될 수도 있다.

문화에 대한 이러한 구분 방식은 다양한 사회 집단이 문화적 패권을 위해서 끊임없이 경쟁하고 있음을 시사한다. 대중 문화란 단순히 주어지는 것이 아니라 경쟁의 장인 셈이다. 윌리엄스의 통찰력은 대중 문화를 설명하는 데 그람시의 헤게모니 이론을 끌어들이는 전기를 마련하게 된다. 이후 문화주의와 구조주의를 엮어 문화 연구라는 독특한 이론을 만든 영국에서는 그람시의 헤게모니 개념을 그 중심축으로 설정한다.

4. 문화주의적 대중 문화 논의

호가트, 톰슨, 윌리엄스의 문화에 대한 사고를 한데 묶어 후에 학자들은 문화주의라는 이름을 붙여 주었다. 이들이 한 학파로 모여 자신의 논의를 발전시키거나 정리한 적은 없다. 하지만 이들은 이후 문화 논의, 특히 대중 문화 논의에 획기적인 전기를 마련한다. 혹자는 이들의 연구에 스튜어트 홀과 웨널의 초기 연구를 포함시키기도 한다.184 두 사람은 학교 현장에서의 대중 문화 교육 가능성을 점검했다. 이들은 과거 민중이 민속 문화folk culture를 즐겼으나 지금은 대중 문화popular culture 혹은 상업적 대량 생산 문화mass culture를 즐긴다고 보았다. 대중 문화는 민속 문화가 타락한 형태이긴 하지만 아직도 많은 경우 민속 문화적 속성을 띠고 있다고 주장했다. 그에 비해 상업적 대량 생산 문화는 철저하게 분절적이고, 계산적이어서 어떤 형태로든 수용자들에게 의미를 부여할 가능성이 없다고 보았다. 그러나 학교 현장에서는 대중 문화조차도 배격만 할 것이 아니라 대중 문화를 끌어안고, 그것을 상업적 대량 생산 문화와 구분 짓는 등의 실천을 가르칠 필요가 있다고 강조했다. 리비스주의자들이 공유 문화(혹은 시민 문화)와 대중 문화를 구분 짓고자 한 것에 비해 두 사람은 모든 대중 문화를 적대시하지 말 것을 분명히 했다. 문화주의 전통으로 보자면 과거 민중의 삶에서 전달된 요소를 그나마 대중 문화가 안고 있다고 믿었기 때문이었다. 상업적 대량 생산 문화가 그 요소를 전혀 갖고 있지 못한 것에 비하면 말이다.

문화의 중요성을 지나치게 강조했다는 점에서 문화주의라는 이름까지 얻게 되었음은 앞에서 설명한 바 있다. 하지만 그들은 단순히 문화의 중요성만을 강조한 것에 그치지 않았다. 문화의 개념을 확장하고 재 정의해 문화 영역의 폭을 넓히고 문화 연구의 영역을 넓혀 갔다. 문화 개념 자체가 추상성에 둘러싸여 분석을 할 마땅한 대상을 찾지 못했던 문화론에 새로운 길을 터주었다고 해도 과언이 아니다. 문화주의가

---

184 S. Hall & P. Whannel (eds.), *The Popular Arts*, London: Hutchinson, 1964.

문화론의 발전에 지대한 공헌을 했다고 해도 과한 공치사는 아닌 듯하다. 문화를 사회적으로 정의하여 '문화를 표현의 실천'으로 보게 하고, '삶의 방식'으로 인식하게 유도하여 전혀 새로운 문화 논의의 물꼬를 텄다. 문화주의자의 기여는 이에 그치지 않는다. 대중 문화를 남의 문화가 아닌 우리 모두의 문화로 보고 그것의 정치성을 강조한 점 또한 지나칠 수 없는 부분이다. 대중 문화를, 위로부터 주어진 문화 혹은 버려야 할 문화가 아닌 대중에게 주어진 대중 문화물을 경험하면서 생기는 문화라고 정의한 점은 대중 문화의 지위를 재평가하게 만든 사건이라 할 수 있다. 일상 생활 안에서 접하는 문화, 즉 생생한 문화의 개념으로 대중 문화를 논의할 때 대중 문화는 대중과 대중 문화물이 서로 만나는 장으로 정리될 수 있다. 이는 문화주의 이전의 학자들이 정리했던 대중 문화 개념과는 다른 것이었다. 문화의 변화 과정을 보여 주려 한 '주도 문화 — 뜨는 문화 — 잔존 문화'의 개념은 문화를 둘러싼 정치성을 보려 한 노력의 결과다. 그런 탓에 문화주의에 빚을 진 문화론들은 헤게모니 개념을 끌어들여 문화 논의를 더욱 기름지게 만들 수 있었다.

문화주의의 대중 문화 연구는 연구자들의 민중이나 대중에 대한 믿음에서 출발한다. 연구자들은 '계급은 죽었다'라든가 '혁명은 이제 더 이상 없다' 등과 같은 염세적인 마르크스주의자와 달리 희망찬 의지를 드러냈다. 민중은 살아 숨 쉬고 있으며 건강한 삶을 영위하고 있으며 끊임없이 권위와 지배에 도전하며 항거한다고 보았다. 만일 그러한 모습이 잘 나타나지 않는다고 누가 불평하면 그것은 긴 역사의 흐름 속에서 파악하고, 기다려야 한다고 설득한다. 대중 문화 연구 안으로 대중, 민중, 혹은 능동적인 인간을 끌어들이고 그들의 역동성을 강조한 문화주의 전통은 문화를 연구하는 흐름을 바꾸어 놓기에 충분했다. 이전의 마르크스주의나 리비스 중심의 자유주의 정신이 인간의 능동성에 관심을 보이지 않거나 덜 기울이면서 대중을 지도해야 한다는 전략을 내세웠다면, 문화주의는 대중으로부터 연구자가 무언가 배워야 한다고 위치를 바꾸어 놓았다. 이 같은 전통에 힘입어 이후 영국의 문화 연구는 청년 문화, 대항 문화, 흑인 문화 등에 대한 일련의 연구 결과를 내놓을 수 있었다.185 이 연구들은 문화 산업에 의해 만들어진 문화 상품이 소외 계층에 의해서 어떻게 수용되고 있으며 어떠한 저항적 의미가 만들어지는지를 찾으려 했다.

문화주의의 이 같은 대중에 대한 관심은 문화론이 채용할 새로운 방법론을 제시하기도 한다. 문화주의는 문화를 수용하는 사람의 행태, 일상, 의미 교환들을 연구할 '민속지학ethnography'186을 제안하였다. 일상 생활 안에서 문화를 어떻게 소비하며 어떤 의미를 내는지에 대한 관심이 무엇보다 필요함을 강조하며 제안한 방법론이다. 문화물을 분석하여 그 안의 미적 가치를 찾음으로써 문화 논의를 마감하는 것에 머물지 않고 더 나아가 문화 소비를 통한 의미 형성까지 이르러야 함을 문화주의는 강조하며 그 방법론을 활용하였다. 이는 이후 대중 문화의 수용을 통한 의미 형성을 연구하는 대중 문화 논의에서 주요 방법론으로 채택되었다. 앞서 예로 든 저항 문화, 대중의 일상에 대한 연구들도 대부분 '민속지학'의 방법을 채용하였다. 문화주의자들이 문화의 평범성, 대중들 간의 의미 형성을 문화 분석의 중요한 요소로 지적하며 민속지학을 제안하고 채택한 것은 문화 논의에 새로운 미래를 연 사건이라 할 만하다.

---

185 P. Willis, *Learning to Labour: How Working Class Kids Get Working Class Jobs*, Farnborough: Saxon House, 1977; D. Hebdige, *Subculture: The Meaning of Style*, London: Methuen, 1979.
186 '민속지학'을 이름 그대로 풀이하면 사람ethno, 연구graphy라고 할 수 있다. 사람들을 유심히 관찰하고 그들이 어떻게 서로 의미를 나누는가를 찾으려는 방법론이다.

06
구조주의
문화론

1990년대 초반 한국에는 '과잉 담론'이라는 말을 들을 정도로 대중 문화 논의 붐이 있었다고 앞서 밝힌 바 있다. 1장에서 붐의 원인으로 여러 사건을 손꼽았다. 1장에서 자세히 밝히지 않았지만 붐이 조성된 배경으로 빠뜨려선 안 될 중요한 학문적 사건이 하나 있었다. 언어학적 전환*linguistic turn*이라는 학문적 패러다임 변화다. 사실 이 시기에는 언어학적 전환에 포함시킬 만한 몇몇 학술 담론이 눈길을 끌었다. 담론 이론이 등장해 기세를 떨치며 마르크스주의를 대신하는 듯했다. 담론 이론을 등에 업은 포스트마르크스주의가 전통 마르크스주의를 옥죄어 가는 모습을 연출했다. 사회가 언어처럼 작동한다는 신념을 보여 준 학문적 사건이었다. 근대성을 비판하면서 등장한 포스트모더니즘 논의도 기호, 기호 폭발에 관한 논의를 이끌어 내며187 언어학적 전환에 일조했다. 뿐만 아니다. 언어를 통해 주체가 형성되므로 언어적 과정을 살피는 일은 인간 주체를 이

---

187 프랑스 철학의 붐을 놓고 논쟁이 벌어지기도 했다.

해하는 일이기도 하다는 정신분석학 논의도 관심을 끌었다. 이런 분위기 속에서 기호학 논의가 다시 먼지를 털고 학문의 한복판으로 진입하기 시작했다. 언어학적 전환은 문화론 논의 붐에 일조했다. 덕분에 이전까지 한국 학문 지형에서 변방을 차지해 왔던 프랑스 철학, 사상, 학문 전통이 큰 관심을 끌었다. 소쉬르, 레비스트로스, 알튀세르, 푸코, 데리다, 라캉, 바르트, 부르디외, 보드리야르 등. 이 전통은 '문화는 평범하다'라고 말했던 영국 문화주의 전통과 함께 한국의 문화론을 주도해 나갔다. 문화를 '삶의 방식,' '평범한 것'으로 파악한 것이 영국 문화주의 전통에 힘입은 바라고 한다면 '언어적 과정'으로 파악해 대중 일상에 천착한 데는 —— 이번 장에서 논의할 —— 언어학적 전통, 프랑스 전통, 구조주의 전통과 관련이 있다.

구조주의 문화론을 제대로 숙지해 두면 많은 것을 얻게 된다. 문화론 공부의 시작은 구조주의 문화론으로부터다라는 말이 있을 정도로 이 접근법은 문화 분석에 크게 유용하다. 구조주의 문화론은 대중 문화를 분석하는 방법론을 제공한다고 해도 무방할 듯하다. 대중 문화적 내용(스포츠, 패션, 문학, 영화, 텔레비전, 만화 등)을 언어적 텍스트로 파악하고 언어 분석을 행하는 구조주의 문화론으로 분석할 수 있으므로 구조주의를 제대로 익히면 분석 능력을 키울 수 있다. 추상적이었던 이데올로기 논의, 이데올로기 효과(주체 형성) 논의를 구체적으로 할 수 있게 돕기도 한다. 이 책의 다른 장에서 논의하는 여성학, 후기 구조주의, 포스트모더니즘, 포스트콜로니얼리즘도 구조주의 문화론에 많은 빚을 지고 있으므로 구조주의 문화론의 습득은 유용할 수밖에 없다. 문화 연구가 문화주의와 구조주의의 접합을 강조하고 있으며, 알튀세르 논의가 마르크스주의와 구조주의의 접합으로 이뤄진 성과라는 사실에 이르면 구조주의 학습은 가장 공을 들여 해내야 할 부분임에 틀림없다.

세상에 공짜는 없다. 유용하고 소중한 만큼 구조주의 문화론 습득은 까다롭다. 용어가 익숙치 않을뿐더러 사유 방식도 한국 학문 전통과는 상당한 거리가 있어 난해하다는 느낌이 든다. 그를 소개하는 입장에서는 불가피하게 단순화 유혹에 시달린다. 어려운 논의를 쉽게 풀어내려 욕심을 부린다는 말이다. 그 욕심 탓에 중요한 내용을 생략하거나 심지어는 전체 내용을 왜곡시킬 수도 있다. 한 챕터에 구조주의를 다 담아내야 하는 한계를 가진 이 책도 그런 유혹으로부터 자유롭지 않다. 다만 구조주의란 '인간 개개인의 의식을 넘어선 보편적이고 객관적인 질서, 규칙을 찾아가는 작업,' 즉 '인간의 조건을 찾아가는 작업'이라는 점을 머릿속에 넣고 설명을 좇으면 큰 어려움 없이 구조주의 그림을 그릴 수 있을 것으로 본다. 말을 통해 의미를 나누는 '소통의 질서'를 소쉬르가, 인간 사회의 유기적 관계를 유지케 해주는 '보편적 질서'를 레비스트로스가, 문화 상품을 소비하며 재미와 즐거움을 얻는 '자본주의 대중 문화의 질서'를 바르트가, 자본주의 사회를 살아가는 개개인이 자본주의와 어울리며 따르는 '자본주의적 질서'를 알튀세르가 정리하고 있음을 반복해 떠올리면서 논의를 따르면 유익한 결실을 얻게 된다.

구조주의는 이론이면서 동시에 방법이기도 한 학문 분야를 가리킨다. 구조주의는 스위스 언어학자 페르디낭 드 소쉬르Ferdinand de Saussure (1857~1913)의 이론적인 작업에서 비롯되었다. 후에 인류학자 레비스트로스, 문학 및 문화 연구가 롤랑 바르트Roland Barthes, 마르크스주의 이론가 알튀세르가 이를 더 확장하고 정교화한다. 이들을 하나의 사조로 묶어 두는 것은 그들이 갖는 공통성 때문이다. 이들이 구조주의라는 학파 이름 아래 자리를 같이했던 적은 없지만 후에 그들을 묶어 그렇게 불렀다(프랑스를 중심으로 하나의 사조를 이루기 때문에 학문적 전통에 따른 큰 의미의 학파로 보아도 큰 잘못은 없다). 이들과 동시대에 혹은 이들보다 빠르게 구조주의적 경향으로 자본주의 사회, 인간 무의식을 연구한 경향을 가진 마르크스, 프로이트를 이 학파 안에 포함시켜 논의하는 경우도 종종 있다.

이들이 지닌 공통성은 '구조*structure*'에 대한 관심이다. 구조는 표피적 현상 밑바닥에 존재하면서 그 현상을 가능케 하는 체계이다. 밑바닥에 존재한다는 것은 '맨눈'에는 보이지 않게 숨겨져 있다는 말과 통한다. 구조주의는 숨어 있으면서 현상을 가능케 하는 심층 구조를 설명한다는 목적을 갖는다.[188] 구조주의 언어학자 소쉬르는 언어가 의미를 내는 언어 구조를 밝히려 했다. 구조주의 인류학자 레비스트로스는 원시 사회 집단의 문화적 표상이 의미를 내는 체계를 연구하였다. 구조주의 문화 이론가였던 바르트는 사회 전반의 대중 문화 현상 뒤에 숨겨진 사회 구조를 찾으려 했다. 구조주의 마르크스주의자 알튀세르는 이데올로기적 현상을 가능케 하는 구조적 체제를 설명하려 했으며, 이데올로기의 작용 과정을 추적하였다. 마르크스나 프로이트도 구조를 찾는 데 주력한 점을 들어 간혹 구조주의 진영에 구겨 넣기도 한다. 마르크스는 자본주의 사회를 가능케 하는 심층 구조, 프로이트는 인간 심리에 담긴 최종적 심층 구조, 즉 무의식 구조를 찾으려 했기 때문이다.

이 같은 공통점을 지닌 구조주의적 입장에서 문화를 분석한다는 것은 구체적으로 어떤 모습을 말하는가? 오래되긴 했지만 모두가 기억할 만한 초코파이 광고를 예로 들어 보자. 초코파이하면 '정情'이란 단어가 떠오른다. 학교 선생님 생일때 초코파이에 성냥을 올려놓고 생일 케이크와 촛불을 대신하는 장면이 떠오른다. 그런데 초코파이 스스로는 그 의미를 가질 리 없다. 초코파이와 정이 연결되도록 장치를 구사했기 때

---

[188] R. de George & F. de George, *The Structuralists: From Marx to Lévi-Strauss*, Garden City: Anchor Books, 1972. 특히 이 책의 서문은 구조주의에 대해서 잘 설명하고 있다.

문에 그런 의미가 발생한다. 도대체 어떻게 초코파이에 정이라는 단어가 겹칠 수 있었고, 왜 우리는 그것을 자연스럽게 받아들이는가. 그리고 우리가 그것을 자연스럽게 받아들이는 일은 사회적으로 아무런 해(害)도 없이 이름 그대로 '정'이 넘치는 일에 불과한 것인가. 이와 같은 질문에 답하는 일이 구조주의적 입장에서 문화를 분석하는 일이다. 이를 단순화를 무릅쓰고 다음과 같이 정리해 보자. 첫째, 문화적 표상(초코파이 광고)이 특정 방식으로 기능하는 것을 가능케 하는 사회 구조를 설명하고 둘째, 문화적 표상(초코파이 광고)이 의미(정)를 내는 방식 —— 의미 체계 —— 을 분석하고[189] 셋째, 그것의 이데올로기적 영향, 즉 주체 형성(초코파이 광고를 자연스럽게 받아들이는 우리)에 대해서 관심을 갖는다. 그러므로 구조주의 문화론은 대중 문화를 가능케 하는 사회 구조 분석과 대중 문화 텍스트 분석에 매우 유용해 보인다. 아울러 분석된 텍스트가 궁극적으로 어떤 효과를 내고 어떤 주체를 형성하는지를 밝히는 데도 적절한 방법이라고 할 수 있다.

구조주의 문화론을 논하는 이 장에서는 대표적 구조주의자인 소쉬르, 레비스트로스, 바르트, 알튀세르가 편 논의를 중심으로 정리한다. 각 연구자의 구조주의적 연구 작업을 분리해 설명하기보다는 적절한 주제 아래 종합하는 방식을 택했다. 이들이 한 학파라는 우산 아래 같이 모여 토론하고 정리하는 시간을 가진 적은 없다. 궁극적으로 찾고자 하는 목표와 접근 방식이 유사하고 서로 인용하고 있기 때문에 서로의 주장에 틈입하고, 뒤섞여 있으며 결과적으로 상당한 유사성을 띠고 있다. 각 연구자를 따로따로 정리하는 일은 동어 반복이라는 따분함을 선

---

189 T. Eagleton, *Literary Theory: An Introduction*, Minneapolis: University of Minnesota Press, 1983, pp.91~126.

사할 뿐이다. 개념 하나하나에 매달리는 대신 구조주의 연구자가 공유하고 있는 문제 의식 그리고 답을 구하기 위해 활용한 방식에 주목하도록 하자.

1. 의미, 차이, 현실 재구성

문화에 대한 구조주의적 접근법의 개요를 정리하기 위해서 우회적인 설명을 해보자. 사회학 연구의 선구자로 알려진 에밀 뒤르켕Emile Durkheim (1858~1917)을 다시 읽음으로써 ── 구조주의적으로 독해함으로써 ── 구조주의적 문화 연구에 접근하도록 하자. 뒤르켕의 후반기 저서인 《종교 생활의 기본 형식*The Elementary Forms of the Religious Life*》190은 종교를 개인적 심리, 영혼 등에 기대어 설명하던 과거 방식에서 탈피해 사회적으로 파악하는 방식을 택하고 있다. 뒤르켕은 문화에 대한 탐구가 모든 사회의 구성 방식을 제대로 연구하는 데 필수적이라는 점을 강조했다. 18~19세기에 서양의 선교사와 상인은 자신이 여행하는 곳에 대한 보고서를 본국으로 보냈다. 그 보고서 내용은 단순히 풍물을 묘사하는 것 이상이었다. 여행지 혹은 선교지 주민이 생활하는 모습을 묘사하는 것을 넘어 체계적으로 분석, 평가하기도 했다. 뒤르켕의 저서는 그 보고서를 토대로 하고 있었다. 그 저서에서 가장 두드러지는 개념은 집합 표상*collective representation*이었다. 세계 각지에 있는 사회 집단은 집단을 드러내는 고유한 표상을 지니고 있었다. 뒤르켕은 그것을 집합 표상이라 부르고 "집단

---

190 E. Durkheim, *The Elementary Forms of the Religious Life*, in J. W. Swain (trans.), New York: Collier Books, 1961.

에 의해서 공유된 문화적 신념, 도덕적 가치, 상징, 사상"을 포함하는 개념으로 사용하였다. 집합 표상을 특정 집단이 느끼는 세계 또는 그들이 시간과 공간을 구성하는 특수한 방법으로 규정한다. 각 집단마다 각기 고유한 표상 방식이 있음을 지적한 뒤르켐의 저서는 서로 다른 집단이 다른 문화를 지닐 수 있음을 인정하고, 문화는 진위나 우월 여부를 따지는 것이 아닌 상대적인 개념임을 밝히고 있었다.

표상representation은 어떤 것이 다른 무언가와 결부되어 다시re 나타나는present 것을 의미한다. 예를 들어 '개'가 '보신탕'으로 연결되어 스테미너 음식 혹은 정력으로 나타나는 것은 한국적인 표상 방식이다. '개'를 '애완용'으로 여기고 사랑스러운 친구, 가족처럼 받아들이는 표상 방식을 가진 사회에서는 한국에서 벌어지는 일을 이해할 수 없다. 이처럼 어떤 것이 다른 것과 결부되어 새로운 의미로 등장하게 되는 것은 대체로 문화적으로 정해져 있다. 그리고 이 의미는 지속적으로 학습되고, 전승된다. 이 같은 표상 방식은 개인을 넘어선 사회적 사실이다. 표상은 사회 구성원을 한정하고, 구성원이 그에 준하는 사회 의식을 갖게 만든다. 집합 표상은 집단 내 구성원에 의해서 공유된다는 의미에서 집단적 산물이다. 여기서 집단적이라는 용어에 유의할 필요가 있다. 개인적 표상이 아닌 집합 표상이라 함은 소쉬르의 언어 이론 등에서 나타나는 구조주의 이론가의 주요 관심사와 일치하는 바가 있다. 구조주의는 개인적인 기호 사용이나 문화에 대해 관심이 아닌 집단의 기호 사용 문화에 대한 관심을 표명한다. 그런 점에서 뒤르켐의 집합 표상 설명은 구조주의와 닿아 있다. 뒤르켐의 분석에서처럼 구조주의란 한 사회에서 집단적으로 통용되는 기호나 문화에 관심을 가진다.

구조주의로 포함시기진 않지만 뒤르켕의 연구는 두 가지 중요한 개념을 전해 준다. 하나는 표상의 사회적 가치이고, 다른 하나는 표상의 집단성이다. 즉 각 집단은 집단을 나타내는 표상을 지니고 있으며 그 표상 분석은 집단의 성격을 분석하는 작업이 될 수 있다. 표상은 항상 집단의 산물이지 개인적인 것이 아님을 강조하였다. 구조주의자는 개인을 넘어서, 개인이 좌우할 수 없는 사회적 사실에 주목한다. 개인의 인식과 지각을 가능케 해주는 사고의 무의식적 기초를 천착하고 있다. 초코파이가 '정'으로 이어지는 이유는 그 용어와 인간 관계에 익숙한 한국 사람들끼리 나누어 가질 수 있는 소통 체계이므로 구조주의적 관심은 그것이 가능하게 된 심층 구조를 쫓아가 분석하고 설명한다.

　　구조주의 문화론의 관심사를 더 명료하게 하기 위해 먼저 소쉬르의 언어론을 살펴보자.191 소쉬르는 언어학 연구의 갈래를 통시적 연구 *diachronic* / 공시적*synchronic* 연구로 나누었다(나중의 설명에서 밝혀지겠지만 대체로 구조주의자는 개념을 짝패로 이해하려 한다). 소쉬르는 자신의 언어 연구 이전까지 행해진 대부분 언어학 연구는 통시적 연구였다고 주장한다. 즉 언어 발달사 등과 같이 역사적으로 특정 언어가 어떻게 바뀌어 왔는지를 살피는 데 관심을 보였다는 것이다. 소쉬르는 시간에 따른 특정 언어의 변천에 대한 통시적 연구에 반대한다. 대신 언어에 대한 공시적 접근을 제안한다. 공시적 접근이란 언어의 현재 상태, 즉 현재의 언어가 어떻게 의미를 내고 있는지를 살펴보는 방식이다. 소쉬르는 공시적 접근이야 말로 진정한 언어 연구라고 주장한다. 언어의 구조와 문법 체계를 연구해 언어가 의미를 내는 방식을 살펴보는 것이야 말로 언어학의 모습이라고 주장한 셈이다.

　　구조주의 언어학으로부터 많은 빚을 지고 있는 구조주의 문화론은

---

191 F. de Saussure, *Course in General Linguistics*, in W. Baskin (trans.), London: Peter Owen, 1950.

당연히 대중 문화에 대해 공시적으로 접근한다. 특정 시기의 대중 문화가 지닌 의미 구조와 체계를 분석하고 설명하려 한다. 예를 들어 체스 놀이를 분석한다고 치자. 통시적으로 체스를 연구한다 함은 땅에 그림을 그려 두고 돌멩이를 움직이면서 놀았던 원시적 놀이에서, 나무판에 나무 조각으로 말을 만들어 놀던 데에서, 이제 플라스틱판에 플라스틱 말로 놀이를 벌이는 것으로 바뀌었음을 추적하는 일이다. 놀이의 변천에 대한 관심이다. 공시적 연구는 원시적 놀이, 나무로 벌이던 체스 놀이, 플라스틱 체스 놀이를 거치면서도 변치 않는 체스 놀이의 규칙, 체계, 법칙을 찾는 데 초점을 맞춘다. 즉 체스판의 각 말이 움직이는 반경이 한정되어 있으며, 상대방의 왕을 꼼짝 못하게 만들면 승부가 판가름 난다는 규칙이 과거뿐만 아니라 현재에도 존재하는 체스 놀이의 기본 방식임을 밝히는 작업이 바로 공시적 분석 작업인 셈이다. 소쉬르는 이처럼 언어 변천사 연구(통시적 연구)에서 언어 구조, 체계, 문법에 관한 연구(공시적 연구)로 옮겨 가야 함을 주장했다.

구조와 체계에 대한 구조주의 관심은 소쉬르의 랑그*langue*/파롤 *parole* 구분에서 더욱 명확해진다. 소쉬르는 언어 세계*language*를 랑그와 파롤로 나눈다. 파롤은 개인적인 언어 사용, 개인적 언어 스타일을 의미한다. 사람들에게는 자신의 독특한 말하는 스타일이 있고, 각 지방에는 그에 해당하는 사투리도 있다. 빠른 말, 느린 말, 어눌한 말, 열정적인 말, 구수한 사투리, 깍쟁이 같은 서울말 등 각 개인이 말을 구사하는 스타일을 두고 파롤이라 부른다. 그런데 서로 스타일이 다르고, 구사하는 방식이 다르다 하더라도 의미는 통한다. 스타일이 다른 언어 사용에도 불구하고 동일 언어권에서는 소통이 발생한다. 의미를 통하게 하는 밑바탕에는 언어의 구조, 문법적 체계가 있기 때문이다. 소쉬르는 이를 랑그라 불렀다. 소쉬르는 개인적 언어 스타일을 가리키는 파롤은 제쳐 두고, 개개인의 스타일이 가능할 수 있도록 지켜 주는 기반, 구조, 체계인 랑그에 관심을 쏟았다. 언어 체계, 구조라는 기반이 있어야만 개인적인 언어 씀씀이가 가능해진다고 보고 랑그를 강조한 셈이다. 랑그 없이는 사회 구성원이 각자의 말을 지니게 될 뿐이므로 의사 소통이 불가능해진다. 다양하게 존재할 수 있는 파롤은 동일한 문법 체계인 랑그를 통해서만 의미를 갖게 되므로 언어학은 당연히 랑그를 연구해야 한다는 것이 소쉬르의 주장이다.

파롤/랑그의 구분을 다음의 예로 구체화해 보자. 초등학교 국어 시간에 어린 학생들에게 가장 빈번히 주어지는 문제는 비슷한 말/반대말 적기이다. 선생님이 '보통'의 반대말을 쓰라는 문제를 냈다. 그런데 한 학생은 회심의 미소를 지으면서 '곱빼기'라고 썼다. 자신의 집인 중국 음식점에서는 '보통/곱빼기'의 쌍이 전혀 어색하지 않을 뿐 아니라 오히려 적절하다고 생각했기에 정답을 썼다고 내심 기뻐했을 터이다. 하지만 그 답은 정답이 아니다. 선생님은 '곱빼기'라는 답을 틀린 답이라고 채점했다. 물론 학교 등과 같은 공식 기구에서 사용하는 말의 체계에 개인적으로만 사용하는 말의 씀씀이가 끼어들 틈은 없다. 이럴 경우 중국집 학생의 '곱빼기'라는 언어 사용은 파롤에 해당한다. '보통/특별'이라는 답을 쓴 학생의 언어 사용은 랑그에 입각한 정답이 될 것이다. 사회에서 규범으로 정해 둔 말의 사용이 랑그이며, 그 규범에 어긋나는 개인적인 말의 사용을 파롤이라고 부른다. 앞의 체스를 예로 들어 보자. 체스 놀이를 하는 사람에 따라 놀이 스타일은 여러 가지로 갈라진다. 어떤 이는 체스를 매우 공격적으로 둔다. 깊게 생각하면서 수비적으로 두는 사람도 있다. 늘 어거지를 부리며 물리기를 밥 먹듯 하는 떼쓰기 형도 존재한다. 그러한 여러 유형이 파롤에 해당하는 각 놀이꾼의 스타일이다. 공격적으로 두든, 수비적으로 두든, 지저분하게 두든 간에 스타일과 관계없이 체스 놀이에는 움직일 수 없는 원칙이 있다. 왕이 잡히면 게임이 끝난다. 어느 놀이꾼도 피할 수 없는 원칙이다. 왕을 지키는 장수가 움직일 수 있는 반경도 정해져 있고, 졸병이 움직일 수 있는 한계도 분명 존재한다. 여러 말이 조합으로 움직여 상대를 공격하고, 또 수비하며 궁극적으로 상대방의 왕을 꼼짝 못하게 하면 게임을 이긴다. 그것이 체스의 기본 바탕인 랑그다. 개인 놀이꾼은 공격적일 수도 있고, 수비적일 수도 있지만 왕이 꼼짝 못하면 진다는 규칙 앞에서는 선택이 있을 수 없다. 구조주의에서 관심을 갖는 것은 개별 스타일이 아니라 공통적으로 운용될 수 있는 '규칙'이다. 개인적 스타일은 구조주의 관심에서 벗어나 있다(뒤에 설명할 후기 구조주의는 개인적인 스타일, 즉 파롤에 대해 관심을 보인다). 체스라는 게임을 가능하게 만드는 규칙, 영화가 의미를 내기 위해 의존하는 규칙, 한 사회의 상징이 의미를 내는 방식에 대한 관심이 구조주의 문화론의 관심이다.

그렇다면 언어가 의미를 내는 방식은 과연 무엇일까? 어떤 규칙이 있는 것일까? 참으로 허무한 답을 낸다.[192] 그것의 근본은 '차이'다. '차이'를 통해서 기호는 의미를 낸다. 특정 기호는 그것 스스로 의미를 낼수 없다. 즉 기호 하나하나는 스스로 본질적 의미를 갖지 않는다. 특정 기호의 의미는 다른 기호와의 관계, 즉 차이에 의해서 생긴다. 우리는 국기나 국가를 보고 들으면서 국가적 소속감을 느끼게 된다. 한국 땅에서 날마다 국기를 보는 경우는 꼭 그렇다고 할 수 없지만, 외국 땅에서

---

[192] 기호라는 용어를 자세한 설명 없이 사용하고 있으므로 짧게 그에 대해 언급하겠다. 기호에 대해서는 이번 장 중반부에 자세히 설명할 것이다. 기호sign는 언어를 연구하는 가장 작은 단위다. 연구의 시작점인 셈이다. 기호는 도상 기호, 지표 기호, 상징 기호로 분류할 수 있다. 말, 글, 숫자, 여러 상징물 등 표현을 위해 등장하는 대부분의 것을 기호라고 파악해도 큰 무리는 아니다.

태극기를 보게 되면 거의 무의식적으로 반가워하고 자랑스러워한다. 텔레비전을 통해 외국 원정 경기를 시청할 때 응원이 너무 지나친 것 같아 민망스러워 보이지만 교민의 경우 그러한 염려는 제쳐 둔 채 태극기 아래서 체면을 접어 두고 열광한다. 한국인임을 나타내는 상징인 태극기는 성조기가 아니기 때문에 — 차이가 나기 때문에 — 반가운 것이고 기꺼이 그 밑으로 모인다. 일장기가 아니기 때문에 태극기라는 의미가 생긴다. 원시 사회에서 국기에 해당하는 장치가 토템*totem*이다. 뒤르켕이 관심을 보였던 집합 표상의 한 예가 바로 토템이다(뒤르켕은 토템을 따르는 풍습을 종교의 초기 형태로 파악했다). 구조주의자 방식으로 토템을 설명하자면 한 토템은 다른 토템과 다르기 때문에 의미를 갖는다. 사자를 모신 부족은 자신들의 토템이 호랑이도 아니고, 돼지도 아닌 사자이기 때문에 그를 따르고 그를 중심으로 모이고, 그 안에서 동질적 문화를 공유하며 살게 된다.

인류학자들은 원시 사회를 방문하고 깜짝 놀랄 만한 사실을 발견한다. 원시 사회임에도 불구하고 동물, 사람, 식물 그리고 각종 사물을 분류하는 정교한 체계를 지니고 있음을 알게 되었다. 원시 사회는 분류 체계를 통해 다른 부족과 사물에 대한 이해를 높이고 자신의 정체성을 구성하고 있었다. 그러한 분류 체계 가운데 가장 두드러진 것은 친족에 관한 것이었다. 친족은 인간 생활에서 가장 근본이 되는 사회 조직 형태이다. 상속을 받을 사람, 그렇지 않은 사람, 결혼을 할 수 있는 상대, 그렇지 않은 상대 그리고 친척의 범주에 넣을 수 있는 사람과 그렇지 않은 사람을 분류해 둔 것이 친족 체계다. 근친상간을 내세워 친족과 결혼을 금지하고 있는 사회에서는 결혼을 기준으로 친족과 친척을 구분하고 그 차이를 부여한다. 결혼을 할 수 있는 사람이나 부족까지는 친족 바깥이다. 친족 안에 있는 사람과는 결혼을 할 수 없다. 그런 점에서 레비스트로스는 근친상간을 인류가 가진 최초의 법칙이라고 말했다. 친족과 비非친족을 구분하는 체계이며 법칙인 셈이다. 그 같은 체계와 법칙이 원시 사회에만 존재하는 것은 아니다. 한국에서 벌어지는 결혼식 폐백을 자세히 들여다보자. 폐백에서는 신랑과 신부에 가까이 앉아 있을수록 가까운 친족으로 분류된다. 신랑의 아버지, 어머니가 앉고 그런 다음 형제, 삼촌, 숙모 그리고 사촌, 오촌 이런 식으로 멀어질 것이다. 물론 신부 측의 친족 배열도 이와 비슷하게 놓일 것이다. 이것은 부계 사회 전통을 지닌 한국 친족 분류에 의한 좌석 배치이다. 모계 사회에서는 이모들을 참석시키고 신랑, 신부에 가깝게 좌석을 배치하지 않을까? 사물을 차이에 따라 분류해 놓은 사회의 모습을 정리해 보면 그 사회의 특성까지 알 수 있게 된다. 차이를 바탕으로 꾸며진 사회의 분류 체계를 이해하는 것이 곧 문화 체계를 밝히는 것과 상통하는 것이다.

소쉬르는 언어가, 레비스트로스는 신화가 차이를 통해 의미를 내는 방식을 정리한다. 소쉬르에 따르면 '소'라는 단어는 '개' 혹은 '말'과 다르기 때문에 '소'라고 읽으며 '네 발 달린 부지런한 가축'이라는 이미지를 머릿속에 떠올린다고 한다. 신호등의 작동 과정을 예로 들어 보자. '빨간색 = 정지,' '파란색 = 가시오,' '노란색 = 정지 준비'라는 것은 운전을 하는 사람이든 보행자든 큰 어려움 없이 식별할 수 있다. 빨간색이 정지를 의미할 본질적인 이유는 없다. 파란색도 마찬가지다. 빨간색은 파란색이 아니라는 차이 때문에 우리가 빨간색을 인식하고 멈추게 된다. 나쁜 것에 대한 이야기는 좋은 것에 대한 이야기가 있기 때문에 의미가 생기고, 남자에 관한 이야기는 여자에 관한 이야기와 차이가 있기 때문에 의미를 발생한다. '남자는 강하다'라는 말은 '여자는 약하다'라는 말을 통해서 의미가 가능해진다. 아버지는 어머니와 다르고 삼촌과 다르기 때문에 아버지에 대한 의미가 발생한다. 이모는 고모와 다

구조주의 문화론

르기 때문에 폐백실에 자리를 차지하지 못한다.

호랑이를 토템으로 모시는 사회는 호랑이가 아닌 것을 토템으로 모시는 사회와 구별 지으면서 자신의 토템을 인식한다. 'A'는 '−A,' 즉 'A'가 아닌 것과의 대립과 차이를 통해서 의미를 낸다.193 레비스트로스는 원시 사회의 신화를 분석하면서 신화의 구조도 차이에 바탕을 두고 이루어졌다고 주장한다. 즉 원시 신화도 소쉬르의 언어와 같이 작동하는데, 신화는 '양분법적 대립binary opposition' (혹은 짝패 구조)으로 구성되어 있다고 한다. 문화 / 자연, 뭍 / 물, 남자 / 여자, 흑 / 백, 우리 / 너희 등과 같은 차이, 대립 요소로 신화가 구성되어 있다고 그는 밝힌다.194 이에 대한 논의는 내러티브에 대한 설명에서 좀 더 자세히 다루도록 하겠다. 어쨌든 특정 사물이나 어휘가 의미를 내는 방식의 밑바탕에는 차이의 체계가 도사리고 있음에 틀림없다.

우리가 아는 어느 것도 그것 자체로는 자신을 드러낼 수 없다. 나의 이름이 친구들에게 알려진 것은 다른 친구들과의 이름 차이 때문이다. 모두가 같은 이름을 쓴다면 우리는 스스로를 드러낼 수 없게 된다. 다른 것과의 차이를 통해서 의미를 내게 되고, 우리의 인식 또한 차이를 통해서 이루어진다. '흑'임을 알게 되는 것은 그것이 '백'이 아니라는 것을 알게 됨으로써 가능하다. '남'은 '여'와의 차이에 의해서 의미가 만들어진다. 그래서 흔히 구조주의를 가리켜 차이를 찾는 학문이라고들 한

---

193 사실 레비스트로스는 토템이 서구 지식 생산의 산물이라고 파악했다. 서양의 인류학자들이 서구와 그 바깥의 사회를 구분하기 위해서(차이를 내기 위해서) 유난히 토템을 강조하고 연구했다고 보았다. 토템으로 자신들의 정체성을 구분하는 원시 사회는 곧 서구 사회와 다르다는 점을 강조하기 위함이란 것이다.

194 C. Lévi-Strauss, *The Savage Mind*, London: Wiedenfeld & Nicholson, 1966.

나는	소를	보았다
너는	말을	탔다
우리는	개를	먹었다
그들은	돼지를	죽였다
……	……	……

다. 낱말의 의미가 차이에 의해서 생기게 된다는 것은 낱말을 선택하는
데 차이가 결정적 역할을 한다는 것을 의미한다. 차이는 우리가 말을
통해서 의미를 내는 가장 밑바탕이 되는 메커니즘이다.

소쉬르는 특정 기호의 집합이 의미를 내기 위해서는 차이를 바탕으
로 선택되고 배열되는 방식을 거쳐야 한다고 주장한다. '나는 소를 보
았다'라는 말을 만들어 의미를 내기 위해서는 먼저 낱말의 선택이 필요
하다. '나는 소를 보았다.'라는 문장은 '주어 + 주격 조사 + 목적어 +
목적격 조사 + 동사'로 구성되어 있다.

인칭 대명사, 즉 주어인 '나'라는 단어 대신 '나'와 차이가 나는 '너'
를 선택하게 되면 의미가 바뀐다. 즉 인칭 대명사에 해당하는 많은 낱말
의 집합에서 한 단어를 선택하는 일을 선행해야 한다. 또한 그에 따라
주격 조사도 선택해야 한다. 주격 조사를 선택하는 것도 '는'은 '가,' '이'
와 다르다는 체계를 통해 이뤄진다. 목적어에 해당하는 동물 범주 안에
도 말, 개, 돼지 등 많은 단어가 있다. '소'를 선택하는 일은 다른 동물을
뜻하는 단어, 즉 '말'이나 '개'와의 차이를 통해 이뤄진다. 동사에 해당하
는 '보았다'라는 단어 대신 동사 집합에서 다른 단어를 선택할 수도 있
다. 이렇듯 말을 만드는 방식은 말의 집합에서 선택하는 과정을 바탕으
로 한다. 우리는 그러한 단어의 집합(나, 너, 우리, 그들 …… : 소, 개, 말, 돼지 …… :
보았다, 탔다, 먹었다, 죽였다 ……)을 '밭'(패러다임paradigm)이라고 부른다. 위의 경

우는 주어 밭, 주격 조사 밭, 목적어 밭, 목적격 조사 밭, 동사 밭이라고 할 수 있다. 밭에서 적당한 단어를 뽑는 과정이 의미를 내기 위한 첫 번째 관문이다. 물론 선택 과정에서 단어 간 차이를 바탕으로 한다.

차이를 기반으로 각 밭에서 뽑힌 단어는 배열의 과정을 거쳐야 의미를 낸다. 어떻게 배열되는가는 어떤 단어가 선택되는가와 마찬가지로 의미를 내기 위한 필수 과정이다. 배열의 방식에 따라 의미를 못 낼 수도 있고, 전혀 다른 의미를 내기도 한다. '보았다, 소를, 나는'이라고 한다면 이는 의미가 잘 통하지 않거나 의미가 통하더라도 강조법처럼 들려 평범한 문장과는 다른 의미를 내게 된다. 이처럼 차이를 기반으로 밭에서 뽑은 단어를 적절하게 배열하는 '엮기 과정syntagm'을 거쳐야 의미 있는 말을 만들어 낼 수 있다.

뽑기와 엮기 과정을 설명했지만 일상적 언어 행위에서 우리는 이에 대해 큰 고민을 하지 않는다. 자신의 생각을 어려움 없이 자유자재로 표현하기 때문이다. 그런 탓에 그런 과정을 거친다고 짐작하지도 않았을 것이다. 차이를 기반으로 한 뽑기 과정은 무의식적으로(거의 자동적으로) 이뤄진다. '개'와 '소' 사이의 차이를 통해 어느 한 단어를 선택하지만 그것을 곰곰이 생각한 후 선택하지는 않는다. 너무나 오랫동안 반복해서 차이를 통한 선택을 행했기 때문에 혀가 알아서 잘 움직인다. 차이를 고민하지 않고 언제든 술술 단어를 선택하고 의미를 만들어 낼 정도인 경우, 모국어mother tongue처럼 말한다고 한다. 다른 언어를 말함에 있어 뽑기와 엮기의 과정을 무의식적으로 행하지 않고 어떤 단어를 써야 하나, 어떻게 배열해야 하나 등의 걱정을 하는 경우를 두고는 아직 모국어 수준에 달하지 못했다고 한다. 사실 이로부터 외국어를 잘 배우기 위한 지혜를 얻을 수 있다. 어휘 선택이나 문법에 매달리다 보면 외국어는 늘지 않게 마련이다. 거의 무의식적 수준에서 어휘 선택이나 문법에 맞는 배열이 이루어질 수 있도록 하는 훈련이 필요하다. 물론 끊임없는 반복이 그 해결책이다. 성인보다 어휘력이나 문법 구사력이 떨어지는 어린이가 외국어를 빨리 습득하는 것을 보더라도 알 수 있다.

의미를 내기 위해서는 차이를 바탕으로 기호를 선택하고 배열해야 한다는 사실은 소쉬르와 구조주의에 대한 이해에서 맨 먼저 익혀야 할 사항이다. 의미 형성을 위한 선택과 배열의 원칙은 언어 생활뿐 아니라 일상에서의 표현 행위에도 적용할 수 있다. 한 예를 들어 보자. 대학에 같이 입학했지만 먼저 졸업을 해 직장을 잡은 여자 친구가 첫 월급으로 남자 친구에게 크게 한턱 내기로 약속을 했다. 여자 친구는 그날을 오랫동안 기억하기 위해 자신이 사는 곳에서 가장 멋있는 분위기를 가진, 최고급 레스토랑에 두 좌석을 예약했다. 그 집은 격조 있는 (물론 한우) 스테이크 전문 레스토랑이었다. 예약한 좌석에 앉자마자 식당의 매니저가 환영 인사와 함께 큼직한 메뉴판을 내민다. 두 사람 모두 처음 온 고급 레스토랑에서 큼직한 메뉴판을 앞에 놓고 깊은 고민에 빠졌다. 우선 그 내용을 잘 알 수가 없었기 때문이다. 할 수 없이 구체적 내용을 매니저에게 물어본다. 매니저의 설명은 간단했다. 다음 몇 개의 군에서 무조건 하나씩 선택하면 된다는 이야기였다. 애피타이저에서 하나 선택하고, 샐러드에서 하나 선택, 샐러드에 올릴 드레싱에서 하나…… 뭐 그런 식이다.

여자 친구의 취업을 축하할 겸해서 함께하는 그날의 식사를 좋은 추억으로 남기기 위해서는 꼬치꼬치 물어서라도 의미 있는 선택을 하고 잘 배열을 해야 한다. 식탁 위에 오를 음식을 미리 상상하면서 음식을 주문한다. 우선 애피타이저 밭에서 이국적인 색채를 주기 위해 타코를 선택한다. 물론 타코는 주이 아니기 때문에, 주피의 치이 때문에 이국적이라는 느낌을 갖고 있다. 그런 다음 샐러드 밭에서 야채 샐러드를 선택

애피타이저	샐러드	드레싱	수프	요리	밥	음료수
타코	야채 샐러드	1000 아일랜드	완두콩 수프	스페셜 스테이크	감자	와인
캐비어	햄 샐러드	이탈리안 드레싱	칠리 수프	송아지 스테이크	밥	주스
거위 간	과일 샐러드	프렌치 드레싱	쇠고기 수프	연어 스테이크	빵	맥주

하는데, 이는 고기가 들어가지 않는다는 차이가 있기 때문에 선택한 것이다. 드레싱의 선택 또한 마찬가지다. 색깔의 차이 또는 향의 차이에 따라 선택하게 된다. 그런 다음 수프 밭으로, 요리 밭으로…… 차이에 따라 선택한 음식을 웨이터가 순서대로 잘 테이블에 올려야 둘이서 오랫동안 멋있는 식사였다고 기억할 것이다. 의미가 생긴다는 말이다.

위 메뉴판 각 밭에는 선택 경우의 수는 3개 정도에 불과하다. 그러나 실제로 그 이상일 수도 있다. 드레싱의 종류도 엄청나게 많을 수 있다. 수프도 마찬가지다. 메뉴판 위의 각 패러다임, 즉 각 밭에 들어 있는 선택 경우의 수, 여러 선택 대상들의 묶음, 선택 폭을 두고 흔히 코드 *code*라고 말한다. 선택 대상이 많아 선택의 폭이 넓을 경우 코드가 정교하다고 말한다. 반대로 선택 대상이 몇몇에 불과해 선택의 폭이 한정되는 경우를 두고 코드가 단순하다고 말한다. 단순한 코드와 정교한 코드의 구분은 선택할 수 있는 경우의 수의 차에 따른 구분이다. 대체로 살림살이가 괜찮은 곳에서는 정교한 코드를 이용한다. 살림살이가 괜찮은 사람들은 샐러드를 여러 종류로 구분할 줄 알고, 그것들 간의 차이에 익숙해 레스토랑을 방문한 날의 성격에 맞추어 주문할 줄 안다. 하지만 하루 벌어 하루 먹고 사는 이들에게 샐러드는 다 샐러드일 뿐 정교한 차이에 관심을 두지 않는다.

코드를 잘 이해하기 위한 예로 가장 많이 드는 것이 '눈'에 관한 이야기다. 한국 사람은 눈 패러다임, 즉 눈 밭에 비교적 많은 선택 대상을 지니고 있다. 함박눈, 진눈깨비, 싸락눈…… 겨울이 되어 한국에 스키의 낭만을 즐기러 오는 싱가포르, 대만 사람의 경우 눈에 대해 눈이라고 말하는 것 외에 별다른 표현을 지니고 있지 않을 것 같다. 에스키모 사람은 눈을 정교하게 구분하는 약 50여 가지의 표현을 갖고 있다고 한다. 눈에 관한 한 에스키모 사람이 가장 정교한 코드를 지니고 있고, 한국 사람은 중간 정도의 정교한 코드, 동남아 사람은 아주 단순한 코드를 지녔다고 할 수 있다. 에스키모 사람이 정교한 코드를 갖는 것은 자신의 일상과 눈은 떼려야 뗄 수 없는 관계에 있기 때문이다. 다양한 이름으로 눈을 부르고 그 차이를 구분해 일상에서 유용하게 활용하기 위한 것이다. 이 코드를 후세대에 계속 교육하고 전승시키기 때문에 대부분의 구성원은 정교한 코드 혹은 중간쯤 정교한 코드, 단순한 코드를 습득하게 된다. 그래서 에스키모 사람은 그 코드로부터 눈 종류의 차이를 표현하는 적절한 용어를 꺼내게 된다. 즉 코드 습득으로 눈의 차이를 구분하는 능력을 키운 것이다. 아는 만큼 본다고 할까. 그렇다. 그것이야말로 구조주의의 주요 강조점이다. 알지 못하면 보지 못한다. '보는 것이 믿는 것'이 아니라 '믿는 것이 보는 것'이다. 위 메뉴 주문에서도 이미 잘 알고 있어야, 차이를 구분해 내고, 잘 주문해서 멋있는 의미를 낼 수 있는 것 아닐까.

대중 문화 텍스트의 한 종류인 신문 기사를 예로 들어 차이를 정리해 보자. 우리에게 전해지는 신문 기사도 선택과 배열을 거치지 않고서는 의미를 내지 못한다. 북한이 미국을 향해 미사일 발사 연습을 한 사건이 발생했다고 하자. 그리고 다음날 주요 일간지 두 곳에서 다음과 같이 서로 다른 헤드라인을 뽑아 기사화했다고 하자.

북한의 미사일 발사 연습은 하나의 사건이지만 그 사건을 보도하는 방식은 수도 없이 많을 수 있다. 신문사가 지닌 미국, 북한에 대한 태도에 따라 선택되는 용어와 배열이 달라진다. '악의 축 북한'이란 용어 선택은 '입지 좁아진 북한'에 비하면 북한을 적대시하겠다는 태도를 이미 밝힌 것이나 다름없다. '평화 위협'이라는 전쟁 용어에 비하면 '미사일 시위'는 외교적 뉘앙스를 띠고 있어 사건을 북한의 외교 전략으로 단순화시키기에 충분하다. 이처럼 용어 선택과 배열에 따라 같은 사건을 달리 전달할 수 있다. 신문 기사는 특정 사건을 있는 그대로 전달하기보다는(있는 그대로 전달하는 일이 가당키나 할까?) 용어 선택과 배열을 통해 자신이 보고자 하는 방식대로 사건을 재구성해 독자에게 전달한다. 언론 행위는 '일어났던 사실을 고스란히 전달'하는 것이 아니다. '개념의 선택과 배열을 통해 사건을 재구성'하는 것이라고 말하는 편이 더 적절하다. 그런 점에서 언론은 사건을 전해 주는 쪽reporters이라기보다는 자신의 방식대로 말하는 이야기꾼storytellers에 가깝다.

선택과 배열을 통한 의미 내기 그리고 현실의 재구성에 대한 이해를 굳히기 위해 하나만 예를 더 들어 보자. 아주 심한 고부 갈등이 있었는데, 그 정도가 지나쳐 분을 이기지 못한 아내와 남편과 다투게 되었다. 그런데 싸움이 도를 넘어 남편이 아내를 폭행하기에 이른 모양이다. 그 사건을 두고 서로 다른 두 신문사는 다음과 같은 헤드라인을 뽑아 보도했다고 치자.

288

앞의 신문은 며느리의 불효에 초점을 맞추어 폭행 남편을 편든 느낌을 준다. 시어머니의 시점視點으로 적은 헤드라인이다. 그에 비해 뒤의 신문은 남편의 폭행에 초점을 맞추어 아내 편을 들고 있는 듯하다. 아내의 시점으로 적은 헤드라인이다. 한 사건을 두고 두 신문이 전혀 다른 어휘를 선택하고 배열하였고, 그로써 전혀 다른 의미를 내고 있다. 그 사건을 직접 본 적이 없는 독자는 신문의 선택과 배열로 구성된 현실을 전달받고 그에 맞추어 시어머니를 탓하거나 며느리에게 비난을 퍼부을 것이다.

이 같은 예는 언어가 현실을 구성한다는 구조주의 주장을 뒷받침한다. 어차피 사건이 발생하고 나면 그것은 사라지고 만다. 그 사건이 똑같은 모습으로 거듭 발생할 수는 없다. 그 사건을 잘 설명하기 위해서 언론은 사진, 동영상, 인터뷰, 기사 모든 것을 동원하겠지만 한번 펼쳐지고 사라져 버린 사건을 있는 그대로 다시 보여 줄 수는 없다. 있는 그대로 보여 주기가 불가능하기 때문에 구성해서 보여 주는 작업을 택한다. 언어적 과정을 통해 사건을 재구성해 독자, 수용자에게 사건이 어떤 모습이었는지 전달한다. 그 현실 재구성 과정에서 선택과 배열이 이뤄진다. 어떤 용어를 선택하고, 어떻게 배열하느냐에 따라 재구성된 현실은 달라진다. 신문 보도는 이미 사라져 버린 사건을 있는 그대로 전달할 수 없다. 신문이 전한 사실은 재구성된 사실일 뿐이다.

2. 내러티브

클로드 레비스트로스Claude Lévi Strauss는 로만 야콥슨Roman Jakobson 등의 구조 언어학에 기대어 본격적으로 구조주의를 체계화한 프랑스의 인류학자다. 그는 전후 프랑스의 철학계에서 인간을 중심에 놓는 장 폴 샤르트르의 실존 철학과 극심한 논쟁을 벌였다. 레비스트로스는 인간의 존재 기반, 즉 구조를 철학의 중심에 두고 있었다. 인간의 삶을 특정한 방식으로 규정해 주는 보편적 규칙, 즉 보편적 질서를 찾는 데 몰두했다. 원시 사회를 찾아 그 보편적 질서를 탐구하던 레비스트로스는 원시 사회가 공통적으로 지니고 있던 신화에 주목한다.[195] 그리고 원시 사회의 신화가 지닌 공통적 구조를 분석하였다. 레비스트로스는 신화야말로 인간이 사고하는 방식을 들여다볼 수 있는 확대경과 같은 것이라고 여겼다.

그는 먼저 대부분의 원시 사회가 신화를 지니고 있음에 주목한다. 이때 신화는 '그 사회가 지니고 있는 해결되지 않는 모순을 상상적으로 해결하려 하는 이야기'를 담은 것이었다. 신과 사람 간 관계에 대한 이야기, 선과 악에 대한 이야기, 자연과 문화에 대한 이야기, 죽음과 삶의 관계 등 인간이 결코 해결할 수 없는 사안을 이야기 속에서는 자연스럽게 해결된 것처럼 옮김으로써 그에 대한 불안을 줄이려 했다. 신화는 불안 해소를 위한 결과물이다. 신화는 현실에서 풀지 못하는 모순을 상상 속에서 해소시켜 주었다. 레비스트로스가 주목한 원시 사회의 신화는 대체로 대립되는 이항을 주 구성 요소로 하고 있었다. 서로 갈등하되 결코 하나가 될 수 없는 이항 대립 혹은 짝패를 골간으로 이야기를 전개하고 있었다. 남/여, 선/악, 신/인간, 자연/문화, 친족/비친족, 하늘/땅, 불/물 등의 대립되는 짝패로 구성되어 있었다.

원시 신화 내 이항 대립 구조는 현대 사회의 대중적 이야기에서도 찾을 수 있다. 많은 대중 영화는 선과 악의 대립을 중심축으로 하고 있

---

195 레비스트로스는 초기엔 필드를 찾아 기술하는 데 집중했으나 일찌감치 현장 조사를 기반으로 한 인류학이 아닌 이론 인류학 작업에 더 몰두하였다.

으며, 소설, 텔레비전 드라마도 이항 대립 간 갈등 혹은 해소를 주요 내용으로 삼고 있다. 구체적인 수준에서는 등장 인물이 범죄를 저지르고, 범죄자를 쫓고, 용서하는 행위 등으로 구체화되지만 그것이 추상적 수준에 이르면 선과 악, 죄와 벌 등으로 승화되는 모습을 보여 준다. 물론 추상적 수준이든, 구체적 수준이든 이항 대립, 짝패 구조에서 벗어나지 않는다. 즉 신화가 구체적 수준의 내용에서 추상적 수준의 내용으로 오를 수 있도록 주변의 많은 이항 대립적 요소가 도움을 준다. 다음의 표에서처럼 추상적 수준에서의 선악 대립은 구체적 수준에서의 신화 요소, 즉 범인 대 수사대, 그들을 포장해 주는 다른 요소 즉 문명 대 자연, 학력 요소, 음악 요소, 의상 요소, 언어 요소로 드러난다.

그런데 이 같은 구체적 수준에서의 요소를 추상 수준으로 승화하기 위해서는 이야기 얼개에 올려야 한다. 즉 신화, 대중적 이야기의 요소를 엮어야 그 의미를 낼 수 있게 되고, 최종적으로 추상적인 수준의 의미에까지 이른다. 여러 요소가 시간의 흐름에 따라 전개될 수 있도록 하는 이야기 흐름의 얼개가 필요하다. 이야기가 의미를 갖기 위해서는 이야

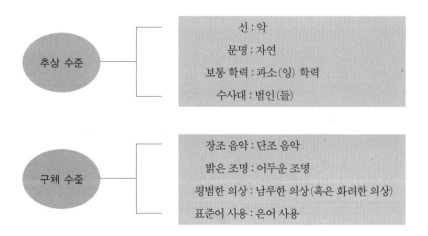

기 요소와 이야기 요소를 실어 나르는 흐름의 얼개가 필수적이다. 그런데 앞서 의미를 내기 위한 선택과 배열, 즉 뽑기와 엮기를 설명한 바 있다. 마찬가지로 신화, 즉 이야기도 의미를 내기 위해서는 이야기 요소를 선택하는 과정과 선택한 요소를 엮는 과정이 필요하다. 즉 다양한 요소들 중에서 뽑는 과정, '밭에서 뽑기paradigmatic selection'와 뽑은 것을 '엮어 배열하기syntagmatic arrangement'는 필수적이다.

신화, 이야기의 요소, 그리고 요소를 엮은 것을 두고 신화, 이야기의 구조라고 말한다. 즉 요소와 엮음이 신화나 이야기의 구조를 형성한다는 말이다. 이 같은 신화, 이야기의 구조를 내러티브narrative라고 부른다. 신화나 이야기의 내러티브를 분석한다 함은 과연 어떤 요소로 구성되어 있으며, 구성된 요소가 어떻게 엮여 있는가를 밝히는 일이다. 밭에서 무엇을 뽑았으며, 뽑은 것을 어떻게 엮어 냈는지를 살펴본다는 말이다. 레비스트로스가 신화의 구조적 특성, 즉 이항 대립 구조, 짝패 구조를 설명한 바, 이는 신화의 요소적 선택 방식, 즉 '밭에서 뽑기'에 대한 설명이다. 그렇게 뽑은 것을 '엮어 배열하는' 과정을 거쳐야 하는데, 그에 대한 논의는 조금만 뒤로 미루어 두자.

대부분의 대중 문화물은 내러티브를 지닌다. 즉 이야기 요소를 지닐 뿐 아니라 그 요소를 엮은 체계를 지니고 있다. 의미를 전달하고자 하는 대부분의 이야기에 내러티브는 필연적이다. 그것 없이는 의미를 전달할 수 없다. 내러티브 없는 이야기를 접한 수용자는 그것을 들었던 기억을 다시 되살리기 힘들다. 영화나 드라마, 심지어 뉴스 속에도 들어 있는 내러티브를 통해 수용자는 의미를 전달받고, 또 다른 사람들에게 이야기를 옮길 때도 내러티브를 활용한다. 그런 점에서 보자면 사회 내에서 행하는 대부분의 커뮤니케이션 경험에서 내러티브가 중심이라 해도 과언이 아니다. 인간의 삶이 있는 곳에는 내러티브가 있고, 내러티브를 통해 서로 의미를 주고받는다. 대중 문화물의 내러티브 분석을 통해 사회 내에 어떤 의미가 오고 가는지를 살펴볼 수 있다.

2000년대 중반 이후 케이블 텔레비전을 중심으로 미국 드라마가 인기다. '미드 열풍'이라고도 부르는 이 붐은 한국 텔레비전이 지니지 않은 수사물 장르(《CSI》 등)에 집중되어 있다. 한국에서도 과거 〈수사반장〉과 같이 큰 인기몰이를 한 수사물이 없지는 않으나 그 이후는 별다른 주목을 끌지 못했다. 미국 수사물 드라마는 판에 박힌 듯한 형식을 갖지는 않지만 전형성에서 크게 벗어나지는 않는다. 이야기를 끌어가는 전형적 구조를 지니고 있다는 말이다. 단순화를 무릅쓰면 다음과 같이 전형화시켜 보자.

등장 인물은 이야기를 끌어가는 데 있어 가장 중요한 요소이다. 이야기의 전개를 끌어 주고 조직화하는 역할을 한다. 등장 인물에게는 이야기를 끌어갈 수 있도록 성격이 주어지고 여타 기술적인 요소는 그 성격이 나타나도록 보조한다. 예를 들어 수사반에 주어지는 카메라의 미디엄 숏은 사람들로 하여금 편안한 혹은 객관적 느낌을 갖게 한다. 우리가 늘 보는 뉴스의 앵커나 앵커우먼에게도 미디엄 숏이 가해져서 시청자로 하여금 편안한 느낌과 동시에 신뢰감을 갖게 한다. 그에 비해 범인에 가해지는 클로즈업은 등장 인물의 감정 변화 등을 추적하는 데 자주 이용한다. 범죄로 인한 정서의 불안정을 나타내는 데 자주 인용하는 기법이다. 물론 이러한 기법이 본질적으로 의미 차이를 갖지 않는다. 의미는 클로즈업과 미디엄 숏 간의 차이로 인해 발생한다. 배경 음악으로서 장조나 단조가 주는 느낌도 마찬가지다. 장조는 장중하여 신뢰가 가고, 단조는 숙명이나 운명을 나타내며 음침한 느낌을 준다.

이렇듯 이야기의 구성 요소를 각 밭에서 선택하는 과정이 먼저 이뤄진다. 그런 다음 범인과 수사진이 각각 더욱 범인답고 수사진답도록

	수사반	범죄 집단
등장 인물발	수사반	범인, 범죄 집단
등장 장소발	평범한 장소	특별한 장소(화려하거나 음침한 장소)
인물 배경발	고학력	저학력(지나치게 높은 학력 — 지능범)
	중산층	하층(지나치게 부유함 — 파렴치범)
	평범한 용모	혐오스러운 용모(지나치게 잘생김)
인물 언어발	표준어	사투리, 슬랭
인물 의상발	평범한 옷	남루하거나 지나치게 화려한 옷
카메라발	미디엄 숏	클로즈업
음악발	장조	단조
조명발	밝은 조명	어둡거나 비정상적 조명
인종발	백인	유색 인종

다양한 요소를 함께 엮을 것이다. 전체 이야기 구조를 이항 대립, 즉 짝패로 구성한다. 수사진과 범인과의 대립, 평범한 것과 그렇지 않은 것과의 대립, 표준적인 것과 비표준적인 것, 미국적인 것과 미국 외적인 것(인종, 영어 악센트 등)과의 대립 등으로 말이다.

드라마나 극영화만이 이 같은 내러티브를 지니고 있진 않다. 내러티브가 없이는 소통이 불가능하므로 텔레비전 뉴스 같은 논픽션 이야기도 드라마와 유사한 내러티브를 갖는다. 노사 분규 보도를 예로 들어보자. 텔레비전 뉴스는 뉴스가 될 수 있는 것과 그렇지 않은 것을 구분하는 기준을 갖고 있다. 그를 일컬어 '뉴스 가치news value'라고 부른다. 텔레비전 뉴스가 선호하는 뉴스 가치는 '비일상성'이다. 일상적인 것을 위협하는 사건, 일상을 뒤엎는 사건, 일상에서 한참 벗어나는 사건, 그런 것이 뉴스 가치를 갖는다. 나라 간 전쟁, 교통사고, 화재, 살인 사건,

분쟁, 여야 간 정치 격돌, 기업 간 엄청난 마케팅 경쟁, 운동 팀 간의 경쟁 등. 그래서 뉴스를 들여다보면 온통 우울한 내용 일색이다. 우리가 흔히 겪고 뉴스로 대하는 지하철 노사 분규와 그에 대한 보도로 정리해 보자. 텔레비전 뉴스는 지하철 노조의 파업을 일상을 해치는 것으로 규정한다. 그래서 시민의 일상이 큰 고통을 받는다는 식으로 묘사한다. 시민의 고통을 덜기 위해 정부나 회사측은 파업을 막거나 피해를 최소화하려고 애쓴다고 보도한다. 그에 비해 파업을 감행하는 노조측은 사회의 일상, 안정을 해치는 것으로 그린다. 파업을 하는 노조원의 평범한 모습이 아니라 붉은색 자켓을 입고 머리띠를 하고, 주먹을 쥐고 구호를 외치는 모습을 담아 전해 준다. 뉴스에 들어가는 인터뷰에서도 정부측이나 회사측 간부의 모습과 노조원의 모습을 대조적으로 그려낸다. 대화를 강조하는 측과 호전적인 측의 모습을 대조적으로 부각시켜 보도한다. 레비스트로스식으로 뉴스의 내러티브를 정리하면 아래와 같다. 뉴스 화면과 멘트를 통해 보여 주는 여러 구체적인 정황을 한데 묶어 추상적인 수준에서 우리 편과 다른 편, 선과 악으로 그린다.

레비스트로스는 내러티브의 구성 요소, 즉 무엇을 어떻게 뽑아 이야기를 만드는가를, 신화를 설명하면서 전하고 있다. 즉 신화는 서로 대립되는 쌍의 구성 요소로 이뤄져 있으며, 그 구성 요소의 조합으로 의미를 낸다고 파악한다. 즉 신화에 대한 그의 설명은 '밭으로부터의 선택 *paradigmatic selection*'에 모아져 있다. 내러티브의 또 다른 측면인 엮기에 대한 설명은 생략하고 있다. 선택된 구성 요소가 제대로 의미를 내기 위해서는 엮는 과정이 필요하지만, 그 부분을 생략하고 있다. 레비스트로스의 논의를 보완하기 위해 러시아의 민담학자인 블라디미르 프로프 Vladimir Propp를 인용하도록 하자.

선택된 이야기 요소를 연결하는 과정을 우리는 '엮기*syntagmatic*

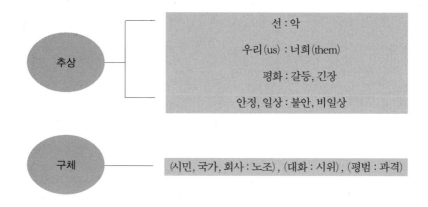

arrangement'라고 부른다. 프로프는 러시아의 민중 사이에서 떠도는 민담(民譚, folk tale) 수백 개를 모아 그것이 공통으로 지닌 구조를 알고자 했다. 그는 레비스트로스와는 달리 구성 요소가 어떻게 배열되어 있는가에 관심을 가졌다.196 이야기 간에 약간씩 차이가 있겠지만, 그럼에도 불구하고 이야기가 공통으로 지닌 배열 방식이 있다고 믿었다.197 프로프를 구조주의 학자라고 이야기하진 않지만 그도 이야기가 지닌 공통 구조에 관심을 가졌다는 점에서 구조주의적 인식 기반에 있었다고 할 수 있다. 레비스트로스가 이야기(신화)의 공통된 구성 요소 뽑기에 관심을 가졌고, 프로프는 엮기, 배열 방식에 관심을 가졌기 때문에 내러티브를 논의할 때는 이 둘을 함께 인용해 설명하곤 한다.

프로프의 분석에 따르면 민담은 여러 단계에 걸쳐 전개된다고 한다. 그는 민담의 공통된 배열을 31개의 단계로 나누어 세밀하게 정리했다. 단순화의 위험이 있긴 하지만 그 31단계의 배열을 크게 6단계로 재

---

196 V. Propp, *The Morphology of the Folktale*, Austin: University of Texas Press, 1968.
197 레비스트로스도 각 지역의 신화는 서로 연결되어 있지만 똑같은 내용이 반복되지 않고 변형의 과정을 반드시 지니고 있었다고 밝힌다.

분류해 설명해 보자. (1) 준비 단계: 이야기의 시작 단계로서 영웅이 사는 공동체에 문제가 발생하는 단계다. (2) 복잡 단계: 악당이 영웅의 공동체에 해를 끼치며 긴장이 고조된다. (3) 사건의 전환 단계: 영웅은 고향을 떠나 이러저러한 우여곡절을 겪지만 새로운 능력을 갖추게 되어 악당을 찾아 나선다. (4) 갈등과 싸움 단계: 악당과 영웅은 직접 맞닥뜨려 싸움을 벌이고 영웅은 싸움에서 승리한다. (5) 회복(귀향) 단계: 영웅은 공동체로 돌아온다. 그러나 사람들은 영웅을 알아보지 못한다. (6) 인식 단계: 사람들은 영웅을 인식하고 악당엔 벌을 내린다. 영웅은 결혼을 하거나 왕이 된다. 레비스트로스가 이야기한 악당과 영웅의 이항 대립의 선택은 시간의 흐름에 따라 이처럼 배열된다고 프로프는 밝히고 있다.

구조주의의 왕이라 불리는 츠베탕 토도로프Tzvetan Todorov는 프로프의 설명을 더욱 단순화해 배열 방식을 설명하고 있다.198 어떤 이야기든 그 배열은 대체로 안정 상태 혹은 사회적 조화로부터 시작한다고 토도로프는 말한다. 그다음, 안정 상태는 악당이나 사건에 의해서 불안정 상태로 진입한다. 마지막으로 악당, 사건에 의해 야기된 불안정 상태는 다시 안정 상태로 되돌아간다. 프로프의 (1) 준비 단계 (2) 복잡 단계는 '안정 상태' (3) 사건 전환 단계와 (4) 갈등과 싸움 단계는 악당에 의한 '불안정 상태' 그리고 (5) 회복 단계와 (6) 인식 단계는 '새로운 안정 단계'에 해당된다. '안정 — 불안정 — 안정'으로 이어진 연속에서 앞의 안정과 뒤의 안정은 차이를 지닌다. 불안정 상태를 거치면서 등장 인물은 성숙하거나 새로운 인식을 얻는다. 나중의 안정은 처음의 안정과는 다

---

198 T. Todorov, *The Poetics of Prose*, in R. Howard (trans.), Oxford: Blackwell, 1977.

른 더욱 성숙한 안정으로 이해할 수 있다.

우리가 잘 알고 있는 서부극Westerns을 이러한 배열 방식에 적용시켜보자. 전통 서부극은 평화로운 마을에 악당(혹은 인디언)이 나타나는 장면으로 시작한다. 사건이 생김으로써 안정 상태에 긴장이 고조되고 그럼으로써 관객의 눈길을 끈다. 불안정 상태에 빠져 있던 마을에 '영웅'이 등장하지만 마을 사람은 그를 영웅으로 대접하지 않는다(혹은 아직 그를 알아보지 못한다). 마을의 안정을 해친 악당을 물리치고, 평화를 되살리자 마을 사람은 영웅을 알아보고 그를 환영한다. 마을은 다시 평화를 되찾아 처음 상태로 되돌아간다. 대부분의 광고도 극영화와 비슷한 배열 구조를 지니고 있다. 가족이 화목하게 지내는 시간에 바퀴벌레가 기어 다녀 긴장을 조성한다. 어머니와 아이는 질색을 한다. 이때 정의로운 '바퀴벌레 약'이 등장한다. 바퀴벌레가 사라지고 가정은 평온을 되찾게 된다. 감기약 광고도 이에서 벗어나지 않으니 독자 여러분이 쉽게 그 배열 구조를 짐작하리라 생각한다. '안정 – 불안정 – 안정'

이처럼 대부분 대중 문화물은 레비스트로스가 설명한 대로 악당/영웅 등과 같은 짝패 요소를 소재로 하여 프로프나 토도로프가 설명한 바와 같이 엮고 배열해 의미를 낸다. 이를 두고 대중 문화물의 내러티브라고 부른다. 단순화해서 말하자면 대중 문화물의 내러티브는 악당 혹은 비정상에 의해 안정이 깨지지만, 결국은 영웅을 통해 안정이 회복되는 방식으로 꾸며져 있다. 텔레비전 드라마는 이 같은 내러티브에 충실하다. 매주 진행되는 주말 드라마의 경우 전체 이야기는 '안정 – 불안정 – 안정'의 배열 구조로 꾸려 내지만 매주 시청자의 기다림을 끌어내야 하기 때문에 한 회분의 이야기는 '불안정 – 안정 – 불안정'으로 꾸린다. 지난 주의 이야기가 불안정으로 끝났기 때문에 다음 주에는 어떻게 전개될까를 궁금해하며 한 주를 기다리고 또 한 주를 기다린다.

토도로프는 어떤 이야기든 그 배열은 대체로 안정 상태 혹은 사회적 조화로부터 시작한다고 말한다. 그다음, 안정 상태는 악당이나 사건 등에 의해서 불안정 상태로 진입한다. 마지막으로 악당에 의해 야기된 불안정 상태에서 나시 안정 상태로 뇌돌아간다. 평화로운 마을에 악당이 나타나서 이를 물리치는 낭숭이 등상해 안성을 찾아주는 내용의 〈셰인 Shane〉(감독 조지 스티븐스, 1953) 같은 서부극은 이러한 배열 방식을 잘 보여준다.

드라마가 완전히 종료될 즈음에는 어김없이 안정 상태를 맞게 된다.

짝패 구조, '안정 – 불안정 – 안정'으로 꾸려진 내러티브는 어렸을 적부터 들은 대부분의 이야기, 나이 들어서 보게 된 영화, 텔레비전 드라마가 공통으로 지닌 구조다. 물론 그렇지 않은 이야기도 있다. 이른바 해피 엔딩이 아닌 영화나 텔레비전 드라마다. 그 이야기는 이미 대중이 익숙해 있는 내러티브를 흠집 내면서 주의를 끌어 인기를 누리려 한다. 해피 엔딩이 아닌 이야기도 궁극적으로는 모순이나 갈등이 종결되고, 해소된다는 점에서 큰 범주의 안정 상태로 접어든 것으로 파악할 수 있다. 그렇다면 구조주의가 말하는 대로 놀랍게도 인간이 가진 대부분의 이야기는 공통적 내러티브를 가지고 있는 셈이다. 동서고금을 막론해 그런 구조를 가지고 있으니 구조주의자가 말하는 대로 인간은 비슷한 사고 체계와 뇌 구조를 지니고 있는지도 모르겠다. 안정 상태로 되돌아가려는 인간의 욕망이 보편적이어서 모두가 그에 따르고 있다면 도대체 이 세상을 바꾸려는 욕망을 가진 자는 구조주의자의 눈으로 보아서는 비정상이거나, 일탈자이거나, 체제에 도전하는 이단일 수밖에 없다. 구조주의를 넘어서 그 같은 비정상, 일탈, 이단에 관심을 가지는 후기 구조주의자를 만나기까지 구조주의는 오랫동안 이 같은 도식으로 세상을 평가해 왔다. '우리 인간은 인간의 힘으로는 어찌 해볼 도리가 없는 거대한 구조에 갇혀 사는 존재다.'

3. 이데올로기 분석

스위스는 다언어 국가다. 독일어, 프랑스어, 스위스 고유어, 이탈리아어, 영어를 혼용하는 사회다. 구조주의 언어학자인 소쉬르는 프랑스어를 사용하는 스위스 지역 출신이다(그러면서 대학 교수로서 맨 처음 부임한 곳은 독일이었다). 그래서 소쉬르의 언어학, 구조주의 언어학 소개는 프랑스어 단어를 사용하고 있다. 최근에는 소쉬르나 그의 언어학을 프랑스어를 영어로 번역해 소개하는 경우도 많아 그를 알고자 하는 사람들은 영어와 프랑스어가 뒤섞인 설명에 혼동을 경험한다. 거기다 한국어로 번역해 소개하는 일까지 이뤄져 혼동은 더욱 가중된다. 그래서 소쉬르 언어학을 소개할때는 용어 선택에서 일관성을 가져야 할 필요가 있다. 여기서도 몇 가지이유 때문에 영어식 표기와 한국어 표기를 병행하려 한다. 최근 들어 소쉬르의 구조주의 언어학, 즉 기호학의 표기들을 줄여서 약어로 정리하려는 경향이 있는데, 그 약어가 영어로 된 경우가 많다. 그리고 소쉬르를 소개함에 있어 비슷한 사고를 했던 미국의 기호학자인 퍼스를 함께 소개하기도 하는데, 그를 따로 프랑스어로 정리하는 번거로움을 피하려 영어로 표기하기도 한다. 이 책도 그런 편의 때문에 영어와 한국어로 표기하되, 가능한 한 각주에 프랑스어로 병행 표기하려 한다.

앞서 설명한 바와 같이 소쉬르는 언어 세계의 기본 단위를 기호sign로 파악했다. 그는 기호가 기표(Sr. signifier)와 기의(Sd. signified)로 구성되어 있다고 보았다(이것 또한 짝패 구분이다).199 내가 하얀 종이 위에 연필로 '개'라고 썼다고 하자. 종이 위의 '개'라는 글자를 보는 순간 다리가 넷 달린멍멍 짖는 짐승이라는 개념, 혹은 심적인 이미지를 머리에 떠올린다. 소쉬르는 종이 위에 연필 가루의 집합으로 쓰여 있는 글자 '개'는 기호의

---

199 기표 / 기의라는 짝패 개념에 질려 기호학을 포기하는 이들이 많다. 하지만 단순히 기표를 '기호 표시'라고 생각하고, 기의를 기호 표시에 의해서 생긴 '기호의 이미'라고 생각하면 된다. 또른 기표는 문자로 쓰인 것, 소리에 의한 것 모두를 포함한 광범위한 것이다. 이를 프랑스어로 표기하면 각각 signifiant, signifié이다.

물리적 성격이라고 보았다. '개'라고 소리칠 때도 공기를 가르며 떠돌아다니는 음파가 있을 것이다. 연필 가루, 음파 따위의 기호의 물리적 성격을 '기표'라고 부른다. 그 물리적 성격의 기호를 보거나 듣고 우리는 뜻을 떠올리게 된다. 기호의 물리적 성격을 통해서 만들어진 의미, 머릿속에 생긴 이미지를 '기의'라고 부른다. 머릿속에 떠올려지는 내용, 의미가 바로 '기의'다. 기호는 이렇듯 물리적 성격의 기표와 정신적 성격의 기의가 합쳐진 형태다.

$$\text{기호}(\text{sign}) = \text{기표}(\text{Sr. Signifier}) + \text{기의}(\text{Sd. Signified})$$

소쉬르의 주요 사상은 기표와 기의의 관계에 기반한다. 기표와 기의의 관계는 순전히 자의적(恣意的, arbitrary)이다. '개'라는 기표가 네 발 달린 짐승의 이미지로 이어질 본질적인 이유는 없다. 아프리카에서 온 사람이 한글인 '개'라는 기호를 보고 무슨 의미를 떠올릴까? 아직 글을 깨우치지 않은 아이가 종이 위에 볼펜으로 적힌 '개'라는 글을 보고 의미를 떠올릴 수는 없다. 기표와 기의의 관계는 필연적인 관계가 아니란 말이다. 기표와 기의를 잇는 연결 고리 역할은 사회성이 해낸다. 사회로부터 배워야 그 둘이 이어진다. 사회적 약속, 합의를 거쳐야만 연결이 가능해진다. 그러므로 기표가 기의로 이어지게 하는 일은 사회적 약속을 익히는 과정이다. 그 약속을 배우는 과정에서 뒤처지거나, 저항하게 되면('개'를 '풀 뜯어 먹는 여섯 다리를 가진 동물'로 떠올리면) 사회적 처벌을 받는다(열등생 혹은 지진아, 정신 이상자, 문제아 등). 그런 점에서 학교는 인간이 처음으로 맞게 되는 인간 분류의 장소이며, 감시와 처벌을 받는 엄격한 제도적 공간이다(물론 가정에서부터 이런 일이 시작되지만 그 엄격함이나 가혹함은 학교와 견줄 바가 아니다).

기표에서 기의로 옮겨져 의미가 발생하는 과정을 의미 작용 *signification*이라 한다. 의미 작용은 약속과 합의를 바탕으로 한다. 롤랑 바르트Roland Barthes는 소쉬르의 언어 이론을 한층 더 밀고 나가 모든 문화적 행위를 언어 행위로 보고 분석하는 데 많은 시간을 보냈다. 특히, 그의 저서 《신화론*Mythologies*》200은 프랑스 대중 문화를 언어학적(기호학적)으로 구체적으로 분석하고 있다. 프로 레슬링, 에펠 탑, 관광, 영화, 패션, 광고에 숨어 있는 의미, 즉 그의 표현에 따르면 '부르주아적 규범'을 찾아내려 했다. 소쉬르나 레비스트로스는 언어나 원시 사회 신화 속에 숨어 있는 보편적인 법칙을 찾아내는 등 비정치적인 학문 성향이 있었다. 그에 반해 바르트는 대중 문화가 계급 사회의 갈등을 숨기고, 대중 문화는 그러한 성격으로 인해 계급 지배의 수단이 될 수 있음을 간파하였다. 바르트는 그 같은 분석을 통해 기표와 기의가 결합해 의미가 발생하는 의미 작용 과정을 더욱 정교하게 설명하고자 했다.

바르트는 소쉬르의 기표/기의가 합쳐져 의미를 내는 방식을 1차 의미 작용이라 했다. 즉 종이 위에 쓰인 '개'라는 기표는 머릿속에 '네 발 달린 멍멍 짖는 동물'이라는 기의를 가져오게 된다. '집'이라는 말을 듣고 '사람 사는 곳'이라는 기의를 머릿속에 떠올리면 의미 작용이 발생한 것으로 볼 수 있다. 이 1차 의미 작용을 바르트는 외연*denotation*(外延)이라 불렀다. 1차 의미 작용이라 부른 것은 2차 의미 작용도 있음을 암시한 것 아니겠는가. 1차, 2차 의미 작용을 좀 더 잘 알기 위해 잠깐 기호의 종류를 살펴보자. 미국의 기호학자 찰스 S. 퍼스Charles S. Peirce(1839~1914)는 기호를 세 유형으로 나누었다.201 도상 기호*iconic sign*, 지표 기호

200 R. Barthes, *Mythologies*, in A. Lavers (trans.), London: Paladin, 1973.

indexical sign, 상징 기호*symbolic sign*가 그것들이다. 이 유형 분류는 기호와 그것이 지칭하려 하는 사물과의 관계에 따른 것이다. 기호와 그것이 나타내려 하는 사물이 닮아 있는 경우, 그것은 도상 기호가 된다. 누구의 초상화를 그렸다 치자. 그것은 그 초상화 주인공을 나타내는 도상 기호다. 사진도 마찬가지다. 책상 위에 놓인 장동건의 사진은 장동건을 가리키는 도상 기호다. 학생증, 주민증 위의 사진은 자신임을 증명하는 자신을 닮은 도상 기호다. 지표 기호는 나타내려 하는 대상물과 실존적 혹은 인과적 연결 관계가 있는 기호를 의미한다. 아니 땐 굴뚝엔 연기가 나지 않는다. 연기는 불이 있어야만 가능한 존재다. 그러므로 연기는 불을 나타내는 지표 기호다. 만화 속에서 화가 난 사람들을 표시할 때 우리는 머리 위에 구름을 그린다. 만화 속 주인공이 화가 나지 않았다면 그 구름을 그릴 이유가 없다. 그 구름은 화가 났다는 지표가 되는 기호이다. 청소년의 이마에 난 여드름은 성장하고 있음을 드러내 주는 지표다. 그처럼 지표 기호는 사물의 어떤 상태를 드러내 주는 징후라 할 수 있다. 상징 기호는 기호와 그 대상이 아무런 관계 없이 임의로 만들어진 기호를 의미한다. 우리가 쓰는 문자, 말, 아라비아 숫자가 그에 속한다. '3'이라는 숫자가 '셋'을 가리킬 이유는 없다. 그것은 약속과 합의에 의해서 '셋'을 의미할 뿐이다. 여러 번 말했지만 '개'라는 글자도 마찬가지다. 기호인 '개'는 결코 짖지 못하는 상징임에도 불구하고 우리가 그를 보고 '멍멍 짖는 개'를 떠올리는 것은 약속을 배웠기 때문에 가능하다.

하나의 기호는 한 유형의 기호에만 속하지는 않는다. 대문에 적힌

---

201 C. S. Peirce, *Collected Papers*, in C. Hartshorne et al. (eds.), Cambridge, Mass.: Harvard University Press, 1930~1958.

'개'라는 글은 상징 기호이기도 하지만 그 집에 개가 있음을 말하는 지표이기도 하다(물론 개가 없으면서 그런 글을 적어 둔 집도 간혹 있긴 하지만). 교차로를 그려 둔 교통 표지판은 실제의 교차로와 닮아 있다는 점에서 도상 기호이고, 실제로 곧 교차로가 나오기 때문에 지표 기호이며, 도시의 교통 체계를 인식하고 있어야 그 의미를 안다는 점에서 사회적 약속인 상징 기호다. 이처럼 한 기호가 여러 기호 유형에 포함될 수 있다. 지도 위에 그려진 온천 표식(♨)은 실제 온천의 모습과 (약간) 닮아 있다는 점에서 도상인 동시에, 그 지역에 온천이 있기 때문에 표기된 지표이기도 하고, 지도가 상정하고 있는 약속을 알아야 더 잘 알 수 있다는 점에서 상징이기도 하다. 어쨌든 우리는 여러 기호 유형을 통해 소통을 한다. 보다 더 정확한 소통을 하고 싶을 때는 여러 기호 유형을 동원한다. 서로 자신의 언어밖에 모르는 한국인과 러시아인이 만나 서툰 영어로 소통을 하며 서로 답답함을 느끼면 그림을 그려 의미를 확실히 하려 하지 않을까. 그럴 경우 소통은 확실해질 수 있지만 동원되는 자원이 많아지기 때문에 효율적이었다고 할 순 없다. 최고의 추상성을 가진 기호는 역시 상징이며, 최고의 정확성을 가진 기호는 도상일 것이다. 그 중간쯤에 징후인 지표가 자리잡고 있다고 하겠다. 연애를 할 때 상징 기호인 편지, 이메일을 통해 어렵게 사랑을 전하고, 그다음 단계쯤에 사랑의 징후인 선물을 주고받으며, 서로의 마음이 확실해질 때 사진을 주고받지 않나? (너무 낡은 비유인가?) 추상적 상징에서 점차 실제적인 도상으로 옮겨가는 것이 사랑의 열매를 맺는 과정일 것이다.

다시, 바르트의 1차 의미 작용, 외연으로 되돌아가자. 도상 기호인 사진을 보고 '누구다'라고 떠올리는 것은 1차적 의미 작용, 즉 외연의 과정이다. 상징 기호인 글자를 보고 무엇을 뜻하는구나라고 생각하는 것도 외연 과정이다. 이렇듯 외연의 과정, 즉 1차적 의미화 과정은 여러

구조주의 문화론

종류의 기호가 나타내는 직접적, 객관적인 의미를 포착해 내는 과정이다. 바르트는 1차적 의미 작용 과정에서의 (기표＋기의) 연합이 2차적 의미 작용 과정에서 기표로 기능한다고 보았다. 예를 들면, 종이 위에 쓰인 '개'라는 기표가 '네 발 달린 애완 동물'을 떠올리게 하고 더 나아가서는 '사람을 잘 따르고, 사랑스럽고, 충성스러운 동물'이라는 기의를 만들 수 있다. 보신탕을 좋아하는 사람들은 '여름에 더욱 가치가 있는 동물'이라는 기의를 떠올릴 수도 있다. 바르트는 그러한 2차 의미화 과정을 함의connotation(含意, 함축적 의미 혹은 내포라고 부르기도 한다. 여기서는 함의로 통일해 사용하고자 한다)라고 부른다. 함의 과정은 기호에 인간의 감정이나 평가가 더해지는 과정이라고 이해하면 된다. 즉 기호를 해석하는 사람의 주관인 면이 가해지는 순간이다. 장동건의 사진이 책상 위에 놓여 있는 경우 '장동건이네'라고 감지하는 순간은 1차적 의미화의 과정, 즉 외연의 과정이다. '참 잘생기고 멋있다,' '역시 멋있는 장동건이야'라는 의미는 2차적 의미 작용, 즉 함의 과정을 통해서 생긴다. 그런 점에서 2차 의미 작용, 함의의 과정은 특정 사회의 문화에 기반한다. 장동건이 아프리카의 한 오지에서는 잘생겼다는 평가를 받지 않을 수도 있다(물론 그가 국제적으로 인정받고 있긴 하지만). '개'의 사진, 즉 도상 기호를 접하고 '애완용 동물'이라는 1차 의미 작용은 어느 사회에서나 거의 비슷하게 일어나지만 맛있는 보신탕을 떠올리며 입맛을 다시는 일은 보신탕을 즐겨 먹는 문화권에서나 가능하다. 그렇지 않은 문화권에서는 보신탕을 먹는 사

1차 의미 작용 (외연)	③기표		④기의
	①기표	②기의	↑ 신화 과정

회를 가리켜 손가락질하며 야만이라 하지 않는가?

바르트의 의미 작용 설명은 여기서 한 걸음 더 나아간다. 장동건이 웃통을 벗어젖힌 모습이 남성용 화장품 광고에 실렸다고 하자. 도상 기호를 보고 '웃통을 벗은 장동건이군'이라는 1차 의미 작용을 통해 외연을 얻는다(①에서 ②로). 그런 다음 장동건이 웃통을 벗은 모습에 대한 주관적 평가를 내리는 과정, 즉 2차 의미 작용을 통해 '멋있는 녀석, 뭘 해도 섹시해'라는 의미를 가지게 될 것이다(① + ② = ③에서 ④로) (혹 다른 섹시함을 추구하는 사람은 '기생 오래비처럼 생겨가지고……'라는 함의를 떠올릴 수도 있다. 어차피 주관적인 의미화 과정이니까). 바르트는 여기서 한 걸음 더 나아가 ④로부터 또 다른 의미가 파생된다고 말한다. 그 의미 작용을 바르트는 신화*myths*라고 부른다. 즉 장동건처럼 잘생기고, 기름기 빠진 몸매를 가져야 섹시한 남성으로 인정받고, 사회적 대접도 더 받는다는 생각에까지 미치게 됨을 의미한다. 이는 전혀 생각지도 못한 잉여 의미가 생기는 과정이다. 장동건을 남성 화장품에 모델로 등장시킨 것은 그 같은 잉여 의미를 전달하기 위한 것이다. 남자 친구에게 그 브랜드의 남성 화장품을 선물하는 여성도 남자 친구에게서 그런 모습을 찾으려 욕망하는 것 아닐까. 아직 여자 친구가 없는 남성은 장동건처럼 인기를 끌고 싶다는 욕망으로 그 상품을 구매할 것이고. 바르트가 잉여 의미라고 부른 신화는 특정 사회가 지니고 있는 지배적 생각을 의미한다. 즉 현대 사회의 남성은 잘생기고, 멋있고, 지방질이 빠진 단단한 몸매를 해야 섹시하다는 칭송을 받고, 인기를 끌고, 좋은 인간 관계를 유지할 수 있다는 지배적 생각, 믿음, 의식이 남성 신화로 나타나고, 광고는 그 신화를 이용하고 있다.

바르트의 신화 개념은 앞서 살펴보았던 레비스트로스의 신화 개념과는 다르다. 레비스트로스와 달리 그는 사회 내 신화를 "사회적으로 널리 통용되는 믿음이나 가치, 태도"로 규정했다. 이는 지배 이데올로

구조주의 문화론

307

기의 다른 이름이다. 젊은 남성에 대한 지배 이데올로기는 "남성다워야 한다," "남자답게 잘 가꾸고, 박력 있으며 그래서 멋있고 섹시해야 한다" 등이다. 물론 젊은 여성에 대한 신화, 지배 이데올로기는 무엇인지 떠올리기 어렵지 않다. 광고가 젊은 여성에 대한 신화를 만들기 위해 어떤 모습의 젊은 여성 모델을 뽑고, 어떤 포즈를 취하게 하는지 떠올려 보는 것은 그리 어려운 일은 아니다.

바르트는 현대 사회 대부분의 대중 문화물은 그러한 신화를 이용하고 있다고 보았다. 그리고 대중 문화 분석의 목표는 신화(부르주아 이데올로기)를 찾아내고 그 작동 방식을 밝히는 데 있다고 주장했다. 바르트는 그가 우연히 접한 신화 경험을 이렇게 설명한다.

이발소에 갔다. 그런데 그 이발소에서 나에게 〈파리 마치 *Paris Match*〉라는 잡지를 권했다. 그 잡지의 표지에는 프랑스 군복을 입은 한 흑인 소년이 프랑스 국기를 향해 거수 경례를 붙이는 사진이 실려 있었다. 사진의 의미는 그것이 전부인 것처럼 보였다. 그러나 그것이 무엇을 뜻하는지 정확하게 알 수 있었다. '프랑스는 위대한 제국이다. 그들의 자손들은 피부색이 다름에도 불구하고 모두들 국가에 충성한다……' 이것은 분명 기호학의 대상이 되는 뛰어난 예라고 할 수 있다. 기표가 있고 기의가 있다. 그리고 그 기호가 다시 또 다른 기의를 만들어 내고 있었다.[202]

사진이라는 도상 기호를 통해 '흑인 병사가 프랑스 국기에 경례 한다'라는 의미 작용이 일어났다. 그런 다음 '위대한 프랑스 국기에 흑인 병사가 충성을 표시한다'라는 2차 의미 작용이 발생했다. 그에 그치지

---

[202] Barthes, 앞의 책, p. 201.

"사진의 의미는 그것이 전부인 것처럼 보였다. 그러나 그것이 무엇을 뜻하는지 정확하게 알 수 있었다. '프랑스는 위대한 제국이다. 그들의 자손들은 피부색이 나름에노 불구하고 모두는 국가에 충성한다……' 이것은 분명 기호학의 대상이 되는 뛰어난 예라고 할 수 있다. 기표가 있고 기의가 있다. 그리고 그 기호가 다시 또 다른 기의를 만들어 내고 있었다." — 롤랑 바르트 않고 의미는 흘러넘쳤다. '위대한 프랑스는 피부색을 가리지 않고 국민으로부터 존경을 받으며 그것은 영원할 것이다'로 이어졌다. 인간 평등, 자유, 박애를 지키는 위대한 프랑스라는 신화가 그 잡지의 사진에서 작동했다. 그것이 지배 이데올로기일 수밖에 없는 것은 프랑스 사회는 인종 간 갈등에서 식민지 출신을 평등하게 대하지도 않고, 차별하며, 그들이 마치 백인 프랑스인들의 일자리를 뺏는 것처럼 선전하고, 그들을 법적으로 엄격하게 대해야 하는 것처럼 여론을 조작하고 있기 때문이다(바르트 자신도 주류 대학 사회로부터 박사 학위가 없고, 비가톨릭이며, 동성애자라는 이유로 차별받았다). 그럼에도 그 사진을 본 프랑스인은 심지어 식민지 출신 흑인 프랑스인조차 그에 감동한다. 위대한 프랑스의 국민임을 자랑스럽게 생각하기도 한다. 기호의 작동을 통한 이데올로기의 작용은 그처럼 무서운 힘을 갖는다. 태극기에 경례를 붙이며 가슴 뿌듯해 하는 우리는 그런 신화로부터 얼마나 자유스러울까(젊은이들에게 일자리도 제대로 제공하지 못하고, 재벌들을 위한 편의만 제공하는 국가 안에서 자랑스러움을 느낀다는 사실은 소름끼치도록 무섭지 않은가).

신화의 생산에 대해서 조금 더 언급할 내용이 있다. 신화는 광고나 사진에 의해 생산되기도 하지만 그를 대하기 이전부터 존재하던 것으로 파악할 필요가 있다. 기호의 의미 작용에 참여하기 전부터 해독자는 신화를 이미 언제나already always 안고 있었다는 말이다. 대체로 백인 프랑스인은 바르트가 예로 든 그 사진에 공감할 가능성이 크다. 그 공감은 그 사진이 만들어 냈다기보다 그 프랑스인이 원래부터 지니고 있던 프랑스, 프랑스 국기에 대한 믿음이나 태도가 그 사진을 만남으로써 다시 작동한 결과다. 우리는 이미 언제나 신화 속에서 살고 있다는 말이다. 장동건을 보고 젊은 남성의 신화가 촉발되기도 하지만 이미 언제나 우리가 지니고 있는 젊은 남성에 대한 신화가 장동건의 사진을 만나면서 작동한다. 우리가 대하는 대부분 광고는 우리가 이미 지니고 있는 신화에 호소한다. 그처럼 광고를 자연스럽게 받아들이고, 멋있다고 받아들이는 것은 신화가 통했다는 말과 다름없다. 이미 언제나 신화 속에서 살고 있는 우리는 그를 촉발할 수 있는 광고, 영화, 드라마를 만나 신화를 통해 의미를 얻고, 또다시 우리 안에서 신화를 재확인하고 재생산한다. 그래서 많은 영화, 광고, 드라마는 신화 즉 지배 이데올로기를 실어 나르는 미디어인 셈이다.

지금까지 설명했던 기호들의 조합(뽑기와 엮기), 외연, 함의, 신화 등을 구체적으로 종합하여 설명하기 위해서 광고 두 편을 예를 들고자 한다.203 하나는 애니콜이라는 브랜드의 광고이고, 다른 하나는 사이언이라는 브랜드 광고다. 두 광고에는 2000년대 중반 이후 젊은이 사이에서 큰 인기를 누리는 두 스타가 등장한다. 먼저 애니콜의 손담비에 대한 설명부터 시작해 보자. 손담비의 사진(혹은 영상)은 '손담비구나'라는 의미를 내게 하는 도상 기호다. 그 기호는 손담비가 지닌 2차적 의미를 가능케 한다. 물론 손담비의 본질이라기보다는 그가 그동안 등장했던 여러 텔레비전 프로그램이나 쇼 등을 통해서 만들어졌던 이미지를 2차적 의미에 연결시킨다. 우리는 손담비의 본질을 모르지만 손담비가 그동안 다른 여러 프로그램들을 통해서 만들었던 이미지들을 떠올린다. 도시적 섹시함과 함께 터프한 성격, 그리고 음악과 연기를 병행하는 빡빡한 프로페셔널 여성의 스케줄을 연결시킨다.204 '여성다운 섹시함과

---

203 전작 《대중 문화의 패러다임》에서는 남성 내의 광고 두 편을 모델인 이덕화, 노주현을 중심으로 비교했었다. 시간이 지나 이제 그 광고조차 기억 못할 독자들이 많으리라 생각해 휴대폰 광고를 등장시키고 있다. 그러나 이 또한 몇 년이 지나면 낡은 것이 되고 말 터이니 광고의 수명이란 이처럼 짧기만 하다.

여성을 넘어서는 도전 정신, 스타이면서도 가까운 듯한 도시적 친근감, 팔방미인 손담비'라는 의미가 붙는다. 그것이 바로 함의 과정이다. 손담비의 그런 모습, 그런 함의는 그 스스로 만든 것이 아니다. 다른 배우나 가수와의 차이를 통해 도드라진 것이다. 손담비와 다른 스타와의 차이로 인한 결과다.

손담비와 다른 분위기를 연출하면서 사이언 광고에 나선 김태희를 보자. 김태희 또한 다른 배우, 모델들과는 차이 나는 이미지를 갖고 있다. 김태희는 이지적이고, 청순하며, 깨끗하며 고급스러운 느낌을 준다. 물론 그가 원래 그렇기도 하겠지만 여러 프로그램을 통해 만들어진 그녀의 이미지 덕이다. 가끔 그녀가 추는 춤도 손담비에 비해 격정적이지 않고 절제되어 있다. 감정을 이겨 내는 차분한 지성을 광고가 더 강조하고 있는 셈이다. 이처럼 다른 모델과의 차이를 통해 뽑힌 손담비와 김태희는 광고 속에서 의미를 내기 위해 다른 요소와 함께 배열되어야 한다. 그들의 성격이 모호하게 드러나는 부분은 광고 주위에 그를 명확하게 완성시킬 수 있는 문구나 내레이션을 뽑아서 배열시켜 메운다. 즉 의미가 흐트러지지 않게 단속하는 것이다.205 어쨌든 두 광고는 한국 사회 내 여성에 대한 신화 중 가장 두드러지는 면을 서로 다르게 활용하고 있다. 한 광고는 섹시한 여성을 강조하고 있으며, 다른 한편에서는 청순하며 이지적인 여성을 강조하고 있다. 여성 소비자는 그 같은 모습

---

204 이처럼 스타들에게 씌어진 만들어진 이미지를 두고 페르소나*persona*라 부른다. 페르소나는 가면이라는 뜻이다. 광고에서 스타를 활용하는 이유는 이미 만들어진 페르소나 탓에 의미를 내기가 용이하다는 이유 때문이다. 하지만 스타들에게 한번 만들어진 페르소나는 득이 되지만 다양한 연기를 어렵게 하는 덫이 되기도 한다. 최민수가 맡을 수 있는 역할은 한정적이지 않은가.

205 의미를 붙잡아 매는 것은 앵커링*anchoring*한다고 말한다. 다른 의미를 내지 못하도록 닻을 내려 붙잡아 매는 것이다.

을 닮기 원하며, 남성 소비자는 그 같은 여성을 친구 혹은 배우자로 맞기를 욕망하고 있음을 이들 광고가 착안했을 것이다.

현대 사회에서 스타는 때로 토템과 같은 역할을 한다. 스타의 이름 아래 팬들이 모인다는 말이다. 팬은 스타를 닮기 원하고, 스타와 같이 행동하고, 그들이 광고하는 물건을 같이 사용하고 싶어 한다. 그래서 흠모하는 스타가 등장하는 광고의 브랜드를 선호하고 그 상품을 사고 싶어 한다. 그 상품의 기능과 상관없이 스타 이미지가 그 안에 모두 담겨 있다고 생각하며 그 이미지를 소비하기 위해 상품을 구매한다. 상품 차이는 기능 차이를 기준으로 생기지 않는다. 스타가 전달한 이미지를 기준으로 상품은 차이를 낸다. 손담비의 애니콜은 '도시 정글 속 화려한 삶 그리고 가끔씩 그로부터 벗어남'의 이미지를 담는다. 그에 비해 김태희의 사이언은 '이지적이고 청순 발랄함'의 그림을 담는다. 두 스타의 차이가 브랜드의 차이로 이어진다. 상품의 기계성은 이미지로 포장된다. 광고 속 스타는 소비를 통해서 얻게 될 만족까지 전달한다. 사실 이같이 스타로 인한 토테미즘을 역逆토테미즘이라 부를 수 있다. 과거 원시 사회 토테미즘에서는 사물, 동식물이 사람을 구분해 주었다면, 광고라는 역토테미즘에서는 사람(스타)이 물건을 분류한다.

바르트의 외연, 함의 그리고 신화를 이용한 이 같은 분석은 다른 문화적 텍스트에도 얼마든지 적용 가능하다. 분석을 통해 텔레비전, 신문, 잡지, 영화, 게임, 만화 속에 숨어 있는 신화, 지배 이데올로기를 파악할 수 있다. 여기서 지배 이데올로기란 단순히 계급적 이익만 대변하는 것이 아니라 가부장제적 이데올로기, 과학 이데올로기(과학 만능주의), 인종적 이데올로기(특정 인종 우월주의), 지역 이데올로기(서울 중심주의) 등을 포괄한다.

광고가 상품을 있는 그대로 설명하고 보여 준다고 믿는 사람은 없

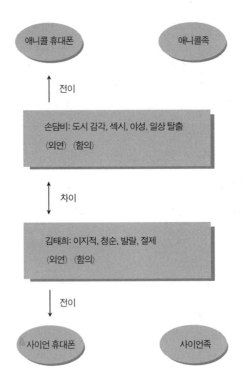

다. 광고는 대상 상품과 관계없는 이미지를 차용하여 상품에다 새로운 이미지를 덮어씌운다. 상품이 지닌 내용을 오히려 다 파내고 그 안에 전혀 관계없을 것 같은 이미지를 채워 넣는다. 소비자는 광고를 통해 휴대폰의 기능에 대한 정보는 얻지 못한다. 오히려 휴대폰이 가진 기계적 성질은 가능한 없애고, 손담비와 김태희가 지닌 이미지를 상품 안에 슬그머니 찔러 넣는다. 휴대폰을 사용해서 얻는 실질적인 만족(통화가 잘 된다, 영상이 잘 찍힌다 등과 같은 기능 만족)이 아닌 이미지 만족(손담비처럼, 김태희처럼)을 기대하며 구매하게 된다. 차가운 쇳덩어리인 휴대폰에서 그 같은 이미지를 찾고, 또 사용 후의 만족감을 기대하는 것은 광고가 외연, 함의, 신화를 적절히 활용하여 꾸민 탓이다. 광고와 같은 기호의 조합을 대하면서 이미 언제나 우리가 지닌 외연, 함의, 신화를 가동시키고, 또한 광고를 대하고 난 후 실화를 재생산한다.

대형 승용차의 광고를 잠깐 들여다보자. 여유를 풍기는 중년 신사가 조용히 가을 길을 산책하는 모습과 그 뒤를 따르는 ─ 운전 기사가 운전하는 ─ 대형 승용차를 담고 있다고 하자. 여유 있으며 부유해 보이는 중년 신사의 가을 길 산책의 의미가 그랜저로 전이된다. 따뜻한 색조의 컬러 렌즈와 소프트 렌즈를 사용하여 화면에 나타난 다른 모델보다 더 여유 있어 보이도록 꾸며 두었다. 대형 승용차를 선택하는 이들은 그 차의 편안함과 함께 그 차가 낼 수 있는 따뜻함, 여유로움, 풍족스러움의 의미를 함께 구매하게 된다. 여유로움은 값비쌈으로 이어지고, 우리는 부유한 사람에 대해 부러움을 갖게 된다. 멋있는 중년의 모습 하면 으레 비싸고 정갈한 색의 카디건을 입고 흰 머리카락을 날리며 여유 있게 정원을 산책하는 모습을 떠올리지 않는가? 그 같은 소재의 연결이 자연스럽게 이뤄지는 것은 우리가 지닌 멋있는 중년에 대한 신화 탓이다. 공사판의 중년을 멋있는 중년으로 소개하지 않는다. 그것이 자연스럽지 않음은 신화 탓이다.

종종 과일에 뚜껑을 올려놓거나 빨대를 꽂아 놓은 주스 광고를 접한다. 과일이라는 자연을 뚜껑이나 빨대에 해당하는 과학, 기술 등으로 요리했음을 보여 주는 광고다. 자연에 과학이나 기술을 더해 원래 자연보다 더 자연스럽게 혹은 맛있게 만들었음을 자랑한다. 인간이 과학적 지식, 기술로 자연을 정복했음을 보여 주고, 과학이나 기술은 자연을 더욱 자연스럽게 만드는 문명의 이기임을 나타낸다. 과학에 대한 신화, 과학 이데올로기는 이 같은 광고를 통해 재생산된다. 햇볕에 그을린 것보다 더 멋있게 피부를 태워 준다는 선탠 오일 광고를 만나기도 한다. 하와이의 태양 아래서 태운 것보다 집에서 오일을 바르고 태운 살결이 더 자연스럽다고 억지를 부린다. 화장품은 인간이 만든 문명의 이기이며 과학의 결과다. 과학이 햇볕을 요리함으로써 우리에게 더 자연스럽게 태운 피부를 선사할 수 있음을 자신한다. 이 같은 광고를 자연스럽게 받아들이는 것은 과학, 기술에 대해 믿음이 있기 때문이다. 즉 과학 이데올로기, 과학 신화를 바탕으로 광고를 수용한 탓이다.

이렇듯 바르트가 본 대중 문화물 전반은 한 사회의 신화 혹은 지배 이데올로기를 (재)생산하고 있다. 대중 문화물을 접하는 사람은 그 신화 안에서 세상을 이해한다. 사람을 통해서 지배 이데올로기는 재생산된다. 대중 문화물의 소비자는 지배 이데올로기의 대상이 되기도 하지만 스스로 지배 이데올로기의 주체가 되기도 하는 셈이다. 때로 그들은 대중 문화 안에서 스스로 즐거워하고 자신이 그 문화물의 주인이 된 양 우쭐거리며 살아간다.

4. 이데올로기와 주체 형성: 알튀세르

1) 사회 구성체

구조주의는 텍스트 분석을 통해 의미 작용을 찾고 그 구조를 분석하는 데 많은 시간을 보낸다는 것이 지금까지의 설명이었다. 그 같은 텍스트 분석을 넘어서 문화적 텍스트의 역할은 무엇이며, 텍스트가 도대체 어떤 효과를 내게 되는가에 천착한 구조주의자는 루이 알튀세르Louis Althusser (1918~1990)였다. 알튀세르는 프랑스 공산당의 이론가였으며, 마르크스주의자로 분류해야 할 사람이다. 그를 앞의 마르크스주의 문화론에서 언급하지 않고 여기에서 논의하는 이유는 그가 구조주의 마르크스주의자로 불리고 있으며, 이데올로기 연구에 많은 업적을 남겼기 때문이다. 알튀세르는 마르크스를 새롭게 읽으려 했다. 그리고 이데올로기에 대한 전통적인 해석(이데올로기 = 허위 의식이라는 전통적 도식)을 비판하고 새롭게 해석함으로써 이데올로기 연구의 새로운 장을 열었다. 그리고 라캉적 해석을 이데올로기 설명에 도입하여 이데올로기의 효과로서 주체가 형성되는 과정을 설명하려고 했다.

알튀세르를 이해하기란 쉽지 않다. 그러나 그의 이론들을 제대로 정리하면 여러 문화론에 쉽게 접근할 수 있게 된다. 페미니즘에서 내세우는 주체 형성, 구조주의 마르크스주의에서의 이데올로기론, 마르크스주의에서의 국가론에 이르기까지 일거에 삼획, 사획할 수 있다. 이를 위해 이 장에서는 알튀세르의 여러 저서들 가운데 'ISA' 논문을 중점적으로 살펴보도록 하자.206 알튀세르는 이 논문에서 자신의 이데올로기론을 점검하고 있다. 그 이전의 저서에서207 행한 이데올로기에 대한 설명을 점검하고 새로운 모습으로 이데올로기를 정리하고 있다.

알튀세르는 마르크스가 논의했던 총체성totality을 새롭게 이해하려고 한다. 사회의 총체성은 여러 요소의 결합으로 이루어진 것이라는 간단한 이해에서 시작해 보자. 전통적인 마르크스주의는 사회의 제 영역에서의 모순을 설명해 주는 주도적 요소가 존재한다고 설명한다. 그 주도적인 요소는 다름 아닌 생산 양식(경제 영역)이다. 즉 모든 모순은 자본

---

206 L. Althusser, *Lenin and Philosophy and Other Essays*, in B. Brewster (trans.), London: New Left Books, 1971. 이 책 가운데 논문 "Ideology and Ideological State Apparatuses"를 ISA 논문이라 일컫는다.
207 여기서는 다음의 두 저서를 가리킨다. L. Althusser, *For Marx*, in B. Brewster (trans.), London: Allen Lane, 1969; L. Althusser with E. Balibar, *Reading Capital*, London: New Left Review, 1970.

주의적 생산 양식에 의해 발생한다. 이데올로기 문제도 마찬가지다. 상부 구조인 이데올로기의 발생은 토대인 경제 때문이다. 토대와 상부 구조의 도식, 토대가 상부 구조를 결정한다는 주장을 통해 총체성을 설명하려 했다. 하지만 알튀세르는 사회의 총체성을 '사회 구성체social formations'라는 개념을 도입해 설명하며 전통 마르크스주의의 총체성 논의를 수정한다. 사회 구성체는 단순히 토대와 상부 구조의 이원적인 구조로 구조화되어 있지 않다. 그 구성 요소들 간 관계도 일 대 일 대응의 일원적인 관계가 아니다.

알튀세르에 따르면 사회는 세 층위로 구성되어 있다. 경제적 층위, 정치적 층위 그리고 이데올로기적 층위가 바로 그것이다. 이 층위 간 관계는 경제적 층위가 정치적 층위나 이데올로기적 층위를 결정하는 그런 관계가 아니다. 각 층위는 상대적인 자율성을 누린다. 각각의 층위는 중첩적으로 작동해 특정 결과를 만들어 낸다. 중첩성이 이뤄지는 방식은 그것이 처한 역사적 조건에 따른다. 즉 정치적 층위가 강한 힘을 발휘하는 시기에는 그것을 중심으로 다른 층위가 결합해 새로운 조건을 만들어 낸다. 그런 점에서 보자면 문화적 층위라 할 수 있는 ── 과거 마르크스주의에서 소외된 듯한 ── 이데올로기 층위도 역사적 과정에서 중요한 역할을 해낼 수 있다. 알튀세르는 기존의 마르크스주의에서 내세웠던 토대─상부 구조라는 이분법적 기계적인 관점에서 이같은 설명으로 벗어나려 했다. 레닌은 사회주의 혁명이 왜 러시아에서 먼저 성공을 거두었는지를 질문했다. 마르크스주의의 법칙대로라면 러시아보다 더 앞선 자본주의 사회에서 사회주의 혁명이 먼저 일어나고 성공을 거두어야 했다. 하지만 그러지 않았다. 알튀세르는 그 질문에 대해 단순히 경제적 영역, 즉 토대만이 혁명을 결정하는 것은 아니라고 답한다. 그리고 마르크스주의를 수정한다. 혁명은 문화적 상황, 그 사회의 전통, 국가의 성격, 우연적 사건과 결합해 발생한다고 주장한다. 경제적 영역은 사회 구성체 내 다른 층위들과 함께 작동하는 것일 뿐 인과 관계에서 원인이 되는 지위를 늘 누리는 것은 아니라고 보았다.

상대적인 자율성을 누리는 이데올로기적 층위에 대한 새로운 설명을 통해 알튀세르는 이데올로기론을 정교화시킨다. 알튀세르의 이데올로기론은 기존 정통 마르크스주의자의 이데올로기론을 수정한다는 목적을 지닌다. 그는 이데올로기를 계급으로 환원시키는 것을 반대했다. 이데올로기가 생산 관계에서 발생한다는 식으로, 특정 계급은 특정 이데올로기를 지닌다는 식으로 설명하는 것에 반대한다.208 만일 과거 마르크스주의자의 설명이 맞다면 왜 지배 계급이 하나의 일관된 이데올로기를 지니지 않고 역사적 흐름에 따라 바꾸어 왔는지 묻는다. 대부분의 지배 계급 정치적 구성 안에서도 내적 갈등이 있었다는 점을 무시할 수 없다고 알튀세르는 지적하고 있다. 반대로 피지배 계급도 때로는 지배 계급의 이익을 대변하는 이데올로기를 자기 것인 양 사용하고 있는 것으로 미뤄, 계급으로만 이데올로기를 설명하는 일은 문제가 있다고 파악한다. 계급과 이데올로기의 일치는 보장되는 것이 아니라는 점을 강조한다. 알튀세르의 지적은 토대와 상부 구조 간의 관계가 기계적이지 않을 뿐 아니라 토대의 존재를 위해서 반드시 상부 구조가 개입한다는 상부 구조의 중요성을 인식시키는 계기가 된다.

알튀세르의 두 번째 공격 표적은 '이데올로기 = 허위 의식'이란 등식이다. 허위 의식론은 진실된 의식을 전제로 한다. 즉 자본주의 사회에서 혁명 주체가 되어야 할 노동 계급이 혁명이나 마르크스주의와 같

---

208 K. Marx & F. Engels, *The German Ideology*, edited and introduced by J. Arthur, London: Lawrence & Wishart, 1974.

은 진실된 의식을 외면하고 자신의 것이 아닌 지배 이데올로기, 즉 허위 의식에 빠져 있다는 지적이 허위 의식론의 요점이다. 허위 의식은 특정 계급이 지녀야 할 이데올로기가 아닌 다른 이데올로기를 지니고 있음을 꼬집는 용어다. 알튀세르는 허위 의식이란 개념은 지식을 설명함에 있어 경험주의적 해석, 즉 진실된 것이 있고 그에 반대되는 허위적인 것이 있다는 믿음에 바탕을 둔다고 비판한다. 그는 이데올로기를 허위와 진실의 잣대로 볼 것이 아니라 하나의 실천으로 볼 것을 강조한다. 이데올로기의 바깥에 진실이 있는 것이 아니라 이데올로기 안에서 인간은 진실된 것과 허위의 것을 구분해 내며 살아간다고 주장한다. 인간은 이데올로기를 통해서 자신이 살아가고 있는 현실을 배우고, 느끼고, 헤쳐나감을 강조한다.

2) ISA, 실천, 주체 형성

알튀세르는 이데올로기적 국가 기구(ISA: Ideological State Apparatuses)라는 용어를 통해 이데올로기의 생산과 실천을 설명하려 한다. ISA는 자본주의의 지속과 재생산에 대한 고민 끝에 만들어진 용어다. 이데올로기가 사회적으로 어떤 역할을 하고 있는가를 밝히는 일이 그의 주 관심사였다. 사회적 관계란 어차피 마르크스주의에서 말한 대로 생산 양식과 같은 사회 구성체 내 물질적인 면과 관련되어 있을 수밖에 없다. 그런데 특정 생산 양식 안의 사람이나 구성 요소는 지속적으로 존재하기 위해 끊임없이 생산되고 재생산되어야 한다. 여기서 이데올로기는 중요한 역할을 한다.

자본주의 사회 구성체를 단순히 자본주의 생산 관계로 환원시키는 것은 문제가 있다. 자본주의의 착취는 상부 구조, 즉 법적, 정치적, 이데올로기적 관계를 배경으로 하지 않고는 재생산될 수 없다. 물론 궁극적으로는 상부 구조가 생산 관계에 의해서 결정되기는 하지만 말이다.[209]

노동을 예로 들어 보자. 노동의 주체인 노동자가 끊임없이 생겨나는 것은 자본주의의 지속을 위해서 너무나 당연한 일이다. 그러나 노동이란 생산의 사회적 관계 내부에서만 생산되는 것이 아니라 그 외부에서도 생산된다. 노동이란 경제적 실천이기도 하지만 문화적이며 사회적인 실천이기도 한 것이다. 즉 노동을 하겠다는 의지 그리고 노동을 해야 한다는 사회적 규범 없이는 노동자가 만들어질 수 없다. 그러한 의지나 규범은 사실 토대 — 상부 구조의 은유 가운데 상부 구조 영역에서 생산된다. 즉 가족이나 학교, 종교 기구 등에서 생산된다. 알튀세르는 이러한 이데올로기적인 제도를 이데올로기적 국가 기구라고 불렀다. ISA는 자본주의의 재생산 과정에 이바지하는 다른 강제적인 사회 제도, 즉 경찰, 군대, 법원과 같은 억압적 국가 기구(RSA: Repressive State Apparatuses)와 구별된다.

부르주아는 노동 계급과 끊임없이 대결하는 과정에서 안정적이고 지속적인 착취를 꾀하려 한다. 그 대결이란 착취 조건을 만들어 내는 것을 의미한다. 물론 그 조건이란 물질적, 이데올로기적, 정치적 조건 등을 포함한다. 착취의 조건을 만들기 위한 계급 대결은 생산 과정에서만 이루어지지는 않는다. 생산 과정의 안팎에서 이루어진다. 생산 과정 내에서 임금을 깎는다든지, 노조에 개입한다든지, 처벌을 한다든지 등의 과정이 있을 수 있다. 하지만 생산 과정 밖에서 가장 두드러지는 것은 국가적 개입을 들 수 있다. 즉 이데올로기적으로 순치시키기 위한 국가적 개입 말이다.[210]

209 Althusser, 앞의 책, 1971, p.203.

생산과는 거리가 있어 보이는 문화적 기구가 자본주의의 재생산에 중요한 역할을 한다. 그 기구는 자본주의 생산 양식이 요구하는 윤리, 가치, 규범을 만들어 내는 기능을 한다. 자본주의 원칙이나 논리에 복종할 수 있는 노동력을 길러 내는 것이 바로 문화적인 기구가 해내는 기능이다. 여러 종류의 이데올로기적 장치를 통해서 만들어진 이데올로기는 생산 관계를 재생산한다. 기능적으로 가치가 있는 노동도 정치적으로, 이데올로기적으로 복종하지 않는다면 문제를 야기한다. 그러므로 이데올로기적 장치란 자본주의 유지, 지속을 위해 중요할 수밖에 없다.

텔레비전, 광고, 영화 등 대중 문화가 바로 이데올로기적 국가 기구에 해당한다. 자본주의가 어려움 없이 재생산될 수 있도록 도움을 주는 데 중요한 역할을 한다. 이들은 일정 정도 학습 기능을 지니고 있으며, 지배 이데올로기로 포장된 규범이나 지식을 전한다. 그 규범이나 지식을 바탕으로 사람들이 계급 사회에서 해야 하는 역할을 익히게 된다. 그럼으로써 궁극적으로 자본주의를 재생산해 낸다.

알튀세르의 ISA 논의에서 강조하는 두 번째 내용은 실천으로서의 이데올로기이다. 사회, 문화적 제도의 제반 실천 속에 이데올로기가 들어가 있다. 이데올로기란 세상에 대해서 사고하고 추정할 수 있는 준거다. 대중은 이데올로기 안에서 자신이 처한 시간/공간적 사건을 해석한다. 그러한 준거들은 다름 아닌 우리의 말 속에, 그리고 반복적으로 이루어지는 행위 속에 숨겨져 있다. 이데올로기는 바로 우리의 말과 행동에 있으며 그를 통해 반복적으로 습득한다. 우리의 말이나 행동 등과 같은 실천은 항상 ISA와 같은 사회적 제도와 닿아 있다. 대중의 말이나

---

210 Althusser, 앞의 책, 1971, p.65.

행동을 분석한다는 것은 사회적 제도의 이데올로기적 행위를 해부하는 것과 통한다. 이데올로기에 대한 설명이 관념론적이냐 유물론적이냐를 다투는 일은 알튀세르의 범주에서 보면 크게 의미가 없다. 이데올로기란 정신적이면서도 실천을 담은 물질적인 것이기 때문이다. 사고, 사상, 생각이란 것도 말로 드러내고 행동으로 이어진다는 점에서 물질적인 존재라고 할 수 있다.

이는 이데올로기를 허위 의식으로 보던 시각과는 거리를 둔다. 그리고 이데올로기를 통하지 않은 실천이란 없다는 점을 강조한다. 이데올로기가 생산되는 것은 사람들이 현실에 대한 허위 표상을 만들어 내기 때문이 아니다. 오히려 이데올로기적 기구에 적극적으로 참여함으로써 이데올로기 생산이 이뤄진다. 일본과 한국 축구 국가 대표팀이 월드컵 준결승전에서 만났다고 하자(이런 일이 가능할까?). 시합 당일, 우리는 목청이 터져라 '대한민국'을 외치면서 응원을 한다. 퇴근 시간을 앞당겨 텔레비전 앞에서 시간을 보낼 작정을 한 사람도 집에서 목소리를 높이기는 마찬가지이다. 전반전이 끝나고 중계하던 아나운서가 일제 시대 한국 축구가 일본에 의해 핍박받던 순간을 상기시켜 주고, 후반전이 끝나고 한국이 통쾌하게 이겼다고 하자. 어느덧 〈아리랑〉과 〈애국가〉가 뒤섞여 화면을 어지럽히고 그 앞에서 목이 꽉 메어 말도 못하고 한동안 멍하니 앉아 있는 시청자도 많을 것이다. 대통령은 승리를 축하하는 축전을 보낼 것이고, 청와대로 초청해서 선전을 격려할 것이 뻔하다. 이러한 과정에서 우리는 기꺼이 기뻐하고 흥분하고 눈물을 흘린다. 스스로 그 과정(민족 이데올로기, 국가 이데올로기)에 참여하길 주저하지 않는다. 이처럼 대중의 일상에서 이데올로기에 의하지 않고 이데올로기를 벗어난 실천을 찾기란 힘들다. 이데올로기란 허위 의식이 아니라 실천이다.

알튀세르에게 이데올로기란 현재 상황에 대한 재현이 아니다. 그보다는 개인이 현재 상황과 맺어야 하는 가상적 관계의 재현이다.211 이데올로기가 투영하는 것은 현실 세계가 아니라 인간과 현실 사이의 관계란 뜻이다. 축구 경기가 벌어지는 상황에서 '대한민국의 한 국민'으로서 어떤 관계를 맺어야 하는가를 가르쳐 주는 것이 바로 이데올로기다. 이미 여러 번의 경험을 통해 그 관계를 잘 알고 있는 시청자는 흥분하고 감격한다. 즉 민족 이데올로기, 국가 이데올로기를 통해 익힌 대로 현실에 적용하는 실천을 해낸다.

알튀세르는 그 실천의 실마리, 즉 개인과 대상 간 관계에 적극적으로 참여하는 개인을 '주체subject'라는 개념으로 설명한다. 이데올로기는 주체를 대상으로 삼는다는 말이다. 주체는 이데올로기의 사냥감이다. 주체에 대한 논의는 ─ 마르크스주의자가 아닌 ─ 다른 구조주의자, 즉 레비스트로스의 사상과 상당히 근접해 있다. 레비스트로스처럼 알튀세르 또한 역사의 진행에는 주체가 없다고 보고 있다. 레비스트로스는 세상의 중심에 인간 주체를 내세웠던 전통을 뒤집어 구조를 그 핵심 자리에 위치시켰다. 주체는 구조의 대상이고 구조를 담는 그릇이라고 파악한다. 오랫동안 인식론의 왕좌에 있던 주체를 자리에서 내쫓고, 신화나 이데올로기를 그 자리에 '구조라는 이름'으로 등극시킨다.

알튀세르가 내세운 주체의 개념이 레비스트로스의 그것과 완전히 일치하진 않는다. 주체가 없다면 어떻게 이데올로기가 전파되고 확산될 수 있겠는가? 알튀세르는 이데올로기가 주체라는 범주를 통해서 기능한다고 말한다. 알튀세르는 이를 설명하기 위해 라캉의 개념, 호명interpellation이라는 용어를 빌려 온다. 이데올로기가 호명하면 개인은 주

---

211 Althusser, 앞의 책, 1969, p.233.

체로 변형된다. 즉 부르는 소리가 자신을 대상으로 하고 있음을 인지하고 그 부르는 소리의 객체가 된다.

> 내가 그의 이름을 불러 주기 전에는
>
> 그는 다만
>
> 하나의 몸짓에 지나지 않았다.
>
> 내가 그의 이름을 불러 주었을 때
>
> 그는 나에게로 와서
>
> 꽃이 되었다.
>
> 내가 그의 이름을 불러 준 것처럼
>
> 나의 이 빛깔과 향기에 알맞은
>
> 누가 나의 이름을 불러 다오.
>
> 그에게로 가서 나도
>
> 그의 꽃이 되고 싶다.
>
> 우리들은 모두
>
> 무엇이 되고 싶다.
>
> 너는 나에게 나는 너에게
>
> 잊혀지지 않는 하나의 눈짓이 되고 싶다.

— 김춘수의 〈꽃〉 전문(〈현대문학〉 9호, 1955. 9)

김춘수 시인의 시 구절처럼 누군가 날 불렀을 때 나의 존재가 확인된다. 이데올로기의 객체가 된다는 것은 바로 이데올로기의 효과를 의미한다. 이데올로기가 효과적으로 개인을 불러 이데올로기적 과정이 완성되도록 한다는 말이다. 그리고 궁극적으로 이데올로기는 우리가 이데올로기의 주인인 것처럼 행세하도록 초대한다.[212] 이데올로기가 불러서 우리가 대답하는 과정 혹은 그것이 나를 불러서 따르게 되는 과정은 무의식의 과정이다. 개인 주체는 스스로를 복종이 아닌 자유로운 참여, 즉 실천을 했다고 생각한다(구조의 부름에 답했음에도 스스로 자발적으로 실천했다고 오인한다).

알튀세르의 논의는 영국 영화학의 한 유파인 '스크린' 학파에 의해서 대중 문화 분석에 그대로 응용되었다. 스크린 학파는 카메라가 영화 관객을 어떻게 위치시키는가를 분석하는 데 노력을 기울였다. 카메라가 어떻게 관객을 호명하고 관객은 어떻게 그 부름에 답하는가를 연구한 것이었다. 전형적인 할리우드 영화에서 관객은 영화 바깥에서 영화를 바라보는 전지전능한 위치에 놓이게끔 카메라에 의해서 위치 지어진다. 즉 카메라와 동일시되는 위치에 놓이게 된다. 그 동일시의 위치는 특정 등장 인물의 관점에서 영화 내 사건을 바라보는 것으로 이어진다. 그를 통해 영화 안으로 관객이 봉합(stitched 혹은 sutured)된다. 대부분의 전형적인 할리우드 영화는 남자 주인공의 관점에서 영화를 보도록 봉합한다는 것이 여성학자의 주장이다. 영화 안의 여자 주인공은 남자 주인공의 시선으로 보여지고 카메라와 카메라에 의해서 동일시된 관객에게 보여지는 대상으로 처리된다. 관객은 그러한 이데올로기적 메커니즘에 의해 영화 속 여성을 바라보는 위치로 주체 지어진다. 관객은 바

---

212 여기서 주체라는 개념에 유의해 보자. 주체에 해당하는 단어 subject는 주인이라는 의미도 있지만 동시에 복종이라는 의미도 지니고 있다. 즉 복종함으로써 주인이 되는 과정을 이데올로기의 주체 형성 과정이라고 볼 수 있다.

라보는 남자 주인공의 주체를 갖게 되는 것이다. 영화는 여성을 바라보는 즐거움을 선사하는 셈이다.

광고가 수용자를 호명하여 광고 내용대로 주체를 형성하는 과정을 예로 들어 보자. 대부분의 광고는 수용자가 광고 속 모델이 되어 물건을 사용하도록 꾸며져 있다. 즉 광고 텍스트대로 주체가 형성될 수 있도록 광고는 수용자를 호명한다. 수용자는 광고를 대하며 그 부름에 대답하고 광고 안 여러 기호의 작용에 참가하게 된다. 광고는 '당신'이라는 호명으로 수용자를 광고 안으로 초대한다. 광고가 '당신'이라고 부르면 수용자는 바로 '자신'을 향한 것임을 알게 된다. '당신'이라는 객체가 주체로 바뀌면서 광고 안으로 들어가고 수용자는 모델이나 제품과 결합한다. 이러한 호명을 위해서 광고는 모델의 눈의 방향이나 높이를 수용자와 일치할 수 있게 만들거나 모델의 사회적 속성을 이용하여 수용자를 그 속성의 일원으로 불러들인다.

예로 들었던 손담비나 김태희의 휴대폰 광고를 다시 불러내 보자. 손담비와 김태희의 광고는 둘 다 양면성을 지닌다. 남녀 소비자를 모두 호명하고 있다는 점에서 그렇다. 손담비의 섹시함, 도발성, 도시성과 김태희의 이지적인 면, 청순함, 발랄함은 여성이 그를 따르게 하는 장치이기도 하지만 다른 한편으로는 그 같은 여성을 파트너로 삼고 싶다는 남성의 욕망을 충족시키기도 한다. 두 모델은 몇 번에 걸쳐 카메라와 눈을 맞추며 자신의 매력을 여성 수용자가 욕망하도록 부추긴다. 그들이 광고하는 브랜드에 그들의 이미지를 전이시키며 그것을 소비함으로써 자신이 지닌 매력을 갖추게 될 거라며 소비자를 호명한다. 여성 소비자가 그 호명에 대답하는 순간 손담비가 되고 김태희가 되며 그 휴대폰의 주인이 된다. 광고는 손담비와 김태희의 파트너도 동시에 소개한다. 두 모델에 비해 역할의 비중은 떨어지지만 파트너는 두 모델을 지켜본다.

그러면서 광고는 두 모델을 지켜보는 광고 속 남성 파트너의 시선으로 남성 수용자를 호명한다. 두 모델을 지켜보는 사람이 되도록 남성 수용자를 호명하는 것이다. 그 광고 속에는 휴대폰의 기능을 전해 주는 정보는 없다. 다만 남성과 여성이 사회에서 발휘해야 할 인간 관계가 담겨 있을 뿐이다. 여성의 섹시함 혹은 청순함을 걸어 여성에게는 따르도록, 남성에게는 그를 주목하고 시선을 통해 소유하도록 부추기는 그런 관계를 드러내고 있다. 그렇게 짜여진 광고는 수용자를 호명하고, 호명된 수용자는 광고 속 주체, 그 같은 인간 관계의 주체가 된다.

이렇듯 알튀세르의 이데올로기 설명은 구조가 개인에게 전이되는 과정에 이르기까지를 그리고 있다. 그의 설명에서 가장 두드러지는 부분은 이데올로기가 자본주의 사회에서 의식의 '그물망fabric' 역할을 함을 지적한 부분이다. 촘촘히 짜여진 그물망 안에 개인은 어쩔 수 없이 갇힌다. 그 안에서 자신의 의식인 양 이데올로기를 실천하고 있음을 보여 주려고 했다. 구조가 만들어 내는 이데올로기, 동시에 그의 부름을 받는 개인들, 주체로 발하는 개인, 다시 주체로 인해 재생산되는 이데올로기 그리고 구조……

5. 구조주의와 대중 문화

구조주의는 서양 철학사에서 큰 비중을 차지한다. 구조주의의 등장을 두고 언어적 전환linguistic turn이라는 이름을 붙이기도 하는데, 이는 서양 철학 인식론에서 혁명적 단절을 의미한다. 서양 근대 철학에서 인간 주체, 인간 이성에 대한 믿음은 알파요, 오메가였다. 역사는 인간의 전개이며, 인간 이성의 전개라고 파악해 왔다. 그러나 구조주의, 언어학적 전환에 이르게 되면 '인간'은 괄호 안에 묶인다. 역사는 인간, 인간 이성의 문제가 아니라 인간의 조건, 즉 구조의 문제로 바뀐다. 인간은 구조가 짜놓은 그 물 안에서 움직이는 수동체일 뿐이다. 구조를 담아서 구조를 펼쳐 내는 매개체일 뿐이다. 인간이 언어를 말하는 것이 아니라 언어가 인간을 통해서 말하는 것이 되고 만다. 이 같은 인식론은 "생각한다 고로 존재한다"라는 데카르트 이후의 근대 철학에 강한 충격을 전해 주었다. 즉 인간의 이성이 아닌 무의식 속에 인간의 조건인 구조가 도사리고 있다는 주장이니 당연하지 않은가. 인간을 지배하고 역사를 전개시키는 것이 인간 이성, 의식이 아니라 인간의 조건이며, 저 밑바닥에 깔려 있는 무의식의 작동이라고 말하고 있으니 인간 이성 중심의 휴머니즘에 균열이 올 수밖에.

구조주의는 인간의 조건을 분석한 만큼 인간 조건 중 한 영역인 문화 분석에 많은 기여를 하였다. 언어의 구조를 밝혀낸 것뿐만 아니라, 문화의 구조를 드러내고, 무의식의 형성과 구조까지 논의하였다. 추상화의 수준에서 논의되던 이데올로기를 인간 실천으로 끌어내렸고, 현대 사회를 사는 인간 주체에 대한 진실도 밝혔다. 만일 구조주의 혁명, 언어학적 전환이 없었더라면 대중 문화 분석 혹은 대중 문화론이란 것이 가능했을까 의문할 정도로 대중 문화 논의에 끼친 영향력은 대단한 것이었다. 물론 구조주의가 장점만을 지니고 있었던 것은 아니다.

구조주의는 그들의 연구 영역을 이분법적 구분으로 규정한 후 어느 한쪽에만 방점을 찍어 연구하였다. 랑그 / 파롤의 구분에서 랑그에, 통시적 / 공시적 연구의 구분에서 공시적 연구에 강조점을 두었다. 그들의 선택은 한쪽으로 치우친 것이었고 그로 인해 문제점이 생긴다. 분명 랑그를 가능케 했던 것은 파롤이었을 터이다. 말이 체계를 갖추기 전에 많은 사람은 각자 말하는 스타일을 갖고 있었을 것이다. 어떤 과정 끝에 각자의 스타일은 문법이나 말의 구조라는 깃발 아래 굴복하고 그 안에서 커뮤니케이션하게 된다. 파롤을 통해서 랑그가 가능하게 되었다는 점을 구조주의는 인정하지 않거나 애써 무시한다. 즉 말의 역사성에 대해서 관심을 가지지 않았다는 뜻이다. 구조주의가 몰역사적이라는 지적이 나오는 것은 당연해 보인다.

구조주의의 구조에 대한 강조점은 구조 안에서 살아가는 개인에 대한 무관심으로 이어진다. 개인의 독립성은 인정하지 않는다. 개인은 구조를 담는 그릇*bearer*에 불과하다. 구조를 넘어서는 개인은 없다. 하지만 이후의 문화론에서 밝히겠지만 개인과 구조 간의 갈등은 구조의 일방적 승리로만 결말을 지을 수 없는 일이다. 개인과 구조 간의 긴장으로 인해 현재의 구조가 만들어졌다. 갈등 없이 구조가 매끄럽게 재생산된 것은 아니다. 우리가 문화주의에서 보았던 개인의 경험이나, 하위 집단이 유지하려고 노력하는 전통이나, 집단 경험은 현재의 구조와 언제든지 대립할 준비가 되어 있다. 현재 대중이 살아가는 분위기에 해당하는 윌리엄스의 그 유명한 '감정 구조' 개념은 단순히 구조를 나타내는 것이 아니라 구조와 감정이 만나는 지점을 지적한 말이다. 하지만 구조주의 안에는 그러한 긴장이나 갈등을 도출해 낼 실마리가 존재하지 않는다.

알튀세르의 구조주의, 마르크스주의의 경우, 사회의 여러 제도를 국가 기구라 이름 지은 방식도 문제로 지적할 수 있다. 국가가 전체의 판을 짜는 데 엄청난 영향력을 행사함을 인정하더라도 국가에 맞서는 시민 사회의 역할을 무시할 순 없다. 그람시를 논하는 자리에서 설명하겠지만 현재의 자본주의 사회의 구도는 국가가 모은 것을 압도하진 않는다. 오히려 시민 사회의 영역이 확대되어 국가와 맞서고 있다고 보는 편이 옳을 것이다. 알튀세르는 시민 사회와 국가 간 긴장과 갈등이 없는 매끈한 사회 구성을 논의했다는 지적을 피하긴 어렵다.

이데올로기의 포로가 되는 개인을 구조주의에서는 주체라 이름 짓고 있다. 하지만 주체 구성이 과연 이데올로기의 완전한 압도로 마감되는지는 의문이다. 개인이 텍스트가 꾸며진 대로 주체로 구성된다는 사실을 부정하는 이론들과의 적절한 대화도 필요하다. 이미 많은 연구에서 대중 문화라는 텍스트가 완벽한 이데올로기적 기구로 작용하지만은 않음을 밝히고 있다. 후기 구조주의나 페미니즘 논의에서 다루겠지만 일사불란하며 구김이나 모순 없는 주체 형성이 가능하지 않다는 것을 보여 주는 연구 결과들이 줄을 잇고 있다. 그렇다면 구조주의가 내세운 구조의 힘에 대한 새로운 논의가 필요하지 않을까?

8장에서 논의할 후기 구조주의는 구조주의의 결함을 구체적으로 지적한다. 그리고 앞 장의 문화주의에서도 구조주의가 놓치고 있는 부분들을 정리하였다. 그러나 문화주의와 후기 구조주의가 지적하는 문제에도 불구하고 구조주의 문화론은 대중 문화 텍스트를 분석하는 데 유용한 수단으로 인정받고 있다.213 특히 구조주의 언어학인 기호학은 문화 분석에 관심이 있는 사람이라면 반드시 거쳐야 하는 관문이다. 이는 광고, 영화, 텔레비전, 잡지 등을 분석하는 데 가장 유용한 분석틀로 이용된다. 그리고 이데올로기의 작용 과정에 대한 설명은 여전히 그 위력을 떨치고 있으며 새로운 설명을 자극하는 좋은 기제가 되고 있다.

213 후기 구조주의와 문화주의와는 애초 인식 방식 자체가 다르기 때문에 서로 다른 주장을 하고 있다고 보아야 할 것이다. 그런 점에서 결함이라거나 보충해야 할 부분 등으로 표현하는 것은 문제가 있다. 전혀 다르게 말하는 방식을 지니고 있음을 인정한다면 구조주의, 문화주의, 후기 구조주의 중 무엇을 선택할 것인가 하는 연구자의 선택만 남아 있을 뿐이다.

07
페미니즘과
대중 문화

인류학자 마거릿 미드Margaret Mead는 남성과 여성의 분류나 범주가 생각보다 불안한 것이라고 했다. 남성과 여성에 맡겨진 특정한 역할조차도 사회에 따라 차이가 난다는 사실을 여러 원시 사회를 연구한 끝에 찾아냈다. 아이를 키우는 여성, 사냥하는 남성처럼 성차gender와 역할 연결은 결코 보편적이지 않다고 주장했다. 남성성과 여성성이라는 분류도 모든 사회에 적용할 만큼 보편적이지 않다고 밝혔다. 각각의 사회는 고유한 방식으로 성차를 유지하고 재생산하고 있음을 원시 사회 연구를 통해 밝혔다. 그러나 이 같은 사회 간 차이는 대부분의 사회가 근대에 진입하면서 서서히 사라지고 있음도 알게 되었다. 여성에 대한 억압은 근대에 이르면 전 사회에 걸쳐 자연스러운 현상, 보편적인 문화로 자리잡는다고 전한다.

1. 페미니즘의 흐름

근대로 향한 진전에는 언제나 그에 대한 도전이 따르게 마련이다. 여성 억압에 도전하는 흐름도 꾸준히 있어 왔다. 근대 사회 초기에 나타난 도전은 개인적이고 산발적인 형태에 그쳤지만 그 명맥은 유지되었다. 그러다 점차 여성 억압에 도전하는 흐름은 이론화되고 체계화되기에 이른다. 여성 억압에 대해 첫 번째로 체계화된 형태로 나타난 도전은 여성 참정권을 요청하는 운동이었다. 참정권 요청 운동, 최초로 체계화된 여성 운동을 '페미니즘의 첫 번째 물결the first wave'이라고 일컫는다. 남성에게만 주어지던 정치적 권리를 여성도 가져야 진정한 민주주의 실현이 가능해진다며 펼친 운동이었다. 그러나 페미니즘의 첫 물결은 여성 내부를 차별하는 모순적 성격을 안고 있었던 것이다. 서구에서 펼친 여성 참정권 요구 운동은 일부 여성의 권리 획득에만 한정하고 있었던 것이다. 호주의 여성이 벌인 참정권 운동으로 백인 여성이 권리를 획득하는 데 성공을 거둔 예를 살펴보자. 그 운동으로 모든 여성이 혜택을 보지는 못했다. 1967년까지도 호주 원주민들의 참정권은 언급조차 되지 않았다. 이처럼 초기의 여성 해방 운동은 지식인, 백인, 중산층 이상의 여성에 국한되는 한정적인 면을 지니고 있었다. 여성 참정권을 둘러싸고 논쟁이 벌어졌을 때 ── 앞서 살펴본 문명과 문화 전통의 학파, 아널드 학파 등의 ── 많은 지식인은 현재 남성 대중이 투표권을 부여받은 사실도 문제가 되는 판에 여성까지 참정권을 얻게 되면 더욱 혼란스러워질 거라 우려하며 반대했다. 그 같은 상황에서 백인 중산층 이상의 여성 중심으로 참정권 요구 운동이 벌어진 것은 어떤 면에서 당연해 보이기도 하다.

페미니즘의 첫 물결이었던 참정권 요구 운동은 정치적인 운동으로 한정된 탓에 문화와 연관을 맺지는 않았다. 제인 오스틴, 브론테 자매

등과 같은 작가의 작품을 통해 여성의 법적 권리에 대한 관심이 고조되었다는 역사적 사실이 있기는 하지만 문화적 실천이 페미니즘과 직접 관계를 맺는 데까지 이르진 않았다. 심지어 여성 작가의 문제 제기는 공리주의적 전통에 의해 채택되어 사회 의제가 되는 경향까지 엿보인다. 즉 공리주의적 전통에서는 여성의 권리 실현으로 국가 발전을 꾀할 수 있다며 그 주장을 (아이들을 잘 교육시키기 위한) 수단으로 받아들였다. 여성 해방, 페미니즘과 문화 논의 간 공명은 1960년대 '2차 페미니즘 물결'에서야 비로소 이루어진다. 2차 물결은 사회 각 영역에서의 여성 참여를 요구하는 광범위한 움직임이었다. 정치 영역을 넘어 사회, 문화, 여성의 몸, 직장, 육아, 성 등에 걸친 내용을 화두로 끌어냈다. 이 두 번째 물결에서 페미니즘 운동가와 이론가들은 사회 내 여성 재현, 이미지에 큰 관심을 보였다. 여성은 재현 공간에서 모습을 좀체 드러내지 않거니와, 간혹 등장한다고 하더라도 남성과 반대되는 존재로서 드러날 뿐이라고 불평했다. 이 같은 한정적 재현이 여성 억압의 주요 원인이라고 보았다. 페미니스트들은 여성을 사회적으로 인정하는 사회적 (재현) 공간을 확보하는 일이 시급함을 깨닫고 재현을 둘러싼 투쟁에 돌입했다. 재현을 둘러싼 투쟁을 통해 여성이 자신의 실존적 조건을 알고, 그 안에서 진정한 평등과 해방을 추구해야 한다고 주장했다.[214] 2차 물결에서는 버지니아 울프Virginia Woolf나 시몬 드 보봐르Simone de Beauvoir를 등장시켰다. 여성적 공간의 확보, 여성적 읽기와 쓰기를 강조하기 위해서였다. 페미니즘이 곧 문화 투쟁에 돌입했음을 보여 주는 증거이기도 했다.

    1960년대 2차 물결을 주도했던 미국의 페미니즘이 여성 재현에 관

---

214 K. Millett, *Sexual Politics*, London: Rupert Hart-Davis, 1971.

여성 해방, 페미니즘과 문화 논의 간 공명은 1950년대 '제 2차 페미니즘 물결'에서야 비로소 이루어진다. 이 2차 물결은 사회 각 영역에서의 여성 참여를 요청하는 광범위한 움직임이었다. 정치적 영역을 넘어 사회, 문화, 여성의 몸, 직장, 육아, 성 등에 걸쳐 있었다. 사진은 당시 여성의 권리를 주장하며 뉴욕의 거리를 행진하는 여성들의 모습.

심을 둔 데는 몇 가지 이유가 있다.[215] 그중 하나는 1950년대 후반까지 이어진 미국의 매카시즘 경험이었다. 극단적 반공주의를 앞세운 매카시즘은 나쁜 것, 불순한 것을 모두 여성과 결부시켰다. 그리고 영화와 같은 재현 체계를 통해 마녀 사냥을 벌였다. 전쟁에서 돌아온 남성의 일자리를 확보하기 위해 여성을 집으로 돌려보내는 일이 시급해지자 가정 등 사적 공간을 중심으로 여성을 재현해 나가기 시작했다. 심지어는 공적 공간에서 활동하는 여성을 악마화하는 재현도 등장했다. 그 같은 과정을 경험해 온 여성 운동이 재현을 운동의 으뜸으로 삼은 것은 당연해 보인다. 또한 미국의 1960년대는 베이비 부머의 시대였다. 전쟁이 끝나자마자 태어난 엄청난 숫자의 베이비 붐 세대는 적극적인 '젊은 소비자'로 등장한다. 미디어는 이 세대의 취향에 호소하는 문화 상품을 쏟아 낸다. 이른바 미디어가 대중 문화를 기획하고 주도하는 미디어 중심의 사회가 시작된다. 운동가 · 이론가는 미디어의 위력을 인정하며 미디어의 여성 재현을 비판하고 올바른 재현을 미디어에 담는 운동을 펼치기에 이른다. 또한 1960년대 들어서면서 재현 분석을 위한 여러 이론 및 분석틀이 쏟아져 나왔던 점도 간과할 수 없다. 유럽 대륙에서의 구조주의, 미국 미디어 연구에서의 내용 분석, 영국에서의 이미지 분석 등은 여성 해방 운동의 이론적 기반으로서 큰 역할을 했다. 여성 해방 정치는 궁극적으로 평범한 인간 관계에서 벌어지는 것이라며 여성과 여성성femininity을 남성 중심으로 구성하고 남성 작가의 문학 작품을 공격한 케이트 밀레트의 논쟁도 큰 영향을 미쳤다.[216]

이 같은 배경으로 형성된 페미니즘의 여성 재현, 이미지, 문화, 대중

---

215 J. Lewis, *Cultural Studies: The Basics*, London: Sage, 2002.

문화에 대한 관심은 페미니즘 운동에서 주요 지위를 획득했고 큰 흐름을 가지며 이후에도 이어졌다. 일상 생활 구석구석까지 자리잡은 남성 중심의 재현을 비판, 교정하고, 재현 방식을 새롭게 강구하지 않는 한 여성 해방은 요원하다고 페미니스트는 입을 모았다. 이러한 점에서 2차 물결 이후의 페미니즘은 문화와 관련된 운동과 연구에 집중해 왔다고 해도 크게 틀린 말이 아니다. 물론 1980년대 들어 사정은 조금 달라지긴 했다. 인문 사회과학뿐만 아니라 자연과학 분야에까지 성차라는 변인을 연구 영역에 끌어들였고, 여러 이론과 방법론, 이슈를 제기함으로써 페미니즘은 한데 묶을 수 없을 정도로 다양한 얼굴을 갖게 되었다.[217] 운동의 외연이 넓어지는데 반해 재현, 이미지 등을 둘러싼 투쟁, 운동, 연구는 소강 상태로 접어드는 것처럼 보이기도 했다. 실질적 생활(노동, 의료, 교육 등)에 관심을 가지자며 삶의 현장으로 뛰어들면서 문화적 영역을 특권화해선 안 된다고 주장하는 담론이 등장하기도 했다. 하지만 실질적인 삶과 재현 같은 문화적 영역이 물질과 관념으로 나뉘는 것이 아니라 동전의 양면과 같은 것으로 인식하면서 문화 관련 페미니즘은 더욱 폭을 넓혔고 정교해지고 있다. 지금까지 진행된 문화 이론이 여성을 괄호 안에 가두었다는 지적에 이르고 보면 페미니즘의 문화 논의는 더욱 더 분주할 거라는 전망을 내놓을 수 있다.[218]

---

216 밀레트는 헨리 밀러, D. H. 로렌스, 장 주네, 노먼 메일러 등의 작품이 여성을 성적 대상으로 삼고 있다며 비판했다.

217 E. Showalter, "Introduction," in E. Showalter (ed.), *Speaking of Gender*, London: Routledge, 1990, p.1.

218 S. Hall, "The Formation of a Diasporic Intellectual: An Interview with Stuart Hall by Kuan-Hsing Chen," in D. Morley & K. Chen (eds.) *Stuart Hall: Critical Dialogue in Cultural Studies*, London: Routledge, 1996, pp.484~503.

2차 물결을 거쳐 3차 물결인 현재에 이르기까지 페미니즘은 여러 영역으로 진입해 남성 중심적 문제 설정*problematics*에 균열을 냈다. 이어 각 영역에서 페미니스트 영역을 형성해 진지를 만들기도 했다. 그런 연유에 이제 페미니스트를 한 우산 아래 묶어 두고 논의하는 일이 어려워졌다. 같은 묶음에 있는 것처럼 보이는 논의도 세밀히 따져 보면, 차이 나는 의견을 내고 있음을 알게 된다. 이 같은 점을 감안한다면 엄격한 기준 없이 페미니즘을 분류해 가지 치는 일은 여간 어려운 일이 아니다. 그리고 분류를 통해 얻는 실질적 이득도 그리 크지 않다. 다만 분류를 시도하는 축은 큰 윤곽을 그려 교시적*heuristic* 효과를 노릴 뿐이다. 이번 장은 페미니즘의 큰 그림을 선사할 목적을 지닌다. 그리고 이들이 공유하는 공통점을 찾아 같은 묶음으로 분류하고 그 지형을 보여 줄 것이다. 하지만 그 분류는 결코 절대적인 구분이 아니다. 모든 이의 동의를 구할 수 있는 보편적인 것도 아니다. 이해를 돕기 위한 지형 그리기로 이해하고 비판적으로 독해하길 권한다.

분류에 관심을 가진 페미니스트는 페미니즘을 크게 네 부류로 나누는 데 대체로 동의한다. 급진주의 페미니즘, 자유주의 페미니즘, 마르크스주의 페미니즘 그리고 사회주의 페미니즘이 그 네 부류다. 분류의 기준은 여성 억압의 원인을 무엇으로 보는가와 그 해결책이다. 급진주의 페미니즘은 여성 억압의 원인을 남성 집단이 여성 집단에 힘을 행사하는 지배 체계, 즉 가부장제로 파악한다. 이들은 여성이 남성 집단을 피해 독립된 삶을 사는 것을 대안으로 제시한다. 남성 중심적 문화, 즉 가부장제 문화 안에서는 여성의 삶이 인정받을 수 없다고 파악한다. 가부장제 문화를 벗어나는 일, 여성의 삶이 펼쳐질 여성 중심의 공간을 만드는 일을 대안으로 삼는다. 급진적이라는 명명은 이 범주의 페미니즘이 여성만의 자주적, 분리적 공간을 주장한 데서 비롯되었다. 자유주의 페미니즘은 여성 억압 원인을 여성에 대한 편견과 그로부터 파생된 여러 제도적 불합리성으로 돌린다. 그들은 제도의 개선이나 법의 활용으로 불합리성을 제거할 수 있다고 믿는다. 여성 해방 운동이 법, 제도를 개선하는 등 상당한 성과를 거둔 만큼 앞으로도 점진적인 개선 효과가 있을 것으로 믿고 있다. 이들은 재현을 생산하는 제도(미디어, 예술 분야)에 여성이 더 많이 진출할 수 있도록 개선하고, 여성 재현을 왜곡하지 않을 사회적 규율을 마련한다면 여성에 대한 사회적 인식 또한 개선할 수 있을 거라고 기대한다.

마르크스주의 페미니즘은 자본주의 생산 양식의 등장을 여성 억압의 근본 원인으로 파악한다. 자본이 노동을 통제하고 자본주의 사회 전반에 주도적 힘을 행사하는 결과로 남성의 여성 지배가 발생한다고 보고 있다. 대중 문화 과정에서 여성이 상품화되고, 여성의 소비를 부추기는 일은 근본적으로 자본주의 재생산과 잉여 창출을 위한 자본의 기획이라고 비판한다. 자본주의를 극복하기 위한 모든 노력과 여성을 해방하는 일은 연결되어 있고 그 둘을 함께 사고해야 대안적 사회로 이어질 수 있다고 판단한다.

사회주의 페미니즘은 급진주의 페미니즘이나 마르크스주의 페미니즘이 한 제도(즉 가부장제나 자본주의)에 모든 혐의를 두는 본질주의적 오류를 범했다고 지적한다. 그들은 여성에 대한 사회적 억압을 다양한 사회적 모순의 상호 작용으로 인한 결과라고 파악한다. 즉 가부장제적인 모순과 자본주의 모순, 문화 영역에서의 왜곡된 재현은 서로 중첩되어 여성 억압으로 작용하는 것이지 어느 하나가 모든 책임을 다 질 수는 없다고 본다.

간략하게 살펴본 여러 갈래의 여성학이 여성학의 모든 것을 대표하진 않는다. 이외에도 정신분석학을 강조하는 프랑스 페미니즘, 포스트콜로니얼 페미니즘, 에코 페미니즘, 포스트모던 페미니즘, 후기 구조주의 페미니즘 등등 많은 분파가 있다. 이들 각 페미니즘은 —— 최근 들어서는 —— 여성과 남성 간 대립을 가장 두드러진 변인으로 파악하지 않고, 여성 내 차이, 남성 내 차이 그리고 육체를 통한 차이 등에 관심을 기울이고 있다.[219] 분류에 따른 다양함에도 불구하고 페미니즘은 몇 가지 이슈를 공유하고 있다. (1) 당연하게도 현대 사회에서 성차에 따른 억압 구조는 여전히 존재한다는 점이다. 그 근본 원인에 대한 설명에서 차이가 있지만, 여성 억압이 광범위하게 존재하고 그로부터 여성이 고통을 당한다는 사실만큼은 동의하고 있다. (2) 광범위하게 존재하는 여성 억압은 일상에까지 퍼져 있어 지속적으로 반복 재생산되고 있음에 주목한다. 그 재생산은 의식적 수준에서 제어할 수 있는 것이 아니다. 무의식적 차원에서 이뤄지고 있어 페미니스트의 비판과 계몽에도 불구하고 제어하는 데 어려움을 겪는다. 여성 자신도 억압에 대한 자의식을 갖기 어렵다. (3) 페미니스트적 주체가 아닌 남성 지배에 종속된 주체가 지속적으로 만들어지고 있기 때문에 대안적인 문화 생산 장치를 마련하고 새로운 페미니스트 주체를 생산하는 노력을 경주해야 한다고 강조한다. (4) 일상 생활을 통한 주체 형성이 문제가 된다면 일상적 삶의 방식을 바꾸는 일도 소중해진다.

남성의 지배가 일상적 삶에서 이뤄지게 하고, 남성 지배를 당연시하는 주체를 형성하는데, 문화적 장치는 큰 역할을 하고 있다. 페미니스트들이 그에 관심을 갖는 일은 당연해 보인다. 대중 문화 영역이 페미니즘의 주요 이슈가 되는 것도 당연한 일이다. 페미니즘이나 대중 문화를 학

---

[219] 페미니즘 유파에 따른 문화에 대한 관심의 경향을 알고 싶은 독자는 원용진 · 한은경 · 강준만 편저의 《대중 매체와 페미니즘》(한나래, 1993)을 참조하기 바란다.

술적으로 논의하는 일에 거부감을 갖는 이들조차도 대중 문화에 여성 억압 혐의를 두는 것에는 인색하지 않을 정도다. 문화 산업에 의해 대량으로 생산, 유통, 소비되는 문화 상품은 페미니즘으로 보아서는 중요한 분석 대상이며, 또 한편으로는 운동 대상이다. '개인적인 것이 정치적인 것'이라는 페미니즘의 모토에 비추어 보더라도 문화 상품은 여성 해방을 위해서 반드시 비판하고, 분석하고, 해석하며, 변화시켜야 할 큰 문제점이 아닐 수 없다. 노동 현장에서의 여성 착취, 공적인 사회 과정에서의 여성 소외, 사적 공간에서 여성에 가해지는 폭력적 억압 문제를 왜소화하거나 도외시하면서 대중 문화를 특권화시켜선 안 될 일이다. 하지만 대중 문화의 생산, 유통, 수용과 여성의 실질적 삶에서 벌어지는 여성 억압은 결코 분리된 사안이 아님을 인식하는 일은 중요하다. 구조주의 마르크스주의자인 알튀세르를 통해 보았듯이 이데올로기를 통해 만들어진 주체는 지배 집단의 지배 재생산을 가능하게 한다. 대중 문화는 다양한 형태의 여성 억압이 별다른 저항 없이 재생산 될 수 있도록 돕는 제도이므로 그에 시비를 걸어 재생산을 막는 일은 의미 있는 일이라 하겠다.

　　페미니즘이 대중 문화를 논의해 온 방식을 크게 네 범주로 나눌 수 있었다. 네 범주의 논의 방식은 시간의 흐름에 따른 연구 경향의 변화로 받아들여도 무방하다. 물론 연구 진행 연대와 연구 이슈가 두부 자르듯 명료한 것은 아니다. 어떤 연구는 단명으로 끝났고 장기간 이뤄진 연구 이슈도 있다. 재현 연구와 이미지 연구의 경우 1960년대에 시작해 아직까지 진행되는 장기적인 이슈이기도 하다. 페미니즘이 대중 문화와 관련을 맺은 네 범주는 대체로 (1) 이미지, 재현 연구, (2) 여성 재현 장치 연구, (3) 여성 관객성 연구, (4) 여성 수용자 연구 등이다. 앞서 설명한 페미니즘의 각 갈래에서 이 이슈 전체에 관심을 보이기도 했지만 각 분류마다 강조점을 둔 이슈가 있었던 듯하다. 예를 들면 자유주의 페미니즘에서는 이미지와 재현에 많은 관심을 두었다. 사회주의 페미니즘에서는 여성 수용자 연구에 관심을 두어 특정 계층(혹은 계급)의 여성이 특정 텍스트를 해석하고, 그를 실천하는 과정을 추적하고자 했다. 급진적 페미니즘에서는 여성 재현 장치에 관심을 두고, 그 장치가 남근 중심적임을 밝히고 그를 벗어날 수 있는 대안적 장치를 제안하기도 했다. 마르크스주의 페미니즘에서는 자본주의 상업 극영화가 갖는 장치, 그 장치가 만드는 관객성이 결국 상업적 성공을 위해 여성 관객을 수탈하는 것임을 강조하고 있다. 이처럼 다양한 이슈를 다양한 페미니즘 분파가 각각 혹은 중첩적으로 다뤄 오면서 기존의 여타 대중 문화론에 영향을 미칠 만큼 성장한 모습을 하고 있다.

2. 가부장제적 질서와 대중 문화론

페미니즘을 반反남성 운동이나 실천으로만 이해하는 일은 생산적이지 않다. 페미니즘 3차 물결에 이르면 여성 간 차이에 대한 관심이 고조된다. 이는 여성 간 차이에 대한 주목이기도 하고, 여성에 의한 여성 억압 또한 만만치 않게 편재해 있다는 인식에서 비롯된 것이기도 하다. 페미니즘은 남성과 여성의 이분법적 대립에 대한 관심이 아니라 성차를 둘러싸고 벌어지는 모든 형태의 억압에 반대하는 이론이며 실천이다. 벨 훅스bell hooks가 "페미니즘은 성차별주의와 성차별주의에 근거한 착취와 억압을 종식시키려는 운동"이라고 내린 규정은 적절해 보인다.220 성차별주의

220 bell hooks, *Feminism Is for Everybody: Passionate Politics*, New York: South End Press, 2000 [《행복한 페미니즘》, 박정애 옮김, 백년글사랑, 2002, p.19].

에 근거한 착취와 억압을 뜻하는 가부장제*patriarchy*가 여기서는 유용한 개념일 수도 있다.

이 용어는 페미니즘에서 빈번히 언급하고 있지만 아직 합의된 정의를 갖고 있지는 않다. 이 용어를 광의로 해석하면 이름 그대로 '아버지의 지배'를 의미한다. 아버지의 유산이나 권력이 아들에게 독점적으로 이어지는 남성 중심의 가족 질서, 더 나아가 사회에서 체계화된 남성 중심의 질서를 의미한다. 이것은 어디까지나 가부장제라는 기표의 외연적 기의일 뿐이다. 그것의 사회적 의미 혹은 함축적인 의미는 무엇일까? 이를 밝히는 일은 매우 중요하다. 페미니즘과 대중 문화 간 관계를 설명하는 자리에서 페미니즘이 과연 대중 문화의 어떤 면을 부각시켜야 하는가라는 점과 관련되기 때문이다. 가부장제가 단순히 남성의 지배만을 의미한다면, 페미니즘은 대중 문화 속에 담긴 남성 중심적 사상을 제거하는 전략만 구사하면 된다. 그러나 가부장제가 그 이상이라면 — 여기서는 계급적 지배, 이성애 중심, 특정 인종 중심과 남성적 지배를 동시에 의미하는 것이라면 — 갈등의 양상은 더욱 복잡해질 것이고, 그에 맞추어 실천 방식도 바꾸어야 한다.

사회학자인 막스 베버Max Weber는 이 용어를 '전통적인 사회에서 드러나는 사회적 권력의 한 유형'이라고 규정했다. 전통 사회에서는 상속을 바탕으로 가족 성원 가운데 한 사람이 다른 성원에 대해 절대적인 권력을 휘둘렀다. 이를 가부장제적 권력 관계라고 규정했다. 베버는 단순히 남/녀 관계에 대한 정의가 아닌 중세 봉건 제도에서의 권력 관계 일반으로 파악하는 내용으로 정의를 내렸다. 베버 이후에 가부장제 용어는 '남성의 가족 내 지배뿐만 아니라 남성에 의한 사회 전체의 지배'를 가리키게 되었다.[221] 하지만 이러한 정의법에는 아직 부족한 부분이 많다. 자본주의 사회 가부장제와 농경 사회 가부장제는 다르다. 가부장제에 대한 일반적인 정의 방식은 그 다름에 주목하지 않았다. 시간적／공간적 차이에 대해 침묵하곤 한다. 현대 페미니스트들은 '사회 전반에 걸친 남성의 지배'라는 개념 정의를 인정하면서 다음과 같은 두 가지 요소 — ⑴ 시간／공간에 따른 가부장제 모습의 차이, ⑵ 가부장제가 가능하게 된 사회적 관계에 대한 고려 — 를 가부장제 논의 안에 반드시 포함시킬 것을 주장한다. 그러한 요소를 고려하지 않으면 가부장제란 개념은 설명적explanatory이 되기보다 기술적인descriptive 모습으로 남을 뿐이라고 경고한다.

앞서 짧게 언급했던 페미니즘 각 유파가 가부장제를 다루는 방식을 정리해 보자. 급진적 페미니즘에서 가부장제라는 용어는 '남성이 보편적으로 지배하고 있는 모든 방식'을 의미한다. 이들의 경우 가부장제의 기원보다는 대안에 더 많은 관심을 보인다. 그리고 가부장제 재생산 고리를 끊을 수 있는 방법을 제시하려 노력한다. 즉 모든 영역에 걸쳐 남성으로부터의 완전한 독립, 여성 재현에 대한 여성적(국가적) 통제, 여성만의 언어 사용 등 여성 분리주의를 내세운다. 이 경우 현 단계의 가부장제의 역사적 특수성은 정확하게 드러나지 않는다. 가부장제를 시·공간에 관계없이 보편적인 현상으로 설명하고, 분리주의도 보편적으로 적용해야 할 대안으로 여기기 때문이다. 대중 문화 전반은 가부장제 문화 질서라고 파악한다. 여성에 대한 편견 혹은 포르노와 상징적 폭력을 열거하고 대중 매체 같은 문화 제도를 가부장제 재생산의 수하로 상정한다. 그러한 폭력적인 가부장제 문화 질서로부터 벗어나기 위해선 여성만의 문화, 남성의 언어가 포함되지 않은 여성만의 언어 사용 등이 필요

---

221 Millet, 앞의 책, p.25.

하다고 본다. 하지만 이미 많은 여성학자가 지적했듯이 각 사회의 특수성을 감안하지 않은 점, 그리고 현 상황에 대한 전면적인 거부 전략으로 설득력을 얻지 못하고 있다.

　자유주의 페미니즘에서는 가부장제란 용어를 잘 사용하지 않는다. 성적인 불평등을 단지 비합리적인 선입견의 문제이며 합리적인 논의를 통해서 해결될 수 있는 사회 문제로 여긴다. 대중 문화는 여성에 대한 편견을 극대화하고 재생산한다고 본다. 대중 문화 문제를 극복하기 위해 더 많은 여성이 대중 문화 영역에 적극적으로 참여하기를 요청한다. 그리고 많은 사회적 기구를 조직해 그 편견이 다시 이용되지 않도록 감시하기를 독려한다. 궁극적으로는 국가가 행정적으로 개입할 수 있는 법질서를 이용해 여성에 대한 편견과 선입견을 제거하자고 주장한다. 대중 문화 산업에 많은 여성 종사자들을 진출시켜 여성에 대한 편견을 고치고 여성의 지위를 보장해 주는 법질서를 구축하면 성차별, 편견 없는 대중 문화를 만들 수 있으리라 기대한다. 가부장제적 요소는 인간 간의 조화로운 이해, 대화, 타협을 통해 타파할 수 있을 것으로 믿는다. 자유주의적 설명에는 가부장제가 가능하게 된 사회적 관계와 배경에 대한 고려가 빠져 있다. 경제적 제도나 가부장제적 제도에 대한 적절한 설명 없이 논의를 전개하고 있다. 대중 문화 산업 내 개인 제작자의 노력과 개인에 대한 제도적 규제(법, 제도)로 가부장제적 요소를 제거할 수 있으리라는 개인주의적이고 자유주의적인 조금은 허약한 논의를 편다.

　마르크스주의 페미니즘과 사회주의 페미니즘은 가부장제에 계급적 요소를 포함시키려 한다. 마르크스주의의 경우 계급적 요소가 가부장제보다 성 불평등에 더 강하게 작용하는 것으로 파악한다. 반면 사회주의의 경우 계급 억압과 성적 억압 그리고 다른 사회적 모순을 함께 고려할 것을 주장한다. 계급 요소를 가부장제에 포함시킨다는 점에서 이들은 닮아 있지만, 성과 관련된 이데올로기에 대해서는 상당한 차이를 보인다. 마르크스주의 페미니즘의 경우 성차별 이데올로기를 계급 이데올로기로 설명하려 한다. 성 불평등이 계급 불평등으로부터 비롯되었다고 보기 때문이다. 사회주의 페미니즘에서는 알튀세르의 이데올로기론에 따라 성 이데올로기의 자율성을 내세운다. 마르크스주의는 여성 착취를 정당화시키는 이데올로기가 자본주의적 경제 질서에서 비롯하는 것으로 본다. 그리고 대중 문화도 자본주의 경제 질서 내에서 자본의 힘에 의해 움직이는 것이므로 자본주의 경제적 토대가 안정성을 갖도록 노력한다. 대중 문화와 관련된 여성의 문제도 이렇듯 자본의 역동성, 경제적 토대와 연계해서 파악한다. 사회주의 페미니즘의 경우 마르크스주의의 견해를 부분적으로 받아들이지만 가부장제적인 이데올로기가 경제적 토대로부터 상대적 자율성을 갖는다는 점을 인정한다. 가부장제는 단순히 계급적인 것에 종속되는 문제이거나 계급 모순에 의해서만 결정되지는 않는다는 점을 강조한다. 오히려 그 둘은 중첩된 영역일 수 있다. 계급 모순이 사라진다고 해서 성 불평등이 사라지지 않는게 그 증거가 아닐까? 물론 사회주의 페미니즘도 대중 문화를 가부장제에 정당성을 주거나 재생산하는 중요한 사회 제도라고 설명한다.

가부장제에 대한 상이한 해석에도 불구하고 남/녀의 차별을 구축하고 재생산해 내는데 대중 문화가 큰 역할을 함을 강조하고 있다. 대중 문화를 통해 성차별 이데올로기 혹은 성 고착 이데올로기가 생산, 유통, 수용된다고 보는 셈이다. 대중 문화와 관련된 가부장제에 대한 논의는 가부장제라는 문화적 의미가 생산되고 재생산되는 방식에 초점을 맞춘다.

비민주적 사회 제도가 바로 남녀 불평등에 대한 사고를 불러일으키지는 않는다. 성 불평등을 조장하는 사회적 제도와 불평등한 관념, 사고 사이에는 언어라는 매개체가 존재한다. 현실과 이데올로기 사이에 간여하는 언어의 세계, 상징의 세계에 대한 천착이 필요해진다. 대중 매체가 쏟아 내는 대중 문화물은 영상 언어, 문자 언어, 구어 등 언어의 세계로 구성되어 있다. 영화, 텔레비전, 잡지, 광고 등 모든 대중 매체는 다양한 언어로 현실을 구축해 내고 있다. 대중 문화 내 언어의 세계가 과연 어떤 관점으로, 어떤 방식으로 이루어져 있는가를 추적하는 일은 우리가 알려고 하는 가부장제 문화, 가부장제 이데올로기에 접근하는 첩경이 된다. 언어의 구성 방식과 더불어 그것이 이데올로기로 변하는 과정에 대한 논의 또한 필요하다. 언어의 효력에 대한 논의 말이다. 그런 의미에서 대중 문화와 가부장제를 연계해 논의할 때는 언어의 관점, 구성 방식을 해부하고 그 언어의 효과(즉 주체 형성)를 설명해야 한다. 아울러 그 효력이 반감될 수 있는 가능성(즉 새로운 주체 형성) 혹은 대안적인 언어 구성 방식도 논의하게 된다.

이렇듯 광범위하게 가부장제에 대해서 설명해 놓고 나면 그 의미가 더 모호해지는 듯하다. 그렇지만 가부장제에 관한 대중 문화론적 설명은 어쩔 수 없이 대중 매체에 대한 논의 그리고 대중 문화의 언어적 구성에 대한 논의, 수용자의 주체 형성, 대안적 주체 형성에 대한 논의를 포함시킬 수밖에 없음을 알 수 있다. 영화든 텔레비전이든 여성 해방과 관련지어 설명하는 경우 이러한 설명 범주에서 크게 벗어나지 않는다.

3. 대중 문화와 여성 재현, 이미지

대중 문화 속 성차별sexism에 대한 관심은 1960~1970년대에 걸쳐 미국과 영국에서 고조되었다. 여성을 '제2의 성'으로 보는 남성 중심적인 사고를 대중 문화 속에서 찾는 작업을 이즈음 많이 행했다. 대중 문화는 여성을 항상 보잘것없는 사람으로 재현하거나 특정 역할에 고정했고, 남성과의 관계에서는 종속적 역할에 한정해 왔다는 것이 이들의 주장이다. 대중 문화는 학교나 가정만큼 중요한 사회화*socialization* 제도이기 때문에 어린이나 청소년에게 왜곡된 여성 이미지를 전달하는 (비)교육적 효과를 갖는다. 여자아이에게는 잘못된 여성의 정체성을 심어 준다. 남자아이에게는 대중 문화가 쏟아 내는 잘못된 여성의 이미지를 여성의 본질로 오인하게 한다. 대중 문화가 만들어 내고 사회 구성원이 반복 학습하는 여성들의 재현, 이미지는 다음과 같은 문제들을 안고 있다.[222]

· 여성을 남성의 성적인 대상으로 묘사한다.
· 여성을 여러 사회적 활동 중 사적인 영역, 즉 주로 가정과 관련된 일에만 책임이 있는 것처럼 묘사한다.
· 여성을 남성에 비해 약하거나 열등한 존재로 묘사한다.
· 여성을 이성보다는 감정과 관련된 존재로 그린다.

구조주의 문화론에서 설명했던 대비되는 (휴대 전화) 두 광고를 다시 언급해 보자. 광고 속 두 여성 모델(손담비, 김태희)은 남성의 성적 욕망의 대상이다. 넘치는 성적 매력으로서 섹시함이거나, 절제된 성적 매력인 청순함으로 남성의 욕망을 낚아채려 했다. 그리고 여성 소비자에게 그 같은 이미지가 여성의 전형적인 이미지인 양 교육하고 있었다. 여성을 남성의 대상으로 그리고 있을 뿐만 아니라, 여성의 모든 행위를 남성의 눈길을 끌기 위한 것으로 수렴시키고 있다. 이 같은 여성 이미지는 남

---

222 B. Agger, *Cultural Studies as Critical Theory*, London & Washington, D. C.: Falmer Press, 1992, p.120.

녀 수용자 모두를 여성에 대한 고정적 인식으로 이끌고 사회화시킨다.

1970년대 미국 여성 잡지에 실린 광고를 분석한 어빙 고프먼Erving Goffman은 광고 속 여성이 남성과 다르게 재현되는 것에 주목했다.[223] 수많은 광고에 어김없이 여성 모델이 등장하는데, 그들은 몇 가지 패턴을 갖고 있었다고 분석한다. 대표적인 분석 결과를 들자면 여성의 손 모습, 여성의 자세, 시선, 얼굴 표정, 여성과 상품과의 관계 등이다. 여성 모델의 손과 남성 모델의 손은 서로 다른 기능을 한다. 남성의 손은 도구를 쥐고, 잡고, 사용한다. 반면 여성의 손은 남성에 의해 만져지거나 스스로 만지는 감각 대상의 역할을 행했다. 일하는 남성의 손과 촉각touching을 기다리는 여성의 손으로 구분하고 있었다. 여성 모델은 몸을 굽히거나, 눕거나, 비스듬히 서는 자세를 취하고 있었다. 그들은 남성 모델이 주로 취하는 직립 자세를 보여 주지 않았다. 여성 모델은 — 어린아이 모델과 비슷하게 — 자주 자연스럽게 환하게 웃는 얼굴을 하고 있었다. 이는 자연nature과의 인접성을 강조하는 상품 광고에서 더욱 두드러졌다. 여성 모델을 자연과 동일시하려는 의도가 두드러졌던 셈이다. 여성 모델은 자신이 광고하는 상품 뒤에 숨거나 반쯤 몸을 가리는 포즈를 취하고 있었다. 남성 모델이 상품을 직접 만지며, 조작하는 데 비해 여성 모델은 수동적인 모습을 취하고 있었다. 여성 모델의 시선은 아무것도 보지 않거나, 자신이 누군가에게 보이고 있음을 의식하는 시선을 취하고 있었다.

고프먼의 분석과는 질적 차이를 두고 있긴 하지만 존 버거John Berger의 여성 재현 논의도 많은 점을 시사한다.[224] 그는 왜곡되어 나타나는

223 E. Goffman, *Gender Advertisements*, NY: Macmillan, 1979.

여성 재현이 대중 문화물에만 한정되지 않는다고 주장한다. 대중 문화의 반대편에 서 있는 것으로 알고 있는 예술 속 여성의 모습도 별반 다르지 않다. 예술 작품 속 여성은 그림을 의뢰한 사람의 소유처럼 그려지고 있어, 화가 혹은 의뢰인의 시선에 의해 대상화되고 있다. 예술로 알려진 그림 속 여성의 누드와 포르노그래피 속 여성의 포즈 모습을 과연 다르다고 할 수 있는지 반문한다. 그리고 이를 소유와 권력 문제 논의로 이어간다. 남성은 대중 문화, 고급 문화에서 공통적으로 여성을 소유하는 형태로 드러났다. 특히 시선이 그 소유 권력을 매개하고 있다고 주장한다. 즉 보는 주체로서의 남성과 보여지는 대상, 그럼으로써 즐거움을 제공하는 대상으로서 여성을 강조한다고 주장한다.

여성 이미지와 대중 문화 관계를 논하는 연구는 긴 역사를 가지고 있기도 하거니와 많은 결과물을 도출했다. 그리고 아직도 그 전통은 상당한 기세를 떨치고 있다. 한국의 경우도 영화나 텔레비전 속에서 여성이 어떻게 그려지고 있는가에 대한 연구를 많이 행했다. 특히 내용 분석content analysis 기법을 바탕으로 대중 문화 속의 왜곡된 여성 이미지를 찾아내는 데 많은 노력을 기울였다. 이는 텔레비전 드라마, 광고, 영화 속에 등장하는 여성의 모습, 역할, 사회적 위치에 관한 토론이었고, 여러 연구는 위에서 언급한 바와 같이 대중 문화 내용이 여성을 전형화한다는 결론을 내리고 있었다.

그런데 대중 문화 내 여성 재현에 대한 논의는 자칫 본질적 논의로 흐를 위험성을 안고 있다. 어떤 여성 재현이 올바른가라는 질문으로 이어질 수 있다는 말이다. 여성 재현에서 가장 바람직한, 혹은 이상적인

---

224 J. Berger, *Ways of Seeing*, London: Penguin, 1972.

 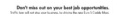

대중 문화는 여성을 남성의 대상으로 그리고 있을 뿐만 아니라, 여성의 모든 행위를 남성의 눈길을 끌기 위한 것으로 수렴시키고 있다. 이처럼 왜곡된 여성 이미지는 남녀 수용자를 여성에 대한 고정적 인식으로 이끌고 사회화시킨다. 사진은 폭스바겐 광고.

재현이란 어떤 것인가를 상정해야 올바른 재현과 그렇지 않은 재현을 판단하지 않겠는가? 과연 이상적인 여성 재현이란 어떤 모습인가? 어떻게 재현해야 왜곡되지 않았다고 할까? 여성 이미지 관련해서는 반영론과 구성론을 구분할 필요가 있다. 반영론이란 대중 문화 내용이 현실을 반영한다 혹은 반영하지 않는다를 따지는 논의틀이다. 구성론은 대중 문화 내용이 과연 어떻게 구성되어 있는가를 살피는 논의틀이다. 반영론과 구성론은 연구자에게 주어진 옵션이다. 대중 문화 내 여성 이미지 논의는 구성론으로 설명할 필요가 있다. 앞에서 보았던 고프먼이나 버거의 논의는 여성이 어떻게 구성되는가를 따지고 있다. 재현한다는 것은 현실은 그대로 옮겨가는 것이 아니라, 다양한 요소로 구성하는 것을 의미한다. 그러므로 제대로 재현되었다 혹은 잘못 재현되었다로 말하는 대신, 이런 방향으로 재현되었다, 저런 방식으로 재현되었다고 말하고 비평하는 일이 필요하다. 구성론적 시각이 더 유용한 것이다.

대중 문화물의 내용을 분석하는 이미지 연구는 이름 그대로 내용에 주목하고 있다. 하지만 그 내용을 생산하는 대중 문화 구조 환경이나 제시되는 형식 등에 대해서는 관심을 덜 갖는다. 이러한 연구들에서는 대중 문화물의 내용이 반여성적이거나 여성의 모습을 왜곡시킨다는 결론쯤에서 끝내는 경우가 많다. 반여성적인 내용이 대중 문화 속에 존재하는 이유를 설명하지 않는다. 물론 근본 원인과 대책에 대한 언급이 전혀 없지는 않다. 영화나 텔레비전 산업에 여성이 더 많이 진출할 수 있는 사회적 배려를 요청하고, 그를 통해 서서히 여성 이미지를 개선할 수 있을 거라 제안한다. 또는 대중 문화 산업 종사자가 여성 편견을 버리도록 하는 제도적 장치를 마련해야 한다는 주장도 제기한다. 그러나 여전히 여성의 재현, 이미지 왜곡 근원에 대한 설명을 결여하고 있어 피상적 묘사에 그친다는 비판을 받는다. 원인과 결과를 연결하여 설명하지 않고 현상을 기술description하는 것에 그친다는 말이다. 사실 여성 재현, 이미지에 대한 논의는 자유주의 페미니즘에서 많은 관심을 가져 왔었다. 앞서 밝힌 바와 같이 이들은 여성 억압의 원인을 편견이나 잘못된 제도 등에 두고 있기 때문에 그 재현, 이미지의 문제도 제도 개선으로 고칠 수 있는 것으로 파악하고 있다.

내용 분석Content Analysis을 바탕으로 하는 여성 이미지 연구 이후 여성 재현이 이뤄지는 방식에 대한 연구가 늘기 시작했다. 그 연구들은 겉으로 드러나 보이는 여성 이미지는 특정 재현 방식이나 형식을 채용한 결과라고 보았다. 그들은 여성 재현이 어떤 형식을 통해서 이뤄지는가를 드러내려 했다. 예를 들어 대중 문화는 여성을 하나의 인격체로 보지 않고 비남성이라는 존재로 표현하려 했고, 그 결과 여성의 관점을 늘 생략하고 있었다고 한다.[225] 그들은 대중 문화(특히 여기서는 주로 영화)를 만드는 모든 기술적인 것, 예를 들어 내러티브, 카메라 동작, 조명에 이르기까지 거의 모든 형식적 요소가 남성 중심이었음을 드러내고자 했다. 그리고 궁극적으로 남성 중심에서 벗어나 여성을 재현할 수 있는 새로운 형식을 강구하려 했다. 관심의 초점을 대중 문화물 생산 양식에 맞추었던 셈이다. 이 논의는 기호학, 정신분석학, 이데올로기론에 의존해서 주로 이뤄졌다. 이른바 관객 이론으로 불리는 몇몇 논의는 시선gaze과 나르시시즘 관객의 요소를 포함해 논의하면서 새로운 지평을 열었다.[226]

로라 멀비Laura Mulvey는 가부장제적 사회에서 여성을 남성의 대상으로 존재 짓는 방식을 문화적 장치에서 찾고자 한다.[227] 영화와 같은 문

225 한국 광고에 나타난 여성 재현 방식을 설명한 다음 글을 참조하면 이것이 더욱 분명해진다. 이성욱, "여자의 눈길: 볼거리의 숙명에 대하여," 〈문화 과학〉, 4호, 1993, pp.164~183; 백지숙, "여성 이미지 읽기 1, 2," 《이미지에게 말 걸기》, 문예마당, 1995, pp.265~287.

화적 기제는 남성의 응시를 조장한다. 나아가 남성은 보는 존재, 여성은 보여지는 존재로 굳히는 역할을 한다. 정신분석학을 활용하여 멀비는 ⑴ 남성 욕망의 대상으로 여성이 존재 지어지는 방식을 폭로하려 했고, ⑵ 남성의 욕망을 분쇄하기 위한 새로운 형식을 제안하였다.

영화 감상에서 남성의 욕망은 무엇일까? 문화 기제와 관련시켜 보면 남성의 욕망은 여성을 들여다봄으로써 얻는 즐거움과 관계가 있다. 흔히 '관음증voyeurism'이라고 불리는 즐거움 말이다. 영화 수용자는 들여다봄으로써 얻는 남성적 쾌락, 즉 관음증적 쾌락을 근본으로 영화를 감상한다고 멀비는 주장한다. 영화 화면은 창문에 비유할 수 있다. 영화 감상은 어두운 객석에 몸을 숨기고 밝은 방을 들여다보는 행위peeping와 유사하다. 창을 통해 들여다보며 환한 방에서 일어나는 모든 일에 대해 지배적 위치에 선다. 숨어서 여성 등장 인물의 몸을 훑어봄으로써 지배적 위치에 서는 쾌락을 얻는다. 그 과정에서 여성은 쾌락의 객체, 관음증의 대상으로 존재할 뿐이다. 남성의 들여다보기는 여성을 성적 대상으로 사물화하는 것과 다름없다. 남성 관객이 영화 속 여성을 들여다보는 행위, 남성적인 시선으로 여성 주인공을 훑어보는 카메라, 그리고 영화 속 남성 주인공이 여성을 바라보는 시선이 합해져 영화 속 여성 주인공은 남성 욕망의 대상이 되고 사물화된다.

남성 관객은 나르시시즘의 과정을 거친다. 스크린 위의 남자 주인공과 자신을 일치시키고 그 바라봄을 완결 짓는다. 유아가 거울에 비친

---

226 여성의 사물화에 대한 관심은 크게 두 갈래로 나뉜다. 그 첫째는 마르크스주의에 바탕을 두고 여성의 사물화와 상품 물신화, 교환 등의 개념과 연결시킨 방식, 둘째는 지금 여기서 설명되고 있는 남성의 쾌락과 여성 이미지를 연결시키는 방식이 그것이다.

227 L. Mulvey, "Visual Pleasure and Narrative Cinema," *Screen*, 16, 3, 1975, pp.6~18.

로라 멀비는 관음증이라는 용어를 빌려 영화 수용자가 들여다보는 쾌락, 즉 관음증적 쾌락을 바탕으로 영화를 감상한다고 주장한다. 즉 남성 관객이 영화 속 여성을 들여다보는 시선과 남성적인 시선으로 여성 주인공을 훑는 카메라, 그리고 영화 속 남성 주인공이 여성을 바라보는 시선이 합해져 영화 속 여성 주인공은 남성욕망의 대상이 된다. 멀비는 알프레드 히치콕의 영화 〈현기증 *Vertigo*〉 (출연 킴 노박, 제임스 스튜어트 / 1958) 을 그 예로 들었다.

자신의 모습을 완벽한 자기 것으로 오인하듯이(사실 거울 속의 자신은 좌우가 바뀐 형국이기 때문에 완벽이라는 모습과는 거리가 멀다) 스크린상의 남자 주인공과 자신을 일치시킨다. 영화 속 주인공과 동일시하는 셈이다. 여성 관객에게는 시선의 여유를 허락하지 않는다. 즉 여성의 시선을 허용하지 않기 때문에 여성 관객은 남성의 시선으로 영화를 바라보게 된다. 아니면 여성 주인공과 자신을 일치시키는 나르시시즘적 시선으로 즐거움을 구한다. 즉 여성 관객은 남성 시선을 가짐으로써 마조히즘적 즐거움을 얻거나 대상이 되는 존재에 일치시키는 나르시시즘적 즐거움을 구한다. 여성은 대중 문화 속에서 하나의 인격체가 아니라 비非남성이라는 존재로 표현되고, 자신의 관점은 늘 생략당하고 있다. 이처럼 멀비는 대중 문화(특히 여기서는 영화)를 만드는 모든 기술적인 요소, 예를 들어 내러티브, 카메라 동작, 조명 등 모든 것이 남성 중심이라고 밝혔다. 멀비는 관심의 초점을 대중 문화물 생산 양식에 맞추고 있었다.

여성을 대상화하는 문화적 장치는 그에 그치지 않는다. 대중 문화물의 이야기 흐름을 구성하는 서사narrative 또한 중요 장치로 역할 한다. 할리우드 극영화는 전체 흐름에서 여성이 사건을 유발시키고, 남성이 그 사건을 해결하는 이야기 구조를 즐겨 사용한다. 텔레비전 드라마도 그 형식을 차용하고 있다.228 텔레비전 드라마의 결말이 남녀 간 사랑의 결실인 결혼으로 마무리하는 경우를 자주 접하지 않는가. 서사는 영화(혹은 드라마)가 꾸며져 있다는 사실을 잊게 하고 관객에게 사실감을 전한다. 남성 중심의 서사에 반복 노출됨으로써 관객은 남성 중심성을 자연스럽게 사실로 받아들인다. 꾸며져 있음을 느끼지 못한다는 말이다.

---

228 김훈순·김명혜, "텔레비전 드라마의 가부장적 서사 전략," 〈언론과 사회〉 12호, 1996, pp.6~40.

대중 문화물 속의 여성 재현, 이미지 그리고 그를 생산해 내는 시선 장치, 사실감을 느끼게 하는 서사 장치를 밝혀낸 페미니스트는 그를 거스를 방법을 강구해 낸다. 앞서 밝힌 바와 같이 먼저 여성 제작 인력의 미디어 진출을 대안으로 내놓았다. 그리고 재현에 대한 진실을 알리고 교육하는 일을 강조했다. 여성 재현에 대한 의식화 작업인 셈이다. 여성 관객으로 하여금 여성만의 시선을 갖도록 하는 장치를 만들자는 주장도 등장했다. 멀비의 작업에 자극을 받은 페미니스트 제작자는 영화 속에서 여성의 시선을 어떻게 만들어 낼 것인가를 고민했다. 지금까지의 할리우드적 영상이 남성 중심적 시선에 입각해 만들어져 문제가 되었다면, 그 시선을 대신할 수 있는 여성 시선은 과연 가능한지 시도해보았다. 실제로 멀비는 자신의 이론에 입각해 여성 시선 중심의 영화를 제작하기도 했다. 서사 장치를 고민했던 페미니스트는 할리우드 극영화, 텔레비전 드라마를 꼼꼼히 읽어 내는 전술을 구사했다. 그들은 할리우드 극영화, 드라마 중에서도 철저하지 못한(혹은 어설픈) 서사 장치로 인해 여성 재현이 완전히 남성 중심적 시선에 포섭되지 않은 영화와 드라마에 착안했다. 특히 멜로드라마 장르에 주목했다. 그 장르는 재미를 위한 서사 장치의 과잉 혹은 과소로 인해 여성 등장 인물의 의미를 완전히 가부장제에 포섭하지 못하고 관객, 시청자에게 다른 해석의 여지를 제공하고 있다고 주장한다. 그런 부분을 밝혀내 거슬러 읽는 일도 페미니스트 실천으로 파악했다.

여성 재현에 대한 내용 분석 연구에서 재현 형식 연구로 넘어온 것은 1960년대다. 이는 당시 활발해진 기호학, 정신분석학, 이데올로기론에 힘입은 바 크다. 특히 정신분석학과 이데올로기론의 접합으로 만들어진 주체 형성 논의로부터 많은 영향을 받았다. 주체 형성 논의에서는 여성 존재는 태어나면서부터 여성인 것이 아니라 만들어지는 존재임을 강조한다. 남성 또한 마찬가지다. 남녀가 문화적 장치를 통해 만들어지는 과정과 그 결과에 주목한 것은 자연스러운 일이다. 또한 주체를 다르게 형성하기 위해 새로운 재현을 해 나가는 실천을 모색하게 된다.

그런데 페미니스트가 주목하는 여성 재현이나 재현 장치 그리고 그를 통한 여성 주체 형성, 앞서 예로 든 바와 같이 명명백백하게 드러나는 것이 아니다. 한 편의 영화나 텔레비전 드라마 속에 남녀와 관련된 사안만 들어 있지는 않다. 그 안에는 다양한 사회적 목소리가 들어가 있기 마련이다. 즉 정치적 진보／보수의 갈등도 들어 있을 수 있고, 여성 차별의 내용도 있을 수 있으며, 지역 차별에 대한 내용도 들어 있을 수 있다. 그럴 경우 페미니스트적 분석은 여성이 어떻게 재현되고 있는가에 초점을 맞추는 것 이상이어야 한다. 페미니스트적 관점을 확장하여 다른 사회적 가치와 여성을 어떻게 결합시킬 수 있는지에 관심을 가져야 한다.

종군 위안부 할머니의 이야기를 담은 영상물을 만든다고 가정해 보자. 민족주의 시선이 동원될 가능성이 크다. 처음 종군 위안부 할머니 이야기가 불거졌을 때는 민족주의를 초월한 다른 시선은 찾아보기 힘들었다. 민족주의 시선으로 만들어진 영상은 할머니 개개인의 아픔을 민족 전체의 고통으로 바꿀 가능성이 있다. 즉 할머니를 빼앗긴 조국의 환유로 표현할 가능성이 크다는 말이다. 피식민 민족의 고통이 강간으로 은유되는 것이 그 대표적 예라 하겠다. 그 영상 안에서 할머니는 이른바 성별이 없는 존재로 그려진다. 민족의 일원일 뿐 여성이라는 사실은 언급하지 않는다. 민족주의 담론이 압도하면서 영상은 할머니가 가졌던 여성으로서의 어려움, 수치, 고통을 생략하게 된다. 힘없는 나라 자체가 여성화되어 버렸으니 그 안에서 남녀를 가르는 일은 불가능해지기 때문이다. 하지만 영상은 여성화되어 있던 (힘이 없던) 시절을 반성해 힘을 키워(남성화해서) 그런 일이 앞으로 일어나지 않게 해야 한다는 결론을 내릴 가능성도 있다. 여성이었던 민족적 과거를 지우고 남성으로 태어나야 한다는 결론으로 말이다. 이 같은 영상은 종군 위안부 할머니의 시선이 아닌 민족의 시선에 맞추어 과거 문제를 돌아보게 할 개연성을 갖는다. 즉 여성을 민족의 과거, 남성을 민족의 미래와 접합시켜 놓았기 때문이다. 종군 위안부 할머니의 고통을 그렸다는 점에서 그 영상은 가치를 가질 수 있지만 민족주의와 여성, 남성 간 접합을 통해 애초와는 전혀 다른 효과를 내고 있는 것이다. 할머니 이야기를 통해 여성인 할머니를 지우는 효과 말이다.

사회주의 페미니즘을 이론적 바탕으로 한 많은 연구는 이후 대중문화 내 성차별과 다른 사회적 모순과의 접합에 대해서 관심을 보이게된다. 즉 다른 사회적 모순 속에 성차별적 요소가 전혀 인지되지 않게끔 숨겨져 있음을 찾아내려 노력한다. 앞의 예에서처럼 민족 분발 주장 속에도 성차별적 요소가 숨어 있음을 폭로하는 것이다. 우리가 지식 혹은 진리로 받아들이는 영역 안에 있는 가부장제적 요소를 찾는 연구도 점차 증가하고 있다. 예를 들어 강/약의 권력 관계를 가부장제적 남녀 관계로 환치시키는 문화적 현상에 주목한다. 그리고 여성에 대한 차별적인 담론이 과학이나 지식의 이름으로 숨어 있음을 폭로하기도 한다.

오리엔탈리즘*orientalism*229과 성차별 간 접합도 대중 문화 내용에서 빈번히 찾을 수 있다. 서구의 제국주의적 관점은 항상 문화적으로 '우월한' 자신의 모습을 남성화시켰다. 반면 동양을 항상 여성화시키고 있다. 동양을 남성적인 서양 문물에 의해서 교육되어야 할 존재, 때로는

---

229 오리엔탈리즘이란 서양이 동양을 바라보는 시각을 의미한다. 서양의 동양에 대한 시각은 이제 동양에서도 존재한다. E. Said, *Orientalism*, New York: Vintage Books, 1978.

성적인 매력을 풍기면서 서양을 유혹하는 존재, 남성적인 보호를 요청하는 연약한 존재로 재현하고 결국은 여성으로 환치시킨다. 국제 결혼에서 한국 남성과 유럽 여성의 결혼은 한국 여성과 서양 남성의 결혼보다 더 주목을 받는다. 한국 여성과 서양 남성의 결혼은 자연스럽게 받아들이지만 한국 남성과 서양 여성 간 결혼을 의아스럽게 혹은 부럽게, 혹은 자랑스럽게 받아들이는 현상은 오리엔탈리즘과 결부시키지 않고서는 잘 설명할 수 없다.

이같이 힘의 강/약이 남/녀로 환치되는 것은 서양이 동양을 보는 관점에만 국한되지는 않는다. 제3 세계 내에서 다른 제3 세계 국가를 바라보는 시각에서도 뚜렷이 나타나고 있다. 오리엔탈리즘이 동양 내에서도 그 힘을 발휘하고 있다는 말이다. 해외 관광 등을 통해서 우리가 동남아를 보는 시각은 열쇠 구멍으로 여성의 몸을 훑어보는 것과 닮아 있다. 이른바 보신, 섹스 관광은 동남아에 위치한 나라를 자연(비문명)에 가깝게, 그리고 성적 대상인 여성으로 보는 것과 연관이 있다. 이러한 무의식적 편견은 대중 문화 속에 자리잡아 동남아 재현은 자연히 관광이나 그들의 기이함, 묘한 성적 분위기와 연동 될 확률이 높다. 베트남, 필리핀 여성과 한국 남성의 결혼을 베트남 남성과 한국 여성 간 국제 결혼과 비교해 보라. 어느 한쪽은 비교적 자연스러운 데 비해 다른 한쪽은 그렇지 않음을 느낀다. 오리엔탈리즘이 반여성적인 내용과 접합되고 있음을 여실히 느낄 수 있는 대목이다.

과학이 여성에 대한 지식을 만들어 내고, 다시 그 지식을 바탕으로 여성을 사회적으로 재생산하게 된다는 연구들도 있다. 여성에 관한 담론의 네트워크가 작용하여 남성 중심적 사고가 원하는 대로 여성을 재생산해 낸다는 주장이다. 동물의 세계나 원시 시대의 가족 생활을 보여주는 책이나 텔레비전 프로그램을 예로 들어 보자. 그들은 과학(인류학, 동물학, 고고학 등)의 이름으로 그 재현의 정당성을 구하려 한다. 그러나 과연 객관적이고 중립적인 지식을 바탕으로 동물의 세계를 재현한다고 할 수 있을까? 박물관, 동물원 등등의 공공 전시장은 학문의 이름으로, 지식의 이름으로 가부장적, 후기 자본주의적 질서를 보여 주고 있다. 동물원 내 원숭이의 주거 방식은 아프리카에서의 그것과 차이가 있다. 우리가 보는 동물원에서의 원숭이의 가족 형태, 주거 형태는 인간의 그것과 닮아 있다. 우리는 그 진열을 보고 "사람이나 원숭이나 사는 방식은 매한가지"라고 말할지도 모른다. 원숭이가 특정 관점에 따라 진열되어 있음을 우리는 쉽게 망각하는 것이다. 그 진열 방식이 현재의 가부장제적 질서를 바탕으로 하고 있음은 더더욱 생각조차 하지 못한다.[230]

여성의 성sexuality[231]도 같은 맥락에서 이해할 수 있다. 여성의 성은 '과연 무엇이 바람직한 여성의 성인가'를 규정한 남성 권력의 결과이다.[232] 흔히 사람들은 우리의 몸, 성적인 쾌락, 성적 정체성 등에 관해 진리의 영역이 있는 것처럼 받아들인다. 하지만 여성의 오르가슴, 청소년의 자위 행위에 대한 사회적 논의는 시간과 공간에 따라 차이를 보인

---

[230] 사자들의 세계에서는 암놈이 사냥을 한다. 하지만 대부분의 동물원이나 박제를 모아 둔 전시장에서는 숫놈이 사냥을 전담하는 것처럼 꾸며져 있다.

[231] 여기서 성과 관련되어 잘못 사용되기 쉬운 몇 가지 용어들을 정리하고 넘어가도록 하자. sex는 남녀 간의 해부학적(생물학적) 차이를 가리키는 용어이며, gender는 남녀 간의 사회적인 차이를 의미한다. 대부분의 페미니즘이 연구 대상으로 삼는 부분은 sex라기보다 gender라 할 수 있다. sexuality는 우리의 몸과 몸을 통한 쾌락과 관련된 가치, 태도, 신념 등을 의미한다. 우리 육체와 관련된 가치 등이 본질적인 내용을 지니고 있는 것이 아니라 역사적으로 형성되며 변화되어 왔다는 점을 sexuality 연구자들은 강조하고 있다.

[232] 여성의 성에 대한 대부분의 설명은 푸코의 저서에 의존하고 있다. 다른 글을 원하는 독자는 T. Laqueur, *Making Sex: Body and Gender from the Greeks to Freud*, London: Harvard University Press, 1990을 참조하라.

다. 성의 역사는 성에 대한 담론의 역사일 따름이다. 지식 체계로서 구성된 담론이 우리가 성에 대해서 생각해야 할 방식을 결정한다. 뚱뚱한 여성이 대접을 받던 과거와 날씬한 여성이 대접을 받는 현재의 차이는 '어떤 여성의 몸이 사회적으로 바람직한가'라는 규정에 의한 것이지 보편적 진리에 따를 것이 아니다. 대중 문화 속 많은 담론은 여성의 성, 몸을 그 대상으로 삼는다. 때로 지식이라는 모습으로 남성 권력을 담은 채 여성을 향한다. 여성 미덕은 여성 몸과 관련되어 있고, 여성 주체 또한 몸 미덕과 관련된 것인 양 몰아간다. 여성 몸을 통한 쾌락은 남성을 통해서만 이루어지고, 또한 남성에게 보여짐으로써 가능한 것으로 묘사하기도 한다. 그리고 그 묘사를 과학적 지식으로 포장한다.

여성의 성적 즐거움에 대한 담론 또한 남성 중심적 왜곡이 많다. 여성의 성적 욕망이 남성의 그것에 비해 현저히 적다거나 성욕이 강한 여성은 병적이거나 위험한 존재라고 파악하는 게 그 예다. 여성은 성적으로 절제할수록 바람직한 존재로 받아들인다. 여성은 가능한 한 성적 즐거움을 논의하지 않아야 하고 그에 초연할수록 긍정적인 존재로 대접한다. 사실 남성의 성 담론은 여성의 성적 쾌락에 관한 내용을 별로 담지 않았다. 남성에게 성의 목표는 성기 삽입을 통한 오르가슴 경험이다. 그러므로 여성의 성적 즐거움은 어떻게 발생하는지, 여성은 오르가슴을 어떤 식으로 느낄 수 있는지 등에 관심을 갖지 않는다. 포르노그래피는 성적 만족을 느끼는 여성의 얼굴을 클로즈업시키는 반면 남성 주체의 얼굴이나 표정을 드러내지 않는다. 여성이 성적으로 만족하는 표정을 통해서 남성 주체가 성적 기쁨을 주는 주인공임을 확인시켜 준다. 반면 여성은 남성을 통해 즐거움을 얻는 수동적 존재임을 강조한다. 대부분의 포르노그래피는 남성 중심의 서사와 장치를 갖고 있으며 그를 통해 남성 주체가 즐거움을 얻도록 구성되어 있다.

한편 여성의 재현이 역사적 상황에 따라 다르게 만들어지고 있으며, 그 재현은 사회적으로 어떠한 역할을 하고 있는지에 대한 논의도 중요한 연구 주제로 등장하고 있다. 이데올로기적 국가 기구의 역할을 대중 매체가 떠맡아 여성 주체를 의도한 바에 따라 고착화시키는 데 대한 연구가 그것이다. 이때 대중 문화는 사회의 현실을 구성하고 여성은 그 구성된 현실을 통해 자신의 주체를 형성한다. 대중 문화 내 여성의 재현을 역사적 변화에 맞추어 설명하는 연구는 흔하진 않다. 가부장제적 재현 기술이 상황에 따라 어떻게 변화하는지 폭로하는 연구가 간혹 있을 뿐이다. 전쟁 전후에 나타나는 여성 재현의 차이는 변화를 보여 주는 극명한 예다. 전쟁 중에 더 많은 노동력이 필요했을 때 사회는 남성적인 여성을 바람직한 모습으로 재현했다. 그러나 전쟁이 끝나고 남자들이 노동 현장으로 돌아오자 여성을 가정으로 돌려보내야 했다. 가정적인 여성이 미덕인 것처럼 가정 바깥과 여성을 단절하는 재현을 행했다. 이처럼 여성의 재현이란 고정적이지 않다. 늘 역사적이며 상황적이었다.

반복하면 여성의 재현은 성적 불평등과 관련된 사안으로만 보아선 안 된다. 사회적 제 모순(계급, 민족, 성, 지역 등)과 맞물린 복잡한 사안이다. 위에서 보여 준 여성의 재현에 대한 대부분 논의는 성차별과 다른 사회적 모순을 연관시킨 것들이다. 그럼에도 불구하고 대중 문화가 생산되고 배분되고 소비되는 역동적인 메커니즘에 대한 고려는 충분치 않았다. 이데올로기적 층위로 간주되는 대중 문화가 사회 구성체 내 다른 층위(경제적, 정치적 층위들)와 맺는 관계를 크게 고려하지 않았다. 정체성 형성 과정 논의 또한 형성 과정이 일사불란하게 계획한 바와 같이 일어나는 것처럼 설명하고 있다. 지나치게 이론적이었던 셈이다. 그래서 여성 재현과 관련해 새로운 연구 경향들이 등장하고 있다. 모순적이고 갈등하는 주체에 대한 관심도 새롭게 일고 있다. 사회의 불균질적인 발전이 서로 다른 문화적 경험을 야기하고 이는 이데올로기에 대해 상이한 반응으로 이어짐에 주목하고, 매끈한 주체 형성이 아닌 복잡다단하고 모순적인 주체 형성이 발생한다는 사실에도 천착하고 있다. 이는 당연하게도 여성이 여러 형태의 여성 재현을 어떻게 수용하고 있는지에 대한 관심으로 이어진다.

4. 여성이 대중 문화를 만날 때

대중 문화 내용 속 여성 재현 그리고 재현 장치를 논의할 때 여성 수용자는 늘 상정된 존재였다. 문학에서는 이론적으로 상정되고, 추정된 독자를 일컬어 상정 독자*implied readers*라고 부른다. 이들은 피와 살을 가지고 사회에서 매일매일 살아가는 독자를 의미하지 않는다. 미루어 짐작한 독자일 뿐이다. 정신분석학을 기반으로 여성 수용자는 텔레비전 드라마를 이러저러하게 수용할 것이라며 상정한 것이 앞서 언급한 멀비의 분석 내용이다. 그러나 텔레비전 앞에서 피자를 먹으며 친구와 드라마를 즐기는 여성 시청자는 정말로 정신분석학자가 상정한 독자처럼 드라마를 해석하는 것일까. 상정된 독자와 실제 독자는 과연 어떻게 다를까? 여성이 일상 생활에서 대중 문화 수용을 어떻게 하는지에 대한 관심은 최근 들어 페미니즘과 대중 문화 논의에서 두드러져 보이는 부분이다.

  여성의 대중 문화 수용에 대한 논의에서 페미니즘이 얻을 수 있었던 반성은 두 가지였다. 첫째, 지금까지의 대중 문화와 여성 간 관계에 대한 논의조차도 지극히 남성 중심의 세계관 안에서 이루어졌다는 점이다. 그 같은 방법을 기반으로 페미니스트는 남성 중심의 대중 문화관에서 탈피할 수 있는 길을 모색하려 했다. 둘째, 페미니스트 연구자, 이론가는 여성 대중과의 관계 설정에서 대중을 자신에 투영하는 실수를 범해 왔다는 반성을 한다. 잘못된 투영으로 인해 엘리트적 결론을 도출하기도 했고, 비엘리트 여성 집단의 다양한 경험에 무관심하기도 하였다.233 이러한 반성을 바탕으로 연구자는 다양한 사회적 배경을 가진 여성 대중이 대중 문화를 직접 만나는 일에 관심을 갖기 시작했다.

대중 문화 수용에 대한 관심을 부추긴 또 다른 요소는 주체 형성 연구에 대한 반성이다. 그동안 주체 형성은 언어적 실천과 정신적 실천으로 사고해 왔다. 알튀세르의 이데올로기론에 기대고 있었다. 그러나 주체 형성 과정에서 사회적 실천이라는 면을 무시할 수 없다. 사회적 실천은 개개인의 실질적인 경험을 의미한다. 대중 문화물을 만나기 이전에 이미 개개인이 지니고 있는 것을 말한다. 내가 태어난 배경, 자란 배경, 친구와의 관계, 부모로부터의 영향, 다양한 사회적 경험 등등. 언어적 실천이나 정신적 실천과 함께 이 같은 사회적 실천 변인도 작동한다. 그동안 정신분석학이나 기호학에서는 언어적 실천이나 정신적 실천에 더 많은 관심을 보여 왔다. 구조주의에서는 대중 문화물을 만나면서 그것들이 호명하는 방식으로 주체가 형성된다고 주장해 왔다. 하지만 사회적 실천을 강조하는 쪽에서는 사회적 실천이 대중 문화와 만나면서 어떤 역할을 해내며 주체 형성에 어떤 영향을 미치는지 살펴보고자 했다.

여성은 대중 문화 수용 과정에서 그 내용을 동경하거나 등장 인물을 미워하거나, 흉내 낸다고 기존의 논의는 주장해 왔다. 그러나 여성이

---

233 L. van Zoonen, "Feminist Perspectives on the Media," in J. Curran et al. (eds.), *Mass Media and Society*, London: Edward Arnold, 1991, pp.33~54.

처한 사회적 상황에 대한 고려는 많지 않았다.234 여성의 관심을 끄는 대중 문화 내용만으로 수용을 논의하지 않고, 왜 여성이 자신들의 환상 속으로 대중 문화물을 끌어들이고 즐기게 되었는가에 초점을 맞추면 다른 답을 얻을 수도 있다. 여성이 즐기는 대중 문화 대부분은 여성의 일상 생활에서 일어날 수 있는 문제나 사건을 소재로 삼는다. 남편(남자 친구)과의 갈등, 시댁(남자 친구) 식구와의 갈등, 혼외 정사(삼각 관계)나 이혼 문제, 집안에서의 갈등, 사랑과 일 간의 갈등 등등. 여성은 자신의 일상 과 닮아 있는 대중 문화 내용을 선호한다. 여성이 대중 문화 수용에 열 심인 것을 일상으로부터의 도피로만 파악할 일은 아니다. 때론 일상에 대한 불만 때문에 그를 열심히 수용할 수도 있다. 이 같은 사고는 획기 적인 전환이다. 기존의 페미니즘에서는 대중 문화 수용을 도피의 수단 으로 파악하는 데 주력했다. 그리고 그에 비생산적이며 부정적인 함의 를 붙였다. 하지만 각도를 달리해 바라보면 대중 문화 수용은 많은 경 우 일상에 대한 불만의 표시로 규정할 수 있는 부분이 많다.

대중 문화 수용을 새롭게 보려는 노력은 여성의 대중 문화 향유에 대해 쉽게 비판하지 않는다. 비판 대신 여성이 자신의 일상을 닮은 대 중 문화를 즐길 수밖에 없는 환경 혹은 상황을 이해하고 해석하려 한 다. 대중 문화가 여성 억압을 조장한다고 본 예전의 대중 문화관과 거 리를 둔다. 그리고 오히려 여성 억압의 지표로서 대중 문화를 파악한 다. 즉 여성 억압이 대중 문화 수용을 조장하고 있으므로 그 수용을 적 절히 파악하면 여성의 일상을 제대로 이해할 수 있다고 주장한다. 대중 문화를 여성의 일상 논의에서 제외시킨다든지 아니면 부정적이라면서

---

234 T. Modleski, *Loving with a Vengeance: Mass Produced Fantasies for Women*, Hamden, CT: Archon Books, 1982, p.14.

비난하는 모습에서 탈피하고 대중 문화를 여성의 일상 안으로 끌어들여 연구하고 논의하는 자세를 요청한다. 여성의 대중 문화 수용의 의미를 살펴봄으로써 여성의 일상 생활, 억압 과정 그리고 그 억압에 대한 도전 과정을 잘 살펴볼 수 있다며 대중 문화 수용 논의에 열을 올린다.

앞서 잠깐 지적했듯이 여성이 대중 문화로부터 얻는 즐거움은 사회적으로 괄시를 받았다. 여성의 쇼핑 문화, 드라마를 통한 이야기 네트워크, 음악 감상을 통한 쾌락을 마치 가정을 등지는 일탈 행위로 여겨 왔다. 남성들이 일상적으로 내뱉는 말 중에서 여성의 텔레비전 드라마 시청에 대한 것이 많음을 떠올려 보라. 심지어는 페미니스트조차도 여성의 텔레비전 시청을 소비 문화의 주범 혹은 허위 의식의 원천이라며 지적했다. 그러나 여성 수용자의 대중 문화 수용을 통한 쾌락을 여성의 관점에서 보려는 자기 성찰적*self-reflexive* 연구가 등장하면서 여성의 즐거움은 긍정적인 주목을 받게 된다.

> 나는 쾌락에 대해서 제3자의 입장에서 논의하지 않는다. 내가 기술하려고 하는 쾌락은 바로 나 자신의 것이다. 마치 다른 사람의 일을 객관적으로 설명하려고 하는 전통적인 비평가의 입장에 서는 것이 아니라 나의 인생을 현미경으로 살펴보려고 하는 것이 나의 목적이다.[235]

앞서 살펴보았던 대중 문화론은 남의 문화적 행위를 객관적인 비평가의 입장에서 살펴보는 태도를 취했다. 그러나 새로운 페미니즘 전통에서는 위에서 아래로 내려다보는 자세나 객관적이고 중립적인 태도를

---

[235] R. Coward, *Female Desire: Women's Sexuality Today*, London: Paladin, 1984, p.14.

거부한다. 연구자 자신이 '우리' 문화*our culture* 안에 속해 있다는 의식을 지닌다. 여성의 대중 문화를 단순히 위로부터 주어진 문화, 혹은 여성의 의식을 제한하는 문화로 보지 않겠다는 의지의 다른 표현이다.

이 장의 나머지 부분에서는 페미니즘에서 주목한 여성의 대중 문화 즐기기를 소개하려 한다. 물론 한국 대중 문화에 관한 연구가 아니라 외국 연구의 예이긴 하다. 한국 대중 문화와 여성 간 관계 연구에 새로운 바람과 이론적인 틀을 전하기 위해서 남의 연구들을 살펴보는 것도 의미가 있다. 대중 문화의 수용과 여성이라는 큰 주제 안에 다음과 같은 세 가지 소주제로 나누어 설명하려 한다. ⑴ 여성 수용자 연구, ⑵ 역사적 연구, ⑶ 여성 수용자 연구의 정치성.

여성 수용자 연구는 대중 문화를 여성이 어떻게 활용하고 있는가를 살펴보는 패러다임이다. 주어진 환경에서 여성 수용자가 그에게 던져진 대중 문화 텍스트를 어떻게 활용하는가를 설명하고 있다. 다양한 경험을 지닌 수용자는 주어진 텍스트를 해석할 때 그가 처해 있는 상황과 경험을 동원한다. 그럼으로써 여성은 대중 문화를 통해 역동적인 의미 생성해 낸다. 텍스트라는 문화적 담론과 여성의 경험이라는 다른 담론이 만나 의미 생성을 위해 결합 혹은 경쟁하기 때문에 역동성을 지닌다.

여성의 대중 매체 수용을 역사적으로 정리하려는 노력이 두 번째의 패러다임이다. 이는 여성의 모습이 대중 문화 역사 속에 드러나고 있지 않다는 점에 착안하고 있다. 여성의 대중 문화 수용이 역사에서 제외될 만큼 의미 없는 것이 아니라고 규정하고, 여성의 문화 수용 행적을 역사적으로 추정하는 데 관심을 둔다. 여성의 구전 전통이나 기억에 관심을 두면서 역사의 흐름에 따른 여성의 대중 문화 즐기기를 추적해 간다.

1) 여성 수용자 연구

여성의 대중 문화 수용과 관련해 각광을 받는 부분은 텔레비전 연구이다. 특히 여성 수용자에게 큰 인기를 얻고 있는 텔레비전 드라마 장르에 대한 연구가 많다. 왜 여성이 그 장르를 좋아하는지, 그 인기의 정치적 함의는 무엇인지를 해석하려 했다. 연구자는 먼저 여성이 그 장르를 선호하는 이유와 그 함의를 설명하려고 한다. 대부분의 텔레비전 연속극은 여성의 관심사를 주로 다루고 있으며, 개인적인 갈등이나 감정적인 갈등을 주 소재로 한다. 고부 간의 갈등, 남편과의 갈등 그리고 가족 성원과 관련된 일(생일, 결혼, 이혼, 죽음, 질병 등)이 주요 소재로 등장한다. 이러한 소재는 많은 인물을 등장케 한다. 많은 등장 인물로 인해 다양한 시각에서 사건을 보고 해석하는 일이 가능하다. 다양한 사회적 경험을 지닌 수용자는 각자의 경험에 입각해서 가장 근접성이 있는 시각이나 해석을 택한다. 뚜렷한 주제가 수용자에게 강요되지 않는 셈이다. 그래서 일일 연속극과 같은 장르를 '열린 장르'라고 말한다.

여성의 텔레비전 시청 환경은 남성의 그것과는 다르다.[236] 여성의 텔레비전 시청은 다른 가족 성원의 다양한 요구 탓에 끊기게 마련이다. 남성(남편)이 일을 마친 다음 쉬는 기분으로 텔레비전을 보는 것과 달리 여성(주부)의 시청 행위는 죄책감을 수반한다. 남성이 가정을 휴식 공간으로 여기는 데 비해 여성은 가정을 일터로 인식하기 때문이다. 결국 그러한 가사 부담으로 인해서 여성은 텔레비전에 깊숙이 빠져들지 못한다. 듬성듬성한 시청 행위로 이어진다. 연속극은 이 듬성듬성한 시청

236 Modleski, 앞의 책.

행위로도 따라잡을 수 있는 독특한 장르다. 진행 속도가 느리기 때문에 언제라도 쉽게 따라잡을 수 있다. 뉴스나 수사물과 같은 장르에 비하면 화면에서 잠시 눈을 떼더라도 쉽게 따라잡을 수 있는 여백이 많은 장르다. 그런 점에서 주부의 일상과 드라마 시청은 궁합이 맞다.

드라마가 여성의 장르로 자리잡게 된 데는 여성 특유의 경험도 일조를 한다. 여성은 기다림 속에서 하루를 보낸다. 아침에 식구가 일어나기를 기다리고, 아이가 학교 다녀오기를 기다리고, 남편이 직장 다녀오기를 기다린다. 기다림의 경험은 기다려야 더 재미있는 연속극의 내러티브와도 통한다. 연속극은 기다림을 미학화시킨 장르다. 이야기가 끊이지 않고 지속되지만 명확한 결론에 다다르지 않고 정확한 결말의 전망도 보여 주지 않는다. 수용자는 끊임없이 기다린다. 그 기다림의 즐거움을 느낄 수 없다면 애초에 연속극을 즐길 자격이 없는 셈이다. 가정에서의 기다림의 경험과 장르가 보여 주는 속성은 일치한다. 이렇듯 여성 장르로도 일컬어지는 텔레비전 드라마는 여성의 경험과 연관성을 지닌다.

텔레비전 연속극의 내용, 형식이 여성 시청자의 경험과 관련성이 높다는 사실은 연속극을 통한 의미 형성에 새로운 해석을 부여한다. 우선 여성의 일상성을 통한 경험이 텍스트 읽기 안으로 스며든다는 사실에 주목한다. 즉 텍스트를 여성 수용자가 자신의 경험에 기반해서 나름대로 읽는 것을 유심히 살펴본다. 이는 텍스트가 만들어진 대로 의미를 낸다기보다 수용자의 경험과 만나 의미가 만들어짐을 의미한다. 이러한 의미 발생 방식에 대한 연구는 대중 문화물이 일방적인 승리를 거두는 것이 아니라, 대중 문화물과 수용자의 경험 간 관계 (종합 혹은 경쟁) 에 따라 의미가 정해진다고 파악한다.

여성의 대중 소설 읽기에 대한 한 연구는 여성 수용자의 해석에 대한 통찰력을 전해 준다.237 연구에 따르면, 대중 소설 읽기의 즐거움은 여성 독자 자신의 생활 경험과 연관된 문제나 욕망을 책이 전해 주는 데서 비롯된다고 한다. 여성 독자는 대중 소설 읽기를 자신의 심리적 욕구를 확인하고 그 욕구를 채우기 위한 수단으로 이용한다.238 그리고 자신만의 시간을 내서 대중 소설을 읽음으로써 일시적으로나마 아내, 어머니 역할로부터 해방됨을 경험한다. 여성의 대중 소설 읽기는 가족과 주부 사이의 성벽 (보호막) 역할을 할 수도 있고, 자기 부정을 해오던 주부에게는 결코 그럴 필요가 없음을 깨우쳐 주기도 한다.

읽기의 주인공인 여성 수용자는 대중 소설 속 여성 주인공의 여성스러움에 주목하기도 한다. 그들은 여성 주인공을 약하고 수동적인 존재로 보는 대신 독립적이며 자립심이 있는 존재로 파악하기도 한다. 남자 주인공이 사회에서 명성과 성공을 노리는 데 반해 여자 주인공은 사랑과 인간 관계의 중요성을 끊임없이 강조했음에 주목한다. 여자 주인공의 여성적 가치에 대한 강조는 소설 안에서 결국 남성의 가치를 물리치고 승리한다. 여성스러움이 남성스러움을 이겨 내는 셈이다. 소설 속 내러티브를 통해 얻는 여성 독자의 즐거움은 현실 속에서 가부장제가 헤게모니를 획득하는 일을 어렵게 할 수도 있다.

이안 앵Ien Ang은 네덜란드의 여성 수용자가 1980년대에 방영된 미국의 대표적 텔레비전 드라마 〈댈러스〉를 수용하는 행태를 연구했다.239 〈댈러스〉야말로 가장 미국적이며 제국주의적 내용을 담고 있는

---

237 여기서 예로 드는 대중 소설은 통속 애정 소설로 이해하면 된다. 미국의 슈퍼마켓에는 수십여 종의 통속 애정 소설들이 '주부 독자'를 상대로 진열되어 있다.

238 J. Radway, *Reading the Romance: Women, Patriarchy, and Popular Literature*, London: Verso, 1987.

239 I. Ang, *Watching Dallas: Soap Opera and the Melodramatic Imagination*, London & New York: Methuen, 1985.

〈댈러스〉는 1978년 4월부터 시작해 1991년까지 13시즌에 걸쳐 방영되어 미국 시청률 1위를 점유했던 TV 연속극이다. 석유 사업으로 텍사스 주의 부호로 자리잡은 유잉 일가의 3대에 걸친 가족사를 그리고 있다. 당시 선풍적 인기로 인해 세계 전역에서 방송되었다. 2007년 〈타임〉지가 뽑은 '미국 최고의 방송 프로그램 100'에 선정되기도 했다.

드라마라는 것이 네덜란드 학자 대부분의 주장이었다. 그들은 네덜란드 수용자들이 쓰레기 같은 미국 대중 문화를 받아들여 결국 문화 제국주의의 희생물이 될 거라고 전망했다. 앵은 수용자가 과연 어떻게 〈댈러스〉를 받아들이고 있는지, 어떻게 자신의 시청 행위를 합리화해 가는지, 학자들의 주장처럼 수용이 이뤄지는지를 밝히려고 했다.

앵은 〈댈러스〉라는 연속극의 구성을 두 부분으로 나누어 설명한다. 첫째, 외양으로 드러나는 미국적인 화려함(기호학적으로 설명하자면 외연에 해당), 둘째, 연속극 속에서 벌어지는 인간 관계(기호학적으로 설명하자면 함의)로 나눈다. 수용자는 그 분류 가운데 인간 관계에 더 많은 관심을 가지고 시청하고 있었다. 특히, 여성 시청자는 자신의 일상 생활에서 일어나는 인간 관계에서 느끼는 감정적 친근함을 드라마 속에서 찾았다. 부부 간 갈등이나 이혼에 대한 자신의 경험이나 정서를 드라마 안으로 짜 넣어 나름대로 해석하고 있었다. 네덜란드 여성 수용자는 〈댈러스〉 내용 중 여성의 삶이 숙명적으로 고통받는 삶이라는 데 주목하고 있었다. 앵은 그러한 해석 및 해독을 정서적 리얼리즘emotional realism이라고 불렀다. 〈댈러스〉라는 드라마를 통해 실생활에서 체험하는 정서를 재확인하고 그 확인 과정에서 즐거움을 얻는다는 설명이다. 그러한 즐거움을 지금까지는 비정치적이라고 말하거나 정치적으로 (혹은 여성 해방 운동의 측면에서 보면) 보수적인 형태로 대접해 왔다. 하지만 앵은 〈댈러스〉의 여성 수용자가 누린 즐거움에 저항적, 혹은 반헤게모니적인 의미를 부여하고자 했다. 〈댈러스〉를 보고서 여성 수용자는 여성의 고통을 경험한다기보다 이미 자신들이 겪은 고통의 경험 때문에 〈댈러스〉를 즐겁게 시청할 수 있었다. 〈댈러스〉 시청은 가부장제에 대한 증오의 의미를 지니고 있었다.

국내에서도 여성 수용자의 대중 문화 수용 과정에 대한 논의가 많이 나왔다. 특히 여성 수용자의 팬덤에 대한 논의가 많았다. 팬덤은 스타덤의 다른 이름이다. 스타 현상을 가리키는 스타덤stardom은 스타가 팬들에게 어떤 영향을 미치는지에 관심을 보인다. 팬덤fandom은 팬이 스타를 가지고 무엇을 하는가에 관심을 갖는다. 같은 현상을 놓고 다르게 질문을 하는 셈이다. 소녀 팬은 특정 스타에 대한 충성도가 높고, 팬덤을 형성해 그들만의 독특한 수용 행태를 보인다. 팬덤은 청소년 문제로 삼을 만큼 심각한 사회 문제로 설정되기도 하지만 실제로 소녀 팬이 팬덤 안에서 벌이는 의미 작용은 일반인이 미루어 짐작하는 것과 상당한 차이를 보인다. 스타의 수용을 통해서 소녀 팬 간의 자매애적 유대를 맺기도 하고, 다른 곳에서 느낄 수 없는 안전한 성적 판타지를 경험하기도 한다. 혹은 스타의 활용을 통해 동성애적 기쁨을 체험하기도 한다. 팬픽, 팬진 등을 통해 스타의 캐릭터를 자신들의 방식으로 전유하고 그를 통해 의미를 생성하고, 활용한다. 최근 연구들은 소녀 수용자의 팬덤을 사회적 문제인 것처럼 설명하거나 일탈의 한 형식으로 파악하는 데서 벗어나 팬의 적극적인 스타 활용, 능동적인 수용이라는 면으로 파악한다.

대중 문화물인 텍스트의 일방적인 승리가 아닌 텍스트를 수용하는 수용자의 경험이나 일상성을 강조하는 경우 여성이 만드는 가상의 공동체imagined community와 그 공동체를 통한 서로의 경험 확인, 그리고 끝없이 이어지는 의미의 확산을 만나게 된다. 그것은 대중 문화물이 의도했던 바를 거부하거나 재창조하는 수용의 발견이다.

시청자는 어떠한 정신 활동이나 창조성 없이 단지 그것을 시청하고 수용하기 위해 그곳에 앉아 있는 것은 아니다. 시청자는 보고 있는 텍스트를 확대하여 새로운 의미 생산에 기여하려고 하는 것처럼 보인다. 일상의 연속에서 거의 아주 환상적인 것처럼 보이는 이야기들조차도 동정적인 수용자 해독을 통해 새롭게 구성되며 변형된다.240

여성의 경험이 대중 문화 안에 어떻게 스며들며 그 역할이 무엇인지에 대한 논의는 아직도 진행 중이며 합의를 도출하지 못하고 있다. 그러나 여성 수용자에 대한 과거의 논의를 뛰어넘어 능동적이며 창조적인 여성 수용자를 상정하면서 대중 문화와 여성을 새롭게 논의하게 되었다. 정신분석학을 통해 보았던 모순이 없어 보이는 매끈한 주체가 아닌 사회적 주체로서 여성 수용자를 보게 된 것이다. 이어 사회적 모순을 몸으로 경험하고 있는 여성 주체가 대중 문화를 통해 사회적 모순을 어떻게 해석할 것이며 정치적으로 어떻게 연장해 나갈 것인가에도 관심을 보였다. 이러한 연구의 가치에 대해서는 다음과 같은 인용이 적절하게 요약하고 있다.

> 국가적이고 국제적인 매체의 권력 구조에 대해서는 많은 연구가 행해졌다. 그리고 역시 매체의 메시지 내용에 대한 것도 많이 연구되었다. 그러나 바로 피지배 집단과 개인이 그와 같은 것에 대해서 해독하고 대응하거나 혹은 반대하는 방식, 상징적 착취의 형식에 대해 저항하는 방식에 관한 연구는 거의 없다.[241]

한국의 연구 성과도 마찬가지이다. 텍스트 분석에 대한 것들 혹은 연구자에 의해 상상된 독자*implied reader*들에 대한 논의에 비해 여성 수용자의 대중 문화물에 대한 해석에 대한 연구는 적은 편이다(해석보다는 심리적 반응, 행위에 대한 관심이 더 많았다). 그들에게 어떻게 접근하고 어떻게 연구해 낼 것인가 하는 방법론적인 면을 숙제로 남겨 놓고 있긴 하지만 무엇

---

240 D. Hobson, *Crossroads: The Drama of a Soap Opera*, London & New York: Methuen, 1982.

241 M. Mattelart, "Women and the Cultural Industries," *Media, Culture and Society*, 4, 1982, pp.133~151.

보다도 실제 여성 수용자의 수용 태도, 방식, 해석에 대한 더 많은 관심이 필요하다.

2) 여성 수용 경험에 대한 역사적 관심

여성의 문화 수용 경험을 역사적으로 고찰한다는 것은 무엇을 의미하는가? 이 질문에 대답하는 대신 역사적인 고찰이 우리에게 줄 이득을 먼저 정리해 보자. 역사적 고찰은 여성이 주어진 지배적인 구조 속에서 어떻게 저항, 포섭, 협상해 왔는지를 알게 해준다. 그리고 협상 혹은 저항이 표현되는 수단이나 제도의 규칙성을 파악하여 오늘날 연구의 지침으로 이용하게 해준다. 그러나 아쉽게도 한국 학계 내에 그러한 여성 문화사적인 접근은 많지 않았다. 몇몇 역사적 연구는 제도에 초점을 맞추어 지배적인 구조의 일방성에 더 관심을 두었다.[242] 제국주의적 규정력에 대항하거나 협상하는 여성의 제도적 또는 비공식적인 담론적 실체에 대한 역사적인 연구, 계급 차이에 따라 다르게 나타나는 가부장제의 모습과 그에 대한 여성의 저항 혹은 협상 등에 대한 역사적 연구는 시 / 공간 차이에 따른 특수성을 전해 주며 궁극적으로는 여성 해방 전략에 묘수를 전해 준다. 즉 오랫동안 침묵을 강요당해 왔던 여성의 목소리를 복원하여 그 목소리가 오늘날 여성 문화에 통찰력을 전해 줄 수 있도록 유도할 필요가 있다. 그러기 위해서는 이 분야의 연구가 더 늘어나야 한다.

앞에서 설명했던 여성 수용자에 관한 연구는 서구에서 행해진 것이다. 그 연구들은 자신의 선조 여성이 역사적으로 즐겼던 문화에 대한

---

[242] 최근 문화 비평에서 많은 관심을 끌고 있는 신역사주의 비평과 유물론적 문화 비평 사이의 논의의 차이를 살펴보면 이에 대해서 더 많이 알 수 있을 것이다.

역사적 고찰을 바탕으로 하고 있다. 그러나 한국의 경우 여성 수용자에 대한 연구를 하기 위한 역사적 기초를 결여하고 있다. 그런 의미에서도 오래전 선조 여성의 대중 매체 수용에 대한 역사적 연구들은 필요하다. 신파극은 여성에게 어떤 의미를 전해 주었으며, 여성은 그 의미를 어떻게 이용했으며, 그로부터 어떤 의미를 만들어 냈는지에 대한 연구, 최루성 영화가 여성들에게 인기가 있었다는 것은 과연 무엇을 의미하는지에 대한 연구 등등 우리가 오랫동안 놓치고 있는 분야가 많다.

여성들의 수다라는 커뮤니케이션 영역에 대한 연구도 이러한 범주 안에서 행해질 수 있다. '수다'라는 용어는 여성적인 함의를 지니고 있다. 그런데 수다는 심각한 사회 문제에 대한 남성의 이야기 방식과 달리 중요하지도 않은 이야기를 시끄럽게 떠드는 백해무익한 것쯤으로 간주되곤 한다. 대중 문화물을 수용한 후 이루어지는 여성의 수다는 더욱 그러하다. 연속극에 대한 이야기, 영화에 대한 이야기는 사회적으로 의미를 가지지 못하는 것으로 여긴다. 그러나 많은 여성학자는 대중 매체에 대한 수다, 대중 문화물에 대한 수다를 창조적이며 때로는 파괴적인 힘을 지니고 있는 것으로 파악한다.243

여성의 수다는 남성 문화와의 차이를 고스란히 간수하는 곳이며, 남성 중심의 문화를 대하면서 다른 의미를 낼 수 있는 배경이기도 하다. 여성 수용자가 지니고 있는 상상의 공동체는 혼자 텔레비전을 수용하는 경우에도 강한 힘으로 작용할 수 있다. 그동안 공동체를 통해서

243 D. Hobson, "Housewives and the Mass Media," in S. Hall et al. (eds.), *Culture, Media, Language*, London: Hutchinson, 1980, pp.105~114; M. Brown, "The Dialectic of the Feminine: Melodrama and Commodity in the Ferraro Pepsi Commercial," *Communication*, 9, 3 / 4, 1987, pp.335 ~354.

가졌던 경험이 수용 도중에도 작용하게 되며 아울러 텔레비전에서 나오는 내용을 깊이 생각케 하고 다르게 해석할 여지도 열어준다. 여성의 수다에 대한 사회적 평가가 어떻게 달라져 왔으며, 그 안에서 여성의 수다는 어떠한 변환을 보여 왔는지에 대한 역사적 연구는 현재 여성의 대중 문화 수용에 대한 고찰에 도움을 줄 것이다.

물론 이러한 연구가 자료의 부족 등으로 인해 겪을 어려움이 예상된다. 연구자가 여성의 구전 전통을 감안해서 그들의 기억을 찾아가고 구술하는 부분을 이론적 체계를 바탕으로 다시 정리해야 하는 실로 어려운 작업이다. 그러나 여성 해방의 새로운 전략을 수립하고 그에 맞는 여성 문화의 형성 혹은 권장을 위해서 반드시 거쳐야 하는 중요한 작업임에 틀림없다.

3) 여성 수용자 논의의 정치성 244

대중 문화에서 여성 수용자의 정치적인 중요성을 부각시키기 위해서는 어떤 논의가 도움이 될 수 있는가? 이는 페미니스트들이 오랫동안 생각해 본 주제가 아니다. 앞에서 밝힌 대로 대중 문화의 여성 수용자는 교화되어야 할 사람 또는 페미니스트의 도움이 필요한 사람으로 여겨져 온 것이 사실이다. 여성이 즐기는 내용(예를 들어 텔레비전 드라마, 멜로 영화 등)도 상업적인 면이나 가부장적인 요소로 인해 저주의 대상으로 존재할 뿐이었다. 당연히 대중 문화를 통한 일반 여성 대중의 즐거움은 페미니스트의 관심 바깥에 있었다.

---

244 이 부분은 원용진, "대중 영화와 여성 관객," 김소영 엮음, 《시네−페미니즘, 대중 영화 꼼꼼히 읽기》, 과학과사상, 1995, pp.283~312를 수정, 보완한 것이다.

여성 수용자의 즐거움에 다시 한 번 조명을 비추고 그것을 정치의 무대 위에 등장시키기 위해서 논의를 정리해야 한다. 그 정리는 여성의 대중 문화 수용을 현대 사회의 정치적 맥락으로 연결시키는 의미를 지닌다. 문화의 수용을 단순한 소비 행위로 치부하거나 비정치적인 행위로 간주하던 것에 반대하는 것으로 이해할 필요가 있다.

　　에르네스토 라클라우Ernesto Laclau[245]는 대중 중심주의populism를 논의하는 자리에서 세 가지 유형의 대중 중심주의를 설명한다. 첫 번째 유형으로 민주적 대중 중심주의democratic populism를 들고 있다. 이는 국가와 여러 사회 조직이 조화로운 질서 속에서 같이 어우러져 있으며 사회 내 계급이나 집단 간의 갈등, 반목이 드러나지 않는 경우를 말한다. 민주적인 다원주의적 질서를 의미한다. 대중이 권력 집단에 동의하거나 편입된 경우가 이에 해당한다. 여성이 남성 중심의 가부장제적인 우위에 동의를 하면서 남녀 간의 평화로운 질서를 유지하는 경우를 말한다. 여성의 저항 정신이 가부장제적 질서에 완전히 편입되어 힘을 갖지 못하는 경우도 여기에 포함된다. 이러한 정치적 상황 안에서는 남성 중심의 호의에 의해서 남녀 불평등이 점진적으로 개선될 뿐이다. 남녀 간의 갈등이나 반목은 사회의 발전을 저해하고, 사회적 균형과 질서를 깨는 반사회적인 것으로 인식한다.

　　두 번째 유형은 대중적 저항popular opposition이다. 첫 번째 유형이 권력 집단과 피지배 집단 간의 관계를 조화스러운 것으로 묘사했다면, 이 유형은 그 둘 간의 관계를 반목적인antagonistic 것으로 그린다. 그러나 반목적인 관계, 그리고 그를 통한 대중적인 저항은 표면적으로 드러나는 급

---

245 E. Laclau, *Politics and Ideology in Marxist Theory: Capitalism — Fascism — Populism*, London: Verso, 1977.

진적인 모습을 띠지 않는다. 하지만 대중은 지배 집단에 동의하지 않고 끊임없이 지배 집단의 헤게모니에 저항한다. 대중은 지배 집단이 끊임없이 헤게모니를 창출하려는 노력을 기울이게끔 괴롭힌다. 이 대중적 저항은 사회가 전반적으로 위기 상황에 도달하고 새로운 사회의 건설이 도래할 즈음해서는 ── 다음에 논의될 ── 급진적 저항으로 변화될 맹아를 지니고 있다.

세 번째 유형은 급진적 저항*populist opposition*이다. 이 유형에서 대중은 지배 집단을 전복시키려 한다. 가부장제라는 저항의 실체를 상정하고 직접 맞닥뜨린다. 전투적 반목이 이 유형에 속한다. 성적인 불평등을 분쇄하기 위해서 여성이 꾀할 수 있는 전술은 많다. 결혼을 거부할 수도 있고, 레즈비언적인 문화를 형성할 수도 있으며, 법적, 제도적 개선을 위해 투쟁할 수도 있다. 하지만 대중 문화를 통한 여성의 저항이란 직접적인 것이라기보다는 간접적인 것이다. 영화나 텔레비전을 접하고 난 뒤 곧바로 가부장제의 모순이나 계급적 모순을 알게 되어 투사로 나서는 것이 아니라, 그 속에 드러난 성적, 계급적 모순과 자신의 일상 생활을 비교해 모순을 지적하고 고민하며 저항의 불씨를 키운다. 대중 문화 수용이 곧바로 급진적인 저항으로 이어지는 일은 어렵다. 2시간 길이의 영화에서 한 여성 주인공이 너무도 서러운 삶을 살았다고 해서 여성 관객이 극장을 뛰쳐나가 여성 해방을 부르짖지는 않을 터이다. 사회적으로 모순이 가득하고 그 모순에 대한 사회적 저항이 빈번하고 격렬할 때는 영화 한 편이 여성들로 하여금 거리로 뛰쳐나가 권리를 외치게 할지도 모른다. 그러나 근본적으로 대중 문화란 대중으로 하여금 개인적으로 일상 생활 속에서 저항 정신을 키우게 하여, 특정 국면에서 대중적 저항의 원천이 된다고 보는 편이 옳을 것이다.

대중 문화물이 대중적 저항의 원천이 되기 위해서는 다음 같은 점이 전제되어야 한다. 영화나 텔레비전의 매체를 통해 대중적 저항을 얻어 내기 위해서는 우선 그 매체를 통해서 자신과 비교할 만한 즐거움을 찾을 수 있도록 해야 한다.246 단지 영화 혹은 텔레비전 프로그램일 뿐이라는 느낌을 주는 것이 아니라 자신의 일상 생활과 비교할 수 있는 기회를 주는 내용과 형식을 대중 문화는 지녀야 한다. 여성의 생활과 동떨어진 영화나 텔레비전 프로그램은 일반 여성 수용자가 구하려고 하는 쾌락을 파괴한다. 지금까지의 많은 문화 이론가가 내세운 대중 문화와는 다른 대안적인 것 —— 아방가르드적 문화물, 페미니스트 영화 등 —— 은 대중의 생활과 동떨어져 있었다. 불행히도 자신의 생활과 동떨어진 이상향이나 대안에서 관객이 구할 수 있는 것은 아무것도 없다. 여성이 대중 문화물을 통해 얻은 쾌락을 바로 대중 문화 생산자에 대한 수긍이나 편입으로 인식하는 기존 통념도 깰 필요가 있다. 지금까지 이론가들이 내놓은 문화적 대안이 '엘리트적'이었다는 지적을 받아들이고 대중적 인기에 관심을 가져야 한다.

많은 진보적 문화 이론가는 현 대중 문화와 여성 수용자 간 관계를 민주적 대중 중심주의적인 것으로 파악했다. 즉 여성 수용자가 대중 문화를 즐긴다는 것은 가부장제적인(더불어 자본주의적인) 질서에 편입되는 현상이라고 파악했다. 이러한 점에 착안하여 대중 문화와 여성 수용자 간

---

246 이와 비슷하게 그람시는 이탈리아의 비판적인 소설들이 대중들에게 읽히지 않고 대신 유럽의 다른 나라들에서 수입된 소설들이 대중의 인기를 끄는 모습에 고민하였다. 그의 결론에 의하면 이탈리아의 문화적 엘리트들은 상당 부분 대중들의 일상 생활과는 유리되어 있었으며, 그들의 작품 세계도 대중의 공감을 살 만한 부분들을 지니지 못했다고 한다. 대중의 쾌락과 동떨어진 문화적 생산물들은 우선 그 가치를 펼칠 기회가 없었다고 볼 수 있다. A. Gramsci, *Selections from Cultural Writings*, in D. Forgacs & G. Noelle-Smith (eds.), Cambridge, Mass.: Harvard University Press, 1985, pp. 206~212.

의 관계를 급진적 저항으로 옮겨 놓기를 기대했을 터이다. 그러기 위해서 여성 수용자는 대중 문화물 접촉을 그만두고 급진적인 내용과 형식을 지닌 문화물을 만나야 한다. 그리고 여성 해방을 부르짖으며 가부장제에 전면적으로 도전해야 한다고 생각했다.

예전 인류학에서는 문화를 집단이 나누어 지닌 공통된 가치로 규정했다. 그러나 현재 한국이라는 사회가 과연 그저 공통된 가치를 나누어 지니고 있을 만큼 목가적이고 한가한 곳일까? 자신의 이익을 챙기려는 많은 집단이 각자의 정당성을 위해서 혹은 이해를 위해서 경쟁하고 있는 곳으로 이해해야 맞지 않을까. 대중 문화라는 장도 그러한 모습으로 파악할 필요가 있다. 대중 문화물을 만드는 집단, 그 집단 내의 하부 구조, 지휘 감독하려는 국가 기구, 그리고 될 수 있으면 경제적 지불에 상응하는 재미를 구하려는 수용자 집단, 그들에게 재미를 배가할 수 있는 방법을 알려 주는 비평가가 서로 의미를 내기 위해서 경쟁하고 있다.

문화 제작과 관련된 자본이 사회적 의미를 모두 결정하는 것도 아니며, 제작된 작품이 그러한 힘을 지니고 있는 것도 아니다. 수용자가 자신에게 주어진 의미를 자의적으로 힘차게 해석할 수 있지도 않다. 대중의 문화적 동의를 구해서 돈을 벌려는 자본가, 대중의 인기를 바탕으로 하지 않을 수 없는 대중 문화 생산자, 자신의 경험과 관련된 대중 문화물을 접하고 재미를 구하려는 수용자가 대중 문화물을 둘러싸고 공존(경합)하고 있다. 제각기 이해를 관철하려 한다. 어느 것도 일방적인 승리를 취할 수는 없다. 절묘한 전략과 전술로 싸우면서 자신의 승리를 구가하려 한다.

이는 문화 상품의 생산자, 생산 과정, 수용자 모두가 의미 형성을 위해 노력하고 현실과 협상하는 모습이다. 대중 문화 생산자는 그들의 이익을 위해서 대중의 취향에 맞는 대중 문화를 만들어야 한다. 그를 위해 생산 과정에서 많은 제작 참여자 간의 갈등을 조율해야 한다. 수용자 또한 그들 앞에 주어진 문화 상품을 무비판적으로 수용하는 것이 아니라 자신의 생활 안으로 끌어들임으로써 생기는 갈등이나 재미를 자신의 경험을 토대로 음미하고 협상한다. 문화 자본과 제작자에 의한 문화 상품은 그것으로서 완결된 상품이 아니다. 그 최종적 의미가 끊임없이 지연되고 변형되는 미완의 것이다.

　　일반 소비재를 시장에 내놓았을 때 시장의 제조업자가 가장 염려하는 부분은 시장의 불확실성이다. 소비자가 얼마나 그것을 선호해 줄지 확신이 서지 않는다. 그 불확실성을 감소시키기 위해서 광고를 한다. 그럼에도 불구하고 시장 확보에 실패하는 소비재는 얼마든지 있다. 가부장제의 유지라는 장기적인 목표로 볼 때 가부장제적 질서에 가장 충실한 제작을 해야겠지만 영리라는 제작자의 단기적인 목표로 볼 때는 대중의 인기가 훨씬 중요하다. 자본주의 시장 경제 원칙을 추구하는 한국에서 가부장제적 자본주의를 거스르는 출판을 맡는 출판사의 모습에서 우리는 그러한 증거를 찾을 수 있다. 대중 문화 제작은 이렇듯 사회적인 상황이나 대중의 정서와 결합되어야 하는 필연성을 지니고 있다. 그러다 보면 현대 여성의 지위나 생활상과 동떨어진 대중 문화물을 만들어 내는 것은 제작자로 보아서는 상당한 모험일 수 있다. 사회적 변화, 즉 여성의 문화적 역동성과 대중 문화는 끊임없이 의미를 통한 협상을 할 수밖에 없다.247

5. 대중 문화론과 페미니즘

레비스트로스는 오래전부터 서양 중심주의를 탈피한 인류학자로 대접을 받아왔다. 그는 원시 사회와 문명 사회 간 차이를 찾기 힘들었을 뿐만 아니라 심지어는 서양 사회가 원시 사회에 비해 훨씬 더 억압적인 면을 지닌 권력 중심 사회라는 점을 밝히기도 했기 때문이다. 레비스트로스는 문자 문명과 관련된 언급에서 문자는 문명의 독이라는 주장을 폈다. 그는 원래 문자를 가지지 않은 원시 사회에 문자를 도입해 교육을 시켰더니 문자 해독 여부에 따라 그 사회 내에 권력 위계가 생기더라는 결과를 얻게 되었다. 그러므로 문자 중심인 서양 문명은 문자가 없는 사회에 비해 훨씬 더 많은 권력 행사가 일어나는 문제 있는 사회라고 결론지었다. 그래서 그의 후배 학자들은 레비스트로스는 서양 중심주의라는 편견을 버린 학자라고 평가하였다.

그러나 몇몇 학자들이 레비스트로스의 주장과 평가에 대해 토를 달고 나섰다. 레비스트로스가 원시 사회에 도입한 문자는 서양의 알파벳이었다. 그는 원시 사회가 원래부터 지니고 있었을 상형 문자 등과 같은 부분에 대해서는 알지 못했다. 다른 말로 하면 그는 알파벳이 아닌 것은 문자가 아니라고 생각했다는 말이다. 그러므로 레비스트로스는 가장 서양 중심주의적 사고를 하는 사람이 아니냐고 반문한 것이

247 다치는 그의 박사 학위 논문을 통해 미국의 여성 형사 드라마인 〈캐그니와 레이시 *Cagney and Lacey*〉가 당시의 여성 운동들과 텔레비전 프로그램이 어떠한 관계를 지니면서 협상하는지를 잘 보여주고 있다. 방송국의 광고주와 프로그램 제작자 간의 협상, 프로그램 제작진 내부에서의 협상, 그리고 수용자들과의 협상 등을 실증적으로 연구하였다. J. D'Acci, "The Case of Cagney and Lacey," in H. Baehr & G. Dyer (eds.), *Boxed In: Women and Television*, London: Pandora, 1987, pp. 203~226.

다. 입으로는 반反서양 중심적 말을 했지만 핏속에는 서양 중심적 사고가 면면히 흐르는 어쩔 수 없는 서양 중심주의자가 아니냐는 지적이었다.

대중 문화물 내용에 담긴 여성 관련 재현과 해석도 그런 것 아닐까. 남성 중심주의가 핏속에 흐르고 있듯이 자연스럽게 담은 내용이 바로 그 결과가 아닐까. 그것은 자연스럽기 때문에 우리는 알아차리지 못하고 받아들인다. 그러나 자연스럽다고 해서 다 옳은 것은 아니다. 그것은 이미 이데올로기 논의에서 밝힌 바 있다. 이데올로기는 개인이 사회와 맺는 상상적 관계다. 상상적이라는 점에서 그것은 실재가 아니지만 실재처럼 받아들여진다. 그래서 상상은 무서운 것이고, 인간을 흩트리는 효과를 낸다. 최종적으로 그것으로 고통받는 인간 주체가 생긴다. 만약 문화가 다양한 삶의 총합이라면 지금 우리는 고통 주는 쪽의 삶과 고통받는 쪽의 삶이 서로 공존하는 문화 속에서 살고 있다고 할 수 있다. 대중 문화를 연구하는 것은 이 같은 고통을 찾아 분석하고 설명하며 그것을 해결하는 방법들을 모색하는 일이다. 그런 점에서 어느 편보다 그 고통이 확실해 보이는 여성 경험을 대중 문화 논의에서 외면할 수는 없다.

대중 문화론과 페미니즘은 원칙적으로 그 궤를 같이한다. 실로 페미니즘에서는 많은 이론과 방법론을 대중 문화론에서 차용해 왔다. 기호학, 정신분석학, 구조주의, 마르크스주의, 포스트모더니즘 등등. 그러나 이제 문제는 그리 간단하지 않다. 많은 문화 이론가들이 토로하듯, 대중 문화론이 페미니즘으로부터 도움을 구하는 경우도 많아졌다. 주체 형성에 대한 관심이나 주체 변혁의 가능성에 대한 논의 등은 아마 현대 문화 이론이 페미니즘에게 가장 두드러지게 빚을 진 사안일 것이다. 대중 문화론과 페미니즘이 이렇듯 이론과 방법을 주고받았다. 그런데 현대 대중 문화론이 안고 있는 대부분의 고민 역시 여성 해방론도 그대로 안고 있다. 주체에 대한 문제는 아직 속 시원한 답을 갖지 못했다. 변혁 주체의 형성 가능성에 대해서도 많은 논란이 있다. 획기적이며 대안적인 재현에 대해서도 합의를 보지 못하고 있다.

페미니즘은 그러한 고민을 대중 문화론과 함께해 가면서 화두를 끊임없이 대중 문화론 안으로 던지고 있다. 여성의 일상사에 대한 관심은 곧 문화론에서 작은 정치에 관심을 갖게 하고 있다. 능동적인 문화 수용자에 대한 관심도 대중 문화론 안의 비관적인 문화관에서 긍정적인 문화관으로 전환하는 데 기여를 하였다. 포스트모더니즘의 정당성 확보라는 면에서도 페미니즘의 도움은 컸다.

앞에서 우리는 대중 문화에 대한 페미니즘의 전환적인 시각을 점검해 보았다. 다시 정리해 보자면 대중 문화를 제반 사회적 모순과 접합된 가부장제와의 싸움의 장으로 파악했다는 점이 돋보였고, 그로 인해 새롭게 대중 문화를 정의할 수 있는 가능성을 열어 놓았다고 할 수 있다. 대중 문화를 반여성적인 것으로 보는 것은 큰 의미가 없다. 대중 문화란 본질적으로 어떤 속성을 지닌 사회적 제도가 아니다. 오히려 여러 가지 사회적 내용으로 채워지기를 기다리는 무형의 존재일 수도 있다. 다만 현재의 대중 문화의 속성이 제반 사회적 제도와의 관계 속에서 가부장제적이고 반여성적이라고 설명할 수 있다. 그러한 반여성적이고 가부장제적인 대중 문화의 현재의 속성을 어떻게 변환시킬 수 있을 것인가라는 문제는 엄청나기도 하고 해결이 요원해 보이기도 한다.

대중 문화의 획기적인 변화에 대해서는 명확한 답을 지니고 있지 않다. 그러나 대중 문화의 변화를 단순히 정치, 경제적인 영역에만 맡겨진 수동적인 변화로 한정시켜서는 안 된다. 여성학자들이 주장하듯이 가부장제적인 영역 또한 반민주적 이데올로기 제도이기 때문에 그에 대한 적절한 대책을 강구해야 한다. 대중 문화의 제도적 변화만으로 가부장제적 요소가 없어질 것이라는 낙관론은 그야말로 낙관론으로 그쳐 버릴 가능성이 크다. 대중 문화의 변화는 대중 문화 밖에서의 변화를 통해 이뤄질 개연성이 높다. 대중 문화를 통한 여성 수용의 경험이 다른 진보적 사회 운동과 연관될 때 대중 문화의 현재 속성을 바꿀 수 있다. 그런 의미에서 자유주의 페미니즘의 대중 매체에 대한 설명보다 사회주의 페미니즘의 설명에 후한 점수를 줄 수 있다.

대중 문화 산업 내에서 벌어지는 여성 종사자의 여성 재현을 위한 노력을 폄하해선 안 된다. 여성의 재현에 대해서 오랫동안 불만을 갖고 시정을 요구해 온 사회 운동 단체의 노력 또한 값진 것이다. 하지만 여성 재현에 대한 비민주성을 단순히 대중 매체 내의 여성 종사자의 숫자나 대중 매체의 편견으로만 이해해선 곤란하다. 이미 여성에 대한 비민주적 관행은 자본주의가 지니고 있는 경제적 구조, 여성을 객체화함으로써 얻는 대중 매체의 상업성, 그리고 오랫동안 우리 사회를 지배해 온 상식(여기서는 유교적인 정신까지도 포함)이 얽히고 설켜서 굳어진 것이다. 대중 매체를 수용하고 있는 우리는 이미 그러한 관행에 기꺼이 참여하며 실천하고 있다.

사회의 비민주성 철폐 노력과 여성에 대한 상징적인 폭력에 대한 인식이 서로 연관되어 사회적 운동으로 연결될 때 대중 문화의 비민주성은 어느 정도 고칠 수 있다. 그러나 이는 여전히 우리가 상상하는 것보다 어려운 작업이다. 대중 문화 속 여성의 문제는 대중 문화 밖에서 먼저 찾아야 하며, 그런 다음 대중 문화가 그러한 모순을 어떻게 재현하며 재생산하고 있는지를 살펴보아야 하고, 여성이 대중 문화에서 행해진 재현을 어떻게 받아들이며 사회적으로 이용하는지 설명한 다음 궁극적

으로 다시 대중 문화 밖으로 논의를 끌어내 사회 변화에 어떠한 공헌을
할 수 있는지 논의해야 할 것이다.

08
후기 구조주의와
포스트모더니즘

1. 모더니즘과 그 이후

모더니즘 전통의 예술은 자신 이전의 것을 비판하거나 극복하는 데 열심이었다. 피카소의 작품은 그 이전의 구상주의를 넘어서려 했다. 사실주의 경향을 조롱하듯 그의 작품 속은 도무지 이해할 수 없는 내용으로 가득하다. 그의 작품 세계는 새로운 매체의 등장과 관련이 있었다. 사진이라는 새 매체가 등장하자 회화는 설 자리를 잃었다. 현실 재현을 중심에 두는 사실주의 예술 이론과 실천은 흔들릴 수밖에 없었다. 피카소는 사실주의 회화 전통이 맞은 위기를 넘어서려 노력했다. 그래서 그의 작업은 모더니즘 회화의 시작으로 떠받들어지고 있다. 피카소의 예에서 보듯이 모더니즘은 항상 어떤 시점을 넘어선다는 의미를 지닌다. 피카소의 모더니즘적 경향은 그 이전 경향이던 사실주의를 넘어선다는 언설로 표현이 가능해진다. 모더니즘이라는 용어는 '바로 지금'이라는 뜻을 담은 'modo'에서 비롯되었다. '바로 지금'을 이야기하는 것은 '바로 앞'과는 다름을 이야기하는 일이다. '바로 앞'을 과거로 만들어 버리고 자신을 늘 현재로 만든다. 하지만 이 용어는 늘 모순적 상황에 놓인다. '바로 지금'

을 규정하는 순간, 자신이 스스로 '바로 앞'이 되어 버리는 운명에 놓이기 때문이다. 모더니즘적 경향은 불가피하게 곧 과거가 될 수밖에 없고 새롭게 등장하는 것에 밀리는 운명에 놓인다. 그 모순을 벗어나기 위해 모더니즘적 경향은 늘 과거가 되지 않으려는 새로움을 담는다. 모든 모더니즘적 경향은 불가피하게 지금 놓여 있는 것을 부정하지만 곧 자신이 현재가 되어 부정될 처지가 되고, 그를 극복하기 위해 자신 안에 현재적인 것을 넘어서는 요소를 지닌다는 말이다. 이야기를 복잡하게 만들 여지가 많긴 하지만 앞당겨 말하자면 모더니즘적 경향 안에는 늘 포스트모더니즘적 경향이 묻어 있다는 말이다.

모더니즘, 포스트모더니즘에 대한 적절한 규정 없이 이번 장의 말문을 열었다. 불친절한 말문 트기가 되어 버렸다. 불친절을 불평하기 전에 앞 장에서 행했던 논의를 반추해 다시 정리해 보자. 앞서 소개한 이론, 시각, 입장은 대부분 모더니즘적 경향의 논의를 펴왔다. 아널드 학파의 논의, 미국 대중 문화 찬반론, 문화주의, 마르크스주의, 구조주의는 모더니즘 논의의 전형이다. 이들 모두 새롭게 등장한 산업 사회와 급속한 산업화의 진전을 맞아 전에 없는 문화 현상을 맞이하게 되었고, 그를 분석 정리해 보려는 노력을 펼쳤다. 과학, 기술, 더 커진 자본주의, 외형적으로 확대된 민주주의와 함께 찾아온 새로운 문화 현상을 체계적으로 분석하려 한 노력 모두를 모더니즘 계열의 문화 논의라 할 수 있다. 피카소로 대변되는 예술 사조와 아널드 학파처럼 새롭게 다가온 문화 현상을 분석 및 해석하려는 학문적 노력 모두를 모더니즘적이라 지칭할 수 있다.

'바로 지금'을 논의하는 모더니즘이 만일 모던한 현상을 논의하자마자 '바로 앞'이 되어 버리기 때문에 그를 피하고자 탈모던한 내용을 담을 수밖에 없다면 대부분의 모더니즘은 포스트모던한 경향을 띠게 된다고 앞서 설명했다. 그리 틀린 말은 아니다. 가장 대표적인 예로 프로이트를 들 수 있다. 프로이트는 그의 정신분석학에 과거에는 논의되지 않던 무의식을 끌고 들어왔다. 의식 중심으로 사고하던 서구 철학 전통에 한방 먹이는 사건이었다. 의식 중심의 철학은 모든 것이 나로부터, 나의 마음으로부터 시작한다고 믿었다. 반면 프로이트는 나의 바깥으로부터 나 자신이 형성된다는 사고로 옮겨갔다. 혁명적 사고였다. 프로이트는 과거와 결별해 의식 중심의 철학을 '바로 앞'으로 만들면서 스스로 모던해졌고, 이미 모던한 것을 넘어선다는 점에서 탈모던했다.

프로이트는 데카르트 철학 전통에 균열 내는 작업을 해냈다.[248] 의식적 자아가 주체가 되는 것이 아니라 무의식이 주체가 되고 있다고 정리해 냈다. 더 엄격하게 말하자면 무의식과 의식은 경쟁 상태에 놓이거나 서로 뒤섞인다. 그러므로 주체는 일사분란하게 자신을 의식하면서 만들어지는 그런 존재가 아니다. 자율적인 자아로만 인간 주체를 설명하는 일이 어려워진 셈이다. 프로이트가 주체 형성 과정에 끌고 들어온 무의식은 지금까지 주체 과학이 가져왔던 사고를 뒤흔들기에 충분했다. '생각하기 때문에 존재한다'라는 의식 중심주의로부터 탈출하는 사건이었다.

이 같은 프로이트적 사건을 우리는 이미 알튀세르의 구조주의 논의에서 언급한 바 있다. 주체 호명 과정에서 이데올로기의 호명은 분명 우리의 의식과는 관계가 없다. '이미 언제나' 우리 바깥에서 언어가 우리를 호명하고 그에 대답함으로써 주체가 만들어진다. 주체는 의식과 관련된 것이 아니라 '이미 언제나' 우리 바깥에서 작동하던 신화, 이데

---

248 데카르트를 근대 철학의 시작으로 보고 있다는 점을 상기하면, 프로이트는 근대 철학에 균열을 제공한 탈근대 철학의 시작으로 보아도 무방하지 않을까.

올로기에 의해 무의식적으로 형성되는 존재다. 우리는 주체를 자신이 스스로 형성한 것인 양 받아들이고, 자신이 이 곧 주체의 주인인 양 행세한다. 주체에 대한 오인이 생긴다는 말이다. 구조주의 이론에서는 이미 의식적 주체, 생각하는 주체를 부정하고 있었다. 프로이트는 구조주의처럼 의식 중심주의에서 벗어나 있었다. 무의식이 주체를 만들고 있음을 구조주의적 방식으로 이해하고 있었다.

프로이트는 심리적 구성 요소가 서로 경쟁하고 역동적으로 한데 얽힌다고 말한다. 이른바 자아의 내적 분열이다. 과거 자아를 일관되고 정리된 총체로 보려 했던 입장에 대한 역테제다. 프로이트는 자아의 분열 개념을 대상화시켰다. 즉 정신 질환과 관련된 것으로 파악했다. 그는 분열 개념에 더 이상 천착하지 않았지만 분열이 인간 자아 형성에서 필수적인 과정인 것으로 보았다. 프로이트는 무의식 개념을 발견했고, 이를 자아 형성 과정에서 필수적인 요소라고 보았다. 라캉은 이 같은 프로이트의 주장을 끈질기게 몰고 갔다. 라캉은 근본적으로 인간 주체를 분열된 것으로 파악했다. 분열 개념을 통해 이론 체계를 구축하고자 했다. 인간 주체를 의식 중심으로 사고한 의식 중심주의를 깨치고, 분열로 구조화된 존재로 정식화하고자 했다.

꿈이란 무엇인가? 꿈은 의식과 무의식의 경합을 통해 우리가 잠자는 사이에 터져 나오는 존재다. 의식과 무의식이 경합을 하는 통에 꿈에 나타난 재현은 현실 세계에서 찾아볼 수 없는 괴이한 모습을 하기도 한다. 그것은 무의식이 의식의 필터를 뚫고 자신을 드러내기 위해 은유, 치환의 과정을 거쳐 모습을 드러낸 결과다. 프로이트는 이를 마치 정신 질환의 겉모습인 것처럼 말했지만 사실 이 같은 꿈의 과정은 누구나 겪고 있기도 하다. 무의식과 의식은 늘 경합하고 있으며, 우리의 자아가 그들 간 경합을 통해 이뤄지는 것이라면 분명 자아는 분열적이다.

라캉은 프로이트를 '자아는 분열적이다'라는 데까지 받아들인다. 라캉은 프로이트와 달리 주체와 자아를 분리해 사고한다. 인간 생후 6개월에서 18개월에 이르는 동안 누구나 거울 단계를 거친다고 라캉은 주장한다. 이 거울 단계 동안 자기 자신은 없다. 다만 거울에 비친 자신의 이미지를 자신의 것으로 받아들일 뿐이다. 유아는 자신의 신체적인 파편화를 거울에 비친 이미지를 통해 통일해 낸다. 파편화 경험은 이미지를 통한 상상적 통일성으로 매듭되고, 그를 통해 잠정적인 자아를 획득하게 된다. 그러나 그 (잠정적) 자아는 거울에 비친 것을 동일시한 데 불과하다. 좌우가 바뀐 자신의 모습에 지나지 않는다. 자신이 아닌 외부의 것을 자신으로 상상한 것에 불과하다. 이처럼 인간이 태어난 후 처음으로 얻게 되는 상상적 자아는 자신의 외부에 있고, 좌우가 바뀐 것이므로 결코 진정한 자아는 아니다. 자신의 바깥으로부터 자신의 통일된 자아를 선사받는다는 점에서 거울 단계에서 주체는 바깥에서 부여한 것임에 분명하다. 그렇다면 이미 자아는 오인된 자아이고, 분열된 주체다.

자신의 것이 아닌 것을 자신의 것으로 여긴다는 점에서 자아는 불안정한 형태를 띤다. 거울에 비친 자신의 이미지가 안정적인 자아를 제공하지 않는 한에서 인간은 안정된 자아를 구축할 새로운 기제를 찾게 된다. 자신과 일치시킬 새로운 기제를 찾아 나선다. 이번에 대하게 될 새로운 기제는 타인과의 관계에서 찾을 수 있는 것들이다. 라캉은 이를 상징계로의 진입이라고 불렀다. 자신의 이름에 대답하거나, 별명을 자신의 것으로 받아들이거나, 자신을 향한 관심과 자신을 동일시하는 일이 상징계 단계에서 벌어진다. 그러나 불행히도 그것 또한 자신의 것은 아니다. 이름이나 별명, 애칭, 관심은 아이가 자라는 과정에서 주변의 부모나 친척이 만들어 제공한 것에 불과하다. 자신의 것이라 생각하지만 어떤 것도 자신의 것이 아니라는 사실만큼은 명확하다. 그러므로 자신의 것이 아닌 것을 자신의 것으로 받아들이는 우리는 바깥의 그것으로 자신을 형성해 간다고 할 수 있다. 거울 단계를 넘어 이름, 별명, 애칭 등 상징적 단계로 들어서는 인간은 여전히 자신의 것이 아닌 것으로 자신을 형성해 간다. 이번에는 이미지가 아닌 언어적인 것이긴 하지만. 이름, 별명, 애칭 등은 언어적인 것이며, 인간이 태어나기도 전부터 존재하던 언어적 구조에서 비롯된 것이다.

라캉은 프로이트의 업적을 이어받았다는 점에서 구조주의적 입장을 취하고 있기도 하다. 즉 프로이트의 사고를 언어적으로 전환시켰다고 볼 수도 있다. 다른 한편으로는 프로이트를 넘어선다는 점에서 후기 구조주의자로 분류하기도 한다. 그의 정신분석학을 후기 구조주의적 입장으로 읽을 경우 몇 가지 함의를 구할 수 있다. 무의식은 언어처럼 구조화되어 있고, 언어가 결코 자신이 만든 것이 아니라 타자the Other로부터 받은 것이라면 나 자신은 결코 나 자신이 아니라 남이 만든 것이다. '나'가 사라지고 '나'가 남의 결과라는 말은 지금까지 굳건하게 '나'를 정리해 오던 모든 사고를 뒤집는 혁명적 패러다임이 된다. '나'를 찾기 위해 끝까지 주체를 형성해 줄 계기를 찾지만 그것은 숙명적으로 영원히 '나'의 바깥으로부터 오기 때문에 결코 만족할 만한 주체 형성은 이뤄지지 않고 지속적으로 연기된다. 그러므로 영원히 '나'는 연기된다. 그렇다면 '나'는 누구이고, 타자는 나에게 어떤 존재인가.

대중 문화를 논의하는 데 후기 구조주의와 포스트모더니즘론이 왜 필요한가? 매우 어려운 질문이지만 중요한 화두이기도 하다. 포스트모더니즘이란 용어가 대중 문화 설명에 많이 등장한다고 해서 그렇게 이야기하는 것이 아니다. 그보다는 훨씬 더 중요한 의미를 지닌다. 이들의 대두로 인해 인간과 사회를 보는 시각이 달라지고 사회 변화를 바라보는 방식도 달라졌다. 또한, 이들의 시각 안에서 대중 문화는 새로운 정

치적, 사회적 지위를 획득하기도 했다. 그로 인해 대중 문화를 논의하는 방식도 풍부해졌다.249

흔히 어려운 현상을 목도했을 때나 난해한 그림을 대했을 때 "야, 그거 포스트모던한데"라고 하는 것처럼 난처한 일을 당했을 때 포스트모더니즘을 갖다 대기도 한다. 그만큼 그 논의가 어지럽게 이루어졌고, 아직 체화되지 않았다는 뜻이기도 하다. 대중 문화를 제대로 공부하려는 독자들이라면 그 수준을 뛰어넘어, 당연히 체계화시켜서 자신의 것으로 만들어 둘 필요가 있다. 그래야 그에 대한 비판도 가능할 것이고 사회, 문화 현상에의 적용도 수월해질 것이다. 쉽지 않겠지만 그래도 한번 넘어야 할 산이라면 신발끈을 단단히 조여 매고 한번 시작해 보자. 먼저 준비 단계로서 후기 구조주의와 포스트모더니즘 간 관계를 논의해 보자.

후기 구조주의와 포스트모더니즘론은 학문적 계통상 공유하고 있는 부분이 많다. 후기 구조주의는 지금까지의 (모더니즘적) 서구 철학 혹은 인식론에 대한 도전을 의미한다. 포스트모더니즘은 그러한 도전을 바탕으로 이루어진 문화 예술 사조, 문화 양식을 가리킨다. 그런데 때로는 후기 구조주의적인 성향을 한데 묶어 포스트모더니즘 안으로 쓸어 넣어 버리기도 한다. 후기 구조주의란 이름보다는 근대적 철학에 반대하고 극복하려는 의미에서 후기(혹은 탈) 모더니즘을 지칭하는 포스트모더니

---

249 대중 문화에 대한 논의의 활성화와 포스트모더니즘 논의의 활성화 시기가 일치하는 것은 여러 모로 의미를 지닌다. 첫째, 기존 마르크스주의에 대한 반발로 인해 새로운 사회 운동을 논의하게 되었다. 신사회 운동은 포스트모더니즘과 상당한 친근성을 지니고 있으며, 헤게모니론 등을 통해서 도덕적 지도의 중요성을 알게 된 운동가들은 시민 사회의 대중 문화를 통한 사회 변화를 노리게 된다. 둘째, 포스트모더니즘에서의 기존 중심주의에 대한 비판과 대중 문화의 지위 변화는 당연히 관련이 있다.

즘으로 정리해 버리는 것이다. 그렇다면 당연히 포스트모더니즘이란 용어는 서로 다른 두 함의를 지니게 된다. 첫째, 포스트모더니즘이란 — 누가 가장 먼저 사용했든 간에 — 새로운 철학적, 인식론적 사고를 지칭한다. 모더니즘적 철학을 극복하고 그것을 넘어서려는 철학적 노력들을 일별해서 포스트모더니즘이라고 말하는 것이다. 물론 후기 구조주의적 사고가 기본이 되고 있음은 말할 것도 없다. 그러므로 후기 구조주의와 포스트모더니즘은 따로 떼어 놓고 설명하기 힘들다. 둘째, 포스트모더니즘이라는 용어는 새롭게 대두되는 문화 예술 사조 혹은 문화 양식 *style*을 가리킨다. 문화 예술의 흐름을 설명하기 위해서 무슨 주의, 무슨 파로 나누는 작업과 비슷한 것으로 이해하면 된다. 물론 포스트모더니즘의 첫 번째 의미인 철학적, 인식론적 변화를 바탕으로 형성된 문화 예술 사조이며 양식을 의미한다. 모더니즘적 미술, 음악과는 다른 새로운 양식의 미술, 음악으로 이해하면 된다. 포스트모더니즘적 정치학, 사회학이란 용어가 있다면 그것은 — 후기 구조주의적 인식론을 기반으로 — 새롭게 사회나 정치를 인식하여 파악하려는 새로운 정치학, 사회학이라 생각하면 된다. 그 어느 경우든 포스트모더니즘이라 이름 붙은 것들은 대체로 후기 구조주의의 영향을 받고 있다. 그래서 후기 구조주의는 포스트모더니즘을 이해하기 위한 입구라 할 수 있다.

앞서 설명했던 라캉의 자아, 주체로 이를 설명해 보자. 라캉은 프로이트의 구조주의적 사고를 뛰어넘어 후기 구조주의적 태도를 취한다. 어떤 이들은 라캉의 사고를 후기 구조주의에 가두는 대신 포스트모던적 계열에 서 있다고 통 크게 말하기도 한다. 즉 포스트모더니즘 계열의 주체 철학이라고 부르기도 한다는 말이다. 라캉이 말한 대로 분열된 주체를 그림으로, 음악으로, 조각으로 표현하는 작가나 작품을 일컬어 포스트모더니즘 사조를 띤다고 부르기도 한다.

후기 구조주의post-structuralism, 포스트모더니즘post-modernism 둘 다 '후기'라는 이름을 달고 있다. '후기'라는 명칭 대신 '탈'이라는 접두어로 번역해 사용하는 이들도 있다. 영어의 post- 라는 접두사에 해당하는 이 이름은 녹록하게 볼 존재가 아니다. 과연 무엇에 대한 '후기'나 '탈'을 뜻하는 것인지를 분명히 밝혀야 하기 때문이다. 그렇게 밝히기 위해서는 그 '후기'의 '전기(앞 시기)'에 해당하는 구조주의나 모더니즘을 잘 알아 둘 필요도 있다. 이 책을 순서대로 꼼꼼히 읽은 독자라면 구조주의라는 관문을 지나왔으니 큰 문제가 없으리라 생각한다. 문제는 모더니즘이다. 과연 무엇을 모더니즘이라고 하는가, 그리고 그 모더니즘을 넘어선 '후기 모더니즘'이란 과연 무엇을 말하는가? 거칠게 말해서 — 반복하자면 — 이 장에 도달하기 전까지의 문화론들은 대체로 모더니즘적 사고의 범주 안에 든다. 영국의 아널드에서 비롯된 아널드 학파, 마르크스주의의 여러 갈래들, 그리고 문화주의, 구조주의 등이 여기에 해당한다. 그렇다면 서로 다른 갈래들이 공통적으로 지닌 모더니즘적 성격이란 과연 무엇을 말하는가? 모더니즘을 중심으로 후기 구조주의를 찾아가는 작업을 시작해 보자.

2. 후기 구조주의

단순화를 무릅쓰고 이야기하자면 후기 구조주의는 지식, 언어에 관한 새로운 이론 및 인식론을 가리킨다. 지금까지 인식되어 온 언어나 지식에 관한 사상을 새로운 관점에서 인지하려 하는 일련의 작업에서 비롯되었다. 보다 구체적 이해를 위해 후기 구조주의라는 명칭 자체를 논의하는 것으로 시작해 보자. 구조주의라는 이름이 들어 있으니 그와의 관계를 따지는 일로부터 시작해 보자.

　post-라는 접두어가 보여 주듯이 후기 구조주의는 구조주의를 계승하는 부분과 그를 넘어서는 부분 모두를 담고 있다. 앞서 밝힌 바와 같이 구조주의는 이성적 주체 논의에 반발했다(프로이트, 소쉬르, 레비스트로스, 알튀세르 등의 논의를 상기해 보라). 데카르트의 이성적 주체로 설명하는 대신 언어 내 기호의 관계(혹은 재현 체계, 이데올로기)가 주체를 형성한다고 설명했다. 인간 주체 외부의 구조들(언어, 토대, 진리 체계 등) 혹은 큰 타자 the Other에 의해서 주체가 구성된다고 구조주의는 바라보았다. 앞서 모더니즘 논의에서 잠깐 언급했듯이 구조주의는 이미 근대적 철학의 시작점이던 이성적 주체를 거부하고 있었다. 주체는 단지 구조를 담는 그릇 bearers에 지나지 않는다. 그런 점에서 구조주의는 후기 구조주의가 반대하려는 합리적 주체에 대해 처음으로 반기를 들었고, 어느 정도 후기 구조주의의 맹아가 싹터 있었다('바로 지금'이라는 모더니즘 전통은 불가피하게 미래 완료형이 되어 포스트모더니즘적 성격을 가질 수밖에 없는 운명이라고 말하지 않았던가). 후기 구조주의도 이성적 주체, 온전한 주체에 대해 반대하고 있었다. 인간을 담론의 그물망 속에서 파악하거나 인간 외부의 타자성에 의해 형성되는 존재로 봄으로써 근대적 이성 주체를 거부하였다.

　구조주의와 후기 구조주의가 같은 입장에 서는 것은 거기까지다. 구조주의가 다른 진리 체제를 부정하는 것과 마찬가지 강도로 후기 구조주의는 구조주의를 공격했다. 구조주의가 극복하고자 했던 'ㅇㅇ 중심주의'에 구조주의도 안착했다는 점을 비판의 큰 타깃으로 삼았다. 구조와 주체 간 관계에서 주체를 강조해 왔던 근대 철학을 공격하며 구조를 전면에 내세웠던 구조주의는 이른바 '구조 중심주의'라는 비판으로부터 자유롭지 않게 되었다. 어느 한쪽을 지나치게 공격하다 보니 다른 한쪽에 과도하게 의지하게 되었다. 구조주의는 구조의 우월성을 지나치게 강조하거나 구조를 선험적으로 존재하는 것으로 설명하게 되었다. 후기 구조주의는 구조주의가 만든 구조 중심주의를 지적하고 그가 우상화하는 부분을 공격한다.

후기 구조주의는 구조주의가 빠진 함정이었던 구조 중심주의를 비판한 데서 그치지 않고, 모든 형태의 'ㅇㅇ 중심주의'를 공격해 나갔다. 공격에 머물지 않고 그를 해체deconstruction해 갔다. 서구 철학이 오랫동안 진리 영역인 것처럼 받아들였던 사안들에 대해 대담한 질문을 던졌다. 이성 중심주의뿐 아니라, 계몽주의(이성 중심주의, 발전 중심주의, 서구 중심주의), 형이상학(이데아 중심주의), 주체 철학(주체 중심주의)을 부정하고 해체했다. 대신 중심주의 탓에 소외되었던 부분은 복권시켜 나갔다. 이번 장에서는 후기 구조주의가 강조하고자 했던 점을 구조주의와 서구 근대 철학 전통에 대한 비판으로 정리해 몇 가지 소제목 아래 묶어 보았다. 재현의 문제, 형이상학 비판, 반계몽주의를 후기 구조주의의 주요 비판 지점으로 삼고 설명한다. 후기 구조주의가 행했던 비판과 해체 작업이 대중 문화에 어떤 함의를 갖는지도 정리하고 있다.

1) 재현의 위기

앞서 지적했듯이 후기 구조주의는 구조주의의 학문적 성과에 의문을 제기한다. 구조주의, 특히 구조주의 언어학이 강조하고 내세웠던 '진리'를 의심했다. 잠깐 소쉬르의 구조주의 언어학으로 되돌아가 보자. 구조주의 언어학자 소쉬르는 언어의 세계를 '랑그'와 '파롤'로 나누었다. 두 언어 세계 중 언어의 구조나 체계를 말하는 '랑그'를 연구해야 제대로 된 언어학을 할 수 있다고 주장했다. '파롤'은 랑그로부터 파생된 개인적 언어 스타일일 뿐이라며 연구 대상에서 제외시켰다. 후기 구조주의는 소쉬르의 언어학이 '랑그' 중심주의라고 비판한다.

　'랑그'와 '파롤'은 어느 한쪽을 더 앞세워, 다른 한쪽을 소외시킬 수 있는 그런 요소가 아니다. 마치 동전의 양면처럼 둘은 불가분의 관계에 있다. 닭과 달걀의 관계로 비유할 수 있다. 각 개인의 개별적인 언어(파롤)가 먼저 생겼을까, 아니면 구조에 해당하는 랑그가 먼저 생겼을까? 파롤이 먼저 생겼을 법하지 않은가? 그럼에도 구조주의는 '랑그'를 강조하되 '파롤'은 소홀히 대했다. 가치 순서를 정해 두고, 그에 맞추어 취급한 결과다. 말의 구조나 체계가 개인적인 말, 말의 스타일보다 중요하다고 믿는 가치 체계를 가진 탓에 랑그를 파롤 우위에 두었다. 어느 한쪽을 강조하고 다른 한쪽을 소외시키는 관습 탓에 둘 간의 관계에는 관심을 기울이지 않는다. '파롤'에서 '랑그'로 이어지는 역사적 과정에는 관심이 없었다. 개별적인 말이 어떤 과정을 거쳐 구조화되는지에 대해선 관심을 보이지 않았다. 구조주의가 역사를 제대로 대우하지 않는 몰역사적 전통이라는 지적을 받는 까닭이다. 언어를 통시적으로 대하는 일을 버리고, 공시적으로만 대하는 태도를 견지해 왔기 때문이다.250 구조, 구조의 체계만 들여다보니 자연히 한 시점을 택해 그를 찬찬히 분석하는 일을 탐구의 전부인 것처럼 설명하고 있다. '파롤'이 '랑그'에 밀려 소외당한 까닭은 그것이 덜 중요해서가 아니라 '랑그 중심주의' 혹은 '구조 중심주의' 탓이다. 이렇듯 후기 구조주의는 구조주의가 벌이

---

250 장기에 비유해 보면, 이를 명확히 알 수 있다. 예전에는 장기알이 모두 돌이나 동물의 뼈 등으로 만들어졌을 것이다. 귀족들은 상아로 만든 장기알을 가지고 놀았는지도 모를 일이다. 하지만 지금의 장기알은 대체로 플라스틱으로 변했다. 구조주의자는 돌이나 뼈로 만든 장기알에서 플라스틱으로 만든 장기알까지의 역사에 대해서는 관심이 없다. 장기알이 어떻게 바뀌었든 간에 장기알로 게임하는 방식에는 차이가 없었음을 주장하고 그것을 연구하려는 것이다.

는 또 다른 중심주의를 폭로하고, 소외되었던 것들을 복귀시키는 일을 해내고 있다.

소쉬르의 이분법적 분류를 한번 더 예로 들어 보자. 소쉬르에 따르면 기호는 기표와 기의의 조합이다(기호 = 기표 + 기의). 기호의 물질적 성질을 기표라고 불렀고, 기호가 만들어 낸 정신적 이미지를 기의라고 칭했다. 물질적인 기표가 정신적인 기의를 만들어 낸다고 도식화한 셈이다. 하얀 종이 위에 연필로 '개'라고 쓴 경우 종이 위 연필 자국(흑연 가루의 모임)은 기표에 해당한다. 그 연필 자국을 보고 머리에 떠올린 멍멍 짖는 동물 이미지가 곧 기의다. 기표에서 기의로 이어지는 과정을 의미화 과정signification이라 불렀다. 의미화 과정을 통해 의미가 발생한다. 소쉬르의 기호학에서 가장 중요한 것은 의미가 어떻게 발생하는가 하는 점이고 보면 의미화 과정에서 최고의 하이라이트는 기의가 생기는 순간이 된다. 기표는 기의로 이어지기 위한 중간 수단이다. 소쉬르의 기호학은 의미가 어떻게 발생하는가에 초점을 맞추고 있으므로 '기표'보다는 최종 종착지에 해당하는 '기의'에 더 많은 관심을 기울였다고 하겠다.

소쉬르는 억울해하겠지만 그가 '기의 중심주의'였다는 비판을 면하기는 어려울 것 같다. 그에 따르면 기표는 정해진 기의를 내기 위한 존재일 뿐이다. 기호학 담론의 종착지 또한 의미 발생 지점, 곧 기의로 고착화시켜 두었다. 기호의 물리적 성격인 기표는 정신적 성격인 기의를 보조하는 수단이었다. 그런 점에서 소쉬르는 '기의 중심주의'일 뿐 아니라 '정신 중심주의'라는 비판으로부터도 자유롭지 않다. 소쉬르의 '정신 중심주의'는 서구 철학 전통에서 쉽게 찾아볼 수 있는 또 다른 편향적 중심주의다. 서구 정신 문화사에서는 공간적이고 가시적이고 물질적이고 감각적인 것은 정신적인 것, 로고스적인 것에 비하여 천박한 것으로 여겨 왔다. 이러한 전통은 서구 정신 문화사의 주류인 그리스 철학과 기독교가 합류된 '존재 신학적' 사유 세계에서 비롯되었다. 소쉬르의 기의 중심주의, 정신 중심주의도 그 같은 전통에서 크게 벗어나지 않는다. 기표가 그에 조응하는 정해진 기의로 이어진다는 주장은 구조주의 언어학의 편견, 즉 오랫동안 지속되어 온 서구 정신사, 정신 중심주의로부터 비롯된 것이라 할 수 있다.[251]

후기 구조주의는 위에서 설명한 언어에 대한 구조주의적 믿음, 소쉬르의 언어학적 설명을 의문시한다. 아니, 거부한다는 편이 더 옳다. 파롤과 랑그를 이분법적으로 구분 지은 후 거기서 랑그에 더 강조점을 두는 일은 구조주의적인 진리(구조 중심주의)에 바탕을 둔 것일 따름이다. 이는 작위적일 뿐 결코 절대적인 진리가 될 수 없다는 것이 후기 구조주의의 입장이다. 통시적 연구보다 공시적 연구가 더 중요하다고 생각한 것도 구조주의적 믿음이지 절대적인 진리는 아니다. 그리고 한 기표가 한 기의를 만들어 낸다고 생각하는 것도 구조주의적 믿음에서 가능한 것이지 이를 절대적 진리 영역으로 받아들일 수 없다고 후기 구조주의는 밝힌다.

이미 밝혔듯이 구조주의 언어학에서는 의미는 기호 간 차이에 의해서 발생한다고 주장한다.[252] '개'라는 기호는 '닭'이 아니고 '소'가 아니며 '말'이 아니기 때문에 멍멍 짖는 동물이라는 기의를 불러낸다. '소'라는 기표가 의미를 내는 것도 '말'이나 '돼지'와 같은 다른 기호와의 차이

---

251 J. Derrida, *Of Grammatology*, in G. C. Spivak (trans.), Baltimore: Johns Hopkins University Press, 1976, p.30.
252 사실 소쉬르의 언어학은 의미 발생이 "기표에서 기의에 이르는 과정에서" 이뤄진다고 말하기도 하고, "기호들 간의 차이를 통해서" 이뤄진다고 말하기도 하였다. 소쉬르는 이 의미 발생 방식 중 두 번째 방식에 조금 더 주목하기는 했지만 전체적으로 이 두 의미 발생 방식 중 어느 하나를 포기하지는 않았다.

때문이다. 한 기호가 의미를 내기 위해서는 다른 기호 혹은 기호 세트를 동원해야 한다. 한 기호는 단독으로 의미를 내는 것이 아니다. 다른 기호를 동원하게 되고 그것과의 차이로 의미를 내게 되므로 불가피하게 기호는 많은 차이의 파편으로 이루어진다고 할 수 있다. 즉 '개'라는 기호는 '개'가 아닌 다른 기호를 자신의 기호에 끌어안고 있다. '개'라는 기표는 당장 '멍멍 짖는 동물'이란 의미, 즉 기의를 끌어오는 것이 아니라 다른 기표를 끌어온다고 보는 편이 더 맞다. 후기 구조주의는 기표가 기의를 불러 온다는 기존의 소쉬르적 언어관에서 벗어나 기표가 기표를 부르는 기표의 연쇄 작용으로 설명하려고 한다.

매우 전문적이고, 어려운 철자를 가진 영어 단어를 접하고 뜻을 알고자 영영 사전을 찾았다고 하자. 조금이라도 의미에 더 가까이 가기 위해 영영 사전을 찾았지만 영영 사전은 종종 우리의 기대를 배반한다. 그 단어를 설명하려고 동원된 단어가 더 어려워 또 그 단어의 뜻을 알기 위해 사전을 뒤지곤 한다. 단어의 의미를 잘 알기 위해 또 단어를 찾고, 또 다른 단어를 찾아가고…… 한 기호의 의미를 알기 위해 다른 기호를 등장시켜 보지만 의미는 좀체 마무리되지 않는다. 이 같은 경험은 영어를 정복하고자 하는 학생에게는 자주 있을 법한 일이다. 하나의 기표를 통해 기의로 이어지고자 하지만 의미가 잘 고정되지 않아 다시 다른 기표를 찾는 긴 여정이 이어지는 예다. 이처럼 기표는 기의로 곧바로 이어지지 않고 연쇄적인 기표의 고리로 이어지고, 의미는 끊임없이 연기된다.

국어 사전으로 단어 뜻을 찾는 경우도 예로 들 수 있다. '사랑'이란 단어의 진정한 의미를 찾기 위해 사전을 뒤진다고 생각해 보자. 사전에 '두 사람 간의 애틋한 정'이라고 설명되어 있다고 하자. 이를 보다 더 정확하게 알기 위해서는 '애틋한'이 무엇을 의미하는지, 그리고 '정'이 과연 무엇인지를 알기 위해 다시 사전을 찾아 들어가야 하지 않겠는가.

그리고 또 다른 설명을 만나면 새로운 단어의 의미를 찾아 다시 사전 여행을 하고…… 결국 기표가 기표를 부르고 기표를 불러내는 과정이 반복될 뿐 확고한 이미지, 고정된 기의는 뒤로 연기된다. 후기 구조주의는 의미화 과정을 사전 찾기의 예에서처럼 고착되지 않고 끊임없이 다른 기표를 불러내는 일이라고 설명한다. 기표는 기표의 연쇄를 불러낼 뿐 결코 고정되고 확고한 기의로 이어지지 않는다고 말한다. '기호 = 기표 + 기의' 공식 대신 '기호 = 기표 / 기의'라는 도식으로 표기한다. 기표는 결코 기의로 넘어가지 못하고 다른 기표를 불러낼 뿐이다. 의미는 고정되지 않고 빗금 위에서 "미끄러진다"고 표현한다. 후기 구조주의에서는 이런 현상을 두고 차연*differance*이라고 부른다. 차이에 의해서 의미가 발생되기는 하되 그 의미는 지속적으로 연기된다(영어로 차이가 난다는 differ와 연기된다는 defer를 합성한 용어로 이해하면 된다).[253]

　기표와 기의의 대응 관계가 무너진다는 것은 기호의 재현 능력에 대한 의문을 의미한다. 지금껏 기호를 통해서 기호 세계 바깥을 표현하는 일이 가능하다고 믿어 왔다. 기표를 통해서 기의가 발생한다는 도식 때문에 그러한 믿음이 가능했다. 하지만 기표와 기의의 대응 관계가 연결되는 방식이 아니라 미끄러지는 방식(기표 / 기의)이라면 그런 믿음은 깨질 수밖에 없다. 기표가 끊임없이 다른 기표를 부르고 또 다른 기표를 부른다면 기의는 지속적으로 연기된다. 기표에 의해서 만들어질 거라 믿었던 기의(이를 초월적 기의*transcendent signified* 라고 부르기도 한다)는 존재하지 않거나 영원히 연기되는 셈이다. 그렇다면 (초월적) 기의를 상정해 설명한 구조주의적 설명, 즉 하나의 기표는 그에 해당하는 기의를 불러낸

---

253 같은 책, p.57.

다는 주장은 후기 구조주의에 이르러 해체될 수밖에 없는 운명이다. 기호를 통해 그 기호가 지칭하는 기호 바깥 세상의 사물, 사건을 재현할 수 있다는 믿음은 흔들린다.

2) 형이상학254 / 진리의 해체

초월적 기의에 반대한 논리로, 절대적 진리 또한 환상임을 후기 구조주의는 지속적으로 강조한다. 서구 철학은 오랫동안 초월적 진리가 어딘가에 있다고 설명해 왔다. 이데아 철학이라 불리는 서구 철학은 자신이 정리한 진리야말로 본질적 진리인 것처럼 설명해 왔다. 절대적 진리에 대한 서구 철학의 편견은 말하기와 글쓰기에 대해서도 엉뚱한 '진리 체계'를 만들었다. 서구 철학은 인간이 즉각적으로 자신의 의미를 창출, 표현할 수 있다며 말하기를 글쓰기보다 높이 평가했다. 글쓰기는 말하기의 오염된 형태라고 보았다. 말하기는 직접적인 동시에 어떤 왜곡도 없이 생생하게 의미를 전달할 수 있다고 생각했다. 소크라테스는 자신의 진리를 죽어 있는 '글'에 가두지 않으려고 책을 쓰지 않았다. 플라톤은 글쓰기에 말의 보충물 외의 자격을 주지 않았다. 이러한 서구의 말 중심 사상을 후기 구조주의는 '음성 중심주의*logocentrism*적 편견'이라고 불렀다. 서구 철학이 오랫동안 음성을 중심에 두고 문자를 변두리에 두는 편견을

254 인간 경험으로 알 수 있는 것도 아니고, 과학적 방법으로도 알아낼 수 없는 측면에 대한 고민을 형이상학이라 부른다. 형이상학은 근본적인 진리, 존재, 지식, 불멸, 순수, 완성의 문제를 다룬다. 그 같은 문제를 다룸에 있어 형이상학은 순수한 것, 기원적인 것, 선한 것, 규범적인 것과 오염된 것, 파생적인 것, 악한 것, 일탈적인 것을 대비하고 전자가 이전에 존재했고, 후자가 그를 위협한 것으로 규정해 둔다.

가지고 있었다고 후기 구조주의는 비판하였다.

음성 중심주의는 음성*logos*을 '때 묻지 않은 원상'(기원*origin*)으로 보고, 글자를 오염된 보충으로 파악했다. 이는 앞서 설명한 바와 같이 랑그/파롤, 구조/개인, 기의/기표, 음성/글자 등과 같이 짝패로 나누어 세상을 구분하고 어느 한편을 더 강조하는 관습에 지나지 않는다고 후기 구조주의는 비판했다. 만일 글자가 음성의 보충에 지나지 않는다면 음성 자체도 그리 완벽한 것은 아님에 틀림없다. 음성 자체가 완전한 것이라면 글자와 같은 보충은 필요 없었을 것이다. 말에 보충이 필요하다는 것은 뒤집어 보면 말 자체만으로는 부족한 면이 있음을 의미한다. 보충 없이는 완전해지지 않으므로 보충은 필요 없거나 부수적인 것이 아니라 아주 중요한 역할을 하는 주도적인 것으로 볼 수도 있다. 루소는 자주 자연으로 돌아가라는 말을 하였다. 그는 자연과 문화를 대치되는 것으로 보았다. 문화를 자연으로부터 타락한 것으로 파악하고, 악의 근본으로 여겼다. 반면 자연은 순결하고 선한 것으로 규정했다. 그가 자연으로 돌아가라는 말은 순결하고, 선하며, 때묻지 않은 것으로 돌아가자는 권유였다. 그렇지만 루소에게서도 모순은 쉽게 찾을 수 있다. 자연으로 돌아가기 위해서는 일정 정도의 교육이 필요하다. 그의 주장대로 자연이 문화보다 우월하다는 것을 알아야 하고, 그로 돌아가는 일이 소중함을 배워야 한다. 그래야 루소의 주장에 동참할 수 있다. 자연의 영역이 소중하고, 그로 돌아가는 일이 중요하다는 것을 배우는 일, 교육받는 일은 자연의 영역이 아니라 문화의 영역이다. 자연으로 돌아가기 위해 문화가 필요함은 자연과 문화가 상호 보완적임을 말하는 일이기도 하다. 우리는 다음과 같은 질문을 루소에게 던질 수 있다. 자연의 순결함을 지키기 위해서 자연을 다스릴 수 있도록 하는 교육은 과연 필요 없는 것일까? 자연에는 교육이 보충되어야 하지 않을까? 자연 그것만이 기원이고 오롯이 완전한 것일 수는 없지 않은가? 이처럼 후기 구조주의는 그동안 의문시되지 않았던 진리의 영역에 반기를 들었다. 기의가 기표보다 더 소중하다든지, 음성이 문자보다 더 순수한 진리의 영역에 가깝다든지, 문화보다 자연이 더 중요하다든지 등의 주장은 진리가 아니라는 것을 밝히려 했다.

우리가 알고 있던 진리가 더 이상 진리가 아니고 편견이나 잘못된 믿음에서 비롯된 것임을 후기 구조주의는 어떻게 설명하는가? 후기 구조주의자는 서구 철학이나 사상을 하나의 이야기로 파악한다. 그 가운데 두드러지는 것은 원상 회복의 이야기다. 서구 사상은 공통적인 이야기 구조를 지닌다고 설명한다. 무언가를 잃어버렸다고 말한 후 그것을 회복하려 노력해야 한다는 이야기 구조를 지닌다는 것이다. 서구 철학을 (잃어버린 것의) 회복이라는 목적을 지닌 목적론적인 이야기로 파악할수 있다는 것이 후기 구조주의의 주장이다. 서구 철학 어느 것도 그 이야기 구조를 비켜가지 않는다. 노동자 해방을 통한 인간 해방(마르크주의), 부의 창조를 통한 인간 행복(애덤 스미스), 생물의 진화를 통한 완전한 종(다윈), 예수 부활을 통한 인간 구원(기독교), 계몽을 통한 사회의 완성(계몽주의) 등. 이는 서구 사상 곳곳에 틈입해 있다. 후기 구조주의는 그같은 목적론적 서사를 거대 서사(메타내러티브 *meta-narrative*)라 부르고 그를 자기 정당화의 기제로 파악했다.

메타 내러티브를 플라톤의 이데아로 풀어 보자.[255] 이데아의 천상계에 살던 영혼이 실수로 지상계에 떨어진다. 지상계로 떨어진 영혼은 보이지 않는 것조차 볼 수 있는 능력을 잃어버렸다. 서로를 드러내 보

---

[255] 도정일, "자크 라캉이라는 좌절 / 유혹의 기표," 〈세계의 문학〉, 여름, 1990을 재구성하였다.

아야 했기에 푸대 자루를 뒤집어쓴다. 비로소 지금의 인간 꼴을 갖추게 된다. 인간의 육체(자루)를 뒤집어쓴 영혼은 고단한 삶 때문에 고향인 천상계를 잊고 바쁘게 지내지만 천상계로 돌아가려는 노력을 늦춘 적은 없다. 두고 온 고향 혹은 천상계, 원상을 되찾고 그곳에 돌아가려 한다. 천상계에서의 순수함, 고귀함을 잊지 못하고 다시 구하려 하는 것이다. 천상계로 돌아가려 고민하고 생각하고 지식을 개발한다. 학문에 정진하는 이유는 천상계로 돌아가기 위해서다. 언젠가는 돌아갈 수 있다는 믿음으로 학문에 정진한다. 플라톤의 이데아론은 그의 사상이지만 후기 구조주의는 이를 하나의 이야기로 파악한다. 학문을 통해서 천상계에 되돌아갈 수 있을 거라는 믿음은 플라톤의 이야기에 지나지 않는다. 플라톤의 이데아론이 중요하니 원상 복구하자는 이야기일 뿐 절대 진리가 아니라고 후기 구조주의는 파악한다. 진리가 아니라 이야기 속 믿음에 불과하다. 그 진리는 찾을 수 있는 존재이며, 학문은 그 진리에 이르는 길이라 설정한 것에 지나지 않는다. 후기 구조주의가 깨려고 한 것은 진리와 관련된 작위성이다. 진리가 아닌 하나의 이야기일 따름에도 그 이야기는 다른 이야기를 누르고 특별히 진리로 군림해 왔다. 지식을 개발하고 학문을 깨우치면 천상계로 돌아갈 수 있으리라는 이야기를 마치 진리인 것처럼 꾸며 왔고 그를 받아들였던 것이다.

플라톤의 이야기를 하나 더 예로 들어 보자. 인간은 사랑을 좇으면서 산다. 남녀가 완전하게 하나가 되는 가장 이상적인 사랑을 찾아서 살아간다. 수많은 소설, 텔레비전 드라마, 영화는 하나 되는 애틋한 사랑 이야기를 끝없이 만들어 낸다. 언제든 미완성인 양 사랑 이야기는 계속되고 있다.256

완벽한 사랑을 좇는 인간을 플라톤은 다음과 같이 설명했다. 현재와 같은 인간 이전의 원래 인간형은 총체성을 지니고 있었다고 한다.

원래의 남성은 남자와 남자를 합친 존재였고, 원래의 여성은 여자와 여자를 합친 존재였다. 그리고 남자와 여자를 합친 남녀양성 존재도 있었다고 한다. 이들은 총체성과 자족성 탓에 오만했고, 가끔 신들을 거역하기도 했다. 신 중의 신인 제우스는 이들의 교만함을 벌하려 모두 반분해 버리고 만다. 남성은 반으로 쪼개져 두 남자로, 여성은 두 여자로, 남녀양성은 남녀로 분리된다. 쪼개진 각자는 혼자 살아가지만 원래의 짝을 잊지 못한다. 천상계에서 쫓겨온 영혼처럼 원상 회복을 위해서 짝을 찾아 돌아다닌다. 그게 사랑이란다. 잃어버린 옛날 반쪽을 복구해 충만하고 자족적이던 그 시절로 돌아가기 위한 노력이 사랑이란다. 원상을 갈구하고 욕망하면서 이루어지는 행동이라고 말한다. 사랑으로 그 짝을 찾고, 하나됨을 이룰 수 있다며 사랑의 진리로 떠받들어 왔다. 하지만 이것은 하나의 이야기에 지나지 않는다. 이야기와는 달리 현실에서는 합일된 형태의 완전한 사랑은 이뤄지지 않는다. 구하면 구할수록, 사랑을 표현하면 할수록 사랑은 한 걸음씩 물러선다. 우리의 손아귀 속으로 들어오지 않는다. 결코 복구되지 않는 것이다. 그렇지만 그것이 언젠가는 우리의 노력에 의해서 달성될 수 있는 진리인 것처럼 믿어 왔던 것이다. 그래서 어제도 오늘도 우리는 사랑 이야기를 반복하고 있다.

　복구의 대상인 '진리,' '사랑'을 절대적으로 추구해야 할 진리로 여겨 왔다. 지금 우리가 찾지 못했지만 언젠가는 반드시 찾아야 하는, 그리고 찾을 수 있는 절대적인 진리라고 믿어 왔다. 그런데 원상을 복구해야 한다는 의지 속에는 무언가를 잃어버렸다는 의미가 담겨 있다. 우리가 잃어버린 것은 천상이요, '남 + 남,' '여 + 여,' '남 + 여'와 같은

256 사랑에 대한 후기 구조수의적 해석, 특히 라캉적인 해석은 권택영 엮음,《영화와 소설 속의 욕망 이론》, 민음사, 1995를 참고로 하였다.

신화적 존재다. 하지만 잘 생각해 보라. 천상계나 두 명이 붙어 있는 형태의 인간형은 과연 잃어버린 것들인가? 정말 예전에 그 존재가 있었던 것일까? 그것은 어떤 이야기 속에 들어 있는 이야기의 파편일 따름이다. 그러니 그 원상은 애초에 없었는지 모른다. 천상계도, 완전한 합일의 인간형도 없었을 것이다. 그런데도 우리는 그를 잃어버렸다고 한다. 있지도 않았던 것을 놓고 잃어버렸다고 말하고 찾으려 한다. 애초에 잃지 않았기에 찾는다는 말은 모순적일 수밖에 없다. 그런데도 우리는 그것을 회복하러 나선다.

후기 구조주의는 서구 철학, 사상이 지녀온 '기원−상실−회복' 이야기 구조를 '부재−상실−회복' 이야기 구조로 해체한다. 지금까지 떠받들어 왔던 철학적 진리를 해체한다. 특정 철학적 진리가 단지 하나의 이야기에 지나지 않았음에도 다른 이야기를 누르고 득세해 왔음을 드러낸다. 진리인 것처럼 권력을 행사해 왔다며 비판한다.

후기 구조주의 해체 이후 '언어는 문자보다 더 순수하다' 혹은 '사랑은 이런 것이다' 같은 진리의 지위는 어떻게 되었을까? 말할 필요 없이 그 진리는 여지없이 깨진다. 후기 구조주의자, 특히 푸코에 의하면 진리는 권력에의 의지와 관련되어 있다. 지식에 대한 욕구는 소유와 정복을 위한 권력에의 의지란 것이다.[257] 푸코는 이를 입증하기 위해서 서구 사회의 진행을 전혀 낯선 관점에서 정리한다. 그는 지금까지 서구 사회를 지배해 온 지식 체계를 이방인의 관점에서 바라본다.[258] 서구에서 일정 지식 체계가 형성되기까지 사람들은 일정한 담론을 진지한 것으로 수락, 생산, 유통시키고 다른 담론을 배제시킨다. 수락된 담론은

257 M. Foucault, *The Archaeology of Knowledge*, in A. S. Smith (trans.), New York: Pantheon, 1972, pp.215~237.

인간의 지각을 인도하고 지배하는 문화적 코드 ─ 혹은 역사적 무의
식*epistémè* ─ 가 된다.259 그리하여 우리의 신체에 침투해 쾌락을 야기
하고 지식을 산출하게 된다. 진리를 업은 권력은 부정적인 의미에서 인
간을 금하고 억압하지 않는다. 대신 현실을 생산하고, 진리 의식을 생산
하고, 그리고 개인을 생산해 낸다. 진리는 긍정적이며, 그리고 생산적인
권력인 셈이다. 후기 구조주의는 이처럼 기존 진리 전력(형이상학 등)을 해
체하고 드러내어 이를 권력 작용으로 파악했다. 후기 구조주의를 해체
주의라고 부르는 이유다.

3) 반反계몽주의

계몽주의 전통 혹은 이성주의 전통은 서구 철학사를 면면히 이어온 두드
러진 전통이다. 데카르트의 "나는 생각한다. 그러므로 존재한다*Cogito ergo
sum*"라는 경구는 서구 근대 철학의 시작이며 합리적 이성, 계몽주의적 이
성의 시작점이다. 이는 이성 절대주의 선언이기도 하다. 계몽주의 전통이
아무런 저항 없이 지속된 것은 아니다. 이미 오래전 합리성의 개연성을 설
명한 베버는 형식적 합리성의 진전으로 인해 가치적 합리성을 상실할 것
이라 예고했다. 이후 일군의 학자들은 베버의 계몽주의적 합리성에 대한
부분적 의심을 강하게 증폭시켰다. 특히, 프랑크푸르트 학파의 이론가들

---

258 이를 두고 낯설게 하기*defamiliarization*라고 부른다. 원래 이 용어는 러시아 형식주의가 내세운
것으로서 문학은 끊임없이 낯설게 하는 작업임을 말한 것이다. 만일 문학이 낯설게 하기 작업의 임무
를 마치면 새로운 작품이나 장르가 등장하게 되어 다시 낯설게 하기 작업을 한다는 주장을 펼쳤다.
259 과학의 역사적 무의식이라고 할 수 있는 에피스테메*epistémè*는 모든 인간에게 방향 감각을 부
여하는 경험이다.

은 계몽주의가 잘못된 방향으로 접어들었다며 강하게 비판했다. 프랑크푸르트 학파의 제3 세대로 일컬어지는 하버마스는 베버, 아도르노, 호르크하이머의 생각을 다시 정리하며 계몽주의, 근대성 비판 작업을 행했다.

베버에 따르면 인간의 사회적 행위는 합리성과 비합리성의 견지에서 살펴볼 수 있다.260 합리성에 근거한 행위만이 의미 있는 행위다. 인간 행위에 의미를 부여하는 합리성은 '목적 합리성'과 '가치 합리성'으로 구분할 수 있다. 목적 합리성은 목적한 것이 제대로 달성되었는가에 따라 그 성사 여부가 결정된다. 이를 객관적 합리성이라고 부르기도 하는데, 그것의 성패 여부는 행위자의 손익 계산 결과, 즉 '효용의 극대화'에 있다. 가치 합리성은 어떤 행위를 가치로 따져 볼 때 얼마큼 가치가 있었는가로 가늠하는 주관적 합리성에 해당한다. 두 합리성 간에는 갈등이 발생한다. 특정 목적을 달성한 경우 목적 합리성은 이루어지지만 그것이 가치로 따져 보아 '좋은 것'이 아니었을 땐 가치 합리성은 발생하지 않은 셈이 되니 둘은 갈등을 겪을 수밖에 없다.

베버는 목적 합리성 혹은 도구적 합리성의 결과로 등장한 예로 '관료제'를 든다. 관료제는 과학적이고 체계적인 사회 통제를 위한 합리성의 기제이다. 하지만 관료에 의해 기계적인 통제와 관리가 횡행하는 사회는 인간을 철창iron cage에 가두는 억압적 사회로 이어진다. 형식적 합리성(효율의 극대화)을 추구하다 보면 가치 합리성 관점으로 보아 비합리적인 것으로 흐를 수 있다. 형식적 합리성이 근대 사회에 너무 깊숙이 제도화되어 본질적 합리성 혹은 가치 합리성이 제자리를 찾지 못하는 대표적 예가 관료제라는 것이다. 도구적 합리성 혹은 목적 합리성의 관

---

260 M. Weber, *Economy and Society*, in G. Roth & C. Wittich (eds.), New York: Bedminster Press, 1968, p.25.

점에서 보면 관료제는 합리성의 달성이지만, 가치적 합리성의 관점에서 보면 이는 합리성의 배반일 수도 있다. 베버는 이처럼 사회가 오직 계산적인 목적 합리성만을 따르게 되면, 기계적이며 동물적으로 움직이는 영혼이 없는 사회로 변해 버릴 것이라고 지적했다. 하지만 베버의 이야기는 여기서 대충 막을 내린다. 목적 합리성, 이성의 위험에 대한 경고는 있었지만 더 이상 나아가지 않았다.

초기 프랑크푸르트 학파의 학자들 ── 아도르노와 호르크하이머 ── 은 계몽주의적 합리성이 점차 도구화되어 가는 것을 비판한다.261 그들은 계몽주의적 합리성이 과학 기술의 놀라운 발전을 초래했고 인간의 가능성을 높였다고 인정했다. 그와 함께 생태학적 위기, 핵무기로 인한 인류의 절멸, 기계화로 인한 인간의 소외 등 합리성은 수많은 부정적 부산물도 내놓았음을 강조했다. 인간 세계가 (도구적, 목적) 합리성의 추구로 새로운 야만 상태262에 접어들었음을 경고한다. 도구적 이성의 과잉으로 인해 이성의 부식 현상이 발생했고, 대중은 관리 대상으로 전락했다. 대중 문화를 만들어 내는 문화 산업도 대중의 생활 세계를263 관리 대상으로 삼았다. 대중의 삶은 철저하게 관리되고 만다. 이러한 결과는 계몽주의에 대한 배반이나 다름없다.

이들은 계몽주의가 방향을 잘못 잡았다고 지적한다. 그리고 이성의

---

261 M. Horkheimer & T. W. Adorno, *Dialectic of Enlightenment*, in J. Cumming (trans.), New York: Herder & Herder, 1972에서 이에 대한 논의를 발전시킨다.

262 과학 기술의 발전이 이뤄지지 않은 원시 야만의 상태에 빗대어 과학 기술 발전의 과잉 시대를 새로운 야만의 시대라고 불렀다.

263 인간의 삶이 이뤄지는 공간을 생활 세계와 체제로 나누었다. 후자는 화폐 거래가 이뤄지는 시장, 시장을 떠받치는 사회적 제도를 의미한다. 생활 세계는 말의 거래, 즉 커뮤니케이션, 문화가 발생하는 지점을 의미한다. 하버마스는 생활 세계가 점차 체계 안으로 포섭되어 간다고 파악한다.

지위를 복권시키려 노력한다. 도구적 이성을 극복하고 가치적 이성을 회복함이 무엇보다 필요하다고 지적하였다. 하버마스는 그의 선배격인 아도르노, 호르크하이머의 생각을 좀 더 정교화한다. 그의 선배들이 대안을 내놓기보다는 근대적 삶에 절망했다는 점에 대해 불만을 표하고 새로운 대안에 몰두한다. 하버마스는 현대 사회의 특징을 도구적 합리성의 팽창으로 인한 경험적, 분석적 과학의 비대와 그 산물인 사회적 통제와 조종 수단의 발달에 있다고 보았다. 이러한 경향적 특성은 경제나 관료 행정과 같은 도구적 합리성이 생활 세계 영역을 침탈한 결과다. '생활 세계의 식민지화'가 발생한 것이다. 이제 그에게 남은 일은 도구적 합리성으로부터 생활 세계를 해방하는 일이다.

현대 사회의 위기를 극복하기 위해서는 도구적 합리성의 노예가 된 이성 혹은 합리성을 복원하는 작업이 필요함을 하버마스는 강조했다. 인간 관계가 화폐 교환만으로 이뤄지는 일, 인간을 수단으로 대하는 일 등을 극복하고자 했다. 이를 위해 하버마스는 이른바 '의사 소통적 합리성'에 관심을 보인다. 즉 인간이 상호 이해를 목적으로 어떤 왜곡이나 가림 없이 자유로이 의사를 교환하고 이를 근거로 합의와 동의를 구해 나가는 이상적 담론 상황을 만들고자 하였다. 혹은 그것을 실현시킬 수 있는 '공적 영역'의 확보를 통해 현실적 위기를 극복하자고 주장한다. 현대 사회는 이미 생활 세계가 체계의 식민지가 되어 버린 탓에 왜곡된 의사 소통이 범람한다. 도구적 합리성의 견지에서 인간을 통제하고 조정하려한 탓이다. 이를 비판적 이성의 힘으로 극복해, 이상적 담론 상황을 복원해야 하고, 그를 위해서 '의사 소통적 합리성'을 발휘해야 한다고 생각했다. 하버마스가 보기에 그 합리성이 발휘되지 않는 한 이성의 힘으로 실현하려고 했던 계몽 프로젝트는 언제나 미완성 단계에 놓일 수밖에 없다. 의사 소통적 합리성을 무기로 계몽 프로젝트를 완성하는 것이 하버마스의 프로젝트였다.

하버마스의 설명은 분명 그의 선배들에 비해 진일보한 면이 있다. 비판 대상이 분명해졌고, 대안도 드러난다. 또한 '의사 소통적 합리성'을 내세우며 언어적 패러다임으로 전환함으로써 생활 세계에 대한 관심을 촉구하고 있다. 대중 매체와 같은 소통적 기구를 단순히 국가 수단으로 보는 투박함을 극복할 수 있게 해주었고 대안점을 마련해 준다. 하버마스는 현재의 방향을 잘못 잡은 근대성을 성찰할 것을 주장했고, 대안적 근대성을 제안하였다.

계몽주의 전통의 전승과 발전을 견지한 독일 학자(베버, 프랑크푸르트 학파, 하버마스)와는 달리 프랑스 철학계는 근대(계몽주의)에 대해 전혀 다른 의견을 내놓는다. 여기서 예로 들어 설명할 장 프랑수아 료타르Jean François Lyotard는 푸코 등의 철학을 기반으로 삼아 계몽주의, 합리성을 해체하려고 한다.[264] 료타르는 캐나다 퀘벡 시의 부탁을 받고 '고도로 발달된 사회에서의 지식은 어떤 특성이 있는가'라는 문제를 추적했다. 료타르는 서구 합리주의를 대체할 철학적 관점을 도출하고자 했다. 그의 작업은 서구 철학이나 학문적 전통이 어떻게 스스로를 정당화해 왔는가를 밝히는 것으로부터 시작했다.

료타르는 우선 서구 철학이 자신이 해결할 수 없는 문제 ── 앞에서 설명했던 기원에 해당하는 문제들 ── 를 철학의 영역으로 밀어 넣었다고 했다. 그리고 큰 이념인 선, 정의, 이성, 진리, 해방, 진보를 내세워 자신을 정당화하려 했다고 파악했다. 료타르는 그 큰 이념을 해체하는 작업을 강조했다. 자유주의, 마르크스주의, 기독교 사상은 우리 일상

---

264 J. F. Lyotard, *Postmodern Condition: A Report on Knowledge*, in G. Bennington (trans.), Manchester: Manchester University Press, 1984.

후기 구조주의와 포스트모더니즘

417

생활을 잘 꾸며 이야기함으로써 어떻게 살아왔으며 앞으로는 어떻게 살 것인지를 설명한다. 그들은 큰 이념을 내세워 이야기를 잘 꾸려 우리에게 마치 진실인 양 전했다(료타르는 이러한 목적론적인 이야기를 큰 담론meta-narrative이라고 불렀다). 계몽주의에서 내세우는 이성, 진보란 ── 더 정확하게 파악해 보면 ── 억압적일 뿐 아니라 전제적인 질서를 옹호하고 있었다. 마르크스주의 또한 사회주의 해방을 이념으로 내세워 사람을 통제하는 스탈린주의와 같은 권위적 체제를 낳았다. 자본주의적 '큰 담론'은 기술과 산업 발전을 통해 빈곤에서 해방시켜 줄 거라 전망했지만 자본주의 심화로 오히려 자본만 큰 권력이 될 뿐이었다. 이렇듯 각 철학과 사상 전통은 나름대로 이야기를 꾸며서 역사의 진전을 설명했고 사회를 지배할 만큼 '큰 담론'의 지위를 늘려 왔다. 그들이 꾸민 이야기는 스스로 권력이 되고 말았다. 그러나 이제 새로운 시대는 새로운 철학, 새로운 담론을 요청하고 있다. 그러한 '큰 담론'에 대한 믿음을 해체하고 작은 담론에 관심을 갖게 할 새로운 철학을 요청하고 있다. 큰 담론이 주려 했던 희망은 헛된 것에 지나지 않았기 때문이다. 이는 큰 담론이 권력화된 탓이다.

료타르가 공격의 대상으로 삼은 '큰 담론'은 과학적인 담론이나 지식이었다. 그는 과학적 담론이나 지식 자체로 향하는 대신 그것이 어떻게 정당성을 확보하고 있는지에 관심을 기울였다. 즉 어떤 언어적 놀이에 의해 '과학,' '지식'이 정당성을 갖는지 드러내려 했다. 과학적 담론이나 지식은 계몽과 관계 맺고 인간 해방에 앞장설 것으로 기대해 왔다. 과학은 당연히 인간을 무지와 자연 상태에서 문명의 상태로 해방시켜 줄 역할을 부여받았다. 큰 담론인 계몽의 과정에 참여했던 과학은 그 역할을 충실히 해냈을까? 세계 대전을 목격한 서구인의 눈에 과학은 기대와는 다른 모습으로 비춰졌다. 계몽 또한 달리 해석될 수밖에 없는 처지에 놓였다. 료타르에 따르면 서구인은 과거에 가졌던 것과는 다른 기대를 과학과 계몽에 전하고 있다. 그들이 믿고 몸담아 왔던 역사 흐름에 의구심을 품기 시작했다. 과학은 길을 잃어 진리 추구가 아니라, 사회에 얼마나 유용하게 쓰일 수 있는가 하는 유용성을 그 목적으로 갖게 되었다. 대학 안 지식도 마찬가지이다. 고등 교육을 통해 배우는 것은 기술이다. 지식이자 진리 혹은 이상이 교육을 통해 오가지 않는다. 지식은 완벽하게 수단으로 탈바꿈했다. '과연 그게 진리일까'라는 질문 대신 '도대체 어디에 이것을 써먹지' 하는 수단적 사고가 더 많아졌다. 료타르가 의심한 것은 그 같은 과학, 지식, 담론의 역할이었다.

앞서 설명했던 하버마스와 료타르의 사고를 비교해 보자. 하버마스는 계몽주의와 같은 근대적 의미의 큰 담론이 아직 완성되지 않았다고 보았다. 지금 이탈한 계몽주의의 궤도를 수정해서 계몽주의가 원래 지향하던 대로 나아가야 한다고 주장한다. 합리주의에 대한 믿음을 견지하고, 그것을 궁극적으로 실현할 수 있는 미래를 구축하려고 했다. 합리주의를 더 성찰하자는 입장에 서 있다. 그에 반해 료타르는 계몽주의와 같은 큰 담론 자체를 부정한다. 합리성에 대해서도 마찬가지 입장이다. 그는 합리성이라는 존재를 부정하는 입장에 서 있다. 하버마스는 현재의 합리성에 대해 비판적인 입장을, 료타르는 반대하는 입장을 펼치고 있다. 하버마스는 성찰을 통한 근대적 이성의 회복에 대한 기대를 아직 버리지 않았다. 그런 점에서 모더니스트라 부를 수 있다. 그에 비해 료타르는 근대적 이성과 계몽주의에 대해 회의를 표하면서 전혀 새로운 철학의 필요성을 강조한다. 포스트모더니스트로 이름 붙일 수 있는 이유다.

계몽주의 비판으로 베버, 프랑크푸르트 학파, 하버마스를 한 묶음의 전통으로 그리고 포스트모더니스트인 료타르를 다른 한축의 전통으로 소개했다. 정작 후기 구조주의가 바라본 계몽주의는 빠진 셈이

되고 말았다. 푸코가 행했던 일련의 프로젝트로 그 공백을 메워 보자. 《광기와 문명》(1961), 《진료소의 탄생》(1963), 《말과 사물》(1975), 《감시와 처벌》(1966) 등 저작은 계몽주의를 직접 겨냥하고 있지는 않다. 푸코는 이 작업을 통해 지식, 권력, 전문가, 담론, 규율, 분류 작업이 서로 상호 침투하며 인간을 검사하고, 나누고, 명명하며, 길들이는 과정이 됨을 드러내고 있다. 인간을 정상과 비정상으로 나누는 데 지식을 동원하고, 의사는 그 지식을 바탕으로 환자를 관찰하며 다시 분류하고 신체 부분부분을 과학적 시선에 복속시킨다. 신체를 과학적 시선에 복속시키는 일은 병원에만 한정되지 않는다. 교육이 이뤄지는 학교, 신체를 규율하는 감옥, 사적 훈육이 이뤄지는 가정에서도 반복된다. 이처럼 후기 구조주의, 포스트모더니즘은 근대성의 근간이 되는 계몽주의 전통을 반대하고 새로운 철학을 기대한다. 이른바 작은 담론으로 큰 담론(계몽주의 등)을 대체하려 한다.

4) 후기 구조주의의 정치학

후기 구조주의가 어떤 정치적인 의미를 지니는지는 스스로 판단을 내리고 응용할 수밖에 없다. 나는 대체로 후기 구조주의가 보여 주는 통찰력을 즐기는 편이다. 그래서 자주 인용하고 대중 문화 논의 안에 후기 구조주의적인 생각을 욱여 넣기도 한다. 내가 지니고 있는 후기 구조주의에 대한 첫 번째 호의는 기존의 중심주의에 대한 해체와 관련되어 있다. 앞서 밝혔듯이 구조주의나 이전의 서구 철학은 ── 양립하는 짝패 구조를 만든 다음 ── 특정 이념, 항목을 선호하는 편이다. 구조주의가 랑그를 선호한다든지 서구 철학이 감정보다 이성을 더 선호한다든지 하는 방식으로 말이다. 그 선호를 해체하고 그 선호의 그림자 속에서 오랫동안 신음했던 것을 찾아가는 일, 혹은 그 어느 편도 아닌 것을 발굴하는 일(랑그와 파롤의 사이, 선과 악의 사이, 인간과 귀신의 사이 등등)은 대중 문화를 분석하는 데 큰 보탬이 된다.

　대중 문화 영역은 아무래도 감정적 영역에 가깝다. 대중 문화를 통해 심각하게 생각하고 삶의 지혜를 얻는다든지 그러지는 않는다. 오히려 대중 문화를 맞아 흐드러지게 웃거나 서글피 우는 모습이 더 빨리 떠올려진다. 대중 문화가 오랫동안 이성 중심의 사상에서 외면당해 온 것은 너무나 당연한 귀결이다. 루소, 레비스트로스는 자연 / 문명, 말 / 글 이분법적 분류에서 자연과 말을 더 선호했는데, 우리는 이를 낭만주의적 소산이라 부른다. 그들에게 문화란 (원시적인) 생활 그 자체에서 우러나온 것과 다름없다. 그들의 논리에서 빚어질 대중 문화의 운명이란 것도 명약관화하다. 그에 비해 예술의 영역과 겹쳐 평가받았던 고급 문화는 이성적 영역이란 이유로 떠받들어졌을 수 있다.

　중심주의를 해체하려는 후기 구조주의에서 우리는 대중 문화 논의의 정당성을 구축하는 지혜를 구할 수 있다. 대중 문화 / 고급 문화로 나눈 이분법과 그에 대한 평가는 대중 문화 본질에서 비롯된 것은 아니다. 이미 그 이분법 안에는 전자를 소외시키고, 후자를 높이 평가하는 (담론) 장치가 숨어 있다. 대중 문화는 부정적 평가를 받기 위해 우뚝 서 있는 그런 존재라는 말이다. 후기 구조주의가 내놓은 해체는 그 이분법을 비판하고, 그 이분법을 통해 특정 요소에 방점을 찍는 노력도 배격한다. 그렇다면 대중 문화를 다시 우리의 학문적 논의 안으로 복귀시킬 수 있는 준비 운동은 그러한 사상의 해체에서 시작되어야 한다. 그런 다음 그러한 사상 안에서 소외당해 왔던 주변부 토픽, 사건, 사고, 그것을 담는 몸, 그것의 결과인 즐거움과 같은 테제에 관심을 가져 볼 수 있다.

　고급 문화 / 대중 문화의 이분법적인 논의도 그런 측면에서 비판할 수 있다. 고급 문화 / 대중 문화에 대한 논의가 1950년대 정점을 이루었다가 다시 고개를 들기 시작한 것도 후기 구조주의의 등장과 궤를 같이한다. 즉 후기 구조주의가 이분법적인 도식에 반발할 수 있는 가능성을 열어 준 것이다. 그리고 대중 문화를 저주해 왔던 논의가 과연 무엇을 목적으로 하고 있었던가를 짐작해 볼 수 있게 해준다. 대중 문화를 배제시킨 채 인간을 훈육시키고 절제시키는 의도나 목적을 드러낼 수 있다는 말이다. 예술을 찬양하는 부르주아 미학이라는 울타리 안으로 인간을 몰아가려고 하는 노력이 아니었을까 짐작해 볼 수 있다. 페미니즘에서의 대중 문화 논의도 후기 구조주의에 힘입은 바 크다. 대중 문화 영역도 남성 문화 / 여성 문화로 나뉘었다. 여성 문화는 저주받아 왔다. 그들이 즐겨 보는 장르도 그래 왔고, 자신의 대중 문화적 행위마저도 소외받아 왔다. 페미니즘 계열의 학자들은 후기 구조주의로부터 도움을 받아 왜 여성 문화, 혹은 여성 문화 생활이 소외받아 왔는지를 파악하고 여성 문화 지위를 다시 돌려놓으려 노력할 수 있었다.

후기 구조주의적 사고가 더 힘을 받기 위해서는 몇 가지 과제를 해결해야 한다. 계몽주의나 형이상학 등이 후기 구조주의에 의해 해체된 후 과연 우리는 어떤 기준을 갖고 살아야 할까? 후기 구조주의는 '기준'이라는 용어의 사용에 화를 낼지도 모르겠다. 하지만 모든 것을 해체할 수 있고 진리 또한 그 해체에서 벗어나지 못한다면 후기 구조주의의 운명도 마찬가지 아니겠는가? 자신의 진리 체계(즉 반이성주의, 반구조주의 등)는 과연 안존할 수 있을까? 해체 뒤에 과연 어떤 대안을 내놓는가? 이러한 질문이 후기 구조주의에 가해진다. 지금까지 지위를 누려 왔던 것을 해체하고 소외된 것을 제자리에 돌려놓는 것만으로 후기 구조주의가 제 역할을 하지 않았다고 보는 것이다. 이에 대한 논의는 이 책의 마지막 부분에서 할 계획이다.

3. 포스트모더니즘: 새로운 문화적 스타일

1) 포스트모더니즘의 시작

몇몇 포스트모더니즘 학자가 지적한 대로 포스트모더니즘 시작이 기존의 예술 양식에 대한 거부였다면, 이는 분명 문화 산업에 대한 거부도 중요한 동기였으리라 짐작된다. 대중 문화를 생산해 내는 문화 산업은 이미 우리의 일상 안으로 들어와 큰 영역을 차지하고 있기 때문이다. 안드레아스 후이센Andreas Huyssen은 포스트모더니즘의 기원을 다음과 같이 말한다.

> 1960년대 미국의 포스트모더니즘은 전 시대의 본격 모더니즘의 어떤 견해들을 부정하고 비판하며, 1920년대 유럽의 역사적 아방가르드의 유산을 소생시키고 거기에다 뒤샹, 케이지, 워홀을 축으로 하는 후기 산업 사회의 대중 문화적인 미국적 형식을 접목시키려 했다.[265]

다른 기원론으로는 1960년대 미국의 사회적 변화와 관련짓는 관점이 있다.[266] 베트남 전쟁 이후, 역사가 일정하게 진보한다는 믿음에 회의를 느끼는 사건을 접하게 된다. 문화적 무력감이 생기고, 사회의 도덕과 질서에 대한 신념이 상실되면서 미국에서 포스트모더니즘과 그에

---

[265] 안드레아스 후이센, "포스트모더니즘의 이상 정립을 위해," 정정호·강내희 엮음, 《포스트모더니즘론》, 터, 1989, pp. 263~351.
[266] T. Gitlin, "Hip-Deep in Postmodernism," The New York Times Book Review, 6, November, 1988.

대한 논의가 출현하게 되었다고 보고 있다.

포스트모더니즘이 정확하게 언제 시작된 것인지를 따지는 일은 큰 의미가 없다. 기원 자체를 부정하기도 하는 포스트모더니즘에서 그 시작을 찾는 일이란 부질없어 보인다. 그보다는 후기 구조주의적인 인식론에서 영향을 받은 포스트모더니즘 논의가 도대체 현재의 (대중) 문화에서 어떤 성향을 뽑고 그를 어떻게 해석하는가를 살피는 일이 더 중요하다. 여기서는 제임슨을 중심으로 한 마르크스주의자가 포스트모더니즘적 문화를 보는 시각과 보드리야르가 밝혀 낸 포스트모더니즘적 경향성을 논의하고자 한다. 이 둘은 현재 서구에서 벌어지는 대중 문화 현상을 포스트모더니즘적 경향을 띠는 것으로 파악하고, 그 경향을 해석하는 데 관심을 기울였다.

미리 이야기하자면 제임슨을 비롯한 (후기) 마르크스주의자는 포스트모더니즘을 새로운 자본주의 질서에 맞춘 상업적인 문화로 파악한다. 즉 자본주의가 후기 자본주의 혹은 유연한 자본주의로 바뀌면서 문화도 자연스럽게 이전과는 다른 모습을 지니게 되었다고 본다. 데이비드 하비David Harvey는 문화의 경제적 조건이 새롭게 변화하면서 포스트모더니즘이 등장했다고 주장한다.267 자본주의 경제 변화가 포스트모더니즘의 생성 조건으로 작용했다는 논리다. 포드주의Fordism로 일컬어지는 '대량 생산─대량 소비'를 통한 자본 축적은 '규모의 경제'를 가능케 했다. 하지만 1970년대에 들어서는 보다 유연한 자본의 전략, 즉 다품종 소량 생산을 축으로 하는 '범위의 경제'로 전환된다.268 이 같은

267 D. Harvey, *The Condition of Postmodernism*, Cambridge: Basil Blackwell, 1989, p.147.
268 규모의 경제가 얼마만큼 생산할 것인가에 관련되어 있다면, 범위의 경제는 얼마나 다양하게 생산할 것인가에 관한 것이다.

경제적 조건 변화가 포스트모더니즘이라는 문화적 양상을 가능케 하였다. 하지만 이러한 경제적 조건이 곧바로 포스트모더니즘적 문화 생산을 결정하는 것은 아니다. 유연한 자본의 논리는 우리가 일상에서 느끼는 시간 감각이나 공간 감각을 변화시킨다고 하비는 지적한다. 시간과 공간이 자본의 유연화 전략 탓에 압축되고, 이러한 일상에서의 변화가 포스트모더니즘적 문화가 확산될 수 있는 새로운 바탕이 됨을 지적한다. 자본 순환을 가속화하고 그 기반이 되는 물류와 관련된 많은 기제는 공간을 압축한다. 이에 편승해 대중 매체는 이미지 중심의 새로운 문화 상품을 광범위하게 생산해 소비로 유도한다. 자연스럽게 포스트모더니즘적 문화가 자본주의 내 주도적인 문화 형식으로 등장하게 되었다. 포스트모더니즘의 등장을 설명한 하비와 제임슨의 설명 방식은 흡사하다. 제임슨은 이를 보다 더 적확하고 구체적으로 설명한다는 차이점이 있을 뿐이다.

프랑스의 문화 비평가이자 사상가인 보드리야르는 포스트모더니즘에 대해 파격적인 이야기를 쏟아 낸다. 마르크스주의에서 출발한 그의 이력은 포스트모더니즘으로 선회하면서 지명도를 훨씬 높여 왔다. 특히 기호의 세계로 현재의 문화 현상을 파악하려고 한 그의 논리는 현재의 다양한 문화를 설명하는 데 유익한 통찰력을 전해 준다. 몇몇 용어를 중심으로 그의 포스트모더니즘에 대한 설명을 정리해 본다.

2) 제임슨: "포스트모더니즘은 후기 자본주의의 문화 논리이다" [269]

프레드릭 제임슨은 포스트모더니즘을 후기 자본주의의 문화적 논리로 파악한다. 후기 자본주의에도 모더니즘적 양식, 포스트모더니즘적 양식이 혼재하지만 포스트모더니즘이 우세한 문화 논리로 존재한다고 본다.

료타르나 보드리야르가 포스트모더니즘을 모더니즘과의 급격한 단절이라고 본 것과는 달리 제임슨은 단절과는 거리를 둔다. 포스트모더니즘은 후기 자본주의 사회에서의 우세종인 문화 현상일 따름이다. 그런 의미에서 마르크스주의에서 설명하는 토대—상부 구조의 단순한 논리를 피하려는 노력이 스며 있다. 마르크스주의를 수정한 윌리엄스의 '주도 문화—부상 문화—잔여 문화' 개념틀로270 포스트모더니즘을 설명한다. 후기 자본주의 시대의 문화적 특성이 어떤 연유로 발생하였으며 후기 자본주의에 어떤 기여를 하고 있는지를 추적한다. 문화적 소비를 통한 새로운 경험들, 감정 구조가 어떻게 구성되며 구성된 감정 구조가 어떤 역할을 하는지를 파악하고자 했다.

후기 자본주의 시기의 문화는 다국적 기업이 세계 전반을 지배하는 것을 정당화시켜 준다. 후기 자본주의 시대 문화인 포스트모더니즘 문화가 그 같은 역할을 충실히 해낸다. 모더니즘적 문화와 달리 포스트모더니즘 문화는 상품 논리에 함몰되어 있다. 문화가 자율성을 완전히 상실했기 때문이다. 문화는 소비로 점철된 일상 생활과 간극을 전혀 가지지 않은 채 존재하며 소비적 일상 자체로 스며들어 와 있다고 본다. 제임슨은 소비 사회의 전 영역에 걸쳐 확대되어 소비와 문화 간의 간극이 사라졌다며 이를 '내파implosion'라고 불렀다. 소비와 문화가 안으로 퍼져 한 몸이 되었다는 말이다. 자본이 모든 사회를 지배하는 소비 사회를 정당화시켜 주는 문화의 모습을 보고 "후기 자본주의야말로 진정한 자본주의의 모습을 띠고 있다"라고 제임슨은 지적했다. 소비 생활과 간

---

269 문화주의에서 윌리엄스의 논의를 참조하라.

270 F. Jameson, "Postmodernism or the Cultural Logic of Late Capitalism," *New Left Review*, 146, 1984, pp.53~92.

극을 두지 않은 문화의 모습, 즉 포스트모더니즘 문화란 도대체 어떤 구체적 모습을 하는지 제임슨의 논의를 따라가며 정리해 보자.

첫째, '깊이 없음' 혹은 '정서의 퇴조'는 포스트모더니즘 문화가 드러내는 최고의 특징이다. 모더니즘은 본격적인 자본주의 사회로 접어드는 소비 사회를 견제하고 거리를 두고자 했다. 포스트모더니즘, 포스트모던 문화는 그러한 주제를 스쳐 지나가듯이 스케치하거나 의미 없이 따라서 나열해 놓을 뿐이다. 거기에는 어떤 깊이도 없고, 진정한 주제 의식도 찾을 수 없다. 포스트모던한 예술 작품은 그들과 맞닥뜨린 관객이 자본주의 사회, 소비 사회를 생각해 볼 어떤 이해의 터전도 제공하지 않는다. 제임슨은 뭉크의 〈절규〉와 같은 작품에서 느낄 수 있는 불안과 소외 같은 개념은 더 이상 포스트모더니즘적 세계에서 적절하지 않다고 예를 든다. 대신 앤디 워홀의 작품 〈마릴린 먼로〉에서 볼 수 있듯이 자기 파멸적인 자기 분열, 주체 분열만이 있을 따름이다. 이제 작품을 만드는 작가는 자신만의 독특한 스타일이나 주제 의식을 드러내지 않는다. 더 이상 자아 혹은 주체로서 작가가 존재하지 않는 셈이다. 결국 모더니즘에서 찾으려 했던 개성이나 주제 의식은 소진되고, 해체된 자아가 만들어 내는 탈중심화되고 분열된 조각만 문화적 내용으로 존재할 뿐이다.

둘째, 개별 주체가 소멸하고 나면 당연히 스타일의 죽음을 맞게 된다. 이러한 형식상의 변화가 일어나면서 혼성 모방*pastiche*이 새로운 기법으로 등장한다. 혼성 모방은 패러디의 쇠락한 모습이다. 패러디는 일정 의도를 가지고 특색을 흉내 내는 목적 있는 모방이었다. 하지만 혼성 모방은 모방 자체에서 의미를 찾는 죽은 언어의 연속이다. 거기에는 의도도 없고 풍자적인 충동도 없다. 즉 공허한 패러디라고 부를 수 있을 것이다. 혼성 모방은 지나간 과거를 모방의 창고로 여긴다. 아무런 원칙

없이 과거의 모든 스타일을 함부로 조립하고 자극적으로 결합시킨다. 하지만 이용된 과거는 어떤 의미도 지니지 않는다. 연결된 이미지 가운데 하나일 뿐이다. 그 이미지로 인해 우리는 진정한 역사성을 찾을 수 없을 뿐 아니라 재현된 과정 자체를 이해할 수 없게 된다. 혼성 모방의 시대, 즉 포스트모더니즘의 시대에 과거는 단지 이미지의 환영과 같은 존재일 뿐이다. 1980~1990년대에 제작된 몇몇 미국 영화는(포스트모던 영화라고 이름 붙일 수도 있다. 〈보디 히트Body Heat〉, 〈차이나타운Chinatown〉 등을 그 예로 들 수 있다) 1930~1950년대를 배경으로 등장시켰다. 그러나 영화 속의 그 시기는 역사로서 역할 하지 않으며 당시의 특징적인 분위기나 스타일적인 특성으로만 드러날 뿐이다. 리얼리즘이나 모더니즘에서 찾으려 했던 역사 의식이나 사건의 재현과는 전혀 관계도 없는 형식으로 말이다. 그런 영화에서 과거란 별다른 의미를 지니지 못한다. 그저 과거의 향수 어린 감정만을 전해 줄 따름이다. 역사적 의미는 스타일이나 분위기에 의해 대체되어 버린 것이다.

셋째, 역사성이 소멸되고 주체가 분열된 상태에서 과거, 현재, 미래를 온전히 엮어 내지 않는다. 문화적 생산은 단순히 '의미 없는 조각의 연결'에 머문다. 포스트모던 문화 양식을 '정신 분열적schizophrenic'이라고 칭하는 이유다. 구조주의 언어학에서 설명했던 기표─기의의 관계로 돌아가 보자. 포스트모던 문화에서는 그 관계가 무너진다. 기표가 기의로 이어지기 위해서는 차이라는 중요한 전제가 필요하다. 아무런 의도 없이 나열된 기표들 탓에 차이를 통해서 기의로 이어지기 힘들게 됐다. 기표만이 나열된 형상이라고나 할까? 즉 의미 사슬의 연결 고리가 끊어져 버렸다. 구분되지 않는 기표만 무리를 이루고 있을 때 정신 분열 증상을 겪게 된다. 시간성의 망각, 기호 체계의 혼동 등으로 인한 정신분열증적 문화 현상은 반영 혹은 재현이 불가능하게 되는 포스트

혼성 모방의 시대, 즉 포스트모더니즘의 시대에 과거는 단지 이미지의 환영과 같은 존재일 뿐이다. 〈차이나타운〉(감독 로만 폴란스키, 1974)은 1930년대 LA를 배경으로 한 하드보일드 느와르 장르의 탐정물이다. 시나리오는 1908년에 있었던 실제 사건 (오웬스 리버 밸리 스캔들)을 토대로 쓰였는데, 영화는 그 배경을 1930년대로 옮겨왔다.

모더니즘적 특성이다.

넷째, 정신 분열적 문화 현상으로 인해 비판적 거리가 소멸된다. 기호의 엮음으로 생길 수 있는 이데올로기적 표현이 불가능해진 것이다. 이미지의 나열, 스펙터클은 포스트모더니즘 문화를 통해 후기 자본주의의 논리를 보강하고 강화한다. 역사에 적극적으로 개입하려는 어떠한 기획과 실천적 의미도 사라져 있다. 문화가 이미 경제 가치, 국가 권력 그리고 우리의 일상에 이르기까지 내파되어 스며든 상태에서 성찰하고 계획하는 모든 것은 포스트모던 문화와 결코 화해하지 못한다. 제3 세계의 혁명적 정신도, 환경 파괴를 물리치고 되돌아가려는 자연마저도 모두 포스트모던 문화의 논리 안에 함몰되어 있다. 비판적 거리를 잃고 방황하는 세기라고나 할까.

어쩌면 제임슨은 묵시록적인 문화 현상을 꼬집었는지도 모른다. 자본주의를 옹호하고 자본주의에 대한 어떠한 비판도 거세할 수 있게 만든 포스트모더니즘 문화 양식을 정리하면서 비관적인 태도를 보였다. 그럼에도 이 비판적 태도 속에서 새로운 문화, 혹은 자본주의에 저항할 수 있는 가능성을 찾으려 했다. 제임슨이 내세운 이러한 포스트모던한 문화의 특성 속에서 자본주의 사회의 모순을 척결해 나갈 수 있는 문화 정치가 과연 가능할 것인가? 비판적 거리의 소멸을 극복한 새로운 좌표의 설정은 가능한 것일까? 제임슨은 새로운 재현의 미학을 제시한다. 총체적 재현이 포스트모던 사회에서 불가능함을 인정하면서 '인식적 지도 만들기_cognitive mapping_'의 미학을 내놓는다. 포스트모던한 문화적 논리로 후기 자본주의 사회가 꾸려져 가고 있음을 인식할 수 있도록 도우는 일을 강조한 셈이다. 하지만 과연 그가 설정한 포스트모더니즘적 문화 속에서 인식적 지도 만들기란 가능한 것일까? 우리가 모두 정신분열증적인 문화 증세에 시달린다면 어떻게 그것이 가능할까? 제임슨은 포스트

모더니즘을 비판하기 위한 대안으로 전형적인 마르크스주의를 내세운
다. 그는 우선 후기 자본주의라는 토대 때문에 포스트모더니즘이란 상
부 구조가 생겼다고 본다. 당연히 포스트모더니즘 속에서는 계급과 관
련된 것을 찾을 수 있었다. 포스트모더니즘은 반동적이고 특정 계급의
이익을 대변하는 것으로 파악했다. 제임슨은 새로운 문화적 대안 혹은
후기 자본주의에 맞설 수 있는 문화적 활력소로 제3 세계 문화를 찾았
다. 이미 후기 자본주의 문화 논리로 빠져든 서구 문화가 아닌 제3 세계
문화에서 새로운 저항 문화 논리를 찾을 수 있었으리라 기대 했다.

3) 보드리야르의 묵시록

'현상은 미국에서, 이론은 프랑스에서.' 이는 자주 목격되는 현상이다. 토
크빌은 미국을 여행한 다음 미국의 민주주의와 문화에 대해서 정리하였
다. 물론 프랑스적인 이론으로 말이다. 보드리야르가 전해 주는 대부분
의 포스트모더니즘에 대한 예도 거의 미국 문화에 관한 것이다. 물론 이
론은 지극히 프랑스적이고. 보드리야르는 포스트모던한 속도로 그 내용
을 전개하지만, 정확히 포스트모더니티가 드러내는 의미가 무엇인지에
대해서는 잘 대답하지 않는다. 물질적 소비조차도 기호*signs*적인 소비로
읽어 내며 현대 자본주의를 살아가는 대중이 갖는 소비 욕망을 해석해
내고 있을 뿐이다. 대중 문화는 그 소비 욕망을 재촉하는 장치로 이해할
수 있기 때문에 대중 문화 논의와 그를 접합시키는 일은 반드시 거쳐야
할 과정이기도 하다.

보드리야르는 마르크스주의와 기호학을 접목하여 현대 사회를 분
석하려는 입장에서부터 논의를 출발하였다.271 현대 사회를 소비 사회
로 규정짓고, 소비 사회를 철저하게 교환 가치의 법칙에 의해 지배되는

사회로 파악했다. 생산자는 소비자의 생활에서 필요한 필수품을 생산하기보다는 소비자의 욕망을 자극하는 (새로운) 물건을 생산한다. 그 욕망을 자극하기 위해서 만들어지는 대중 매체 속 광고는 끊임없이 기호를 만들어 낸다. 이제 소비자가 선택하고 욕망의 대상으로 삼는 것은 광고하는 물건이 아니라 광고가 제공한 기호 그 자체가 되어 버린다. 소비자는 기호를 욕망하고 소비하게 되는 셈이다.

기호는 광고를 통해 재맥락화되면서 전혀 상상하지 못한 의미를 만들어 낸다. 그 예를 들어 보기로 하자.

"(마룻바닥을) 윤내는 약 광고 속의 로맨스는 일상 생활에서는 '찾지 못하는' 그런 단어와 의미로 구성된다. 어떤 평범한 여자가 시원찮은 왁스로 열심히 바닥을 닦고 있지만 별 효과가 없다. 이때 섹시한 남자가 불현듯 나타나 부엌으로 들어온다. 부엌에 그 모습을 드러낸 섹시한 남자의 그 불가능성이 광고를 재현적, 과학적 논리로부터 떼어 놓는다. [……] '존슨스'라는 광내는 약은 이제 낭만적인 구원에 필적한다. 그 상품에는 그것의 사용 가치 및 교환 가치와는 구별되는, 실로 그런 가치와는 다른 위상을 갖는 기호 가치가 부여된다. 로맨스 = 바닥 왁스라는 등식이 갖는 '무의미함' 그 자체가 그 상품의 의미를 소통하게 하는 조건이다."[272]

기호의 유희를 통해 새롭게 생기는 의미를 잉여 의미라 일컫는다. 잉여 의미는 자본 논리에 의해서 생기는 효과가 아니라 광고 속 언어 놀이에 의해 생긴 효과이다. 자본은 상품을 생산하는 데까지는 자신이 기

271 이를 두고 많은 이들은 그의 스승 앙리 르페브르Henri Lefebvre의 영향이 컸다고 한다.
272 M. Poster, *The Mode of Information*, Chicago: University of Chicago Press, 1990(《뉴 미디어의 철학》, 김성기 옮김, 민음사).

이제 소비자가 선택하고 욕망의 대상으로 삼는 것은 광고하는 물건이 아니라 광고가 제공한 기호 그 자체가 되어 버린다. 소비자는 기호를 욕망하고 소비하게 되는 셈이다. 사진은 페리에 주에 벨 에포크 와인 광고.

획한 대로 이끌 수 있지만 소비로 이어지게 하는 데서는 한계를 느낀다. 소비자가 지갑을 열지 않으면 만든 상품도 소용이 없다. 그러므로 소비자의 지갑을 열기 위해 생산하는 데 든 품의 갑절만큼이나 노력한다. 지금 지니고 있는 상품이 낡은 것이라는 진부함을 심어 주기 위해서는 늘 새로움을 강조하고, 새로움을 강조하기 위해 전에는 동원하지 않는 가치를 부여하고자 한다. 상품 생산보다 상품 광고에 더 많은 공을 들이는 것도 그런 탓이다. 그러므로 광고에서 사용하는 언어 효과를 연구함으로써 새로운 시대의 문화가 지닌 구조적 차원에 더 가까이 갈 수 있다는 것이 보드리야르의 논지다.

1973년의 《생산의 거울*The Mirror of Production*》이라는 저서를 계기로 보드리야르는 마르크스주의와 멀어질 준비를 한다. 산업 사회를 형성했던 범주, 가치로는 더 이상 설명할 수 없는 새로운 사회 상황을 '포스트모던'이라는 사회 질서로 간주한다. 포스트모던한 시대에 이르면 모더니즘에서 굳건하게 믿고 있던 짝패의 대립은 모두 사라진다. 정보를 제공하는 매체가 폭발적으로 증가함에 따라 사적인 공간과 공적인 공간에 대한 정보의 구분도 사라진다. 개인의 사적 생활은 그들의 기록물에 해당하는 매체에 의해서 공적인 것이 되고 침해당한다. 그럼으로 해서 무엇이든 숨길 수 있는 공간은 박탈된다. 모든 것이 가시성이란 새로운 질서 앞에 무릎을 꿇게 된다. 모든 것이 투명해지고 가시성을 지니게 되는 외설*obscenity*의 시대를 맞이하게 된 것이다. 이는 앞에서 설명했던 제임슨의 걱정 — 문화의 모든 영역에의 침투 — 과도 통하는 부분이다. 실제로 제임슨과 보드리야르는 이러한 현상을 설명하기 위해서 '내파*implosion*'라는 용어를 사용한다. 사적인 것과 공적인 것의 허물어짐, 정보의 과잉 공급으로 인한 현실 세계와 재현 세계의 경계 말소, 소비와 일상 세계 간 구분 소멸 등과 같은 내파가 새로운 문화 질서로 등장하는 것이다.

내파의 시대에 현실과 재현의 관계는 그 이전 시대와는 다른 모습을 갖게 된다. 소쉬르의 시대만 하더라도 기호의 바깥에 현실(소쉬르의 용어를 따르면 referent는 자세히 설명되지 않았지만 분명 존재하는 그 무엇이었다)이 존재하고 있었다. 하지만 보드리야르는 포스트모던 시대에는 그 관계가 허물어지거나 역전되고 있다고 주장한다. 여기서 잠깐 그가 정리한 현실과 재현 관계의 변천에 대한 설명을 살펴보자.273

어느 시기에나 재현이라는 모사 과정simulation이 있었다. 하지만 그 모사 과정의 중요성은 시대에 따라 다르게 나타난다. 르네상스는 중세의 신분 사회와 신 중심 사회의 종말을 의미한다. 신의 질서에서 자연권에 대한 믿음으로 전환되고, 예술은 자연을 흉내 내려는 재현을 시도한다. 기호는 현실을 반영하는 거울 같은 역할에 머문다. 이 시기 재현은 모사품counterfeit을 생산하는 단계에 머물렀다. 재현의 성공에 대한 평가는 늘 현실을 기준으로 이뤄졌다. 산업 혁명 이후에는 재현에 대한 사고가 달라진다. 사회는 모사품을 무한정 대량 생산할 수 있게 되었다. 모사품은 공산품으로 운명 지워 졌다. 인간을 흉내 낸 공산품(로봇 등과 같은), 대량 복제 기술을 통한 예술 공산품은 시장 원리에 내맡겨진다. 하지만 여전히 시장 원리에서도 공산품에 대한 평가는 그것이 모사하고자 한 원본(현실)과의 닮음이 기준이 되고 있었다. 르네상스에서 산업 혁명에 이르기까지 재현은 현실을 축으로 하였고, 그 평가에도 현실이 기준이 되고 있었다. 현실이 모사의 대상이었고, 그를 축으로 모사의 성공과 실패를 논의하고 있었다.

---

273 J. Baudrillard, *Simulations*, in P. Foss et al. (trans.), New York: Semiotext(e), 1983.

보드리야르는 오늘날 모사와 현실의 지위는 과거와 판이하게 다름을 지적한다. 우선 모사와 현실 간 간극은 줄어들거나 사라져 있다. 때로 그 둘 간의 지위는 역전되기도 한다. 현실 먼저, 모사 다음이 아니라, 모사 먼저 현실 다음이 되기도 한다. 현실을 모방해 낸 재현이 아니라 재현을 통해 현실을 확인하는 전복이 발생하기도 한다. 재현 과정을 통해서 만들어진 모사를 보드리야르는 시뮬라크라simulacra라고 불렀다. 보드리야르는 시뮬라크라가 현실을 평가하는 잣대가 된다고 말한다. 현실이 얼마나 현실다운가를 평가하는 데 재현된 모사가 기준이 된다는 말이다. 그러므로 현실에 대한 믿음보다 모사에 대한 믿음이 앞선다. 모사가 현실을 압도하는 일이 생기는 셈이다. 이처럼 가상 현실과 같은 모사가 현실을 압도하는 모습을 두고 보드리야르는 하이퍼리얼리티hyperreality라고 불렀다. 현실보다는 더 현실 같은 모사를 가리키는 말이다.

휴대 전화는 개인이 이동 중에도 통화를 할 수 있다는 실질적 가치를 지닌다. 그런 기능이 있는 셈이다. 하지만 휴대 전화 광고는 그런 말을 좀체 하지 않는다. 새로운 기능을 말해 주기보다는 휴대 전화를 사용하면 그 기능과는 관계없이 첨단을 사는 사람의 지위를 전해 줄 것처럼 말하거나 멀리 떨어진 연인과 사랑이 더 돈독해질 거라고 말한다. 사실상 휴대 전화의 기능과는 동떨어진 말을 한다. 하지만 새롭게 휴대 전화를 구입하는 쪽에서는 오히려 그 같은 휴대 전화가 자아내는 기호적인 측면에 더 관심을 갖는다. 휴대 전화가 전해 줄 자신의 지위, 사랑에 대한 약속 그런 기대 때문에 새롭게 휴대 전화를 바꾸는 경우가 많다. 기능을 구매하는 것이 아니라 휴대 전화가 자아낼 기호 가치에 더 집착한다는 말이다. 광고 속 휴대 전화는 실제 휴대 전화가 전해 주는 것보다 멋진 내용으로 소비자의 욕망을 불러일으킨다. 소비자는 실제 휴대 전화보다 오히려 광고가 약속한 휴대 전화에 더 많은 기대를 걸고,

보드리야르는 시뮬라크라가 현실을 평가하는 잣대가 된다고 말한다. 현실이 얼마나 현실다운가를 평가하는 데 재현된 모사가 기준이 된다는 말이다. 그러므로 현실에 대한 믿음보다 모사에 대한 믿음이 앞선다. 모사가 현실을 압도하는 일이 생기는 셈이다. 걸프전을 예로 들어 그는 대중이 텔레비전 화면을 통해 목격한 것은 전쟁의 참혹하고 야만적인 리얼리티가 아니라, 전쟁을 재현하는 고도로 선택된 이미지와 군사 기술이 만들어 낸 가상 공간, 모사된 현실이 만들어 내는 일종의 이미지와 스펙터클의 결합체를 시청했다고 말한다.

그 휴대 전화가 욕망을 채워 줄 것이라고 기대한다. 손에 있는 휴대 전화보다 광고 속 휴대 전화, 즉 기호에 더 기대를 걸고, 자신의 욕망을 채워 줄 거라고 믿는다. 보드리야르식으로 말하자면 우리는 실재 휴대 전화를 소비하는 것이 아니라 기호를 소비하고 있으며, 실재 휴대 전화의 존재는 이미 잊고 지낸다. 모사가 현실을 압도하는 일이다. 대중 문화는 그같이 욕망을 자아낼 모사를 끊임없이 생산하는 공간이므로 현대 자본주의의 총아이기도 하고, 현대 자본주의를 버텨 주는 포스트모더니즘적 문화 양식의 근원지이기도 하다.

요즘 이름 있는 음식점은 간판에 맛자랑 프로그램이나 달인 프로그램에 소개되었음을 자랑으로 내세운다. 하지만 알다시피 방송사는 음식점을 평가하고 그에 대해서 점수를 매길 수 있을 만큼 맛이나 위생 상태를 판단할 수 있는 전문 기관이 아니다. 단지 방송을 하는 제도일 뿐이다. 그런데 왜 방송 프로그램에 소개된 것이 좋은 음식점이라는 것을 보증해 주는 단서가 되는 것일까? 텔레비전에 등장했다는 것 자체가 현실적 존재감을 얻게 되는 계기가 된다. 텔레비전에 등장하지 않으면 존재하지 않았던 것처럼 여겨지는 시대가 된 셈이다. 시뮬라크라를 끊임없이 만들어 내는 대중 매체가 바로 현실의 근거가 되는 일례다. 우리는 텔레비전에 등장하지 않으면 중요한 사건이 되지 않는 현실을 살고 있다. 텔레비전 자체가 중요한 사건이므로 실제에 대한 관심은 덜할 수밖에 없고, 보드리야르 말대로 실제가 사라진 세상에 살고 있는지도 모른다.

보드리야르는 자신 이전의 사상은 지나치게 생산에 주목하고 있었다고 비판한다. 그의 저서 《생산의 거울》은 생산 관심을 비판하고 소비 관심으로 옮겨갈 것을 권유한다. 그리고 소비의 논리를 정리해 낸다. 멋진 난蘭이 하나 있다고 가정하자. 그 난은 도구일 수도 있고, 상품일 수도 있으며, 상징일 수도 있고, 기호일 수도 있다. 집에서 난을 키우는 사람은 난을 정신적으로 안정을 주는 도구로 보고, 그 기능 탓에 난을 소중히 여길 것이다. 그럴 경우 난은 도구로 작용한다. 사용 가치를 갖는다고 말한다. 난은 다른 것과 교환할 수도 있다. 팔아서 다른 식물을 사거나 그 난이 엄청나게 귀한 것일 때에는 귀중품과 바꿀 수도 있다. 난은 교환 가치를 갖는 상품인 셈이다. 난은 사랑하는 사람에게 선물로 증여할 수도 있다. 그때 난은 특별한 상품 가치를 갖거나 기능적 가치를 갖지 않는다. 모호하긴 하지만 그냥 선물이므로 상징적 가치를 가질 뿐이다. 어떤 난을 가지고 있는가가 난 수집가들 사이에선 난 전문가의 수준을 알려주는 것일 수도 있다. 평범한 난이 아닌 희귀한 난을 가질수록 수집가의 지위가 높아지는 것은 당연하다. 그 경우 난은 지위를 높여 주는 역할을 하는 기호 가치를 갖는다.

보르리야르는 이 같은 사물의 논리에서 포스트모던한 사회에서 벌어지는 소비는 대체로 기호 가치를 획득하기 위해 벌어진다고 했다. 특별하고 비싼 난을 소중히 여기는 것은 다른 사람이 가지지 않는 것을 갖고 있다는 기호 가치를 위함이다. 새로운 상품을 소비하는 것은 다른 사람에 뒤지지 않기 위한, 자신을 드러내기 위한 실천이다. 현재 사용하고 있는 휴대 전화로 통화를 하는 데 아무런 어려움이 없더라도 새로운 상품이 출시되면 바꾸어야 한다는 생각을 갖는 것은 대체로 새로운 휴대 전화가 내건 기호적 가치에 유혹된 탓일 가능성이 크다. 상품을 욕망하기보다는 상품에 연관된 기호를 욕망하는 셈이다.

4) 포스트모더니즘과 대중 문화 논의

포스트모더니즘론이 수입되어 대중 문화 논의에 어떤 영향을 미치게 되었는가를 살펴보는 일은 상당한 의미를 지닌다. 실제로 포스트모더니즘에 관한 본격적인 논의와 대중 문화에 대한 논의의 붐은 일치하는 것처럼 보이기도 한다. 그래서 대중 문화를 학문적으로 논의하려 하면 포스트모더니즘을 이야기하려는 것이냐는 기상천외한 질문을 받기도 한다. 그만큼 포스트모더니즘은 이 땅에서의 모든 논의들을 연성화시켰다는 혐의를 받고 있다. 그래서 선뜻 포스트모더니즘의 우산으로 들어가기보다는 훑어보는 모습들을 여기저기서 찾을 수 있다. 그 밑으로 들어가도 되는가 하는 의구심 탓이리라! 나는 그러한 모습에서 오히려 튼실한 대중 문화론을 만들 수 있는 가능성을 엿보곤 한다. 무조건적인 수입이 아니라 우리 실정에 맞는지를 가늠해 보는 작업이 중요하다고 생각하기 때문이다.

포스트모더니즘 논의 이후 우리의 대중 문화에 대한 논의가 어떻게 달라지게 되었는가를 살펴보면 간접적으로 포스트모더니즘 논의의 기여를 가늠해 볼 수 있지 않을까 생각한다. 포스트모더니즘론이 직접 기여하게 되었다는 단선적인 인과론적인 해석이 아니라 상관 관계가 있다는 정도로 해석해 볼 수 있다.

첫째, 대중 문화에 대한 마르크스주의적 해석의 변형이다. 대중 문화를 논의한 모더니즘적 해석은 얼마든지 있어 왔다. 하지만 가장 체계적으로 논의를 이끌어 왔던 패러다임은 마르크스주의라 생각한다. 알튀세르의 구조주의 마르크스주의가 그 가운데 두드러진다. 이후 기존의 마르크스주의가 행해 왔던 권력의 개념이 보다 더 세분화되기 시작했다. 하지만 그 본격적인 세분화 작업은 포스트모더니즘 논의에 이르러 정착된다. 대중 문화 안에서의 권력 행사가 이데올로기적인 것으로만 받아들여지던 것을 뛰어넘어 우리의 일상 생활, 움직임, 의식 모든 것에 깔려 있다는 점을 포스트모더니즘을 통해서 받아들이게 되었다. 물론 국가 중심적 권력이 아닌, 도처에 깔려 있으며 반복적이며 자기 생산적인 권력을 의미한다. 그리고 그 권력에 대한 도전 또한 도처에서 진행되고 있으며, 그로 인해 투쟁의 영역이 확대되고 있음을 배우게 된다. 특히 그동안 주목받지 못했던 일상 안에서의 권력 투쟁 등이 강조되기 시작했다. 우리의 일상이 정치적인 영역으로 대립되었고, 아울러 대중 문화 속에 있는 모든 권력 관계가 폭로되며 논의되기 시작한 것이다.

둘째, 대중 문화 혹은 일상 생활을 통한 저항의 궁극적인 목표를 변경하게 되었다. 인간 주체 위주의 생활에서 상징적으로 등장하고 나타나는 개인에 대한 의문시되지 않은 권력에 대한 저항을 높이 사게 된 것이다. 먼 미래에 나타날 문제 해결 혹은 해방에 대한 기대 대신 오늘을 살아가는 생활에서의 적을 찾고 도전한다. 개인을 분리시키고 타인과의 유기적인 연대를 단절시키고 공동체적 삶을 쪼개는 모든 개인의 구속에 대한 저항에 의미를 둔다. 개인을 규격화하고 직접적인 일상 생활에 적용되는 권력, 자신의 개체성에 따라 개인을 구분하려는 권력, 진리의 법칙을 강제하려는 권력에 대한 저항을 중요시한다. 대중 문화는 그러한 구분을 획책하는 권력일 수도 있고, 때로는 개인의 저항을 가능케 하는 발판이기도 하다. 그런 의미에서 대중 문화의 영역은 본질적인 모습을 띠고 있는 것이 아니라 항상 유동적이고 양날의 칼을 지니고 있다.

셋째, 이러한 미시적인 투쟁의 중요성 인식은 몇 가지 연구 과제를 던져 준다. 대중적인 것, 즉 이데올로기적 영역이 아닌 것들이 정치 무대에 등장할 수 있는 가능성을 열어 주고 있다. 진보적 저항이 일어날 수 있는 곳은 단순히 이데올로기적인 영역만이 아니다. 감정적인 영역, 우리의 육체 등과 같은 곳에서도 그것은 가능하다. 대중 문화는 대부분 대중들의 몸과 가까이 있는 것들이다. 부르주아적 관점에서 보면 일상성과 가깝다거나 실질적인 몸에 가까울수록 그 표현은 저급한 것이 된다. 그들의 관점에서 몸을 표현하려면 가장 절제되고 이상적인 몸을 표현하도록 해야 한다. 노동의 몸, 추한 몸, 신나는 몸 등등은 예술적인 영역이라기보다 추문의 영역에 해당한다. 하지만 포스트모더니즘 문화 논의에 이르면 몸을 통한 즐거움 등등은 외면의 영역이 아니라 권력의 그물에 걸려 있는 정치적 영역이며 투쟁의 대상임을 알 수 있다. 그동안 논의되지 않았던 몸, 즐거움 등등이 새로운 연구 과제로 떠오르고 있다. 오랫동안 이성 중심 논의의 그늘 아래서 신음하던 것을 끄집어 내 새로운 임무를 부여할 수 있게 된 셈이다.

넷째, 주체에 대한 관심이다. 앞서 살펴보았듯이 후기 자본주의 사회에서의 주체는 '생각하므로 존재하는' 그런 주체로 여겨지지 않았다. 대체로 많은 이론들이 동의하듯이 조각 난 주체 혹은 분열하는 주체로 인식된다. 그렇다면 대중 문화를 통해서 정체성을 구한다는 지금까지의 논의는 어떻게 정리되어야 할까? 조각 난 주체, 분열하는 주체를 통해서 정체성이 형성된다는 것은 불가능해 보이기 때문이다. 이는 매우 큰 숙제이다. 우리의 생활 자체가 전 지구적인 수준에서 운용됨을 인정한다면 주체 및 정체성이 상정하고 있는 민족 국가라는 개념이 앞으로 얼마만큼 유용할 것인가가 심각한 주제로 떠오른다. 우리가 한 핏줄로 대하고 있는 중국 동포에 대한 대접은 이미 그런 신화를 깨고도 남음이 있다. 중국 동포보다는 미국 슬럼가의 흑인을 더 동경하고 동정하고 있는지도 모른다. 이미 그들의 문화를 접하면서 우리는 너무도 많은 것들을 알아 버린 것이다. 그런데도 글로벌한 대중 문화를 논의하면서 민족 문화를 들먹인다면 너무 시대 착오적인 것은 아닐까? 어차피 분열된 주체, 조각 난 주체는 불가피한 것이 되었다. 그렇다면 그 조각 난 주체들이 해낼 수 있는 것이 무엇인지 그 주체가 새로운 사회 구축을 위해 무엇을 할 수 있는지 등에 초점을 맞추어야 할 것이다. 이 또한 포스트모더니즘이 전해 주는 새로운 통찰력이며 과제이다.

다섯째, 종합해서 포스트모더니즘은 우리에게 해답을 전해 주기보다 숙제를 전해 주었다. 대중 문화를 새롭게 바라볼 여지도 안겨 주었다. 그러나 그것이 여전히 서구의 것이고 우리의 연구 대상이란 것도 문화 산업에 의해서 주어진 서구의 것임을 부정할 수 없다면 우리는 숙제만 잔뜩 안고 있는 형국이다. 그래서 포스트모더니즘을 대중 문화 안으로 끌고 들어와 논의하는 것이 편하지만은 않다. 포스트모던 광고, 포스트모던 영화, 포스트모던 소설 등이 있다곤 하지만 그것은 외국 것의 모방이거나 외국 사조에 휩쓸리는 정도일 수도 있다. 그래서 우리는 이론에 대한 설명이 있고 난 다음 그것에 착안한 예술 작품이 나온다는 자조적인 이야기도 듣는다. 즉 포스트모더니즘에 대한 논의가 한창 진행 중일 때 그 이론에 맞춘 영화나 소설이 등장한다는 이야기이다. 그래서 포스트모더니즘은 우리에게 우리는 무엇인가, 우리의 문화란 무엇일까, 우리의 대중 문화를 어떻게 보아야 할 것인가, 우리의 ─ 문화적 견지에서 보아 ─ 제3 세계적 입장은 과연 어떻게 정리되어야 할 것인가 등등의 숙제를 넘겨 주었다. 이는 물론 대중 문화론에 관심 있는 사람들이 당해 내야 하는 문제이기도 하지만 대중 문화라는 공간 안에서 살아가는 우리 모두가 한번씩 자문해야 하는 사안이기도 하다.

보론

포스트콜로니얼리즘

한국 대중 문화의 시작은 언제로 잡아야 할까? 앞선 대중 사회론 논의에서 잠깐 언급한 바 있다. 1960년대 들어 대중 사회, 대중 문화를 본격적으로 토론하기 시작했다. 당시 토론에 참여했던 이들은 과연 한국이 대중 사회에 접어들었는가, 대중 문화가 형성된 사회로 볼 수 있는가를 놓고 갑론을박했다. 1960년대 들어서면서 급격하게 이뤄진 산업화, 도시화, 대중 매체 증가가 논의를 촉발시켰다. 그리고 이후 사회에 대한 관심, 사회과학의 체계화에 힘입어 논의는 더 두터워졌다. 1960년대 이후에야 본격적으로 대중 문화 현상을 접했고, 대중 문화 논의도 활발히 폈다고 할 수 있다. 하지만 엄격하게 말하면 다른 주장도 가능해진다. 대중 문화와 그에 대한 논의의 시작은 그보다 훨씬 더 시계 바늘을 앞당겨 잡아야 한다. 일본 식민지하 조선에서도 많은 대중 문화적 현상이 존재했고, 그를 둘러싸고 많은 설전이 오갔다. 1920년대 들어서면서 신문, 라디오, 잡지가 대중의 눈과 귀를 사로잡기 시작했다.[274] 대중 매체를 통해 광고, 대

---

274 유선영, "근대적 대중의 형성과 문화의 전환," 〈언론과 사회〉, 17권 1호, 2009, pp. 42~101.

중 소설, 야담, 통속 애정 소설, 드라마 등 전에 없던 이야기, 놀이, 정보가 쏟아졌다. 당연히 그에 대한 대중의 호기심, 흥미가 늘고, 그를 본따 생활하려는 대중(모던 보이, 모던 걸이 대표적이다)도 등장한다. 피식민지민의 암울한 정서를 대중 문화를 통해 달래려 했을까 짐작할 정도로 수용 태도는 적극적이었고 관심도 높았다. 일본 식민지하에서 마치 (근대적인) 식민 생활을 즐기는 듯한 존재가 등장한 탓에 대중 문화의 폐해에 대한 언급도 늘어났다. 민족 해방을 위한 투쟁이나 의식화 작업이 필요한 중차대한 시점에 일본으로부터 이식된 근대적 형식의 대중 문화를 즐기며 노닥거린다는 한숨 섞인 힐난도 있었다.

대중 문화와 관련해 1960년대를 논의하는 자리는 많았으나 상대적으로 1920년대, 1930년대에는 조명을 비추지 않았다.[275] 대중, 대중 문화, 대중 사회 간 관계를 설명하는 작업이 사회과학에서 많이 이뤄진 때문이라 짐작된다. 대중 사회 등장을 사회 변화로 간주하고, 그 변화가 의미하는 바를 탐구하고자 했기 때문에 대중 사회, 대중 문화, 대중의 일상의 역사에 대한 관심은 상대적으로 적었다. 그런 탓에 지금 현대를 사는 한국인 생활 일부분은 당시로부터 형성된 일상이 묻어 있음을 충분히 인식하지 못했다. 역사적 접근이 모자랐던 탓에 제국의 잔재, 식민 시대가 남긴 유산을 심각하게 고민하는 기회도 가져 보지 못했다. 그러다 변화가 생기기 시작했다. 그 시기를 들여다 보는 것이 한국의 현재를 연구하는 문지방이 된다는 사실을 인식하기에 이르렀다. 21세기에 접어들면서 그 시기에 대한 관심이 부쩍 늘었고 연구도 두터워졌다. 근

---

275 최근 들어서는 붐이라고 할 정도로 그 시대 대중 문화, 대중들의 일상에 대한 관심이 늘었다. '근대 연구'라는 이름으로 당시를 복기하고, 그것이 갖는 의미를 추적하려는 노력들이 역사학, 국문학, 사회학, 언론학 등에서 늘고 있다.

대성 형성이 식민지하에서 이뤄졌고, 그로부터 시작된 근대적 습속을 이어받고 있다는 인식이 늘었다. 인문학 기반의 연구들은 사회과학 기반 연구가 해내지 못한 역사적 접근을 시도해, 많은 성과를 냈다. 학문적 성과를 기초로 해 영화, 연극, 텔레비전 드라마도 식민지 시대의 대중 문화를 소재로 다루기 시작했다. 식민 시대의 대표적 풍경이던 민족의 울분, 저항, 투쟁의 자리 곁에 대중 문화도 한 귀퉁이를 차지하게 되었다.

2007년은 한반도에서 라디오 방송(JODK, 경성방송)이 시작된 지 80년이 되는 해였다. 그리고 근대 서양 의학이 도입되어 큰 병원(대한의원, 서울대학병원의 전신)이 문을 연 지 100년이 되는 해이기도 했다. KBS와 서울대학병원은 각각 한국방송 80주년, 근대 의학 100년을 대대적으로 기념하기로 계획했었다. 하지만 그 계획은 당장 반발을 맞았다. 방송국이든, 병원(사실 최초의 근대적 병원이라던 '대한의원'은 주로 당시 일본인들이 찾았던 병원이다)이든 모두 일본의 식민 경영을 위한 수단일 뿐인데, 그를 두고 후세가 기념하는 일은 이치에 맞지 않는다는 지적이었다. 이치에 맞지 않다함은 민족 정서에 어긋남을 의미한다. 즉 민족주의적 관점으로 보아 그렇다는 말이다. 민족주의적 관점에서 바라보았을 때 일제 시대의 라디오, 병원 등은 여전히 수탈을 위한 근대적 제도였을 뿐 민족의 편의를 도모하는 제도는 아니었다는 주장이다. 기념할 것이 아니라 더 치밀하게 분석하고 폐해를 더 알리는 일이 필요하다는 주장이 뒤따랐다.

라디오도 병원도 모두 식민 시기에 들어왔다. 그를 통해 오락, 정보, 몸, 질병에 대한 인식을 키우게 되었다.276 군사적 강점기였기에 일

---

276 서범식 외, 《근대적 육체와 일상의 발견》, 경희대학교 출판부, 2006.

본은 물리적으로 여러 제도를 식민지 조선에 심고, 그를 자연스레 받아들이기를 종용했다. 그 새로운 근대적 제도에 매료되어 식민지 조선인이 자발적으로 그 제도를 자신이 살고 있는 환경으로 인식하고 적극 수용하기도 했다. 한반도 대중이 원해서 시작된 일은 아니었다. 식민 이후에도 제도와 제도에 대한 인식 수용은 지속되었다. 스스로를 아시아의 서양이라고 생각하는 일본이 식민 경영을 도모하기 위해 도입하였지만 해방이 되었다고 해서 그를 모두 거부하고 급격히 단절시키진 않았다. 병원과 라디오는 해방 후 한국인의 손에 들어왔지만 의사, 방송, 오락 등에 대한 사고가 모두 싹 바뀌진 않았다. 강제적 식민 상황이 끝났음에도 일본 제국이 편 조건에 대한 태도, 의식, 습속이 사라지진 않았다. 일본의 식민 경영 시절의 제도, 인식, 일상이 한국인에게는 오랜 시간에 걸쳐 주요 습속folkways으로 자리잡았다. 해방이 되긴 했으나 한국인의 사고, 행동 모두 해방된 것은 아니었다. 내면은 해방 상태가 아닌 연루 상태에 놓여 있었다.

그런데 식민과 피식민과의 관계를 더욱 어렵게 하는 조건이 한국에는 하나 더 있다. 미국이라는 변수다. 해방 후 한국은 곧바로 독립 국가가 되지 못했고 3년 동안 미군정 기간을 거친다. 일본과의 관계에서처럼 식민—피식민의 관계는 아닌 새로운 식민의 형태 즉 신新식민주의 상태로 접어든다. 아시아의 서양이라 믿는 일본이 근대 서양 문물을 강제해 전해 준 이후 한국은 미국이 전하는 문물을 대대적으로 접하게 된다. 이른바 '오리지널'을 전해 받으며 경계심을 푼다. 미국의 영향력 아래에 놓이면서 일본을 거쳐 받아들이던 서양 문화를 직접 받아들이는 상황이 되고, 일본 식민지하와는 달리 큰 반감없이 여과 없는 수용을 해냈다. 이미 일제 시대에 받아들인 여러 문화적 내용이 미국식의 것이어서 익숙해져 있었다는 점을 감안한다면277 그 수용은 가히 폭발적인 것이었다. 일제 시대, 미군정 시대(1945~1948)를 지나면서 한국의 대중 문화, 사회 제도 등은 딱히 국적을 가리기 힘들 정도로 혼성성을 띠게 되었다.278 이미 일본을 거친 미국식 문화, 미국에서 곧 바로 건너온 것, 일본을 통해 들어온 것을 한국식으로 바꾸어 놓은 것, 그 모든 것을 한데 섞어 놓은 것 등등. 혹자는 그같은 현상을 두고 민족 문화의 맥이 끊긴 상황이라고 비판한다. 민족 문화를 부흥시키고, 그를 기반 새로운 문화와 사회를 건설하자는 주장을 편다. 식민지 이전의 시대로 돌아가거나 아니면 전혀 새로운 '민족적 문화'를 이루자는 제안이다.

식민지, 신식민지 시기를 거치면서 대중 문화를 민족 문화의 반대편에 서 있는 것으로 인식하기 시작했다. 문화 영역을 논의할 때면 언제나 민족 문화를 계승하고 발전하자는 말이 꼭 뒤따른다. 대중 문화에는 왜색 혹은 양키 문화라는 관리표를 선물했다. 그 같은 비판과 주장은 정치적 슬로건 역할을 해내기도 했다. 이승만 정권, 박정희 정권은 민족주의를 정치적 슬로건으로 내걸었다. 민족 문화를 부흥시키고 창달해야 한다고 지속적으로 선전했다. 하지만 민족주의 주장 이면에서는 미국식 문명과 문화를 받아들여 사회를 근대화시키는 작업을 행했다. 민족주의 가면을 쓴 채 미국식 근대화, 산업화를 주장한 셈이다. 일본하 식민주의를 벗어나면서 한국은 곧 미국의 신식민지하에 들어갔다고. 문화적으로 복잡하게 얽혀 쉽게 정리해내기 힘든 모습을 갖추게 된다. 민족주의, 일본식민의 잔재, 미국식 대중 문화가 복잡하게 얽혀 있다.

오늘날에 이르기까지는 민족주의 담론은 언제나 우세했다. 문화적으로 외세에 의해 침탈당해 왔으므로 우리의 문화를 새로이 찾고, 널리

---

277 영화, 대중 음악, 패션, 학문과 여러 사회 제도들에 미쳤을 미국의 영향력을 생각해 보자.
278 김덕호 · 원용진 엮음, 《아메리카나이제이션》, 푸른역사, 2008.

퍼지게 해야 한다는 주장이 득세해 왔다(물론 그런 논의가 실질적으로 실천되었는가 하는 것은 별개의 문제. 담론으로서 민족주의가 힘을 가졌다는 말이다). 그 당위성을 부정하기란 어려운 일이다. 그러므로 늘 민족주의는 슬로건 행세를 해 왔다. 하지만 1990년대 이후에는 문화적 침탈에 대한 논의만큼이나 자주 문화적 수용, 번역, 혼성화를 논의하기 시작했다. 과거를 찾아 진정한 민족 문화를 찾는 일이 가능한가라는 회의에서 비롯되었다. 과연 민족주의적 시각으로만 모든 문화적 현상을 재단할 수 있는가라는 질문도 제기되었다. 일제 시대부터 시작된 문화적 수용은 세계 자본주의 체제에 의한 것이어서 민족 대 외세로만 설명되지 않는 것이 많다는 주장도 있었다. 자본주의적 모순으로 인해 생겼던 식민 상황이었으므로 그것을 세계 체제 내 자본주의 모순으로 언급하는 것이 옳다는 주장도 있었다. 문화 제국주의cultural imperialism가 대표적 예다. 문화 제국주의는 한국의 문화적 내용이 세계 체제 내 자본주의 모순으로 인한 것이므로, 이를 극복하기 위해서는 한국 사회의 철저한 변혁이 필요하다는 주장이었다. 정치적, 경제적 종속을 끊어내는 일이야 말로 문화 제국주의를 중지시키는 일이라 한다.279 그 또한 많은 지지를 이끌어 냈다.

현재의 한국 대중 문화 논의에서 JODK, 근대 의학의 문제에서처럼 일본, 식민주의, 미국, 신식민주의, 계급, 민족, 자본주의를 언급하지 않고 지나칠 수 없다. 앞에서 설명한 문화 이론으로는 제대로 추적할 수 없을 만큼 복잡한 양상을 띤다. 여기에서 설명할 포스트콜로니얼리즘 post-colonialism은 그 같은 상황을 직접 맞닥뜨려 설명해 보려는 일련의 노력이다. 이 문화 이론이 현 한국 대중 문화를 다 설명하기엔 힘에 벅찬

279 B. Hamm & R. Smandych(eds.), *Cultural Imperialism: Essays on the Political Economy of Cultural Domination*, Orchard Park, CA: Broadview Press, 2005.

부분이 있는 것도 사실이다. 다만 식민지 경험을 했던 사회에서 참고로 할 만한 논의를 펼치고 있고, 대부분의 문화 이론이 식민 경험에 대해 언급하지 않고 지나친다는 점에서 들여다 볼 가치를 지닌다.

1. 포스트콜로니얼리즘이란

포스트콜로니얼리즘은 '식민 통치라는 억압의 역사가 남긴 유산을 극복하고자 하는 시도'다. 식민 국가가 오랫동안 피식민 대중에 강요해 온 정신적 열등함, 문화적 열등함, 혹은 문화의 이식성으로부터 탈출하려는 시도를 의미한다. 앞서 말한 것처럼 한국인의 무의식 속에는 일제 시대부터 형성해 온 피식민 대중으로서 지녀온 열등감(서양화가 먼저 이뤄진 일본이 우리보다 훨씬 더 꼼꼼하고, 계획적이고, 철저하다, 우리는 아직 멀었다 등등) 그리고 신식민지로 일컬어지는 미국과의 관계에서의 열등감(앵글로 색슨족의 우수함, 미국으로부터 우리는 배워 왔고, 또 배워야 한다, 미국은 강하므로 우리가 따라야 한다 등등)이 자리잡아 왔다. 식민 시대부터 받아들이게 된 근대적 문물에 대해서도 태도를 형성했고 그것의 원산지인 서구에 대한 인식도 구축해 왔다. 포스트콜로니얼리즘은 그것의 정체는 무엇이고, 어떻게 재현되고 있으며, 그를 극복하기 위해서는 어떤 노력이 필요한가를 따지는 작업이다. 식민 잔재를 벗어나기 위한, 혹은 그것을 잘 설명하기 위한 이론이면서도 실천이다.

포스트를 달고 있는 용어가 늘 그렇듯이 포스트콜로니얼리즘 역시 이름에 대해 스스로를 해명해야 하는 부담을 안고 있다. 흔히 탈식민주의 혹은 후기 식민주의로 불리는 이 용어에서 포스트는 무엇을 의미하는 것일까? 포스트가 '탈'을 의미할 때는 의도가 담긴다. 식민주의를 극복하겠다는 의지를 담은 용어가 된다. '후기'로 번역될 때는 시간적 의

포스트콜로니얼리즘

451

미가 더 강하다. 물리적인 (영토 침탈의) 식민주의가 끝났지만 아직 식민주의 시대이거나 식민의 잔재가 남아있다는 의미다. 그렇다면 포스트콜로니얼리즘은 어느 쪽에 더 강조점을 주느냐에 따라 그 의미가 달라지겠지만 두 의미를 모두 살리는 편이 나을 듯싶다. 아직 식민주의 잔재가 남아 있음을 드러내 보여 주고, 그것을 극복할 실천을 제안하고, 펴는 것을 포스트콜로니얼리즘의 요체로 보면 큰 무리가 없다.

포스트콜로니얼리즘을 후기 구조주의, 포스트모더니즘 논의의 보론에 포함시키는 일에 대한 해명도 필요하다. 식민 이후부터 식민 잔재가 등장했고, 그에 대한 저항도 강했으므로 최근의 연구 성과로만 포스트콜로니얼리즘을 한정시키진 말아야 한다. 포스트콜로니얼리즘이라는 이름을 갖지 않은 채 행해진 저항이나 이론적 실천도 얼마든지 있었다. 민족주의를 내세운 반反식민 운동은 후기 구조주의나 포스트모더니즘 논의와는 아무런 상관이 없다. 그럼에도 식민주의를 벗어나려는 움직임의 일환인 포스트콜로니얼리즘을 후기 구조주의, 포스트모더니즘과 연관짓는 까닭은 무엇일까? 포스트콜로니얼리즘은 후기 구조주의나 포스트모더니즘의 등장과 함께 화려한 조명을 받았다.[280] 어떤 이들은 후기 구조주의나 포스트모더니즘의 양자라고 칭하며 그 유사성을 강조하고 있다. 식민지 경험을 해석하고 비판하는 과정에서 데리다, 푸코의 영향을 받아 과거 민족주의나 자본주의 모순으로 식민주의를 설명하는 방식을 비켜 갔다며 그 같은 지적을 한다. 이른바 근본주의적 입장, 강한 이분법적 사고에 대한 반발로 등장한 후기 구조주의, 포스트모더니즘적 사고가 식민주의 비판에 도움을 주었다는 논리다. 민족주의 입장,

---

280 R. Young, *Postcolonialism: A Very Short Introduction*, Oxford: Oxford University Press, 2003.

마르크스주의적 입장으로 식민 상황을 설명하려는 과거의 입장에 수정을 가할 수 있게 도와준 것이다. 지배 민족 대 피지배 민족, 지배 계급 대 피지배 계급으로만 식민을 설명할 수도 없고, 식민을 벗어나려는 실천 계획도 수립할 수 없다. 후기 구조주의, 프스트모더니즘으로 보다 유연한 사고를 하게 됨으로써 포스트콜로니얼리즘은 진전을 꾀한다.

식민 시기, 그 이후의 시기 동안 피식민 경험을 한 집단에 가장 든든한 버팀목이 되었던 존재는 역시 민족주의였다. 민족주의를 통해 타민족에 당했던 역사를 발현해 냈다. 그리고 이후 자신의 정체성을 재형성해 가는 과정에서도 민족주의는 큰 역할을 해냈다. 그러나 문제가 없진 않았다. 피식민 민족 내부에서의 차이를 논의하지 않은 채 피식민 경험을 일반화하는 우를 범하기도 했다. 한반도에서도 피식민 경험의 차이는 성별, 계급, 지역에 따라 분명하게 드러났다. 인도에서는 해방 후에도 카스트 제도를 유지했다. 카스트 제도에서 하층민들을 민족 분류에 포함시키지 않을 것이다. 모든 민족 구성원이 해방을 맞은 것이 아니었음은 명확해진다. 피식민 경험을 한 집단의 민족주의는 종종 마르크스주의로부터 도전을 받는다. 식민 경영, 혹은 식민 경영 이후의 사회적 불평등은 계급을 축으로 이뤄지는 것, 즉 제국주의 산물이라고 본 마르크스주의는 식민 경험을 민족 간 대결로 파악한 민족주의와 맞섰다. 하지만 민족 모순을 계급으로 사고하려는 마르크스주의도 피식민 경험을 모두 설명해 주진 못한다. 같은 계급에 속해 있다 하더라도 성별에 따른 피식민 경험은 달리 나타날 수밖에 없다. 군 위안부 할머니의 기억은 같은 계급에 속해 있던 남성의 기억과 결코 같을 수 없다. 민족주의와 마르크스주의가 행한 식민 경험 해석은 페미니즘, 인종주의로부터 도전을 받게 된다. 마르크스주의, 민족주의는 공히 여성의 경험을 제대로 재현해 내지 못한다. 민족 내 다양한 소수자 집단을 배제하는 경향을 갖는다. 식민주의가 피식민 대중을 타자로 배제하였듯이 식민 경험을 민족, 계급으로 일반화하면 대중을 다시 타자로 배제하는 모순에 빠져들 수밖에 없다. 포스트콜로니얼리즘은 이 같은 문제점들을 지적하며 본질주의(계급주의, 민족주의) 논의를 피하며 새로운 논의 방식을 찾고자 했다.

포스트콜로니얼리즘을 비판적으로 정리해낸 바트 무어-길버트Bart Moore-Gilbert는 재밌는 제안을 내놓는다.281 서구의 이론적 자산인 후기 구조주의, 포스트모더니즘으로부터 영향을 받은 포스트콜로니얼리즘과 애초 식민 경험을 바탕으로 논의를 전개했던 초기의 포스트콜로니얼리즘을 구분하자고 제안한다. 전자를 '포스트콜로니얼 이론'으로 후자를 '포스트콜로니얼 비평'으로 다르게 부르고 평가하자는 주장이다. 비평은 포스트콜로니얼리즘이라는 이름을 얻기 이전에 이미 이뤄진 피식민 경험에 대한 비평을 의미한다. 무어-길버트는 윌리엄 두 보이스William E. B. Du Bois의 범아프리카주의, 네그리튀드Negritude 운동, 파농, 아체베 Achebe—응구기Ngugi 논쟁을 포스트콜로니얼 비평의 예로 들고 있다. 구체적으로 피식민 경험을 했던 이들은 어떻게 식민에 저항하고, 극복하며 새로운 정체성을 만들어 갈 것인가를 고민했다. 즉 피식민자가 식민자에 대해 보일 전략 및 전술을 논의했다. 포스트콜로니얼 이론은 후기 구조주의와 포스트모더니즘으로부터 영향을 받아 형성된 식민 이론을 의미한다. 이들은 주로 식민자의 식민 전략, 전술, 그리고 간혹 그들로부터 찾을 수 있는 모순, 그리고 그 모순을 활용한 피식민 대중의 전술에 초점을 맞춘다.

---

281 B. J. Moore-Gilbert, *Postcolonial Theory: Contexts, Practices, Politics*, London: Verso, 1997.

무어-길버트는 포스트콜로니얼 비평과 이론이 갈라지는 분기점을 에드워드 사이드Edward Said의 《오리엔탈리즘Orientalism》(1978)으로 잡고 있다. 사이드의 《오리엔탈리즘》 이후 ㈜식민 경험에 관한 논의는 유럽의 유창한 이론(후기 구조주의, 포스트모더니즘)으로부터 영향을 받아 이론 유파를 형성한다. 흔히 포스트콜로니얼리즘의 삼총사라 칭하는 에드워드 사이드, 호미 바바Homi Bhabha, 가야트리 스피박Gayatri Spivak이 그 대표다. 이들은 피식민 경험을 가진 민족 출신이고, 모두 식민 진영인 서구에서 학문 활동을 벌인 디아스포라dyaspora라는 공통점을 지닌다. 이들 각각은 푸코, 라캉, 데리다로부터 영향을 받았음을 시인하고 있다. 무어-길버트는 포스트콜로니얼 비평에는 긍정적 태도를 취하고, 포스트콜로니얼 이론에는 비판적 입장을 취한다. 그 이유는 다음과 같다. 서구의 이론을 빌려 피식민 경험을 논의하는 포스트콜로니얼 이론은 불가피하게 피식민 경험을 상당 부분 완화해 설명하고 있다고 보았다. 포스트콜로니얼 이론가는 스스로 서구 비판을 위한 제3 세계 중심주의를 경계하고 있었다. 서구 중심주의에 벗어나는 일뿐만 아니라 또 다른 중심주의가 될 제3 세계 중심주의도 벗어나야 함을 강하게 인식하고 있었다. 그들은 모든 중심주의를 배척하는 후기 구조주의, 포스트모더니즘을 배경으로 하고 있었기 때문이다. 그러면서 피식민 경험 논의를 비켜 가며 식민주의를 먼저 언급하기 시작한다. 식민주의가 결코 모순에 놓이지 않았던 적이 없었다며 식민 경영의 어려움, 모순을 찾는다. 그리고 그로부터 생기는 빈틈에 주목한다. 무어-길버트는 이 같은 주장을 놓고 '고통의 실재'를 '이론적 저항'으로 바꾸는 작업이라며 비판했다. 몇몇 마르크스주의자는(아이자 아마드Aijaz Amad, 아리프 딜릭Arif Dirlik) 제3 세계 디아스포라 지식인이 벌이는 지식 비즈니스라고 폄하하기도 했다. 어쨌든 무어-길버트의 분류에 맞추어 포스트콜로니얼 이론과 비평을 나누고 비교 표로 단순화시켜 설명할 수 있다.

포스트콜로니얼리즘 비평과 이론 간 차이는 실천과 관련된 것으로 보인다. 비평 진영에서는 이론적 논의보다는 식민주의의 탈피, 피식민 집단의 정체성 회복을 위한 실천에 더 많은 관심을 보였다. 이른바 식민주의 비판, 대안적 실천, 즉 정체성 형성이라는 생성*becoming*을 모색하고자 했다. 이론보다는 실천에 더 방점을 찍고 있었다. 그에 비해 포스트콜로니얼리즘 이론은 실천보다는 이론화 작업에 더 관심을 둔다. 피식민 집단의 극복을 위한 처방보다는 식민 집단의 전략적 모순을 비판하고 그 모순으로 인한 지배의 불완전성을 강조한다. 이론화 작업이 주목적이니 만큼 혁명적 테제를 끌어 오는 대신 본질주의적 환원이나 구조는 완벽한 승리를 거둘 수 없음을 강조한다. 식민주의의 불완전성을 찾으려 한 셈이다.

2. 포스트콜로니얼리즘 비평

포스트콜로니얼리즘 논의가 서구의 후기 구조주의, 포스트모더니즘 등과 같은 고급 이론*high theory*과 몸을 섞고 있지만 자신의 작업이 프란츠 파농 Frantz Fanon으로부터 영향받았음을 부정하는 이는 없다.[282] 파농은 그만큼 포스트콜로니얼리즘 논의에서 중요 위치를 차지한다. 하지만 이론에 더 큰 비중을 두지 않은 파농은 그 논의 과정에서 흔적으로만 존재하는 경우

---

[282] 파농의 두 권의 책에 담긴 내용을 요약하고 있다. F. Fanon, *Black Skin, White Masks*, in C. Markmann (trans.), New York: Grove Press, 1967; *The Wretched of the Earth*, in C. Farrington (trans.), New York: Grove Press, 1963에서 인용하였다.

가 허다하다. 파농의 작업은 여기저기 산발적으로 필요에 따라 선별되는 경우가 많다. 초기 저술의 현학적인 면, 일관된 이론의 부재 등으로 그를 정확하게 해석하고자 하는 노력은 때때로 난관에 처한다. 그럼에도 불구하고 지속적으로 식민주의 연구자라면 파농을 언급하는 것은 그가 여전히 식민주의 비판의 가장 오래된 기억이고, 바탕 정신이기 때문이다.

파농은 스스로를 프랑스인이라 여기며 자랐다고 한다. 식민지 정부의 공무원이었던 부모로부터는 깜둥이처럼 살지 말라는 교육을 받았다. 서인도 제도 프랑스 식민지인 마르티니크 출생인 그는 이후 식민주의를 비판하는 책에서도 간혹 프랑스인으로서의 자부심을 드러내기도 했다. 그의 문제 의식은 거기에 있었다. 식민의 힘에 대한 것이었다. 그의 탈식민 작업은 피식민지인이라는 주체가 갖는 억압된 정신 상태 분석으로부터 시작했다. 정신과 의사였던 그는 피식민지인은 인간답게 살 권리를 잃고 정신 질환에 시달리며 살아간다고 파악했다. 식민 상황이 피식민지인에게 지속적으로 왜곡된 인간 관계, 이분법적 사고, 백인에 대한 편견, 피식민지인으로서의 열등감을 심어 주었기 때문이다.

의사로서 그는 이분법에 함몰된 피식민 민중의 사고를 목격한다. 피식민인은 자신의 것과 서양 것을 구분한 뒤 자신의 것에 강한 집착을 보인다. 서양 의학을 불신하고 자신의 주술에 더 희망을 걸었다. 그 같은 이분법적 함몰은 피식민 민중이 지닌 고집 때문만은 아니었다. 식민 정책으로 도입된 서양 의학은 인본주의적 정신이나 객관적 과학 정신을 담고 있지 않았다. 오히려 인종을 차별하는 전제를 가진 제국의 산물이었다. 피식민지인을 차별하는 의료 제도를 불신하고 주술에 희망을 거는 일은 당연한 수순이었다. 하지만 불신을 이유로 주술을 따르는 의식 또한 왜곡이라 하지 않을 수 없다. 그런 왜곡이 생기는 기본 원인은 역시 식민주의다. 식민주의가 왜곡된 이분법적 사고를 조장했고, 나아가 왜곡된 주술 선호에까지 이르게 했다. 애초 피식민지 민중이 그랬던 것이 아니다. 강압적으로 서양 의식을 강요한 식민 정책이 그 같은 결과를 낳았다.

피식민 대중 가운데 식민 정책을 충실히 따르는 자도 있다. 식민 언어를 열심히 익히는 엘리트가 대표적인 예다. 식민 언어를 완벽하게 구사하면 자신의 피부색이 옅어질 거라는 믿음 때문에 열심이다. 파농은 식민 언어 숙달을 통해 피식민인이 개인적 성공을 거두면 의식과 육체의 분리를 경험한다고 보았다. 식민지 언어를 완벽하게 구사하면 동료 피식민인들로부터 부러움을 산다. 하지만 식민지 언어를 완벽하게 구사하기에는 한계가 있기 때문에 식민인으로부터는 늘 결핍된 존재로 대접받는다. 동료 피식민 대중으로부터는 피부색이 옅은 존재로 대접받고, 식민인으로부터는 피부색 짙은 존재로 대접 받으면서 '따라하는 피식민인'으로 살아가게 된다. 반면 언어를 완벽하게 구사할 만큼의 사회적 자본을 가지지 못한 자는 자신의 몸을 통해 변화를 꾀한다. 식민지인과의 결혼, 혹은 혼혈인과의 결혼을 통해 자신의 피부색을 바꾸어 다른 대접을 받으려 한다. 피식민 동료와 멀어질수록 더더욱 인간 대접을 받을 수 있다는 사고가 피식민 대중 사이에 퍼진다. 하지만 이 같은 사고는 자신의 몸을 이미 떠나 있는 '하얀' 영혼에 지나지 않는다. 의식과 육체의 분리를 피할 수 없다.

파농은 그 같은 왜곡과 분리를 피식민인이 겪는 정신 질환으로 파악했다. 그 같은 정신 질환은 식민 상황을 제거하지 않고서는 치유할 수 없다. 식민지 현실을 바꾸려는 혁명적 노력이 곧 치유다. 피식민인의 정신 질환은 의료 활동이 아니라 식민이라는 정치 현실을 극복하려는 노력을 통해 치유할 수 있다. 정신과 의사 자격증을 획득한 그는 알제리의 정신병원 책임 의사가 되었지만 정작 관심을 가졌던 부분은 의료 활동이 아닌 병원 환경의 변화, 의사와 환자와의 협력, 이해, 해방의 환경을 조성하는 일이었다. 서양 의료를 식민 제도로만 받아들이는 인식을 바꾸려 했다. 병원 인프라를 해방적으로 꾸며 보기도 했다. 하지만 그 같은 시도는 인종 편견을 전제로 한 의학 교육을 받은 식민지 출신 의사들로부터 방해 받는다. 이후 보다 본격적인 식민지 해방 운동을 벌이기 위해 튀니지에 망명 중이던 알제리 혁명 정부 지도부와 결합한다.

파농은 식민주의로 인한 정신 질환의 치료는 민족 해방으로만 해결되진 않는다고 했다. 오히려 민족 해방을 전면에 내세울 경우 민족이 새로운 족쇄가 될 가능성도 있다고 보았다. 《대지의 저주받은 자들》에서 파농은 진정한 민족 해방은 민족 의식을 넘어설 때 가능하다고 주장했다. 민족 내부의 사회 관계를 민주화하지 않을 때 진정한 해방은 이뤄지지 않음을 강조한 말이다. 파농은 아프리카 지방에 남아 있는 여성의 베일 착용의 예를 든다. 식민 기간 동안 식민 당국은 피식민 여성의 베일을 벗기는 정책을 폈다. 근대화 정책으로 포장해 벗기를 권유한다. 그러나 식민주의에 저항하는 여성은 그를 거부했다. 민족 해방을 위한 알제리 혁명 이후 여성은 혁명에 가담하면서 베일을 자발적으로 벗어던졌다. 베일을 벗어던지는 일은 자발적이고, 혁명적 결정이었지만 정작 여성은 육체의 분리를 느낄 만큼 고통에 시달렸다. 혁명 과정을 지나면서 여성은 베일 없음에 점차 익숙해졌다. 분리된 듯한 육체적 고통도 다시 혁명적 방식으로 재조정되면서 치유되어 갔다. 이 과정은 식민주의의 극복이기도 했지만 민족주의가 지녔던 봉건 관습의 타파 과정이기도 했다. 이처럼 식민주의로부터의 궁극적인 해방이란 민중 중심적으로 민주적인 사회를 형성해 식민주의와 민족주의를 동시에 넘어서는 것을 의미한다.

파농은 피식민 사회의 모든 집단에 기대하고 성원하지 않았다. 모든 집단이 탈식민을 행할 수 있는 잠재력을 지니고 있다고 믿지 않았다. 피식민 사회 내 프티부르주아가 보여 준 여러 형태의 자기 탈색 과정에는 비판의 칼날을 갖다 댔다. 피식민 사회 성원을 모두 민족이라는 이름으로 포괄하려 하지도 않았다. 민족을 언제나 문제의 영역으로 파악했다. 민족 해방은 민족을 해방하는 일이 아니라 문화 혁명, 사회 혁명이어야 한다고 주장한다. 민족주의가 띨 수 있는 봉건 관습과 잔재를 청산하는 일, 마르크스주의가 내세우는 계급 해방, 식민주의를 벗어날 수 있는 의식의 회복이 한데 어우러져야 한다는 주장이었다.

파농의 작업은 포스트콜로니얼리즘 논의에 꼭 필요한 중요한 테제를 생산해 냈다. 그 첫째는 식민주의에서 드러나는 차별(특히 인종 차별)을 문화적 과정으로 파악한다는 점이다. 강압적인 피식민지 점령 이후 이뤄진 차별은 문화적 과정을 통해 정신 질환에 가까운 증오심(이분법적 사고)이나 집착증(탈색)에 이르게 한다고 주장했다. 영토를 뺏고, 빼앗기는 식민주의를 지난 지금의 탈식민주의 시기에서는 문화적 침탈, 포섭, 저항이 더 중요하다. 파농의 작업은 그런 점에서 더더욱 의의를 가진다.

둘째, 파농은 탈식민주의 전술을 구체적으로 언급했다. 파농은 식민주의를 벗어나는 전술로 폐기*abrogation*와 전유*appropriation*를 들었다. 서로 다른 두 방식을 놓고 전유에 강조점을 두었다. 폐기는 서양으로부터 도입된 것을 거부하는 방식이다. 민족주의적인 것, 과거의 토착 전통을 대안으로 내세운다. 폐기는 자칫 민족주의라는 또 다른 함정에 빠질 수가 있다. 전유는 식민에 사용된 도구를 —— 불가피하므로 —— 사용하자는 입장이다. 의학 등과 같은 테크놀로지를 식민의 도구에서 해방의 도구로 바꾸어 낸다면 민족을 위한 제도가 될 수 있다는 것이다. 파농이 정신의학을 사용하여 피식민인의 정신 질환을 치유코자 한 작업이 바로 그 실천이다. 전유의 전술로 식민으로 인한 상처를 씻자는 것이 파농의 주장이다.

　셋째, 식민주의로부터 탈피하는 일은 민족주의로는 불가능함을 파농은 간파했다. 마르크스주의를 도입했지만 그는 진정한 식민주의로부터 해방하기 위해선 봉건적 잔재를 지닌 민족주의로부터도 해방해야 한다고 보았다. 오히려 민족주의로 인해 가려져 있는 민족 내 불평등을 도외시할 수 없다는 입장이었다. 여성에 대한 차별은 민족 해방으로도 해결되는 문제가 아니다. 민족주의의 보수적 관습을 벗어내지 않으면 안 된다. 파농의 작업이 식민주의와 페미니즘을 연결한 작업인 제3 세계 페미니즘으로 이어진 것도 그런 연유다.

　파농이 남긴 테제 중 첫 번째인 문화적 과정으로서의 식민주의, 혹은 해방 실천은 문학 연구자들이 집중적으로 토론했다. 문학 연구자들은 문학 속에 과연 얼마나 식민주의적 잔재가 남아 있는지, 문학이 얼마나 식민주의를 극복하려 했는지를 논의했다. 국내에서도 국문학, 영문학이 포스트콜로니얼리즘과 관련해 많은 성과를 낸 것도 우연이 아니다. 프레드릭 제임슨과 같은 이의 작업은 그런 점에서 살펴볼 이유가 있다. 제임슨은 식민주의 극복의 태도를 제1 세계 문학에서 찾기는 어렵다고 단정한다. 당장 이해하기 어려운 이론을 갖다 대지 않는 한 그 안에서 해방의 기운을 전해 듣는 일은 불가능하다고 진단한다. 그래서 그는 새로운 희망을 제3 세계 문학에서 찾는다. 그 안에는 식민주의를 벗어나려는 몸부림이 있으므로 해방의 기운을 지속적으로 유지할 수 있을 거라고 파악했다. 물론 제1 세계와 제3 세계로 나누는 작위적 구분, 제3 세계 내부의 차이에 대해 눈을 돌리지 못한 점 등으로 비판을 받았다. 그러나 제임슨의 작업은 파농의 포스트콜로니얼리즘 비평의 문제 제기가 구체적으로 어떻게 문화 분석에 활용될 수 있는지를 잘 보여 준다.

　폐기, 전유의 식민주의 극복 전술 방식 논란은 이후 여러 포스트콜로니얼리즘 논의에서 다시 재연된다. 나이지리아 출신의 월레 소잉카 Wole Soyinka와 삼인방(친웨이주Chinweizu, 제미Onuchekwa Jemie, 마두뷰케Inechukwn Madubuike)은 본질주의와 혼합주의를 놓고 논쟁을 벌인다. 어떻게 탈식민화할 것인가를 놓고 벌인 방법론 논쟁이었다. 친웨이주로 대변되는 본질주의는 아프리카 뿌리로 돌아가자며 정체성 회복을 주장한다. 소잉카는 본질주의로 돌아갈 수 없다며 문화적 혼합주의를 내세웠다. 토착어가 아닌 영어를 사용하며 식민주의를 극복하자고 제안했다. 토착어로돌아가는 일은 비현실적며 심지어는 불가능하다고 보았다. 영어는 서로소통되지 않는 소수 부족을 한데 묶어 주는 긍정적인 역할을 했음을 인정하자는 쪽이었다. 물론 본질주의는 이에 강하게 반발했다. 식민 지배의 도구를 식민주의 극복을 위한 도구로 사용해선 안 된다고 말한다. 더이상 존재하지도 않는 타자에게 계속 유린당하는 꼴은 자처하는 일이라고 맞섰다. 식민 지배를 스스로 재연하는 일이라며 영어 사용을 중지하려 했다. 혼합주의는 식민주의를 경험한 피식민 사회에서는 문화 혼종성이 불가피함을 고백한다. 현실을 인정하면서 식민 잔재를 극복할 수있는 가능성을 찾아보자는 주장이다. 본질주의는 문화적 본질주의, 진본주의에 대한 주장이다. 이 논쟁은 대체로 혼합주의의 손을 들어주는쪽으로 기울고 있다. 현실을 인정하며 극복하자는 문화적 혼종성 쪽을더 나은 전술, 방식으로 채택하고 있다. 혼종성 논의는 이후 포스트콜로니얼리즘 이론에서 재연되는데, 특히 호미 바바는 혼종성에 대해 전력투구하면서 그만의 독특한 세계를 구축한다.

무어―길버트는 포스트콜로니얼리즘 비평에 두 보이스, 레오폴드상고르Leopold Senghor, 에메 세제르Aimé Césaire의 성취도 포함시키고 있다.두 보이스는 범아프리카주의를 통해 유럽의 인종주의와 식민주의를 벗어날 것을 주창했다. 그의 범아프리카주의는 이후 아프리카 민족주의와 미국 내 흑인 민권 운동의 길잡이가 된다. 네그리튀드를 주동했던 상고르와 세제르는 식민주의로 인해 파괴된 흑인 정체성을 회복하는 목표를 세우고 대안을 제시했다. 서양의 휴머니즘 전통을 자본주의, 제국주의와 결합한 이데올로기라며 비판했다. 서양의 휴머니즘이나 합리성이 아닌 새로운 대안적 모더니티를 찾으려 했다. 이 같은 움직임은 이후 모더니티 비판이나 사이드의 사상에도 큰 영향을 미쳤다.

포스트콜로니얼리즘 비평에 해당하는 이들은 식민주의를 극복하는 방식에 이견을 노출하기는 했지만 대체로 마르크스주의를 기반으로 한 민족주의 색채를 공유하고 있었다. 계급 해방과 민족 해방을 동시에 이뤄 낼 수 있는 가능성을 점쳤다는 말이다. 하지만 이들을 계승하는 포스트콜로니얼리즘 이론은 마르크스주의 기반을 벗어나 후기 구조주의, 포스트모더니즘을 그 정신적 기반으로 삼으려 했다.

3. 포스트콜로니얼리즘 이론

이번 장은 무어-길버트의 분류에 의존하고 있음을 앞서 밝힌 바 있다. 무어-길버트는 포스트콜로니얼리즘 비평에서 이론으로 전환하는 그 시작을 에드워드 사이드로 파악하였다. 후기 구조주의, 포스트모더니즘을 끌어들여 식민주의를 논의한 포스트콜로니얼리즘 이론의 주요 학자로 에드워드 사이드, 호미 바바, 가야트리 스피박이 있다. 이렇게 묶이는 것을 세 연구자 모두 달가워하지 않겠지만 가장 억울한 표정을 지을 사람은 사이드일 것이다. 사이드는 푸코나 그람시의 이론을 차용했지만 바바나 스피박처럼 이론주의에 빠져 있지는 않았다. 그의 작업은 어떤 면에서는 파농이 놓치고 있는 부분을 보완하며 실천 가능성에 가까이 가려는 것처럼 보이기도 한다.

에드워드 사이드는 1935년 영국 식민지였던 중동의 팔레스타인 지역에서 태어났다. 이스라엘이 이 지역을 점령하자 이집트를 거쳐 미국으로 이주해 성장기를 보낸다. 그는 피식민인의 삶을 파괴하는 식민주의에 직접 주목하지는 않았다. 그는 서양 안에서 동양이 어떻게 받아들여지는지에 대해 관심을 보였다. 그를 세계적인 학자로 이름을 날리게 한 저서《오리엔탈리즘》은283 서양 안에 존재하는 서양 중심적 동양관에 관한 책이었다. 서양의 식민주의자가 식민 지배를 행하기 이전부터 갖고 있던 동양에 대한 인식을 알고자 했다. 파농이 서양 식민주의자의 식민 지배를 비판적으로 보고자 했다면, 사이드는 식민주의자가 식민주의를 펼치게 된 근본 원인을 알고자 했다. 즉 사이드는 식민주의 이전부터 동양에 대한 식민주의적 관점이 자리잡고 있었다는 데 주목한 것이다. 그런 점에서 사이드를 파농의 연장, 보완처럼 읽을 수 있다. 사이드가 식민주의 이전부터 존재하던 오리엔탈리즘의 존재를 드러내고자 했다면, 파농은 그 오리엔탈리즘이 직접 피식민인에게 어떻게 각인되는가에 초점을 맞추고 있었다.

서양은 끊임없이 동양을 자신과는 다른 열등한 타자라고 규정해 왔다.284 그 규정을 다시 다양한 형태의 재현을 통해 재규정해 냈다. 동양과 동양인을 열등한 존재로 인식하는 일을 지속적으로 재생산했다. 그같은 인식과 규정은 동양에 대한 지식으로서 권위를 갖게 되고, 지식 권위를 통해 사회 내에서 권력을 행사한다. 즉 동양에 대한 진리의 자리

---

283 E. Said, *Orientalism*, New York: Vintage Books, 1978 [《오리엔탈리즘》, 박홍규 옮김, 교보문고, 1991].
284 Said, 앞의 책, pp. 32~33.

에 오르게 되고, 그 진리의 지위를 바탕으로 동양에 대한 지배를 정당화한다. 물론 그런 과정은 서양 사회에서만 이뤄지는 것은 아니다. 동양, 즉 피지배 사회에서도 동서양의 차이를 인정하고, 진리로 받아들이고, 동의하며 그 차이를 실천한다. 동양이 스스로를 동양화시킴으로써 서양 중심주의를 몸소 실천하는 일이 벌어지는 셈이다.

　서양의 동양관, 오리엔탈리즘은 식민 경영을 하겠다는 식민주의자의 의도 속에서만 발견되는 것은 아니다. 서양의 모든 영역에서 오랜 기간 동안 구축되어 오리엔탈리즘을 비켜 가는 곳은 없다고 보아도 무방하다. 최고의 진, 선, 미를 추구한다는 서양의 철학, 문학, 과학, 예술 전 영역에 걸쳐 존재하고 있었다. 그들은 서로 따로 동양에 대해 논의하고 있었지만 궁극적으로는 서로 한데 얽혀 일관된 체계를 갖추고 있었다. 이른바 동양에 대한 '담론 구성체'를 형성한 것이다. 동시대적으로 담론 구성체를 형성하기도 했지만, 고대부터 현대에 이르는 통시적 담론 구성체도 갖추고 있다. 사이드는 이를 드러내고 비판하였다.

　나의 중요한 작업 가설은 다음과 같다. 첫째, 여러 학문 분야는 사회에 의해, 문화적 전통에 의해, 세속적인 여러 조건에 의해, 학교, 도서관 및 정부와 같은 고정적인 방향으로 작동하는 힘에 의해 억제되며, 영향을 받는다는 것, 둘째, 학문적인 저작도, 문학 작품도 그것들이 사용할 수 있는 형상, 가정, 의도 속에 한정되어 있으며 결코 자유가 아니라는 것, 셋째, 오리엔탈리즘과 같은 '과학'이 학술적인 형태를 취하며 형성하는 학문적인 성과도 우리들이 믿고 싶어 하는 객관적인 진리 따위는 아니라는 것, 요컨대 나는 관념으로서, 개념으로서, 또 이미지로서 동양이라고 하는 말이 서양에서 상당히 광범위한 흥미 깊은 문화적 공명 현상을 불러일으키고 있음을 인정하면서, 오리엔탈리즘을 일관된 주제로 삼는 '제도'를 서술하고자 노력해 왔다.[285]

사이드는 서양이 갖는 동양관, 즉 오리엔탈리즘은 두 하위 범주를 갖는다고 밝힌다(이 범주 설명은 이후 호미 바바에서도 반복된다). 하나는 서양 사회 내에서 아주 오래전부터 가져오던 동양관이다. 사이드는 이를 잠재적 오리엔탈리즘latent orientalism이라고 칭한다. 다른 하나는 서양이 직접 동양을 만나면서 얻는 동양관인데, 현재적顯在的 오리엔탈리즘manifest orientalism이라고 불렀다. 잠재적인 것과 현재적인 것이 만나면 갈등이 생기게 마련이다. 동양인은 모두 열등하다고 배워 온 서양인이 식민 지배를 통해 동양인을 만나서 그렇지 않음을 알게 되는 경우가 그 예라 하겠다. 두 동양관이 마찰을 일으킬 때 서양인은 언제나 잠재적 오리엔탈리즘을 기준으로 삼는다. 모순을 일으킨 현재적 동양관은 예외라고 치부해 버린다. 그리고 전통을 유지한다. 잠재적 오리엔탈리즘이 이미 진리라는 지식 체계로 군림하기 때문에 그를 넘어서기란 그만큼 어렵다.

《오리엔탈리즘》 저술 이후 《이슬람 다루기Covering Islam: How the Media and the Experts Determine How We See the Rest of the World》 등에서 사이드는 미국의 미디어가 다루는 중동 문제에 접근해 간다. 미국은 중동 문제에 있어서는 언제나 편파적으로 이스라엘 편을 든다. 미국뿐만 아니라 서방 언론 대부분이 그렇다. 할리우드 영화에서부터 텔레비전 뉴스에 이르기까지 《오리엔탈리즘》에서 지적한 서양 중심적 동양관은 지속적으로 반복된다. 중동을 공동의 적으로 돌리는 그들의 작업은 인식론적 폭력으로 그치지 않고, 직접 전투적 공격을 가하는 물리적 폭력으로 이어진다. 사이드 그는 이에 대해 지식인이 더 관심을 갖고 참여해 줄 것을 호소했다. 지식인이 권력에 맞서 진실을 말하기를 호소한다. 다른 부분에서는 진

285 Said, 앞의 책, p.330.

보적이던 지식인이 유독 오리엔탈리즘, 특히 중동 문제에 대해 침묵하는 일에 사이드는 분노하기까지 했다.

사이드는 오리엔탈리즘을 체계적으로 구성해 인종 문제와 민족 문제를 새롭게 정리할 수 있는 가능성을 활짝 열어 주었다. 푸코와 그람시를 활용해 식민주의를 정리해 낸 작업은 앞의 포스트콜로니얼리즘 비평이 실천에 편중되어 있어 전술 전략을 구사함에 있어 크게 도움이 되지 못했음을 교정하는 역할을 한다. 그러나 사이드에게도 몇 가지 약점이 있다. 그의 논의가 지나치게 인종이라는 문제에 환원되어 있다는 점을 첫 번째 약점으로 들 수 있다. 이 같은 불만 탓에 사이드에 영향을 받은 포스트콜로니얼리즘 이론가들은 민족 문제와 여성 문제, 계급 문제 등을 접합시키는 시도를 행한다. 둘째, 사이드는 오리엔탈리즘을 완벽한 담론 체제로 대접하고 있다는 점이다. 오리엔탈리즘을 내부적으로 모순을 지니지 않고 내적 일관성을 지닌 완벽한 담론으로 인식하고 있었다. 그 결과 오리엔탈리즘에 대해 저항 가능성을 제시하지 못하게 하는 봉쇄 효과를 낳게 된다. 오리엔탈리즘을 지적하는 데 성공하였지만 대안을 생성하는 데까지 이르진 못했다. 셋째, 사이드는 푸코와 그람시 이론을 도입하고 있지만 실제로는 그들이 가졌던 문제 의식에 근접하지 못하였다. 오리엔탈리즘을 역사화하는 데까지 이르진 못했다. 오리엔탈리즘이 시기적으로 그 모습을 달리 할 것으로 보이지만 보편적 현상으로 다루는 데 그쳤다. 적어도 푸코가 말했던 에피스테메 변화를 언급하면서 오리엔탈리즘의 변화도 언급 할 필요가 있었다.

사이드는 과거 탈식민 운동을 하던 이들, 포스트콜로니얼리즘 비평과 맥을 같이한 부분을 지니고 있었다. 식민주의 수탈, 지배 방식에 관심을 둔 점이 공통점이다. 포스트콜로니얼리즘 이론 삼총사 중 두 번째로 소개할 호미 바바로 옮겨 가면 그런 공통점은 사라진다. 결이 확 달

포스트콜로니얼리즘

라짐을 알 수 있다. 호미 바바는 사이드가 말했던 식민주의 담론의 일관성, 연속성, 보편성에 대해 반기를 든다.286 식민주의 담론은 지역에 따라 다르기도 했지만 완벽한 모습을 갖추고 있지도 않았다. 식민주의 담론 속에 담긴 동양(비서구)은 일관되지도 않았고, 정체가 명료하지도 않았다. 사이드가 말했던 두 종류의 식민주의 담론, 즉 잠재적 오리엔탈리즘과 현재적 오리엔탈리즘으로 그를 설명해 보자. 사이드는 그 둘이 서로 충돌해 모순을 일으키면 대체로 잠재적 오리엔탈리즘을 기준으로 해 다시 확고해지기를 거듭했다고 주장했다. 바바는 다른 입장에 선다. 피식민지인을 만나기 전에 지니고 있던 사고, 잠재력 인식은 직접 피식민지인을 만나면서 흔들리고 그로 인해 오히려 새로운 인식(현재적 오리엔탈리즘)에 더 무게가 많이 실린다고 주장한다. 일종의 식민적 양면성이 발생한 것이다. 식민주의 담론이 펼쳐져 식민주의가 이뤄지면서 권력이 재생산되고, 굳건해지기도 하지만 모순으로 인해 식민주의가 흔들리는 현상도 동시에 발생한다.

　　서양은 동양과 다르다며 차이를 꾸준히 강조하는 것은 식민주의의 한 단면이다. 하지만 식민 지배를 위해서는 동양이 서양을 흉내 내고 따르도록 해야 한다. 식민주의를 완성하기 위해서는 서양과 거의 일치하려는 모방인을 많이 생산해 내야 한다. 여기서 식민주의의 딜레마가 발생한다. 모방하도록 하되 차이는 유지하도록 하는 그런 딜레마. 그 딜레마 탓에 양가성이 뒤따른다. 양가성*ambivalence*이란 서로 다른 것을 동시에 원하는 정신분석학적 용어다. 피식민인을 자신과 유사하게 만드려 하면서도 자신과 너무 닮게 될까봐 두려움을 느끼는 경우를 말한

286 H. Bhabha, *The Location of Culture*, New York: Routledge, 2005.

다. 식민과 피식민 간 관계는 그처럼 욕망과 공포가 교차하는 지점이라는 것이 바바의 주장이다. 바바는 이런 식으로 식민 지배자와 피지배자 간의 차이를 집요하게 파고들었다. 식민 지배자가 설정한 차이와 그를 지우고 모방하려는 피지배자 간 모순으로 인해 헤게모니는 해체될 수밖에 없다고 보았다. 차이를 강조하면서도 부정해야 하고, 부정하면서도 강조해야 하는, 차이의 부정과 생산을 동시에 행해야 하는 모순이 발생한다.

바바는 식민 담론의 비일관성, 모순, 양가성으로 인한 지배 담론의 틈새를 강조하고 그를 통한 저항의 가능성을 찾고자 한다. 식민주의의 인식론적, 존재론적, 물리적 폭력에 주목하는 대신 그 같은 폭력의 약화 가능성에 초점을 맞춘다. 데리다의 해체주의, 라캉의 정신분석(특히 주체 분열)을 기반으로 역사나 인간에 대한 거대 서사를 거부한다. 파농이나 사이드는 모두 절박한 정치 상황에 집착했기 때문에 고착된 식민주의 정체성에 초점을 맞출 수밖에 없었다고 비판한다. 일방적 지배가 아닌 권력의 전유, 담론의 열린 가능성을 비켜 가서는 안 된다는 것이 바바의 주요 논제다.

바바의 포스트콜로니얼리즘 이론에서 핵심적 용어는 혼성성hybridity 이다. 식민주의 담론이 힘을 발휘하기 위해서는 피식민 상황에 맞추어 번역되어야 한다. 번역되는 담론은 번역되는 조건에 따라 달라지기도 하지만 차연이라는 의미 작용에 의해 지속적으로 미끄러진다. 그럼으로써 식민주의 담론은 혼성성을 띤다. 피지배자는 혼성성을 띤 담론을 따르는 동시에 자신의 문화, 언어에 맞추어 혼합 재구성하는 데 혼성성을 활용한다. 혼성성은 지배의 도구이면서도, 저항의 수단이 되기도 한다. 이미 식민 담론 자체가 양가성을 가지므로 피식민인이 가질 수 있는 문화 또한 양가성을 가질 수밖에 없다. 식민 상황에서 혼성성은 당

포스트콜로니얼리즘

연한 귀결이고, 혼성성은 식민민을 흉내 내면서도 틀리게 흉내 내는 (조롱하는) 모습을 담게 된다. 바바가 보기에 피식민인은 이 같은 균열에서부터 정치적 의미를 내기 시작한다.

가야트리 스피박은 서양에 의해 제대로 재현되지 못한 제3 세계를 강조하면서 과연 제3 세계는 누구에 의해 어떻게 재현될 수 있는가에 관심을 가졌다. 특히 제3 세계 여성은 누구에 의해 자신을 드러낼 수 있는지 질문하고 있다.287 서양의 '타자'라는 담론으로 망라되는 피식민 집단 속에서도 결코 동질화될 수 없는 이질성과 차이에 대해 주목하고자 했다. 서양 중심적인 개념인 '타자'를 비판하는 포스트콜로니얼리즘이 제3 세계 내 '타자'에 침묵함으로써 올바른 타자 인식을 하지 못하고 있음을 비판한다. 제3 세계 피식민 여성에 주목하지 않는 사이드의 오리엔탈리즘 연구는 주변이나 타자에 대한 연구가 될 수 없다고 비판한다.

스피박이 보기에 피식민 여성은 식민 상황에서 이중의 억압을 받는다. 한 억압은 식민주의 담론이고, 다른 억압은 민족주의 담론이다. 스피박은 인도의 순장 풍습을 둘러싼 이중 질곡을 예로 들고 있다. 인도 하층민 여성들은 죽은 남편을 화장할 때 같이 따라 죽는 의식을 행한다. 영국 식민주의자는 이 풍습으로부터 여성을 보호하려 했다. 순장 풍습은 민족주의 담론인 반면 여성 보호를 내세운 영국의 담론은 식민주의 담론이었다. 하층민 여성을 둘러싸고 두 담론은 충돌하였다. 하지만 그 어느 쪽도 하층민 여성을 대변해 주지 못한다. 제대로 그려 내지 못했다는 말이다. 그렇다면 과연 인도 하층민 여성은 스스로를 드러낼 수 있는가? 과연 자신을 제대로 말하고, 재현할 수 있는가? 식민의 시기

---

287 G. Spivak, "Can the Subaltern Speak?" in C. Nelson & L. Grossberg (eds.), *Marxism and the Interpretation of Culture*, Chicago: University of Illinois Press, 1988, pp.271~273.

가 지난 다음에도 하층민 여성에 대한 담론은 끊이지 않는다. 서양의 진보적 담론도 여성을 언급하지만 결코 재현해 내지 못한다. 과연 어떻게 해야 여성을 재현하는 것이 가능할까?

타자는 타자를 규정짓는 자로부터 완전히 독립해 순수한 모습을 하고 있지는 않다. 타자와 타자를 규정짓는 자의 관계는 오염된 채로 의존적이다. 서구의 백인 권력은 제3 세계를 배제해 타자로 규정하고 있지만 과연 백인은 노예 없이 그들의 역사를 만들 수 있었을까? 불가능한 일이다. 서로를 묻히지 않고 존재할 수 없다. 그러므로 타자를 만들어 내는 완벽한 백인 전략도 없고, 타자들만의 완벽한 타자 전략도 없다. 서로 겹쳐 있고 혼성적이다. 타자가 결코 독자적이고 독립적인 존재가 아니라면 타자에 접근하는 일조차도 전혀 새로운 방식으로 이뤄져야 한다. 스피박은 타자를 대신해 그들을 드러내 주는 일의 불가능성을 말한다. 타자를 대신하는 말 대신 톤을 낮추어 타자에 반응하는 방식을 내놓는다. 타자의 목소리를 드러내는 일은 타자에 반응response하는 능력ability과 관련되어 있다. 이는 곧 타자에 대한 책임responsibility이기도 하다. 타자를 드러내는 일, 타자에 반응하는 일은 타자에 대해 책임을 지는 일인데, 과연 서구 이론에 기대지 않은 채, 억압받고 있는 그대로 드러낼 수가 있는지를 스피박은 지속적으로 따져 든다.

4. 한국에서의 포스트콜로니얼리즘

일본의 한국 강점기 동안 한국 사회는 과연 어떤 모습이었을까? 두 가지 큰 테제를 설명을 위해 동원한다. 하나는 식민지 수탈론이다. 일본은 한국 사회를 침탈했고, 한국 사회는 그에 저항했다는 내러티브를 갖는다.

그 반대편에 서 있는 논의가 식민지 근대화론이다. 비록 식민 상태였고, 수탈이 없었던 것은 아니지만 일본의 식민 지배를 통해 한국 사회는 근대화되고 있었다는 이야기를 담는다. 이 둘은 서로 다른 논의를 하고 있는 듯 보이지만 본질주의적 논의를 담고 있다는 점에서 비슷한 모습을 하고 있다. 전자는 민족 지상주의란 점에서 본질주의이고, 후자는 근대라는 척도를 본질주의적으로 사용하고 있다. 본질주의적 논의는 불가피하게 그에 포함되지 않는 많은 주변부를 만들게 된다. 민족 지상주의에서는 민족 내 차이를 감안하지 않는다. 소작인 경험, 여성 경험, 징용자 경험, 만주 이주자의 경험을 민족이라는 이름으로 한데 몰아넣는 무리를 행한다. 식민지 근대화론도 마찬가지다. 식민 정책의 일환으로 벌인 근대화가 모두 한국인들의 편의를 도모하는 쪽으로 이뤄졌다고 보기는 어렵다. 물론 한국인을 절대 빈곤이나 비위생, 문맹으로부터 벗어나게 한 부분이 있긴 하겠지만 푸코가 논의했던 것처럼 그것 자체가 훈육의 방식이고, 자기 규율의 방식으로 이어지게 하는 새로운 차원의 억압이었음을 부정하기는 어렵다.288 일본이 가져다 준 식민지 근대를 — 민족주의적 시각이 아니라 하더라도 — 긍정적인 면으로만 바라볼 수 없는 이유가 거기에 있다.

한국이 겪었던 피식민 경험을 일방적인 수탈로만, 혹은 밝은 근대화로만 설명할 수는 없다. 수탈에 대한 분노의 지점도 있었고, 근대화에 매료된 지점도 있었다. 저항과 협력이 같이 벌어지는 식민지 시공간이었다. 물론 양가적인 면이 벌어지는 양상 또한 집단에 따라 달랐다. 그런 점에서 보자면 식민지 공간에서 벌어진 문화적 양상, 그리고 그 이후

288 김진균 · 정근식, 《근대 주체와 식민지 규율 전략》, 문화과학사, 1997.

의 포스트콜로니얼한 문화적 양상은 다면적일 수밖에 없다. 지금까지 단순하게 민족주의적 시각으로 혹은 계급의 시각으로, 혹은 근대화 정도로만 따질 수 있는 그런 시공간은 아니었음에 틀림없다.

신식민지적 관계에 있었던 미국과의 관계도 마찬가지 맥락에서 정리할 수 있을 것이다. 한국 문화의 미국화*Americanization*를 마르크스주의, 민족주의로 풀어 내려한 작업이 많이 있었다. 문화 종속, 문화 제국주의, 민족 문화론, 민중 문화론으로 설명한 시도도 있었다. 이 또한 앞서 설명한 본질주의적 성향을 지니고 있다. 분명한 것은 문화적 혼종이 벌어졌다는 사실이다. 그렇다면 그 혼종적 문화를 어떻게 설명해 낼 것인가의 문제, 그리고 한국 사회 내의 비균질적 집단이 형성해 낸 다양한 혼종성을 어떻게 다룰 것인가 하는 과제가 남는다.

탈식민 상황에서 과거의 제국주의적 권력을 없던 것으로 하기란 어렵다. 매일같이 벌어지는 일상 안에 그들은 오롯이 녹아 있다. 그 영향력을 인정하지 않는 것은 이론적 회피에 지나지 않는다. 그 영향력을 인정하면서도 그에 저항하자는 주장 또한 여간 억지스러운 일이 아니다. 간혹 대안으로 내세우는 슬로건형 복고주의는 결코 대안이 될 수도 없을뿐더러 극복해야 할 대상일 뿐이다. 영향력을 발휘하는 지배적 식민 기호를 해체해 내고, 그로부터 창조적 혼종성을 형성해 내는 작업을 행하는 일이 불가피하다. 자동적으로 주어지는 혼종성이 아니라 정치화한, 의도성을 담은 창조적 혼종성을 펴기 위한 노력을 경주해야 한다. 포스트콜로니얼리즘 논의는 그 방향 설정을 위해 현 탈식민주의를 점검하고, 분석해야 한다. 그리고 식민주의의 잔재를 극복해 나갈 실천을 제공해야 한다.

09
문화 연구

문화 연구_cultural studies_라는 타이틀을 단 학과가 한국에도 등장했다. 문화 연구가 한국에 알려지기 시작한 1990년대 초중반, 영국과 미국에서 문화 연구학과를 설립하는 붐이 일었다. 영국이나 미국과는 달리 문화 연구 붐이라고 할 만한 큰 움직임이 있진 않았지만 그 분야가 점차 기존 제도권 학문 영역으로 진입해 가면서 학과 설립 단계에까지 이르게 되었다. 몇몇 대학은 대학원 과정을 개설하고, 전공자를 담당 교수로 임용하기도 했다.289 이를 두고 문화 연구가 유행의 반열에 들어섰다고 말하는 이도 있지만 적절한 지적은 아닌 듯하다. 서구의 유행에 편승했다라고 하는 폄하 또한 적절치 않다. 오히려 그와는 반대로 말하는 편이 나아 보인다. 문화 연구는 기존 학문 제도로는 다룰 수 없는 빈 공간이 있어 이를 메우려는 기획의 일환으로 볼 필요가 있다. 철학, 사학, 인류학, 문학, 언어학,

---

289 2010년 현재 연세대, 중앙대, 성공회대 등에서 문화 연구 관련 대학원 과정을 설치해 교육하고 있다.

정신분석학, 여성학, 미디어학, 문화학을 한데 아우르는 작업을 기존 학문 체제에서 하지 않고 있기 때문에 이러한 '통합 학문 체제'를 시도한 점을 긍정적 기획으로 평가해야 한다. 또 다른 한편으로는 학문이 대중의 일상에 틈입할 기회를 찾는 긍정적 실천 기획의 평가로도 봐야 한다. 현대 자본주의 사회를 살아가는 대중의 일상에 개입하려는 학문적, 실천적 욕망이 늘고 있다는 증거로 문화 연구를 파악할 수도 있다. 과거 학문 영역이 대중의 일상에 무관심했거나 관심이 있더라도 그를 폄하하는 수준에 그쳐 왔음을 문화 연구는 반성하면서 개입을 전개하고 있다. 그래서 새로운 통합 학문 체계라는 지식 생산 체제로 과거와는 다르게 대중 일상에 다가가는 개입적 실천을 하겠다고 문화 연구는 선언하고 있다. 한국 내 문화 연구 관련 학과의 설립 취지도 그와 크게 다르지 않을 것이다.

문화 연구 관련 학과의 속 깊은 뜻은 그러하지만 다른 방식으로도 설명이 가능하다. '문화'에 대한 관심이 사회적으로 증대하고 있다는 말로 학과 신설 이유를 갈음하는 편이 손쉬워 보인다. 앞서 밝힌 바와 같이 문화는 사회 기능 분류에 따라 '정치,' '경제,' '사회,' '문화'로 나누었을 때의 의미 이상을 지닌다. 앞선 장에서 살펴보았듯이 문화에 대한 정의는 매우 포괄적이어서 우리의 삶 대부분을 포함하기도 한다. '현대 자본주의 사회에서의 다양한 삶의 방식들'이라는 문화 정의법이 등장한 이래 대중, 대중 일상, 자본주의 사회를 이해하기 위한 새로운 통로로 문화 영역을 받아들이고 있다. 대중이 어떤 삶을 살고 있는지, 그 삶은 서로 어떤 관계를 맺고 있는지, 지금보다 변화된 삶을 위해선 어떤 노력을 펼쳐야 하는지에 대한 관심이 늘면서 문화에 대한 관심도 늘게 되었다. 문화 연구는 그처럼 문화에 대한 정의법이 바뀌고, 그럼으로써 문화에 대한 관심이 늘자 탄생하였다. 그래서 문화 연구는 '정치−경제−사회−문화'로 나누는 구분법에서의 '문화'가 아닌 '문화'로 대하는 태도를 취한다. 지금까지 여러 장에서 살펴본 문화론을 종합한 것처럼 보이는 문화 연구는 대중 문화 연구라는 목표가 아니라 대중을 알고, 대중 일상에 개입하는 실천을 하고, 새롭게 대중을 변화시킬 가능성을 모색하는 학문적 목표를 지닌다. 그래서 한편으로는 아카데믹하고 다른 한편으로는 실천적이다.

서론에서도 밝혔다시피 이 책은 아주 단순한 서사를 지니고 있다. 여러 문화론을 마지막 종착지인 문화 연구290로 수렴시키는 방식을 택했다. 문화 연구를 따로 한 장으로 정리하는 대신 지금까지의 논의를 종합하는 식으로 이번 장에서 정리한 것도 그런 이유다. 문화 연구는 여러 문화론을 수정해 왔고, 수정 과정을 거치면서 대중 문화 이론을 체계적으로 정리해 왔다. 문화 연구에 이르기까지 거친 여러 중간 기착지에서 조금씩 문화 연구와 관련한 용어를 살펴보았는데, 일종의 준비 운동으로 받아들여 주기 바란다. 하지만 오해는 없어야겠다. 문화 연구를 종착지 삼아 전개해 왔다고 해서 종착지를 곧 완결판이거나 완전 무결판이라고 받아들여선 안 된다. 문화 연구를 종착지로 둔 것은 어디까지나 이 책을 구성한 필자의 이야기 구조일 뿐이다. '영양가' 있는 문화론이라는 생각에서 내가 임의로 종착역으로 잡은 것에 불과하다. 문화 연구가 대중 문화를 연구하는 데 완결 지점이 될 수도 없고, 또 그래서도 안 된다. 문화 연구는 늘 성장 과정에 있는 연구 체계였다. 항상 새로운 현상을 접하면서 스스로를 변화시켜 왔으므로 고정된 형태의 문화 연구를 설정하는 일 자체가 오류일 수도 있다. 저자의 이야기 구조 속에

---

290 문화 연구는 문화를 연구하는 한 패러다임을 가리킨다. 이 장에서 계속 설명하겠지만 영국의 버밍엄 대학이 현대문화연구소(CCCS)에서 체계적으로 안성된 대중 문화, 정치, 경제, 여성 문제, 인종 문제 등을 연구하는 이론적 틀을 의미한다.

서 이번 장을 이해할 필요가 있다는 말이다.

문화 연구가 대중 문화 연구의 결정판이거나 종착지가 되어선 안 되는 이유는 또 있다. 문화 연구는 수입품이다. 수입한 모든 것이 나쁘다는 의미가 아니라 한국 실정에 맞추어 만든 발명품은 아니라는 말이다. 그래서 한국 실정과 문화 연구의 궁합을 맞추어 보는 일은 소중하다. 아직 한국의 대중 문화 설명에는 구조주의적 설명이 가장 설득력을 갖는다는 학자도 있다. 마르크스주의 입장에서 문화를 파악하려는 노력도 여전히 남아 있다. 포스트콜로니얼리즘 이상으로 한국 대중 문화 현상을 잘 설명해 낼 수 없다며 그에 집착하는 측도 있다. 나는 이러한 선택에 대해서는 별다른 이견을 갖고 있지 않다. 어느 선택이 다른 선택에 비해 우월한 것이라고 말하는 일은 어렵다. 다만 유용하다고 생각되는 문화론을 점검하고 그 유용성을 경험적으로 밝혀내고 다시 토론하는 일은 언제든 환영한다. 한국의 정치적 상황에 유용하고 이론으로서 가치가 있는 것을 찾아가고 고민하는 모험적이고 진취적인 자세가 필요하다는 말이다. 그러므로 문화 연구를 완결판이 아닌 또 하나의 기착지로만 파악하는 지혜를 발휘할 필요가 있다.

이번 장은 다음과 같은 순서를 갖고 있다. 먼저 대중 문화를 분석한다는 것이 무엇을 의미하는가를 다시 정리하려 한다. 그런 다음 기존 문화론이 얼마나 유용했던가를 살펴볼 것이다. 이는 앞서 설명했던 다양한 (대중) 문화론에 대한 간단한 정리이기도 하다. 그리고 대중 문화에 대한 새롭고 종합적인 시각을 가졌다며 새로운 패러다임이라는 이름까지 얻고 있는 문화 연구의 핵심 주장에 대해 설명하겠다. 마지막으로 새로운 패러다임으로 대중 문화를 어떻게 분석하고, 해석할 수 있을지를 살펴보려 한다.

1. 대중 문화를 분석한다는 것은?

매주 일요일 점심 때쯤 KBS 1TV에서는 〈전국노래자랑〉을 방송한다.291 몇 년이나 되었는지 기억할 수 없을 정도로 오래된 장수 프로그램이다. 프로그램 사회자는 이미 '국민 MC'라는 별명으로 인기를 누리고 있다. 각 지자체가 이 프로그램을 자기 고장으로 유치하기 위해 백방으로 노력한다는 이야기도 심심찮게 접한다. 노래 부르기 좋아하는 국민성 때문에 인기를 누린다고 말하는 이도 있지만 그렇게 단순히 설명할 수만은 없을 듯하다. 대부분의 인기 프로그램에는 많은 연구가 뒤따른다. 인기에는 비결이 있게 마련이고 그 비결을 분석하는 일은 대중 문화 연구에서 자주 행하는 단골 메뉴다. 그런데 놀랍게도 이 장수 프로그램에는 연구가 뒤따르지 않았다. 인기에 상응할 만큼 뒤따르지 않은 연구에 대한 변명도 할 겸 몇 가지 질문을 던져본다. "저 인기 프로그램을 시청자 모두가 좋아하는 것일까. 젊은 시청자는 어떤 재미를 얻을까. 저 프로그램을 보고 저질이라고 하는 사람도 있을 거야. 좋아하는 사람과 저질이라고 여기는 사람들이 갈라지는 지점은 어딜까. 왜 그런 생각 차이가 나는 걸까? 누가 옳은 것일까? 저 프로그램 안에서 저렇게 재미있게 노는 사람들은 어떤 생각들을 하고 있을까? 저 프로그램을 통해서 생기는 정치적인 의미는 없을까?"

젊은 시청자가 즐겨보는 개그 프로그램에서는 촌스러움의 대명사로 〈전국노래자랑〉을 꼽고 있었다. 나이 든 사람의 취향을 드러내기 위

---

291 〈전국 노래 자랑〉을 분석 예로 선정한 것은 소니 워크맨을 예로 들며 문화 연구를 소개한 저서 P. de Gay, S. Hall, L. Janes, H. Mackay, & K. Negus, *Doing Cultural Studies: The Story of the Sony Walkman*, London: Sage, 1997에서 힌트를 얻은 결과다.

해 이 프로그램을 패러디하길 반복한다. 젊은 시청자가 이 프로그램을 외면하는지 알 길은 없으나 패러디를 하고 있다는 사실, 그 패러디를 통해 즐거움을 얻는다는 사실만으로도 〈전국노래자랑〉은 모든 시청자가 인지하고 있음은 분명한 것 같다. 프로그램이 시작될 때마다 '송해 씨가 사회자를 그만두면 이젠 누가 뒤를 잇나' 하는 주변 어른의 가벼운 걱정을 대하면 해당 방송사가 자랑하듯 '국민 프로그램'임에 틀림없다. 촌스럽지만 엄청난 인기를 누리는 프로그램으로 규정해도 무리는 아니다(KBS 〈1박 2일〉이라는 프로그램이 전국을 돌다 〈전국노래자랑〉에 출연했고, 그들이 부른 노래가 엄청나게 큰 인기를 끌었다는 점에서 이 같은 설명은 결코 과장이 아니다).

이 프로그램은 1970년대에 신인 가수 선발을 위해 편성되었다고 한다. 이름 그대로 노래를 잘하는 사람을 찾아 상을 주는 콘테스트 프로그램이었다. 이후 1980년대에 이르러서는 향토 축제 등 지방 주민의 잔치 마당을 찾는 프로그램으로 변한다.292 주로 노래 자랑이 벌어지는 고장을 소개하는 쪽으로 선회했다. 이후에도 조금씩 성격을 바꾸어 오다 지금에까지 이르고 있다. 그 변화에 따라 진행자도 여러 차례 바뀌었다. 가수가 사회를 맡았던 적도 있었고, 아나운서가 진행을 이끌기도 했다. 다른 방송국에서도 유사한 프로그램을 만들었으나 이 프로그램만큼 인기를 끌거나 장수하지는 못했다.293 왜 유독 이 프로그램만 오래도록 인기를 누리는 것일까라는 질문은 방송국 예능 프로그램 제작자가 품을 듯한 질문이다. 그러나 같은 질문을 해놓고 전혀 다른 관점에서 답을 구할 수도 있다. 즉 대중의 인기란 도대체 무엇이고, 그 인기

---

292 1980년대 향토 축제가 대거 생기고 〈전국 노래 자랑〉이 거기에 가게 된 배경은 이후 1980년대 정치적 상황과 연관 지어 길게 소개할 것이다.
293 TBC의 〈신인 탄생〉이나 MBC의 〈주부 가요 열창〉 등이 여기에 해당한다.

는 어떠한 사회적, 정치적 의미를 지니는지를 알아볼 수도 있다.

이 프로그램의 인기를 분석하는 데는 몇 가지 방식이 있다. 프로그램의 형식이나 내용을 세밀히 분석함으로써 인기 실마리를 찾아낼 수 있다.294 편성 전략이나 그 프로그램의 외형적 모습에 대한 구체적 분석과 시청자의 반응 등을 통해서 인기의 비결을 찾을 수 있다. 먼저 이 프로그램의 인기를 편성 전략과 연관 지어 설명해 보자. 일요일 낮 12시 10분경에 편성해 놓은 〈전국노래자랑〉은 일반 가정의 가족 전체가 시청할 가능성이 크다. 직장에 다니는 가장을 둔 가정의 일요일 아침을 생각해 보자. 토요 휴무제가 실시되긴 했지만 아직 완전히 정착되지 않아 토요일 아침과 일요일 아침은 서로 다른 의미가 있다. 늦잠을 잘 수 있는 좋은 기회에 다같이 아침 겸 점심 식사를 마치면 텔레비전에서 노래 자랑을 시작한다. 가족 구성원은 다같이 부담 없이 노래와 춤, 장기(요즈음은 개인기라는 말을 더 즐겨 사용하는 듯하다)를 즐긴다. 마땅한 가족 프로그램이 많지 않은 터에 가족이 모여 시청할 수 있는 프로그램이라는 점에서 인기를 누릴 여지가 있다.

내용 분석을 통해서도 인기 가늠이 가능하다. 전국을 돌며 지방색을 골고루 보여 주는 것은 이 프로그램의 무한한 장점이다. 도시와 시골, 어촌과 농촌, 충청도와 경상도, 전라도, 강원도 등 지역마다의 차이를 전해 주는 것은 중요한 재미의 원천이다. 경연이라는 형식 또한 수용자에게 재미를 더해 준다. 퀴즈 프로그램에서 느끼는 지적 재미와는 다른 솔직한 재미가 있다. 노래를 잘하고 못함이 경연의 주요 기준이

---

294 이러한 방식을 형식주의formalism라고 부른다. 형식주의 대중 문화론에 대한 설명과 비판은 다음의 글을 참조하라. R. Stam, "Mikhail Bakhtin and Left Cultural Critique," in E. Ann Kaplan (ed.), *Postmodernism and It's Discontents*, London: Verso, 1988, pp.116~143.

되지 않기 때문에 긴장도는 그리 높지 않다. 누가 더 웃기는가를 긴장감 없이 지켜보는 일은 재미난 일일 수밖에 없다. 그리고 다른 프로그램과 달라서 이야기 구조에 크게 매달리지 않고 쉽게 따라잡을 수 있다.295 언제든지 프로그램에서 달아날 수 있고 뛰어들 수 있는 형식을 지녀 큰 부담이 없다. 향수를 자극하고, 편안함을 제공하고, 가식 없는 웃음을 주기에 인기를 누린다는 말이다. 과거로 돌아가는 듯한 느낌, 고향을 대하는 느낌 그런 정서로 인기를 끈다.

출연자의 다양성 또한 많은 시청자를 수상기 앞으로 끌어들일 중요한 자산이다. 다양한 출연자의 등장은 시청자로 하여금 자신을 위치시킬 수 있는 공간의 다양성을 제공한다. 민요를 부르는 촌로도 등장하고, 최신 가요에 몸을 흔들어 대는 젊은이도 경연에 참여한다. 다양한 사회적 공간으로부터 배제당하는 주부도 이 프로그램에서 능동적인 참여자로 등장한다. 이렇듯 다양한 경험을 지니는 시청자로 하여금 자신의 경험을 프로그램 속에서 찾을 수 있는 기회를 제공한다.296 가족 시청이 가능한 것도 그런 이유다. 그 같은 외형 때문인지 〈전국노래자랑〉은 인기를 누리며 장수하고 있다.

---

295 흔히 이러한 이야기 구조를 '구멍 난 서사체syntagmatic gap'라고 한다. 일일 연속극의 이야기 구조는 반복되고 진행이 느려서 일정 기간 시청하지 않아도 쉽게 이야기를 따라갈 수 있도록 짜여져 있다고 한다. 그러므로 시청하는 사람들이 연속극의 이야기에 얽매이지 않고 자신들의 이야기나 경험을 연속극 안으로 얽어 맬 수 있는 기회가 많다. 이와 같이 구멍 난 서사체를 지닌 프로그램은 여러 배경의 시청자들이 다양한 의미를 갖고 찾아들 수 있는 구조적인 전제를 지니고 있다. 〈전국 노래자랑〉도 그러한 형식을 지니고 있다. 다음 책을 참조하라. R. Allen, *Speaking of Soap Operas*, Chapel Hill: University of North Carolina Press, 1985, p.78.

296 관련성relevance이 문화 수용자를 불러들이는 가장 중요한 요소라고 주장하는 이들도 있다. D. Morley, "The Nationwide Audience — A Critical Postscript," *Screen Education*, 39, 1981, pp.3~14; J. Fiske, *Understanding Popular Culture*, London: Unwin Hyman, 1981. 특히 이 책의 7장을 참조하라.

그러나 프로그램의 편성과 형식적인 면은 〈전국노래자랑〉이 인기를 끌 수 있는 필요 조건에 지나지 않는다. 우리가 찾으려 하는 인기의 깊은 의미 전부를 설명해 주지는 못한다. 프로그램 인기, 그 인기의 정치성을 설명해 내기 위해서는 프로그램이 처했던 각 시대의 상황, 프로그램에 참여하는 사람, 시청자 느낌, 시청자가 내용을 읽는 방식 등 여러 요소에 대한 설명이 뒤따라야 한다. 인기가 있다 함은 한 특정 집단에만 어필한다는 말이 아니다. 다양한 사회적 배경을 지닌 이들이 즐김으로써 가능해진다. 〈전국노래자랑〉은 여성(특히 주부), 노년 계층이 즐겨 보고, 하위 계층의 수용자가 많은 호응을 보내며, 지방에 거주하는 시청자가 많이 본다고 한다. 각 계층이나 집단이 이 프로그램을 통해서 만들어 내는 재미나 의미는 서로 다를 것이다.297 인기란 서로 다른 계층의 수용자가 서로 다른 이유로 그를 챙겨서 생기는 결과다. 그러므로 인기를 분석하는 일은 서로 다른 이유를 찾아내는 일이기도 하다. 프로그램을 통한 다양한 집단의 즐거움의 사회적 의미를 찾아내고, 대중 문화를 중심으로 벌어질 수 있는 성치적 해석을 정리하는 것이, 바로 특정 프로그램의 인기와 정치성을 제대로 설명하는 것에 해당한다. 형식 분석을 넘어서는 분석의 확장을 꾀해야 한다.

프로그램의 편성과 형식 분석 외에 사회적 영향력에 맞추어 인기를 분석할 수도 있다. 이는 이념적인 스펙트럼상의 좌우가 모두 관심을 갖는 부분이다. 프로그램의 사회적 역할을 따지는 이들과 사회 변화(혁)와의 연관성에 관심을 지니는 이들이 그에 해당된다. 오래전에 이 프로그램의 제작자가 텔레비전 제작자에게 돌아가는 최고의 상을 받았다. 전

---

297 Y, Won, " 'Pong-jak' As an Anchor of Working-Class Habitus in Korea; A Comparative Study on Cultural Tastes," *Asian Culture Quarterly*, XIX, 2, 1991, pp.35~46.

〈전국노래자랑〉은 특히 주부, 노년 계층이 즐겨 보고, 하위 계층의 수용자가 많은 호응을 보내며, 지방에 거주하는 시청자가 많이 본다고 한다. 각 계층이나 집단이 이 프로그램을 통해서 만들어 내는 재미나 의미는 서로 다를 것이다. 프로그램을 통한 다양한 집단의 즐거움의 사회적 의미를 찾아내고, 대중 문화를 중심으로 벌어질 수 있는 정치적 해석을 정리하는 것이, 바로 특정 프로그램의 인기와 정치성을 제대로 설명하는 것에 해당한다.

국민이 마음 놓고 즐길 수 있는 가장 건전하고 건강한 작품이란 것이 최고상 선정 이유였다. 각 지방의 특산물을 소개하기도 하고 건강한 웃음으로 사회 통합의 기능을 해냈다는 칭찬을 받은 셈이다. 이 프로그램에는 그와는 반대되는 도덕적 평가도 뒤따른다. 건전하지 못하다는 입장을 내놓는 쪽도 있다. 이 입장은 주로 미학적인 잣대로 문화를 평가하는 이들에 의해 견지된다. 나이 든 주부가 등장해 육중한 몸을 흔들어 대고 사회자와 짙은 농담이나 몸짓을 주고받는다는 이유로 기존의 윤리 질서에 훼방을 놓는 저속한 것으로 취급하기도 했다. 저속한 취향의 문화가 공익을 대변해야 하는 공영 방송에 등장하는 것을 인내하지 못하는 이들도 있는 셈이다. 통합, 기존 질서 저해로 설명하는 방식을 프로그램의 사회적 (역)기능 접근법이라 칭한다(혹은 기능주의적 접근이라고도 한다).

기능주의적 접근으로 보자면 이 프로그램은 사회 통합을 행하는 순기능을 해내지만 지나치게 재미를 추구하다 보니 저급한 취향을 드러내는 역기능도 가짐을 알 수 있다. 이 같은 기능적 평가를 진보적 문화론자도 종종 행하기도 한다. 진보적 문화론자 중에는 민중의 놀이가 그들의 노동과 분리되지 않고 삶 자체가 되어야 한다고 주장하는 이들이 있다. 그들은 노동요와 같이 노동과 문화 내용이 일치하는 것을 문화적 내용이라고 말한다. 그런데 〈전국노래자랑〉 속 민중은 기존 상업 문화의 스타를 흉내 내고 퇴폐적이며 소비 중심적인 문화 실천을 하고 있다. 진보 일부분에선 그런 모습을 못마땅해한다. 불러 대는 노래도 사랑 타령이거나 이별을 주제로 한 소비 일변도에 머문다. 민중성 결여라고 지적할 수밖에 없다.298 이 프로그램이 지방을 순회하며 문화를 획

---

298 문화 운동으로 노래 운동에 침여하는 많은 이론가 운동가들이 이러한 견해를 가지고 있다. 다음 책을 참조하라. 김창남 외, 《노래 운동론》, 공동체, 1986.

일화하려거나 지방 자치 단체의 홍보 도구로 전락했다는 점도 진보측으로서는 불만이다. 1980년 초 '관제 프로그램'으로 시작한 '천하장사 씨름 대회'를 치르기 전에 씨름장에서 〈전국노래자랑〉이 벌어진 것이 그 전형적 예다. 각 지방의 특산물을 소개하면서 살기 좋은 지방, 농촌이라며 농촌 현실을 왜곡하는 등 정부 홍보의 장이 되고 있다며 불만이다. 소비 문화에 탐닉케 하거나 '모두가 하나같이 어울려 사는 좋은 나라'라는 국가 이데올로기를 주입한다는 사실에 주목하는 셈이다.

기능주의적인 평가나 도덕적인 분석, (국가 홍보) 이데올로기 중심의 연구는 프로그램이 만들어 낸 결과, 인기의 결과에 주목하는 대신 인기 이유에 대해서는 침묵을 지킨다. 왜 다양한 집단이 그 프로그램을 선호하는지, 그리고 그 선호의 의미는 무엇인지를 설명하지 않는다. 아울러 대중 문화 수용에 대해 대체로 부정적인 시각을 지니고 있기 때문에 거부하는 결론으로 이어갈 개연성이 높다. 〈전국노래자랑〉과 같은 대중 문화를 대신할 '건전한' 대중 문화, 공중 문화public culture 혹은 민중 문화를 대안 문화로 내세운다. 현재의 대중 문화에 대해서는 비판적 자세를 견지하고 대안적인 '이상적' 대중 문화를 찾으려 한다.

이 같은 평가는 그 프로그램의 전부가 아니라 일면을 묘사하는 것에 그친다. 〈전국노래자랑〉에는 살펴보아야 할 점이 많고, 그 살펴봄을 통해 더 많은 해석을 얻을 수 있다. 폴 드 게이Paul de Gay 등은 소니 워크맨을 분석하면서 포함해야 할 주요 요소 다섯 가지를 소개했다. 생산Production, 소비Consumption, 재현Representation, 정체성Identity, 규제Regulation. 대중 문화 현상을 분석하고 그 인기, 인기의 정치학을 논의하는 데 포함해야 할 요소임에 틀림없다. 〈전국노래자랑〉이란 웃고 즐기는 단순 프로그램 분석에도 그 같은 요소 분석을 동원할 필요가 있다.

〈전국노래자랑〉에 등장하는 음악을 예로 들어 보자. 등장하는 출연자는 주로 '트로트' 혹은 '뽕짝'이라는 음악 장르를 즐긴다. 이 장르는 사회의 (부정적인) 도덕적 담론을 뚫고 지속적으로 불리고 즐겨지면서 이제는 굳건히 사회적 지위를 차지하고 있다. 단정하고 조신해야 할 가정 주부가 뽕짝에 맞추어 마음껏 몸을 흔들어도 모두가 지켜볼 수 있을 정도로 인정을 받고 있다. 하지만 여전히 '트로트' 음악은 한국 음악의 서열 사다리에서 아래 층에 놓여 있다. 서양에서 온 다른 대중 음악과도 구분될 뿐 아니라 차별받기도 한다. 이를 즐기는 사람 또한 다른 음악 장르를 즐기는 사람의 취향에 비해 사회적 대접을 받지 못한다. 그럼에도 그 음악을 여전히 사랑하며 즐기고, 실행하기를 좋아하는 인구층이 있다. 〈전국노래자랑〉은 그 인구층에 훨씬 더 어필하는 프로그램이다. '트로트'라는 음악 취향, 그리고 그에 맞춘 춤 취향, 그와 어우러지는 의상 취향, 그에 맞춘 언어의 씀씀이는 이 프로그램을 좋아하는 사람의 취향과 연계되어 있다.299 물론 이와는 전혀 다른 문화적 취향을 가진 사람은 이 프로그램을 좋아하지 않을 것이다. 록 음악, 클래식 음악을 즐기는 수용자가 이 프로그램에서 얻을 만한 내용이 없기 때문이다. 서로 다른 취향 고리를 가진 인구층은 사회 내에 공존하고 있다. 그러나 그 공존은 차분하게, 평화롭게 존재하진 않는다. 어느 한쪽이 다른 쪽을 얕보거나 공격하거나 그런 식으로 이뤄진다. 그런 점에서 보자면 〈전국노래자랑〉 속의 트로트, 그에 맞춘 춤 사위, 시끌벅적한 만담은 그와는 다른 취향과 긴장 관계 속에서 이뤄지고 있다고 보아 마땅하다. 프로그램 속 내용과 자신을 맞추어 재미있게 보지만 때로는 그것을 재미있게 보는 취향을 가졌다는 이유로 사회로부터 배제를 당하기도 한다. 취향과 이 프로그램 간 관

---

299 부르디외는 이를 '전국 노래 자랑' 아비투스*Habitus*라 부르게 틀림없다.

계 설명에서 생산, 소비, 정체성, 재현 등의 요소로 설명이 가능하다. 〈전국노래자랑〉의 수용이 갖는 정치성을 생산, 소비, 정체성, 재현의 요소로 설명할 수 있다. 기능주의나 이데올로기 분석과는 달리 문화 연구적 대중 문화 분석은 이같이 정치성에 관심을 가지며, 정치성 과정에 포함될 여러 요소를 언급하며 비교적 총체성을 구하려 한다.

영국에서의 하위 문화 연구를 예로 들어 위의 설명과 비교해 보자. 영국 노동자 문화에 대한 한 분석은300 노동자가 그들의 육체적 노동 문화를 화이트칼라의 정신 노동에 비해 우월한 것으로 여기고 있음을 밝혀냈다. 연구자는 이러한 우월감이 계급적 연대의 초석이 되기도 한다고 보았다. 노동 계급은 화이트칼라와는 다르다는 차이 의식은 적대감으로 이어지고, 이를 바탕으로 그들이 한 묶음이라는 의식, 즉 계급 의식을 만들어 낸다는 것이다. 차이로 인해 생기는 계급 의식은 계급 의식으로만 그치지 않는다. 육체 노동자는 자신들의 육체적 우월성을 남성성과 연관 짓는 데 익숙하다. 그런 탓에 화이트칼라에 연약하다거나 여자 같다는 말을 만들어 보태어 그렇게 치장하려 한다. 정신 노동에 대한 반감을 여성과 연결하면서 가부장제적 의식을 재생산하거나 확장한다. 과거 자신의 부모로부터 물려받은 노동자 문화는 하위 문화로서 그들의 계급 의식을 형성하는 데 긍정적 역할을 했지만, 그것이 때로는 반여성적 의식으로 이어졌다는 점에서 반동적인 모습을 띠기도 했다. 서울에 사는 노동 계급의 시청자가 〈전국노래자랑〉을 보고 같은 취향을 가진 출연자와 자신을 동일시하다가도 가끔 지방의 촌스러움을

---

300 P. Willis, *Learning to Labour: How Working Class Kids Get Working Class Jobs*, Famborough: Saxon House, 1978; 강명구, 《소비 대중 문화와 포스트모더니즘》, 민음사, 1993, pp.40~44에서 잘 설명하고 있다.

들어 흉을 볼 수도 있다. 계급적 동질성을 느끼는 일과 지역 차별성을 행하는 일이 동시에 벌어질 수도 있다. 〈전국노래자랑〉이란 프로그램이 그 같은 정체성의 정치가 벌어지는 공간이기도 하니 외형으로만 쉽게 논할 수 없는 복잡성을 가지고 있다. 그만큼 대중 문화 분석이란 어려운 일이기도 하고.

〈전국노래자랑〉, 영국 노동자 계급 문화에서 찾을 수 있는 공통점은 대중 문화의 모순성이다. 원시 사회와 달리 계급, 성별, 지역, 연령 등에 따라 권력이 불균등하게 배분되어 있는 현대 사회는 다양한 사회적 축을 중심으로 다양한 모순을 자아낸다. 권력의 불균형 속에 사는 다양한 문화 수용자를 축으로 생긴 모순은 대중 문화 안에 포진하게 된다. 어떤 모순은 그것 자체로서 의미를 지니기도 하지만 다른 사회적 모순과 연결되어 긍정적인 것이 되기고 하고 반대로 부정적인 것이 되기도 한다. 노동 계급 문화가 갖는 계급적 건강성이 가부장제적 내용과 이어지는 장면에서는 부정적인 모습을 찾을 수 있다. 백인 노동 계급 문화가 인종 차별적 성격을 갖는 경우 또한 그러하다.

모순은 지배와 피지배 혹은 정치적, 경제적 권력과 그에 대한 동의, 저항의 관계를 배태하고 있다.301 때로 대중은 대중 문화를 통해서 보수적이고 반동적인 의미를 즐긴다. 한국인은 세계 최고의 민족이며, 대한민국은 어디서도 지지 말아야 하는 최고의 국가라는 언술을 〈전국노래자랑〉에서 찾기란 어려운 일이 아니다. 카메라에 비친 청중이 그 같은 언술에 환호하는 장면도 손쉽게 찾아볼 수 있다. 그에 감동하고 뭉클해짐을 느끼는 대중도 많을 것으로 짐작해 볼 수 있지 않은가. 그런

---

301 Fiske, 앞의 책, 1981, p.5.

보수성을 찾을 수도 있지만 때로는 정반대의 모습을 찾을 수도 있다. 가부장제적 분위기, 지자체 홍보 분위기를 훌쩍 뛰어넘어 압도하는 난장에서 그런 모습을 찾을 수 있다. 일상에서 흔히 찾을 수 없는 질펀하게 놀기, 모두가 대등함, 함께 어울리기도 담겨 있다. 어디에서도 찾아볼 수 없는 스스럼없이 웃고, 놀고, 흐드러지는 그런 공동체 문화도 읽을 수 있다. 그러니 이 프로그램에는 여러 내용이 어지럽게 뒤섞여 있는 셈이다. 다른 프로그램에 비해 건강함이나 민중성을 지니고 있는 건 사실이지만 여전히 국가 이데올로기 장치인 텔레비전이 방송하는 (상업적) 대중 문화, 가부장제라는 한계 또한 담겨 있다.

대중 문화가 모순을 지닌다는 것은 대중 문화의 한 측면이 다른 측면을 완전히 압도하지 못함을 말한다. 노동 계급적 성격을 지니지만 가부장제적 성격을 띠기도 하고, 그러면서도 지역색을 띠기도 한다. 하지만 그 어느 쪽이 다른 쪽을 압도해 버리기는커녕 서로 다른 면들이 한데 어우러져 나타나는 기이한 모습을 하기도 한다. 대중 문화 안에는 지배에 대한 동의나 저항이 동시에 벌어지기도 한다는 말이다. 정치경제학적 접근으로 〈전국노래자랑〉을 보면 그 프로그램이 만들어 낼 의미는 명료해진다. 제작자가 국가와 연계되어 있으며, 소비 자본주의와도 관계되어 그에 유리한 의미를 만들어 낼 것으로 예상할 수 있다. 하지만 정치경제학적인 힘으로 프로그램이 의미를 한정하더라도 완벽한 성공으로 마감할 수는 없다. 노래 자랑 안에서 등수를 매기는 방식과 그와 상관없이 질펀하게 노는 모습, 날씬한 몸매를 과시하려는 모습 대 뚱뚱한 몸을 여지없이 흔들어 대는 여성 출연자의 모습, 사회자의 진행에 충실하고 협조적인 출연자와 사회자를 놀리는 출연자에 환호하는 관중. 이는 기존의 지배적인 사회 질서에 대해 끊임없이 동의를 보내는 일이기도 하고, 질서를 위반transgression하는 일이기도 하다. 동의를 보내는 힘이 질서 위반의 힘보다 더 큰 경우 저항성을 보여 주기도 한다.302 이렇듯 대중 문화는 복종과 저항이라는 양면성, 즉 모순성을 지니고 있다.

이처럼 대중 문화 논의는 그것의 형식적인 면을 뛰어넘어 생산 과정과 소비 과정 그리고 전 과정을 통해서 노정되는 모순들을 모두 포함해야 한다.303 (다시 한 번 생산, 소비, 재현, 정체성 규제를 상기해 보자.) 보다 총체적인 모습 — 텍스트와 그것이 맥락화되어 있는 컨텍스트의 상호 작용 — 속에서 문화 분석을 행해야 한다. 〈전국노래자랑〉의 인기와 장수 비결 그리고 사회적인 의미를 풀기 위해서는 그것을 둘러싼 모든 문화적 과정에 대한 관심과 분석이 필요하다. 그를 방송하는 KBS의 정체, 〈전국노래자랑〉의 역사적 변천, 방송 법제의 변화, 트로트 장르의 변화와 다른 음악 장르와의 관계, 시청자층의 변화, 하위 계층(여성, 지방민, 노년층, 노동 계급 등의 하위 주체subaltern)의 형성 및 변화 등등을 분석에서 고려해야 한다.

2. 대중 문화론의 흐름

대중 문화 현상에 대한 관심이 고조됨에 따라 그것을 알려고 하는 연구자는 많은 대중 문화론 혹은 대중 문화관을 동원했다. 한국에서 대중 문

---

302 이러한 관점으로 대중 문화를 분석하려는 시도들이 다양하게 이루어지고 있다. 특히 다음의 책들을 참조하라. M. de Certeau, *The Practice of Everyday Life*, in S. Rendall (trans.), Berkeley, CA: University of California Press, 1984; M. Bakhtin, *Rabelais and His World*, Bloomington: Indiana University Press, 1984; J. Scott, *Weapons of the Weak: Everyday Forms of Resistance*, New Haven: Yale University Press, 1985.
303 이러한 주장에 대해서는 다음의 글을 참조하라. R. Johnson, "What Is Cultural Studies Anyway?" *Social Text*, Winter 1986, pp.38~80.

화를 논의의 대상으로 인지한 때는 산업화가 가속화되던 1960년대쯤이라 할 수 있다. 대중 문화의 한국적 기원을 찾아보면 그보다 훨씬 더 거슬러 올라갈 수도 있다.304 이미 1920년대 일제 식민지하 경성은 우리가 상상하기 어려울 정도로 일본으로부터 서구식, 일본식 대중 문화를 유입하고 있었다. 대중의 일상 또한 도시, 시장, 화폐 교환, 미디어 등과 어우러져 있어 이른바 대중의 시대가 그때 도래했다고 해도 과언이 아니다. 하지만 대중 문화의 기원이 언제든 간에 그를 분석하려 등장시킨 초기의 대중 문화론은 서구의 지배 계층이나 엘리트 관점이었다. 대중이 중심이 되는 대중 문화가 등장하자 그 이전까지 문화를 주도했던 엘리트 측에서는 위기 의식이 느꼈고 대중 문화를 비판의 영역으로 옮겨놓는 일에 착수했다.

대중 문화란 대중이 즐기는 것이며 고급 취향을 지니는 이들이 즐기는 문화와는 대별된다고 엘리트 관점은 파악했다. 대중 문화의 등장은 고급 문화 / 대중 문화 간 긴장으로 논의될 운명에 처한다. 엘리트적 관점은 그 반목을 극대화시키려 했다. 한국의 경우 대중 문화 등장은 외래성과 민족성(혹은 한국성) 간 대립 논의를 촉발시켰다. 대중 문화를 저급하기도 하지만 외래성을 가지고 있다며 오랫동안 문화 비평의 표적으로 삼았다.305 고급 문화와 민족 문화와의 맥락에서 대중 문화를 규정하면서 자연스레 고급 문화와 민족 문화를 망치느냐 아니냐로 논의

---

304 유선영, 〈한국 대중 문화의 근대적 구성 과정에 대한 연구〉, 고려대학교 박사 학위 논문, 1992를 참조하라.
305 이러한 관점은 지금도 상당한 설득력을 지니고 있다. 특히 다음에 논의될 문명 비평론이나 기능주의적 사회학을 바탕으로 많이 논의되고 있다. 1970년대부터 자리잡기 시작한 이러한 한국적 대중 문화론은 다음의 책에서 잘 정리되어 있다. 강현두 · 유재천 · 이근삼, 《현대 사회와 대중 문화》, 서강대학교 인문과학연구소, 1988.

를 모아갔다. 그 설정이 맞는 것인가 아닌가에 대한 심도 있는 논의를 행하진 않았다. 엘리트 중심의 시각으로 논의를 시작하면서 대중 문화를 분석 대상이 아닌 극복 대상으로 인식한 감이 있다. 대중 문화론 자체를 심각하게 논의하고 평가할 여유가 많지 않았던 셈이다.

1) 대중 문화를 극복 대상으로 본 대중 문화론

대중 문화는 본래 민속 문화*folk culture*를 지칭하는 개념이었다. 하지만 일반적으로 18~19세기 대중 사회의 출현 이후에 나타난 문화 현상을 가리키는 것으로 바뀌었다. 보다 정확하게는 대중 매체가 등장한 이후, 매체 중심의 문화, 즉 대중 매체가 영향을 끼쳐서 형성된 문화를 일컫는 개념으로 정착되었다.306 이와 같이 단순하게 대중 문화를 대중 사회의 부산물쯤으로 여기는 대중 문화론이 대중 문화 초기에 등장했고, 그에 맞추어 대중 문화를 비평하는 일들이 많았다. 새롭게 괴물처럼 등장한 대중 문화를 극복할 방안을 찾는 논의였다.

대중 사회 등장 이후 대중 문화를 바라보는 시각에는 종래의 엘리트 중심적 문화관이 깊이 내재되어 있었다. 이들에게 문화는 사회의 다른 부문, 즉 정치, 경제, 사회와 구분되는 영역이었다. 다시 말하면 정치, 경제, 사회 영역에 포함되지 않는 다른 부문인 음악, 무용, 연극 등구체적인 장르를 지칭하는 개념이었다. 따라서 문화는 특별한 예술 행위들과 동일시되기도 했다. 정치, 경제, 사회는 대중의 일상과 관련되지만 문화 영역은 오히려 대중의 일상을 비켜가는 특별한 공간이란 점을

---

306 이러한 특성을 따서 대중 문화를 대중 전달 문화*mass mediated culture*로 규정한 이도 있다. M Real, *Mass-Mediated Culture*, Englewood Cliffs, N. J.: Prentice Hall, Inc., 1977.

강조하였다. 일상과 거리가 먼 것, 일반적이기보다는 특별한 것이라는 내용을 담았다. 예술과 관련시켜 문화를 사고하는 편은 자연스레 심미주의적(혹은 문예주의적) 문화관을 펴고 상류 또는 고급 문화적인 시각을 담고 있었다.

심미주의적 관점에서 보자면 대중 문화는 부정성 외에 의미를 갖지 못했다. 새롭게 등장한 대중 문화에 대한 부정적 평가는 위기 의식에서 출발한다. 대중 사회와 대중의 본질을 의심하기도 했지만 무엇보다도 이전까지 사회를 지배하던 엘리트 계층을 위협한다며 부정적으로 해석했다. 즉 대중 사회, 대중 문화 등장을 엘리트 계층과 엘리트 계층의 문화에 도전하는 것으로 인식하였다. 오랫동안 피지배 대상이었던 대중이 권력을 갖는 존재로 부상했다는 점만으로도 경계심을 늦추지 않았다. 하지만 엘리트 계층은 그들이 느끼는 위협을 직접 표현하지 않았다. 대신 대중, 대중 문화라는 존재가 가지는 저급성, 본질적 타락성을 부각시켰다. 대중 문화를 두고 그들이 향유하는 고급 문화에 비해 상대적으로 천하고 저질적이라고 평가했다. 이러한 주장은 호세 오르테가 이 가세트José Ortega y Gasset 같은 이에게서 쉽게 찾을 수 있다. 그는 인간 사회는 본질적으로 귀족적이었지만 어느 틈엔가 개인의 욕심을 채우려는 천하고 무지한 대중이 등장했다고 주장한다.307 이 같은 주장에서 대중은 귀족적 예술을 이해하지 못하는 존재이며, 대중 문화는 문화의 타락을 조장하는 것에 지나지 않았다.

일련의 문학자가 중심이 된 영국의 문명 비평 집단은308 조금 다른

307 J. Ortega y Gasset, *The Revolt of the Masses*, London: Allen & Unwin, 1951.
308 흔히 이 전통을 매튜 아널드의 이름을 따서 아널디즘이라 부른다. 그리고 이후 리비스 중심의 논의를 리비스 학파 혹은 공유를 주장했다는 의미에서 공유 학파라고도 불렀다.

견해를 폈다. 그들은 문화를 소수의 사람만이 독점하는 것으로 보진 않았다. 그들은 인간의 정신적 가치와 내적 심성을 완벽하게 하는 것을 문화라고 파악했다. 문화, 예술은 인간에게 보편적인 자유를 제공하며, 진실과 자유가 무엇인지를 가르쳐 주며, 어떤 사회적인 조작으로부터도 벗어날 수 있게 하는 것이라 믿었다. 하지만 대중 사회의 등장으로 인해 문화, 예술의 역할은 과거와는 빗나가고 있음을 목격한다. 대중 문화는 문화의 본질을 오도하고 순수함을 파괴했다. 당연히 산업화나 대중 매체를 대중 문화의 근원으로 파악했고, 극복의 대상으로 손꼽았다. 대중 문화, 대중 매체를 모두 인간과 삶의 진정한 본질을 외면케 하는 장치로 보았다.309 상업화에 편승한 대중 문화를 도덕적 무질서의 주범쯤으로 보았다. 앞서 예로 들었던 〈전국노래자랑〉은 분석 대상으로조차 인정하지 않는다. 인간이 생각할 수 있는 가장 순수하고, 아름답고, 진실된 것을 문화라고 정의하는 이들은 〈전국노래자랑〉 속 대중의 모습이나 노래 내용, 그것을 즐기는 대중을 계몽해야 할 도덕적 파괴의 동참자로 규정한다. 이런 문명 비평론적인 대중 문화론은 한국에서 오랜 역사를 지니고 있으며, 아직까지 그 생명력을 유지하고 있다.

미국에서는 대중 문화가 사회 통합, 민주주의에 어떤 영향을 미치는가를 놓고 찬반론을 벌였다. 미국의 대중 문화론은 대중 문화 찬반론으로 알려져 있다. 찬성하는 쪽에서는 문화적 민주주의를 가져왔다는 점을 강조한다. 대중 매체를 통해 널리 문화 향유를 가능케 해주었음을 내세운다. 그에 비해 반대론자는 대중 문화가 대중의 최대공약수 수준에 어필하는 내용을 양산해 냄으로써 문화적 수준을 낮추었다고 말한

---

309 M. Arnold, *Culture and Anarchy*, London: Cambridge University Press, 1960에서 재인용.

다. 그로 인해 양질의 문화를 위협하는 '문화적 그레샴 법칙'이 일어났다고 보았다. 나쁜 문화가 좋은 문화를 쫓아낸다는 주장이다. 대중 문화가 고급 문화의 자리를 차지하고, 미국 사회가 전통적으로 지니고 있던 자유주의, 다원주의, 무계급주의의 전통을 위협한다고 결론지었다. 문화적 혼란, 즉 문화적 아노미를 초래한다는 주장인 셈이다.310

대중 문화를 극복 대상으로 본 관점은 엘리트 중심의 대중 사회론, 영국의 문명 비판론, 미국의 (찬반론 중) 비판론에만 국한된 것이 아니다. 오히려 대중 문화를 극복해야 할 대상으로 파악하고 그를 본격적으로 비판한 쪽은 마르크스주의자였다. 그들은 자본주의 시대 이전의 문화를 대중이 향유하던 그들만의 문화로, 예술은 인간의 창의성과 비판 정신을 담을 수 있는 고유의 영역이었던 것으로 파악한다. 그런데 대중의 시대, 자본주의 발흥의 시대에 이르러 문화는 상업적 제도에 의해 생산된 결과물에 지나지 않게 된다. 그것은 대중에게 일방적으로 전달되는 상품으로 전락하고 있었다. 대중이 직접 문화 생산에 참여했던 단계에서 타락했고, 보다 비판적이고 개인적 성격을 지닌 전통적인 고급 문화와도 단절했다. 루카치는 과거 시대의 문화는 ── 셰익스피어에게 볼 수 있듯이 ── 예술가와 대중의 창조적인 결합을 꾀하며 대중의 목소리를 담았다고 보았다. 그러나 자본주의 시대에 이르러 문화는 대중과의 유기적 끈을 놓치게 된다. 그사이를 비집고 자본주의 이데올로기에 침윤되어 창조적 기능을 할 수 없는 대중 문화가 대중의 삶 안으로 들어온다. 문화는 살아 있지 않으며, 단지 추상화된 프롤레타리아 세계관에 머물 뿐이라고 루카치는 말한다. 대중 문화는 과거의 건강한 대중 문화,

310 아노미라는 용어에서 보듯이 미국의 대중 문화론은 사회 통합에 대한 관심에서 출발하고 있다.

부르주아 예술의 수준 높은 기준, 사회주의 미래의 문화 등 이 세 가지로부터의 타락에 지나지 않았다.311 마르크스주의자가 보기에 대중은 '대중 문화 중독자'이며 동질적 개인의 집합에 불과하다. 대중 문화를 소비한 결과 문화 자본가에게 이득을 돌려줄 뿐 아니라, 그 안의 자본주의 이데올로기를 흡수하게 된다. 결과적으로 대중 문화 소비는 자본주의를 공고히 하는 실천이며, 자본주의 재생산을 위한 새로운 시작이 되고 만다.

마르크스주의에 뿌리를 두고 이데올로기(상부 구조)에 대한 관심으로 대중 문화를 분석한 또 다른 시각도 있다. 프랑크푸르트 학파의 시각이다. 프랑크푸르트 학파는 대중 문화를 대량으로 생산해 내는 자본주의 사회 내 문화 산업에 초점을 맞추고 대중 문화의 자본주의적 특성을 비판하였다. 특히 독일의 나치즘 발흥과 자본주의 안정성을 목격한 그들은 왜 혁명의 시기는 오지 않으며, 오히려 역사가 거꾸로 진행되고 있는가를 질문하고 답하고자 했다.312 파시즘과 같은 권위주의 등장, 잘못된 계몽주의 정신으로서 기술적 합리성의 횡행, 산업 사회의 이데올로기를 대중과 대중 문화, 그리고 문화 산업과 연결시켰다. 이들은 특히 대중 사회를 유지하는 데 기여하는 대중 매체, 문화 산업에 주목했다. 각기 분산되어 있는 원자화된 개인은 대중 매체를 통해 이데올로기에 포섭되어 순종하고 복종하는 존재가 되었다고 이들은 주장했다. 이데

311 T. Bennett, "The Politics of 'the Popular' and Popular Culture," in T. Bennett, C. Mercer, & J. Woollacott (eds.), *Popular Culture and Social Relations*, Milton Keynes & Philadelphia: Open University Press, 1986, pp.6~21.
312 T. Bennett, "Theories of the Media, Theories of Society," in M. Gurevitch et al. (eds.), *Culture, Society and the Media*, London & New York: Methuen, 1982, pp.30~55.

올로기를 유포하는 대중 매체, 그를 통해 형성되는 대중 문화를 비판적으로 바라보고자 했다. 이들은 대중 매체가 유포하는 대중 문화는 사회를 대중 사회로 만들 뿐 아니라 궁극적으로는 전체주의 사회로 몰고 갈 것이라 예측했다. 대중 문화는 궁극적으로 전체주의 온상이며 비판 정신을 말살시키는 장치였다.313 물론 비판 정신의 말살과 함께 문화 산업은 경제적 이득을 취하는 일도 동시에 해낸다.

프랑크푸르트 학파의 시각에서 보자면 대중 문화는 대량 생산과 대량 배급을 통한 이윤 추구를 목적으로 하는 문화 산업 결과물에 불과하다. 또한 자본주의의 지배를 영속화시키는 이데올로기적 수단이며 도구다. 문화 산업이 기반으로 하는 자본주의 체제가 사유 재산과 경쟁, 이윤 추구라는 자본주의적 합목적성을 가장하여 인간의 상상력과 지적 능력의 실천을 방해한다.314 자본주의 사회에서는 인간도, 그들의 문화도 상품화되어 있기 때문에 인간은 자신의 존재조차 상품의 소비를 통해 인식한다. 자신의 영혼조차 상품을 통해 발견하게 된다. 대중 매체 내 프로그램은 자본주의적 생산 방식이나 사회 질서의 억압을 숨기는 이데올로기적 기능을 한다. 이데올로기, 즉 허위 의식 안으로 인간은 어려서부터 편입되고, 그 결과 자본주의 문화 바깥을 보지 못하게 된다. 프랑크푸르트 학파의 시각으로 보면 대중 문화는 자본주의의 이데올로기를 전파하는 수단이며, 자본주의 사회 체제를 유지시키며 인간 의식

---

313 이러한 의미에서 일반적으로 알려진 바와는 달리 프랑크푸르트 학파는 대중 문화의 경제적인 영역과 문화적인 영역을 넘나들었다고 볼 수 있다. B. Agger, *Cultural Studies as Critical Theory*, London & Washington, D. C.: Falmer Press, 1992.

314 J. Zipes, "The Instrumentalization of Fantasy: Fairy Tales and the Mass Media," in K. Woodward (ed.), *The Myth of Information: Technology and Post Industrial Culture*, London: Routledge & Kegan Paul, 1980.

을 물신화시키는 조작된 허위 의식에 불과하다.

프랑크푸르트 학파의 업적은 문화적 영역이 정치적 영역으로 전이될 수 있음을 간파한 데 있다. 문화적 무능력함은 곧 정치적 무능력으로 이어짐을 강조한다. 이 같은 프랑크푸르트 학파의 대중 문화론을 한국의 대중 문화 논의에서 적극적으로 받아들이진 않았다. 오히려 정치론 혹은 철학 영역으로 받아들여진 흔적이 더 많다. 앞에서 설명하였던 대중 사회론적인 설명들과 뒤섞여 이 학파가 지닌 철학적인 면이나 본질이 훼손되기도 했다. 오히려 시간이 한참 흐른 뒤인 포스트모더니즘 논의에서 이 학파의 계몽주의 비판, 합리성 비판, 근대성 비판을 활발히 언급하기도 했다. 미국의 대중 문화 찬반론에 얹어 대중 문화에 반대하는 집단이라는 정도로 받아들인 듯하다. 프랑크푸르트 학파가 상부 구조 학파라 일컬어질 정도로 괄목할 만한 분석틀을 제공했음에도 국내에서는 그에 합당한 대접을 하지 않았다.

지금까지 살펴본 것처럼 대중 문화에 대한 초기의 부정적인 눈길은 대중의 급작스런 등장과 대중 매체에 의한 대중 문화의 급작스런 확산, 즉 대중화에 대한 우려에서 비롯된다. 대중 문화가 엘리트 계급에 비해 상대적으로 하위 계층의 문화라는 점을 강조하고 자발적인 문화가 아니라 매체에 의해 강요되는 문화라고 주장한다. 현대 사회의 대중 문화는 문화 생산자와 소비자를 분리하고 있어 대중의 경험과 생활을 소외시킬 뿐 결코 담지 못한다고 강조한다. 뿐만 아니라 다수의 평균 취향을 만족시킬 목적으로 대중 문화를 생산하므로 문화 분야에 질적 저하를 초래하거나 문화 평준화를 가져다준다. 대중 문화는 문화적 이질성 조차도 한데 버무려 동질적인 것으로 만들어 낸다. 이러한 문화적 환경에서 대중 매체를 통한 문화는 대량으로 가공된 것일 수밖에 없고, 수용자는 수동적인 소비자에 머문다. 수용자에게 주어진 자

유는 대중 문화라는 상품을 사느냐 사지 않느냐를 선택하는 정도에 머물 뿐이다.[315]

2) 대중 문화를 논의 중심에 둔 연구의 등장

대중 문화를 어떻게 볼 것인가는 결국 대중 문화를 어떻게 연구할 것인가로 이어진다. 대중 문화에 대한 관심은 단지 문화라는 추상적이고 관념적인 영역에 머무는 것이 아니라 현대 사회로 넘어오면서 대중 문화 형성과 흐름에 주도적인 역할을 하고 있는 대중 매체의 영역으로 이전 확산된 것은 당연한 귀결이었다. 그 가운데서도 특히 대중 문화 산업에 대한 논의는 정통 마르크스주의와 더불어 대중 매체의 구조적인 문제를 중심으로 문화 내용이나 형식을 살피려 한 정치경제학이 지속적으로 행해 왔다.

　　대중 문화의 정치경제학은 1980년대까지만 해도 상당한 위세를 떨치던 패러다임이었다.[316] 대중 문화의 정치경제학은 대중 문화를 자본의 이윤을 위해 생산되고 판매되는 상품으로 정의한다. 매체 행위, 문화 생산 행위를 자본주의적 생산 양식에 기초한 경제 활동의 결과로 해석하는 경향이 강했다. 이들은 상품 생산을 지배하는 경제 관계에 의해 결정되는 수동적 존재로 문화를 이해했다. 정치경제학의 관심은 대중 매체

---

315 D. McDonald, "A Theory of Culture," in B. Rosenberg & D. M. White (eds.), *Mass Culture: The Popular Arts in America*, New York: The Free Press, 1959, pp.59~73.

316 대중 문화의 정치경제학이 문화 연구에 전혀 도움을 주지 못했다거나 의미가 없다고 주장하는 것은 아니다. 논의의 전개를 위해 그것의 특정 사회 구성 요소에 대한 강조점을 비판하고 있는 것이다. 정치경제학이 대중 문화에 대한 분석을 더욱 윤택하게 할 수 있고, 통찰력을 분석 안으로 끌어들일 수 있음을 인정하면서 과거의 교조적인 형태의 정치경제학적인 접근을 비판하려 한다.

의 소유, 생산, 통제 그리고 문화가 유통되고 흥행되는 시장에 머물러 있었다. 문화 상품 내용이나 형태, 의미에는 큰 관심을 보이지 않았다. 문화가 가질 수 있는 특수성이나 문화 과정에서 생길 수 있는 독특한 생산, 소통, 부침에는 주목하지 않았다. 문화의 다양성이 가질 수 있는 문화적 의미는 간과하고 있었다. 문화가 적극적인 존재로서 경제, 정치 과정에도 영향을 미칠 수 있다는 생각에는 전혀 이르지 못했다.

대중 문화에 대한 정치경제학적 관점은 문화를 경제에 종속시킴으로써 문화 나름의 의미와 영향력을 추적하지는 않았다. 뿐만 아니라 정치경제학은 마르크스주의 경제 논리를 충실히 따르고 있었기에 생산 중심의 시각을 고수할 뿐 현대 사회에서 특징적으로 나타나는 소비 중심의 문화를 논의에 포용할 수 없었다. 현대 소비 문화 영역에 필수적으로 드러나는 소비자의 즐거움, 의미 형성(사실 이것은 가장 중요한 요소인 소비의 이유이기도 하다)과 같은 테제를 생산이라는 기계적인 경제 논리로는 풀 수가 없다. 그 같은 문제를 풀지 못하면 문화의 흐름이나 형성에 관여된 인간, 인간의 창조성, 희로애락, 그와 연관된 실천에 주목하기가 어렵다. 정치경제학은 정치 경제적 구조에 몰입한 나머지 문화를 구성하는 데 필수적인 인간의 경험과 실천을 소홀히 취급하였고 그 결과 문화와 관련된 인간적, 자발적 영역을 간과하였다.

대중 매체, 문화 산업, 대중 문화를 비교적 체계적으로 접근했던 정치경제학의 한계가 드러나긴 했지만 이 패러다임은 꾸준한 성장세를 구가해 왔다. 지금도 대중 매체, 문화 산업의 정치경제학 논의는 여전히 꾸준한 성과를 산출하고 있다. 이 패러다임은 영국을 중심으로 한 유럽식 대중 문화 접근법의 한 종류다. 정치경제학적 접근법이 유럽에서 인기를 구가하고 있을 때 미국을 중심으로 한 자유주의 학문 전통에서는 여전히 구조기능주의Structural-functionalism를 중심으로 대중 문화 연구를 지속시키고 있었다. 구조기능주의적 대중 문화 연구는 사회의 지속, 유지, 발전에 대중 문화가 어떤 기능을 할 수 있는지를 점검하는 작업이었다. 사실 이 책에서도 구조기능주의를 대중 문화 논의에서 주요 패러다임으로 인정하고 충분히 다루었어야 했다. 대중 사회론 논의에서 살펴보았던 미국식 대중 문화 찬반론이 더욱 발전한 형태로 이어졌다고 말하는 것으로 마무리하기엔 구조기능주의는 큰 패러다임이다. 그럼에도 이 책에서 논의를 생략한 것은 사회과학계 전반에 이 패러다임에 대한 소개가 충분할 뿐 아니라, 미국적 사회과학에 영향을 받은 한국 학계를 통해 대부분의 독자가 접했을 거라는 짐작을 했기 때문이다. 영국을 중심으로 한 유럽식의 정치경제학 패러다임, 미국을 중심으로 한 구조기능주의 패러다임이 대중 문화를 논의할 즈음해서 영국에서는 새로운 패러다임이 태동을 준비하고 있었다. 정치경제학을 수정하자는 의미에서 신좌파*New Left*적 성격을 내세웠고, 경제적 영역에 대한 일방적 강조에서 벗어나 문화 영역에 대한 강조로 선회하려 했다. 정치경제학 패러다임과 함께 대중 문화, 문화 산업, 대중 매체를 논의의 중심에 두고 체계적으로 접근하려 한 패러다임이었다. 이번 장의 논의 중심인 문화 연구의 시작이다.

영국 문화주의자(5장)의 초기 연구에 기반을 둔 문화 연구는 영국 버밍엄 대학 현대문화연구소를 중심으로 1980년대에 이르러 여러 연구 성과물을 내고 연구자를 배출해 내면서 대중 문화 연구에서 두각을 나타낸다. 우선 문화 연구는 노동 계급이나 여타 소외된 사회 집단의 삶의 방식과 하위 문화*sub-culture*에 의미를 부여하며 정치경제학의 입장과 사뭇 다른 시각을 보여 주었다. 대중은 비록 상대적으로 저발전된 방식이긴 해도 자발적이고 독자적인 문화를 지닌 존재라고 문화 연구는 간주했다. 진정한 대중 문화는 매체 산업에 의해 생산되는 상업적 대중 문화와 구분되며 오히려 전통적인 민중 문화, 전통적 삶의 방식과 연계된다고 보았다. 혹은 대중의 문화적 전통과 연결되어 새로운 의미를 내게 되는 변형된 형태의 문화로 그려 내기도 한다.[317] 문화 연구자에게 문화는 주어진 역사적 조건과의 관계 속에서 나타나는 경험을 통한 의미와 가치이며, 그것이 표현되고 구현되는 방식이자 실천이었다.[318] 정통 마르크스주의나 정치경제학 패러다임이 제시했던 문화의 상부 구조성, 즉 토대를 반영할 뿐이라는 반영론, 대중 매체가 전해 준 일방적 이데올로기 문화를 부인하였다.

이러한 대중 문화에 대한 본격적인 연구의 맹아는 그람시의 수용으로 새롭게 발전된 면이 있다. 문화 연구는 대중 문화가 '대중'이 자발적으로 일으킨 문화도 아니고 그들을 위해 생산되어 관리되는 일방적 이데올로기 문화도 아니라고 주장한다. 대중 문화를 대립적인 가치가 서로 만나 섞이면서 대중의 의식과 경험을 틀 짓기 위해 경쟁하는 문화적 형식과 실천의 영역으로 간주했다.[319] 즉 대중 문화는 미리 규정되고 주어진 대중의 문화가 아니라 대중 문화의 영역 확보를 위한 투쟁(혹은 경쟁)의 결과에 따라 형성된다는 것이다.[320]

문화 연구의 기초를 제공했던 이른바 문화주의 원류라 할 수 있는 윌리엄스의 문화관은 논의의 진행을 위해서 특별히 검토해 볼 가치가

---

317 이러한 관점은 특히 R. Hoggart, *The Uses of Literacy*, London: Penguin, 1958에서 찾을 수 있다.

318 E. P. Thompson, *The Making of the English Working Class*, Harmondsworth: Penguin, 1980.

319 S. Hall, "Notes on Deconstructing 'the Popular'," in R. Samuel (ed.), *People's History and Socialist Theory*, London: RKP, 1981, pp. 227~239.

320 S. Hall, "Popular Culture and the State," in T. Bennett, C. Mercer, & J. Woollacott (eds.), *Popular Culture and Social Relations*, Milton Keynes & Philadelphia: Open University Press, 1986, pp. 22~49.

있다. 문화 연구의 생성과 흐름에 그가 미친 영향력은 매우 컸다. 그의 관점은 정치경제학적인 사고를 뛰어넘은 인간, 실천에 기반을 둔다. 윌리엄스에 따르면 문화는 정치경제학이 전제하는 정치 경제적 관계와 같은 방식으로만 결정되는 것이 아니다. 인간이 처한 제반 상황과의 관계에서 이룩되는 인간 경험과 실천의 표상이 바로 문화이다. 때문에 문화는 정적이고 고착된 것이 아니라 역사와 상황에 따라 나름의 특성과 다양성을 드러내고 있다. 윌리엄스를 위시한 문화주의자는 문화를 예술의 영역에만 가두는 편협적인 해석을 부인하고, 문화의 의미를 삶의 일상 영역으로 확대시켜야 한다고 주장했다.321 윌리엄스는 문화를 '삶의 전 양식whole way of life'이라고 정의하고, 문화의 관념성을 지양하며 인간 경험과 실천 및 의미 형성 과정을 강조했다. 그는 문화를 보는 기존 시각이 소수 특수 계층의 지적 성과나 예술 중심주의에 그친다며 비판했다. 보통 사람의 일상적인 행위와 실천을 통해서도 의미와 가치가 산출되며 그것이 표현되는 양식이 문화라고 주장했다.322 윌리엄스가 제시한 문화에 대한 개념 확대는 인간 가치가 삶의 전 과정에 걸친 보편적이고 일상적이라는 사실을 강조한 것이다. 뿐만 아니라 인간의 일과 경험에 새로운 활력을 불어넣음으로써 인간이 문화를 만들어 간다는 주동자로서의 역할에 비중을 두는 일이기도 했다. 윌리엄스의 주장은 그 개념의 비명료성에도 불구하고 대중이라는 존재와 그들의 경험에 의미를 부여했다는 점에서 기존의 문화관을 크게 변경하는 계기가 되었다.

월리엄스의 문화관에 기초하여 문화의 다양성이나 독창성에 관심을

---

321 이러한 점이 바로 월리엄스가 그 이전의 리비스를 중심으로 하는 학파들과 구별되는 요소가 된다.

322 R. Williams, *The Long Revolution*, London: Chatto & Windus, 1961.

두고 문화를 해석하려는 논의는 다양한 학문 영역과 방법론을 수용 또는 융합하면서 성장을 거듭한다. 초기 문화 연구는 정치경제학적 패러다임에 대한 수정을 강조하며 대중의 자발성, 능동성, 주동성을 부각시켰다. 노동 계급의 창의성, 청소년의 자발적 하위 문화 창조성을 강조한 논의가 그 결과였다. 그러다 문화 연구는 유럽 대륙에서의 구조주의 논의(6장)와 만나게 된다. 인간의 창의성, 자발성을 강조하는 문화주의 전통이 인간을 제어하는 구조를 강조하는 구조주의 전통을 만난다. 문화 연구는 서로 맞닿지 않을 것 같은 두 패러다임을 절합하며 독창적인 영역을 구축하는 새로운 전기를 맞게 된다.323 이 둘의 만남을 통해 문화 연구에는 다양한 갈래가 생기기도 했고, 더 두터워지기도 하는 계기를 맞게 된다. 구조주의는 종래 인간 중심의 사변적 논리에 머물던 문화 연구에 문화 형성이 전체 사회 구조와 밀접히 연관되어 있다고 보는 해석을 전해 주었고, 텍스트 분석이라는 방법론적인 돌파구를 마련해 주기도 했다.

언어학적 패러다임에 기초를 둔 구조주의는 문화를 언어처럼 구조화된 것으로 해석하려는 시도를 보여 주었다. 문화주의가 역사나 인간 실천을 강조하는 데 비해 구조주의는 공시성과 구조에 보다 많은 비중을 두었다. 이들에게 구조는 모든 문화를 관통하는 숨겨진 관계 체계를 의미한다.324 구조주의의 대표 학자인 레비스트로스는 문화를 하나의 체계로 보고 그 체계 안에서의 모든 문화 양식은 공통적이고도 보편적인 특정 법칙의 지배를 받는다고 주장했다. 예를 들면 한 문화권 내의

---

323 문화 연구의 이 같은 이론적 발전은 스튜어트 홀과 CCCS의 업적이 있었기에 가능했는데, 홀은 알튀세르와 그람시의 접목을 통해 문화 연구의 영역과 연구 시각을 정립했다.

324 R. de George & F. de George, *The Structuralists: From Marx to Lévi-Strauss*, Garden City: Anchor Books, 1972.

구
조
주
의

신화, 결혼 풍습, 친족 체계, 식사 예법은 그 문화의 발현체로서 공통적인 무엇인가를 반영하고 있다는 것이다.

레비스트로스가 제시한 이러한 시각을 구조주의 대중 문화 연구자는 대중 문화를 보는 연구 방법으로 적용했다. 즉 어떤 문화적 행위에도 그것의 의미를 생성케 하는 체계나 구조가 있다고 가정했다. 구조주의 방법론을 적용해 표상으로 나타나는 영화, 사진, 텔레비전 프로그램 등의 텍스트 구조에 주목해 그를 분석했다. 그들에게 문화는 단순히 기술되고 분류되는 것이 아니라 일반적인 법칙을 따라, 또는 보이지 않는 특정한 법칙을 따라 일관되게 나타나는 현상이었던 셈이다. 구조주의 방법론을 받아들인 문화 연구는 현대 사회에서 문화가 얼마나 정교한 모습으로 자본주의의 이데올로기를 주입하는지를 실증적으로 보여 주려 했다. 현실은 단지 언어나 다른 문화적 상징을 통해서만 인식되고 경험될 뿐이란 점을 구조주의자는 강조한다. 뿐만 아니라 이들은 객관이나 진실이라는 말도 불가능하다고 보았다. 진실은 단지 누구를 위해서 언제 어떻게 의미가 만들어졌는가를 밝힘으로써 이해할 수 있을 뿐이다. 이러한 구조주의 시각을 이데올로기 분석으로 가져왔고, 문화 텍스트의 이데올로기적 작용 분석에도 활용했다. 분석을 통해 무엇이 문화를 구성하는지, 그것의 이데올로기적 기능은 어떻게 이루어지는지를 설명하고자 했다. 문화 연구 안에서 연구자는 그렇게 구조주의, 문화주의가 각각 따로 혹은 같이 뒤섞여 논의하는 다양함을 보여 준다.

문화주의나 구조주의는 공통된 측면이 있다. 이 둘은 전통적인 토대 / 상부 구조, 고급 문화 / 저급 문화라는 양극화된 이분법을 넘어서서 상부 구조를 재해석하고 문화의 상대성을 인정하는 시도를 보여 주었다. 또 이들은 이데올로기 또는 의식의 생산물로서의 문화는 정치경제학적 관계에 의해서만 결정되는 것이 아니라는 기본 인식을 갖고 있었다. 하지만 둘 간에는 닮은 점보다는 서로 다른 점이 더 많았다. 때론 그 둘을 대립하는 한 쌍으로 설정할 정도로 맞서고 있기도 했다. 구조주의의 영향을 받은 문화 연구자는 인간 의식이 문화적으로 구성된 것이라고 주장하면서 이것을 가능케 한 언어와 상징 등과 같은 구조에 주목했다. 인간 개개인 실천이나 경험에는 세세한 관심을 기울이지 않았다. 개인의 실천이나 경험은 어차피 집단적 구조의 산물이기 때문에 따로 살펴볼 필요가 없었다. 반면 문화주의자로부터 영향을 받은 문화 연구자는 구조주의 논의가 추상적이고 기계적이며 도식적이어서 인간의 경험과 실천의 생동감과 다양성을 설명하는 데는 적합치 않다고 주장했다.325 구조주의 시각을 문화의 과정에 개입하는 인간에 대한 몰이해, 역사를 감안하지 않는 몰역사성을 동시에 지닌 것으로 파악했다. 구조주의자는 문화주의자가 충분히 이론적이지 않다고 주장한 반면, 문화주의자는 구조주의자가 지나친 이론가일 뿐 인간과 역사를 이해하지 못하고 있다고 비판하였다.

　각기 독립적이며 대립적으로까지 보이던 이 두 관점은 현대로 올수록 배타성을 넘어 상호 보완적이고 밀접한 관계의 연결선상에서, 때로는 보충적인 설명력을 지니는 것으로 발전해 왔다. 이 두 이론의 간극이 메워지는 것은 후에 그람시의 헤게모니 이론이 도입되면서였다. 그람시 이후부터 현재에 이르기까지 두 견해는 다양한 상호 접근법을 통해 공진화共進化하고 있다. 문화주의와 구조주의라는 대립적 양분법은 그 의미를 잃고 있는 형편이다. 둘 사이의 간극을 줄여 가는 작업을 문화 연구가 지속적으로 실행한 탓이었다.

---

325 E. P. Thompson, *The Poverty of Theory and Other Essays*, London: Merlin, 1978.

3) 이데올로기와 헤게모니

앞에서 살펴본 것처럼, 문화 연구에 미친 구조주의의 영향력은 아무리 강조해도 지나치지 않다. 구조주의의 도입으로 구체적 문화 분석의 가능성이 열렸고, 아울러 문화와 이데올로기 간 관계를 적극적으로 논의할 수도 있었다. 그 가운데서도 구조주의 마르크스주의자인 알튀세르가 문화 연구의 전체적인 흐름에 미친 영향력에 대해서는 따로 논의하지 않을 수 없다.

구조주의 마르크스주의자로 불리는 알튀세르는 기존의 인간주의적 마르크스주의326에 대항하여 인간의 행위가 얼마나 구조적으로 제한되어 있는지를 설명하려 했다. 인간은 역사를 만들어 가는 주체가 아닐 뿐 아니라 역사 발전의 중심이 아니라고 주장한다. 그에게 있어 인간은 단지 사회 구성체와 구조에 포섭된 주체(구조주의에서 주체를 어떻게 다루었는지 6장을 떠올려 보라)에 불과하다. 인간이 역사 형성의 주체가 되므로 인간 경험과 실천이 소중하다고 믿는 경험주의와 역사주의를 배격했다.327

알튀세르가 천착하려고 했던 것은 사회 구성체를 구성하는 각각의 실천(정치, 경제, 문화)이 상대적인 모순이나 불일치에도 불구하고 어떻게 하나의 전체라는 사회 구조 속에 스스로를 적응시키는가 하는 점이었다. 그는 이들 각기 다른 실천을 포용하고 사회 구성체를 유지하는 본질

---

326 인간주의 마르크스주의자는 프롤레타리아가 계급 의식을 자각하고 그 자각의 고조를 통해 혁명을 주도한다는 서사를 가지고 있다. 이때 프롤레타리아는 역사를 인식하고 역사를 만들어 가는 존재다. 인간주의는 이처럼 프롤레타리아 민중에 기대를 걸고, 그가 역사를 바꾸어 갈 것이라 믿는다.

327 S. Clark et al., *One-dimensional Marxism: Althusser and the Politics of Culture*, London: Allison & Busby, 1980.

이나 중심이 있을 것이라고 믿고, 이데올로기를 중심으로 설명하려 했다.328 즉 자본주의가 큰 무리없이 부드럽게 움직이게 된 데는 정치, 경제, 문화 각 영역이 서로 조화를 이루기 때문일 거라 생각하고 그 조화를 이루게 하는 구조적 힘이 어떻게 생기는지를 찾아보려 했다.

알튀세르는 이데올로기를 더 이상 지배 계급이 피지배 계급에 강요하는 고정된 허위 의식적 사고 체계가 아니란 점을 분명히 했다. 이데올로기를 일상 속에서 부단한 실천과 사회와의 관계를 통해서 사고하고 행위하고 이해하면서 끊임없이 재생산되고 재구성되는 동적인 과정으로 이해했다. 알튀세르는 토대가 상부 구조를 결정한다는 단순 도식을 강하게 거부한다. 토대 결정론을 중층 결정*overdetermination*이란 용어로 대신했다. 토대 결정론은 토대 / 상부 구조 간 관계를 설명하는 방식이다. 그에 비해 중층 결정론은 토대 / 상부 구조 간 관계 대신에 경제 / 정치 / 문화 간 관계를 설명하고자 한다. 즉 사회가 토대 / 상부 구조로 구성되었다고 보는 대신 경제 / 정치 / 문화적 영역으로 구성되어 있으며 사회의 모습은 그 세 영역 간의 (중층적) 관계에 의해 드러난다는 설명이다. 사회를 구성하고 있는 층위 — 경제적, 정치적, 문화적 — 는 서로 제한된 독립성(이를 상대적 자율성이라고도 부른다)을 지니되, 상황에 따라 층위 간에 다양한 방식으로 접합하며 사회를 이루어 낸다는 말이다. 이 같은 주장은 경제적 영역의 우선성을 지양할 뿐 아니라, 문화적 영역이

---

328 알튀세르의 이데올로기에 대한 논의는 그의 저서에 따라 조금씩 다르게 나타난다. 예를 들어 그의 ISA 에세이에서도 1부와 2부의 이데올로기에 대한 설명이 크게 차이가 있음을 알 수 있다. 알튀세르의 이데올로기론 가운데 대중 문화론과 관련된 주요 핵심만을 옮기려고 한다. 알튀세르의 이데올로기론에 대한 분석과 비판은 다음을 참조하라. S. Hall, "Signification, Representation, Ideology: Althusser and the Post-Structuralist Debates," *Critical Studies in Mass Communication*, 2, 2, 1985, pp.91~114.

경제, 정치 영역에도 영향을 미칠 수 있음을 강조하고, 문화적 영역이 상대적 자율성을 누리므로 문화적 전통이 갖는 힘을 무시하지 말 것을 전하고 있다.

알튀세르의 이데올로기론에서 두드러지는 두 번째 논의는 이데올로기 생산 담당자에 대한 언급이다. 알튀세르는 가족, 교육, 언어, 대중 매체, 정치를 포함하는 '이데올로기적 국가 기구'(ISA)라는 개념을 끌어온다. 이데올로기적 국가 기구는 이데올로기, 즉 사람이 옳다고 믿는 행위나 사고를 생산해 내고 전파하는 역할을 담당한다. 이데올로기 생산 기구는 상대적으로 독립된 지위를 누리고 있긴 하지만, 기구들은 비슷한 이데올로기를 생산해 낸다. 알튀세르의 중층 결정은 왜 이들이 비슷한 이데올로기를 생산해 내는지를 설명한다. 이들 기구는 명시적으로 서로 연결되어 있지 않지만 실제로는 서로가 밀접하고 개별적인 연결고리를 유지하고 있다는 것이다. 예를 들면 교육 기관은 정치 권력이나 가족 구조, 법률 제도와는 전혀 다른 별도의 이야기를 가르치지 않는다. 이데올로기적 국가 기구에 의해 생산된 이데올로기는 자본주의가 재생산될 수 있도록 해준다. 이데올로기적 국가 기구는 자본주의가 유지되고 재생산되도록 기능을 수행한다.

셋째, 알튀세르는 이데올로기를 통해서 주체가 형성된다는 점을 강조한다. 대중 주체는 이데올로기적 국가 기구가 유포하거나 교육하는 이데올로기에 의해 형성된다. 여러 국가 기구 가운데서도 특히 학교와 대중 매체는 주체의 형성에 중요한 역할을 담당한다. 알튀세르의 '호명'이라는 개념은 대중 매체에 의한 주체 형성 방식을 설명한다. 우리가 어떻게 불리는가에 따라서 사회적인 관계가 규정된다는 것이다. 호명 방식을 통해 인간의 주체는 자연스럽게 사회 구조 안으로 편입된다.329 이데올로기의 호명을 내면화함으로써 사회의 지배적인 가치나

알튀세르는 이데올로기를 통해서 주체가 형성된다는 점을 강조한다. 대중 주체는 이데올로기적 국가 기구가 유포하거나 교육하는 이데올로기에 의해 형성된다. 여러 국가 기구 가운데서도 특히 학교와 대중 매체는 주체의 형성에 중요한 역할을 담당한다.

행위 양식에 무의식적으로 편입된다. 호명 그리고 그에 대한 답은 자연스럽게 (혹은 무의식적으로) 이뤄진다는 점에 주목해야 한다. 주체 형성은 눈에 띨 만큼 드러나는 과정을 통해 벌어지지 않는다. 이데올로기는 대중이 일상을 살아가는 가운데 활용하지 않을 수 없는 필수품이다. 학교란 어떤 곳인가에 대한 인식을 예로 들어 보자. 학교는 학생을 키우고, 그곳에서 성공적인 인물은 곧 사회의 성공으로 이어지며, 간혹 생기는 비리는 학교의 이상을 저버리는 개인적 일탈로 인한 것이라는 생각을 갖고 있다. 이 같은 생각은 오랫동안 배워 온 것이다. 이데올로기적 국가 기구가 우리에게 일러 줘서 배운 것이며, 학교를 다니며 익힌 것이기도 하며, 다른 사람이 전해 주어서 알게 된 것이기도 하다. 우리가 학교에 대해 알고 있는 내용은 학교에 대해서 그런 태도를 갖게끔 하기도 하고, 학교에서 그런 행동을 하게끔 만든다. 그런 점에서 이데올로기란 자연스럽게 형성된 모든 사물이나 이치와의 상상적 관계이다. 우리 주체는 이데올로기에 의해 형성되는 사회적 존재이며, 자본주의 사회에서 자연스럽게 형성되는 것이며, 이데올로기로부터 쉽게 멀리 떨어져 나갈 수 없는 이데올로기를 담아내는 그릇*a bearer*이기도 하다.

알튀세르가 제기한 이데올로기론은 생산 양식으로만 문화를 규정하려던 결정론적이고 교조적인 정통 마르크스주의에서 벗어날 새로운 계기를 마련해 주었다. 특히 비판적인 문화론자의 사고에 큰 영향력을 행사했다. 문화주의에 경도되어 있던 초기 문화 연구는 알튀세르의 통찰력을 받아들이자마자 전혀 새로운 모습을 만들어 내며 면모를 일신하기도 했다. 문화 연구의 대중 문화 연구가 체계적인 모습을 갖추는

---

329 알튀세르는 이러한 주체와 현실과의 관계를 규정하는 데 동원되는 이데올로기 동화 과정을 호명이라는 개념으로 설명한다.

데 알튀세르가 공헌한 정도는 가히 말하기 어려울 정도다. 문화 연구는 문화주의에서 내세운 인간 경험과 실천에다 알튀세르의 구조 개념과 이데올로기 형성 과정을 보태 이데올로기 과정을 제대로 설명할 수 있었다. 구조나 개인의 실천 어느 한쪽을 강조하는 방식을 지양하고 구조와 실천이 만나는 장소로 이데올로기를 상정하는 결과를 낳았다. 대중 문화적 사건도 이데올로기 과정과 유사하게 벌어진다는 이론을 형성하였고 그에 맞추어 구체적 분석을 행할 수 있게 되었다.

문화 연구가 구조주의와 문화주의를 혼합해 가면서 도입한 또 다른 한 축은 헤게모니론이다. 문화 연구가 헤게모니 이론을 수입하면서 알튀세르의 이데올로기론 수입에 뒤따랐던 몇 가지 문제를 해결할 수 있었다. 알튀세르가 미디어, 가정, 학교를 ISA, 즉 이데올로기 국가 기구로 명명했듯이 그는 자본주의 사회의 중심을 국가*the state*에 두었다. 그람시의 헤게모니론은 국가 중심에서 벗어나 시민 사회로 눈길을 돌린다. 헤게모니론에서 가장 핵심을 차지하는 부분은 시민 사회다. 이데올로기가 형성되는 장소가 국가 영역으로 국한되지 않고 오히려 국가의 직접적인 개입이 끝나는 부분에서 이루어진다는 사실을 강조한다. 모든 것이 국가의 영역에서 발생한다면 이데올로기란 항상 지배적일 수밖에 없다. 헤게모니론은 국가의 영역이 아닌 시민 사회에서 국가의 체계적인 이데올로기 형성 작업이 도전받기도 하고, 국가적 이데올로기 작업이 자발적 동의를 동원해내는 과정에 주목한다. 우리가 관심을 두고 있는 대중 문화의 이데올로기적 작용에 국가가 참여하긴 하지만 반드시 국가적인 영역에서만 이루어지는 것은 아니다. 시민 사회에서는 대중 문화의 이데올로기에 대한 거부도 가능하고, 동조도 가능하다. 시민 사회 내 시민의 마음을 얼마만큼 더 사로잡았는가에 따라 거부와 동조는 갈라진다. 헤게모니는 사발적인 마음을 사는 일과 다름없다.

문화 연구는 헤게모니를 피지배 계급330이 그들의 종속을 거부 없이 받아들이고 동의하도록 하는 과정이라고 파악한다. 지배 계급은 피지배 계급과 특정한 재화를 두고 직접적인 경쟁을 하지 않는다. 대신 재화에 대한 지배를 — 피지배자들이 불만없이 — 당연한 것으로 여기게끔 만드는 방법을 취한다. 지배 방법을 훨씬 교묘하게 삶의 전반에 걸쳐 숨겨 놓는 것이다. 이때 헤게모니는 피지배 계급이나 그들의 문화가 항상 지배 계급의 이익에 대해 동의하도록 부추기는 적극적인 조정 과정을 말한다. 삶에서 불이익을 받고 있다는 사실을 피지배 계급이 자각하는 것만큼 지배 계급에 위협이 되는 것은 없다. 따라서 지배 계급은 어떤 식으로든 그들의 (불만 없는) 동의를 얻고자 한다. 피지배 계급이 향유하는 그들의 문화나 가치는 전격적으로 거부되고 부인되어야 하는 것이 아니라 지배 문화권 내에 포용될 수 있도록 인내하고 조정해야 할 것으로 받아들인다.

이처럼 헤게모니론은 알튀세르의 이데올로기론에서처럼 이데올로기를 고정된 것으로 파악하기를 거부한다. 끊임없이 이데올로기를 둘러싸고 경쟁(동의를 하거나 하지 않거나 동의를 구하거나 등등의 경쟁)하는 과정에 더 관심을 둔다. 그런 면에서 알튀세르의 이데올로기론보다 동적이며 투

---

330 그람시의 이론이 반드시 지배 계급 대 피지배 계급의 대립을 상정한 것은 아니다. 그보다는 성, 지역, 인종 등 다른 모순의 대립 관계를 대입시켜도 헤게모니는 설명될 수 있다. 그러나 모순의 발생이 순차적이나 고립적으로 발생하는 것이 아니라 동시적인 것이라 할 수 있기 때문에 우리의 논의는 더욱 복잡해질 수밖에 없다. 홀은 여러 형태의 지배적인 계층의 집단을 '권력 집단power bloc,' 피지배 계층의 집단을 '민중people'이라고 부르면서 현재의 헤게모니 과정은 권력 집단과 민중 간의 대립 속에서 발생한다고 본다. 이러한 설명은 권력 집단이나 민중의 선험적이고 본질적인 속성을 거부하고 역사적으로 형성될 수 있는 것임을 시사한다. 이 글에서의 지배 계급은 계급적인 면만을 나타내는 것이 아니라 오히려 권력 집단으로 이해할 수 있다.

쟁적이다. 단순화시켜 말하자면 알튀세르의 이데올로기론은 단지 이데올로기적 국가 기구를 통해서 이데올로기가 유포되고, 주체를 형성한다는 정적인 면을 보이는 데 비해 헤게모니론은 지배 이데올로기와 피지배 계급의 사회적 경험 사이에 발생하는 끊임없는 대립과 경쟁을 전제하고 있다. 헤게모니론으로 보면 문화는 권력을 가진 자와 권력을 갖지 못한 자 간의 끊임없는 경쟁(포섭과 투쟁)의 장이다. 문화를 구성하고 있는 조직이나 관계뿐 아니라 문화의 형식에 이르기까지 이러한 투쟁은 걸쳐 있다. 앞서 예로 들었던 〈전국노래자랑〉을 다시 갖고 와보자. 공영 방송인 KBS는 프로그램을 통해 대한민국은 전국적으로 평등하며 누구나 행복한 곳이라는 말을 하고 싶겠지만, 지역 주민은 그 프로그램을 보며 시골의 낙후된 모습에도 그런 말을 할 수 있는가 의문을 제기할 수도 있다. 포섭하려 하지만 동의하지 않으며 저항하는 모습이 드러나는 순간이다. 제대로 포섭해 동의를 구하게 되면 헤게모니를 쟁취한 것이 되지만 그렇지 않은 경우 헤게모니 획득에 어려움이 생긴 것이 된다. 만일 텔레비전 프로그램으로 동의를 구하고자 했다면 혹은 헤게모니적 순간을 얻고자 했다면 이미 진행되고 있는 프로그램도 그 프로그램 밖에서 순환되는 주도적인 사회적 의미에 귀를 기울이지 않을 수 없다. 텔레비전을 둘러싸고도 헤게모니적 순간을 위한 협상과 경쟁은 지속적으로 진행된다.

문화 연구는 피지배 계급의 동의를 획득하는 방식을 절합(articulation, 節合)331이라는 개념으로 보다 구체적으로 설명한다. 절합은 보통 언어와 언어의 결합과 떨어짐을 의미한다. 이데올로기와 이데올로기가 부

331 접합시키고 번역하기도 한다. 접합은 붙는 경우만을 말하지만 절합은 붙는 것과 떨어지는 것을 동시에 말하므로 'articulation'에 더 적합한 번역이라고 볼 수 있다.

딧쳐서 새로운 이데올로기를 만들어내고, 궁극적으로는 새로운 주체를 만들어 내는 과정을 가리키기 위해 고안한 개념이다. 특정 사회적 실천은 본질적으로 정해진 정치적 위치에 놓이거나 사회적 의미를 획득하지 않는다. 다른 실천과의 관계를 통해 그 의미는 발생한다. 나무 심는 행위를 예로 들어 보자. 나무 심는 일은 지배 계급에 동의하는 실천일 수도 있고, 반대로 그와 어긋나는 일일 수도 있다. 식목일의 나무 심기는 항상 '나라 사랑'이라는 지배 이데올로기와 함께한다. 나무 심기 포스터나 표어를 보면 나무 심기와 국가는 늘 함께하고 있음을 쉽게 알 수 있다. 하지만 진보적인 환경 운동 단체에서의 나무 심기는 사뭇 다른 의미를 갖는다. 환경에 무신경한 채 개발만을 주장하는 지배 계급과 국가 권력에 대한 도전일 수 있다. 개발 지상주의가 아니라 자연을 자연 그대로 두자는 슬로건에서는 저항의 향취가 묻어 있지 않는가. 이렇듯 사회적 실천(나무 심기)은 다른 사회적 실천(나라 사랑, 개발 반대)과의 결합이나 차이에 의해 사회적 의미를 얻는다. 그런데 그 결합 과정은 기계적으로 이루어지진 않는다. 사회적 지지를 더 많이 받는 쪽이 더 나은 결합을 한 셈이므로, 결합 과정은 엄밀하게 말하자면 경쟁과 갈등, 투쟁을 담게 된다. 특정 문화 형태는 본래적으로 그렇게 의미를 갖고, 위치를 지닌 것이 아니라 절합이라는 끊임없는 경쟁과 투쟁의 과정을 거쳐 지금의 자리(의미)를 획득했다고 보아야 한다.332 마치 유행처럼 내년이면 새로운 의미로 또 어떤 경우에는 반대의 의미로 절합이 이루어지는 경우도 있음을 시사한다. 1970년대의 나무 심기와 2010년대의 나무 심기의 의미가 달라진 것도 환경 운동과 같은 진보적 운동이 있음으로 해서

---

332 Hall, 앞의 글, 1981.

가능해졌다(과거 나무 심기는 늘 국가가 시민을 동원해 벌이는 애국 행사일 뿐이었다).

　사회, 정치, 문화 내에서 원활한 지배를 위해 어떤 이데올로기적 요소를 다른 이데올로기적 요소와 절합시키느냐의 실천을 헤게모니 다툼으로 볼 수 있다. 헤게모니 과정을 통해 보다 많은 사람의 동의를 이끌어 내 궁극적으로 특별한 사회적 질서나 권력 구조를 인정하게 만드려 한다. 나무 심기를 끊임없이 나라 사랑으로 절합시키는 노력에 의해 우리는 기꺼이 나무 심는 일의 필요성을 받아들인다. 나무 심는 행위를 애국하는 일로 생각하기도 한다. 헤게모니 과정은 지배 계급이 사회 구조 내 전 영역에 걸쳐 사회적 갈등을 어떻게 중화시키느냐의 문제로 귀결된다. 나무 심는 일과 환경 단체의 진보성이 연결되지 않게 하고 대신 아울러 구체적으로 이데올로기적 절합을 통해 동의를 줄 수 있는 주체를 만들어 내느냐는 문제로 남게 되는 것이다.

　문화 연구는 인간과 구조, 역사를 보는 방법에서 이렇듯 절충적인 모습을 하고 있다. 역사는 인간의 실천만을 통하여 이루어지는 것만은 아니라는 점을 인식한다. 인간의 힘을 넘어선 구조의 작동으로만 역사가 이뤄지지 않는다는 점도 강조한다. 그런 강조 대신, 문화주의에서 내세운 인간의 실천, 구조주의에서 내세운 구조의 힘을 절충하려고 하였다. 지배 계급의 다양한 전략을 통한 이데올로기 포섭 과정을 주시하면서 그 과정을 역으로 풀고 대항할 수 있는 가능성도 점쳐 본 것이다.333 대중 문화로 전이시켜서 이야기하자면 대중 문화는 구조적인 모습으로 와닿는 지배적 의미를 담은 텍스트(담론)와 그 텍스트(담론)를 자신들의 일상 생활에서의 경험으로 끌어들이는 두 힘이 만나는 장소인 셈이다.

333 L. Grossberg, "History, Politics and Postmodernism: Stuart Hall and Cultural Studies," *Journal of Communication Inquiry*, 10, 2, 1986, pp.61~77.

4) 문화 연구의 새로운 지평

대부분의 문화관 —— 인류학적인 문화관이든, 사회적 통합을 염두에 둔 구조기능주의적 문화론이든, 혹은 진보적 문화론이든 간에 —— 은 예정된 절차에 의해서 사회가 진화한다는 목적론적teleological 사회관을 바탕으로 하고 있다. 예를 들면 마르크스주의는 사회주의 건설이라는 목적을 향해서 달려가고 있다. 그 과정에서 대중 문화가 어떻게 그 목적을 위해 역할을 할 수 있는가(혹은 그 역사의 진전을 방해하고 있는가)에 초점을 맞추고 있다. 프랑크푸르트 학파는 계몽주의 재건을 통한 이성의 회복, 가장 이상적인 계몽주의의 실천이 가능한 순간을 찾아 새로운 사회를 건설할 목적을 갖고 있었다. 구조기능주의 문화론은 사회 내 각종 기구, 제도가 순기능을 발휘해 완벽하게 사회가 유지되고, 재생산될 순간을 꿈꾸며 대중 문화도 그에 기여하기를 바라는 염원을 담고 있다.

목적을 담은 이상의 대중 문화 관점은 이후 교조적이라는 지적을 접한다. 여러 다른 형태의 작은 문화, 역사적 진전을 인정하지 않고 자신의 목적만을 최고의 진선미로 파악하고 있기 때문에 교조적이라는 지적을 받았다. 이들은 문화를 하나의 전체 현상으로 보고 그 가운데에서 보편적인 진리나 가치를 찾아보려 했다. 그러나 이러한 사고는 부인할 수 없이 엘리트 중심의 사고와 밀접하게 닿아 있다. 어떤 텍스트에도 그것이 본래 의미하려 하는 중심적인 의미가 있다고 전제되었기 때문이다. 그러나 이러한 발상은 텍스트의 의미가 실제로 수용자에 의해 다양하게 해독될 수 있다는 다의성이나, 문화란 한 가지 보편적인 가치만을 포함하고 있는 것이 아니라 다양한 가치와 의미가 허용될 수 있다는 주장에 부딪혀서 비판받고 있다. 새로운 주장은 만일 문화 텍스트가 절대적인 가치나 진리를 전제한다면 민중에 의한 민중의 문화가, 즉 작은 문화가 사라질 위험이 있다는 점을 강조한다.

모더니즘적 사고에 대항해 포스트모더니즘은 큰 담론(목적을 담은 담론)에 회의를 보였다. 즉 기존의 사고방식이 전체를 설명하려 하는 모더니즘의 담론이라고 한다면 이에 대한 부정 담론으로 출발한 것이 포스트모더니즘이다. 반인종주의, 페미니즘, 환경 운동 등 새로운 사회 운동과 새로운 사회 주체의 탄생이나 활동은 이제 더 이상 하나의 권력이 전체를 지배하는 모더니즘의 관점을 부인한다. 목적을 정해 두고 그를 향해 모두가 같이 가야 한다는 사실을 두고 교조적이라 부르는 이유와 같은 맥락이다.

푸코는 그의 담론 이론에서 권력은 더 이상 담론에 의해 반영되거나 재현되는 것이 아니라 담론 그 자체라고 주장한다. 그에게 문화는 더 이상 실체 없이 떠도는 재현된 허상이 아니다. 푸코는 과거 지배 계급, 국가가 행사하는 광범위하고도 거대한 권력의 개념을 부인한다. 권력은 사회의 여러 지점에서 발생하는 미시적인 것이며 다발적인 성격을 갖는다.334 푸코의 관점은 고전적인 마르크스주의의 계급 이론과 그로부터 파생되는 모든 거대 이론을 벗어난다. 삶의 모든 영역에서 구체적으로 부딪히는 문화 행태의 의미나 가치, 그리고 작은 권력의 생산자와 수용자를 규명하는 데 중요한 단서를 제공한다. 료타르 또한 사회 주변부에 나타나는 다양한 작은 이야기에 주목해야 하며 이것들이 모아질 때 비로소 진정한 인간 해방이 될 수 있다고 주장한다.335 주체 문

---

334 M. Foucault, *Power / Knowledge: Selected Interviews and Other Writings, 1972~1977*, in G. Colin (ed.), New York: Pantheon, 1980 [《권력과 지식》, 홍성민 옮김, 나남, 1991].

335 J. F. Lyotard, *Postmodern Condition: A Report on Knowledge*, in G. Bennington (trans.), Manchester: Manchester University Press, 1984, pp. 23~25.

제에서도 포스트모더니즘은 현대 사회의 인간은 자신이 맺고 있는 다양한 사회적 관계 내에서 다중적이고 모순된 주체이며, 그러한 주체는 그것이 만나는 상황에서 적절히 절합된다고 주장한다.336 이와 같이 포스트모더니즘이 강조하는 것은 흩어져 있는 작은 이야기의 부상과 주체를 구성하는 다양한 담론을 사회적 행위의 결정 요인으로 주목한다.

그러한 큰 담론에 대한 부정과 동시에 포스트모던한 문화적인 현상이 우리 눈앞에서 일어나고 있다는 사실에 주목할 필요가 있다. 우선 새로운 형태의 문화 양식이 등장하고 있으며, 이들은 새로운 형태의 권력과 결탁하여 대량 분배되고 있다.337 또한 대중 매체를 통해 대중의 위치와 형태에 대한 끊임없는 재생산과 재분배를 가속시키고 있다. 한편으로 주체는 분열되어 있으며, 이들이 생산하는 새로운 형태의 문화는 저항의 형태로 남아 있다. 이들 극단적인 현실에서 우리는 더 이상 이데올로기와 지배 이론만으로 이들 갖가지 현상을 설명할 수 없게 되었다. 앞에서 설명했던 큰 담론에 대한 의문이 제기되면서 이성, 계급 등과 같은 큰 사회과학적 축이 무너지고 다양한 사회의 축이 전면에 부상하게 된다. 여성학에서는 기존의 지식 체계가 남성 중심적이었으며, 다른 중요시되는 사회적 축을 내세우기 위해서 이를 은폐해 왔다고 주장한다. 예를 들어 마르크스주의의 영역에서 가장 중심이 되는 축은 계급이다. 여성의 문제를 부차적이거나 덜 중요한 것으로 여겨왔다. 그러나 계급을 중심으로 한 큰 담론에 대한 부정은 성적 불평등과 같은 사회

336 C. Mouffe, "Radical Democracy. Modern or Postmodern?" in A. Ross (ed.), *Universal Abandon?* Minneapolis: Minnesota University Press, 1988, pp.31~45.

337 F. Jameson, "Postmodernism or the Cultural Logic of Late Capitalism," *New Left Review*, 146, 1984, pp.53~92.

적 축을 전면에 등장할 수 있게 해준다. 작은 담론의 민주적인 권리를 요구하는 시점을 맞이한 것이다.

지배와 저항의 방식도 달라져야 하는 시공간이 다가왔다. 지금껏 사고를 지배해 왔던 큰 담론에 대한, 역사의 마스터 플랜에 대한 회의가 시작되면서 역사를 꾸려 가는 방식에 대해 심각한 제고를 해야 할 시점에 와 있다. 이러한 위기 의식을 설명하거나 대처하는 방식은 많다. 포스트모더니즘론으로 대별되는 많은 논의는 나름대로 변화하는 사회적 논리와 문화적인 논리를 꾸려 오고 있다. 우리가 지금껏 살펴보았던 대중 문화론도 예외는 아니어서 다양한 모습으로 포스트모더니즘론과의 결합을 꾀하고 있다. 페미니즘이나 푸코의 담론 이론을 문화 연구와 결합시키려 하는 노력 등이 바로 그러한 예라고 할 수 있다.

문화 연구는 권력의 개념을 일방적인 것으로 정의하지 않는다. 즉 '누가 일방적으로 권력을 행사하는가'에 관심을 두지 않는다. 대신 '어떻게 사건의 의미를 특권화시키는가'에 더욱 관심을 둔다. 기존의 이데올로기 연구에 담론적인 접근법을 가미시킨 모습을 하고 있다. 문화 연구의 전형이면서 구체적인 연구 사례라고 할 수 있는 영국의 청소년 범죄에 관한 연구인 《위기 관리Policing the Crisis》가 그 모습을 잘 보여 준다.338 그 연구에서 홀과 그의 동료는 전혀 관련이 없어 보이는 이민 청소년의 범죄 사건을 영국의 경제 불황과 연관 지으면서(이를 접합이라고 부른다) 기존의 자본주의 질서를 다시 유지해내고 재생산할 수 있도록 대중 매체가 앞장서는 면을 보여 준다. 담론의 절합을 통해 영국 자본주의 사회의 위기를 관리해 가는 모습을 드러낸다.

---

338 S. Hall et al., *Policing the Crisis: Mugging, the State, and Law and Order*, New York: Holmes & Meier Publishers, Inc., 1978.

이러한 방식으로 문화 연구는 권력 개념을 국가와 시민 사회의 여러 문화적 기구가 다양한 담론을 쏟아 내고, 그를 통해서 문화적이고 도덕적인 지도력을 획득하는 것으로 규정한다. 문화 연구가 내놓은 권력 논의 가운데 몇 가지 주요한 요소를 보면 첫째, 권력은 국가와 시민 사회의 제도를 중심으로 발생한다. 둘째, 권력 개념은 담론적인 것으로 해석할 수 있다. 물론 국가의 물리적인 권력 행사가 따르는 것은 사실이지만, 이는 이데올로기적인 것과 항상 상호 작용하거나 헤게모니를 바탕으로 한다. 셋째, 권력 개념을 지배 형성 과정과 동화시킴으로써 '부정적인 권력'으로 인식시켰다.

　　이러한 문화 연구에서의 권력에 대한 이해는 후기 구조주의와 포스트모더니즘에 이르면 비판을 받게 된다. 물론 후기 구조주의적인 입장에서 문화 연구를 직접적으로 비판한 글은 많지 않다. 그러나 마르크스주의에 경도된 문화 연구의 권력, 이데올로기 개념 탓에 사장되는 사회적 축이 생기게 된다. 후기 구조주의는 권력이 특정 제도에 의해서 행사되는 것으로 보지 않는다. 권력은 기관에서 나오는 것도 아니고 구조도 아니다. 문화 연구가 말한 권력의 구심점에 관한 논의는 푸코의 세계로 오면 오류가 된다. 권력은 특정 제도나 기구에 있는 것이 아니라 모든 곳에 편재해 있기 때문에 투쟁과 저항은 국지화 되어야 한다.

　　후기 구조주의가 우리에게 혹은 문화 연구자에게 주는 교훈이 있다면 그것은 투쟁이나 저항 방식이다. 투쟁이나 저항은 국지적인 것으로 전환해야 할 필요가 있다. 그리고 지금껏 투쟁의 방식에서 침묵해 왔던 국지적인 지식과 기술을 되살려야 한다. 그러한 노력을 통해서 기존의 모든 제도, 모든 기구, 모든 지식의 정당성, 개연성에 대해서 투쟁하고 저항함으로써 새로운 형태의 투쟁, 새로운 영역을 넓혀 나갈 수 있다.

3. 대중 문화, 이데올로기, 헤게모니

자, 그러면 이상의 문화, 이데올로기, 헤게모니, 권력, 담론 논의를 바탕으로 지금의 대중 문화를 어떻게 분석하고 논의할 수 있는가를 살펴보자. 대부분의 대중 문화론은 문화에 대한 정의에서부터 차이를 보이고 있음을 이미 살펴보았다. 그 논의를 되풀이하기보다는 대중 문화의 정의를 중심으로 끌어 낼 수 있는 다양한 변인에 주목해 보자.

우선 대중이라는 개념으로부터 시작해 보자. 대중 문화란 용어는 영어의 Mass Culture 혹은 Popular Culture의 번역어다. 오랫동안 Mass Culture라는 용어에 익숙해 있어 popular culture란 용어가 낯설다. 그러나 최근 들어 전자의 영문 표기를 포기하는 편이 많다. Mass Culture와 Popular Culture를 둘 다 대중 문화로 번역하지만 그 둘은 큰 차이가 있다. 대중을 어떤 존재로 규정할 것인가라는 점에서 큰 차이를 보인다. Mass로서의 대중과 Popular로서의 대중은 근본적으로 이론적 차이를 안고 있다. Mass로서의 대중에 대한 설명은 대중 사회론에서 충분히 이뤄졌으므로 Popular로서의 대중에 대해 설명하려 한다.

윌리엄스는 대중*the popular*이라는 개념이 네 가지 다른 정의를 지닌다고 말한다. '많은 사람이 좋아하는 것,' '저속한 것,' '사람들의 호의를 끌기 위해서 정교하게 만들어진 것,' '민중 스스로에 의해서 만들어진 것' 등등.339 대중 문화에 대한 정의는 이상의 대중 개념과 문화 개념이 어떻게 합해졌는가에 따라 다양한 의미를 형성한다. 윌리엄스의 분류에 맞추어 하나 하나 살펴보자.

---

339 R. Williams, *Keywords* (revised edition), London: Fontana, 1983.

가장 먼저 대중 문화를 수적으로 많은 사람이 좋아하는 문화로 정의할 수 있다. 시청률이니 베스트셀러니 하는 수용자의 머릿수와 관련된 수치가 이 개념과 관련되어 있다. 우리가 찾으려 하는 대중 문화의 이해를 이 정의법이 전해 주진 못한다. 많은 사람이 즐긴다고 해서 모두 대중 문화라고 할 수 없다. 다만 이 정의법이 시사하는 바가 있다면, 수적인 차원이 대중 문화 정의에서 고려되지 않을 수는 없다는 점일 것이다. 아주 소수의 사람이 즐기는 문화를 대중 문화 차원에서 논의하긴 적절치 않다는 범주적 교훈을 전해 준다.

두 번째 대중 문화 정의법은 고급 문화high culture가 아닌 저속한 문화로 규정하는 방식이다. 이 정의법에서 대중 문화는 고급 문화의 질적 수준에 미치지 못하는 문화적 실천 혹은 문화적 내용을 뜻한다. 물론 이 정의법에서 고급 / 대중 문화로 나누는 판단 기준은 다양하게 존재한다. 문화적 형식의 복잡성formal complexity을 기준으로 할 수도 있다. 도덕적 가치나 비판적 통찰력의 유무를 그 기준으로 삼을 수도 있다. 그러나 무엇보다도 수용자가 손쉽게 즐길 수 있는가 아닌가가 중요한 기준이 된다. 다수의 대중이 근접할 수 없을 만큼 어려우면 고급 문화의 영역에 포함될 확률이 높다. 피에르 부르디외Pierre Bourdieu는 이에 대해 매우 뛰어난 통찰력을 보인다.[340] 문화적 차별cultural distinctions이 계급적인 차이를 나타내는 데 쓰이고 있음에 주목한 그는 문화적 기호cultural tastes를 이데올로기적 범주로 파악한다. 문화적 취향이 계급을 정해 주는 지표 역할을 한다고 주장하는 셈이다. 다수 대중을 위한 문화적 내용은 범속해서 모두가 즐길 수 있다는, 즉 대중 문화는 보편적 취향에 어필한다는 말이

340 P. Bourdieu, *Distinction: A Social Critique of the Judgement of Taste*, in R. Nice (trans.), Cambridge, Mass.: Harvard University Press, 1984.

다. 그에 비해 일부 문화 생산자에 의해 만들어지는 내용은 일부 층에만 수용될 정도로 어려운 형식과 내용을 갖는다. 그 문화적 내용과 형식은 보편적 취향과 거리를 두고 있어 특정 취향을 가진 자만 향유할 수 있는 '차별난 문화'가 된다. 클래식 음악은 보편적 취향에 어필하지 않는다. 이를 즐길 수 있는 귀(경험)가 있어야 하고 그를 감상할 문화적 자원(교육, 감상 능력)이 있어야 한다. 하지만 보편적 취향과 특별난 취향을 구분하는 기준은 모호하다. 그 구분은 자의적일 가능성이 많다. 대체로 미학적 차이는 지극히 자의적이며 문화의 사회적 사용social uses에 따라 그러한 구분이 이뤄진다는 주장에 많은 연구자는 동의한다. 즉 대중 문화의 쓰임새와 고급 문화의 쓰임새 간에는 차이가 있다는 말이다. 대중 문화가 일상 생활 안에서 쓰인다면 특별난 문화 혹은 대중 문화와 반대되는 고급 문화는 일상 생활과 거리를 둔 채 활용된다. 앞서 〈전국노래자랑〉은 안방에서 즐기지만 클래식 음악은 불 꺼진 거실이나 뮤직 홀 등과 같이 일상과 차단된 곳에서 수용한다. 어쨌든 이 정의법에서는 대중/고급 문화를 미학적 기준으로 나누고, 대중 문화를 미학적으로 낮은 수준의 문화, 저급한 취향에 호소하는 문화로 규정한다.

　　세 번째로 대중 문화를 잘 계산해 만든 상업 문화와 일치시키는 정의법이 있다. 이것은 대중 문화란 대중 소비를 유도해 상업적 이득을 얻을 목적으로 정교하게 꾸려 대량으로 생산한 문화라고 파악한다. 수용자층을 구분되지 않은 동질성을 지닌 다수의 소비자로 여긴다. 이처럼 상업 문화로 파악하는 관점 안에는 숨겨진 가정이 있다. 대중 수용자는 정교한 분별력을 갖고 있지 않다는 가정과 문화 내용이 잘 만들어졌으나 획일적이고, 그 수용을 통해 수용자가 조작될 수 있다는 가정을 한다. 이는 대중 문화에 대한 논의를 접할 때 가장 빈번하게 대하는 정의법이다. 탐닉을 끝이낼 목적으로 정교하게 꾸려 낸 문화적 내용을 분별력 없는 대중이 수용해 만들어진 획일화된 문화, 그리고 그를 통한 대중 조작(상업성, 지배 이데올로기) 등이 이 정의법의 핵심 요소다. 이러한 정의법에 던질 수 있는 의문은, 만일 획일화된 문화 내용을 수용자가 분별력 없이 수용한다면 인기를 끄는 문화 내용과 그렇지 못한 문화 내용이 생기는 이유를 어떻게 설명할 것인가 하는 점이다.[341] 제작자가 성공을 기원하며 정교하게 만들지만 모두 성공하지 못하며, 의외로 뜻밖의 작품이 인기를 끌기도 하는 현상에 대해서 이러한 정의법은 침묵을 지킬 수밖에 없다.

　　대중 문화를 잘 만든 상업 문화로 파악하면서 미국식 문화를 빌려 왔다거나 미국화된 문화로 보려는 측도 있다. 이는 한국에만 국한된 논의 방식은 아니다. 전 세계에 걸쳐 대중 문화를 통한 미국화*Americanization*가 주요 논제가 된 것은 주지의 사실이다. 미국화를 우려하는 측의 주장에 따르면, 긴 문화 산업의 역사를 가진 미국의 대중 문화는 미국이 지닌 경제력과 정치력을 앞세워 전 세계로 진출하고 미국 바깥의 대중 조차도 그에 주목하게 만든다고 한다. 화려하게 꾸린 미국 대중 문화를 수입하거나 본뜬 탓에 수입국의 전통 문화 혹은 민족 문화는 망가진다고 주장한다. 미국 대중 문화 혹은 미국화된 대중 문화에 매혹된 사회는 지속적으로 그를 수입하거나 본뜰 수밖에 없으므로 문화적 종속이 벌어지는 지경에까지 이른다고 경고한다. 문화 종속 이론 혹은 문화 제국주의 론에서 그와 같은 입장을 내놓는다. 대중 문화를 잘 꾸려진 상업 문화로

---

[341] 피스크는 80~90%에 해당하는 영화가 엄청난 광고에도 불구하고 흥행에 실패하며, 프리스는 80%에 해당하는 음반이 인기를 얻는 데 실패했다고 주장한다. Fiske, 앞의 책, 1989, p.31; S. Frith, *Sound Effects: Youth, Leisure and the Politics of Rock*, London: Constable, 1983, p.147 [《사운드의 힘 ― 록 음악의 사회학》, 권영성 외 옮김, 한나래, 1995].

긴 문화 산업의 역사를 가진 미국의 대중 문화는 미국이 지닌 경제력과 정치력을 앞세워 전 세계로 진출하고 미국 바깥의 대중 조차도 그에 주목하게 만든다.

보는 이 관점에서 놓칠 수 없는 지점은 바로 상업적 대중 문화의 이데올로기적 작용이다. 이 관점은 상업적 대중 문화를 비도덕적이라거나 문화적으로 열등하다는 판단을 내리진 않는다. 미학적 판단 대신 지배 이데올로기(혹은 미국화)를 재생산해 내는 이데올로기적 기제라고 파악한다. 지배 이데올로기를 담고 있는 대중 문화를 접함으로써 대중이 대중 문화 안에 내재된 지배 이데올로기를 수용하고 사회의 불평등이나 모순을 잊게 되며 그것을 당연하게 받아들이게 된다고 본다.

네 번째 정의법은 이상의 정의 방법과는 모양을 달리한다. 대중 문화를 민중 문화로 일치시키는 정의법인데, 이 경우 대중을 역사적 창조자, 능동적 주체로 파악한다. 앞선 정의법에서는 대중 문화를 누군가가 전해 주는 위로부터의 문화로 파악하는 데 비해 이 정의법에선 민중의 손으로 만든 문화로 보려고 한다. 문화 산업에 의해 상업적이고 저질스러운 문화가 전달되는 한편으로 민중은 그를 외면하고 적극적으로 자신의 문화를 만들어 간다고 본다. 민중이 만든 문화는 문화 산업이 전하는 상업적, 저질, 지배 이데올로기 문화와는 달리 민중 의식을 담고 있는 이름 그대로 민중의 문화 모습을 띤다. 때론 현 자본주의 체제 안에서 그에 저항하는 기제가 되는 낭만적인 모습을 띠기도 한다.[342]

이 정의법은 현대 사회 대중 문화의 원천인 문화 산업, 대중 매체를 부정함으로써 딜레마에 빠진다. 아무리 대중 매체를 부정하고 싶거나 상업 문화에 적대를 드러낸다고 하더라도 현대 자본주의 사회에서 그를 완전히 부정할 순 없다. 대중의 일상이 그로부터 자유스러울 수는 없는 노릇이다. 자유스럽기를 바라는 것은 희망 사항이거나 기대 수준

---

[342] Hall, 앞의 글, 1981.

일 뿐 그 이상은 아니다. 민중의 손에 주어지는 문화의 원천이 그러한 자본주의적인 문화 제도(문화 산업)를 통해서 가능하기 때문에 그를 완전 부정할 시엔 논의가 어려워진다. 그래서 다음과 같이 수정을 가할 필요가 있다. 대중 매체나 문화 산업이 제공하는 문화 내용 자체가 곧 대중 문화가 될 순 없다. 그것이 민중의 손에 닿아 어떻게 이해되고 받아들여지는가를 따지는 것이 올바른 대중 문화 논의법이다. 대중 문화를 민중 문화로 본 정의법은 대중 문화의 주체에 대한 관심을 불러일으켰고 문화적 내용과 민중과의 만남 혹은 경쟁을 시사했다는 점에서 기여한 바가 크다.

윌리엄스가 내놓은 the Popular에 대한 네 가지 정의를 바탕으로 한 네 가지 대중 문화 정의법을 살펴보았다. 다섯 번째로 내놓을 정의법은 문화 연구가 관심 갖는 것이다. 대중 문화를 경쟁의 결과로 파악하는 헤게모니 정의법이다. 헤게모니의 의미를 다시 되새겨 보자. 헤게모니는 지배 계급에 의한 일방적인 지배 모습을 수정하기 위해 등장시킨 개념이다. 지배 계급 혹은 집단은 피지배 계급 혹은 집단의 동의를 바탕으로 정당성을 확보하려 한다. 그러므로 동의를 구하는 일을 반복하고 동의를 바탕으로 자본주의 사회 질서에 대한 도덕적이고 지적인 지도력을 행사한다.343 "자본주의 사회는 누구에게나 평등한 경쟁을 할 수 있게 열려진 사회이고 누가 열심히 하는가에 따라 성공이 결정된다"라는 언설에 많은 이들은 동의한다. 그리고 스스로 자기도 열심히 하면 출신과 관계없이 성공할 수 있을 거라고 믿고 열심히 일한다. 그리고 그 믿음은 사회에 널리 퍼져 있다. 동의를 기반으로 헤게모니를 획득한

343 A. Gramsci, *Selections from the Prison Notebooks of Antonio Gramsci*, in Q. Hoare & G. Nowell-Smith (eds.& trans.), London: Lawrence & Wishart, 1971, p.57.

순간이다. 여기서 헤게모니를 순간으로 파악한다는 점에 유의해야 한다. 헤게모니 '순간'을 위해서 지배 계급이든 피지배 계급이든 끊임없이 경쟁과 협상을 한다. 흔히 지배라는 개념을 사용할 때는 그것이 자칫 일방적이거나 고착적인 것이 되어 버리기 쉽고 제로섬 게임과 같이 지배 계급의 승리 아니면 피지배 계급의 승리 등으로 일별해 버리는 모순을 범할 가능성이 있다. 그러나 헤게모니 개념 사용은 그러한 일방적인, 모 아니면 도라는 접근법을 배제한다. 대신 조금씩 뺏고 빼앗기는 지속적이고 역동적인 모습을 보여 준다.

> 대중 문화는 헤게모니를 얻으려는 지배 계급의 의도와 그에 대항하려는 민중들의 의도로 짜여져 있는 일종의 투쟁의 장이라고 할 수 있다. 그러므로 지배 이데올로기라 불리는 주어진 상업 문화적 요소와 그 주어진 문화와 끊임없이 투쟁, 협상하려고 하는 피지배 계급의 의도가 뒤섞여 있다.[344]

대중 문화는 이 헤게모니의 과정에서 어떠한 역할을 하는가? 대중 문화는 일상 생활의 실천이므로 헤게모니의 바탕이 되는 동의가 생기게 할 수도 혹은 그렇지 않게 할 수도 있다. 대중의 동의는 대체로 상식을 바탕으로 한다. 가부장제적 지배는 일상 생활의 상식으로부터 가능해진다. 남성은 빵을 버는 가장이고 여성은 아이를 돌보아야 하는 주부이므로 남성이 더 중요하다는 생각은 오랫동안 상식으로 받들어 왔다. 그에 큰 저항 없이 대중이 받아들이면 동의가 발생하는 것이다. 그 같은 가부장제적 사고는 알튀세르가 말했던 이데올로기적 국가 기구에 의해 공급

---

344 R. Williams, *Marxism and Literature*, Oxford: Oxford University Press, 1977.

된다. 텔레비전 드라마 수용을 통해 상식적으로 받아들일 공산이 크지 않은가. 가부장제 헤게모니 생산에 텔레비전 드라마가 기여하고 있음은 주지의 사실이다. 그러나 그 과정이 일방적으로만 이뤄지진 않는다. 페미니즘 비평이 뒤따르고, 여성의 재현에 불만을 가진 집단이 드라마를 보이콧하는 일도 생긴다. 그럴 경우 오랫동안 받들어 왔던 상식의 지위가 흔들리게 된다. 헤게모니에 위기가 왔을 때 텔레비전 드라마의 인기는 떨어진다. 인기를 숙명으로 하는 텔레비전은 다시 인기를 끌기 위해 약간은 변형된 남녀 관계를 그리며 수용자에게 다가가 동의를 구하려 할 것이다. 이처럼 대중의 일상 안에서 헤게모니를 둘러싼 경쟁이 벌어진다. 기존의 질서나 신념, 가치 체계를 지켜 나가려는 쪽과 그에 도전하는 쪽 간 경쟁이 벌어진다. 헤게모니란 위에서 일방적으로 주어지는 것도 아니고, 민중의 손에 의해서 자발적으로 생기는 것도 아닌, 오히려 그 둘의 변증법적 관계에 의해 만들어진다. 다만 현대 자본주의 사회의 삶 속에 대중 문화를 통한 도전이나 투쟁보다 그것을 봉해 버리는 힘이 더 크게 보이는 바람에 대중 문화가 마치 대중을 억압하거나 조작하는 구조로 보일 뿐이다. 도전과 저항의 잠재력마저 과소평가하여 염세적일 필요가 없음을 알려주는 것이 다섯 번째 정의법의 기여다.

헤게모니를 중심으로 대중 문화를 논의하는 시도에서는 시간 흐름에 따른 대중 문화 변화, 즉 역사적 접근법을 선호한다. 한 순간의 대중 문화 모습은 전체적인 헤게모니 과정 중 한 단면에 불과하다. 헤게모니가 순간에 지나지 않는다면 헤게모니 과정을 그려 내기 위해서는 순간의 연속을 살펴야 함은 당연하다. 순간 순간이 어떠한 과정을 통해 연결되는지, 그리고 지금의 순간은 앞으로의 전개에 어떤 역할을 하는지를 살피는 일이 곧 대중 문화 분석이다. 역사적 흐름을 보는 헤게모니적 접근법은 대중 문화를 본질적으로 보려 하지 않고 변화하는 것으로

파악한다. 한때의 보수적 문화가 진보적 문화로 바뀔 수도 있고 그 역도 마찬가지다.345

　　대중 문화를 통한 갈등이 반드시 계급적인 축만으로 움직여야 한다는 당위성은 없다. 현대 자본주의 사회에서 벌어지는 갈등이나 모순은 계급적인 축 외에도 성, 지역, 환경, 인종에 따라서 발생하기도 한다. 가장 최근의 대중 문화론이라 할 수 있는 포스트모더니즘론에서는 계급을 중심축으로 하는 이론에 반대하는 성향을 보인다. 사회적 모순이나 그로 인한 갈등이 특정 사회적 요소(특히 계급)로 인해 발생한다는 주장에 반대한다. 대신 사회의 여러 측면들, 즉 성적인 불평등, 환경 문제, 지역 문제, 인종 문제 등의 모순이 현대 자본주의 사회에서 동시 다발적으로 발생하고 있음에 주목한다. 현재의 많은 대중 문화론자는 — 비록 포스트모더니즘론에 전적으로 동의하지 않는다 하더라도 — 그러한 통찰력을 높이 산다. 다양한 모순이 서로 어떻게 얽혀 있는지를 분석하고 그 모순에 동시 다발적으로 대응하는 전략을 내놓는다. 특정 요소만을 부각시키는 대중 문화론을 지양하고 다양한 사회적 모순이 한데 얽혀 있음을 인정하고 동시 다발적으로 그 문제를 해결해 나가려는 급진적 민주주의*radical democracy*346를 염두에 두는 대중 문화론으로 옮겨가고 있다.

　　앞서 살펴보았듯 이 같은 대중 문화론에서는 절합이란 용어를 소중하게 여긴다. 절합은 이름 그대로 서로 다른 요소를 연결해 새로운 의미가 나게 하는 작용을 말한다.347 야간에 도심을 걷는 한 무리의 청소년이 있다고 하자. 그들은 그냥 도심을 거니는 청소년일 뿐이다. 하지

---

345 T. Bennett, "Introduction: Popular Culture and the Turn to Gramsci," in T. Bennett et al. (eds.), *Popular Culture and Social Relations*, Milton Keynes & Philadelphia: Open University Press, 1986, pp.xv~xvi.

만 그들의 손에 촛불을 올려놓는다고 하자. 야간 도심의 청소년과 촛불이 절합되면서 이는 촛불 시위라는 의미를 내게 된다. 따로 떨어져 있었을 때의 의미가 그 둘이 절합되었을 때의 의미와는 사뭇 다르다. 텔레비전 드라마에서 민족 독립을 염원하는 항일 투쟁의 영웅을 그려 냈다고 하자. 영웅인 그가 가부장제적 색채를 띠고 여성의 역할을 축소시키거나 특정 역할에만 한정한다고 했을 때 그 영웅은 영웅의 의미를 잃게 될 가능성이 있다. 젠더의 문제와 민족의 문제를 절합해 보았을 때 영웅의 면모는 달라지게 된다. 만일 그 드라마가 그럼에도 불구하고 인기를 끌고 있었다면 그 인기 혹은 대중성은 보수적인 것일 수밖에 없다. 대중 문화를 분석할 때는 사회 내 다양한 모순이 어떻게 연결되고 배치되는지를 세밀히 살펴보아야 한다. 민족주의적 색채 하나만으로 드라마를 들여다보면 훌륭한 것으로 평가할 수 있겠으나 젠더의 문제를 절합하게 되면 평가는 달라지게 된다.

the Popular의 개념은 그람시가 헤게모니 논의를 펼치면서 소개하였다. 그람시는 national-popular란 개념을 사용하면서 역사를 이끌고 갈 주인공은 역시 대중이란 점을 강조했다. 그러나 역사를 변화시켜야

---

346 이 용어는 라클라우와 무페의 책에서 빌려 왔다. 그들이 계급을 축으로 한 사회 변혁의 목적지를 사회주의로 보았다면 계급, 성, 지역, 인종 등 다양한 사회적 모순을 축으로 하는 사회 변혁의 목적지는 급진적 민주주의의 모습이 되어야 한다. 사회주의를 단순히 계급적인 관점에서 파악한 그들의 주장에 무리가 있기는 하지만, 그들의 사회 변혁의 지향성에 동의를 보내는 의미에서 그 용어를 빌려 왔다. E. Laclau & C. Mouffe, *Hegemony and Socialist Strategy: Towards A Radical Democratic Politics*, in W. Moore & P. Cammack (trans.), London: Verso, 1985 [《사회 변혁과 헤게모니》, 김성기 외 옮김, 터, 1990].

347 E. Laclau, *Politics and Ideology in Marxist Theory: Capitalism — Fascism — Populism*, London: Verso, 1977.

한다고 주장한 측마저도 대중을 계몽의 대상으로 두고 있음을 비판한다. 대중을 자세히 들여다 보지 않고 실망하는 일을 먼저 함을 비판한 것이다. 대중과 함께하지 않고 그를 계몽시키려 하는 한 헤게모니는 불가능하다. 대중과 유리된 내용으로 사회를 변화시킬 수는 없다. 비록 지금 대중이 퇴행적인 모습을 보이더라도 왜 그런지, 왜 지배에 대해 동의를 보내는지에 대해 고민하는 일을 멈추어선 안 된다. 대중이 퇴행성을 보인다고 해서 그를 버리고, 그를 이끌고 가려 한다면 영원히 동의를 만들어 내는 헤게모니 순간은 오지 않는다. 그러므로 헤게모니를 중심으로 대중 문화를 분석함은 대중을 잘 이해하려는 노력과 다름없다. 그들을 이데올로기에 갇혀 있다고 사고하면서 그를 그 늪으로부터 건져 내야겠다고 사고하기 전에 왜 그것에 탐닉하고 있는지, 그 탐닉이 갖는 함의는 무엇인지, 그를 대체할 만한 것은 없는지를 고민하는 일이 대중 문화를 분석하고 논의하는 일이 될 것이다.

4. 패러다임의 전환

대중 문화론의 새로운 지평을 연 문화 연구나 포스트모더니즘론에서는 권력을 다른 방식으로 설명하려 한다. 과거 지배 계급이 지배를 위해 권력을 행사하던 모습과는 사뭇 다르다. 과거 권력 행사로 여기지 않던 미시적 권력 행사를 중요한 연구 주제로 부각시키기 시작했다. 이 같은 전환, 확장은 기존 대중 문화론에 큰 영향을 미친다. 이데올로기, 헤게모니에 집중해 지배 계급이나 세력이 피지배 계급이나 세력을 누르는 과정에 집중해 오던 문화 연구도 새로운 권력 설명 방식을 끌어들여 자신을 확장하는 계기를 맞게 된다. 현대문화연구소(CCCS)를 중심으로 하던 영국식 문화 연구가 미국, 호주 등으로 퍼져나가는 전 세계적 확장의 계기가 되기도 한다. 호주나 미국에서 문화 연구는 포스트모더니즘, 후기 구조주의의 논의와 절합하면서 영국 문화 연구가 오랫동안 관심을 가져 왔던 지배 세력의 이데올로기, 헤게모니 논의와 거리를 두게 된다. 영국식 문화 연구에 꾸준한 관심을 보이던 한국의 문화 연구도 그 같은 경향을 쫓아가고 있다. 그를 문화 연구, 대중 문화론의 확장이라고 보는 이도 있으나 퇴행으로 해석하려는 쪽도 있다. 후기 구조주의, 포스트모더니즘과 절합하면서 사회 변화(혹은 변혁)에 대한 관심을 줄이고 이론적 유희로 흘러갔다는 비판이 뒤따랐다. 논의 확장과 보충이 어떤 식으로 대중 문화 논의 안으로 들어왔는지 이론과 방법론을 축으로 정리해 보자.

1) 이데올로기에서 권력으로

이데올로기란 개념을 제대로 이해하기란 참으로 어렵다. 대중 문화 연구에서 어김없이 등장하지만 대하면 대할수록 멀어지는 그런 느낌을 주는 용어다. 대중 문화 연구는 이데올로기 연구나 다름없다는 주장도 있다.348 하지만 이데올로기란 개념 규정은 문화의 개념 규정만큼이나 다양하고 복잡해 쉽사리 접근하지 못하게 하는 장벽과 같은 느낌을 주기도 한다. 문화 개념이 이데올로기 개념과 호환성을 가지고 있는 것처럼 논의하는 측도 있어 혼란은 가중된다. 앞에서 전개된 각 대중 문화론에서 이데올로기라는 개념이 중심적인 자리를 차지하고 있음을 상기해 볼 때, 이데올로기를 정확하게 파악하는 작업은 필수적이다. 이데올로기란 개

---

348 J. Carey, *Communication As Culture: Essays on Media and Society*, London: Unwin Hyman, 1989, p.97.

나오며

념을 대중 문화론이 간과했을 때 대중 문화의 정치성을 제거하는 우둔함을 초래할 수 있기 때문이다.

먼저 이데올로기를 특정 집단의 사람들에 의해서 형성된 체계적인 사상의 형태로 보는 방식이 있다. 이데올로기라 함은 전문가 집단이 지니고 있는 생각을 말한다. 이 경우 한국 대학생들의 이데올로기, 특정 정당의 이데올로기식으로 말할 수 있다. 각 집단의 행위나 목표를 규정하는 정치적, 경제적, 문화적 사상의 집합을 이데올로기로 규정하는 셈이다. 두 번째 이데올로기 정의법은 이데올로기를 '사실*facts*'과 반대되는 개념으로 파악한다. 사실을 감추거나 왜곡하거나 위장하는 것을 지칭한다. 이데올로기에 빠지게 된다 함은 사실을 숨기는 '허위 의식'에 빠져 사실을 보지 못하게 됨을 의미한다.[349] 이데올로기는 지배 계급이 피지배 계급의 지배를 용이케 하기 위해 활용하는 도구다. 지배 계급의 군림이나 지배, 횡포를 이데올로기를 통해서 숨기고 피지배 계급이 그에 저항하지 못하게 하는 수단이다. 억압 상황을 인식해 지배가 정당하지 못함을 깨닫지 못하게 이데올로기가 피지배 계급을 방해한다. 사회의 경제적 권력을 장악한 집단이 그 시대의 문화적인 수단 혹은 이데올로기를 지배함으로써 지배를 지속시킨다.

> 지배 계급의 관념은 어느 시대에나 지배적인 관념이다. 즉 사회 내에서 물질적인 힘을 지배하는 계급은 동시에 그 사회의 지배적인 정신력이다. 물질적 생산 수단을 마음대로 할 수 있는 계급은 그 결과 정신적인 생산 수단도 통제하게 되며, 그리하여 정신적 생산 수단을 결여한 자들의 관념은 대체로 그 계급에 종속된다.[350]

349 K. Marx & F. Engels, *The German Ideology*, in J. Arthur (ed. & Introduction), London: Lawrence & Wishart, 1974.

이 인용문은 경제적인 영역에서 생산 수단을 가진 집단은 그에 상응하는 상부 구조, 즉 정치 문화적인 수단도 갖게 됨을 지적한다. 상부 구조의 여러 기구가 만들어 내는 문화적 내용이나 이데올로기는 당연히 지배 집단의 이익을 대변한다. 허위 의식인 이데올로기를 계급 외에도 적용할 수 있다. 남녀 관계, 지역 관계, 인종 관계에도 이데올로기 논의를 펼칠 수 있다. 남녀 관계에서 불평등이나 여성의 질곡을 왜곡되게 보여 줌으로써 남성의 지배를 정당화하고, 여성이 그들이 처한 모순을 보지 못하게 하는 수단이 바로 가부장제 이데올로기다. 이처럼 지배와 피지배가 있는 곳에는 어디든 허위 의식으로서 이데올로기를 적용시킬 수 있다. 이 두 번째 이데올로기 정의법은 다음 정의법에 자리를 넘겨주기 전까지는 가장 보편적 것으로 받아들여졌다.

세 번째 이데올로기 개념 정의는 구조주의 마르크스주의자인 알튀세르에 의한 것이다. 앞(구조주의 문화론)에 소개한 바 있기에 간략하게 그가 논하려는 핵심만 전하려 한다. 알튀세르의 이데올로기론에서 핵심이 되는 부분은 이데올로기를 사상적인 것으로만 보지 말고 그것이 실천되는 물질적인 면을 살펴보자는 점이다. 이데올로기란 일상 생활에 대한 생각으로 존재하는 것이기도 하지만 광범위하게 실천된다는 사실에 주목한다. 일상 생활에서 생길 수 있는 습관적인 행위나 관습은 사람을 사회적인 질서 안으로 끌어들이게 하는 효과를 지닌다. 그런데 실상 그 습관이나 관습은 사회적 불평등 구조를 반영한다. 사람들은 부나 지위, 권력의 불평등한 모습을 그대로 받아들이고 실천하기까지 한다는 것이 알튀세르의 이데올로기에 대한 설명이다. 근대적인 의미의 공휴일이나 국경일을 예로 들어 보자. 휴일이 되면 우리는 으레 즐거움을 주는 일들을 찾게 된다. 그래서 우리는 일상 생활이 주는 긴장을 풀거나 그 귀찮은 일에서 해방된다고 생각하면서 즐긴다. 그러나 실제로 휴일 동안의 휴식은 알고 보면 다음 휴일이 올 때까지 노동력을 수탈당하고 억압당하기 위한 준비에 불과하다. 즉 자본주의 사회 질서에 기꺼이 동참하는 모습인 것이다. 공휴일은 노동으로부터 멀리 떨어져 휴식을 취하는 신나는 날이라는 생각, 그리고 그를 신나게 즐기는 실천 모두가 이데올로기 과정이다. 그런 의미에서 이데올로기란 사회적 질서 혹은 자본주의적 환경과 사회적 관계를 실천하면서 '재생산'한다.

　　네 번째의 이데올로기에 대한 정의는 프랑스 문화 이론가인 바르트에 의한 것이다. 바르트의 정의는 알튀세르의 그곳에 가깝다. 구태여 구분한다면 기호학적으로 말해서 함의*connotations*에 해당한다. 바르트는 이데올로기를 신화*myth*라고도 불렀는데, 기호의 의미를 한정해 일정한 함의를 생산하는 것으로 보았다. 군사 독재 시절 학생 운동에 대한 언론 보도를 예로 들어 보자. 그 당시 언론은 학생 운동 집단을 급진 좌익 세력이라 불렀다. 학생이 행하는 모든 민주화 운동을 좌익 세력으로 몰아붙여 학생 운동 진영을 북한과 연계한 것으로 몰아 그 의미를 고정시키려 했다. 그럼으로써 자유 민주주의 개념의 반대편에 서서 무질서를 조장하는 폭력 세력으로 몰고자 했다. 학생이 드러낸 부분적 급진성을 강조해 좌경화로 일반화하려 한 노력이었다. 부분적인 것을 전체적인 것으로 전이시켜 전혀 새로운 의미를 만들어 낸 작업의 결과였다. 이후 집합적으로 벌이는 사회 운동을 손쉽게 이념 논쟁(혹은 색깔론)으로 밀어 넣을 수 있게 된 것도 그런 경험 탓이다. 바르트는 상식을 기반으로한 우리 사회 내 지배적 사고를 신화라고 불렀고, 그를 이데올로기와 동일시했다.

　　다음으로 헤게모니론에서 보는 이데올로기 정의를 들 수 있다. 이는 구조주의적인 이데올로기론에서 벗어나는 모습으로서 이데올로기를 고착된 것이라기보다는 역사적 상황에 따라 유동적이며 어떻게 절합되느냐에 따라 그 의미가 달라짐에 관심을 보인다. 특정 사안이 다른 사안과 결합하는 방식, 그 결합이 벌어지는 역사적 조건에 관심을 보인다. 환경운동을 예로 들어 보자. 과거 경제 개발을 국가 목표로 세웠던 1970년대 환경 운동은 국가 정책을 반대하는 정치 집단으로 몰린 적이 있다. 환경을 파괴하는 일을 지적하는 것조차 정치적 의도로 몰고 좌파적 공세로 몰아 세웠다. 그러나 1990년대 들어서면서 환경 운동은 주변 환경과 건강을 걱정하는 대중적 시민 운동으로 자리잡았다. 누구도 자신 있게 개발 우선, 환경 나중이라고 말하지 않고, 그 둘 간의 균형을 맞추려 한다. 정부 체제에 환경부가 생긴 것도 그와 무관하지 않다. 이제 더 이상 환경운동을 정치적 공세로 몰아세우는 일은 힘들어졌다. 대중이 그만큼 환경에 관심을 가지게 되었기 때문이다. 환경 문제를 이념 문제로 몰아붙이던 편의 헤게모니가 무너진 셈이다. 그리고 환경 운동이 대중의 생활과 밀접한 것으로 담론을 펴고, 운동을 벌인 결과이기도 하고, 대중이 환경의 중요성을 인식하기 시작한 결과이기도 하다. 이처럼 특정 사안을 둘러싸고 힘 겨루기를 하는 쪽에 관심을 보이는 것이 헤게모니론으로 이데올로기를 푸는 방식이다.

이상 헤게모니론을 포함한 대부분의 이데올로기 논의는 권력_power_과의 연관성을 이론적 전제로 지니고 있다. 대체로 이데올로기론에서는 권력의 성격을 다음과 같이 규정했다. 첫째, 권력은 계급이나 국가 등 구체적인 축에 의해 행사된다. 둘째, 권력은 전근대적인 물리적인 권력과는 차이를 두는 담론적_discourses_인 모습을 띠고 있다. 셋째, 권력 작용은 숨기거나 보지 못하게 하는 등 부정적인 형태로 이뤄지고 있다. 이데올로기와 연관해 대중 문화를 분석하는 일은 권력이 대중 매체를 어떻게 활용해 이데올로기를 생산하고, 그를 통해 지배를 용이하게 하는가의 노력이나 다름없다. 국가와 대중 매체의 관계를 보는 관점은 정도의 차이는 있지만 국가가 권력을 갖고 그에 따라 대중 매체, 문화 산업이 움직이고 국가의 의지를 담아 대중의 동의를 끌어 내는 방식에 관심을 가져왔다.

후기 구조주의나 포스트모더니즘론에 이르면 권력은 이데올로기와 결별한다. 권력은 특정 집단에 의해 행사되는 것이 아니다. 권력은 구조도, 기관도 아닌 형태를 띤다. 권력은 모든 곳에 산재해 있으며, 영원하고 반복적이며 자기 생산적이다. 새로운 패러다임에는 이데올로기론에서 강조했던 인과론(지배 세력이 권력을 지니며 이데올로기를 생산한다는 인과론)을 거부한다. 권력을 발산해 내는 중심도 거부한다. 권력은 위에서 아래로 향하는 그런 모습이 아니라 전 사회에 걸쳐 펼쳐진 그물망의 모습을 한다. 권력은 다양한 곳에 그것의 행사자의 모습을 감춘 채 방사적으로 자신을 드러낸다. 권력이 없는 곳은 없고, 그 누구도 방사적인 권력으로부터 자유스럽지 않다.

권력은 모든 곳에 있기 때문에 권력에 대한 도전이나 투쟁도 모든 곳에 존재한다. 부르주아 국가와 싸우는 계급 중심의 싸움이 아니라 모든 사회적 모순이 투쟁과 저항의 축이 될 수 있다. 국지적인 권력 다툼이 발생한다. 계급을 중심으로 하는 일원적인 싸움에서 국지적 투쟁으로 전환한다. 그럼으로써 지금까지 무시되어 왔던 국지적 면을 권력 다툼으로 끌어 내게 된다. 현대 사회가 지닌 모든 근대적인 면은 권력 투쟁으로부터 떨어져 있지 않다. 백화점 종사자의 노동 방식, 쇼핑하는 사람들의 동선, 교실의 배치, 병원에서 벌어지는 환자 다루기, 학교를 마친 다음에도 이어지는 시험…… 현대를 사는 대중은 권력 작용으로부터 멀어질 수가 없다.

    권력 개념의 변화, 확장은 대중의 일상 생활에 대한 관심을 고조시켰다. 대중은 그들에게 한정된 한두 역할을 수행하는 것에 그치지 않고, 여러 역할을 행하면서 일상을 보낸다.351 그 일상 안에서 대중은 다양한 권력 관계를 경험하고, 인식하며 때로는 권력과 다툼도 행한다. 후기 구조주의나 포스트모더니즘은 권력이 단지 담론적이지만은 않다는 사실에 주목한다. 병원의 환자 다루기, 교실의 배치, 지속적으로 치러야 하는 시험은 담론적 영역이 아니다. 사회적 관계가 있는 곳이면 권력 관계가 뒤따른다. 권력을 사회 관계의 구성 과정에 내재해 있는 세력 관계의 다면성으로 이해하려 한다.

    권력을 주로 국가나 계급, 성별 등 사회적 제도를 축으로 이해하던 데서 더 넓은 지평으로 옮기면서 대중 문화론의 관심의 폭도 넓어졌다. 일상에서의 권력 관계에 주목하면서 이데올로기론에서 포함하지 못했던 부분까지 포괄할 수 있게 된다. 권력을 이데올로기와 연관 짓는 패러다임에서는 대중의 실천을 이성적인 면 — 옳고 그름 — 과 결부시켜 설명했다. 감성적인 면을 소외시킨 감이 있다. 느낌의 정치 — 좋고 싫음 — 를 지나쳐 왔다. 교실 배치, 환자 다루기, 도시 공간의 배치는 옳고 그름의 문제와 결부되었다기보다는 몸의 편함, 시야의 시원함과 관련되어 있다. 새로운 패러다임은 이데올로기론을 벗어남으로써 권력의 문제를 확장시켰고 궁극적으로는 대중 문화론에 감수성의 정치, 몸의 정치, 욕망의 정치를 선사할 수 있었다. 감수성, 몸, 욕망을 새롭게 대중 문화 논의 안으로 끌어들이기 위해서는 합리성 / 비합리성이라는 이원적인 대립을 해소할 필요가 있다. 욕망desire은 비합리적인 감정의 범주

---

351 M. Foucault, *History of Sexuality*, 1, in R.Hurley (trans.), New York: Pantheon, 1978; Foucault, 앞의 책, 1980.

에, 이데올로기는 합리성의 범주에 포함시켜 이데올로기를 더 강조해온 사실을 비판해야 한다. 앞서 문화주의론에서 문화주의자가 문화를 '감정의 구조' 혹은 '생생한 경험texture of lived experience'이라고 정의했다고 밝힌 바 있다. 문화주의자의 통찰력을 이후 너무 쉽게 포기해 버린 감이 있다.352 구조주의를 중심으로 한 이데올로기론을 받아들이면서 감정적인 면에 대한 논의를 피하거나 무시하였다. 이데올로기론에서 감당하려 했던 의식적이며 인지적인 면을 인정하는 만큼 감정, 정서, 몸에 대한 논의를 포함시킬 필요가 있었으나 실제로는 그러질 못했다. 후기 구조주의, 포스트모더니즘과 조우하면서 그런 면이 부각되기 시작했고, 대중 문화론도 감수성, 몸, 욕망을 다루게 되었다. 이를 두고 권력 개념의 확장 말고 달리 말할 길이 없다.

모든 사회 관계에 권력 작동이 있다고 주장함은 위로부터의 권력이나 아래로부터의 권력 모두 중심축을 갖지 않는 약점을 드러내게 된다. 도대체 비판, 저항, 운동의 타깃이 보이지 않는다는 말이다. 이러한 지적은 새로운 문화론에 가해지는 비판이다. 권력 작용 아래에 있는 대중의 관점에서 보자면 무엇을 바탕으로 저항을 해야 하고, 저항은 어떤 모습을 띠어야 하는지 설명도 없고, 저항의 과제를 가늠하기도 어렵다. 그래서 포스트모더니즘적 비판 분석은 비효과적인 분노에 지나지 않는다는 지적도 나온다. 모든 사회적 관계에 내재해 있는 권력에 대한 공허한 분노는 빠르게 체념과 운명론, 그리고 염세적 포기로 인도할 가능성도 있다고 우려한다.

이데올로기론에서 저항의 목적이 자본주의적 체계를 변화시키는

---

352 윌리엄스의 '감정 구조,' 호가트의 '생생한 경험' 등의 문화적 논의를 풍부하게 해주는 개념을 이데올로기론자는 무시해 왔다.

것이었다면 포스트모더니즘론에서의 저항의 궁극적인 목표는 과연 무엇일까? 저항을 위한 저항인가? 사방에 흩어진 권력에 대해 허공에 외치는 근거 없는 저항에 불과한가? 포스트모더니즘론에서의 저항은 모든 이의 주체를 위한 저항을 강조한다. 주체에 삶의 생기를 불어넣는 것을 저항의 목적으로 상정한다. 주체를 위한 저항은 개인의 지위에 대해 의문을 제기하는 투쟁이다. 주체를 위한 저항과 투쟁은 가장 직접적이고 근접해 있는 일상에서의 적을 찾는다. 개인을 분리시키고 타인과의 연계를 단절시키고 개인을 결박시키고 구속하는 모든 것에 저항한다. 지식이나 능력, 자격과 관련된 권력의 효과에 대해 저항한다. 지식과 담론의 특권에 대한 투쟁이며 '우리는 누구인가'라는 질문을 끊임없이 하는 일을 저항이라고 파악한다.

포스트모더니즘론은 이데올로기론에서 행하는 경제적, 이데올로기적 국가의 억압에 대한 논의를 매우 추상적인 논의라고 비판한다. 추상적인 논의는 '우리 하나 하나의 개인은 과연 누구인가' 하는 문제를 지나치는 약점을 안고 있다. 직접적이고 근접해 있는 적과 싸우는 전략을 구사할 때, 개인을 범주화하는 일상 생활에 적용되는 권력, 개인을 나누고 쪼개는 권력, 진리의 법칙을 강제하려는 권력에 저항하게 된다. 즉 오랫동안 의문시되지 않은 문제를 제기하고, 말할 수 없는 것을 말하고, 우리에게 주어진 현실을 넘어선 현실을 연구하도록 포스트모더니즘론은 제시하고 있다. 문화 연구를 행하는 학자들은 이 같은 새로운 권력론에 대해 서로 다른 태도를 보여 준다. 여전히 큰 사회적 모순, 즉 계급, 성, 인종 문제에 큰 비중을 두고 그 모순 척결에 더 관심을 쏟는 쪽도 있고, 새로운 권력론을 받아들이며 일상에서의 다양한 작은 모순에도 손을 뻗는 쪽도 있다. 문화 연구를 복수 개념으로 사용하는 까닭이 거기에 있다.

2) 역사 연구 / 사회 구성체 연구로

대중 문화 논의를 역사나 전통과 관련시키는 작업은 그리 오래되지 않았다. 윌리엄스의 개념인 지배 문화, 부상 문화, 잔여 문화에 대한 논의도 오랫동안 주목받지 못하다가 후기 구조주의의 부상, 문화 연구의 등장 등 일련의 학문적 사건 때문에 관심을 끌었다. 문화 연구에서 헤게모니에 대한 새로운 해석과 연구를 펼치면서 문화적 사건을 역사화하려는 노력이 등장하기 시작했다.

　　구체적인 사례로 이를 설명해 보자. 정치적 영역이 사회에서 가장 강력한 영향력을 지니던 1960년대, 1970년대 대중 문화가 그 예다. 그 시기를 두고 서구 문물의 도입으로 인한 서구 문화의 범람기였다고 말한다. 국가의 문화 정책이 그러한 면을 부추기기도 했다. 상업 방송(과거 MBC, TBC, DBS 등 상업 방송은 1970년대 들어 큰 인기를 누렸다)을 허가하고 그러한 문화 통로를 통해 근대화 정책과 맞아떨어지는 서구 문화를 확산시켰다. 그러나 그 시기도 꼼꼼히 들여다 보면 몇 개의 작은 시기로 나눌 수 있다. 근대화 기치를 높이던 1960년대 말과 1970년대 초반까지는 서구 문물의 도입을 국가가 적극 권장하였다. 1970년대 중반, 즉 유신 정권 이후로 들어서면서 서구 문화 모방이나 직접적인 수입을 제재하기 시작했다. 봉건적이며 보수적인 민족 경제주의를 표방하면서 문화 민족주의를 문화 정책으로 내건다. 미국과 중공의 수교로 동서 화해 무드가 조성되자 반공을 국시로 내세운 독재 정치 세력은 독재를 더욱 강화하고 쇄국적인 문화 정책을 편다. 정치적 권위를 도모할 수 있는 유교 문화를 민족 문화의 모든 것인 양 내세웠다. 산업화로 인한 도덕적인 황폐를 걱정하던 이들은 그러한 유교 문화의 부활을 환영하였다.

　　정치적, 경제적 모순을 극복하지 못하던 군부 독재 정권이 붕괴되고 1980년 새로운 정부가 들어서면서 전과 다른 문화 정책, 대중 문화 정책을 내놓았다. 민속 문화를 민족 문화로 포장하기 시작했다. 새마을 운동 등 정신 개조를 위한 문화 정책으로 인해 자취를 감추었던 민속 문화를 따라야 하는 문화 전범인 양 펴냈다. 옛 관습이라 해서 핍박받던 음력 명절을 공휴일로 지정하고, 그 명절에 어김없이 방송을 통해 마당놀이나 민속 씨름 등 민속놀이를 쏟아냈다. 재래 종교나 도술을 담은 책이 베스트셀러가 되고, 민속적인 유품이 수집가의 수집 대상으로 자리잡기도 했다. '국풍'이라는 이름으로 큰 민속 축제를 벌렸고 그로 인해 서울 시내 교통이 마비되는 일까지 벌어졌다.

1960~1970년대의 숨가쁜 개발 지상주의를 경험했던 대중은 1980년에 등장한 신군부의 문화적인 변화에 동의를 했다(물론 그들이 전면에 내세운 공포 정치가 큰 몫을 하기도 했다). 새로운 발전의 형식이라며 국가가 내세웠던 문화적인 논리에 빠르게 적응했다. 1980년대의 순조로웠던 경제적 성장을 만끽하면서 새로운 문화적 논리를 받아들이고 그 안에서 새로운 문화 형식을 즐긴다는 감정 구조를 형성해 나갔다. 민속 문화가 새로운 대중 문화의 양식으로 등장한 셈이다. 문화 민족주의로 인해 배척했던 서구 문화도 전에 없던 속도로 수용하기 시작했다. 그럼으로써 민속 문화와 서구 문화를 합치거나 변형시켜 보는 새로운 시도도 등장한다. 서구 문화와 동양 문화를 교묘하게 섞어 놓은 듯한 일본 대중 문화가 한국의 문화 저변을 파고들 입지를 마련하기 시작했다(물론 그 이후로 오랫동안 일본 대중 문화 수입을 금지했다).

이렇듯 문화의 흐름은 한 문화가 도래하면 기존 문화가 죽어 없어지는 그런 단순한 모습을 띠진 않는다. 그 사회 구성체 변화에 따라 문화 형식은 부침浮沈한다. 다른 시기에 존재하던 문화가 같은 시기 동안 상존하기도 하고, 서로 영향을 미치는 일도 발생한다. 문화가 변화하며,

부침하는 그런 모습을 시간의 흐름에 따라 추적하는 일이야말로 문화 분석의 중요 과업이다. 대중 문화 분석은 문화를 단순히 분석하는 일이라기보다 대중 문화가 생성, 순환, 부침하는 모습을 추적하고, 그 변화의 근본 조건인 사회 구성체 변화를 살피는 일이다. 대중 문화 분석은 대중 문화가 담겨 있는 사회 구성체를 분석하는 일이나 다름없다.

대중 문화의 역사성에 관심을 두는 일은 특정 시기 대중 문화가 고정된 것이 아님을 강조하는 일이다. 항상 새롭게 만들어지고, 변하고, 서로 융합하기도 하는 구성체(형성체)로 보는 일이다. 구조주의자는 그람시의 헤게모니 연구가 그 연구 결과를 보편화(일반화)시키지 않는다고 지적하곤 했다. 그람시를 따른 헤게모니 연구는 지나치게 구체적인 사안에 집착해 특정한 역사 상황에 맞추기만 한다고 비판하였다. 그람시가 지녔던 — 역사성에 대한 — 문제 의식을 잘 이해할 경우 오히려 그 같은 비판이 문제를 안고 있음을 알게 된다. '역사적 흐름은 늘 특수하다'는 사실만이 일반적임을 알게 된다.

그람시는 마르크스 진영에 속한 이론가이며 운동가이다. 그러나 그를 단순히 마르크스주의자라고만 명명할 수는 없다. 그의 사상 전반이 마르크스주의 주요 개념, 사상에 기대고 있긴 하지만 사회 분석이나 적용에서는 의견을 달리한다. 마르크스주의의 주요 개념을 고정된 의미로 해석하는 대신 그 개념을 적용할 시간과 공간의 특수성에 주의를 기울인다. 구체성과 특수성을 강조하며 마르크스주의에서 내세운 생산 양식과 같은 추상적이고 이론적인 개념을 피하려고 했다. 추상적인 개념을 사용했을 때 생길 단순한 인과 관계 설정의 위험에 주의했다. 생산 양식 개념은 그 사회의 경제적인 실천으로 인한 한계나 영역을 정해 주기는 하지만 다른 정치적, 사회적 실천에 대한 구체적인 분석에는 그리 큰 도움을 주지 못한다. 그래서 그람시에 대해서 관심이 있는 사람들은 일종의 우회로를 취하는데, 그 우회로가 알튀세르의 사회 구성체라는 개념이다.

사회 구성체 개념은 상부 구조와 토대라는 단순한 인과 관계 공식을 피하게 해준다. 대신 사회가 경제적, 문화적, 정치적 층위로 구성되어 있다고 보고, 층위가 서로 뒤엉켜 영향을 주고받는 구조를 상정한다. 사회 구성체 내 서로 다른 여러 실천(층위) 간의 관계를 이해함으로써 사회를 구체적이고 역사적으로 분석하게 해준다. 즉 사회 구성체 내 층위의 모습이 시간과 공간에 따라 다름을 인정하고 보편성보다는 특수성에 초점을 맞춘다.

사회 구성체 개념을 차용하며 마르크스로부터 거리를 두는 그람시적 전략이 문화 연구에 시사하는 바는 무엇일까. 첫째, 문화 연구를 행하기 위해선 분석 대상이 되는 사회의 근본적 구조에 대한 정확한 이해를 행해 내야 한다. 마르크스주의의 생산 양식 개념은 우리에게 경제적인 실천에 따라 문화적 실천이 어떤 모습을 지닐 것이라는 경향성 혹은 윤곽을 알려 줄 뿐이다. 그러나 경향성은 경향성에 지나지 않는다. 구체적으로 다른 사회와 어떻게 차이나는지를 보여 주지 않는다. 그런 결론이라면 자본주의하에서 문화적 모습은 늘 같다는 반복에 지나지 않는다. 그에 비해 사회 구성체를 차용한 그람시적 분석은 경향성을 넘어서 더 구체적인 문화적 모습을 도출해 낼 수 있다.

둘째, 관심을 갖는 문화적인 현상이 같은 모습으로 지속되지 않고 부침을 거듭하는 것으로 인지하도록 해준다. 어디에선가 지적했듯이 문화의 변화는 문화 내부의 동인에 의해서만 정해지진 않는다. 문화 내적인 변화에 의해서 변화가 발생하는 일도 있겠지만, 문화 외적인 부분의 영향으로부터 자유로울 수도 없고, 내―외부 간 관계 맺기에 따라 문화 변화는 이뤄진다. 시간의 흐름에 따라 관계 맺기는 달라지고 그로 인해 문화적 영역의 변화도 이뤄진다. 사회 구성체에 대한 관심이 큰 문화 연구는 시대 구분*Periodization*을 소중히 여기는데, 이는 문화 영역의 부침을 구분하고 그 앞뒤를 비교하는 일이 중요함을 간접적으로 보여주는 것이다. 시대 구분으로 갈라지는 불연속성에 주목하며 대중 문화를 둘러싼 권력 변형을 추적하는 것이 역사적 대중 문화 연구, 사회 구성체에 맞춘 대중 문화 연구라 할 수 있다.

역사 구분에 충실하고, 사회 구성체의 변화, 새로운 절합에 관심을 갖기 때문에 문화 연구를 종종 국면 연구*conjunctural analysis*라고 부르기도 한다. 특정 국면을 따로 떼내 그 국면이 그 이전과 어떻게 다르고, 다음 국면에 어떻게 영향을 미쳤는지를 살펴보는 모습 때문이다. 아직 한국의 문화 연구에서는 그런 면이 많이 보이지는 않는다. 예를 들어 1970년대 대중 문화가 그 앞 시기의 어떤 면을 계승 혹은 단절하고 있는지 그리고 1980년대, 1990년대에 어떤 영향을 미쳤는가를 살펴보는 일은 대중 문화 역사 연구에서 빠트리기 힘든 일이다. 이 같은 연구가 전혀 없었던 것은 아니지만 사회 구성체와 연관을 짓는 역사 연구의 모습을 갖춘 것을 찾기는 그리 쉽지 않다. 문화 연구는 포스트모더니즘과 조우하면서 사회 구성체에 대한 관심도 덜해졌고, 그로 인해 역사 연구의 모습도 바래져 갔다. 그런 탓인지 국면 연구 꼴을 갖춘 문화 연구를 찾기란 여간 어렵지 않다. 헤게모니 개념을 도입하면서 역사성에 관심을 갖게 되고, 권력의 부침을 찾는 구체적 연구로 바뀌었지만 그와 동시에 후기 구조주의, 포스트모더니즘과의 만남으로 인해 다시 역사성을 지우게 되는 아이러니를 맞게 된다. 문화 연구야말로 역사성에 주목하는 패러다임이지만 최근 들어서는 그런 말을 하기가 쑥스러울 정도로 몰역사적 모습을 보이고 있기도 하다. 새로운 패러다임에서의 역사성 문제는 때론 강하게 존재하기도 하다가, 때론 사라져 있기도 해 그 문제의 평가는 평가자에 따라 달라진다.

3) 문화적 실천 연구로

문화를 연구하는 데 필요한 이론, 방법론 논의에서 거쳐야 할 인류학자가 있다. 클리포드 기어츠Clifford Geertz는 문화 해석학자라고 불린다. 그의 인류학적인 접근법, 해석학적 접근법을 한국의 문화학자들도 주요 연구 방법으로 자주 언급한다.353 기어츠는 인문학과 사회과학 간의 경계를 재정립했다는 평가를 받는다. 실증주의 사회과학적 방법을 채용하여 인류학의 과학화를 꾀하던 시도에 반대했다. 문화적 현상의 표피에 초점을 맞추는 대신 그 이면에 놓인 의미와 상징을 해석하는 작업이 곧 인류학의 과제라고 주장했다. 이 같은 작업은 인류학에 영향을 미쳤을 뿐만 아니라 문학, 철학 연구에 문화의 중요성을 주지시켰고, 아울러 그 분야의 패러다임을 변화시키는 데까지 이르렀다.

기어츠는 인간을 의미의 그물망 속에서 살아가는 존재로 파악했다. 인간 행동을 상징으로 본 셈이다. 상징인 인간 행동은 의미를 전하고, 그 의미가 모여 그물망을 형성하고, 그것이 곧 문화가 된다. 문화를 통해 세계에 의미를 부여하고 그를 통해서만 세계를 이해하는 일이 가능해진다. 문화를 분석한다는 것은 의미의 그물망을 찾고 그를 해석하는 일이다. 문화 분석은 의미를 추구하는 해석 과학인 셈이다. 이는 궁극적으로 객관적인 접근 방식에 대한 도전이었고, 상상력이 담긴 분석에 정당성을 부여하는 일이었다. 문화적 영역, 즉 문화 연구의 대상이 되는 문화는 일종의 텍스트이고, 그에 대한 해석은 다양하게 이뤄질 수 있음을 제시했다.

353 C. Geertz, *The Interpretation of Cultures: Selected Essays*, New York: Basic Books Publishers Inc., 1973.

그의 접근법은 상징이 지닌 의미를 찾는 것 이상이기도 함에 주목할 필요가 있다. 기어츠가 예로 들고 있는 발리 섬의 닭싸움에서 중요한 의미를 갖는 상징은 수탉이다. 상징 분석, 즉 상징이 갖는 의미 분석에서 그는 닭싸움의 의미, 수탉의 의미를 찾는 것에 그치지 않는다. 발리 섬의 주민이 닭싸움이나 수탉을 중심으로 세상을 어떻게 이해하고 해석하는가에 관심을 갖는다. 즉 상징을 둘러싼 사람들의 이해를 다시 이해하는*the understanding of understanding* 방식을 택하였다. 문화(사람들의 상징에 대한 이해)를 하나의 텍스트로 보고 그를 다시 해석해 보는 작업에 나섰다. 그러나 텍스트 안에 숨어 있는 고정된 의미나 사실을 발견하는 것과는 거리를 두었다. 텍스트 안에 단 하나의 진리가 있다는 사실은 부정한다. 오히려 다층적인 진리의 가능성에 주목한다. 당연히 그의 해석 대상이 되는 부분은 그동안 인류학이나 사회과학이 외면했던 미시적 자료였다.

기어츠는 우선 그가 연구하고자 하는 사회의 구성원의 입장에서 관찰하고, 연구를 수행한다. 문화는 구성원의 상징 행위, 의미 생산 행위로 만들어진다는 앞선 주장에 근거한 셈이다. 구성원을 둘러싼 여러 제도, 조직, 문물, 구조는 구성원이 부여하는 의미에 따라 가치를 갖게 된다. 법칙이나 문화 구조에 관심을 두는 구조주의 인류학과 달리 구조 안에서 살아가는 사람들의 이해나 해석에 더 관심을 보인다. 의미 연관은 늘 가변적이고 창조적이고, 변화한다. 그러므로 이미 형성되어서 변하지 않는 구조에 관심을 보이는 대신 그 구조와 맺는 관계에 더 초점을 맞춘다. 구조를 무시하려는 것이 아니라 구조와 실천 모두에 관심을 보이는 셈이다. 그런데 구성원의 실천은 문화적, 역사적 맥락에 묶여 있다. 외부의 인류학자가 객관적이고 보편적인 시각으로 접근 가능한 것이 아니다. 그러므로 구성원의 의미 행위, 즉 문화적 실천을 읽어 내는 일은 맥락적일 수밖에 없다. 그 사회 구성원이 처한 입장에서 관찰하고 연구해야 한다는 말이다.

기어츠가 현대 문화론에 끼친 영향력은 매우 크다. 구조주의 인류학이나 기존 인류학이 관찰자 권위를 강조함으로써 피관찰자인 실제 문화 안 사람에 대한 이해를 결여했다는 지적이 많았다. 인류학을 서구적이고 제국주의적인 학문 영역으로 만들었다는 비판도 있었다. 기어츠의 경우 연구 대상이 되는 사회의 맥락 안에서, 그리고 대상 인물의 맥락 안에서 해석하는 일의 필요성을 강조했다. 과거 인류학자가 지녔던 과도한 권위를 감소하고자 제안한 셈이다. 물론 인류학자의 해석은 단순히 연구 대상자의 해석에 제한되는 것은 아니다. 연구 대상자가 해석한 것을 해석하는 일이 연구자의 몫이다.

기어츠의 관심은 1960~1970년대의 구조주의 인류학이 누린 인기로 인해 주목을 끌지 못한다. 특히 대중 문화를 연구하는 학자들은 1980년대에 이르러서야 그에 대해 주목하기 시작했다. 사회과학이 인문과학적 색채를 끊임없이 배제하려 한 점, '해석'이라는 용어가 인문학적인 냄새를 풍기는 것으로 보려 한 점 등이 합쳐져 기어츠 배제 현상이 있었을 것으로 짐작할 수 있다. 그러나 1980년대에 들어서면서 그 상황은 바뀐다. 구조주의에 대한 회의가 등장하면서 문화 속 사람, 행동에 대한 관심이 증대한다. 대중의 구체적 문화적 실천을 알고, 그를 해석하려는 욕구가 증대했다. 그리고 언제부턴가 배제되었던 인문학적 통찰력이 사회과학 안으로 스며들기 시작하였다. 실증주의적인 사회과학, 특히 미국을 중심으로 한 구조기능주의적 관심에서 해석학적인 전통의 부흥이라는 학문적인 사건을 맞이하게 된다. 사회학에서도 상징적 상호 작용론이라는 미시적인 사회학이 다시 관심을 끌기 시작하였다. 주어진 구조 안에서 사람이 어떤 역할을 수행하는가를 연구하는 진통적인 기능주의 사회과학에서 사람이 어떻게 상징을 통해서 의미를 주고받는가 하는 실천으로 관심을 전환한 것이다. 그리고 영국의 사회학에서도 주어진 구조와 사람 간의 관계를 어떻게 규정하느냐가 가장 중요한 사회학적 관심사라고 표명하였다. 역사학에서도 역사 안에서의 행위자에 대한 관심을 표명하기 시작하였다. 역사를 주어진 구조로 보는 관점에서 과정으로 파악하는 전환을 꾀함으로써 문학에서도 문학을 특정한 실천의 산물로 보는 학문적 성향이 강해졌다.

이 같은 경향을 특징지어 논의하자면 우선 기존의 패러다임에 대한 도전이라고 할 수 있을 것이다. 주어진 법칙이나 규범에 의해서 움직이는 세계를 분석하려 하는 기능주의나 구조주의에 대한 강한 도전으로 읽을 수 있다. 제도적인 조직이나 문화적인 구조를 인정하면서도 대중의 실천이나 일상 생활에 대한 관심으로 옮겨 가고 있다고 해석할 수 있다. 물론 사회 체계나 구조가 갖는 강한 힘을 완전히 부정할 수는 없다. 다만 그 체계나 구조가 과연 어디에서 오는 것인지, 그리고 어떻게 변화하고 있는지에 대해서도 천착해 볼 필요성이 있음을 놓쳐서는 안 될 일이다. 그렇다고 보면 이상의 경향은 기존 패러다임에 대해서 적대적이라기보다는 보완적이라고 후퇴해서 설명할 수 있다.

기어츠의 문제 의식은 대중 문화에 접근하고, 해석하는 대중 문화 연구자에 용기를 부여한 바가 많다. 기어츠는 문화 해석을 문학 해석에 비유하면서 작가보다 연구자가 텍스트를 잘 이해할 수 있다고 주장했다. 그래서 문화를 텍스트로 두고 그를 해석하는 일이 필요하다고 말했던 것이다. 기어츠는 이 같은 용기와 더불어 — 앞서 설명한 — 맥락성을 강조하면서 연구자에게 주의를 당부한다. 연구자가 텍스트를 만든 사람보다 더 잘 이해할 수 있으나 그 텍스트 안에서 실천하는 사람의 맥락에서 파악하지 못하면 실패할 수 있다고 경고했다. 즉 연구 대상자의 관점에 서지 않으면 결코 잘 이해하지 못할 것이라고 주의를 준 셈이다.

헤게모니 개념을 도입한 후 문화 연구는 대중의 일상 생활 내 문화적 실천에 대해 관심을 보였다. 이미 많은 연구 성과를 거두기도 했다. 과거 구조주의 틀에 입각해 대중을 둘러싼 이데올로기적 구조에 집착했던 연구를 공격하면서 대중의 실천이 그 구조와 싸우거나 이겨내는 모습을 그려내기도 했다. 이른바 민속지학*ethnography*이라는 연구 방법을 이용해 그 같은 연구 결과로 내놓았다. 대중의 해석 방식에 대한 관심이었고, 다른 한편으로는 대중 문화론을 이론적으로 윤택하게 한 연구 실천이었다. 하지만 민속지학을 헤게모니론에 채용하면서 연구자들은 대중을 대중 편에 서서 이해하는 대신, 헤게모니론에 맞추어 영웅적 실천을 강조하는 등 연구자 편에 서서 해석하는 일이 더 많아진다는 지적도 있다. 기어츠가 준 통찰력을 단순히 방법론으로만 활용한다는 비판일 수 있다. 민속지학을 활용해 대중의 일상을 찾아보는 문화 연구에서는 보다 성찰적으로 기어츠를 해석하고 보다 두터운 연구를 낼 필요가 있다.

5. 대중, 대중 문화, 대중 문화론

다시 이번 장의 시작점이었던 〈전국노래자랑〉으로 돌아가 보자. 연예 오락 프로그램이라는 사유를 넘어설 것을 요청했다. 노래 자랑 프로그램이지만 단순히 개인적인 즐거움으로 그치지 않고 사회성과 정치성을 지니고 있다는 점, 그러한 면을 부각시키는 대중 문화론은 실천으로서 의미를 지닌다는 점을 강조해 왔다. 문화 연구란 그 같은 지점에 착안하고, 스스로를 사회 변화(변혁)를 위해 실천하는 일임을 자임한다. 대중 문화 자체가 정치적인 성격을 띨 뿐 아니라, 대중 문화 연구도 정치적인 면을 가짐을 인식하고 있다. 그리고 무엇보다도 한국에서의 문화 연구는 다른 사회에서의 문화 연구와는 다르고, 달라야 한다는 점을 인식하고 있다. 그런 점에서 문화 연구는 대중 문화를 중립적인 위치에서, 객관적인 위치에서 연구하지 않고, 늘 자신이 어디에 포함되어 있는지, 무엇을 해야 하는지를 잘 알고 있는 자기 성찰적 태도를 지닌다.

1) 대중 문화의 정치학

문화 연구가 역사성을 높이 사고 있음은 문화 실천을 통한 사회 변화 전략에 변화가 생겼다는 말이기도 하다. 앞서 살펴보았듯이 문화적 영역만으로 사회 전체에 변화를 꾀하기란 어렵다. 다른 사회적 실천 — 정치적, 경제적 실천 — 에서 위기가 오고 그 위기가 문화적 실천에서의 모순과 절합했을 때 문화적 실천은 변화 주역으로 지위를 확보할 수 있다. 전반적으로 자본주의 사회는 사회가 급격하게 변하게 할 만한 사회적 모순을 제거했다고 장담하고 있다. 과히 틀린 말은 아니다. 자본주의 사회가 비교적 안정세를 취하고 있음으로 미루어 그 같은 장담은 일면 타당성을 지닌다. 대의제 정치 제도, 복지 제도, 이데올로기 장치를 통해 자본주의 사회는 예상했던 것보다 안정성을 누리고 있다.[354] 위기가 올 것이라고 주장했던 역사 법칙주의자의 예상은 빗나갔고, 오히려 그들을 조롱하며 안정성을 굳혀 간다.

[354] 혹은 많은 자본주의의 모순이 현실 사회주의 국가의 변화에 의해서 담론적으로나마 많이 감추어지는 효과를 보게 되었다. 자본주의의 모순이 자본주의의 사회주의에 대한 '우월성'의 그림자에 가려진 것이다.

그런데 계급 모순으로 자본주의 사회의 변화를 꾀해야 한다는 주장은 여전히 남아 있다. 효율성이 없을 거라는 주장에도 불구하고 여기저기서 머리를 들이민다. 계급이 아니라 다른 방식으로 사회 변화를 꾀하자는 주장이 더 많긴 하다. 역사를 이끄는 역사적 블록이 문화적인 영역의 헤게모니를 장악해 정치적, 도덕적인 지도력을 확보하려 했듯이 이른바 대안적인 헤게모니를 쟁취하자는 주장을 문화 연구는 행하고 있다. 지금의 자본주의는 과거의 자본주의가 아니라는 사실을 인정하자는 것이다. 자본주의가 그 모습을 바꾸어 간다는 역사성을 인정하고 그에 맞춘 전략을 구사하자는 주장이다. 라클라우의 주장을 끌어와 보자.

대중 정치학을 주장한 라클라우는 그람시의 헤게모니론을 빌려온다. 라클라우는 세 가지 '대중 중심주의'를 논의한다.355 첫 번째 대중 중심주의 유형은 '민주적 대중 중심주의'다. 국가와 여러 사회 조직이 조화로운 질서 속에 어우러져 있으며 사회 내의 계급이나 집단 간 갈등이나 반목이 현저하게 드러나지 않는 경우를 말한다. 일종의 민주적, 다원주의적 질서를 의미한다. 대중은 권력 집단에 동의를 보내거나 권력 집단에 그들의 의식을 편입시켜 놓은 상태다. 남녀 간 갈등을 예로 들어 보자. 여성이 남성 중심의 가부장제에 동의를 보내며, 남녀 간 평화로운 질서를 유지하는 경우가 이에 해당한다. 혹은 여성 저항이 가부장제에 편입되어 힘을 펴지 못하는 경우도 이에 속한다. 이 같은 정치적 상황에서는 남성의 호의에 의해서만 남녀 불평등이 점진적으로 개선될 수 있다. 남녀 간 심한 갈등이나 반목은 오히려 사회 발전을 저해하고 사회적 안정을 깨는 반사회적 요소가 된다.

355 Laclau, 앞의 책, 1977.

라클라우가 두 번째로 드는 대중 중심주의 유형은 '대중적 저항'이다. 첫 번째 유형이 권력 집단과 피지배 집단 간 조화로운 관계를 말했다면, 이 유형은 그 둘 간의 관계가 반목적인 관계를 말한다. 하지만 이 반목적인 관계는 급진적이진 않다. 당장 그 갈등이 표면화되지 않는다. 대중적 저항 유형에서 대중은 지배 집단에 쉽게 자신들의 동의를 표하지 않는다. 대신 끊임없이 지배 집단의 헤게모니356에 저항한다. 즉 지배 집단이 끊임없이 헤게모니를 (재)창출하려는 노력을 기울이지 않으면 안 되게끔 괴롭힌다. 지배 집단을 일시에 전복하려는 세 번째 유형인 '급진적인 저항'과는 다르지만, 사회가 전반적으로 위기 상황에 도달하고 새로운 사회의 건설이 도래될 즈음 '급진적인 저항'으로 변화될 맹아를 '대중적인 저항'은 안고 있다.357 성적인 불평등을 분쇄하기 위해서 여성이 벌일 수 있는 전술은 많다. 결혼을 거부할 수도 있고, 레즈비언적인 문화를 형성할 수도 있으며, 법적·제도적 개선을 위해 투쟁할 수도 있다. 대중 문화를 통한 여성들의 저항은 직접적인 것이라기보다는 간접적인 모습이다. 영화나 드라마를 보고 난 후에 바로 가부장제의 모순을 알게 되어 투사로 나서지 않고 대중 문화 속 성적 모순과 자

356 헤게모니 개념을 쉽게 사용하는 것에 대해 학자로서의 자책감도 있음을 밝힌다. 여성의 문제를 그람시가 정확하게 꼬집어 논의한 적도 없거니와 페미니스트들이 이 용어를 잘 사용하지 않기 때문이다. 여성학에서 이 개념을 어떻게 적절히 사용할 것인가는 차후 여성학자들이 함께 연구해 볼 주제라고 생각한다. 이 글에서는 대중 중심주의를 보다 쉽게 설명하기 위해서 사용하고 있음을 이해해 주기 바란다.
357 대중 문화를 통한 작은 의미의 사회적 저항micro-politics과 대중적 정치 행위 등과 같은 큰 의미의 사회적 저항macro-politics에 관한 논의는 다음 같은 책이나 글을 참조하라. T. Bennett, "Marxist Cultural Politics: In Search of 'The Popular'," *Australian Journal of Cultural Studies*, 1, 2, 1983, pp.2~28; T. Bennett et al. (eds.), *Popular Culture and Social Relations*, Milton Keynes & Philadelphia: Open University Press, 1986.

신의 일상 생활을 비교해 모순을 지적하고 고민하며 저항의 불씨를 키우는 것이 곧 대중적 저항이라 할 수 있다.

앞에서도 말했듯이 대중 문화 단독으로 급진적인 모습을 띠기는 힘들다. 오히려 진보적인 모습을 하고 있다가 사회 구성체 전체에 위기가 도래했을 때 진보적인 대중적 저항을 급진적 저항으로 바뀌는 모습으로 전략을 수립하는 편이 대중 문화에 대한 올바른 기대인지도 모른다.358 이는 대중 문화를 단순히 지배 집단의 지배 전략이나 대중의 편입을 위한 도구로 이해하는 것과는 차이가 있다. 오히려 대중 문화에 더 많은 긍정적인 점수를 주어 사회 변화에 기여할 수 있는 여지를 만드는 낙관적인 전략이다.

'급진적 저항'이 '대중적인 저항'에 비해 전략적 비효율성을 지니는 것은 그것의 인기popularity와 관련되어 있다.359 기존 질서에 대한 철저한 부정, 무시는 대중의 일상 생활과 거리를 두게 되어 인기를 누리지 못한다. 대중의 일상 생활은 국가나 지배 집단의 권력과 끊임없이 협상하며, 갈등한다. 권력을 완전히 부정하며 일상을 영위하지 않는다.360 대중은 일상 생활에서 간혹 '대중적 저항'의 모습을 갖출 뿐, 좀체 '급진적 저항'의 모습으로 옮겨 가지 않는다. 대중 문화가 간혹 '대중적인 저항'을 담고 있다는 점에서 대중의 일상 생활과 유사성을 지닌다. '급진

---

358 대중 영화에서 얻을 수 있는 진보적인 색채, 즉 페미니스트적인 요소에 관한 논의는 다음의 책을 참고로 하라. E. Pribram (ed.), *Female Spectators: Looking at Film and Television*, London: Verso, 1988.

359 J. Williamson, *Consuming Passions: The Dynamics of Popular Culture*, London: Marion Boyars, 1986.

360 S. Cohen & L. Taylor, *Escape Attempts: The Theory and Practice of Resistance to Everyday Life*, London: Allen Lane, 1976.

적 문화'의 형태는 대중의 일상성과 동떨어진 곳으로 안내하므로, 인기를 누릴 수 없다. 미학적으로 논의하자면 급진적 문화는 될 수 있는 대로 대중적 취향과는 거리를 두며 낯선 미학 요소들을 지니고 있다.361 대중 문화 안에 급진적인 저항을 담으려는 전략은 대중 일상과의 유리, 대중 미학과의 거리감으로 대중적 인기를 얻는 데 실패할 여지가 많다.

대중 문화를 통한 '대중적인 저항'이 지금껏 여러 문화 이론이나 운동으로부터 주목받지 못했다. 급진적이지 않다는 것이 가장 큰 이유였다. 과거 운동가나 이론가는 진보적인 것을 유약하다며 의심하거나 비판했다. 그것이 가질 정치적 효율성에 주목하지는 않았다. 급진과 진보간 차이는 어휘상 차이 이상이며 그 차이에는 정치적 함의가 깔려 있다. 이에 대해 새롭게 인식하는 일이 선행되어야 대중 문화를 다른 각도에서 볼 수 있게 된다. '대중적인 저항'은 조직화된 것이 아니라는 점에서 반대 목소리가 많았다. '급진적인 저항'이 조직화된 반면, 진보적 저항이라고 할 수 있는 '대중적인 저항'은 개인적이거나 미시적이라는 의구심을 지녔다. 여기서 조직적 저항과 개인적, 미시적 저항 간의 관계를 따져 볼 필요가 있다. 후자는 전자의 전제 조건일 수도 있다. 그런 의미에서 진보적 저항을 쉽게 포기하거나 무시할 일은 아니다. 개인적 저항을 바탕으로 서로 나누어 가진 정서를 확인하고 공공 영역으로 미시적 개인의 저항을 승화시켜 끌어들여올 가능성을 미리 차단할 필요는 없다. 오히려 운동을 위한 필수 조건이 개인적이고 미시적이며 진보적인 저항일 수도 있다.362

---

361 Bourdieu, 앞의 책, 1984.

362 E. Ellsworth, "Illicit Pleasures: Feminist Spectators and 'Personal Best'," in P. Erens (ed.), *Issues in Feminist Film Criticism*, Bloomington & Indianapolis: Indiana University Press, 1990, pp. 183~196.

2) 대중 문화론의 정치학

대중 문화 분석 논의와 대중 문화 현상 변화는 서로 독립적으로 이루어지지 않는다. 이론 자체의 독립성을 인정한다손 치더라도 현실과 완전히 독립시켜 논의할 수는 없다. 문화 이론과 문화 현실은 대화적 관계를 지닌다.363 대중 문화가 정치성을 지니듯이 대중 문화론도 정치성을 지닌다. 대중 문화의 정치성에 대한 논의 변화 추이에 따라 대중 문화론 정치성에 대한 평가도 달라진다.

이 책은 대중 문화론의 평가를 넘어서 현 단계의 대중 문화론 특히 문화 연구를 어떻게 사회에 펼칠 수 있을까를 고민하고 있다. 다양한 대중 문화론을 소개한 것도 문화 연구에 대한 나은 이해를 도모하기 위해서였다. 국가, 여러 문화 기구가 행하고 있는 문화 행태, 실천 그리고 대중 문화 과정에서 큰 몫을 차지하고 있는 대중 매체에 대한 평가, 새로운 방향을 제언할 수 있는 능력을 갖출 수 있도록 돕는 데 초점을 맞추었다. 문화 연구 분야를 장황하게 길게 언급하고 있는 것도 그런 까닭이다.

비교적 새로운 분석법이고 패러다임인 문화 연구는 국가 개념의 확장을 시도하고 있다. 국가 혹은 정부의 문화 행정을 단순히 이데올로기적인 면에서 다루는 시도를 넘어, 미시적 권력 행사의 한 단면임을 포착해낸다.364 이는 'Government'라는 단어로 확인해 볼 수 있다. 이 단어는 '정부'라는 말로 번역할 수 있을 뿐 아니라 '통제'로도 옮길 수 있다. 정부의 문화 행정은 좁은 의미에서 정부의 프로파간다, 이데올로기적 행위일 수 있으나 넓은 의미로는 대중의 일상까지 간섭하는 미시적 통

---

363 J. Fiske, *Power Plays Power Works*, London & New York: Verso, 1993.

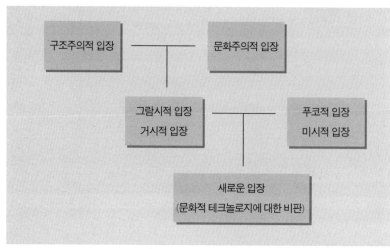

그림 9-1

제와 관련이 있다.365 국가 개념의 확장을 두고 대중 문화론이 더 많은 문화 현상을 포착한다는 사실을 넘어서 대중 문화론이 더 많은 정치를 포괄했다고 할 수 있다.

문화 이론이 서로 절합하는 지점에서도 그 같은 정치의 포괄, 확장을 찾을 수 있다(그림 9-1 참조). 문화주의와 구조주의는 서로 다른 영역으로 존재하고 있었으나 궁극적으로는 문화 연구라는 패러다임으로 절합된다. 그 절합의 한복판에 그람시의 헤게모니론이 있었다. 헤게모니론

364 이러한 경향은 특히 호주의 문화 연구에서 두드러지게 나타난다. 호주 그리피스 대학의 문화 정책연구소Institute for Cultural Policy Studies에서 이에 대한 많은 논의를 벌이고 있다. T. Bennett, "Putting Policy into Cultural Studies," in L. Grossberg et al. (eds.), *Cultural Studies*, New York & London: Routledge, 1992, pp.23~37.
365 T. Bennett, "Useful Culture," in V. Blundell et al. (eds.), *Relocating Cultural Studies: Developments in Theory and Research*, London & New York: Routledge, 1993, pp.67~85.

을 매개로 한 절합이었다. 이에 대해서 그람시적인 해석으로 합성을 취한다. 문화 연구는 이후 후기 구조주의가 내세운 미시 권력 정치학과 손을 잡는다. 그람시와 푸코의 절합이라고 명시적으로 말하는 이가 있을 정도로 거시적인 면과 미시적인 면의 절합이었다.366 절합을 통해 그람시를 중심으로 한 문화 연구자들은 국가 중심주의statism 테제를 취하려 했고, 푸코를 중심으로 한 권력 중심주의자는 무정부주의 권력 테제를 취했다. 혹은 그 둘 간의 중앙에 서 있기도 했다.

후기 구조주의에서 국가는 항상 다스림government의 주체로 등장한다. 푸코의 논의에서 보듯이 국가의 탄생과 권력 / 지식의 복합 형성은 일치하였다. 국가는 인간의 이데올로기를 점유하는 데 그치지 않고 인간의 감성, 몸까지 차지하고 통제하기에 이른다. 이는 이데올로기 중심의 마르크스주의의 국가론과는 거리를 둔다. 국가 영역이 대중 문화의 모든 면, 즉 우리가 보고 듣고 즐기고 숨쉬는 공간에 이르기까지 어느 하나 관련되지 않은 것이 없을 정도로 널리 퍼져 있음을 나타낸다. 대중 문화론의 확장은 이처럼 정치의 확장과 연관되어 있다. 대중 문화론에서 변화가 생기는 일은 특정 옷의 유행과는 차원이 다른 의미를 지닌다.

박물관에 대한 국가의 관심을 예로 들어 보자.367 박물관은 오랫동안 일부 계층에게만 그 이용이 제한되었다. 일부 계층의 역사적 지식을 충족시켜 주고 그들이 지닌 소유물을 자랑하는 공간이었다. 그러나 어

---

366 T. Bennett, "The Exhibitionary Complex," *New Formations*, 4, 1988, pp.73~102. 혹은 Fiske, 앞의 책, 1993. 우리는 이러한 제안에 대해 큰 반대는 없으나 '푸코를 통한 그람시의 이해 방법'과 '그람시를 통한 푸코의 이해 방법'은 어느 정도 차이를 보인다고 생각한다. 우리가 이 글에서 결론적으로 취하려 하는 방법은 그람시를 통한 푸코의 이해 방법임을 밝힌다.

367 이 예는 다음의 글에서 빌려 왔다. Bennett, 앞의 글, 1988.

박물관은 오랫동안 일부 계층에게만 그 이용이 제한되었다. 일부 계층의 역사적 지식을 충족시켜 주고 그들이 지닌 소유물을 자랑하는 공간이었다. 그러나 어느 시점부터 박물관은 공공 장소로 대중에게 공개되고 대중을 교육시키는 장소가 되었다.

느 시점부터 박물관은 공공 장소로 대중에게 공개되고 대중을 교육시키는 장소가 되었다. 전자의 경우 지배 계층이 자신들이 구축한 지식을 여러 교육 제도나 문화 제도 등을 통해서 가르치고 강요하며 문화에 관계하는 경우다. 후자는 다양한 형태로 기술을 구축하고, 그 기술을 통해 삶의 보편적 지식을 전해 주며 사회를 이끄는 경우다. 박물관을 통해 '우리는 하나됨'을 느끼고, 박물관을 이용할 때의 경건함도 느끼고, 누구나 함께할 수 있다는 점에서 민주주의도 배우고, 남 앞에서 정숙한 모습을 갖추어야 함도 배운다.368 박물관에 유물을 배치하는 기술을 통해 대중에게 박물관에 관한 지식을 경험토록 한다. 박물관을 둘러싸고 국가의 관심은 명시적인 것에서 덜 명시적인 것으로, 직접적인 것에서 간접적인 것으로 변하고 있었다. 박물관뿐만이 아니다. 백화점, 관공서, 거리, 도서관, 감옥을 문화적 전략을 지닌 지점으로 파악하고 그 안에서 벌어지는 권력 작용을 살펴볼 수 있게 되었다. 새로운 문화론 덕분이고 그 덕분에 전에 없는 새로운 정치적 작동을 보게 되었다.

3) 한국 상황으로 돌아와서

대중 문화 논의의 양적인 증가, 범위 확대는 분명 한국 대중 문화 환경에 변화가 생겼음을 반영하는 일이다. 대중 매체 환경 변화, 대중 문화 수용의 증대, 문화론의 변화와 관련되어 있다. 그중 대중 매체 환경 변화가 가장 두드러져 보인다. 뉴 미디어로 말하던 것들은 모두 실체화되어 매체

---

368 이러한 차이를 피어슨은 '강성 문화 정책*hard approach*'과 '연성 문화 정책*soft approach*'으로 이름 붙여 분류하였다. N. Pearson, *The State and the Visual Arts: A Discussion of State Intervention in the Visual Arts in Britain, 1780~1981*, Milton Keynes: Open University Press, 1982.

폭발 현상으로 말할 정도로 매체 환경이 바뀌었다. 대중 매체가 쏟아내는 정보와 이미지는 넘치고, 대중의 삶은 대중 매체와 관련짓지 않고는 설명이 불가능해졌다. 다음으로 경제적인 여유로 인한 문화 수용의 변화, 즉 대중 문화 향수의 변화를 들 수 있다. 대중의 손 안에 들린 휴대 전화, 디지털 디바이스를 통한 정보와 오락의 수용은 몇 년 전만 하더라도 상상도 하지 못할 일이었다. 대중 문화 수용 자체를 멸시하던 분위기가 사라진 지도 오래된 일이다. 대중 문화론을 대학에서 강의하고, 그를 통해 대중 문화 수용에 권능화*Empowerment*를 부여하는 일도 생겼다. 대중 문화를 보다 능동적이며 적극적으로 활용할 것을 권유하는 분야까지 생겼을 정도다.

이러한 변화를 한 현상으로 묶어 묘사하자면 시민 사회 영역의 확대라고 할 수 있다. 물론 지금 이 시간에도 문화적인 영역에 국가가 그림자를 드리우지 않은 곳은 거의 없다. 하지만 문화에 대한 국가의 개입은 덜 직접적인 모습으로 바뀌고 있다. 점차 비가시화되는 면도 있다. 그래서 시민 사회의 영역이 커지고 있다고 규정한다. 시민 사회 영역이 확장되는 만큼 대중 문화 정치성의 중요도도 커진다. 앞에서 보았듯이 시민 사회란 정치 영역의 근본이 되는 이데올로기적인 초석을 만들어 내는 장소이고, 그 이데올로기의 초석을 형성하는 데 대중 문화가 중요 역할을 하기 때문이다.

그러나 한국의 시민 사회 내 대중 문화 영역은 서구의 그것과는 전혀 다른 모습을 하고 있다. 여기서 잠깐 해럴드 이니스Harold Innis와 마셜 맥루언Marshall McLuhan의 매체 발전에 대한 논의를 빌려 오자. 이니스는 커뮤니케이션 매체가 시간 및 공간 통제성과 관계를 맺는다고 주장한다. 종이와 같은 매체가 등장하기 전에는 언어나 조각, 석판이 지배적인 매체였다. 이들은 공간적 제약을 받게 된다. 그러나 공간 제약형 매체가 지배적인 시기는 종이와 문자의 발명으로 마감하게 된다. 종이는 비교적 빠른 속도로 운반할 수 있기 때문에 공간적 제약을 받지는 않았다. 대신 내구성은 떨어져 시간적 제약을 받았다. 한 문화권의 특성은 어떠한 매체가 지배적이냐에 따라 규정된다. 공간적 제약형 매체가 지배적이었던 사회는 일부 문자 해독이 가능한 사람을 중심으로 한 사회 지배가 이루어졌다. 그러나 공간의 제약을 뛰어넘는 새로운 매체가 등장하자 문자 해독이 일반화되었고, 한 사회의 지배 양식은 국가적 영역을 뛰어넘어 제국적인 지배의 시대를 맞이하게 된다. 제국이라는 넓은 지역에 대한 효율적인 정보 교환을 구축하고 정치 권력을 더욱 신장시키는 데 문자 매체 보급이 큰 역할을 한 탓이다.

이니스의 논의는 문자 매체의 역사까지 머물지만, 맥루언은 논의를 한 번 더 밀고 나가 전자 매체가 지배적인 사회로까지 이어진다. 전자 매체, 특히 영상 매체 —— 이는 시간적, 공간적 제한으로부터 자유롭다 —— 가 우리의 일상 생활 안으로 깊숙이 침투한 현 시대는 전혀 다른 사회적 양상을 띤다. 맥루언은 인쇄 문명이 상품 가격을 규격화하고 반복 가능하게 함으로써 가격 제도를 정착시키고, 모국어를 시각적으로 확인하게 함으로써 내셔널리즘을 번창케 했다고 주장한다.369 그러나 전자 문명 시대에 도달하면 세계는 부족의 한 단위처럼 축소된다. 문자 문명 이전의 단계처럼 부족 사회의 모습, 즉 지구촌 시대*Global Village*를 맞게 된다. 문자 문명 시대에 내셔널리즘과 이니스가 지적한 것처럼 (로마와 같은) 제국주의가 번창했다면 전자 문명 시대는 전혀 다른 모습의 제국주의를 맞이하게 된다. 문자 문명에서의 제국주의적인 모습이 정치 권력에 의

---

369 M. McLuhan, *The Gutenberg Galaxy: The Making of Typographic Man*, Toronto: University of Toronto Press, 1964.

한 제국주의의 시대였다면, 전자 문명에서의 제국주의는 시장 메커니즘에 의한, 즉 자본에 의한 제국주의, 문화 제국주의의 모습을 띠게 된다.

　　대중 문화의 요체가 되고 있는 영상 문화는 한국이 먼저 펴낸 것이라기보다는 서구의 다국적 기업에 의해 형성된 것이라는 사실에 주목할 필요가 있다. 권력의 다원화로 나타나는 대중 문화 현상이 한국에 오면 여전히 계급과 민족의 문제로 변한다. 이른바 정보의 초고속도로를 통해서 한국에 전해지는 것을 권력의 다원화라고 말하기보다는 다국적 기업에 의한 가시적인 (자본)권력의 폭력으로 규정짓는 것이 더 맞을 수 있다. 여기서 한국의 문화 연구자들은 새로운 문제 설정을 할 수밖에 없다. 맥루언을 통해 유추할 수 있는 매체 혁명의 시대는 다국적 기업 자본에 의한 지구 촌락화와 영상 매체를 통한 실재성의 감지라는 사회 변화의 시대다. 점차 다국적 기업의 자본의 힘이 한국에 실재성을 제공할 가능성이 커진다는 말이다. 다국적 기업이 구성한 현실이 전자 매체를 통해서 한국에 일방적으로 전해진다는 것은 허구적 '민족 현실'이 던져지는 전혀 새로운 변화다. 한국의 고민과 남의 고민이 혼재되기도 할 것이고, 그 딜레마 속에서 자신의 문제점을 전혀 찾아내지 못한 채 혼동 속에 머물고 말 수도 있다.

　　보드리야르는 '가치 법칙' 논의를 통해 시대의 변화를 추적했다.370 르네상스라는 새로운 질서가 도래하자 신의 질서에 대한 절대적인 믿음은 자연권에 대한 믿음에 자리를 내준다. 신을 흉내 내던 예술은 자연과 생활 흉내 내기로 바뀌었다. 정치도 신권 정치에서 대의적 민주주의로 변해 가며 자연권의 이념을 구현하려 했다. 보드리야르는

---

370 J. Baudrillard, *Simulations*, in P. Foss et al. (trans.) , New York: Semiotext(e) , 1983.

재현된 복제 (시뮬라크라) 가 현실을 압도하고 복제와 현실 간 경계를 파괴해 버린 지경을 맞고 있다. 실재와 복제 간 구분이 해체되고 복제가 더욱 실제적인 시기에는 정보와 의미가 잡음 탓에 그 가치를 잃는다. 사진 은 라스베가스에 있는 스핑크스와 피라미드 복제물.

이 시기에 기호는 현실을 반영하고 있었다고 보며 이 단계를 '자연법 가치의 시대'라고 불렀다.

산업 혁명 이후 기계화로 같은 모양의 물건을 대량 생산하게 되면서 기호는 다른 가치를 지니기 시작하였다. 사진과 영화 등의 매체 등장으로 인해 예술 또한 기계적 대량 재생산의 영역 안으로 포섭되었다. 자연에 대한 경외심은 사라졌고 자연은 정복과 극복의 대상으로 받아들여졌다. 대량 생산으로 사회의 모든 원칙은 시장이 지배했다. 시장의 원칙은 인간관도 바꾸었고, 인간을 흉내 낸 기계(정확하게는 로봇)가 생활 안으로 침투하도록 했다. 보르리야르는 이 시기를 '상업적 가치의 시대'라고 불렀다. 자연법 가치의 시대에서 인간이 원형(자연)을 흉내 내는 데 그쳤다면, 상업적 가치의 시대에서는 기계를 통한 재생산의 자동화가 가능하게 했고, 심지어는 인간을 대량으로 복제하기에까지 이르렀다.

보드리야르는 오늘날의 현대 자본주의를 전혀 다르게 규정한다. 앞의 두 단계 — '자연법 가치의 시대'와 '상업적 가치의 시대' — 가 현실을 바탕으로 현실의 이미지를 복제해 냈다면, 현대에서는 가상적인 모델이 현실을 복제해 낸다. 현실과 현실의 이미지, 이 둘의 관계가 전복된 시기를 맞고 있다. '구조적 가치의 시대'라고 불리는 이 시기에서 허구와 현실을 구분해 낼 수 있는 어떠한 단서도 지니지 못한다. 오히려 재현된 복제(시뮬라크라)가 현실을 압도하고 복제와 현실 간 경계를 파괴(내파, implosion)해 버린 지경을 맞고 있다.

실재와 복제 간 구분이 해체되고 복제가 더욱 실제적인 시기에는 정보와 의미가 잡음 탓에 그 가치를 잃는다. 의미 있는 의사 소통은 가로 막힌다. 의미의 불소통은 기표 / 기의의 불안정성에서 오는 것이기도 하지만 매체의 지배적인 속성 때문이기도 하다. 모든 내용물의 의미 흐름이 매체 안에서 용해되어 버린 탓이다. 매체도 스스로 생산한 극초현실성 속에서 사라지게 된다. 매체를 통한 내용이 종말에 이르기도 하지만 매체의 소멸도 발생하게 된다. 실재와 다른 실재를 매개하는 힘은 매체에도, 기호에도 존재하지 않는다. 보르리야르에 따르면 포스트모던한 조건에서 인간의 심리 구조는 변화한다. 주체와 객체 간 간극이 사라지고, 보여지던 객체에 해당하던 매체가 주체적 위치를 차지한다. 매체가 보여주는 화면 자체가 실제의 구실을 한다. 화면이 우리의 심리적 세계를 구체화시킨 존재가 된다. 사물로부터는 예전에 느끼던 감정을 구하지 못한다. 개인적인 심리 상태는 점차 엷어져서 없어지는 지경에 이르게 된다.

엷어지는 개인적 심리와 공적인 재현(즉 시뮬라크라)의 증대는 개인적인 것과 공적인 것과의 경계를 지운다. 이는 점차 모든 것을 보이게 하는 가시성의 증대를 의미한다. 현실의 '외설'이라 불리는 이 가시성의 폭발은 개인적인 모든 것을 공개적이고 가시적인 것으로 바꾸어 버린다. 개인적인 것과 주관적인 삶은 종말을 맞는다. 매체에 의한 정보, 이미지, 사건, 희열에 젖으면서 개인은 방어 기제를 잃게 되고 거리 관념을 상실한다. 모든 것이 과다 노출되어 심지어는 외설적이기까지 한 '커뮤니케이션 절정communication extacy'의 세상을 맞는다. 커뮤니케이션의 절정 속에서 인간은 하나의 스크린 혹은 매체의 터미널(혹은 모니터)과 같은 객체 입장에 서게 된다. 주체가 소멸되는 순간이다. 대중은 스펙터클에만 몰두하게 된다. 기호의 놀이를 우상화하고 원하며 따른다. 사회적, 정치적 사건에 참여하는 것을 거부하면서 자신을 조정하려는 시도에 대해서도 반응을 하지 않는다. 대중의 무관심, 무반응이 곧바로 진실이며 실천이 된다.

주체의 소멸은 사회 변혁 가능성의 여지를 남겨 놓지 않는다. 인간이 주체가 되지 못하는 상황에서 변혁의 주체를 어떻게 상정할 수 있는가? 자신이 주위에 있는 실재를 비실재와 구분할 수 없는 상황에서 그가능성을 찾는 일이란 불가능해 보인다. 보드리야르가 의미하는 매체 혁명으로 인한 커뮤니케이션의 절정 상황은 사회 변혁을 꾀하는 모든 이들에게 새로운 전략 구성의 포기를 강요한다. 문화적 의사 소통을 통한 사회 변혁을 꾀하는 대중 문화론자에게는 어려운 과제, 그러나 피할 수 없는 숙제를 전해 주는 셈이다. 우리에게 다가오는 영상 매체를 중심으로 한 뉴 미디어의 등장은 다양한 세계사적인 변화의 냄새를 함께 지니고 있는 것이라 할 수 있다. 우선 영상 매체가 다국적 기업을 중심으로 한 제국주의적인 세계 자본주의 질서와 맞춘 듯이 자리잡고 있다. 맥루언의 논의에서 보듯이 자본을 바탕으로 한 제국주의와 영상 매체는 상당한 친밀성을 지닌다. 세계 자본주의 질서 안으로 편입된 후 보이는 독점 자본의 안정화 추세도 같은 맥락에서 이해할 수 있다. 보드리야르의 근대성/합리성의 해체 부분은 사회 변혁을 노리는 사람에게 새로운 운동 주체 설정을 위한 노력을 요구하고 있다. 수동적이고 무관심한 인간이거나 주체가 없는 인간이라는 사회적 조건은 운동 전략의 재수립을 모색하고 새로운 인간형에 대한 전망에 관심을 기울이도록 하고 있다.[371]

현대 자본주의 사회는 보르리야르가 제시한 묵시록적 시기에 접어들고 있다. 묵시록적 시기가 보편성을 띠긴 하지만 여전히 그 성격은 공간에 따라 다르게 형성된다. 묵시록적 시기를 극복하려는 힘, 혹은 그에 편승하려는 힘, 묵시록적 시기 이전의 사회 모습 등이 한국 사회의 성격을 특수한 것으로 만들어 준다. 물건 소비가 기호의 소비로 이어진다는 측면에서 보자면 한국의 소비자는 미국, 일본의 소비자와는 다른 감각을 가질 수도 있다. 한국 자본주의 전통 탓에 상품 소비에 대해 다른 태

---

[371] 이에 대한 충분한 고민은 강신주, 《상처받지 않을 권리》, 프로네시스, 2009를 참조하라.

도를 지닐 수 있고, 광고나 상품과 관련된 대중 문화에 대해서도 다른 습관을 가질 수 있다. 아니면 한국 사회는 아직 보드리야르가 논의했던 그 묵시록적 시기를 전혀 다른 모습으로 겪고 있는 중일 수도 있다.

대중 문화 분석에서 시간과 공간을 씨줄과 날줄로 하여 지형도를 그려 보고 특정 지점을 뽑아내 역사성을 부여하는 일은 결코 무시해선 안 되는 일이다. 물론 어려운 일이기도 하다. 친근하게 생각했던 대중 문화를 분석하려고 나섰다가 어려운 용어를 접하고, 무슨 소리인지 알기 힘든 이론을 대하는 것도 그런 점에서 보자면 당연한 과정이라고 할 수밖에 없다. 문화적 현상을 대하고도 편하게 몇 마디로 단정적으로 말할 수 있으면 좋겠지만 세상 일이란 게 그리 간단하지만은 않다. 미래를 만들어 가는 인간 실천이 있긴 하지만 여전히 그 실천을 제약하는 구조가 있고, 새로운 의지를 불태우는 집합적 의지가 있지만 그에 찬물을 끼얹는 과거, 전통 또한 눈을 시퍼렇게 뜨고 살아 있다. 연구자가 등장시킨 멋진 이론이 있긴 하지만 그 이론과는 전혀 다르게 살아가며 문화적 실천을 하는 연구 대상도 있다. 자본주의 사회의 영속성을 꿈꾸는 블록이 있는가 하면 그에 흠을 내며 전혀 새로운 삶을 영위해 보겠다는 전위적 집단, 생태적 집단도 여전히 살아 숨쉬고 있다. 그래서 대중 문화 영역은 언제나 모순된 것들끼리 접합해 순간순간 묘한 시간을 만들고 새로운 시기가 등장하게 한다. 그리고 그 안에서 대중은 자신에게 맞는, 재미있는, 그리고 자신에게 유익한 것을 찾아 일상을 살아간다. 평범한 삶이 곧 대중 문화이지만, 그곳은 늘 생각한 만큼 그리 평범하지만은 않다. 늘 번잡스럽게 움직이고, 살아 숨 쉬고, 예정되지 않은 방향으로 마치 생명력이 있는 존재처럼 꿈틀거린다. 글로써, 말로써 그 현상을 중지시켜 설명해야 하는 대중 문화 연구는 언제나 미네르바의 올빼미와 같은 존재다.

:: 참고 문헌

강명구 (1993). 《소비 대중 문화와 포스트모더니즘》. 민음사.

강신주 (2009). 《상처받지 않을 권리》. 프로네시스.

강준만 (2007). 《한국 대중매체사》. 인물과 사상사.

강현두 엮음 (1987). 《대중 문화론》. 나남.

강현두 · 유재천 · 이근삼 (1988). 《현대 사회와 대중 문화》. 서강대학교 인문과학연구소.

고토 유코 (2008). 《배용준의 사랑의 군상 길잡이》. [後藤裕子. ペ · ヨンュン「愛の群像」の
　　歩き方]. パづりッシング.

권택영 엮음 (1995). 《영화와 소설 속의 욕망 이론》. 민음사.

김덕호 · 원용진 엮음 (2008). 《아메리카나레이션》. 푸른역사.

김동민 (1992). "정치 경제학과 한국 언론의 구조 연구," 한국사회언론연구회 엮음, 《한국
　　사회와 언론》, 1호, 한울, pp.105~32.

김소영 엮음 (1995). 《시네-페미니즘, 대중 영화 꼼꼼히 읽기》. 과학과사상.

김영희 (1993). 《비평의 객관성과 실천적 지평: F. R. 리비스와 레이먼드 윌리엄즈 연구》.
　　창작과비평사.

김정환 외 (1986). 《문화 운동론 2》. 공동체.

김진균 · 정근식 (1997). 《근대 주체와 식민지 규율 전략》. 문학과학사.

김창남 외 (1986). 《노래 운동론》. 공동체.

김훈순 · 김명혜 (1996). "텔레비전 드라마의 가부장적 서사 전략," 〈언론과 사회〉, 12호, pp.6~40.

도정일 (1990). "자크 라캉이라는 좌절 / 유혹의 기표," 〈세계의 문학〉, 여름.

마텔라르, 아르망 · 장 마리 핌 (1987). "문화 산업론의 기원," 도정일 옮김, 《문화 산업론》. 나남, pp.76~92.

밀, J. S. (1976). 《자유론》. 이극찬 옮김. 문명사.

박은경 (2003). 《god: 스타덤과 팬덤》. 한울.

백지숙 (1995). "여성 이미지 읽기 1, 2," 《이미지에게 말 걸기》. 문예마당, pp.265~287.

서규환 (1993). 《현대성의 정치적 상상력》. 민음사.

서범석 외 (2006). 《근대적 육체와 일상의 발견》. 경희대학교 출판부.

원용진 (1995). "대중 영화와 여성 관객," 김소영 엮음, 《시네 – 페미니즘, 대중 영화 꼼꼼히 읽기》. 과학과사상, pp.283~312.

── (1996). "대중 문화의 과잉 담론," 〈경제와 사회〉, 봄호, pp.10~35.

── (2007). "대중 비평의 형성과 과정," 〈문학과 사회〉, 80호, 겨울호.

원용진 · 한은경 · 강준만 편저 (1993). 《대중 매체와 페미니즘》. 한나래.

유선영 (1992). 〈한국 대중 문화의 근대적 구성 과정에 대한 연구〉, 고려대학교 박사 학위 논문.

── (2009). "근대적 대중의 형성과 문화의 전환," 〈언론과 사회〉, 17호, 1호. pp.42~101.

윤수종 (2007). "새로운 주체의 등장과 사회 운동의 방향," 〈철학 연구〉, 102집, pp.67~101.

이기형 · 김형찬 (2003). "〈네 멋대로 해라〉 폐인들의 문화적 실천에 관한 현장 보고서," 〈프로그램/텍스트〉, 9호.

이성욱 (1993). "여자의 눈길: 볼거리의 숙명에 대하여," 〈문화 과학〉, 4호, pp.164~183.

── (2004). 《쇼쇼쇼 – 김추자 선데이서울 게다가 긴급 조치까지》. 생각의나무.

정문길 (1978). 《소외론 연구》. 문학과지성사.

정이담 외 (1985).《문화 운동론》. 공동체.

〈중앙일보〉(1995. 4. 13). "주사위."

한국산업사회연구회 엮음 (1991).《한국 사회와 지배 이데올로기: 지식 사회학적 입장》. 녹두.

후이센, 안드레아스 (1989). "포스트모더니즘의 이상 정립을 위해," 정정호·강내희 엮음, 《포스트모더니즘론》. 터, pp.263~351.

Adorno, T. W. (1941). "On Popular Music," *Studies in Philosophy and Social Science*, 9, pp.17~48.

—— (1973). *Negative Dialectics*. (trans.) E. B. Ashton. London: RKP.

—— (1974). "The Stars Down To Earth: *The Los Angeles Times* Astrology Column," *Telos*, 19, pp. 13~90.

Adorno, T. W. et al. (1976). *The Positivist Dispute in German Sociology*. (trans.) G. Adey & D. Frisby. London: Heinemann.

Agger, B. (1992). *Cultural Studies as Critical Theory*. London & Washington, D. C.: Falmer Press.

Althusser, L. (1969). *For Marx*. (trans.) B. Brewster. London: Allen Lane.

—— (1971). *Lenin and Philosophy and Other Essays*. (trans.) B. Brewster. London: New Left Books.

Althusser, L. & E. Balibar (1970). *Reading Capital*. London: New Left Review.

Alvarado, M. & O. Boyd-Barrett (1992). *Media Education: An Introduction*. London: BFI.

Anderson, P. (1969). "Components of the National Culture," in A. Cockburn & R. Blackburn (eds.), *Student Power: Problems, Diagnosis, Action*. Harmondsworth: Penguin, pp.219~243.

—— (1980). *Arguments Within English Marxism*. London: Verso.

Ang, I. (1985). *Watching Dallas: Soap Opera and the Melodramatic Imagination*. London &

New York: Methuen.

Arendt, H. (1951). *The Origins of Totalitarianism.* New York: Harcourt, Brace.

Arnold, M. (1960). *Culture and Anarchy.* London: Cambridge University Press.

—— (1973). *On Education.* Harmondsworth: Penguin.

Bakhtin, M. (1984). *Rabelais and His World.* Bloomington: Indiana University Press.

Baldwin, E. et al. (2004). *Introducing Cultural Studies.* London: Pearson Education Ltd.

Barthes, R. (1973). *Mythologies.* (trans.) A. Lavers. London: Paladin.

Baudrillard, J. (1983). *Simulations.* (trans.) P. Foss et al. New York: Semiotext(e).

—— (1988). *Selected Writings.* (ed.) M. Poster. Cambridge: Blackwell.

Bennett, T. (1981). *Popular Culture: Themes and Issues.* Milton Keynes: Open University
    Press.

—— (1982). "Theories of the Media, Theories of Society," in M. Gurevitch et al. (eds.),
    Culture, Society and the Media. London & New York: Methuen, pp.30~55.

—— (1983). "Marxist Cultural Politics: In Search of 'The Popular'," *Australian Journal of
    Cultural Studies*, 1, 2, pp.2~28.

—— (1986). "Introduction: Popular Culture and the Turn to Gramsci," in T. Bennett et al.
    (eds.), *Popular Culture and Social Relations.* Milton Keynes & Philadelphia: Open
    University Press, pp.xv~xvi.

—— (1986). "The Politics of 'the Popular' and Popular Culture," in T. Bennett, C.
    Mercer, & J. Woollacott (eds.), *Popular Culture and Social Relations.* Milton Keynes
    & Philadelphia: Open University Press, pp.6~21.

—— (1988). "The Exhibitionary Complex," *New Formations*, 4, pp.73~102.

—— (1992). "Putting Policy into Cultural Studies," in L. Grossberg et al. (eds.), *Cultural
    Studies.* New York & London: Routledge, pp.23~37.

—— (1993). "Useful Culture," in V. Blundell et al. (eds.), *Relocating Cultural Studies:
    Developments in Theory and Research.* London & New York: Routledge, pp.67~

85.

Bennett, T. et al. (eds.) (1986). *Popular Culture and Social Relations*. Milton Keynes & Philadelphia: Open University Press.

Berger, J. (1972). *Ways of Seeing*. London: Penguin.

Bernstein, B. (1971). *Class, Codes and Control* (vol. 1). London: Routledge & Kegan Paul.

Bhabha, H. (2005). *The Location of Culture*. New York: Routledge.

Bocock, R. (1992). "The Cultural Formations of Modern Society," in S. Hall & B. Gieben (eds.), *Formations of Modernity*. London: Open University Press, pp.229~274.

Bourdieu, P. (1984). *Distinction: A Social Critique of the Judgement of Taste*. (trans.) R. Nice. Cambridge, Mass.: Harvard University Press.

Bramson, L. (1961). *The Political Context of Sociology*. New Jersey: Princeton University Press.

Brown, M. (1987). "The Dialectic of the Feminine: Melodrama and Commodity in the Ferraro Pepsi Commercial," *Communication*, 9, 3 / 4, pp.335~354.

Campbell, C. (1987). *The Romantic Ethic and the Spirit of Modern Consumerism*. Oxford: Blackwell.

Carey, J. (1989). *Communication As Culture: Essays on Media and Society*. London: Unwin Hyman.

Clark, S. et al. (1980). *One-dimensional Marxism: Althusser and the Politics of Culture*. London: Allison & Busby.

Cohen, S. & L. Taylor (1976). *Escape Attempts: The Theory and Practice of Resistance to Everyday Life*. London: Allen Lane.

Coward, R. (1984). *Female Desire: Women's Sexuality Today*. London: Paladin.

D'Acci, J. (1987). "The Case of Cagney and Lacey," in H. Baehr & G. Dyer (eds.), *Boxed In: Women and Television*. London: Pandora, pp.203~226.

de Certeau, M. (1984). *The Practice of Everyday Life*. (trans.) S. Rendall. Berkeley, CA:

University of California Press.

de Gay, P., S. Hall, L. Janes, H. Mackay, & K. Negus (1997). *Doing Cultural Studies: The Story of the Sony Walkman*. London: Sage.

de George, R. & F. de George (1972). *The Structuralists: From Marx to Lévi-Strauss*. Garden City: Anchor Books.

de Saussure, F. (1950). *Course in General Linguistics*. (trans.) W. Baskin. London: Peter Owen.

de Tocqueville, A. (1969). *Democracy in America*. (trans.) G. Lawrence, (ed.) J. Mayer. Garden City, N.Y.: Anchor.

Derrida, J. (1976). *Of Grammatology*. (trans.) G. C. Spivak. Baltimore: Johns Hopkins University Press.

Durkheim, E. (1961). *The Elementary Forms of the Religious Life*. (trans.) J. W. Swain. New York: Collier Books.

Dworkin, D. (1997). *Cultural Marxism in Postwar Britain: History, the New Left, and the Origin of Cultural Studies*. Durham & London: Duke University Press.

Eagleton, T. (1976). *Marxism and Literary Criticism*. Berkeley & Los Angeles: University of California Press.

—— (1978). *Criticism and Ideology: A Study in Maxist Literary Theory*. London: Verso.

—— (1983). *Literary Theory: An Introduction*. Minneapolis: University of Minnesota Press.

Eliot, T. S. (1948). *Notes Towards a Definition of Culture*. London: Faber & Faber.

Ellsworth, E. (1990). "Illicit Pleasures: Feminist Spectators and 'Personal Best'," in P. Erens (ed.), *Issues in Feminist Film Criticism*. Bloomington & Indianapolis: Indiana University Press, pp.183~196.

Engels, F. (1976). *Ludwig Feuerbach and the End of Classical German Philosophy*. Peking: Foreign Languages Press.

Enzensberger, H, M, (1974), *The Consciousness Industry*. New York: Seabury.

Ewen, S. (1976). *Captions of Consciousness*. New York: McGraw-Hill.

Fanon, F. (1963). *The Wretched of the Earth*. (trans.) C. Farrington. New York: Grove Press.

—— (1967). *Black Skin, White Masks*. (trans.) C. Markmann. New York: Grove Press.

Fiske, J. (1987). "British Cultural Studies," in R. Allen, *Channels of Discourse*. Chapel Hill: The University of North Carolina Press, pp.254~289.

—— (1989). *Reading the Popular*. Boston: Uwin Hyman.

—— (1989). *Understanding Popular Culture*. London: Unwin Hyman.

—— (1993). *Power Plays Power Works*. London & New York: Verso.

Foucault, M. (1972). *The Archaeology of Knowledge*. (trans.) A. S. Smith. New York: Pantheon.

—— (1978). *History of Sexuality*, 1. (trans.) R. Hurley. New York: Pantheon.

—— (1980). *Power / Knowledge: Selected Interviews and Other Writings, 1972~1977*. (ed.) G. Colin. New York: Pantheon. [《권력과 지식》. 홍성민 옮김. 나남. 1991]

Frith, S. (1983). *Sound Effects: Youth, Leisure and the Politics of Rock*. London: Constable. [《사운드의 힘 ― 록 음악의 사회학》. 권영성 외 옮김. 한나래. 1995]

Garnham, N. (1983). "Toward a Theory of Cultural Materialism," *Journal of Communication*, 33, 3, pp.315~329.

Geertz, C. (1973). *The Interpretation of Cultures: Selected Essays*. New York: Basic Books Publishers Inc.

Giner, S. (1976). *Mass Society*. London: Matin Robertson.

Gitlin, T. (1980). *The Whole World Is Watching*. Berkeley: University of California Press.

—— (1988). "Hip-Deep in Post-Modernism," *The New York Times Book Review*, 6, November.

Goffman, E. (1979). *Gender Advertisements*. New York: Macmillan.

Gramsci, A. (1971). *Selections from the Prison Notebooks of Antonio Gramsci*. (eds. &

trans.) Q. Hoare & G. Nowell-Smith. London: Lawrence & Wishart.

—— (1985). *Selections from Cultural Writings.* (eds.) D. Forgacs & G. Noelle-Smith. Cambridge, Mass.: Harvard University Press.

Grossberg, L. (1986). "History, Politics, and Postmodernism: Stuart Hall and Cultural Studies," *Journal of Communication Inquiry*, 10, 2, pp.61~77.

Hall, S. (1980). "Cultural Studies and the Centre: Some Problematics and Problems," in S. Hall et al. (eds.), *Culture, Media, Language.* London: Hutchinson, pp.15~47.

—— (1981). "Cultural Studies: Two Paradigms," in T. Bennett et al. (eds.), *Culture, Ideology and Social Process: A Reader.* London: Open University Press, pp.19~37.

—— (1981). "Notes on Deconstructing 'the Popular'," in R. Samuel (ed.), *People's History and Socialist Theory.* London: RKP, pp.227~239.

—— (1985). "Signification, Representation, Ideology: Althusser and the Post-Structuralist Debates," *Critical Studies in Mass Communication*, 2, 2, pp.91~114.

—— (1986). "Popular Culture and the State," in T. Bennett, C. Mercer, & J. Woollacott (eds.), *Popular Culture and Social Relations.* Milton Keynes & Philadelphia: Open University Press, pp.22~49.

—— (1986). "The Problem of Ideology — Marxism without Guarantees," *Journal of Communication Inquiry*, 10, 2, pp.28~44.

—— (1996). "The Formation of a Diasporic Intellectual: An Interview with Stuart Hall by Kuan-Hsing Chen," in D. Morley & K. Chen (eds.), *Stuart Hall: Critical Dialogue in Cultural Studies.* London: Routledge, pp.484~503.

Hall, S. et al. (1978). *Policing the Crisis: Mugging, the State, and Law and Order.* New York: Holmes & Meier Publishers, Inc.

Hall, S. & P. Whannel (eds.) (1964). *The Popular Arts.* London: Hutchinson.

Hamm B. & R. Smandych (eds.) (2005) *Cultural Imperialism: Essays on the Political Economy of Cultural Domination.* Orchard Park, CA: Broadview Press.

Harvey, D. (1989). *The Condition of Postmodernism*. Cambridge: Basil Blackwell.

Hebdige, D. (1979). *Subculture: The Meaning of Style*. London: Methuen.

Hobson, D. (1980). "Housewives and the Mass Media," in S. Hall et al. (eds.), *Culture, Media, Language*. London: Hutchinson, pp.105~114.

───── (1982). *Crossroads: The Drama of a Soap Opera*. London & New York: Methuen.

Hoggart, R. (1958). *The Uses of Literacy*. London: Penguin.

hooks, bell (2000). *Feminism Is for Everybody: Passionate Politics*. New York: South End Press. [《행복한 페미니즘》. 박정애 옮김. 백년글사랑]

Horkheimer, M. & T. W. Adorno (1972). *Dialectic of Enlightenment*. (trans.) J. Cumming. New York: Herder & Herder.

Jameson, F. (1984). "Postmodernism or the Cultural Logic of Late Capitalism," *New Left Review*, 146, pp.53~92.

Johnson, R. (1979). "Elements of a Theory of Working Class Culture," in J. Clarke (ed.), *Working Class Culture's studies in History and Theory*. London: Hutchinson.

───── (1986). "What is Cultural Studies Anyway?" *Social Text*, Winter, pp.38~80.

Kolakowski, L. (1981). *Main Currents of Marxism: The Breakdown*, 3, New York: Oxford University Press.

Laclau, E. (1977). *Politics and Ideology in Marxist Theory: Capitalism − Fascism − Populism*. London: Verso.

Laclau, E. & C. Mouffe (1985). *Hegemony and Socialist Strategy: Towards a Radical Democratic Politics*. (trans.) W. Moore & P. Cammack. London: Verso. [《사회 변혁과 헤게모니》. 김성기 외 옮김. 터. 1990]

Laqueur, T. (1990). *Making Sex: Body and Gender from the Greeks to Freud*. London: Harvard University Press.

Leavis, F. R. (1930). *Mass Civilization and Minority Culture*. Cambridge: Minority Press.

───── (1933). *For Continuity*. Cambridge: Minority Press.

Leavis, F. R. & D. Thompson (1977). *Culture and Environment.* Westport, CT: Greenwood Press.

Leavis, Q. D. (1978). *Fiction and the Reading Public.* London: Chatto & Windus.

Lévi-Strauss, C. (1966). *The Savage Mind.* London: Wiedenfeld & Nicholson.

Lewis, J. (2002). *Cultural Studies: The Basics.* London: Sage.

Lukács, G. (1971). *History and Class Consciousness.* (trans.) R. Livingstone. Cambridge: MIT Press.

Lyotard, J. F. (1984). *Postmodern Condition: A Report on Knowledge.* (trans.) G. Bennington. Manchester: Manchester University Press.

Marcuse, H. (1964). *One Dimensional Man.* Boston: Beacon Press.

Marx, K. (1977). *The Eighteenth Brumaire of Louis Bonaparte.* Moscow: Progress Publishers.

Marx, K. & F. Engels (1958). *Selected Works*, vol. 1. Moscow: Foreign Languages Publishing House.

Marx, K. & F. Engels (1974). *Selected Letters.* Peking: Foreign Languages Press.

Marx, K. & F. Engels (1974). *The German Ideology.* (ed. & Introduction) J. Arthur. London: Lawrence & Wishart.

Mattelart, A. (1979). "Communication Ideology and Class Practice," in A. Mattelart & S. Siegelaub (eds.), *Communication and Class Struggle.* New York: International General, pp. 115~123.

Mattelart, M. (1982). "Women and the Cultural Industries," *Media, Culture and Society*, 4, pp. 133~151.

McDonald, D. (1959). "A Theory of Culture," in B. Rosenberg & D. M. White (eds.), *Mass Culture: The Popular Arts in America.* New York: The Free Press, pp. 59~73.

McLellan, G. (1982). "E. P. Thompson and the Discipline of Historical Context," in R. Johnson et al (eds.), *Making Histories: Studies in History-Writing and Politics.*

London: Hutchinson.

McLuhan, M. (1964). *The Gutenberg Galaxy: The Making of Typographic Man*. Toronto: University of Toronto Press.

Millett, K. (1971). *Sexual Politics*. London: Rupet Hart-Davis.

Modleski, T. (1982). *Loving with a Vengeance: Mass Produced Fantasies for Women*. Hamden, CT: Archon Books.

Moore-Gilbert, B. J. (1997). *Postcolonial Theory: Contexts, Practices, Politics*. London: Verso.

Morley, D. (1981). "The Nationwide Audience — A Critical Postscript," *Screen Education*, 39, pp.3~14.

Mouffe, C. (1988). "Radical Democracy: Modern or Postmodern?" in A. Ross (ed.), *Universal Abandon?* Minneapolis: Minnesota University Press, pp.31~45.

Mulvey, L. (1995). "Visual Pleasure and Narrative Cinema," *Screen*, 16, 3, pp.6~18.

Newcomb, H. & P. Hirsh (1984). "Television as a Cultural Forum: Implications for Research," in W. D. Rowland et al. (eds.), *Interpreting Television*. Beverly Hills, CA.: Sage, pp.58~73.

O' Conner, A. (1989). *Raymond Williams: Writing, Culture, Politics*. Oxford: Basil Blackwell.

Ortega y Gasset, J. (1951). *The Revolt of the Masses*. London: Allen & Unwin. [《대중의 반역》. 황보영조 옮김. 역사비평사. 2005]

Pearson, N. (1982). *The State and the Visual Arts: A Discussion of State Intervention in the Visual Arts in Britain, 1780~1981*. Milton Keynes: Open University Press.

Peirce, C. S. (1931~1958). *Collected Papers*. (eds.) C. Hartshorne et al. Cambridge, Mass.: Harvard University Press.

Poster, M. (1990). *The Mode of Information*. Chicago: University of Chicago Press. [《뉴 미디어의 철학》. 김성기 옮김. 민음새

Pribram, E. (ed.) (1988). *Female Spectators: Looking at Film and Television*. London:

Verso.

Procter, J. (2004). *Stuart Hall* (Routledge Critical Thinker). London: Routledge. [《지금 스튜어트 홀》. 손유경 옮김. 앨피. 2006]

Propp, V. (1968). *The Morphology of the Folktale*. Austin: University of Texas Press.

Radway, J. (1987). *Reading the Romance: Women, Patriarchy, and Popular Literature*. London: Verso.

Real, M. (1977). *Mass-Mediated Culture*. Englewood Cliffs, N. J.: Prentice Hall, Inc.

Rosenberg, B. & D. M. White (eds.) (1957). *Mass Culture: The Popular Arts in America*. New York: The Free Press.

Ross, A. (1989). *No Respect: Intellectuals and Popular Culture*. London: Routledge.

Said, E. (1978). *Orientalism*. New York: Vintage Books.

Samuel, R. (ed.) (1981). *People's History and Socialist Theory*. London: RKP.

Scott, J. (1985). *Weapons of the Weak: Everyday Forms of Resistance*. New Haven: Yale University Press.

Shils, E. (1957). "Daydreams and Nightmares: Reflections on the Criticism of Mass Culture," *The Sewanee Review*, 65, 4, pp.587~608.

Showalter, E. (1990). "Introduction," in E. Showalter (ed.), *Speaking of Gender*. London: Routledge.

Smythe, D. (1977). "Communication: Blindspot of Western Marxism," *Canadian Journal of Political and Social Theory*, 1, 3, pp.1~27.

Spivak, G. (1988). "Can the Subaltern Speak?" in C. Nelson & L. Grossberg (eds.), *Marxism and the Interpretation of Culture*. Chicago: University of Illinois Press, pp.271~273.

Stam, R. (1988). "Mikhail Bakhtin and Left Cultural Critique," in E. Ann Kaplan (ed.), *Postmodernism and It's Discontents*. London: Verso, pp.116~143.

Storey, J. (1993). *An Introductory Guide to Culture Theory and Popular Culture*. Athens: University of Georgia Press.

——— (1996). *Cultural Studies and the Study of Popular Culture: Theories and Methods*. Edinburgh: Edinburgh University Press. [《문화 연구의 이론과 방법들》. 박만준 옮김. 경문사. 2002]

——— (2001). *Cultural Theory and Popular Culture: An Introduction* (3rd ed.). London: Prentice Hall, Inc., p.34.

Swingewood, A. (1977). *The Myth of Mass Culture*. London: Macmillan. [《대중 문화론의 원점》. 이강수 옮김. 전예원. 1984]

Therborn, G. (1976). *Science, Class and Society: On the Formation of Sociology and Historical Materialism*. London: New Left Books.

Thompson, E. P. (1978). *The Poverty of Theory and Other Essays*. London: Merlin.

——— (1980). *The Making of the English Working Class*. Harmondsworth: Penguin.

Todorov, T. (1977). *The Poetics of Prose*. (trans.) R. Howard. Oxford: Blackwell.

Turner, G. (1990). *British Cultural Studies: An Introduction*. New York: Routledge. [《문화 연구 입문》. 김연종 옮김. 한나래. 1995]

van Zoonen, L (1991). "Feminist Perspectives on the Media," in J. Curran et al. (eds.), *Mass Media and Society*. London: Edward Arnold, pp.33~54.

Veblen, T. (1953). *The Theory of the Leisure Class*. New York: Mentor. [《유한 계급론》. 정수용 옮김. 동녘. 1983]

Volosinov, V. (1973). *Marxism and the Philosophy of Language*. New York: Seminar Press.

Weber, M. (1946). "Science as Calling," in H. Gerth & C. Mills (eds.), *From Max Weber: Essays in Sociology*. New York: Oxford University Press.

——— (1968). *Economy and Society*. (eds.) G. Roth & C. Wittich. New York: Bedminster Press.

——— (1976). *The Protestant Ethic and the Spirit of Capitalism*. (trans.) T. Pansons. London: George Allen & Unwin.

Williams, R. (1960). *Culture and Society: 1780~1950*. London: Chatto & Windus.

———— (1961). *Culture and Society*. Harmondsworth: Penguin.

———— (1961). *The Long Revolution*. London: Chatto & Windus.

———— (1977). *Keyword: A Vocabulary of Culture and Society*. Glasgow: Fontana.

———— (1977). *Marxism and Literature*. Oxford: Oxford University Press.

———— (1983). *Keywords* (revised edition). London: Fontana.

Williamson, J. (1986). *Consuming Passions: The Dynamics of Popular Culture*. London: Marion Boyars.

Willis, P. (1977). *Learning to Labour: How Working Class Kids Get Working Class Jobs*. Farnborough: Saxon House.

Won, Y. (1991). " 'Pong-jak' As an Anchor of Working-Class Habitus in Korea: A Comparative Study on Cultural Tastes," *Asian Culture Quarterly*, XIX, 2, pp.35~46.

Young, R. (2003). *Postcolonialism: A Very Short Introduction*. Oxford: Oxford University Press.

Zipes, J. (1980). "The Instrumentalization of Fantasy: Fairy Tales and the Mass Media," in K. Woodward (ed.), *The Myth of Information: Technology and Post Industrial Culture*. London: Routledge & Kegan Paul.

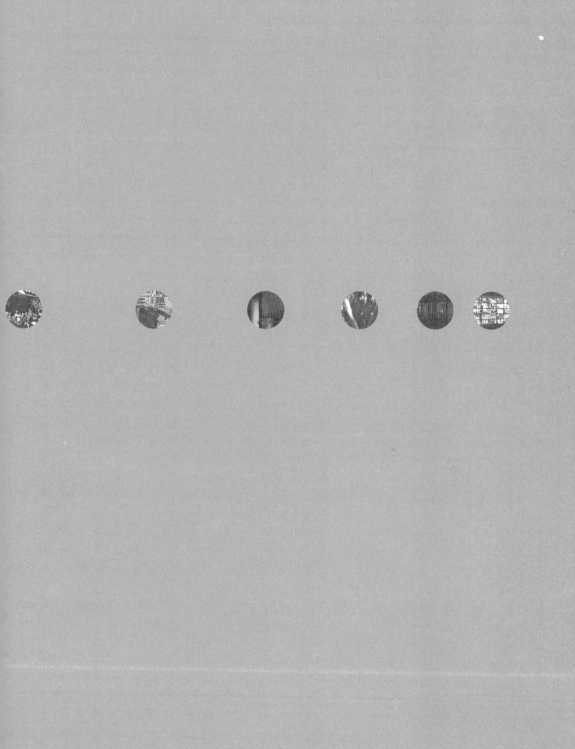